占断自在

高島周易講釈

付録　周易占筮秘法伝

高島嘉右衛門

從五位 呑象 高島嘉右衞門述

占斷自在

高島周易講釋

東京 大學館發兌

高島嘉右衛門翁肖像

卷頭言

抑《そも〳〵》神明《しんめい》は國家を鎭護し、子孫人民を愛念《あいねん》し給ふを以て、其吉凶禍福を、豫《あらかじ》め告勅し給ふの神意ならんと雖《いへど》も、幽顯道を異にし、神人別途《しんじんべつと》なるを以て、神《かみ》は直《たゞ》ちに之を人に告ぐる事は出來《でき》ない。人も亦直《またたゞ》ちに之を受くる事の出來《でき》ないのは、猶西洋人と對話《たいわ》するに、通辨《つうべん》を假《か》らねば、其言を解する事能《ことあた》はざるが如くである。今夫《いまそ》れ人と人とは、人を以て通辨《つうべん》をするけれども、神と人とは豈《あ》に人《ひと》を以て通辨をする事が出來やうか。其能《そのよ》く神と人との間を通辨する者《もの》は、大易即ち是《こ》れである。今因て大易《たいえき》の、神人間の通辨たるの義を略説《りやくせつ》しやう。

在昔文王、天稟《てんぴん》の聖德を以て、仁を施し道《みち》を行《おこな》ひ、天下の人望の歸する所《ところ》と爲《な》り、天下《てんか》三分し、其二を有したのである。後紂王《のちちうわう》の猜忌を受け羑里《いうり》に囚《とら》はれたること七年、始めて善惡吉凶《ぜんあくきつきやう》の異を悟り、盈虚得失皆其時なるを感《かん》じ終《つひ》に占易を修めて卦辭《くわじ》を作つたのである。

次で周公は武王《ぶわう》、成王を輔佐し、萬世治平《ばんせいちへい》の道を明かにせんと欲し、之を易理《えきり》に參し、人世《じんせい》の實經に照して爻辭《かうじ》を作つたのである。

次で孔子出で專ら道德《だうとく》の敎を以て、世を化《くわ》せんとした。是時世衰《これじせいおとろ》へ道微にして亂《らん》臣賊子《しんぞくし》時《とき》に乘じ、小人道に橫はる、是に於て懼《おそ》れて春秋《しゆんじう》を作り易の十翼《じふよく》を作る。其言に曰く。加二我數年一《かしわれにすうねんを》五十以《もつて》學レ《まなはゞ》易《えきを》可二以《べしもつて》無レ《なかる》過《あやまち》 矣と、其之を好みて、韋編《ゐへん》三度絕えたるを以ても知る事が出來《でき》る是の如く、易《えき》は其道廣大其用絕妙、而して實地《じつち》經驗《けいけん》の理學であつて、廣《ひろ》く眞理現理に通じ、遠く古今萬世に亘《わた》り、人世《じんせい》の事を載せて漏《も》らすことなく、天下の理を網羅《まうら》して盡さざる所なきの大典《だいてん》である。其後世の爲に慮《おもんぱか》り終に所至と云ふべしである。

以上の三聖人《せいじん》は實に亞細亞洲中に於て數十年間《ねんかん》の久しき、幾億萬人の中《うち》に在《あり》て、傑出したるの聖人である。今此《いまこ》の大易は此三聖人の手《て》に成《な》れるもの。凡そ後世に被《かうむ》らしむるの典敎《てんけう》、復た之に過ぎたるはない。而《しか》して其要《そのえう》たる、天、澤、火、雷、風、水、山、地の八元素《げんそ》を立て、其象數《そのしやうすう》を取り、以て其意を示し、之が辭《じ》を繫《か》け、以《もつ》て吉凶を明かにし、趨避《すうひ》を決せしむる。其用たる、鬼神《きじん》に非れば知《し》るべからざるの事であつて、能《よ》く前知《ぜんち》せしむるのである。是れ其神明《そのしんめい》の通辨に供すべき所以《ゆゑん》である。故に卦爻十翼《くわかうじふよく》は聖人の人に敎ふる爲に作《つく》れる所《ところ》であるけれども、已に三聖の心血《しんけつ》を注《そゝ》ぎて製せられたる典經《てんきやう》なるが故に、他經と大に同《おな》じではない。之《これ》を學《まな》ぶの初は、頗る解《かい》し難《がた》きが如しと雖も、一二の辭を發明《はつめい》する時は、推して全經をも解《かい》し得るのである。

余は舊幕府《きうばくふ》の時、國憲に觸れて、獄《ごく》に囚《しう》せられたること七年、偶々《たま〳〵》易經《えききやう》一本《ぽん》を獄中に得た。悅《よろこび》て之を讀み、讀で之を誦し、誦《しよう》して之《これ》を思ふ。是の如くすること數年《すうねん》、稍其意に通《つう》ずるを得《え》たのである。是に於て初て易理《えきり》の高遠玄妙なる、世道を輔《たす》け人心を正《たゞ》すに於て闕くべからざるの要理《えうり》を知り、七年の久しき勉學《べんがく》措《を》かず、殆んど寢食を忘《わす》るに至《いた》つた。時々又卷を舍て、自から顧《かへり》みるに、吾生の存亡、朝夕《てうせき》計《はか》る事は出來ないと。思ふて此《こゝ》に至《いた》れば無限の感慨一身に集《あつま》り、血涙潛然覺へず襟《えり》を濡《うるほ》したのである。既《すで》にして又易を取り之を讀《よ》むに妖夢《えうむ》の忽ち覺めたるが如《ごと》く、氣宇曠濶志意快爽、身天地と同體《どうたい》なるが如く、復《ま》た死生《しせい》の間にある我身たるを忘《わす》るゝのであつた。

是の如く余は師授《しじゆ》もなく、又經解をも假《か》らず、專心自得《せんしんじとく》したる者であるから、其辭《ことは》を解するや、甚だ簡である。因て之を實際《じつさい》に驗するに、百中違はず、其神明《そのしんめい》に通ずる所以受命如響ものがある。然るに世人の幽冥《いうめい》の理に達しない者は、或は余が筮《ぜい》を執つて、神命《しんめい》を受ると云ふを疑て、妄誕《まうたん》とする者がある。夫れ現顯《げんけん》に我れは人類の一員である。已に理顯《げんけん》に人類の一員であらば、幽冥《いうめい》の中、豈《あに》に神祇なかるべけんやである。世《せ》間《けん》膚《ふ》淺《せん》の學者輩唯顯あるを知《し》りて、幽あるを知らない。而《しか》して幽冥と現顯《げんけん》其と途異なりと雖も、其理《そのり》未《いま》だ嘗て一も明かにされてない。是故《このゆゑ》に神人の相感する猶賓主の酬酢《はうそ》するが如くである。虞書《ぐしよ》に曰《いはく》、肆類上帝禋于六宗、望于山川、徧于群神と、左氏傳に曰。夫民者神之主也と、又曰、民和神降之福と、是皆神人の相感應するを云つたのである。其他《そのた》宗教家《しうけうか》の説に詳悉なる所である。是《こ》れ則《すなは》ち所謂形而上の學問《がくもん》にして、世の形而下の、末學に拘泥《こうでい》する者の得て知るべき所《ところ》ではない。故に苟《いやしく》も道を學ぶ者でなければ、未だ以て與《とも》に語《かた》るに足らないのである。而《しか》るに古來易を讀む者も、嘗《かつ》て意《い》を此《こゝ》に留《とゞ》めないで、徒らに文字章句の間に纒束せられ、之を活用するの智能がない。萬古無比の聖典をして、尋常經典《じんじやうけいてん》に類視して已む者、實に歎ずべきの至《いた》りである。冀くは滿天下《まんてんか》の諸君余が玆に吐露する所の微衷《びちう》を諒察して、今後各易學を修《をさ》め、實に神明の顯著なる德《とく》を受《う》けて、上は國家の爲め、下は各自《かくじ》が今日の爲めに大に輔益《ほえき》する所あらん事を。

從五位　呑象　高島嘉右衛門識

編者言

編者たる余は多くを云ふの必要を認めない。既に卷頭言に於て、高島先生が、易學に就て詳細に述べられてゐるのであるから、非才たる余の多く駄辭を弄するの要はない。併し本書編纂上に就て、讀者諸賢に一言せねばならぬのは、もと大易は、到底余の如き淺學なるものゝ能く、先生の御高話を筆錄する器ではない。されば病床に侍して先生の御講話を一々速記し一も漏らぬやうに又一言も誤りなからんことを期した積りである。が併し或は中に先生の意に滿たぬふしもあらうと思ふが、もとより先生は九年以來病床に在りて、殆んど身體の自由を缺かれて居るのであるから、先生自ら筆を執つて、訂正されると云ふ事は不可能の事である。成る可く完全なものにしたいと筆錄したものを朗讀して先生の御叱正を受けたものであるから、萬過ちはない積りである。

尙校正も初校、再校、三校と出來するに從つて、嚴密に之を正したのであるから、内容の過ちは殆んどない積りである。

而して最後に一言云つて置き度いのは、本書はもと、努めて其講釋を如何なる人にも能く分るやうにと云ふのが、其目的であつたのである。併しされはとて、卑近に流れるといふ事は避けて、易學を以て世に立つて居る人にも、又是から易學を研究して見やうと云ふ人にも、俗でなく、又難解でなく其中庸を取つて居る積りである。

そして又多くの普通人にしても、易者に自分の運命を見て貰つて、果してそれが本統の解釋をして居るか、何うかと云ふ事も、此書に合して見れば、分るやうに書いた積りである。

高島先生の易學の講釋は何人も聽かんと欲する處であつて、又容易に聽く事が出來ない。世間幾多高島先生校閲など云ふ書籍があるが、それ等の殆んど全部は高島先生の關しないものであると云ふて居られる。最も先生の易學講義で、『高島易斷』と云ふのは自費で出版されて居るが、是は斯道の人でなければ解せない浩瀚のものである。先生が平常抱かれて居る、『易學を普通人にも知らしめる』と云ふ主義から云つても、多くの人、世間殆んど全部の人が讀んで分るやうに書いたのは、先づ本書より外にはないし、又是れで先生の希望の幾分も達せらるゝ譯である。

終に臨み、高島家執事香取吉郎氏を煩はしたる事を深謝して置く次第である。

編者　菊池曉汀

目次

第三編……一六三

周易下經……一六三

目次終

占斷自在 高島周易講釋

從五位 呑象 高島嘉右衛門述
菊池曉汀編

第一編

神易新釋義辨

夫《そ》れ宗敎《しうけう》は多辯《たべん》を要《えう》する迄《まで》も無《な》く尊《たつと》き敎《をしへ》を云《い》ふのである。其原《そのもと》は即《すなは》ち神意《しんい》に出《い》でたものである。其要《そのえう》は人《ひと》の知《し》り得《え》ない未來《みらい》の事《こと》を指示《しじ》し、而《しか》して以《もつ》て凶《きよう》を避《さ》けて吉《きち》に趨《おも》むき、無限《むげん》の幸福便利《かうふくべんり》を衆庶《しうしよ》に與《あた》へて悦《よろこ》ばしめ、而《しか》して感心恭服《かんしんきようふく》せしむると共《とも》に、恐《きよう》懼《く》の觀念《くわんねん》を起《おこ》さしめるに在《あ》るのであつて、故《ゆゑ》に之《これ》を道《みち》と云《い》ふのである。又此道《またこのみち》に對《たい》して神意《しんい》に基《もと》づかないで、人間實地《にんげんじつち》の經驗《けいけん》と思想《しさう》より出《い》づる處《ところ》の敎《をしへ》は之《これ》を理《り》と謂《い》ふ。神《しん》道《だう》でも儒道《じゆだう》でも佛道《ぶつだう》でも、乃至《ないし》は又耶蘇敎《またやそけう》でも同《おな》じく神《かみ》より出《い》でたのであるから、之《これ》を道《みち》と謂《い》ふべきである。世人聖賢《せじんせいけん》の書《しよ》を讀《よ》むに、唯《たゞ》五常《じやう》の道德《だうとく》のみを以《もつ》て說《と》く者《もの》は、未《いま》だ聖賢《せいけん》の意《い》を了解《れうかい》することが出來《でき》ない者《もの》である。

さて今儒道《いまじゆだう》の神《かみ》より出《い》でた所以《ゆえん》を說《と》かうと思《おも》ふ。元來彼《ぐわんらいか》の支那《しな》は宇內《うない》に於《お》ける大國《たいこく》であつて、其《そ》の開國《かいこく》は頗《すこぶ》る古《ふる》いのである。而《しか》して其《そ》の國內《こくない》に住《ぢう》する處《ところ》の數億萬《すうおくまん》の人心《じんしん》を統御《とうぎよ》しやうとするには、固《もと》より宗敎《しうけう》に依《よ》らなければならないのであるが、聖賢《せいけん》の書《しよ》は其《そ》の國家《こくか》を治《おさ》め、人心《じんしん》を統御《とうぎよ》するの大經大法《たいけいたいはふ》であるから、是《こ》れが宗敎《しうけう》でなくして何《なん》であらうか。人《ひと》が不善《ふぜん》を行《おこな》ふ時《とき》には罰《はつ》するに國法《こくはふ》を以《もつ》てし、其《そ》の不善《ふぜん》を未發《みはつ》に遏《とゞ》むるには、制《せい》するに宗敎《しうけう》を以《もつ》てするのであつて、故《ゆゑ》に孔門傳授《こうもんでんじゆ》の心法《しんぱふ》と曰《い》ふのは即《すなは》ち形而上《けいじじやう》の法律《はふりつ》である。抑《そもそ》も聖人《せいじん》の書《しよ》に說《と》く所《ところ》のものは皆《みな》鬼神《きじん》より出《い》づるものである。然《しか》るに斯道中興《しだうちうこう》の祖《そ》たる孔子《こうし》が道《みち》を說《と》いたけれども、其《そ》の門人《もんじん》が愚蒙《ぐまう》であつて、其《そ》の意《い》を解《かい》することが出來《でき》なかつた。孔子《こうし》は是《こゝ》に於《おい》て慨嘆《がいたん》の餘《あま》り已《や》むことを得《え》ず、道《みち》を得《え》た者《もの》の德操《とくさう》と云《い》ふものを說《と》いた、是《こ》れが即《すなは》ち仁義禮智信《じんぎれいちしん》であつて、故《ゆゑ》に之《こ》れをば道德《だうとく》と謂《い》ふのである。道《みち》は本《もと》であつて道德《だうとく》は末《すゑ》である。處《ところ》が又後世《またこうせい》の學者輩《がくしやはい》が此《こ》の孔子《こうし》の意《い》のある處《ところ》を看破《かんは》する力《ちから》に乏《とぼ》しく、又神《またかみ》に通《つう》ずることも出來《でき》ないので、未《いま》だ明《あきら》かに神《かみ》を說《と》いた者《もの》は一人《にん》もない。故《ゆゑ》に談偶々鬼神《だんたまたまきじん》の事《こと》に涉《わた》ると云《い》ふと、常《つね》に之《こ》れを茫昧《ばうまい》に付《ふ》して仕舞《しま》ふのである。

夫《か》の聖人《せいじん》の說《と》く所《ところ》を見《み》るに、人《ひと》が能《よ》く誠《まこと》を以《もつ》て神《かみ》に對《たい》する時《とき》には、神《かみ》は人《ひと》の誠《まこと》に感《かん》じて命《めい》を人《ひと》に降《くだ》すのであつて、人《ひと》は其《そ》の命《めい》を奉《ほう》じて始《はじ》めて之《こ》れを行《おこな》ふ事《こと》が出來《でき》る之《こ》れを道《みち》と謂《い》ふのであつて、儒道《じゆだう》は即《すなは》ち是《こ》れである。故《ゆゑ》に『祭《まつる》如レ在《いますがごとく》 祭レ神《かみをまつる》 如ニ神在一《かみいますがごとし》』とあつて、若《も》し神《かみ》に關《くわん》しなければ、何《なん》ぞ神《かみ》を祭《まつ》ると云《い》ふ言葉《ことば》があるであらうか。又曰《またいは》く『鬼神之爲レ德《きじんのとくたる》盛矣乎《それさかんなるか》視レ之《これをみて》而弗レ見《みえず》聽レ之《これをきゝて》而弗レ聞《きこえず》體レ物《ものをたいして》而不レ可レ遺《のこすべからず》』とある。即《すなは》ち神《かみ》は形而上《けいじじやう》であつて、見《み》る事《こと》が出來《でき》ない。況《いは》んや神意《しんい》の如《ごと》きは聞《き》くことが出來《でき》ないけれども、然《しか》れども宇宙間《うちうかん》所《ところ》として神《かみ》の在《ゐま》さざる所《ところ》はない。併《しか》し乍《なが》ら人《ひと》が若《も》し能《よ》く至誠《しせい》を盡《つく》せば、神《かみ》に感應《かんおう》して、神《かみ》の命《めい》を受《う》くることが出來《でき》るばかりでなく、百端《たん》の事物《じぶつ》悉《ことごと》く神《かみ》の關係《くわんけい》しないことがないと云《い》ふことを知《し》ることが出來《でき》るのである。所謂《いはゆる》見《み》るとは、事物《じぶつ》を見《み》て人《ひと》の左右《さいう》するを得《う》るを謂《い》ひ、視《み》ると云《い》ふのは日月星辰《じつげつせいしん》の如《ごと》き目《め》に見《み》て人《ひと》の及《およ》ばないものに就《つい》て謂《い》ふのである。其《そ》の神《かみ》に通《つう》じて心《こゝろ》に神《かみ》あるを知《し》るを觀《くわん》と謂《い》ふのであつて、見《けん》と視《し》とは現理《げんり》に測算《そくさん》するけれども、觀《くわん》は至誠《しせい》神《かみ》に通《つう》ずることを得《え》て心《こゝろ》に覺《さと》ると云《い》ふのである。又曰《またいは》く『神之格思《しんのいたる》、不レ可レ度《はかるべからず》思矧可レ射思《いはんやいるべけんや》』と此《こ》の章《しやう》に思の助《ぢよ》字《じ》を三字《じ》まで用《もち》ゐたのは、同《おな》じく至誠《しせい》を以《もつ》て對《たい》すれば直《たゞ》ちに感《かん》じて其所《そのところ》に格《いた》るが如《ごと》きの思《おも》ひを爲《な》すを以《もつ》てゞある。即《すなは》ち聖人《せいじん》の神《かみ》に對《たい》し、心《こゝろ》に觀《み》る所《ところ》あつて、思《おも》ふに止《とゞま》るを證《しやう》するのである。又曰《またいは》く『使三天下之人齊明盛服以承二祭祀一洋々乎如レ在二其上一如レ在二《てんかのひとをしてさいめいせいふくもってさいしをつかふまつらしめやう〳〵ことしてそのかみにあるがごとく》其左右一《そのさいうにあるがごとし》』と人能《ひとよ》く至誠《しせい》を以《もつ》て、祭祀《さいし》する時《とき》は、神《かみ》は忽《たちま》ちに頭上《とうじやう》、或《あるひ》は其《そ》の左右《さいう》に在《い》ますが如《ごと》きを謂《い》ふのである。又曰《またいは》く『問焉《とふに》而以レ言《ことをもってす》其受レ命《そのめいをうくる》也《や》如レ嚮《ひゞくがごとし》无レ有二遠近幽深《ゑんきんいうしんつひにらい》遂知二來物一《ぶつをしる》非二天下之至神一《てんかのしじんにあらざれば》其孰能與レ於レ此《それいづれかよくこゝにあづからん》』と人若《ひとも》し大事《たいじ》あるに臨《のぞ》んで、未來《みらい》の吉凶《きつきよう》を豫《よ》知《ち》すること能《あた》はず、進退維谷《しんたいこゝにきはま》るの際《さい》に於《おい》て、至誠神《しせいかみ》に問《と》ふときには、神忽《かみたちま》ち命《めい》を降《くだ》して未來《みらい》の禍福《くわふく》を知《し》らし玉《たま》ふのであつて、其《そ》の明著《めいちょ》なること物《もの》を撃《う》つて其《そ》の響《ひゞき》を聞《き》くやうに、意外《いぐわい》の事物《じぶつ》が其《そ》の前《まへ》に來《きた》ることまでも之《こ》れを知《し》らしめ玉《たま》ふを謂《い》ふのである。又曰《またいは》く『質二諸鬼神一而無レ疑《これをきじんにたゞしてうたがひなきは》知レ天也《これをしるなり》』と人能《ひとよ》く造化《ざうくわ》の然《しか》る所以《ゆえん》を知《し》らうとして宇《う》宙論《ちうろん》を囂々《がうく》するけれども、人《ひと》の智識《ちしき》には限《かぎ》りのあるものであつて、到底之《たうていこ》れを知《し》ることが出來《でき》ない。是《こゝ》に於《おい》て聖人《せいじん》は神《かみ》に通《つう》じて天道造化《てんだうざうくわ》の然《しか》る所以《ゆえん》を聞《き》くことを得《え》て、之《こ》れを易《えき》に述《の》べたものである。此《かく》の如《ごと》く神意《しんい》より出《いづ》るものであるから、聖人《せいじん》の書《しょ》と云《い》ふものは、宗教《しうけう》でなくして何《なん》であらうか。然《しか》り聖人《せいじん》の書《しょ》は宗教《しうけう》の最《もっと》も正《たゞ》しいものであると云《い》はねばならぬ。而《しか》して人《ひと》の心意《しんい》が神《かみ》に通《つう》ずるのを單《たん》に之《こ》れを誠《まこと》と云《い》ふのであつて、故《ゆゑ》に曰《いは》く『唯天下至誠《たゞてんかのしせい》爲二能盡二其性一《よくそのせいをつくし》能盡二其性一《てよくそのせいをつくす》則《すなはち》能盡二人之性一《よくひとのせいをつくし》能盡二人之性一《てよくひとのせいをつくす》則《すなはち》能盡二物之性一《よくもの、せいをつくして》能盡二物之性一《よくもの、せいをつくす》則可三以贊二天地之化育一《すなはちてんちのくわいくをたすくべし》可三以贊二天地之化育一《てんちのくわいくをたすくべければ》則可下以與二《すなはちてんちと》天地一參上矣《さんすべし》』と是《こ》れ即《すなは》ち人《ひと》の性《せい》は至誠《しせい》を盡《つく》せば、天地鬼神《てんちきじん》と交《まじは》るべきを謂《い》つたのである。又曰《またいは》く『唯天下至誠爲下能經二綸天下之大經一《たゞてんかのしせいてんかのたいけいをけいりんし》立二天下之大本一《てんかのたいほんをたて》知中天地之化育上《てんかのくわいくをしるべし》夫焉《それいづくんぞ》有レ所レ倚《よるところあらん》』と即《すなは》ち國君《こくくん》は造化《ざうくわ》の萬物《ばんもつ》を發育《はついく》するに法《のつと》りて、天《てん》に代《かは》り萬民《ばんみん》を撫育《ぶいく》せらるるを以《もつ》て、天子《てんし》の稱《しよう》を有《いう》するのであつて、即《すなは》ち天道《てんたう》の政《まつりごと》を行《おこな》ふの方法《はうはふ》は神《かみ》に通《つう》じて之《こ》れを知《し》るに非《あら》ずして何《なん》であらう。又曰《またいは》く『誠者天之道也《まことはてんのみちなり》誠レ之者人之道也《これをまことにするものはひとのみちなり》』と又曰《またいは》く『誠者自成也《まことはみづからなり》道自道也《みちはみづからみちびく》』と、夫《そ》れ誠《まこと》とは精神氣力《せいしんきりよく》を凝結《ぎようけつ》して、其《そ》の念《ねん》一途《と》に發《はつ》する者《もの》であつて、即《すなは》ち筮竹《ぜいちく》を額上《がくじやう》に捧《さゝ》げ、占《うらな》はうとする事項《じかう》のみを專念《せんねん》して、至誠息《しせいいき》せずして、氣息《きそく》の將《まさ》に絕《た》へる時《とき》に至《いた》つて、筮《ぜい》を揲《てう》し、卦《くわ》を得《え》て、神意《しんい》を筮數《ぜいすう》に感得《かんとく》するを謂《い》ふのである。之《こ》れを『至誠無レ息《しせいはいきするなく》不レ息則久《いきせざればすなはちひさし》久則徵《ひさしければすなはちしるし》徵則悠遠《しるしあればすなはちいうゑん》悠遠則博厚《なればすなはちはくかう》博厚則高明《はくかうなればすなはちかうめい》博厚所三以載二物一也《はくかうはものをのするゆえんなり》高明所三以覆二物一也《かうめいはものをおほふゆえんなり》悠久所三以成二物一《いうきうはものとなすゆえん》也《なり》博厚配レ地《はくかうはちにはいし》高明配レ天《かうめいはてんにはいし》悠久無レ疆《いうきうはきはまりなし》如レ此者《かくのごときものは》不レ見章《みずしてあきらか》不レ動而變《うごかずしてへんじ》無レ爲而成《なすなくしてなる》』と謂《い》ふ。蓋《けだ》し人大事《ひとたいじ》に臨《のぞ》んで、神《かみ》に對《たい》して其《そ》の命《めい》を受《う》けんとするに至《いた》つては、専念《せんねん》すると共《とも》に自《みづか》ら息《いき》することを得《え》ざるに至《いた》るのである。故《ゆゑ》に之《こ》れを無《いき》レ息《なし》と謂《い》ふ即《すなは》ち道術《だうじゆつ》である。『又至誠之道可二以前知一《またしせいのみちはもつてぜんちすべし》』と云《い》ふのである。是《こ》の言《げん》は占筮《せんぜい》に依《よ》つて、至誠貫通《しせいくわんつう》を實驗《じつけん》して、未來《みらい》を前知《ぜんち》するを得《え》て始《はじ》めて神《かみ》の嚴肅《げんしゆく》なると確知《かくち》し、所謂其《いはゆるそ》の睹《み》ざる所《ところ》に戒愼《かいしん》し、其《そ》の聞《き》かない所《ところ》に恐懼《きようく》するに至《いた》るのである。此《かく》の如《ごと》く至誠《しせい》を以《もつ》て神《かみ》に通《つう》ずるの位《くらゐ》に至《いた》つては、佛教《ぶつけう》の眞如《しんによ》を得《う》るに至《いた》ると云《い》ふのに同《おな》じであつて、又神道《またしんだう》にも心清淨《こゝろしやう〲》の極《きよく》は、天地《てんち》の神《かみ》と同體《どうたい》なりと云《い》ふのと同《おな》じである。抑《そもそ》も聖人《せいじん》が神《かみ》と稱《とな》へたのは、造化《ざうくわ》の神《かみ》を大極《たいきよく》と唱《とな》へ、單《たん》に鬼神《きじん》と云《い》はれたのは、大善《だいぜん》の知識《ちしき》あつた人《ひと》の靈《れい》を云《い》はれたものであつて、此《こ》の神《かみ》が即《すなは》ち人《ひと》の至誠《しせい》に感《かん》じ、人知《じんち》の及《およ》ばない所《ところ》を示《しめ》し申《まを》さるゝのであるから、文字《もんじ》を創造《さうざう》する始《はじ》めに於《おい》ても其《そ》の意《い》を含《ふく》んで、神《かみ》の字《じ》は示《しめす》に從《したが》ひ、申《まをす》に從《したが》ふと造《つく》つたのであるし、即《すなは》ち神《かみ》は人《ひと》に示《しめ》し申《つ》ぐるを表《へう》するの義《ぎ》である。然《しか》らば洋《やう》の東西《とうざい》を向《と》はず、何《いづ》れの地《ち》にも大善人《だいぜんじん》のないことはない。又何《またいづ》れの地《ち》にか鬼神《きじん》の在《いま》さぬことがあらうか、所謂《いはゆる》舟車《しうしや》の至《いた》る所《ところ》、人力《じんりよく》の通《つう》ずる所《ところ》、天《てん》の覆《お》ふ所《ところ》、地《ち》の載《の》する所《ところ》、日月《じつげつ》の照《てら》す所《ところ》、霜露《さうろ》の墜《お》つる所《ところ》、凡《およ》そ血氣《けつき》ある者《もの》の尊親《そんしん》しないことはないとは、人《ひと》の知識《ちしき》の及《およ》ばない所《ところ》を鬼神《きじん》の祐《たす》けを受《う》くるの義《ぎ》である。故《ゆゑ》に易《えき》に『天地設《てんちくらゐをまうけ》レ位聖人《せいじん》爲《のう》レ能《なし》人謀鬼謀《ひとはかりきはかり》百性《しやうのうに》與《あづかる》レ能』と云《い》ふのは、人《ひと》が其《そ》の思慮《しりよ》を盡《つく》して及《およ》ばない所《ところ》と鬼神《きじん》に謀《はか》り、其《そ》の助《たす》けを得《え》て、而《しか》して大事《だいじ》に處《しよ》するを謂《い》ふのである。況《いは》んや國家《こくか》の事務《じむ》に於《おい》ては人《じん》民休戚《みんきうせき》の係《かゝ》る所《ところ》であるから、獨《ひと》り人《ひと》の知識智惠《ちしきちゑ》にのみに依《よ》るべきものではないのであつて、然《しか》も尙《な》ほ人知《じんち》を盡《つく》して後猶《のちな》ほ必《かなら》ず神助《しんぢよ》に依《よ》らなければならないのは人生《じんせい》の掟《おきて》である。而《しか》して人《ひと》が至誠《しせい》を以《もつ》て神《かみ》に接《せつ》するのを祭《まつり》と云《い》ひ、此《こ》の祭《まつり》と云《い》ふのは、神人交際《しんじんかうさい》の意《い》である。祭《まつり》に依《よ》つて神《かみ》より命《めい》を受《う》け、之《こ》れを民《たみ》に施《ほどこ》すを祭事《まつりごと》と云《い》ふのであつて、祭事《まつりごと》を政《まつりごと》と云《い》ふのは、和漢共《わかんとも》に中世人《ちうせいじん》にして、命《めい》を受《う》くる者稀《ものまれ》なるの時《とき》に至《いた》り、己《おのれ》等迂遠《らうゑん》の爲《た》めに政《まつりごと》となしたものである。故《ゆゑ》に祭《まつり》は本《もと》であつて、政《まつりごと》は末《すゑ》である。而《しか》して又神《またかみ》の人《ひと》に示《しめ》し申《つ》ぐるを名《な》づけて命《めい》と云《い》ふのである。孔子《こうし》は十有《いう》五にして學《がく》に志《こゝろざ》し、五十にして天命《てんめい》を知《し》ると云《い》つてある。孔子《こうし》の聖《せい》を以《もつ》てするも命《めい》を受《う》くるに三十五年間《ねんかん》も掛《か》つて居《ゐ》るのである。今經書中命《いまけいしよちうめい》を云《い》ふものを擧《あ》げれば、曰《いは》く『不レ知レ命無三《めいをしらざればもつて》以爲二君子也一《くんしたるなし》』とある、然《しか》れば聖人《せいじん》の書《しよ》を讀《よ》む者《もの》も、此《こ》の命《めい》を知《し》るの域《えき》に達《たつ》しなければ君子《くんし》と稱《しよう》することは出來《でき》ないのである。又曰《またいは》く『大德必受レ命《だいとくはかならずめいをうく》』又曰《またいは》く『顧二諟天之《このてんのめいめいを》明命一《かへりみる》』又曰《またいは》く『維天之命於穆不レ已蓋曰三天之所ヨ所爲レ天也《これてんのめいあゝぼくとしてやまずけだしてんのてんたるゆえんなり》』と此《こ》の天《てん》と云《い》ふのは、蒼《さう》蒼たる天《てん》を謂《い》ふのではない、無レ形《かたちなき》の神《かみ》必《かなら》ず命《めい》を降《くだ》すことを謂《い》ふのである。又曰《またいは》く『君《くん》子有二三畏一畏二天命一畏二大人一畏二聖人之言一《しさんいありてんめいをおそれたいじんをおそれせいじんのげんをおそれ》』と又曰《またいは》く『君子居レ易以俟レ命小人行レ險《くんしはやすきにゐもつてめいをまつせうじんはけんを》以徼レ幸《おこなつてもつてさいはひをもとむ》』と、又曰《またいは》く『周雖二舊邦一其命維新《しうはきうはうといへどもそのめいこれあらたなり》』と、周《しう》の世《よ》久《ひさ》しきに亘《わた》り、法《はふ》規律例密《きりつれいみつ》なるの時《とき》と雖《いへど》も、其事《そのこと》あるに當《あた》つては、毎事《まいじ》天命《てんめい》を得《え》て而《しか》して政《まつりごと》を處《しよ》すると云《い》ふのである。又曰《またいは》く『維命不レ于レ常道善則得レ之不善則失レ之《これめいつねにおいてせずみちぜんなればすなはちこれをえふぜんなればこれをうしなふ》』と、是《こ》れ人《ひと》の命《めい》を受《う》くること響《ひゞき》の聲《こゑ》に應《おう》ずるが如《ごと》くであるとは云《い》ふものゝ、人若《ひとも》し己《おの》れ不善《ふぜん》を謀《はか》つて世《よ》に凶害《きようがい》を爲《な》さうと欲《ほつ》し、其成否《そのせいひ》を神《かみ》に問《と》ふことがあつても、神《かみ》は決《けつ》して其《そ》の不善《ふぜん》に與《くみ》することなくして、却《かへ》つて得《う》る所《ところ》の易《えき》の辭《じ》に必《かなら》ず嚴肅《げんしゆく》なる戒《いまし》めあると云《い》ふのである。則《すなは》ち神意《しんい》は善《ぜん》に與《くみ》して惡《あく》に與《くみ》することはないと云《い》ふことを知《し》り、善惡《ぜんあく》の二途《と》天地《てんち》に徹底《てつてい》するを覺《おぼ》へ、始《はじ》めて善《ぜん》に歸《き》すべきである。故《ゆゑ》に權謀術數《けんぼうじゆつすう》を以《もつ》て唯《たゞ》己《おの》れを利《り》して他人《たにん》の害《がい》を省《かへり》みない者《もの》を匪人《ひじん》と云《い》ふのである。況《いは》んや政務《せいむ》に關《くわん》する者《もの》に於《おい》てをやである。『一家仁《いつかじんなる》一國興レ仁《いつこくじんをおこし》一家讓《いつかじやうなる》一國興レ讓《いつこくじやうをおこし》一人貪戻《いちにんどんれい》一國作レ亂《いつこくらんをなす》』と、國亂《こくらん》の無辜《むこ》の良民《りやうみん》を害《がい》するは、是《こ》れを小利《せうり》を以《もつ》て害毒《がいどく》を天下《てんか》に流《なが》すに衆民《しうみん》之れに風化《ふうくわ》するに至《いた》る。其愚惡神人《そのぐあくしんじん》の共《とも》に忌《い》む處《ところ》である。而《しか》して人《ひと》能《よ》く神《かみ》の命《めい》ずる所《ところ》を守《まも》り行《おこな》ふのを、之《こ》れを道《みち》と謂《い》ふのである。抑《そもそ》も道《みち》の興《おこ》るや吾國《わがくに》に神道《しんだう》あり、支那《しな》に儒道《じゆだう》あり、印度《いんど》に佛道《ぶつだう》あり、今日《こんにち》に在《あ》つては歐米《おうべい》の耶道《やだう》來《きた》つて、又我國《またわがくに》に入《い》つたが、各道皆神《かくだうみなかみ》より出《い》づるを以《もつ》て、神《かみ》を崇敬《すうけい》し、其民《そのたみ》を導《みちび》く、一に勸善懲惡《くわんぜんちようあく》を以《もつ》て本《もと》としてある。其《そ》の敎義《けうぎ》は、各《おの〳〵》多少異《たせうことな》つては居《を》るけれども、其《そ》の大本《だいほん》に至《いた》つては、一に歸《き》するのである。夫《そ》れ造化《ざうくわ》を指《さ》して大神《おほがみ》と云《い》ひ、大善人《だいぜんじん》の靈《れい》、其國家《そのこくか》を護《まも》る者《もの》を指《さ》して鬼神《きじん》と云《い》ふ。是《こ》れは最《もつと》も人《ひと》に近《ちか》くして、感應《かんおう》するものであるから、人《ひと》の至誠《しせい》を以《もつ》て通《つう》ずるを得《う》るのは此《こ》の鬼神《きじん》である。即《すなは》ち此《こ》の鬼神《きじん》に通《つう》じて而《しか》して以《もつ》て造化《ざうくわ》の神《かみ》を知《し》るのである。故《ゆゑ》に宗教《しうけう》に一神多《しんた》神《しん》の別《べつ》があると云《い》ふけれども、易《えき》に依《よ》つて神《かみ》に通《つう》ずる時《とき》は、之《こ》れを得《う》るのである。而《しか》して大神《だいじん》を奉《ほう》ずるを、我國《わがくに》に在《あ》つて之《こ》れを天御中主尊《あまのみなかぬしのみこと》と謂《い》ひ、儒《じゆ》は太極《たいきよく》と云《い》ひ、佛《ぶつ》は法身如來《ほつしんによらい》と云《い》ひ、耶蘇《やそ》は「ゴツト」と云《い》ひ、各《おの〳〵》其名稱《そのめいしよう》は異《こと》なつて居《を》るけれども、造化《ざうくわ》の大神《おほがみ》を表示《へうじ》するの意《い》は同《おな》じである。其《そ》の大神《だいじん》は萬物《ばんぶつ》に寓《ぐう》する處《ところ》の靈魂《れいこん》の分母《ぶんぼ》であつて、而《しか》して萬物《ばんぶつ》の靈魂《れいこん》は之《こ》れが分子《ぶんし》を受《う》けたものである。心魂《しんこん》其《そ》の形體《けいたい》に寓《ぐう》するを以《もつ》て、性《せい》と情《じやう》なるものが生《しやう》ずるのである。故《ゆゑ》に形體《けいたい》は形而下《けいじか》に屬《ぞく》するけれども、心魂及性情《しんこんおよびせいじやう》は形而上《けいじじやう》に屬《ぞく》するものである。神道《しんだう》、佛道《ぶつだう》、儒道既《じゆだうすで》に同《おな》じく神《かみ》より出《い》でた道《みち》であるから、形而上《けいじじやう》の學《がく》である。我國《わがくに》に於《おい》ては固有《こいう》の神道《しんだう》を輔翼《ほよく》せしめんが爲《た》めに、儒佛《じゆぶつ》の兩《りやう》道《だう》を容《い》れ、共《とも》に相並《あひなら》んで人民《じんみん》を敎化《けうくわ》せしめ、而《しか》して以《もつ》て本邦《ほんぱう》の敎《をしへ》としてある。方今《はうこん》に在《あ》つては耶蘇敎《やそけう》も同《おな》じく神《かみ》より出《い》でた所《ところ》の道《みち》であるから、其《そ》の宜《よろ》しきを取《と》つて聯合《れんがふ》して人心《じんしん》を善《ぜん》に導《みちび》くべきである。各道《かくだう》神《かみ》より出《い》でたのであるから、純粹《じゆんすゐ》の善敎《ぜんけう》である事《こと》は固《もと》より論《ろん》ずるまでもない事《こと》であるけれども、其《そ》の敎徒《けうと》中《ちう》に短才小智《たんさいせうち》の輩《やから》があつて、駁雜《はくざつ》の人意《じんい》を其間《そのあひだ》に交《まじ》へて而《しか》して布敎《ふけう》した者《もの》があつたので、今《いま》に至《いた》つては各宗《かくしう》の異同《ゐどう》を生《しやう》じ、力《ちから》を其《そ》の枝葉《しえふ》に用《もち》ゐて其《そ》の根本《こんほん》たる所《ところ》の神《かみ》に通《つう》ずるの道《みち》を得《う》ることが出來《でき》ない。此《こ》の間《あひだ》に於《おい》て各宗敎者《かくしうけうしや》見《み》る所《ところ》一方《はう》に偏《へん》し、攻撃《こうげき》を起《おこ》すは其《そ》の至《いた》らない所《ところ》があるからである。況《いは》んや我國《わがくに》は土地《とち》が狹隘《けうあい》であつて、人口《じんこう》が益々《ます〳〵》增殖《ぞうしよく》するに於《おい》ては、耶蘇敎《やそけう》國《こく》の版圖《はんと》に移住《いぢう》するに至《いた》るは時勢《じせい》の然《しか》らしむる所《ところ》である。若《も》し異《こと》なる宗敎《しうけう》の民《たみ》をして先入主《せんにふしゆ》となつた耶蘇敎國《やそけうこく》に入《い》らしめ、道德《だうとく》の點《てん》も既《すで》に異《ことな》つて居《を》るが爲《た》めに、彼等《かれら》より人間視《にんげんし》せられないで、其《そ》の禍《わざはひ》の及《およ》ぶ所《ところ》は實《じつ》に計《はか》り知《し》る事《こと》が出來《でき》ないであらう。是《こ》れ余《よ》が茲《こゝ》に述《の》べる迄《まで》もなく、歷史上《れきしじやう》に於《おい》て往々《わう〳〵》見《み》る所《ところ》である。故《ゆゑ》に宗敎者《しうけうしや》の耆宿《きしゆく》たる者《もの》は心《こゝろ》を現今《げんこん》の大勢《たいせい》に注《そゝ》いで、其《そ》の度量《どりやう》を恢弘《くわいこう》にして、敎育《けういく》の方針《はうしん》を取《と》ると共《とも》に神《かみ》に通《つう》ずるの道《みち》を求《もと》むべきである。

前文《ぜんもん》に述《の》ぶるが如《ごと》く、人《ひと》は至誠《しせい》を以《もつ》て鬼神《きじん》に感通《かんつう》し、而《しか》して神明《しんめい》を受《う》けて、之《こ》れを履行《りかう》して過《あやま》らないのを道《みち》と云《い》ふのである。故《ゆゑ》に道《みち》は深遠幽玄《しんゑんいうげん》であつて、多年切磨《たねんせつま》以《もつ》て之《こ》れを積《つ》まなければ、固《もと》より之《こ》れを得《う》ることは出來《でき》ないのである。夫《か》の神人相通《しんじんあひつう》ずるや、人至誠專念《ひとしせいせんねん》の極《きよく》、其《そ》の機頓《きとみ》に相接《あひせつ》して通《つう》ずるものであるから、之《こ》れを子弟《してい》に傳《つた》へやうとするも、口《くち》を以《もつ》て言《い》ふことも出來《でき》ないし、筆《ふで》を以《もつ》て述《のべ》ることも出來《でき》ないのである。數《すう》あつて其《そ》の間《あひだ》に存《そん》するものであるから、之《こ》れを以《い》心傳心《しんでんしん》と謂《い》つたのであつて、余《よ》はそれを今簡易《いまかんい》に道《みち》びくのである。且《か》つ道《みち》の敎《をしへ》を受《う》くるものに於《おい》ても性質遲鈍《せいしつちどん》なる時《とき》は固《もと》より達《たつ》することが出來《でき》ないのであつて、又多情敏才《またたじやうびんさい》に過《す》ぎて心意《しんい》の屢々動《しば〳〵うご》く者《もの》は、至誠其間《しせいそのあひだ》に散亂《さんらん》して、道《みち》に接《せつ》するの域《ゐき》に達《たつ》することは出來《でき》ない。是《こ》れを以《もつ》て孔子《こうし》も智者《ちしや》は之《こ》れに過《す》ぎ、愚者《ぐしや》は及《およ》ばず、道《みち》は其《そ》れ行《おこな》はれざるかの歎《たん》を懷《いだ》いて、終《つひ》に其身《そのみ》を沒《を》へたのである。けれども今余《いまよ》の經驗《けいけん》に依《よ》ると云《い》ふと、至誠專念息《しせいせんねんいき》せずして、筮《ぜい》を揲《てう》する時《とき》には、其《そ》の間《あひだ》に於《おい》て神命《しんめい》を受《う》くることは決《けつ》して難《かた》いことでないことを此《こゝ》に確《かく》證《しよう》するのである。

抑々《そもそも》我國《わがくに》神道《しんだう》の創始《さうし》を考《かんが》へると、皇祖皇宗《くわうそくわうそう》國《くに》を建《た》つるの始《はじ》め、人民《じんみん》が蒙昧《まうまい》であつて、生存競爭《せいぞんきやうさう》を爲《な》し、優勝劣敗《いうしようれつはい》弱《じやく》の肉《にく》は强《きやう》の食《しよく》とするの行爲《かうゐ》が止《や》まなかつたのを歎《たん》せられて、斯民《このたみ》をして安心立命《あんしんりつめい》の業《げふ》に就《つ》かしめ、各《おの〳〵》天賦《てんぷ》の性命《せいめい》を保《たも》たしめらるゝが爲《た》めに、宸衷《しんちう》を勞《らう》せらるゝも及《およ》ばない所《ところ》があつたので、是《こゝ》に於《おい》て至誠《しせい》を凝《こ》らせられて、自《みづか》ら其《そ》の神靈《しんれい》に感通《かんつう》せられし民《たみ》をして自力自營《じりよくじえい》の道《みち》を得《え》せしむるの方法《はうはふ》を感得《かんとく》せられて、之《こ》れを政《まつりごと》に行《おこな》ひ、始《はじ》めて國家萬世《こくかばんせい》の基礎《きそ》を建《た》て給《たま》ふたのである。是《こ》れを以《もつ》て我國《わがくに》を神《しん》國《こく》と稱《しよう》し、敎《をしへ》を神道《しんだう》と稱《しよう》する所以《ゆえん》である。

支那《しな》に於《お》けるも、古《いにしへ》へ包犧氏《はうぎし》の天下《てんか》に王《わう》たるに及《およ》んで、其《そ》の國《くに》を建《た》つるの初《はじ》めに、人民《じんみん》をして衣食《いしよく》の道《みち》に就《つ》かしめ、野蠻《やばん》の風習《ふうしふ》を一洗《せん》しやうと欲《ほつ》したけれども、及《およ》ばない所《ところ》があつたので、是《こゝ》に於《おい》て憂慮《いうりよ》の極《きよく》、其《そ》の至誠《しせい》圖《はか》らずも神靈《しんれい》の祐助《いうぢよ》を得《え》て政敎《せいけう》を設《まう》け、始《はじ》めて人心《じんしん》を收《おさ》むるを得《え》たのであるが。其《そ》の神《かみ》に通《つう》ずるを指《さ》して單《たん》に之《こ》れを道《みち》と唱《とな》へたのである。後世《こうせい》に至《いた》つて、國《くに》を治《をさ》むる者《もの》が、斯道《このみち》を失《うしな》ふ時《とき》は、人民《じんみん》を亂《みだ》さんことを恐《おそ》れ、人《ひと》にして神《かみ》に通《つう》ずるの道《みち》を鬼神《きじん》に質《たゞ》し、蓍《き》を以《もつ》て神意《しんい》を、卦畫《くわくわく》を以《もつ》て造化《ざうくわ》の蘊《うん》を畫《いが》くの道《みち》を得《え》、而《しか》して以《もつ》て之《こ》れを後人《こうじん》に傳《つた》へたのである。是《こ》れ即《すなは》ち易道《えきだう》の始《はじ》めであつて、即《すなは》ち儒道《じゆだう》の本《もと》である。故《ゆゑ》に爾《じ》後《ご》神農《しんのう》、黄帝《くわうてい》、堯舜《げうしゆん》の世《よ》を治《をさ》むるにも亦《また》一に斯道《このみち》に遵由《じゆんう》し、神明《しんめい》に通《つう》じ未來《みらい》を豫知《よち》して政敎《せいけう》を行《おこな》つたので、蹉跌《さてつ》あることはなかつたのである。所謂《いはゆる》『凡事豫則立《およそことあらかじめすればすなはちたつ》、不豫則廢《あらかじめせざればすなはちはいす》、言前定則不跲《ことまへにさだまればすなはちつまづかず》、事則定則不レ困《ことまへにさだまればすなはちくるしまず》、行前定則不レ疚《おこなひまへにさだまればすなはちやましからず》、道前定則不レ窮《みちまへにさだまればすなはちきはまらず》、』と、即《すなは》ち是《こ》れである。之《こ》れに反《はん》して下民《しもたみ》の考《かんが》ふる所《ところ》は想豫《さうよ》と思想《しさう》より起《おこ》る人智《じんち》の理《り》であつて、神智《しんち》の道《みち》に及《およ》ぶこと遠《とほ》く、未來《みらい》を前知《ぜんち》することが出來《でき》ないので、上下《しやうか》の智《ち》識天地《しきてんち》の懸隔《けんかく》あるに畏《ゐ》伏《ふく》するのである。其《そ》の久《ひさ》しきや下《しも》として上《かみ》を疑《うたが》はないのみならず、惟命是從《これめいこれしたが》ひ所謂《いはゆる》『不レ賞而民勸、不レ怒而民威ニ於鈇鉞一《しやうせずしてたみすゝみ、いからずしてたみふえつよりおそる》』に至《いた》るのである。是《こゝ》に於《おい》て人民《じんみん》恣《ほしひまゝ》に政府《せいふ》の爲《な》す所《ところ》を難《なん》じ、屢《しば〳〵》宰相《さいしよう》の門《もん》を叩《たゝ》いて議論《ぎろん》を求《もと》むる者《もの》がないやうになつた。之《こ》れを

『奏《すゝみ》假《いたりて》無《いふこと》レ言《なく》時《とき》靡《とあらそひ》レ有《ある》レ爭《なし》』と、謂《い》ふ、是《こ》れ垂拱《すゐきよう》して天下《てんか》平《たひら》かなるの道《みち》であつて、萬《ばん》民《みん》の幸福《かうふく》之《こ》れに過《す》ぎたるはない。而《しか》して其《そ》の帝位《ていゐ》を禪讓《ぜんじやう》するの際《さい》授《さづ》くるに『人心《じんしん》惟《これ》危《あやふく》道心《だうしん》惟《これ》微《び》惟《これ》精《せい》惟《これ》一《いち》、允《まことに》執《その》ニ其《うちを》中《とる》一』の語《ご》を以《もつ》てし、常《つね》に天命《てんめい》の中正《ちうせい》を執《と》る、即《すなは》ち易《えき》の二五の中正《ちうせい》を取《と》つて、政事《せいじ》を執行《しつかう》したのであつて、是《こ》れ中庸《ちうよう》の書《しよ》のある所以《ゆえん》である。然《しか》るに和漢《わかん》の儒者《じゆしや》今《いま》に至《いた》つて猶《な》ほ之《こ》れを解《かい》さないのは歎《たん》ずべきの至《いた》りである。夏殷周《かいんしう》三代《だい》の世《よ》各《おの〳〵》大祖《たいそ》の時《とき》は、道《みち》少《すこし》く行《おこな》はれたけれども、後世子孫《こうせいしそん》國家《こくか》を治《をさ》むるの天職《てんしよく》を知《し》るの力《ちから》がないと共《とも》に、亦《また》神《かみ》に通《つう》ずることは出來《でき》ない。是《こゝ》に至《いた》つて道《みち》終《つひ》に亡失《ばうしつ》して復《また》見《み》る事《こと》が出來《でき》ない。孔子《こうし》其時《そのとき》に生《うま》れ十有《いう》五にして學《がく》に志《こゝろざ》して、古來《こらい》の聖人《せいじん》國《くに》を治《をさむ》るに道《みち》を以《もつ》てせしことを學習《がくしふ》し、五十にして天命《てんめい》を知《し》るに至《いた》つたのであつて、乃《すなは》ち時《とき》の國《こく》君《くん》に建言《けんげん》するに道《みち》を以《もつ》て天下《てんか》を治《をさ》むることを以《もつ》てしたけれども、國君《こくくん》皆《みな》其《そ》の力《ちから》に乏《とぼ》しくして、之《こ》れを用《もち》ゆることは出來《でき》なかつた。孔子《こうし》の如《ごと》き聖賢《せいけん》でも、其《そ》の位《くらゐ》を得《え》なければ道《みち》を以《もつ》て博《ひろ》く民《たみ》に施《ほどこ》すことは出來《でき》ない。因《よつ》て三千の子弟《してい》を集《あつ》めて、斯道《このみち》を洙泗《しゆし》の間《あひだ》に教授《けうじゆ》して、之《こ》れを後世《こうせい》に傳《つた》ふるを以《もつ》て畢生《ひつせい》の事業《じげふ》としたのである。然《しか》るに三千の子弟《してい》の中《うち》に、智者《ちしや》がないではなかつたけれども、容易《ようい》に道《みち》に入《い》ることが出來《でき》なかつた。其《そ》の少《すこ》しく才器《さいき》ある者《もの》は天下《てんか》の事《こと》は才《さい》を以《もつ》て處《しよ》するに足《た》るから迂遠《うゑん》の道《みち》などは何《なん》ぞ學《まな》ぶ事《こと》があらうかと、中途《ちうと》にして廢《はい》する者《もの》が多《おほ》かつた。孔子《こうし》之《こ》れを慨《がい》して、『君子遵レ道《くんしみちにしたがひ》而行《ておこなふ》、半途而廢《はんとにしてはいす》吾不レ能レ已矣《われはやむあたはず》』と歎息《たんそく》して云《い》つた。斯道《このみち》や固《もと》より理《り》を窮《きは》め性《せい》を盡《つく》し、命《めい》に至《いた》つて得《う》るものであるから、心《こゝろ》を專《もつぱ》らにし、志《こゝろざし》を一にして之《こ》れに從事《じうじ》しなければ、之《こ》れを學《まな》ぶも得《う》ることは出來《でき》ない。況《いは》んや性質淺薄《せいしつせんはく》の者《もの》に於《おい》ては尙《な》ほ更《さら》のことである。人《ひと》一度道《たびみち》に達《たつ》する時《とき》は、其《そ》の味《あぢあひ》窮《きはま》りなく、終身《しうしん》之《こ》れを用《もち》ゐて盡《つ》きることがないのであるから之《こ》れを修《おさ》むるの間《あひだ》は、世事《せじ》を捨《す》てよと云《い》ふのではないが、畢生《ひつせい》の力《ちから》を茲《こゝ》に竭《つく》して瑣々《さゝ》たる望《のぞ》みに志《こゝろざし》を奪《うば》はるゝやうな事《こと》があつてはならぬ。故《ゆゑ》に『士志レ於《しみちにこゝろざし》レ道而耻ニ惡衣惡食一者《てあくいあくしよくをはづるもの》不レ足ニ與議一也《はともにはかるにたらず》』と、云《い》ふ言《げん》がある。又時《またとき》あつて子弟《してい》の熟達《じゆくたつ》しないのを歎《たん》じて、人種論《じんしゆろん》に歸《き》して曰《いは》く『道不レ行乘レ桴浮レ于レ海《みちおこなはれずいかだにのつてうみにうかはん》』と、云《い》つてある。然《しか》るに多《おほ》くの子弟《してい》中《ちう》顏淵《がんえん》のみが、獨《ひと》り聖人《せいじん》の體《たい》を具《そな》へて、大《おほい》に道《みち》に庶幾《ちかき》ものがあつた。今人《いまひと》が聖人《せいじん》の學《がく》を以《もつ》て多《おほ》くは至難《しなん》のことと爲《な》すけれども、聖人《せいじん》の學《がく》は甚《はなは》だ高遠《かうゑん》なものゝみではない。平日處世《へいじつしよせい》の事《こと》、經濟《けいざい》の事《こと》、皆其《みなそ》の中《うち》に含蓄《がんちく》せるものであることを知《し》らねばならぬ。夫《そ》れ孔子《こうし》にして弟子《ていし》を敎育《けういく》するにも三千の子弟《してい》悉《こと〴〵》く富裕《ふゆう》ではない、顏回原《がんくわいげん》憲《けん》の如《ごと》きを以《もつ》て見《み》るべきである。故《ゆゑ》に『子《し》罕《まれに》言レ利《りをいふ》與レ命《めいと》與レ仁《じんと》』の語《ご》がある。其《そ》の罕《まれ》に利《り》を言《い》ふと云《い》ふのは、經濟《けいざい》の巧《たく》みなるを證《しよう》するに足《た》るのである。然《しか》れども利《り》を得《え》て可《か》なるの時《とき》でなければ、行《おこな》はざるを以《もつ》て命《めい》と曰《い》ひ、且《か》つ己《おの》れを益《えき》して人《ひと》に損《そん》を掛《か》けることをしない。彼我《ひが》共《とも》に宜《よろ》しきを得《う》るを以《もつ》て仁《じん》と云《い》ふのである。又曰《またいは》く『回《くわい》也《や》其《それ》庶幾《ちかき》乎《か》屢《しば〳〵》空《むなし》、賜《し》不レ受レ命《めいをうけずして》而貨殖《くわしよくし》億《おもんぱかれば》則《すなはち》屢《しば〳〵》中《あたる》』と、云《い》はれたる等《とう》皆《み》な經濟上《けいざいじやう》を兼《か》ねて言《い》つたことである。言《い》ふとは顏回《がんくわい》は命《めい》を受《う》くるに庶幾《ちか》いけれども、道《みち》の未《いま》だ熟《じゆく》さないが爲《た》めで、事《こと》を占《うらな》ふに誤《あやま》つて囊中《なうちう》屢々《しば〳〵》空《むな》しきことあり、子貢《しこう》は未《いま》だ命《めい》を受《う》くるに至《いた》らなかつたけれども、貨殖《くわしよく》の術《じゆつ》には巧《たく》みであつて、其《そ》の想像《さうざう》の計畫《けいくわく》も屢々《しば〳〵》中《あた》ると云《い》ふことである。其《そ》の百事《じ》に道《みち》を用《もち》ひたのは是《こ》れを以《もつ》ても知《し》るべきである。孔子《こうし》の顔回《がんくわい》の道《みち》に庶幾《ちか》きを以《もつ》て、之《こ》れをして道統《だうとう》の傳《でん》を繼《つ》がしめやうとしたが、彼《か》れ不幸《ふかう》にして早世《さうせい》したので、孔子《こうし》は之《こ》れを悲《かなし》んで、天喪レ予《てんわれをほろぼす》と云《い》はれて、其《そ》の道統《だうとう》の絶《た》えるを憂《うれ》ひられたのである。子貢《しこう》の如《ごと》きは高才雄辯《かうさいゆうべん》の人《ひと》であつたけれども、『夫子之《ふしの》言性與二天道一不《せいとてんだうとをいふはえて》可二得而聞一也《きくべからず》』と云《い》ひ、冉求《ぜんきう》に於《お》けるも『非レ不レ説二子之道一也力不レ足也《しのみちをよろこばざるにあらずちからのたらざるなり》』と、云《い》つてある。乃《すなは》ち蒙昧《まうまい》の子弟《してい》に對《たい》して道《みち》を説《と》いても、道《みち》は傳《つた》へる事《こと》は難《かた》く、又承《またう》くるに難《かた》いのであつて、遂《つひ》に道《みち》の行《おこな》はれないことを知《し》つて、道《みち》を説《と》くことを斷念《だんねん》し、是《こゝ》に於《おい》て直接《ちよくせつ》に道《みち》を説《と》くことなく始《はじ》めて道徳《だうとく》なるものを以《もつ》て、蒙昧《まうまい》の子弟《してい》を敎授《けうじゆ》した。夫《か》の道《みち》を知《し》る者《もの》は鬼神《きじん》に通《つう》じて見《み》ざる所《ところ》に戒愼《かいしん》し、聞《き》かざる所《ところ》に恐懼《きようく》し、諟天《このてん》の明命《めいめい》を顧《かへりみ》るものなれば、不善《ふぜん》は賞《しやう》すと雖《いへど》も之《これ》を行《おこな》はず、不善《ふぜん》を行《おこな》はざれば爲《な》す所皆善《ところみなぜん》ならざるなく、唯善《たゞぜん》を行《おこな》ふを以《もつ》て常《つね》とするの義《ぎ》に依《よ》り、五常《じやう》と唱《とな》へて之《こ》れを衆人《しうじん》に告《つ》げた。即《すなは》ち其常《そのつね》とする所《ところ》は我身《わがみ》を愛《あい》するの心《こゝろ》を推《お》して偏《あまね》く之《これ》を他人《たにん》に及《およ》ぼすを仁《じん》と云《い》ひ、己《おの》れの職業《しよくげふ》を務《つと》めて人《ひと》の力《ちから》に依《よ》らないのを義《ぎ》と云《い》ひ、遊譲和暢《いうじやうわちやう》にして世《よ》の交際《かうさい》に上下《しやうか》の秩序《ちつじよ》を亂《みだ》なさいのを禮《れい》と云《い》ひ、處世《しよせい》の道《みち》に審《つまびら》かにして經驗《けいけん》多《おほ》きを知《ち》と云《い》ひ、其《そ》の云《い》ふことの違《たが》はないのを信《しん》と云《い》ひ、都《すべ》て道《みち》を知《し》つた者《もの》の行《おこなひ》を指《さ》して、道德《だうとく》と稱《しやう》し之《こ》れを人《ひと》に說《と》き示《しめ》したものである。故《ゆゑ》に前《まへ》にも述《の》べたやうに、道《みち》は本《もと》であつて、道德《だうとく》は末《すゑ》である。道《みち》は神《かみ》に通《つう》じて世《よ》を益《えき》するを謂《い》ひ、道德《だうとく》は唯《たゞ》不善《ふぜん》をしないことを謂《い》ふのである。故《ゆゑ》に道《みち》と道德《だうとく》の差《さ》は恰《あだか》も石炭酸《せきたんさん》と石炭酸《せきたんさん》に百倍《はい》の水《みづ》を和《わ》したもの丶差《さ》に等《ひと》しいのであるけれども、道《みち》の行《おこな》はれないのを歎《なげ》いて、『邦有レ道邦無レ道天下有レ道天下レ無道《くにみちありくにみちなしてんかみちありてんかみちなし》』との語《ご》を發《はつ》せられたことが屢々《しば〳〵》であつて、『道其不レ行矣《みちそれおこなはれざるか》』の歎聲《たんせい》を漏《も》らされた。又《また》『道之將レ行也命也道之將レ廢也命也《みちのまさにおこなはれんとするやめいなりみちのまさにはいせられんとするやめいなり》』と云《い》はれて之《こ》れを天命《てんめい》に歸《き》せられたのである。又《また》朝《あした》に道《みち》ありと聞《き》かば夕《ゆふべ》に死《し》すとも可《か》なりの語《ご》あるに終《をは》つた。是《こ》れよりして道統《だうとう》の傳《でん》殆《ほと》んど絕《た》えたのである。故《ゆゑ》に宋儒《そうじゆ》の如《ごと》きは、『聖人未レ生則道在二天地一聖人既生《せいじんいまだうまれずすなはちみちてんちにありせいじんすでにうまるれば》則道在二聖人一聖人既沒則道在二六經一道在二天地一微而不レ可レ見道在二六經一空言無レ補《すなはちみちせいじんにありせいじんすでにほツすればすなはちみちろくけいにありみちてんちにあるびにしてみるべからずみちろくけいにありくうげんおぎなひなし》唯聖人在レ在則煥乎其有ニ文章一《せいじんよにあればすなはちくわんこそれぶんしやうあり》』と、云《い》つて道《みち》は聖人《せいじん》の專賣特許《せんばいとくきよ》の如《ごと》く、衆人《しうじん》の行《おこな》ふことを能《あた》はざるものと定《さだ》めたのは、其《そ》の力《ちから》の足《た》らなかつた爲《た》めである。況《いは》んや宋儒《そうじゆ》の訓詁《くんわ》を習《なら》ふ者《もの》に於《おい》ては尙《な》ほ更《さら》のことである。

假《かり》に我國《わがくに》の聖祖及伏義《せいそおよびぶくぎ》、釋迦《しやか》、耶蘇《やそ》をして、同時《どうじ》に會合《くわいがふ》せしめたとすれば、至誠《しせい》を以《もつ》て神《かみ》に通《つう》じ、億兆《おくてう》を惠《めぐ》むの趣旨《しゆし》は同《どう》一であつて、同聲相應《どうせいあいおう》じ同氣相求《どうきあひもと》め、必《かなら》ず其《そ》の歡欣鼓舞《くわんきんこぶ》に堪《た》へないであらう。けれども風土人情《ふうどにんじやう》の異《こと》なると、時勢《じせい》の趨向《すうかう》とに隨《したが》つて布敎《ふけう》せられたものであるから、各小差異《おの〳〵せうさゐ》のある事《ここ》は免《まぬが》れないが、其《そ》の神《かみ》に通《つう》じて人《ひと》を善《ぜん》に導《みちび》かんとするの意《い》は一であるされば、方今《はうこん》の宗敎家《しうけうか》たる者《もの》は神儒佛耶《しんじゆぶつや》の長所《ちやうしよ》を擇《えら》んで、時勢《じせい》に適《てき》して人心《じんしん》を善《ぜん》に導《みちび》くの敎《おしへ》を設《まう》けなければならないのである。然《しか》るに瑣《さ》瑣たる異同《ゐどう》に偏《へん》して、宗義《しうぎ》を爭《あらさ》ふのは却《かへ》つて祖師《そし》の眞意《しんい》を了解《れうかい》しないのに依《よ》るものと云《い》はねばならぬ。中世以降《ちうせいいかう》神意《しんい》を布敎《ふけう》する宗敎家《しうけうか》が神《かみ》に通《つう》ずること能《あた》はずして、優勝《いうしやう》劣敗《れつはい》の世《よ》に立《た》つ時《とき》は、勸善懲惡《くわんぜんちようあく》の急《きふ》なるよりして、對機說法《たいきせつはふ》と唱《とな》へて架空《かくう》の說《せつ》を構《こう》造《ざう》して以《もつ》て愚民《ぐみん》を恐怖《きようふ》せしめ、不良《ふりやう》の念《ねん》を斷《た》たしむるに至《いた》つては、能《よ》く其《そ》の機《き》に投《たう》じて、大功《たいこう》を奏《そう》したこともあるであらう。故《ゆゑ》に各宗《かくしう》共《とも》に道《みち》の本源《ほんげん》一にして、宗祖《しうそ》も同《おな》じく神《かみ》より得《え》た所《ところ》の一なるを思《おも》はないで、唯對機說法《たゞたいきせつぽふ》の枝葉《しえふ》に馳《は》せて、異同《ゐどう》を爭《あらそ》ふは今《こん》世《せい》の爲《た》めに取《と》らない所《ところ》である。試《こゝろみ》に思《おも》へ、佛《ぶつ》は三世《せ》の因果《いんぐわ》を說《と》くの敎旨《けうし》であるけれども、今《いま》の僧侶《そうりよ》は現世《げんせい》の未來《みらい》をも知《し》らないのであつて、譬《たと》へば或時《あるとき》は鐘《かね》を扛《あ》ぐるの力《ちから》があつたけれども、今《いま》に至《いた》つては提灯《ていちん》を挈《さぐ》るの力《ちから》がないのに同《おな》じである。耶蘇敎《やそけう》に於《お》けるも亦《また》さうであつて、耶蘇《やそ》の門人《もんじん》十二人《にん》歐洲《おうしう》に傳敎《でんけう》し、神意《しんい》と稱《しよう》して未來《みらい》の事《こと》を豫《よ》言《げん》して其《そ》の過《あやま》らざるが爲《た》めに、衆人之《しうじんこれ》に感服《かんぷく》して、其《そ》の敎旨《けうし》が大《おほい》に弘《ひろま》つたではないか。然《しか》るに今《いま》の傳道師《でんだうし》は、能《よ》く未來《みらい》を說明《せつめい》しして、衆人《しうじん》を感服《かんぷく》せしむる者《もの》あるを聞《き》かないのである。夫《そ》れ宗敎《しうけう》は現《げん》に未來《みらい》の吉凶《きつきよう》を示《しめ》して幸福便利《かうふくべんり》を衆庶《しうしよ》に與《あた》へて、之《こ》れをして歡喜《くわんき》せしむると共《とも》に神明《しんめい》の嚴肅《げんしゆく》なるを示《しめ》し、人《ひと》をして畏懼感服《ゐくかんぷく》せしめ、善《ぜん》に勸《すゝ》み、惡《あく》に遠《とほ》ざからしめ、形而上人心《けいじじやうじんしん》を制《せい》する法律《はふりつ》となつて、政治《せいぢ》を助《たす》くるに在《あ》るのである。

而《しか》して夫の神儒佛耶《しんじゆぶつや》等《とう》は皆神《みなかみ》に通《つう》じ、神《かみ》より出《い》でたるの敎《をしへ》であるから、敎義《けうぎ》の確乎《かくこ》たるは固《もと》より論《ろん》を俟《ま》たないけれども、今《いま》の宗敎家《しうけうか》は一も神《かみ》に通《つう》じないから、世人《せじん》をして凶《きよう》を避《さ》け、吉《きち》に趨《おもむ》かしむることは出來《でき》ないのである。況《いは》んや之《これ》をして恐懼《きようく》せしむることは尙《な》ほ更出來《さらでき》ないのである。恩威《おんゐ》二つながら行《おこな》はれないで、而《しか》して獨《ひと》り宗敎《しうけう》の盛《さか》んならんことを求《もと》むるは、猶《な》ほ木《き》に緣《よ》りて魚《うを》を求《もと》むると同《おな》じである。今《いま》に於《おい》ては唯開祖《たゞかいそ》が神《かみ》に通《つう》じて豫言《よげん》の過《あやま》らなかつた事《こと》を以《もつ》て、眞《しん》に英靈尊嚴《えいれいそんげん》なるものとして、己《おの》れ之《こ》れを崇敬《すうけい》し、又衆人《またしうじん》を勸《す》めて共《とも》に之《こ》れを崇敬《すうけい》せしめやうとするが爲《た》めに、或《あるひ》は架空《かくう》の說《せつ》を構造《こうざう》し以《もつ》て衆庶《しうしよ》を敎導《けうだう》し、是《こ》れを以《もつ》て其《そ》の業務《げふむ》として居《ゐ》るのである。又政治家《またせいぢか》に於《おい》ても蠢爾《しゆんじ》たる愚民《ぐみん》は理《り》を以《もつ》て諭《さと》すことが出來《でき》ないから、宗敎《しうけう》なるものは架空《かくう》の說《せつ》を唱《とな》ふるも衆民《しうみん》の心《こゝろ》を溫和《おんわ》に導《みちび》くの器械《きかい》とするに於《おい》て、古《いにし》へより缺《か》くべからざるものと爲《な》して、宗敎《しうけう》を用《もち》ゆるを以《もつ》て一種《しゆ》の政略《せいりやく》としたのであつて、それが故《ゆゑ》に復重《またおも》きを其上《そのうへ》に置《お》かなかつたのである。何《なん》となれば、方今要路《はうこんえうろ》に在《あ》つて英才達識《えいさいたつしき》と稱《しよう》せらるゝ人《ひと》の言《げん》を聞《き》くに社會《しやくわい》の文物《ぶんぶつ》は人類《じんるゐ》の生長《せいちやう》と同《おな》じく年《とし》を經《ふ》るに從《したが》つて、發育《はついく》するものであるから、今人《こんにち》の古人《こじん》に勝《まさ》る者《もの》が少《すくな》くない、故《ゆゑ》に吾人《ごじん》は世人《せじん》の如《ごと》く、先哲《せんてつ》を尊信《そんしん》しないのであると云《い》ひ、又今試《またいまこゝろ》みに孔子《こうし》、釋迦《しやか》、耶蘇《やそ》を招《まね》いで來《き》て、今世《こんせい》の現況《げんきやう》を示《しめ》したならば、蒸汽《じやうき》の巧《たく》みなるを見《み》て驚《おどろ》き、電氣《でんき》の便《べん》を見《み》て怖《おそ》れ、硝子鏡《ガラスかゞみ》に突《つ》き當《あた》つて瘤《こぶ》を作《つく》るであらうと云《い》つて居《ゐ》る。併《しか》し乍《なが》ら余《よ》は是《こ》れに對《たい》して以爲《おもひら》く、天稟英才《てんぴんえいさい》の出《い》づるや、時勢《じせい》に乘《じよう》じて、官途《くわんと》に入《い》り、多端《たたん》の政務《せいむ》に鞅掌《わうしやう》して、深《ふか》く學術《がくじゆつ》を究《きは》むるの暇《ひま》がないから、從《したが》つて、道《みち》を知《し》らないで前記《ぜんき》の囈語《けいご》を發《はつ》する者《もの》として、敢《あへ》て之《こ》れに抗論《かうろん》をしないのである。唯假令今人《たゞたとへこんじん》の進步《しんぽ》した點《てん》があつても、亦古人《またこじん》の今人《こんじん》に勝《まさ》る所《ところ》がないとは云《い》へないと云《い》つても、貴顯輩《きけんはい》は傲頑《がうぐわん》であつて、耳《みゝ》に掛《か》けないのである。故《ゆゑ》に方今社寺《はうこんしやじ》の保存《ほぞん》を議《ぎ》するのは我國《わがくに》の美術《びじゆつ》を惜《をし》むからであつて、其《そ》の他《た》に何等《なんら》の理由《りいう》はないのである。既《すで》に宗教《しうけう》は毫《がう》も政府《せいふ》の意《い》に介《かい》せられないのであつて、神官僧侶《しんくわんそうりよ》の如《ごと》きは古美術《こびじゆつ》の管守者《くわんしゆしや》として遇《ぐう》せられて居《ゐ》るの觀《くわん》があるのである。堂々《だう〳〵》たる形而上《けいじじやう》の宗教者《しうけうしや》が、神《かみ》に通《つう》ずることが出《て》來《き》ない爲《た》めに、此《かく》の如《ごと》き現況《げんきやう》に陷《おちい》つても、尙《な》ほ未《いま》だ之《こ》れを歎《なげ》くことを知《し》らないのである。試《こゝろみ》に思《おも》へ、往昔政府《わうせきせいふ》に於《おい》て神祇官《しんぎくわん》を以《もつ》て太政官《だじやうくわん》の上《うへ》に位《くらゐ》したのは、能《よ》く神祇《じんぎ》に敬事《けいじ》し、神明《しんめい》に通《つう》じ、將來《しやうらい》の吉凶禍福《きつきようくわふく》を豫知《よち》して、之《こ》れを奏上《そうじやう》し、且《か》つ當務者《たうむしや》に戒告《かいこく》し、政事《せいじ》をして蹉跌《さてつ》なからしめたからである。然《しか》るに爾來神祇《じらいじんぎ》の道《みち》廢《すた》れた爲《た》めに其《そ》の官職《くわんしよく》は無用視《むようし》せられ、僅《わづ》かに社寺局《しやじきよく》の下《もと》に附隨《ふずゐ》せらるゝに至《いた》つたのである。其《そ》の職《しよく》に在《あ》る者《もの》宜《よろ》しく猛省《まうせい》すべきである。然《しか》れども、新年《しんねん》の政事始《せいじはじ》めには先《ま》づ神宮《じんぐう》の事《こと》を奏《そう》すとある、又詔勅《またせうちよく》の發《はつ》せらるゝ毎《ごと》に、天祐《てんいう》とか、若《も》くは皇祖皇宗《わうそわうそう》の威靈《ゐれい》云々《うんぬん》と云《い》ふやうな文字《もじ》のあるのは、猶《な》ほ形而上《けいじじやう》の儀式《ぎしき》のみに其《そ》の禮《れい》の僅《わづ》かに存《そん》して居《ゐ》るものと云《い》はねばならぬ。是《こ》れに由《よ》つて之《こ》れを觀《み》れば、政府《せいふ》に於《おい》ても、其名實《そのめいじつ》の相伴《あひともな》はざるを怪《あやし》むことがないであらうか、是《こ》れ特《ひと》り我國《わがくに》のみではない。各國帝王《かくこくていわう》の詔勅《せうちよく》も亦《また》然《しか》りであるけれども、宇內各國《うだいかくこく》も神人《しんじん》の間《あひだ》相隔絕《あひかくぜつ》して遂《つひ》に忘失《ばうしつ》したやうである。則《すなは》ち祭者《さいしや》の政者《せいしや》に劣《おと》り、形而上《けいじじやう》の道學《だうがく》が形而下《けいじか》の理學《りがく》に蔑視《べつし》せらるゝは是《こ》れ唯《たゞ》宗敎者《しうけうしや》の怠《おこた》りに出《い》づるのであつて、是《こゝ》に於《おい》てか一般《はん》の教育《けういく》に於《お》けるも形而上《けいじじやう》の道學《だうがく》は政府《せいふ》も之《これ》を措《おい》て問《と》はざるもの丶如《ごと》く形而下《けいじか》の理學《りがく》の盛《さか》んに行《おこな》はるゝは、所謂《いはゆる》陰長《いんちやう》して陽消《やうせう》するの氣運《きうん》であらうか、實《じつ》に已《や》むを得《え》ない事《こと》であるけれども、獨逸國《どえつこく》の如《ごと》きは神《かみ》の未《いま》だ明《あきら》かならざるに苦《くる》しんで、猶《な》ほ其《そ》の理《り》を究《きは》めやうと欲《ほつ》するの切《せつ》なるよりして、大學《だいがく》の生徒《せいと》二萬《まん》五千人中《せんにんちう》其《そ》の十分《ぶん》の一は神學《しんがく》の科《くわ》に在《あ》つて、第《だい》一席《せき》を占《し》めて居《ゐ》ると云《い》ふことである。然《しか》るに我國《わがくに》は固《もと》より神國《しんこく》と稱《しよう》し、皇宮《わうきう》の賢所《かしこどころ》を崇奉《すうほう》せらるゝにも拘《かゝ》はらず、帝國大學《ていこくだいがく》に未《いま》だ一の神學科《しんがくくわ》のあるを聞《き》かないのは、余《よ》の怪訝《かいが》に堪《た》へざる所《ところ》である。故《ゆゑ》に形而下《けいじか》の理學者《りがくしや》に於《おい》ては固《もと》より目《め》に見《み》る所《ところ》の外《ほか》に物《もの》なきを以《もつ》て定義《ぢやうぎ》とするのであるから、宗《しう》教家《けうか》を目《もく》して妄誕不稽《まうたんふけい》の說《せつ》を作爲《さくゐ》し、愚民《ぐみん》を誑惑《きやうわく》し、自家生活《じかせいくわつ》の資《し》と爲《な》すのでなければ則《すなは》ち其《そ》の妄信《まうしん》を以《もつ》て、更《さら》に妄信《まうしん》を餘人《よじん》に與《あた》ふる者《もの》であるとして居《ゐ》る。然《しか》れども夫《か》の理學《りがく》の研究《けんきう》たる、其《そ》の師《し》とする處《ところ》は、望遠鏡《ばうゑんきやう》及《およ》び顯微鏡《けんびきやう》の類《るゐ》であつて、復其《またそ》の他《た》に形《けい》而上《じじやう》の學《がく》あるを知《し》らない。唯理《たゞり》のみを以《もつ》て推《お》すが故《ゆゑ》に、宇宙《うちう》を論《ろん》じて造物主《ざうぶつしゆ》なるものの因《よつ》て生《しやう》ずる所《ところ》を尋《たづ》ぬるに終《をは》るのみである。而《しか》して理學者《りがくしや》に於《おい》ても未《いま》だ心《こゝろ》に慊《あきた》らざる所《ところ》があつてか、哲學《てつがく》を研究《けんきう》して其《そ》の力《ちから》を借《か》りやうとして居《ゐ》る。其《そ》の哲學者《てつがくしや》常《つね》に云《い》ふには、實驗《じつけん》の範圍外《はんゐぐわい》に智識《ちしき》があるかとの言《げん》を以《もつ》て一大問題《だいもんだい》として居《ゐ》る。余《よ》に於《おい》ても實驗《じつけん》の範圍外《はんゐぐわい》に智識《ちしき》ありと云《い》ふのではない。然《しか》も彼等《かれら》は其《そ》の實驗《じつけん》に於《おい》て未《いま》だ至《いた》らない所《ところ》のあるを謂《い》ふのみである。凡《およ》そ理《り》を究《きは》むるの能《のう》は人《ひと》にあるけれども、性《せい》を盡《つく》して神《かみ》の命《めい》を稟《う》くるに非《あら》ざれば、未來《みらい》を知《し》ることは出來《でき》ないから、易《えき》に依《よ》つて命《めい》を稟《う》けよと云《い》ふのである。然《しか》る時《とき》は自《おのづか》ら神明《しんめい》の嚴肅《げんしゆく》なるを知《し》るが故《ゆゑ》に、從來實驗《じうらいじつけん》の足《た》らざる所《ところ》を知《し》る事《こと》を得《う》るであらう。否《しから》ざれば所謂形而下《いはゆるけいじか》の理窟《りくつ》に陷《おちい》つて、其《そ》の出《い》づる所《ところ》を知《し》らないのである。神《かみ》を知《し》らなければ畏《おそ》るゝ所《ところ》がないから、或《あるひ》は理《り》と利《り》とを混淆《こんかう》し、其《そ》の極《きよく》己《おの》れの利《り》する所《ところ》は他《た》の害《がい》を顧《かへり》みないのを以《もつ》て人情《にんじやう》の常《つね》となし、毫《がう》も之《こ》れを疑《うたが》はない。其《そ》の弊《へい》は遂《つひ》に優勝劣敗《いうしようれつはい》弱肉强食《じやくにくきやうしよく》を以《もつ》て天則《てんそく》であると獨斷《どくだん》するから、文明《ぶんめい》と稱《しよう》する處《ところ》の各國《かくこく》專《もつぱ》ら艨艦砲熕《まうかんはうこう》の製作《せいさく》に其《そ》の奇巧《きこう》を爭《あらそ》ひ、加《くは》ふるに精鋭《せいえい》の兵士《へいし》を以《もつ》てして居《ゐ》る。

最《もつと》も亂《らん》を未萠《みほう》に防《ふせ》ぐの時《とき》と、或《あるひ》は亂極《らんきはま》るの際《さい》には武《ぶ》を以《もつ》て亂《らん》を治《をさ》むるは已《や》むを得《え》ないけれども、徒《いたづ》らに兵力《へいりよく》を以《もつ》て他國《たこく》を呑噬《どんぜい》し、無辜《むこ》の人民《じんみん》を殺戮《さつりく》して以《もつ》て無上《むじやう》の榮譽《えいよ》であると爲《な》すが如《ごと》きは、殘忍不義《ざんにんふぎ》であつて豈《あ》に之《こ》れを文明《ぶんめい》の所爲《しよゐ》と謂《い》ふことが出來《でき》やうか。然《しか》るに或《あるひ》は其《そ》の殘忍不義《ざんにんふぎ》其《そ》の事《こと》を爲《な》す者《もの》を名《なづ》けて英雄《えいゆう》としてあるのは半狂《はんきやう》の暴人《ばうじん》であることを知《し》らないからである。併《しか》し人《ひと》能《よ》く虚心平氣《きよしんへいき》に此《こ》の弱國《じやくこく》を呑噬《どんぜい》する爲《た》めの軍備《ぐんび》を熟慮《じゆくりよ》したならば、我《わ》が愛兒《あいじ》が果《はた》して何《いづ》れの地《ち》に陣亡《ぢんばう》するか、子孫《しそん》の泰否《たいひ》の如何《いかん》を思《おも》ふたならば、日夜《にちや》其《そ》の心《こゝろ》を安《やす》んずることが出來《でき》ないであらう。嗚呼《あゝ》世《よ》は文明《ぶんめい》と稱《しよう》し、理學《りがく》の發達殆《はつたつほと》んど其《そ》の際涯《さいがい》のないのを誇《ほこ》るけれども其《そ》の實《じつ》は賢智明哲《けんちめいてつ》の士《し》が相集《あひあつま》つて歳月《さいげつ》を費《つひや》し、心志《しんし》を竭《つく》し、思慮計畫《しりよけいくわく》するの結果《けつくわ》、此《かく》の如《ごと》くであつて、所謂上《いはゆるかみ》は王《わう》侯貴人《こうきじん》より下《しも》は庶民《しよみん》に至《いた》るまで、危殆《きたい》の極《きよく》たるの工夫《くふう》をしたものと謂《い》はねばならない。然《しか》るに世人《せじん》が狂醉《きやうすゐ》して猶《な》ほ其《そ》の淺薄《せんはく》なる智識《ちしき》を振《ふる》つて、欣々然《きん〳〵ぜん》として自《みづか》ら以《もつ》て志《こゝろざし》を得《え》たりと爲《な》して居《ゐ》るに至《いた》つては、豈《あ》に驚《おどろ》き悲《かなし》まざるを得《え》ないのである。是《こ》れ偏《ひとへ》に形《けい》而上《じじやう》の道學《だうがく》を修《なさ》むることを務《つと》めないで、神《かみ》に通《つう》ずることが出來《でき》ない爲《た》めに、天下《てんか》の人《ひと》皆《みな》理學《りがく》に狂亂《きやうらん》せるに由《よ》るのである。

夫《か》の形而下《けいじか》の學《がく》は一身《しん》に取《と》つて、身《み》を修《なさ》め、家《いへ》を齊《とゝの》ふる衣食住《いしよくぢう》の現理《げんり》に歸《き》し、形而《けいじ》上《じやう》の學《がく》は心魂《しんこん》の教《おしへ》であつて、心《こゝろ》を正《たゞ》くし誠《まこと》にするの眞理《しんり》に歸《き》するのである。人肉體《ひとにくたい》あつて精神《せいしん》がなければ形而上《けいじじやう》の學《がく》の必要《ひつえう》はない。苟《いやしく》も精神《せいしん》ある以上《いじやう》は、心魂《しんこん》が主《おも》であつて、肉體《にくたい》は其《そ》の衣《い》のやうなものである。故《ゆゑ》に心魂肉體《しんこんにくたい》の教育並《けういくなら》び行《おこな》はれ、現理眞理《げんりしんり》の二つながら全《まつた》からんことを要《えう》するのである。今《いま》の教育《けういく》は人生涯衣食住《ひとしやうがいいしよくぢう》の爲《た》めに苦勞《くらう》するものであるから、其《そ》の衣食住《いしよくぢう》を便利《べんり》ならしめなければならぬ、衣食足《いしよくた》る時《とき》は所謂《いはゆる》衣食足《いしよくた》つて禮節《れいせつ》を知《し》るで、教育行《けういくおこな》はれて國家《こくか》も治《をさま》るに至《いた》るのである。而《しか》して其《そ》の衣食《いしよく》住《ぢう》は肉體《にくたい》の爲《た》めに必要《ひつえう》ではあるけれども、人《ひと》は心身《しんしん》二つの者《もの》が相俟《あひま》つて成《な》るのであるから、政治家及《せいぢかおよ》び宗教家《しうけうか》の宜《よろ》しく深《ふか》く思《おも》はねばならぬ處《ところ》である。抑《そもそ》も人《ひと》には二個《こ》の智《ち》能《のう》がある其《そ》の一は天下《てんか》の事物目《じぶつめ》に觸《ふ》るゝ限《かぎ》りを研究《けんきう》し、經驗《けいけん》と思想《しさう》とに依《よ》つて發明《はつめい》する智能《ちのう》であつて之《こ》れを人智《じんち》と云《い》ふのである。又他《またた》の一は至誠鬼神《しせいきじん》に通《つう》じて未來《みらい》を前知《ぜんち》し國家《こか》の大計《たいけい》を經綸《けいりん》するの智能《ちのう》であつて、之《こ》れを神智《しんち》と云《い》ふのである。智能《ちのう》に此《こ》の二個《こ》の優劣《いうれつ》のあるのは恰《あだか》も寫眞《しやしん》と筆畫《ひつぐわ》との如《ごと》く、畫工《ぐわこう》の年月《ねんげつ》を費《つひや》し精神《せいしん》を勞《らう》して而《しか》して山水人物《さんすゐじんぶつ》を寫《うつ》すと、其《そ》の巧妙《こうめう》なること眞《しん》に逼《せま》るものがあるけれども、併《しか》し之《こ》れは唯美《たゞび》術《じゆつ》として見《み》るべきである。彼《か》の寫眞術《しやしんじゆつ》の細大《さいだい》洩《も》らさず眞影《しんえい》を瞬間《しゆんかん》に寫《うつ》すものに比《ひ》すれば、其《そ》の優劣得失《いうれつとくしつ》は云《い》ふ迄《まで》も無《な》く明《あきら》かなる事實《じじつ》である。されば此《こ》の二個《こ》の智能《ちのう》即《すなは》ち道《みち》と理《り》とを完全《くわんぜん》して、人々《ひと〲》其《そ》の職《しよく》に安《やす》んじ、各《おの〲》天賦《てんぷ》の性命《せいめい》を保《たも》ち、以《もつ》て眞《しん》の幸福《かうふく》を享受《きやうじゆ》する事《こと》の出來《でき》る方針《はうしん》を立《た》つべきである。所謂《いはゆる》眞《しん》の幸福《かうふく》と云《い》ふのは外《ほか》でもない。衆庶《しうしよ》各《おの〲》其所《そのところ》を得《う》るの謂《いひ》である。然《しか》るに人智《じんち》益《ます〱》進《すゝ》むけれども神智《しんち》を受《う》くる者《もの》が稀《ま》れであつては、社會《しやくわい》は遂《つひ》に虎狼《こらう》の住家《すみか》と變《へん》じ、呑噬爭奪《どんぜいさうだつ》其《そ》の極《きよく》に至《いた》るであらう。斯《か》くして世人《せじん》は遂《つひ》に眞《しん》の幸福《かうふく》と云《い》ふ事《こと》を享受《きやうじゆ》する事《こと》が出來《でき》ないやうになつて仕舞《しま》ふのである。要《えう》するに是《こ》れ形而上《けいじじやう》の學者《がくしや》其《そ》の責任《せきにん》を曠《むな》しくし、神《しん》に通《つう》ずるの道《みち》が行《おこな》はれないのに基因《きいん》するのであるから、苟《いやしく》も宗教家《しうけうか》を以《もつ》て任《にん》ずる者《もの》は極力《きよくりよく》之《こ》れが償《つくな》ひを爲《な》す事《こと》に務《つと》めなければならぬのである。

思《おも》ふに余《よ》は易《えき》の至誠《しせい》を以《もつ》て神《かみ》に通《つう》ずる事《こと》が出來《でき》るのであるから、各宗教家《かくしうけうか》に至誠《しせい》の妙《めう》を忠告《ちうこく》するものである。宗教家《しうけうか》が斯術《しじゆつ》を以《もつ》て各有《おの〳〵いう》する所《ところ》の教義《けうぎ》の蘊奥《うんおう》を感發《かんはつ》して、未來《みらい》の事《こと》を明《あき》らかにし、國家《こくか》を益《えき》すると共《とも》に廣《ひろ》く世人《せじん》の信《しん》を得《う》るやうにしなければならぬのである。最《もつと》も耶蘇教《やそけう》の傳教師《でんけうし》は歐米《おうべい》に於《お》ける耶蘇《やそ》の直弟《じきてい》十二人《にん》の如《ごと》く易術《えきじゆつ》を以《もつ》て其《そ》の教義《けうぎ》を開發《かいはつ》し、未來《みらい》を前知《ぜんち》して衆庶《しうしよ》に幸福《かうふく》を與《あた》ふると共《とも》に、人智《じんち》の學者《がくしや》及《およ》び政治家《せいちか》をして、神明《しんめい》の嚴肅《げんしゆく》なるに感《かん》じ、恐縮《きようしゆく》措《お》く所《ところ》なく、不善《ふぜん》を行《おこな》ふ者《もの》をなからしめなければならぬ。而《しか》して宇内《うだい》の帝王《ていわう》に採納《さいなつ》せられて、各國協議《かくこくきやうぎ》の結果軍備《けつくわぐんび》を解《と》いて、戎器《じうき》は唯狂亂世《たゞきやうらんよ》に害《がい》を爲《な》す者《もの》を壓《あつ》すると、猛獸《まうじう》を驅《か》るとに止《とゞ》まらしめ、而《しか》して夫《か》の壯年《さうねん》の子弟《してい》を擧《あ》げて兵役《へいえき》に服《ふく》せしめ、爲《た》めに老者《らうしや》をして道路《だうろ》に勞役《らうえき》せしむるが如《ごと》きことの跡《あと》を絶《た》つのは即《すなは》ち傳教師《でんけうし》が易《えき》に從事《じうじ》するやうになつて爲《な》す所《ところ》の功《こう》である。而《しか》して前《ぜん》述《じゆつ》の如《ごと》きに至《いた》つたならば、今人《いまひと》の唱《とな》ふる所《ところ》の優勝劣敗弱肉强食《いうしようれつはいじやくにくきやうしよく》の文明《ぶんめい》は、野蠻《やばん》の時代《じだい》であつた事《こと》を知《し》るに至《いた》るのである。蓋《けだ》し現理《げんり》のみを學《まな》ぶ者《もの》は神理《しんり》を知《し》らないから、鬼神《きじん》をないものと爲《な》し、又現世《またげんせい》の形狀《けいじやう》のみに依《よ》つて言《げん》を立《た》つるが故《ゆゑ》に、某博士《ばうはかせ》の如《ごと》きは、優勝劣敗弱肉强食《いうしやうれつはいじやくにくきやうしよく》を以《もつ》て人世《じんせい》の天則《てんそく》であるとしてある。惟《おも》ふに此《かく》の如《ごと》き博士《はかせ》は禽獸國《きんじうこく》に入《い》りて而《しか》して博士《はかせ》となるべき人物《じんぶつ》であつて、我《わ》が國《くに》の如《ごと》き神國《しんこく》に在《あ》つては、適當《てきたう》しないのである。而《しか》して又如斯《またかくのごとき》人物《じんぶつ》は實《じつ》に人心《じんしん》を亂《みだ》すものであると云《い》はねばならぬ。又往年政府《またわうねんせいふ》の信用《しんよう》を置《お》いた某漢學者《ばうかんがくしや》は、余《よ》の神《かみ》を說《と》くに屈《くつ》し、易《えき》と中庸《ちうよう》とを以《もつ》て聖人《せいじん》の作《さく》でない。後人《こうじん》の僞作《ぎさく》であると云《い》つた。余《よ》は之《こ》れを聞《き》いて其《そ》の說《せつ》を取《と》らないのみならず、彼《か》れ何《なん》ぞ其《そ》の思《おも》はざるの甚《はなは》だしき者《もの》であると云《い》つたのである。余《よ》は聖人《せいじん》の作《さく》と、後人《こうじん》の作《さく》とを論《ろん》じない、己《おの》れの腦力《なうりよく》と古人《こじん》の卓識《たくしき》とを以《もつ》て之《こ》れが權衡《けんかう》を量《はか》つて、其《そ》の輕重《けいちやう》に因《よつ》て之《こ》れを取捨《しゆしや》する者《もの》である。噫道《あゝみち》の衰頽《すゐたい》一に此《こゝ》に至《いた》る、三千年前孔子《ねんぜんこうし》道其不ㇾ行矣《みちそれおこなはれざるか》の嘆聲《たんせい》を漏《も》らされたが、余《よ》も亦今《またいま》に於《おい》て其《そ》の嘆《たん》を同《おな》じくする者《もの》である。

故《ゆゑ》に余《よ》の易《えき》を好《この》むのは、大宗教《だいしうけう》であつて、今《いま》の宗教家《しうけうか》と稱《しやう》する者《もの》の神《かみ》に感通《かんつう》する者《もの》が鮮《すくな》く、其《そ》の教《をしへ》の完全《くわんぜん》ならざるを憂《うれ》ふる所以《ゆえん》である。而《しか》して神《かみ》に通《つう》ずるには易《えき》より簡易《かんい》なるはない。末世《まつせい》の凡夫《ぼんぶ》生存競爭《せいぞんきやうさう》の爲《た》めに、弱肉強食《じやくにくきやうしよく》を常《つね》とするに至《いた》りては、之《こ》れを導《みちび》くの手段《しゆだん》に盡《つ》きたるを以《もつ》て、徒《いたづ》らに藏經《ざうきやう》を研究《けんきう》し其《そ》の博識《はくしき》を以《もつ》て衆庶《しうしよ》に説教《せつけう》するけれども、自《みづか》ら神《かみ》に通《つう》ずることを得《え》なければ、恰《あだか》も妙藥《めうやく》を遺失《ゐしつ》して其《そ》の功能書《かうのうがき》のみを有《も》つて居《ゐ》るのと同《おな》じである。試《こゝろみ》に余《よ》の易斷《えきだん》に見《み》よ、神《かみ》に通《つう》じて未來《みらい》を説《と》くものであるから、三百八十四爻悉《かうことごと》く天命《てんめい》を正確《せいかく》に受《う》けて居《ゐ》ないことはない。已《すで》に明治《めいぢ》二十七年《ねん》六月我國《かつわがくに》と淸國《しんこく》との戰爭《せんさう》の當初《たうしよ》に於《おい》て、海陸軍《かいりくぐん》の勝利《しようり》と、其《そ》の極遂《きよくつひ》に露西亞《ロシヤ》外《ほか》二ケ國《こく》の干渉《くわんせう》すべきことを世《よ》に豫告《よこく》したのは、實《じつ》に其《そ》の十一ケ月前《げつぜん》のことであつた。又《また》夫《か》の平壤《へいじやう》を攻《せ》むるにも、北《きた》より之《こ》れを攻《せ》めて、大將《たいしやう》の首級《しゆきふ》を得《う》べしと豫告《よこく》したのは、其《そ》の前日《ぜんげつ》であつて、共《とも》に之《こ》れを當時《たうじ》の新聞紙《しんぶんし》に載《の》せて世《よ》に公《おほや》けにしたのである。然《しか》るに文部省《もんぶしやう》に在《あ》つては之《こ》れを以《もつ》て學理《がくり》より出《い》でた言《こと》であると云《い》ふ事《こと》を知《し》るの力《ちから》がなかつたのであつた。而《しか》して又人或《またひとあるひ》は高島《たかしま》は己《おの》れの才力《さいりよく》を易《えき》に假《か》りて說《と》くものであると云《い》つた者《もの》もある。其《そ》の愚《ぐ》なる事實《ことじつ》に甚《はなは》だしいと云《い》はねばならぬ。余《よ》獨《ひと》り諸人《しよじん》の知《し》る事《こと》が出《で》來《き》ない未來《みらい》の事《こと》を知《し》るを得《え》たならば、則《すなは》ち余《よ》は神《かみ》であるけれども、余《よ》は未《いま》だ神《かみ》に化《くわ》したことはない。唯《たゞ》天命《てんめい》を受《う》けて之《こ》れを言《い》ふのみであるから、宗敎家《しうけうか》諸君《しよくん》も一般世《はんせ》人《じん》も能《よ》く此《こ》の邊《へん》を考《かんが》ふべきである。形而上《けいじじやう》の道《みち》は理學者《りがくしや》の言《い》ふことの出來《でき》ない未來《みらい》を前知《ぜんち》して大《だい》は國家《こくか》、小《せう》は一個人《こじん》に至《いた》るまで幸福便利《かうふくべんり》を與《あた》ふると共《とも》に、之《こ》れをして恐懼感服《きようくかんぷく》せしめ、其《そ》の感服《かんぷく》の機《き》を以《もつ》て、之《こ》れを導《みちび》くに勸善懲惡《くわんぜんちやうあく》を以《もつ》てするにある。然《しか》るにそれが出來《でき》ないで、天堂地獄《てんだうちごく》を說《と》いて、愚民《ぐみん》を敎導《けうだう》するのは、現理學者之《げんりがくしやこ》れを目《もく》するに郵便電信《いうびんでんしん》の片便《かただよ》りを奇貨《きくわ》として空言《くうげん》を鬻《ひさ》ぐものと同《どう》一の觀《くわん》を爲《な》すものがないではない。故《ゆゑ》に今後《こんご》、各宗敎家《かくしうけうか》其《そ》の奉《ほう》ずる所《ところ》の敎《をしへ》を學《まな》ぶと共《とも》に、易學《えきがく》に從事《じうじ》し、神《かみ》に通《つう》じて未來《みらい》を衆《しう》に示《しめ》し、神《かみ》の其《そ》の左右《さいう》にありて畏《おそ》るべきことを知《し》らしめ、且《か》つ幸福《かうふく》を與《あた》へて衆庶《しうしよ》を益《えき》し、之《こ》れをして、隨喜《ずゐき》の感《かん》を起《おこ》さしめ、其《そ》の機《き》に乘《じよう》じて之《こ》れを導《みちび》くにあるのである。然《しか》る時《とき》には教師《けうし》は自《おのづか》ら尊崇《そんすう》せられて生活《せいくわつ》も裕《ゆた》かになり、信者《しんじや》も福利《ふくり》を得《え》て、善《ぜん》に勸《す》み惡《あく》に遠《とほ》ざかることになる。眞《しん》に此《かく》の如《ごと》くであらば、宗教《しうけう》の國家《こくか》を益《えき》することは蓋《けだ》し測《はか》り知《し》ることが出來《でき》ないのである。且《か》つ易《えき》に依《よ》つて神《かみ》の存在《そんざい》を觀《み》ることを得《え》たならば、諸教《しよけう》同《おな》じく神《かみ》より出《い》でたのであるから、教學上《けうがくじやう》更《さら》に一歩《ほ》を進《すゝ》め、其《そ》の蘊奥《うんおう》を究《きは》むるに庶幾《ちかい》であらうと信《しん》ずる。然《しか》るときは至誠《しせい》を以《もつ》て我聖祖《わがせいそ》、釋迦《しやか》、孔子《こうし》、耶蘇等《やそなど》が教《をしへ》を受《う》けた所《ところ》の神《かみ》に直接《ちよくせつ》して、神命《しんめい》を受《う》け今世《きんせい》の人心《じんしん》を大善《だいぜん》に導《みちび》くことを得《う》るのである。其《そ》の細目《さいもく》に至《いた》つては神儒佛耶《しんじゆぶつや》を混淆《こんこう》して『ランビキ』に掛《か》けたやうな卓絶《たくぜつ》の宗教《しうけう》を起《おこ》し、而《しか》して以《もつ》て宇内《うない》を太平《たいへい》に歸《き》せしむるに至《いた》るのである。夫《そ》れ神《かみ》より出《いづ》る道《みち》を本《もと》として衆庶《しうしよ》を教導《けうだう》する宗教家《しうけうか》が自《みづか》ら神《かみ》に通《つう》ずることが出來《でき》ないで、唯宗祖《たゞしうそ》の神《かみ》に通《つう》じたことを說教《せつけう》する者《もの》は機械《きかい》の破損《はそん》した電信局《でんしんきよく》の如《ごと》くであつて、其《そ》の愚蒙《ぐまう》なる自《みづか》ら愧《は》づべきである。且《か》つ神官僧侶《しんくわんそうりよ》、耶蘇教徒等《やそけうとなど》宗教《しうけう》を以《もつ》て自《みづか》ら任《にん》ずるけれども、衆人《しうじん》に對《たい》して徒《いたづ》らに來世《らいせい》の幸福《かうふく》を說《と》くばかりでは毫《がう》も用《よう》がない。蓋《けだ》し現世《げんせい》に於《お》て幸福《かうふく》を與《あた》へ、現世《げんせい》の困苦《こんく》を救《すく》つて初《はじ》めて宗敎《しうけう》の効果《かうくわ》が顯《あら》はれるのである。而《しか》して易《えき》の道《みち》は前《まへ》に已《すで》に述《の》べたやうに、未來《みらい》を前知《ぜんち》し、人《ひと》をして凶《きよう》を避《さ》け吉《きち》に趨《おもむ》かしむるに在《あ》るのであるから、從來《じうらい》宗敎家《しうけうか》を以《もつ》て任《にん》じた者《もの》は勿論《もちろん》の事《こと》、今後《こんご》官吏《くわんり》若《も》しくは學校《がくかう》敎員《けうゐん》等《など》の老朽《らうきう》して其《そ》の職《しよく》に任《た》へないで、退隱《たいいん》して餘年《よねん》を送《おく》る者《もの》の如《ごと》きは、咸《こと〴〵》く奮《ふる》つて占筮《せんぜい》に從事《じうじ》し、全國《ぜんこく》到《いた》る處《ところ》易《えき》と云《い》ふものに就《つい》て知《し》らない者《もの》がなくなつたならば、衆人《しうじん》皆《み》な之《こ》れに就《つい》て占《せん》を請《こ》ひ、疑《うたが》ひを質《たゞ》し、迷《まよ》ひを解《と》き、苦《く》を去《さ》り、樂《らく》に趨《おもむ》くことが出來《でき》るのである。又《また》各國人《かくこくじん》との交際《かうさい》益《ます〳〵》頻繁《ひんぱん》になつて來《く》るから、小學校《せうがくかう》に於《おい》ても、兒童《じどう》に多少《たせう》の語學《ごがく》を授《さづ》け、他日《たじつ》海《かい》外《ぐわい》に渡航《とかう》するの便利《べんり》を與《あた》へ、此等《これら》の者《もの》をして東洋易學《とうやうえきがく》の宇宙《うちう》に冠絶《くわんぜつ》する所以《ゆえん》を各邦《かくはう》に傳播《でんぱ》せしめたならば、斯道《しだう》は此《こ》の東洋《とうやう》にのみ限《かぎ》らず、終《つひ》に全世界《ぜんせかい》に行《おこな》はるゝに至《いた》るのである。此《かく》の如《ごと》くなつたならば、世界《せかい》一般《はん》の衆人《しうじん》は力《ちから》を用《もち》ひないで、未來《みらい》を知《し》る事《こと》が出來《でき》、それに鬼神《きじん》が左右《さいう》に在《あ》つて、常《つね》に冥助《めいぢよ》を與《あた》へらるゝことを曉《さと》るやうになるのである。而《しか》して人民《じんみん》畏敬《ゐけい》する所《ところ》あり是《こゝ》を以《もつ》て人《ひと》をして自《おのづか》ら日《ひ》に善《ぜん》に遷《うつ》るやうせしめるのが恩威《おんゐ》竝《なら》び行《おこな》はるゝ宗教《しゆうけう》と云《い》ふのである。斯《かく》の如《ごと》く易理《えきり》の便利《べんり》なるに感動《かんどう》せしめ、而《しか》して後眞理《のちしんり》の宗教《しゆうけう》に導《みちび》く時《とき》は、各宗教者《かくしゆうけうしや》自《みづか》らも亦至誠心力《またしせいしんりよく》の大《だい》なるを觀知《くわんち》し、所謂《いはゆる》天地《てんち》の爲《た》めに心《こゝろ》を立《た》て、生民《せいみん》の爲《た》めに道《みち》を立《た》て、聖人去《せいじんさ》つた爲《た》めに絶《た》えんとする學《がく》を繼《つ》いで、萬世《はんせい》の爲《た》めに太平《たいへい》を開《ひら》けば、百年《ねん》の後全世界《のちぜんせかい》をして善人《ぜんにん》に化《くわ》せしむることが出來《でき》るのである。是《こ》れ宗教家《しゆうけうか》の宜《よろ》しく取《と》らねばならぬ妙策《めうさく》と云《い》ふべきである。今《いま》や宇《う》内《ない》は人文《じんぶん》の發達《はつたつ》と共《とも》に益々《ます〳〵》複雜《ふくざつ》を加《くは》へて來《き》て、殊《こと》に種々《しゆ〴〵》の問題《もんだい》が相繼《あひつい》で起《おこ》つて來《く》る趨《すう》勢《せい》である。之《こ》れを大別《たいべつ》すると、一は西洋《せいやう》の肉體本位《にくたいほんゐ》を以《もつ》て世界《せかい》と競爭《きやうさう》し、其《そ》の弱《よわ》きを併吞《へいどん》して雄飛《ゆうひ》しやうとするもの一は東洋《とうやう》の精神狀態《せいしんじやうたい》を修養《しうやう》して人間資性《にんげんしせい》の至善《しぜん》を本位《ほんゐ》として、他《た》を害《がい》することなく、眞《しん》の平和《へいわ》を期《き》することである。則《すなは》ち前者《ぜんしや》は客觀《かくくわん》であつて、形而下《けいじか》である。後者《こうしや》は主觀《しゆくわん》であつて形而上《けいじじやう》である。此《こ》の二者相俟《しやあひまつ》て其《そ》の運用宜《うんようよろ》しきを得《え》なければならぬのであるが、現今《げんこん》の狀態《じやうたい》に見《み》るに前者即《ぜんしやすなは》ち客觀《かくくわん》的《てき》の形而下《けいじか》に趨《はし》りつゝあるは實《じつ》に嘆《なげ》かはしきことである。顧《かへり》みるに現今宇内《げんこんうない》の人口《じんかう》は、十五億《おく》より二十億《おく》の間《あひだ》にあつて、此《こ》の人類互《じんるゐたがひ》に國《くに》を成《な》し、互《たがひ》に自國《じこく》の襲《おそ》はれんことを恐《おそ》れて互《たがひ》に軍備《ぐんび》に熱注《ねつちう》して居《ゐ》るのである。而《しか》して海陸軍《かいりくぐん》の常備《じやうび》に要《えう》する費用《ひよう》は實《じつ》に八十億圓《おくゑん》であつて、軍備《ぐんび》に從《したが》ふ者《もの》は千五百萬人《まんにん》の多數《たすう》である。甲國《かふこく》が二ヶ國主義《こくしゆぎ》を律《りつ》として軍備《ぐんび》をすれば、乙國《おつこく》も亦之《またこ》れに對抗《たいかう》の備《そな》へを爲《な》し、隨《したがつ》て丙《へい》も備《そな》ふべく、丁《てい》も擴張《くわくちやう》すると云ふ有樣《ありさま》で、其《そ》の軍備《ぐんび》の他國《たこく》に均衡《きんかう》を失《うしな》ふ時《とき》は忽《たちま》ち呑噬《どんぜい》を免《まぬが》るゝ事《こと》が出來《でき》ないのである。されば艨艦巨砲扨《まうかんきよはうさて》は飛行器等《ひかうきとう》に國力《こくりよく》を盡《つく》して、相競《あひきそ》へ其《そ》の歸着《きちやく》する所《ところ》を知《し》らないのである。恰《あだか》も彼《か》れ鬼面《きめん》を被《かぶ》つて、我《わ》れに對《たい》すれば、我《われ》も亦鬼面《またきめん》を被《かぶ》つて之《これ》に抗《かう》する有樣《ありさま》であつて、其《そ》の際限《さいげん》がないのである。是《こ》れ實《じつ》に恐《おそ》るべく悲《かな》しむべきの現世界《げんせかい》の現狀《げんじやう》ではないか。

されば軍備者流《ぐんびしやりう》は輙《すなは》ち曰《いは》く、萬國公法《ばんこくこうはふ》と云《い》ひ、國際條約《こくさいでうやく》と云《い》ひ、道德《どうとく》と云《い》ひ、宗敎《しうけう》と云《い》ふと雖《いへど》も、國《くに》と國《くに》との關係《くわんけい》に於《おい》ては結局《けつきよく》は何《なん》の役《やく》にも立《た》つ者《もの》ではない。唯武《たゞぶ》の一點《てん》に歸《き》するのみであると云《い》つて居《ゐ》る。されば我《わ》が　先帝陛下《せんていへいか》に於かせられても、畏《かしこ》くも此《こ》の點《てん》に御宸襟《ごしんきん》を煩《わづら》はし給《たま》ふたと漏《も》れ承《うけたまは》つたが、余《よ》は此《こ》の　陛下《へいか》の大御心《おほみこゝろ》を恐察《きようさつ》し奉《たてまつ》り轉《うた》た感涙《かんるい》を催《もよほ》したのであつた。又《ま》た　今上陛下《きんじやうへいか》にも深《ふか》く此《こ》の國民《こくみん》の生存《せいぞん》を安《やす》からしめんとの御心《みこゝろ》よりして、冗費《ぜいび》を省《はぶ》き政費《せいひ》を節減《せつげん》して、以《もつ》て七千萬赤子《まんせきし》の上《うへ》に幸《さち》あれかしと思《おも》はせ給《たま》ふけれども、他國《たこく》既《すで》に武力《ぶりよく》を以《もつ》て我《われ》に對《たい》するを以《もつ》て、我《わ》れも亦之《またこ》れに對抗《たいかう》しなければならぬ。已《や》むなき所《ところ》より、常《つね》に御宸襟《ごしんきん》を惱《なや》まし給《たま》ふて在《まし》ますのである。然《しか》らば此《こ》の弱肉強食《じやくにくきやうしよく》の現狀《げんじやう》を救《すく》ひ　陛下《へいか》の御宸襟《ごきんこん》を惱《なや》まし給《たま》ふ九牛《ぎう》の一毛《まう》に報《はう》ずるには久《ひさ》しく世《よ》に廢《すた》れたる所《ところ》の易道《えきだう》に據《よ》る外《ほか》はないのである。此《こ》の故《ゆゑ》に余《よ》は此《こ》の易道《えきだう》を祖述《そじゆつ》して、易理《えきり》に據《よつ》て神《かみ》と人《ひと》との交通《かうつう》を媒介《ばいかい》し、人々《ひと〲》をして神命《しんめい》を受《う》けしめて、而《しか》して、一般人《はんじん》の資性《しせい》の至善《しぜん》を發達《はつたつ》せしめ、神《かみ》の畏敬《いけい》すべきを知《し》らしめつゝ、累々歳月《るゐ〱さいげつ》を以《もつ》て此道《このみち》を普及《ふきふ》する時《とき》は、漸々《ぜん〲》西洋《せいやう》の肉體本位《にくたいほんゐ》に對抗《たいかう》するを得《え》て、終《つひ》に軍備《ぐんび》の際限《さいげん》なきを停止《ていし》するを得《う》ると確信《かくしん》するのである。此《こ》の故《ゆゑ》に余《よ》は其《そ》の半生《はんせい》を易理《えきり》の研究《けんきう》に身《み》を委《ゆだ》ねたる所以《ゆえん》であつて、其《そ》の結果《けつくわ》明《あきら》かに神命《しんめい》の享受《きやうじゆ》すべきを知《し》ると共《とも》に、其《そ》の恐《おそ》るべきを知《し》つたのである。

抑《そもそ》も理《り》を以《もつ》て進《す》むの人智《じんち》と云《い》ふものは、情慾《じやうよく》の限《かぎ》りあるを知《し》らないから、害《がい》を衆人《しうじん》に被《かふむ》らしむるも之《こ》れを顧《かへりみ》ざるの弊《へい》を免《まぬが》れない。道《みち》を以《もつ》て進《す》むの神智《しんち》は、高尚《かうしやう》なると共《とも》に其《そ》の睹《み》ざる所《ところ》に戒愼《かいしん》し、其《そ》の聞《き》かざる所《ところ》に恐懼《きようく》するの念《ねん》を懷《いだ》くが故《ゆゑ》に、社會《しやくわい》をして眞《しん》の幸福《かうふく》を得《え》せしめ、宇内太平《うないたいへい》の基《もと》を立《た》て、善良《ぜんりやう》の人《ひと》を以《もつ》て、造物主《ざうぶつしゆ》の荒造《あらづくり》した跡《あと》を整理《せいり》せしめるのであるから、必《かなら》ず造物主《ざうぶつしゆ》の本意《ほんい》を満足《まんぞく》せしむることが出來《でき》ると信《しん》ずる、是《こゝ》に於《おい》て人間《にんげん》の能事《のうじ》は始《はじ》めて畢《をは》るのである。

第二編　周易上經

☰☰（乾下乾上）乾《ケン》為《キ》天《テン》

乾《ケン》。元亨利貞《ゲンカウリテイ》。○彖傳曰《タンデンニイハク》。大哉乾元《オホイナルカナケンゲン》。萬物資始《バンブツトリテハジム》。乃統レ天《スナハ〔チ〕ス〔ベ〕ルテンヲ》。雲行雨施《クモユキアメホドコシテ》。品物流レ形《ヒンブツシクカタチヲ》。大明二終始一《オホイニアキラカニシシウヲ》。六位時成《ロクヰトキナル》。時乘二六龍一《トキニジヨウジリクリユウニ》以御レ天《モツテギヨステンヲ》。乾道變化《ケンノダウヘンクワシテ》。各正二性命一《オノ〳〵タヾクセイメイヲ》。保二合大和一《ホガフスダイクワヲ》。乃利貞《スナハチリニテイ》。首二出庶物一《シユシユツシヨブツヲ》。萬國咸寧《バンコクコトゴトクヤスシ》。○大象曰《タイシヤウニイハク》。天行健《テンカウケン》。君子以自彊不レ息《クンシモツテミヅカラツトメテヤマズ》。

此卦《このくわ》は萬事《ばんじ》に臨《のぞ》み、剛健《がうけん》にして彊《つと》めて息《や》まざること乾《ヒノボル》が如《こと》きを要《えう》するの象《かたち》であつて、乾《けん》の卦《くわ》は元亨《オホイニトホル》利貞《ヨロシタヾシ》の四徳《とく》を具《そな》へて居《ゐ》る。乾《けん》は徳《とく》を施《ほどこ》して利《り》を計《はか》らざるの意《い》。

初九《しよ》。潜龍勿レ用《センリユウナカレモチユルコト》。○象傳曰《シヤウデンニイハク》。潜龍勿レ用《センリユウナカレモチユルコト》。陽在レ下也《ヤウアレバシモニナリ》。

大才徳《だいさいとく》ありと雖《いへど》も今其才徳《いまそのさいとく》を用《もち》ふべき時《とき》でない。故《ゆゑ》に隱伏《いんぷく》して時運《じうん》の至《いた》るを待《ま》たねばならぬ。然《しか》れども小事《せうじ》の如《ごと》きは、婦人《ふじん》を用《もち》ひて事成《ことな》るの占《せん》。△此爻目《このかうめ》上《うへ》の人《ひと》とすれ合《あ》ひがある。△望《のぞ》み高《たか》くして達《たつ》せない意《い》がある。△時《とき》を待《ま》ちて事《こと》を謀《はか》りなすに宜《よろ》し。

九二。見《ケン》龍《リウ》在《アリ》レ田《デンニ》。利《ヨロシ》レ見《ミルニ》ニ大《ダイ》人《ジンヲ》一。○象《シヤウ》傳《デン》曰《ニイハク》。見《ケン》龍《リユウ》在《アル》レ田《ハテン》。德《トク》施《ホドコシ》普《アマネキ》也《ナリ》。

大智《だいち》德《とく》ありて、其名《そのな》世《よ》に顯《あら》はれ、其德澤人《そのとくたくひと》に普及《ふきう》するの時《とき》であつて、故《ゆゑ》に進《すゝ》みて官《くわん》途《と》に出《いで》て其才力《そのさいりよく》を施《ほどこ》さば、其功《そのかう》更《さら》に廣大《くわうだい》にして、國家《こくか》の幸福《かうふく》を增進《ぞうしん》する。△貴人《きじん》の助《たす》けを得《え》、昇進發達《しやうしんはつたつ》するの意《い》、△目上《めうへ》と同心協力《どうしんけうりよく》して事《こと》を爲《な》すに利《り》あり。

九三。君《クン》子《シ》終《シウ》日《ジツ》乾《ケン》乾《ケン》。夕《ユウベマテ》惕《テキジヤクスレバ》厲《アヤウケレドモ》无《ナシ》レ咎《トガ》。○象《シヤウ》傳《デン》曰《ニイハク》。終《シウ》日《ジツ》乾《ケン》乾《ケンハ》。反《ハン》復《プク》道《ノミチ》也。

卓識《たくしき》の君子《くんし》業務《げうむ》に勉勵《べんれい》し、才德天下《さいとくてんか》に顯《あら》はれ、衆人將《しうじんまさ》に歸服《きふく》せんとするの時《とき》である。斯《か》る一大事《だいじ》の時《とき》であるから、諸事《しよじ》畏《おそ》れ愼《つゝし》みて人《ひと》を侮《あなど》らず、欺《あざむ》かず、晝夜《ちうや》危《あやう》きに臨《のぞ》むが如《ごと》くなれば、終《つひ》に其大功《そのだいかう》を遂《と》ぐる。△此爻事《このかうこと》に臨《のぞ》みて毫《がう》も怠《おこた》る時《とき》は、時機《じき》を失《うしな》ひ、力《ちから》を落《おと》し、氣鬱《きうつ》することあるの意《い》。

九四。或《アルヒハ》躍《オドリテ》在《アリ》レ淵《フチニ》。无《ナシ》レ咎《トガ》。○象傳《シヤウデン》曰《ハク》。或《アルヒハ》躍《オドリテ》在《アルハ》レ淵《フチニ》。進《ス丶ミテ》无《ナキ》レ咎《トガ》也。

進退時《しんたいとき》の宜《よろ》しきに去就《きよしう》し才智《さいち》を運用《うんよう》すべき時《とき》とす。大徳備《だいとくそな》はり、龍《りう》の淵《ふち》より出《い》で、出沒自在《しゆつぼつじざい》を得《う》るの時《とき》である。盛運目前《せいうんもくぜん》に在《あ》り、進《すゝ》みて之《これ》を取《と》れ、△思慮過《しりよす》ぎて時《とき》を失《しつ》するの意《い》がある。

九五。飛《ヒ》龍《リユウ》在《アリ》レ天《テンニ》。利《ヨロシ》レ見《ミルニ》二大人《ダイジンヲ》一。○象傳《シヤウデンニイハク》曰。飛《ヒ》龍《リユウ》在《アルハ》レ天《テンニ》。大《タイ》人《ジンノ》造《ナセル》也。

國家《こくか》に在《あ》つては下《しも》の大人《たいじん》を用《もち》ゐて、大《おほい》に天下《てんか》の泰平《たいへい》を致《いた》すの時《とき》とする。天下《てんか》の廣《ひろ》き何《いづ》れの時《とき》か大人《たいじん》のないことはない。但《たゞ》し明主《めいしゆ》の能《よ》く知《しつ》て之《これ》を用《もち》ひ、其才《そのさい》を盡《つく》さしむるに在《あ》るのみ。是此爻《これこのかう》の大人《たいじん》を見《み》るに利《よろ》しと云《い》へる所以《ゆえん》である。△天《てん》の祐《たす》けある時《とき》である。△祈誓感應《きせいかんおう》の意《い》がある。△龍《りう》の天《てん》に昇《のぼ》るが如《ごと》く、人《ひと》も時《とき》を得《え》て高名發達《かうめいはつたつ》するの意《い》。

上九。亢《カウ》龍《リユウ》有《アリ》レ悔《クイ》。○象傳《シヤウデンニイハク》曰。亢《カウ》龍《リユウ》有《アルハ》レ悔《クイ》。盈《ミツルコト》不《ザル》レ可《ベカラ》レ久《ヒサシカル》也。

此爻乾《このかうけん》の極《きよく》にして位中《くらゐちう》を過《す》ぐ、故《ゆゑ》に二の大人《たいじん》、及《およ》び三の君子《くんし》、皆隔離傍觀《みなかくりはうくわん》して、相《あひ》助《たす》けず、是《こ》れ身《み》高位《かうゐ》に進《す》んだと雖《いへど》も、安《やす》んずる能《あた》はざる時《とき》とする。又龍空《またりうそら》を過《す》ぎ虛《きよ》に至《いた》り、雨《あめ》を施《ほどこ》す能《あた》はざるの意《い》。△證書印章《しようしよいんしやう》に付き紛紜《ふんうん》あり。△愼《つゝし》みなきの人《ひと》は刄傷《にんじやう》の難《なん》あり。△盛衰浮沈《せいすゐふちん》の變化眼前《へんくわがんぜん》に在《あ》り、愼《つゝし》め。△人《ひと》より謗《そし》りを受《う》くるの意《い》がある。

△位置安《ゐちやす》からざるの意《い》がある。△進《す》むに利《よろ》しからず、退《しりぞ》くによし。

用九《ヨウキウ》。見《ミル》二群《グン》龍《リユウノ》无《ナキ》一首《チシユ》。吉《キツ》。○象傳曰《シヤウデンニイハク》。用《ヨウ》九《キウハ》天《テン》德《トク》不《ズ》レ可《ベカラ》レ爲《タル》レ首《シユ》也。

用九《ようきう》は六十四卦陽文《くわやうぶん》の變《へん》に於《おい》て陽剛《やうがう》を用《もち》ふるの例《れい》を示《しめ》したものであつて、即《すなは》ち易中《えきちう》百九十二陽爻《やうかう》の通則《つうそく》である。用《よう》とは作《さ》用運動《ようううんどう》の義《ぎ》であつて、即《すなは》ちはたらきと云《い》ふことである。九は陽爻《やうかう》の名目《めいもく》である。凡《およ》そ易《えき》の爻《かう》二と五とは、中正《ちうせい》であつて、變《へん》じないのを宜《よし》とする。正《せい》とは一に止《とゞ》まるの義《ぎ》である。他《た》の初《しよ》三四上《じやう》の如《ごと》きは其變《そのへん》じやうとする機《き》明《あきらか》に其辭《そのじ》に見《あら》はれて居《ゐ》る。而《しか》して二五及其他《およびそのた》の諸爻共《しよかうとも》に陽爻《やうかう》を得《え》た時《とき》は、此用九《このようきう》の意《い》を忘《わす》れないやうにすることが肝要《かんえう》である。夫《そ》れ乾《けん》は六龍《りゆう》であつて、各《おの〳〵》雲《くも》を起《おこ》し、雨《あめ》を呼《よ》ぶの勢《いきほひ》がある。人事《じんじ》に於《おい》ては衆賢聚合《しうけんしうがふ》して事業《じげふ》を成《な》すの時《とき》である。抑《そもそ》も人才《じんさい》の聚《あつま》る互《たがひ》に其頭角《そのとうかく》を顯《あら》はし、才智《さいち》を競《きそ》ふ時《とき》は、附屬《ふぞく》の小人等《せうじんら》一省《しやう》一局《きよく》の威嚴《ゐげん》を張《は》らうとするより、必《かなら》ず紛紜《ふんうん》を醸《かも》し、遂《つひ》に長官《ちやうくわん》の確執《かくしつ》を生《しやう》ずることがある。衆《しう》を御《ぎよ》する者《もの》は、常《つね》に危懼戒愼《きくかいしん》して、豫《あらかじ》め之《これ》を防《ふせ》がねばならぬ。凡《およ》そ剛《がう》に過《す》ぐるものは、勢《いきほひ》必《かな》ず競《きそ》ふ。競《きそ》へば必《かなら》ず折《を》る。且《か》つ龍《りゆう》の威猛《ゐもう》は首《くび》に在《あ》る。群龍《ぐんりう》の威猛強勢《ゐまうきやうせい》なるもの、首《くび》を藏《かく》し、光《ひかり》を韜《つゝ》み、順徳《じゆんとく》を守《まも》らんことを要《えう》する。故《ゆゑ》に用九威權《ようきうゐけん》を負《たの》むことなく、富貴《ふうき》を挾《はさ》むことなく、功徳《くどく》に伐《ほこ》ることなく、宛《あだか》も龍《りう》の首《くび》を隱《かく》すが如《ごと》く、一意謹愼《いきんしん》して謙退《けんたい》の徳《とく》を守《まも》れば則《すなは》ち大吉《だいきち》である。故《ゆゑ》に見ニ群龍无レ首也と云《い》ふ。群龍《ぐんりう》は諸將《しよしやう》の義《ぎ》であつて、无《なし》レ首《くび》は勇猛《ゆうまう》を用《もち》ひないのである。即《すなは》ち陽剛《やうがう》を以《もつ》て天下《てんか》の唱首《しやうしゆ》とすれば、凶《きやう》なるを云《い》ふのである。蓋《けだ》し君子《くんし》其才徳《そのさいとく》を恃《たの》みて、自《みづか》ら足《た》れりとすることなく、遍《あまね》く賢人《けんじん》を見《み》て、之《これ》と商議《しやうぎ》し、互《たがひ》に切磋《せつさ》するも、亦魁首《またくわいしゆ》たることなく、謙遜卑順《そんけんひじゆん》にして、賢人《けんじん》に從《したが》へば則《すなは》ち吉《きら》である。元來英才達徳《ぐわんらいえいさいたつとく》の大人《たいじん》は、其威嚴《そのゐげん》あること龍《りう》の爪牙《さうが》を具《そな》ふるが如《ごと》く、又其《またその》擧動《きよどう》は龍《りゆう》の天地《てんち》に升降《しようかう》し、雪雨《せつう》を卷舒《けんぢよ》して、變化窮《へんくわきはま》りなきが如《ごと》くなれば、則《すなは》ち凡庸《ぼんよう》の徒《と》は、恐《おそ》れて親《したし》まず、苟《いやしく》も衆人《しうじん》の親附《しんぷ》することがなければ、則《すなは》ち如何《いか》なる英雄《えいゆう》も大《だい》事業《じげふ》を爲《な》すことが出來《でき》ない。故《ゆゑ》に人《ひと》に接《せつ》するに溫柔《おんじゆん》を以《もつ》てし、敢《あえ》て威嚴《ゐげん》を表示《へうじ》せず、義《ぎ》以《もつ》て萬民《ばんみん》を正《たゞ》し、又之《またこれ》を育《いく》するに仁《じん》を以《もつ》てし、威《ゐ》以《もつ》て四方《はう》を畏《おそ》れしめ、又之《またこれ》を綏《やす》んずるに恩《おん》を以《もつ》てすること、宛《あだか》も巾《ねの》を以《もつ》て龍《りゆう》の首《くび》を蔽《おほ》ひたるが如《ごと》くしなければならぬ。抑《そもそ》も又心力《またしんりよく》を勞《らう》して、國家《こくか》に盡《つく》さんとする素志《そし》は一日《にち》も忘《わす》れてはならぬ。之《これ》を天德《テントク》不《ズ》レ可《ベカラ》レ爲《タル》レ首《シユ》也。と云《い》ふのである。乾《けん》は庶物《しよぶつ》の首《くび》である。故《ゆゑ》に玆《こゝ》に首《くび》の字《じ》を置《お》いてある。象傳《シヤウデン》に曰《イハク》首《シユ》二出《シユツ》庶物《シヨブツ》一萬國《バンコク》咸《コトゴトク》寧《ヤスシ》と云《い》ふて亦此義《またこのぎ》である。

☷☷（坤下坤上）　坤《コン》爲《キ》地《チ》

坤《コンハ》元《オホイニ》亨《トホル》。利《ヨロシ》二牝馬《ヒンバ》之《ノ》貞《テイニ》一。君子《クンシ》有《アリ》レ攸《トコロ》レ往《ユク》。先《サキンズレバ》迷《マヨヒ》後《オクルレバ》得《ウ》レ主《シユヲ》。利《ヨロシ》二西南《セイナン》得《ウ》レ朋《トモ》一。東北《トウホク》喪《ウシナフニ》レ朋《トモヲ》。安《ヤスンズレバ》レ貞《テイニ》吉《キツ》。○彖傳《タンデンニ》曰《イハク》。至《イタレル》哉《カナ》坤元《コンゲン》。萬物《バンブツ》資《トリテ》生《シヤウズ》。乃《スナハチ》順《シタガトナ》承《ウケ》レ天《テンニ》。坤《コン》厚《アツクシテ》載《ノス》レ物《モノヲ》。德《トク》合《アフ》二无疆《ブキヤウニ》一。含弘《ガンコウ》光《クワウ》。品物《ヒンブツ》咸《コトゴトク》亨《トホル》。牝馬《ヒンバハ》地類《チノルイ》。行《ユクコト》レ地《チヲ》无《ナシ》レ疆《カギリ》。柔順《ジユウジユン》利貞《リテイ》。君子《クンシ》攸《トコロ》レ行《オコナフ》。先《サキンズレバ》逆《マヨウテ》失《ウシナイ》レ道《ミチヲ》。後《オクルレバ》順《シタガツテ》得《ウ》レ常《ツネヲ》。西南《セイナンニ》得《エテ》朋《トモ》。乃《スナハチ》與《ト》類《ルイ》行《ユキ》。東北《トウホク》喪《ウシナハバ》レ朋《トモヲ》。乃《スナハチ》終《ツヒニ》有《アリ》レ慶《ヨロコビ》。安貞元吉《アンテイノキツハ》。應《オウズ》ニ地無《チノナキニ》レ疆《カギリ》 ○大象曰《タイシヤウニイハク》。地勢坤《チセイヘコン》。君子以厚德載《クンシモツテコウトクノス》レ物《モノヲ》。

全卦皆陰《ぜんくわみないん》、人《ひと》に在《あ》りては肉體上衣食《にくたいじやういしよく》のみを思《おも》ひて心魂《しんこん》の道徳《だうとく》を知《し》らざるの象《かたち》とする。凡《およ》そ是《かく》の如《ごと》き人《ひと》は貪穢鄙吝《たんくわいひりん》にして利《り》の爲《た》めには、恥《はぢ》をも顧《かへり》みない者《もの》とする。然《しか》れども此卦本凶《このくわもときよう》ではない。唯《たゞ》利《り》に迷《まよ》ひて自《みづか》ら凶《きよう》を致《いた》すのみ。故《ゆゑ》に萬事和順《ばんじわじゆん》にして人《ひと》に先《さき》だゝず、剛明達識《がうめいたつしき》の人《ひと》に隨《したが》ひて其教《そのをしへ》を守《まも》らば、百事《じ》吉《きち》に趨《おもむ》くべしと爲《な》す。△坤《こん》は靜《せい》を以《もつ》て主《しゆ》とする。△命令《めいれい》を受《う》くる意《い》がある。△人《ひと》に使役《しえき》せらるゝの意《い》。△衆人《しうじん》と共同《きようどう》して利《り》を謀《はか》るの意《い》。△一分《ぶん》の器量《きりやう》を立《た》つる時《とき》は凶《きよう》。△急速《きふそく》の事利《ことよろし》からず。△人《ひと》に先《さきだ》ちて爲《な》さず、後《おく》れて爲《な》すは順《じゆん》にして吉《きち》。△百事命令《じめいれい》を爲《な》すに利《よろ》しく、進《す》むに利《り》あらず、志《こゝろざし》急躁《きふさう》に守《まも》ること能《あた》はざる者《もの》は凶《きよう》。己《おの》れが職《しよく》を守《まも》りて他業《たげふ》に心《こゝろ》を馳《は》せてはならぬ。△物《ぶつ》價《か》安《やす》し、買《か》ふに利《り》あり。△柔和《にうわ》、溫厚《おんかう》、安靜《あんせい》、順直《じゆんちよく》、謙讓《けんじやう》、恭敬《きやうけい》、貞節《ていせつ》、丁寧等皆吉《ていねいとうみなきち》。△衆多《しうた》の意《い》がある。△儉約《けんやく》の意《い》がある。卑賤《ひせん》の象《かたち》あり暗昧《あんまい》の象《かたち》がある。△吝嗇《りんしよく》の象《かたち》がある。△偏執《かたいじ》の象《かたち》がある。

初六。履霜《フミテシモヲ》。堅氷至《ケンヒヨウイタル》。○象傳曰《シヤウデンニイハク》。履霜《フミテシモヲ》。堅氷《ケンヒヨウハ》。陰始凝《インハジメテコル》也。馴致《ジユンチシテ》其道《ソノミチヲ》。至堅《イタルケン》氷《ヒヨウニ》也。

善惡《ぜんあく》の二途《と》に岐《わか》るゝの時《とき》に爲《な》す。故《ゆゑ》に善《ぜん》に趣《おもむ》けば慶福《けいふく》を受《う》くべく、不善《ふぜん》に向《むか》はゞ大《だい》なる災殃《わざはひ》がある。總《すべ》て少事《せうじ》なりと思《おも》ひ企《くわだ》てたる事《こと》の意外《いぐわい》に大事《だいじ》となるの意《い》がある。鑑《かんが》みて而《しか》して戒《いまし》めねばならぬ。

六二。直方《チヨクハウ》大《ダイ》。不習《ズシテナラハ》无《ナシ》不利《ザルヨロシカラ》。○象傳曰《シヤウデンニイハク》。六二之《ノ》動《ドウハ》。直以方《チヨクニシテモツテハウ》也。不習《ズシテナラハ》无《ナキハ》不利《ザルヨロシカラ》。地《チ》道《ダウ》光《オホヘ》也。

内正直《うちしやうぢき》を以《もつ》て自《みづか》ら守《まも》り、外義理《そとぎり》を以《もつ》て人《ひと》に接《せつ》し、至公至平《しこうしへい》の大度量《だいどりやう》を以《もつ》て世《よ》に處《しよ》さねばならぬ。然《しか》る時《とき》は衆《しう》の信用《しんよう》を得《え》て事成《ことな》り易《やす》く、意外《いぐわい》の幸福《かうふく》を得《う》る。運氣甚《うんきはなは》だ盛《さか》んである。此時《このとき》を失《うしな》ふてはならぬ。△人《ひと》の師《し》となる兆《きざし》。△衆人《しうじん》の長《ちやう》となるの兆《きざし》。

六三。含章《フクムシヤウヲ》可貞《ベシテイス》。或從王事《アルヒハシタガヒワウジニ》。无成有終《ナケレドモナスコトアリヲハリ》。○象傳曰《シヤウデンニイハク》。含章可貞《フクムシヤウヲベシハテイス》。以時《モツテトキヲ》發《ハツスル》也。或從王事《アルヒハシタガフハワウジニ》。知光大《チクワウダイナル》也。

此爻《このかう》爲《な》しあるの才《さい》ありと雖《いへど》も、時運來《じうんきた》らず、故《ゆゑ》に益々《ますく》身《み》を修《をさ》め、才學《さいがく》を研《みが》きて、時《じ》機《き》の至《いた》るを待《ま》て、而《しか》して時機至《じきいた》らば、直《たゞち》に身《み》を起《おこ》し事業《じげふ》を經營《けいえい》せよ。然《しか》る時《とき》は其始《そのはじ》めは成《か》り難《がた》きが如《ごと》きも、後必《のちかなら》ず助《たすく》るものあつて成功《せいこう》する。但我主《たゞわれしゆ》たらずして、達識《たつしき》の人《ひと》に從《したが》ひ事《こと》を爲《な》すを吉《きち》とする。又《また》從《○》二王《○》事《つ》一は必《かなら》ずしも官途《くわんと》に限《かぎ》らず凡《およ》そ國家《こくか》の公益《こうえき》となるの事業《じげふ》は皆《みな》これ王事《わうじ》である。而《しか》して坤《こん》は牝馬《ひんば》の地《ち》を行《ゆい》て倦《う》まざるが如《ごと》く、勉強《べんきやう》して怠《おこた》らざるを要《えう》する。

六四。括《クヽル》レ囊《フクロヲ》。无《ナシ》レ咎《トガ》 无《ナシ》レ譽《ホマレ》。○象傳《シヤウデンニイハク》曰。括《クヽル》レ囊《フクロヲ》无《ナキハ》レ咎《トガ》。愼《ツヽシメハ》不《ザル》レ害《ガイアラ》也。

此爻《このかう》俗《ぞく》に財囊《ざいのう》の口《くち》を結《むす》ぶ者《もの》にして、唯貯蓄《たゞちよちく》して散《さん》ずることをせず、國益民福《こくえきみんぷく》の如《ごと》きに至《いた》つては恬《てん》として、意《い》に留《と》めず、所謂守錢奴《いはゆるしゆせんど》にて終《おは》る者大丈夫《ものだいじやうふ》に在《あ》つては甚《はなは》だ卑《いやし》む所《ところ》である。但平凡《たゞしへいぼん》の者《もの》に在《あ》つては、無事《ぶじ》である。△言論《げんろん》を愼《つゝし》まざれば害《がい》がある。△吝《りん》嗇《しよく》の誹《そし》りを受《う》くる。

六五。黄裳元《クワウシヤウゲン》吉《キツ》。○象傳《シヤウデンニイハク》曰。黄裳《クワウシヤウ》元《ゲン》吉《キツ》。文《ブン》在《アル》レ中《ウチニ》也。

此爻中順溫和《このかうちうじゆんおんわ》にして、功《こう》あれども誇《ほこ》らず、恭謙篤實《きようけんとくじつ》にして權《けん》あれども驕《おご》らず、能《よ》く其分《そのぶん》を守《まも》つて、而《しか》して後大吉《のちだいきち》を得《う》る。然《しか》れども常人《じやうじん》の此爻《このかう》に遇《あ》ふ者《もの》、或《あるひ》は臣《しん》にして君《きみ》を凌《しの》ぎ、或《あるひ》は妻《つま》にして夫《をつと》に先《さき》だち、子《こ》にして親《おや》を慢《あなど》る等《とう》多《おほ》くは我《わ》が本分《ほんぶん》を忘《わす》れ易《やす》い。

上六《ジヤウ》。龍《リユウ》戰《タヽカフ》二于野《ヤニ》一。其血《ソノチ》玄黃《ゲンクワウ》。○象傳曰《シヤウデンニイハク》。龍《リユウ》戰《タヽカフハ》二于野《ヤニ》一。其道窮《ソノミチキハマル》也。

己《おの》が利欲《りよく》を肆《ほしひまゝ》にせんと欲《ほつ》して爲《た》めに人《ひと》を害《がい》し、己《おの》れも亦其禍《またそのわざわひ》を被《かふむ》るの時《とき》とする。自《みづか》ら內《うち》に省《かへり》みて、私曲《しきよく》の心《こゝろ》を去《さ》り、柔順《じゆうじゆん》を旨《むね》としなければならぬ。又血氣盛《またけつきさかり》にして、動《やゝ》もすれば人《ひと》と爭《あらそ》ふの意《い》がある。必《かなら》ず我《わ》が本分《ほんぶん》を守《まも》つて、たとへ他《た》より爭《あらそひ》を挑《いど》むとも、避《さ》け之《これ》に應《おう》じてはならぬ。謹愼《きんしん》是《かく》の如《ごと》くなる時《とき》は、庶幾《こひねがは》くは害《がい》を免《まぬが》るゝを得《う》る。

△小人不善《せうじんふぜん》を企《くわだ》つの象《かたち》。△彼我相傷《ひがあひそこな》ふの象《かたち》。

用六《ヨウ》。利《ヨロシ》二永貞《エイテイニ》一。○象傳曰《シヤウデンニイハク》。用六《ヨウ》永貞《エイテイハ》。以《モツテ》レ大終《ダイチヲハル》也。

用《よう》六の義《ぎ》は乾《けん》の九にて示《しめ》した、永《えい》とは長《ちやう》である。遠《ゑん》である。今坤卦《いまこんくわ》の象《かたち》は純陰《じゆんいん》にして、臣《しん》たり妻《つま》たるの義《ぎ》であるから、人事《じんじ》に於《おい》ては柔順貞正《じふじゆんていせい》にして、永久恒常其志《えいきうこうじやうそのこゝろざし》を變《へん》することなく、以《もつ》て君夫《くんぷ》の命《めい》に從《したが》ふべきの時《とき》とする。蓋《けだ》し陰《いん》の性《せい》は柔躁《じうさう》にして、其《その》常《つね》を守《まも》り難《がた》く、進《す》み易《やす》く、退《しりぞ》き易《やす》きの弊《へい》がある。一旦《たん》志《こゝろざし》を立《た》つるも久《ひさ》しからずして弛《ゆる》むものなるが故《ゆゑ》に、聖人特《せいじんとく》に此言《このげん》を以《もつ》て敎《をしへ》を垂《た》れたのである。象傳《しやうでん》に以○大終也○○○とは坤道《こんだう》の大德《だいとく》を變《へん》ずることなく其終《そのをは》りを全《まつた》くするを云《い》つたのである。若《も》し變動《へんどう》すれば即《すなは》ち陰《いん》の陽《やう》を侵《をか》し、臣《しん》の君《きみ》を侵《をか》し、妻《つま》の夫《をつと》を凌《しの》ぐの義《ぎ》であつて、惡逆《あくぎやく》の極《きよく》其終《そのをはり》を全《まつた》くすることを得《え》ない。又陽《またやう》を大《だい》とし、陰《いん》を小《せう》とする。陰《いん》は柔《じう》である。暗《あん》である。小《せう》であるけれども勤《つと》めて怠《おこた》らないならば、必《かなら》ず強《つよ》く學《まな》んで懈《おこた》らざれば終《つひ》に明《あきら》かになる。是《これ》亦《また》以○大終也○○○の義《ぎ》である。

乾《けん》の用九《ようきう》は剛强《がうきやう》に過《す》ぐるを以《もつ》て宜《よろ》しく无首《なしはじめ》の道《みち》を守《まも》るべく、坤《こん》の用《よう》六は陰道臣道妻《いんだうしんだうさい》道《だう》たるを以《もつ》て宜《よろし》く恒常《こうじやう》の德《とく》を守《まも》るべきである。是《こ》れ大警戒《だいけいかい》の辭《じ》である。

䷂（震下地上）水《スイ》雷《ライ》屯《ジユン》

屯。元亨《ジユンハオホヒニトホル》利貞《ヨロシテイニ》。勿用有攸往《ナカレモチユルコトアルニトコロユク》。利建侯《ヨロシタツルニコウヲ》。○彖傳曰《タンデンニイハク》。屯剛柔始交《ジユンハカウジウハジメテマジハリ》而難生《ナヤミシヤウジ》。動乎險中《ウゴクケンチウニ》。大亨貞《オホイニトホリテタヾシ》。雷雨之動滿盈《ライウノウゴクマンエイ》。天造草昧《テンザウサウマイ》。宜建侯《ヨロシクタツルコウヲ》。而不寧《シカシテズヤスカラ》。

○大象曰《タイシヤウニイハク》。雲雷屯《ウンライジユン》。君子以經綸《クンシモツテケイリン》。

此卦《このくわ》に遇《あ》ふ時《とき》は譬《たと》へば其國文明《そのくにぶんめい》を以《もつ》て稱《しよう》せられ、其人亦文明《そのひとまたぶんめい》を以《もつ》て自《みづか》ら居《を》ると雖《いへど》も一時《じ》の困難《こんなん》に迫《せま》つて、或《あるひ》は自己《じこ》の利害《りがい》を慮《はか》るが爲《た》めに已《や》むことを得《え》ないで、蒙昧野蠻《まうまいやはん》の所行《しよぎよう》を爲《な》すの時《とき》とする。故《ゆゑ》に此卦《このくわ》に遇《あ》ふ時《とき》は宜《よろ》しく猛省《まうせい》すべきである。又我《またわ》れ動《うご》かんと欲《ほつ》するも彼《か》れ危險《きけん》を設《まう》けて我《わ》れを峻拒《しゆんきよ》するが爲《た》めに、我《わ》れは屯難憂悶《じゆんなんいうもん》を免《まぬか》れない。是《これ》を以《もつ》て進《すゝ》めば必《かなら》ず厄《やく》に罹《かゝ》り險《けん》に陷《おちい》る。此時《このとき》に當《あた》つて從容《しようよう》として世運《せうん》の變《へん》ずるを待《ま》ち、而《しか》して後爲《のちな》すことあらんを要《えう》する。又或《またあるひ》は高位賢德《かうゐけんとく》の人《ひと》に從《したが》ひ、心《こゝろ》を盡《つく》して時《とき》の至《いた》るを待《ま》つか、或《あるひ》は明達遠識《めいたつゑんしき》の人《ひと》に就《つい》て、慮《おもひ》を研《みが》き業《げふ》を修《をさ》めれば、數年《すうねん》の後《のち》自《おのづか》ら氣運《きうん》に際會《さいくわい》して、志《こゝろざし》を遂《と》ぐるの好機《かうき》を得《う》る。△君《きみ》あれども臣《しん》なくして其德行《そのとくおこな》行はれ難《がた》い象《かたち》。又弟《またおとうと》相續《さうぞく》して兄養《あにやしな》はるゝの意《い》。△下《しも》に在《あ》りては上位《じやうゐ》の人《ひと》に引《ひ》き立《た》てらるゝを待《ま》ちて立身《りつしん》する。上《かみ》に在《あ》つては、下《しも》の賢者《けんじや》を得《え》て用《もち》ふるに利《り》がある。

初九《シヨキウ》。磐桓《バンクワンタリ》。利《ヨロシ》レ居《ヲルニ》レ貞《テイニ》。利《ヨロシ》二建《タテラレテ》侯《コウタル》一。○象傳《シヤウデン》曰《ニイハク》。雖《イヘドモ》二磐桓《バンクワンタリト》一志《コヽロザシ》行《オコナフ》レ正《セイヲ》也。

以《モツテ》レ貴《タツトキヲ》下《クダル》レ賤《イヤシキニ》。大《オホイニ》得《ウル》レ民《タミヲ》也。

此爻《このかう》即《すなは》ち才徳兼備《さいとくけんび》して大任《たいにん》に堪《た》ゆる者《もの》とする。然《しか》れども今《いま》や屯難《じゆんなん》の時《とき》に際《さい》するを以《もつ》て、内《うち》は即《すなは》ち正道《せいだう》を行《おこな》ひて固《かた》く守《まも》り、外《そと》は即《すなは》ち人望《じんばう》を收《をさ》めて時機《じき》を待《ま》つべきである。凡《およ》そ事《こと》を興《おこ》すは人望《じんばう》を得《う》るより先《さき》なるはない。而《しか》して其之《そのこれ》を得《う》る首《はじめ》として鰥寡孤獨《くわんかこどく》を恤《めぐ》み、愚夫愚婦《ぐふぐふ》の事情《じじやう》に達《たつ》するに在《あ》る。然《しか》るに世上《せじやう》唯上《たゞのぼ》るを知《し》つて下《くだ》るを知《し》らない。智《ち》を學《まな》んで愚《ぐ》を顧《かへり》みない。是《こ》れ陽《やう》を取《と》つて陰《いん》を捨《す》つるのである。此《かく》の如《ごと》くにして世《よ》を治《をさ》め、民《たみ》を率《ひき》ひんことを望《のぞ》むのは難《かた》い。世《よ》の大丈夫《だいじやうふ》たるもの宜《よろ》しく深謀遠慮《しんぼうゑんりよ》すべきの時《とき》である。其命《そのめい》を受《う》けて國《くに》を拓《ひら》くか、一己《こ》にして開墾《かいこん》を企《くはだ》つるか、身《み》を碎《くだ》いて心《こゝろ》を盡《つく》せば後《のち》に大功《たいこう》顯《あら》はるゝのである。常道《じやうだう》に非《あら》ずして妄《みだ》りに動《うご》く時《とき》は其功《そのこう》遂《と》げ難《がた》いのみならず、身《み》に害《がい》がある。

六二。屯如《ジユンヂヨ》。邅《テン》如《ヂヨ》。乘レ馬《ノリテウマニ》班《ハン》如《ヂヨ》。匪レ寇《アラスアタスルニ》婚媾《コンコウセントス》。女子貞《ヂヨシテイニシテ》不レ字《ズアザナセ》。十年乃《ネンスナハチ》字《アザナス》。○象傳曰《シヤウデンニイハク》。六二之《ノ》難《ナンハ》。乘レ剛《ノルガウニ》也。十年乃字《ネンスナハチアザナスレバ》。反レ常《カヘルツネニ》也。

此爻《このかうわ》我れ誠心《せいしん》を以《もつ》て九五の君《きみ》に忠《ちう》を盡《つへ》さんと欲《ほつ》すと雖《いへど》も、不幸《ふかう》にして屯難《じゆんなん》の時《とき》に際《さい》し、行《ゆ》き遇《あ》ふこと能《あた》はず加《くは》ふるに初爻《しよかう》の剛強迫親《がうきやうはくしん》を求《もと》むるの害《がい》がある。此困難《そのこんなん》云《い》ふべからざるの時《とき》とする。然《しか》れども十年《ねん》を經《ふ》る時《とき》は、時運變遷《じうんへんせん》して九五の君《きみ》に遇《あ》ひ、漸《やうや》く盛運《せいうん》に赴《おもむ》くの占《せん》とする宜《よろ》しく貞固《ていこ》にして困難《こんなん》に耐《た》へ、時運《じうん》の至《いた》るを竢《ま》つべきである。故《ゆゑ》に久《ひさ》しくして志願《しぐわん》必《かなら》ず通《つう》ずるに至《いた》る。

六三。即《ツキテ》レ鹿《ロクニ》无《ナシ》レ虞《グ》。惟《タヾ》入《イル》ニ於林中《リンチウニ》一。君子《クンシ》幾《キ》不《ズ》レ如レ舍《シカスツルニ》。往吝《ユケバリン》。○象傳曰《シヤウデンニイハク》。即《テ》レ鹿《ニ》无レ虞《キヤハグ》以レ從レ禽《テシタガフテキンニ》也。君子《クンシ》舍《スツ》レ之《コレテ》。往吝窮《ユケバリンニシテキウスナリ》也。

此爻《このかう》譬《たと》へば商賈《しやうこ》にして商運《しやううん》の屯難《じゆんなん》を顧《かへり》みず、老練《らうれん》の人《ひと》を用《もち》ひずして、妄《みだ》りに利《り》を貪《むさぼ》り、冒進《ばうしん》して危險《きけん》の業《げふ》に從事《じうじ》し遂《つひ》に損失《そんしつ》を招《まね》きたるが如《ごと》し。此時《このとき》に當《あた》つて、其失計《そのしつけい》を覺《さと》り其損失《そのそんしつ》を見限《みかぎ》り、斷然手《だんぜんて》を收《おさ》めれば、復《ま》た挽回《はんくわい》の時《とき》がないではない。若《も》し其損失《そのそんしつ》を惜《おし》み尙《なほ》進《すゝ》て止《や》まなければ必《かなら》ず一時《じ》の蹉跌《さてつ》に止《とゞま》らないで、家《いへ》を破《やぶ》り產《さん》を喪《うしな》ひ、遂《つひ》に如《い》何《かん》ともすることが出來《でき》ないやうになる。愼《つゝし》むべきである。譬《たと》へば利慾《りよく》に迷《まよ》つて急速《きふそく》に之《これ》をなせば、却《かへ》つて功《こう》が空《むな》しく、時《とき》に適《かな》はないのを慮《はか》つて輕率《けいそつ》に事《こと》を爲《な》さゞるを君子《くんし》と云《い》ふ。小人《せうじん》は之《これ》を曉《さと》らないで如何《いか》に心《こゝろ》を勞《らう》するも、詮《せん》ある事《こと》はない。

六四。乘《ノリテ》レ馬《ウマニ》班《ハン》如《ヂヨ》。求《モトム》ニ婚《コン》媾《コウヲ》一往《ユケバ》吉《キツ》。无《ナシ》レ不《ザル》レ利《ヨロシカラ》。○象傳《シヤウデン》曰《ニイハク》。求《モトメテ》而往《ユクハ》。明《アキラカナルナリ》也。

此爻《このかう》を得《う》る時《とき》は、凡《およ》そ人《ひと》屯難《じゆんなん》の時《とき》に當《あた》り、下《しも》に在《あ》るの剛才《がうさい》に賴《よ》つて、困難《こんなん》を遁《のが》るゝの時《とき》とする。又我《またわ》が依賴《いらい》せんとする二ケ所《しよ》あつて、迷《まよ》ふが如《ごと》くである。我《わ》れより希望《きはう》する方《はう》は調《とゝの》ふと雖《いへど》も彼《か》れより我《われ》に求《もと》むる方《はう》は調《とゝの》ひ難《がた》い。

九五。屯《ジユンス》ニ其《ソノ》膏《カウヲ》一。小《セウ》貞《テイ》吉《キツ》。大《ダイ》貞《テイ》凶《キヨウ》。○象傳《シヤウデン》曰《ニイハク》。屯《ジユンスレバ》ニ其《ソノ》膏《カウヲ》一施《ホドコシ》未《イマダ》レ光《ヒカラズ》也。

此爻《このかう》は識量才度《しきりやうさいど》ある者《もの》と雖《いへど》も、猥《みだ》りに事《こと》を興《おこ》さず、事《こと》を愼《つゝし》み常《つね》を守《まも》り、時運《じうん》の來《きた》るを待《ま》つべしである。君《きみ》に在《あ》りては國步艱難《こくほかんなん》である。臣《しん》に在《あ》つては志《こゝろざし》未《いま》だ伸《の》びないのである。商《しやう》に在《あ》つては貿易振《はうえきふる》はないのである。農《のう》に在《あ》つては百穀不熟《こくふじゆく》である。共《とも》に謙退《けんたい》自《みづか》ら守《まも》り、謹愼《きんしん》すべきの時《とき》とする。又身上大《またしんしやうだい》なれども、財政困難《ざいせいこんなん》にして、何事《なにごと》も思《おも》ふが如《ごと》くすることが出來《でき》ない。萬事節儉《ばんじせつけん》を守《まも》つて、日用常事《にちようじやうじ》を行《おこな》ふには吉《きち》なれども、大事業《だいじげふ》を企《くわだ》つるが如《ごと》きは不可《ふか》とする。

上六。乘馬《シヤウバ》班《ハン》如《ジヨ》。泣血《キウケツ》漣《レン》如《ジヨ》。○象傳《シヤウデンニ》曰《イハク》。泣血《キウケツ》漣《レン》如《ジヨ》。何《ナンゾ》可《ベケン》レ長《ナガカル》也。

此爻《このかう》は今《いま》や困難《こんなん》の極《きよく》、進退實《しんたいじつ》に谷《きは》まるの時《とき》であるけれども、屯難《じゆんなん》の困厄已《こんやくすで》に盡《つき》て漸《やうや》く將《まさ》に福運《ふくうん》に赴《おもむ》かんとするの機《き》である。故《ゆゑ》に之《これ》に遇《あ》ふも、再《ふた》び世《よ》に出《い》づることを樂《たの》しみ憂愁《いうしう》を遣《や》り、自《みづか》ら慰《なぐさ》め棄暴《きばう》の心《こゝろ》を出《いだ》さず、又假令《またたと》ひ福運來《ふくうんきた》つて、安心《あんしん》の地《ち》に至《いた》ることを得《う》るも常《つね》に此《こ》の困厄《こんやく》を忘《わす》れてはならぬ。

䷃（坎下艮上）山《サン》水《スヰ》蒙《モウ》

蒙《モウハ》亨《トホル》。匪《アラズ》三我《ワレ》求《モトムルニ》二童蒙《ドウモウニ》一。童蒙《ドウモウ》求《モトム》レ我《ワレニ》。初筮《ショゼイハ》告《ツゲ》。再三《サイサンスレハ》瀆《ミダル》。瀆《ミダルレバ》則《スナハチ》不レ告《ツゲ》。利《ヨロシ》レ貞《テイニ》。

彖傳《タンデンニ》曰《イハク》。蒙《モウハ》山下《サンカニ》有《アリ》レ險《ケン》。險《ケンニシテ》而止《トヾマルハ》蒙《モウ》。蒙《モウハ》亨《トホル》。以《モツテ》レ亨《トホルヲ》行《オコナイテ》時中《トキニチウスル》也。匪《アラズ》三我《ワレ》求《モトムルニ》二

童蒙《ドウモウニ》。童蒙《ドウモウ》求《モトムルハ》レ我《ワレニ》。志應《コヽロザシオウズル》也。初筮《ショゼイツグルハ》告。以《モツテ》二剛中《ガウチウチ》一也。再三《サイサンスレバ》瀆《ミダル》。瀆《ヽダルレバ》則《スナハチ》不《ズ》レ告《ツゲ》。瀆《ミダセバ》レ蒙《モウヲ》也。蒙《モウヲ》以《モツテ》養《ヤシナフハ》レ正《セイヲ》。聖功《セイノコウ》也。○象曰《シヤウニイハク》。山下《サンカニ》出《イヅル》泉《イヅミハ》蒙《モウ》。君子《クンシ》以《モツテ》果《ハタシ》レ行《オコナヒヲ》育《ヤシナフ》レ徳《トクヲ》。

蒙《もう》の字《じ》は古篆《こてん》⿱艹⿱冖乑に作《つく》る。艸《くさ》に从《したが》ひ、日《ひ》に从《したが》ひ、乑に从《したが》ふ。艸《くさ》は艸昧《さうまい》である。日《ひ》は揜《エン》覆《フグ》の物《もの》、乑は衆《しう》の本字《ほんじ》であつて、三人《にん》に从《したが》ふ。國語《こくご》に三人爲《にんなす》レ乑はこれである。衆民《しうみん》未《いま》だ義方《ぎうは》の訓《くん》を得《え》ず、智識《ちしき》開《ひら》けず、昧《くら》くして明《あきら》かならざること猶《なほ》物《もの》に揜覆《ゑんふく》せられたるが如《ごと》きの義《ぎ》である。即《すなは》ち蒙昧童蒙《もうまいどうもう》の蒙《もう》であつて、此卦内卦《このくわないけ》は坎《かん》の水外卦《みづぐわいくわ》は艮《こん》の山《やま》にして、山下《さんか》に水《みづ》あるの象《かたち》。即《すなは》ち前面《ぜんめん》に山《やま》あれども、其麓《そのふもと》の水氣《すゐき》霧《きり》を爲《な》し闇《くら》くして見《み》る事《こと》が出來《でき》ないと云《い》ふ義《ぎ》である。

蒙亨《もうかう》の亨《かう》は、屯《じゆん》の元亨《げんかう》と同《おな》じく、即時直《そくぢた》ちに亨通《かうつう》するのではない。凡《およ》そ蒙昧《もうまい》の物《もの》は先覺者《せんかくしや》を師《し》とすれば、事物《じぶつ》の道理《だうり》を辨《わきま》へて、聰明《そうめい》と爲《な》る。故《ゆゑ》に之《これ》を亨《かう》と云《い》ふのである。我《われ》は師《し》たる者《もの》より云《い》ひ、童蒙《どうもう》は弟子《ていし》たる者《もの》を指《さ》す、外卦《ぐわいくわ》の艮《こん》は少男《せうだん》にて、童蒙《どうもう》の象《かたち》とする。蒙昧《もうまい》なる者《もの》の聰明《そうめい》を求《もと》むる道《みち》は、師《し》に就《つい》て學《まな》ぶよりよきはない。已《すで》に師《し》を

得《う》れば、宜《よろし》く之《これ》に事《つか》ふるに至誠《しせい》と至敬《しけい》とを以《もつ》てして、

此卦《このくわ》智者《ちしや》と雖《いへど》も一時《じ》策略《さくりやく》に竭《つ》きて、方向《はうかう》に迷《まよ》ひ、却《かへつ》て蒙昧《もうまい》の行《おこなひ》を爲《な》すの時《とき》とする。暫《しばら》く心《こゝろ》を練《ね》つて眞智《しんち》の啓《ひら》くを待《ま》つべきである。所謂《いはゆる》智者《ちしや》愚《ぐ》に返《かへ》るの謗《そしり》を受《う》くるの象《かたち》である。故《ゆゑ》に智巧《ちこう》を用《もち》ふれば益〻《ます〳〵》究《きう》するに至《いた》る。故《ゆゑ》に益友《えきいう》を求《もと》めて誠實篤實《せいじつとくじつ》を以《もつ》て之《これ》に交《まじは》り、其意見《そのいけん》を用《もち》ふるを善《ぜん》とす。又人《またひと》に接《せつ》するに篤實《とくじつ》を以《もつ》てし事《こと》を爲《な》すに、漸進《ぜんしん》を以《もつ》てする時《とき》は、必《かなら》ず後榮《こうえい》を開《ひら》くとする。△此卦《このくわ》は己《おの》れの智識《ちしき》昧《くら》くして困難《こんなん》の中《うち》に居《を》るの象《かたち》であるから、必《かなら》ず免《まぬが》るゝの道《みち》がある。智者《ちしや》に從《したが》つて險《けん》を出《い》づべきである。△吉凶《きつきよう》の巷《ちまた》である。百事《じ》迷《まよ》ひあつて、決斷《けつだん》なきの兆《きざし》、只其始《たゞそのはじめ》を愼《つゝし》め。△初《はじめ》に決擇《けつたく》して再三迷《さいさんまよ》はざる樣《やう》に心《こゝろ》を定《さだ》め、人《ひと》と交《まじは》るにも疑心《ぎしん》なき樣《やう》に愼《つゝし》め。△內《うち》に實情《じつじやう》あれども、人信《ひとしん》じない。智慮《ちりよ》あれども取《とり》まはし惡《わる》い爲《た》めに心勞疑惑《しんらうぎわく》すること多《おほ》い。△思慮定《しりよさだ》まらず、身《み》に關《あづ》からざることに難《なや》むの象《かたち》がある。△心中《しんちう》に苦慮《くりよ》することあつて、之《これ》を整理《せいり》しやうと欲《ほつ》するも他《た》に故障《こしやう》する者《もの》あつて、行《おこな》はれ難《がた》い象《かたち》。△智《ち》の發《はつ》せずして事理《じり》に達《たつ》せざる

の卦《くわ》、○手形證文《てがたしようもん》に付《つ》き欺《あざむ》かるゝ事《こと》あり。△物價《ぶつか》今安《いまやす》し、後高《のちたか》し。

初六。發《ハツス》レ蒙《モウヲ》 利《ヨロシ》二 用《モチヒテ》 刑《ケイスルニ》レ 人《ヒトヲ》。 用《モチヒテ》 說《トク》二桎《シツ》 梏《コクヲ》一。 以《モツテ》 往《ユケバ》 吝《リン》。 ○象《シヤウ》傳《デンニ》 曰《イハク》 利《ヨロシ》二 用《モチヒテ》 刑《ケイスルニ》レ 人《ヒトヲ》。 以《モツテ》レ 正《タヾス》レ 法《ホウヲ》 也。

此爻《このかう》は頑愚《ぐわんぐ》を譴責《けんせき》して、智《ち》を開《ひら》かしむるの時《とき》である。然《しか》れども嚴《げん》に過《す》ぎ、教道《けうだう》に分《ぶん》限《げん》を犯《おか》す時《とき》は却《かへ》つて己《おの》れ恥《はぢ》を得《う》ることありとす。又幼《またえう》にして道《みち》を知《し》らざるの人《ひと》とす。故《ゆゑ》に成長《せいちやう》の後《のち》に人《ひと》の人《ひと》たる道《みち》を知《し》らざるが爲《た》めに過《あやま》ちをなして過《あやま》ちたるを思《おも》はず、知《し》らず識《し》らず罪《つみ》を犯《おか》して刑《けい》を蒙《かふ》むることあるの象《かたち》とする。故《ゆゑ》に長《ちやう》たる者早《ものはや》く之《これ》を悟《さと》り道《みち》を教《をし》へて志《こゝろざし》を改《あらた》めしめ、世《よ》の法《はふ》に順《したが》はしむべきの爻《かう》である。

九二。包《イル》レ蒙《モウヲ》 吉《キツ》。 納《イル》レ婦《フヲ》 吉《キツ》。 子《コ》 克《ヨクス》レ 家《イヘヲ》。 ○象《シヤウ》傳《デンニ》 曰《イハク》。 子《コ》 克《ヨクスレバ》レ 家《イヘヲ》。 剛《カウ》 柔《ジウ》 接《セツスル》 也。

此爻《このかう》剛明《がうめい》の德《とく》を藏《ざう》して人《ひと》を善導《ぜんだう》する者《もの》である。故《ゆゑ》に人亦其德《ひとまたそのとく》を追慕《つひぼ》して求《もと》むるもの多《おほ》いであらう。又高貴《またかうき》より良緣《りやうえん》を結《むす》ぶことあるべし。又其子《またそのこ》に至《いた》つて家運繁榮《かうんはんえい》するに至《いた》る。△衆《しう》を指揮《しき》するに吉《きち》。△教師《けうし》を傭《やと》ふに吉《きつ》。△社長《しやちやう》、議長《ぎちやう》凡《すべ》て衆《しう》を支配《しはい》すること吉《きち》。△養子《やうし》に極《きよ》めて吉《きち》。

六三。勿《ナカレ》レ用《モチフル》レ取《トルニ》レ女《ヂヨヲ》。見《ミテ》二金《キン》夫《フヲ》一不《セズ》レ有《イウ》レ躬《ミヲ》。无《ナシ》レ攸《トコロ》レ利《ヨロシキ》。○象傳《シヤウデンニイハク》曰。勿《ナカレ》レ用《モチウル》レ取《トルニ》レ女《ヂヨヲ》。行《オコナヒ》不《ザル》レ順《ツヽシマ》也。

此爻《このかう》は女《ぢよ》を取《と》るに利《り》あらざるのみならず、總《すべ》て我《わ》が使命《しめい》に供《きよう》するものは、新《あらた》に召納《せうなふ》してはならぬ。其來《そのきた》らんとする者皆《ものみな》不正《ふせい》の徒《と》にして我《われ》に安居《あんきよ》するを得《え》ないからである。△女子《ぢよし》の蒙《もう》なるが如《ごと》く事理《じり》辨《べん》ぜざるの象《かたち》。

六四。困《クルシム》レ蒙《モウヲ》吝《リン》。○象傳《シヤウデンニイハク》曰。困《クルシムル》レ蒙《モウヲ》吝《リンハ》。獨《ヒトリ》遠《トホザカル》レ實《ジツニ》也。

此爻《このかう》は蒙昧無智《もうまいむち》にして、無益《むえき》のことに心《こゝろ》を苦《くる》しむるの時《とき》とす。宜《よろ》しく智者《ちしや》に就《つい》て其《その》教誨《けうくわい》を受《う》け、自《おのづか》ら悔悟發明《くわいごはつめい》しなければならぬ。然《しか》らざる時《とき》は終《つひ》に發《はつす》レ蒙《もう》の期《き》がないとの意《い》である。△手《て》を以《もつ》て耳《みゝ》を掩《お》ふの形《かたち》であつて、人《ひと》の諫《いさ》めを容《をさ》めないの意《い》である。△愚鈍《ぐどん》にして宰割《とりさはき》する事《こと》が出來《でき》ないの意《い》。

六五。童《ドウ》蒙《モウ》吉《キツ》。○象傳《シヤウデンニイハク》曰。童《ドウ》蒙《モウ》之《ノ》吉《キツ》。順《ジユンニシテモツテシタガヘバ》以巽也。

此爻《このかう》我《われ》を輔導《ほだう》するの賢者《けんしや》あつて、遂《つひ》に青雲《せいうん》に向《むか》ふの意《い》である。心《こゝろ》を誠《まこと》にして賢者《けんしや》の教《をしへ》に從《したが》へば決《けつ》して違《たが》ふことはない。

上九《ジヤウキウ》。撃《ウツ》レ蒙《モウヲ》。不《カラズ》レ利《ヨロシ》レ爲《ナスニ》レ寇《アダヲ》。利《ヨロシ》レ禦《フセグニ》レ寇《アダヲ》。○象傳《シヤウデンニ》曰《イハク》。利《ヨロシキハ》ニ用《モチヰテ》禦《フセグニ》レ寇《アダヲ》。上下《シヤウカ》順《シタガヘバ》也。

此爻《このかう》性《せい》過激《くわげき》にして親附《したしみつ》くものなく、且《か》つ他《た》の過誤《くわご》を用捨《ようしや》せず、嚴譴《きびしくせめ》る爲《た》めに其《その》恨《うらみ》を惹《ひ》くの象《かたち》、故《ゆゑ》に其過激《そのくわげき》なる言行《げんかう》を愼《つゝし》まねばならぬ。又不時《またふじ》に盗賊《とうぞく》の侵入《しんにふ》することあるの意《い》。又理《またり》を知《し》つて情《じやう》を知《し》らないものとする。故《ゆゑ》に己《おの》れを正《たゞ》しくして後《の》ち人《ひと》を正《たゞ》さねばならぬ。今《いま》は己《おの》れを省《かへり》みるの時《とき》である。又老父《またらうふ》隱居《いんきよ》の身《み》を以《もつ》て相續者《さうぞくしや》に干渉《かんせう》し爲《た》めに厭《きら》はるゝの意《い》がある。△人《ひと》に善《ぜん》を責《せ》むるの甚《はなは》だしき時《とき》は却《かへ》つて、怨《うら》みを受《う》くるの意《い》。△暗昧《あんまい》他《た》の爲《た》めに欺《あざむ》かるゝの意《い》。

䷄（乾下坎上）水《スヰ》天《テン》需《ジユ》

需《ジユハ》。有《アリ》レ孚《マコト》光《ヒカリ》亨《トホル》。貞《テイ》吉《キツ》。利《ヨロシ》レ渉《ワタルニ》二大《タイ》川《センヲ》一。○彖《タン》傳《デンニ》曰《イハク》。需《ジユハ》須《シユ》也《ナリ》。險《ケン》在《アル》レ前《マイニ》也《ナリ》。剛《ガウ》健《ケンニシテ》而不《ズ》レ陷《オチイ》。其《ソノ》義《ギ》不《セズ》二困《コン》窮《キウ》一矣。需《ジユハ》有《アリ》レ孚《マコト》光《ヒカリ》亨《トホル》貞《テイ》吉《キチハ》。位《クラヰシ》二乎天《テン》位《イニ》一。以《モツテ》二正中《チウセイ》一也《ナリ》。利《ヨロシキハ》レ渉《ワタルニ》二大《タイ》川《センヲ》一。往《ユキテ》有《アル》レ功《コウ》也《ナリ》。○大《タイ》象《シヤウニ》曰《イハク》。雲《クモノ》上《ボル》レ於《ハ》レ天《ニテン》需《ジユ》。君子《クンシ》以《モツテ》飲食《インシヨク》宴樂《インラクス》。

需《じゆ》の字《じ》篆書《てんしよ》に雲に作《つく》る。天《てん》に从《したが》ひ、雲《くも》の省畫《しやうくわく》に从《したが》ふ。即《すなは》ち此卦《このくわ》の下《した》なる乾《けん》は天《てん》であつて、上《うへ》なる坎《かん》は雲《くも》たるの意《い》である。大象《たいしやう》に雲上二於天一需と云《い》へる即《すなは》ち是《これ》である。

此字《このじ》を待《ま》つと訓《よ》むのは次《つぎ》の解《かい》に依《よ》れ。

常《つね》に心力《しんりよく》を養《やしな》ひ、沈重《おちつい》て五爻《かう》の時《とき》を待《まつ》て、篤實《とくじつ》にして常《つね》を守《まも》り、謙和《けんわ》にして信《しん》あるものは、自然《しぜん》に幸福《かうふく》を得《う》る事《こと》を急《いそ》いで難《なん》を冒《をか》して目前《もくぜん》の利《り》を求《もと》めやうと欲《ほつ》すれば、却《かへ》つて迷惑《めいわく》を來《きた》すことがあるの意《い》。△進《すゝ》まんと欲《ほつ》して坎險《かんけん》に遇《あ》ふ。未《いま》だ直《たゞ》ちに進《すゝ》むではならぬ。須《すべか》らく之《これ》を待《ま》て。△百事成《じな》ること遲《おそ》い。併《しか》し時《とき》の至《いた》るを待《ま》つときは、得《う》ること遲《おそ》いけれども、遂《つひ》に成《な》る、但《たゞ》し五爻《かう》に至《いた》つて成《な》る。△不貞《ふてい》にして愼《つゝし》まなければ大難《だいなん》に遭《あ》ふ。△大志《たいし》を懷《いだ》いて時《とき》の至《いた》るを須《ま》つの意《い》。△競爭《きやうさう》を防《ふせ》げ。△節操《せつさう》の意《い》。

初九。需《マツ》レ于レ郊《カウニ》。利《ヨロシ》レ用《モチユルニ》レ恒《ツネヲ》。无《ナシ》レ咎《トガ》。○象傳《シヤウデンニ》曰《イハク》。需《マツハ》レ于レ郊《カウニ》。不《ザル》ニ犯《オカシテ》レ難《ナンヲ》行《ユカ》一也。利《ヨロシ》用《モチウルニ》レ恒《ツネヲ》。无《ナキハ》レ咎《トガ》。未《イマダ》《ザル》レ失《ウシナハ》レ常《ツネヲ》也。

進《すゝ》まんとして前途《ぜんと》に妨《さまた》げあり、時機《じき》の至《いた》るを待《ま》つ、宜《まろ》しく、我本業《わがほんげふ》に安《やす》んじて猥《みだ》りに進《すゝ》んではならぬ。動《うごく》を好《この》んで静《せい》を嫌《きら》ひ、急《きふ》に進《すゝん》で利《り》を博《はく》せんと欲《ほつ》すれば、此《こ》れに反《はん》して禍《わざはひ》を取《と》るのである。能《よ》く動静《どうせい》を考《かんが》へて常《つね》を守《まも》れ。△時至《ときいた》らないで強《しひ》て事《こと》を謀《はか》り進《すゝ》んで爲《な》すは険《けん》に陥《おちい》り、悔咎《くひとが》あり新規《しんき》の望《のぞ》み等《など》は殊《こと》に悪《わる》い。

九二。需《マツ》レ于《ニ》レ沙《シヤ》。小《スコシキ》有《アリ》レ言《コト》。終《ツヒニ》吉《キツ》。○象傳《シヤウデンニ》曰《イハク》。需《マツハ》レ于《ニ》レ沙《シヤ》。衍《ユタカニシテ》在《アルウチニ》レ中也。雖《イヘドモ》ニ小《スコシヤ》有《アリト》レ言《コトモツテ》以レ吉《キチヲ》終《ヲハル》也。

有爲《いうゐ》の才《さい》あるを以《もつ》て、速《すみやか》に事《こと》を成《な》さんと欲《ほつ》すれども、前途《ぜんと》に妨《さまた》げあるを察《さつ》し、止《とゞ》つて時《とき》を需《ま》つものである。已《すで》に第三爻《だいかう》は進《すゝ》んで災《わざはひ》に罹《かゝ》つたが、此爻幸《このかうさいはひ》に一歩《ほ》後《おく》れ且《か》つ思慮《しりよ》あるを以《もつ》て災《わざはひ》を免《まぬが》れたのである。譬《たと》へば火災《くわさい》あつて隣家《りんか》まで延焼《いんせう》して免《まぬか》れたやうである。宜《よろ》しく胸中寛平《きようちうくわんぺい》を旨《むね》として従容《しようよう》として時《とき》の至《いた》るを待《ま》つべきである。

然《しか》る時《とき》は終《つひ》に吉《きち》を得《う》る。又人《またひと》と爭論《そうろん》してはならぬ。後《のち》に至《いた》れば、自《おのづか》ら我意《わかい》の如《ごと》くなるに至《いた》る。△言語《ごんご》の傷《やぶ》れがある。△事《こと》を遂《と》げんとすれば却《かへ》つて破財損失《はざいそんしつ》がある。

九三。需《マツ》二于《ニ》泥《デイ》一。致《イタス》二寇《アダノ》至《イタルヲ》一。○象傳曰《シヤウデンニイハク》。需《マツハ》二于《ニ》レ泥《デイ》一。災《ワザハヒ》在《アル》レ外《ソトニ》也。自《ヨリ》レ我《ワレ》致《イタス》レ寇《アダヲ》。敬《ケイ》愼《シンスレバ》不《ズ》レ敗《ヤブレ》也。

事《こと》を遂《と》げんとするの意《い》急《きふ》にして、自《みづか》ら困難《こんなん》を醸《かも》し、進退自由《しんたいじいう》ならざるの境《さかひ》に至《いた》つたのである宜《よろ》しく心《こゝろ》を改《あらた》め事《こと》を愼《つゝし》みて敗《はい》を取《と》ることのないやうにせねばならぬ。世《よ》の才子《さいし》此爻《このかう》を得《え》ば、躁進《さはぎすゝむ》の非《ひ》を知《し》つて、固《かた》く本業《ほんげふ》を守《まも》り、愼《つゝしん》で時《とき》の至《いた》るを待《ま》つべきである。又此爻《またこのかう》は水難或《すゐなんあるひ》は盜難或《たうなんあるひ》は病難等《びやうなんとう》の患《うれひ》がある。愼《つゝしん》で自重《じちよう》しなければならぬ。△難《なん》に逼《せま》ると雖《いへど》も陷《おちいら》んことを恐《おそ》れて止《とゞ》まる時《とき》は禍《わざはひ》を免《まぬか》る。△水《みづ》に狎《な》れて死《し》する者《もの》は水《みづ》を咎《とが》むること勿《なか》れ、我《わ》れより之《これ》を招《まね》いたのである。△敬《けい》して止《とま》る時《とき》は敗《はい》は取《と》らない。△物《もの》に隔《へだゝり》あつて、通《つう》じ難《がた》く運拙《うんつたな》きの意《い》を以《もつ》て身《み》の分限《ぶんげん》を守《まも》れ。△四時不正《しじふせい》の氣《き》に觸冒《しよくばう》され、病患《びやうくわん》ある。△時《とき》を待《ま》たず進《すゝ》んで事《こと》を謀《はか》れば困厄《こんやく》ある。

六四。需《マツノ》レ于《ニ》レ血《チニ》。出《イヅ》レ自《ヨリ》レ穴《アナ》。○象傳曰《シヨウデンニイハク》。需《マツ》レ于《ニ》レ血《チ》。順以聽《ジユンニシテモツテキク》也。

才能《さいよ》くして志《こゝろざし》も亦弱《またよわ》く、險《けん》の穴中《けつちう》に陷《おちい》つて困窮甚《こんきうはなはだ》しきの時《とき》とする。然《しか》るに上位《じやうゐ》の人《ひと》の爲《た》めに救《すく》はれて、漸《やうや》くにして難《なん》を免《まぬか》るゝことを得《え》たるの時《とき》であるから、大智《たいち》の人《ひと》に從《したがつ》て其助《そのたすけ》を受《う》くべきである。又人《またひと》と競《きそ》つて事《こと》を爲《な》すは凶《きよう》である。又爭闘《またさうとう》して傷《きづ》を受《う》くる象《かたち》である。又鑛山事業等《またくわうざんじげふとう》に加勢《かせい》の人《ひと》を得《え》て、鑛物《くわうぶつ》を穴《あな》より出《いだ》し利益《りえき》あるの象《かたち》。△劒難《けんなん》の畏《おそ》れがある進《すゝ》んで事《こと》を爲《な》せば利《り》がない、退《しりぞ》くが吉《きつ》である。

九五。需《マツ》二于《ニ》酒《シユ》食《シヨク》一。貞《テイ》吉《キノ》。○象傳曰《シヤウデンニイハク》。酒食貞吉《シユシヨクテイキツハ》。以《モツテ》二中《チウ》正《セイヲ》一也。

宴會《えんくわい》に耽《ふけ》らず、僥倖《げうかう》を求《もと》めず、其友《そのとも》を疑《うたが》はないで、共《とる》に拮据力《きつきよちから》を盡《つく》せば遂《つひ》に富貴利《ふうきり》達《たつ》を得《う》る。△衆人《しうじん》の親《したし》み厚《あつ》くして、尊敬《そんけい》せらるゝの意《い》。△百事《じ》自《し》然《ぜん》に成就《じやうじゆ》す。△其事《そのこと》の何《なに》たるに論《ろん》なく諸人會合《しよじんくわいがふ》し飲食宴會《いんしよくえんくわい》の賑《にぎは》ひがある。

上六《シヤウ》。入《イル》レ于《ニ》レ穴《アナ》。有《アリテ》二不《ザル》レ速《マネカ》之《ノ》客《キヤク》三人《ニン》一來《キタル》。敬レ之終吉《ケイスレハコレヲツヒニキツ》。○象傳曰《シヤウテンニイハク》。不《ザル》レ速《マネカ》之《ノ》客來《キヤクキタル》。敬レ之終吉《ケイスレバコレノツヒニキツ》。雖レ不レ當レ位《イヘドモズトアタラクラキ》。未二大失一也《イマダオホイニウシナハザルナリ》。

險難《けんなん》の極《きよく》に居《を》り、才暗《さいくら》く、力微《ちからび》である。一身《しん》の方向立《はうかうた》たず、爲《た》めに困難《こんなん》する者《もの》である。故《ゆゑ》に入レ于レ穴と云《い》ふ。有ニ不レ速之客三人一とは是《こ》れ同氣相求《どうきあひもと》め、同病相憐《どうびやうあひあはれむ》の理《り》であつて、上六之《じやうかうこれ》を招《まね》ぐのではなくして、客自《きやくおのづか》ら來《きた》るのである。抑《そもそ》も此爻君位《このかうくんゐ》に非《あら》ずして衆人《しうじん》の心《こゝろ》を得《う》るは、私黨《したう》の嫌《きらひ》なきこと能《あた》はず。然《しか》れども究竟衆人《きうきやうしうじん》の心《こゝろ》を得《う》るは、敬《けい》の德《とく》と云《い》はねばならぬ。故《ゆゑ》に能《よ》く敬《けい》の道《みち》を守《まも》れば、險難《けんなん》に遇《あ》ふも、不意《ふい》の助《たすけ》を得《え》て禍《わざはひ》を免《のが》れる。其事《そのこと》の正不正《せいふせい》は占者自《せんしやみづか》ら之《これ》を知《し》るであらう。△險中《けんちう》に陷《おちい》り非意《ひい》の來《きた》るに於《お》て、敬《けい》して待《ま》つときは終《つひ》に吉《きち》を得《う》るのである。

䷅（坎下乾上）天《テン》水《スヰ》訟《シヨウ》

訟《しよう》の字《じ》は言《げん》に从《したが》ひ、公《こう》に从《したが》ふ。甲乙《かふおつ》二人《にん》の情乖《じやうそむ》き意違《いたが》ひ、互《たが》ひに曲直《きよくちよく》を爭《あらそ》ふて、之《これ》を公廳《こうちやう》に云《い》ひ立《た》つるの意《い》である。蓋《けだ》し坎《かん》を言《げん》と爲《な》し、平《たひら》と爲《な》し、乾《けん》を公《こう》と爲《な》し、決《けつ》と爲《な》し、爭《さう》と爲《な》し、直《ちよく》と爲《な》す。故《ゆゑ》に乾剛坎險《けんがうかんけん》の義《ぎ》に取《と》つて此卦《このくわ》を訟《しよう》と名《な》づけたのである。

訟《ショウハ》有レ孚《アリテマコト》窒《フサガル》。惕中吉《オソレテチウスレバキツ》。終凶《ヲハレバキヨウ》。利レ見二大人一《ヨロシミルニダイジンヲ》。不《ズ》レ利レ渉二大川一《ヨロシカラワタル、ニタイセンヲ》。○彖傳曰《タンテンニイハク》。訟上《ショウハカミ》剛《ガウ》下《シモ》險《ケン》。險而健《ケンニシテケンナル》訟《ハショウ》。訟有レ孚窒《ショウアリテマコトフサガル》。惕中吉《オソレテチウキチハ》。剛來而得レ中也《ガウキタリテシカシテウルチウヲ》。終凶《ヲハレバキヨウ》。訟《ウツタヘ》不《ザ》レ可レ成《ベカラナス》也。利レ見二大人一《ヨロシミルニタイジンヲ》。尚二中正一《タットブチウセイヲ》也。不《ズ》レ利レ渉二大川一《ヨロシカラワタルニタイセンヲ》。入レ于レ淵《イレバニフチ》也。○大象曰《タイシヤウニイハク》。天與レ水違《テントミヅタガヒ》行《ユクハ》訟《ショウ》。君子《クンシ》以《モツテ》作レ事《ナスニコトヲ》謀レ始《ハカルハジメヲ》。

此卦《このくわ》は朋友《ほういう》の間《あひだ》に爭論《さうろん》ありと雖《いへど》も、思慮《しりよ》を大《だい》にして、小事《せうじ》の爲《た》めに爭《あらそひ》を起《おこ》してはならぬ。凡《およ》そ此卦《このくわ》は思慮《しりよ》の相違《さうゐ》言語《げんご》の齟齬《そご》多《おほ》きの時《とき》とする。△我《わ》れと彼《か》れとの間情《あひだじやう》意《い》の行違《ゆきちが》ひありて爭《あらそひ》を起《おこ》すの象《かたち》。△我《わ》が胸算《むなざん》する所違《ところちが》ひありて敗《やぶ》れを取《と》る。△貴人《きじん》と不和《ふわ》を釀《かも》すの意《い》。△理《り》ありて非《ひ》とせらるゝ意《い》。△訟《しよう》の時《とき》氣運《きうん》尤《もつと》も衰《おとろ》ふるのである。愼《つゝし》みて凶災《きようさい》を招《まね》ぐな。△諸事《しよじ》己《おの》れが智謀《ちぼう》を用《もち》ゐて進《み、》み、却《かへ》つて進退共《しんたいとも》に皆悔《みなくひ》あるに至《いた》る。△外見強《ぐわいけんつよ》くして内心《ないしん》に苦勞《くらう》あるの象《かたち》。△讒《ざん》を受《う》けて人《ひと》と親《したし》みを失《うしな》ふの象《かたち》。△怨《うら》み憤《いきどほ》るの意《い》がある。△嫉《ねた》み憎《にく》むの象《かたち》がある。△奸計《かんけい》の象《かたち》がある。△鬱悶懣煩《うつもんまんはん》の意《い》がある。

初《シヨ》六。不《セズ》レ永《ナガク》レ所《トコロヲ》レ事《コトトスル》。小《スコシク》有《アリ》レ言《コト》。終《ツヒニ》吉《キツ》。○象傳《シヤウデン》曰《ニイハク》。不《セズ》レ永《ナガク》レ所《トコロヲ》レ事《コトトスル》。訟《ウツタヘ》不《ズ》レ可《ベカラ》レ長《ナガクス》也。雖《イヘドモ》ニ小《スコシキ》有《アリ》レ言《コト》。其《ソノ》辨《ベン》明《アキラカ》也。

金錢《きんせん》其他《そのた》の事《こと》に就《つい》て不善者《ふぜんしや》より小害《せうがい》を受《う》くることがあるけれども、忍《しの》んで爭《あらそ》ひを止《とゞま》るの時《とき》である。世界《せかい》の廣《ひろ》き、人民《じんみん》の多《おほ》き、此《かく》の如《ごと》きの不善者《ふぜんしや》は交際《かうさい》を謝絶《しやぜつ》すべきである。何《なん》ぞ瑣々《さゝ》たる爭論《さうろん》より家產《かさん》を傾《かた》むけ、後難《こうなん》を釀《かも》すことをするの用《よう》はない。「負《ま》けて勝《か》つ心《こゝろ》を知《し》れや首引《くびひき》の勝《かつ》たる方《はう》の倒《たふ》るゝを見《み》て」と訟《しよう》を好《この》む者《もの》宜《よろ》しく意《い》を留《と》むべきである。△事《こと》に關《くわん》せずして禍《わざはひ》を免《まぬが》るゝ意《い》。△先見《せんけん》明《あきらか》にして紛雜《ふんざつ》を免《まぬが》るゝ意《い》。

九二。不《ズ》レ克《ヨクセ》レ訟《ウツタヘヲ》。歸《カヘリテ》而逋《イガル》。其《ソノ》邑《イウ》人《ジン》三百戸《コ》无《ナシ》レ眚《ワザハヒ》。○象傳《シヤウデン》曰《ニイハク》。不《ズ》レ克《ヨクセ》レ訟《ウツタイヲ》歸《カヘリテ》而逋《ホ》竄《ザンス》也。自《ヨリ》レ下《シモ》訟《ウツタフ》レ上《カミヲ》。患《ウレヒノ》至《イタル》掇《コトトル》也。

此爻敵《このかうてき》は剛健富豪《がうけんふがう》にして、權勢《けんせい》を以《もつ》て我《われ》を侮《あなど》り、我《われ》は艱難《かんなん》にして、哀《かなしみ》を乞《こ》ふと雖《いへど》も、彼《か》れ顧《かへり》みないのである。是《こゝ》に於《おい》て不平《ふへい》に堪《た》へず、訟《しよう》を起《おこ》さうとするけれども、自《みづか》ら勝《か》つ事《こと》の出來《でき》ないのを知《し》り、堪忍《たいにん》して爭《あらそひ》を止《や》むるの象《かたち》とする。而《しか》して九五の大人《だいじん》に庶爻《しよかう》なるが故《ゆゑ》に此達識《このたつしき》の人《ひと》に就《つい》て仲裁《ちうさい》を依賴《いらい》すべきである。但《たゞ》し此卦《このくわ》は理《り》を以《もつ》て非《ひ》となるの卦《くわ》であるから、堪忍《たいにん》して事《こと》を起《おこ》さぬがよい。△爭論《さつろん》を好《この》み訟《しよう》を欲《ほつ》する意《い》。△剛情《がうじやう》にして禍《わざはひ》を招《まね》ぐの意《い》。△事《こと》の始《はじめ》を愼《つゝし》まずして凶《きよう》を起《おこ》すの意《い》。△病中醫藥《びやうちういやく》の見《み》込違《こみちがゐ》で藥應《くすりおう》せざるの意《い》。△上下《しやうか》の情相隔絕《じやうあひかくぜつ》するの象《かたち》がある。

六三。食《ハム》ニ舊德《キウトクヲ》一。貞《タヾシケレドモ》厲《アヤウシ》。終《ツヒニ》吉《キツ》。或《アルヒハ》從《シタガヘバ》ニ王事《ワウジニ》一无《ナシ》レ成《ナスコト》。○象傳《シヤウデンニ》曰《イハク》。食《ハム》ニ舊德《キウトノチ》一。從《シタガヘバ》レ上《カミニ》吉《キツ》也。

此爻《このかう》を得《う》る時《とき》は、分《ぶん》に安《やす》んじて常《つね》を守《まも》るを吉《きち》とす。他人《たにん》の煽動《せんだう》に乘《の》つて、妄《みだり》に心《こゝろ》を動《うご》かすべきでない。△舊《きう》を守《まも》りて安心《あんしん》を得《う》るの意《い》。

九四。不《ズ》レ克《ヨクセ》レ訟《ウノタヘヲ》。復《カヘリテ》即《ツキ》レ命《メイニ》。渝《カヘテ》安《ヤスンズレバ》レ貞《テイニ》吉《キツ》。○象傳《シヤウデンニ》曰《イハク》。復即《カヘリテツキメイニ》レ命。渝安《カヘテヤスンズルハ》レ貞《テイニ》不《ザル》レ失《ウシナハ》也。

此爻《このかう》は訟《しよう》の心《こゝろ》ありと雖《いへど》も、自《みづか》ら其不可《そのふか》なるを悟《さと》つて、貞《てい》に安《やす》ずべきの時《とき》とす。△彼《か》れが非《ひ》なるを勘辨《かんべん》して爲《た》めに幸《さち》を得《う》るの意《い》である。

九五。訟《ウノタヘ》元《グン》吉《キチ》。○象傳曰《シヤウデンニイハク》。訟《ウツタヘ》元《グン》吉《キツ》。以《モッテ》二中《チウ》正《セイチ》一也。

此爻《このかう》彼《かれ》の孚《まこと》ありて窒《ふさか》りたる者《もの》、始《はじ》めて理非《りひ》分明《ぶんめい》の裁判《さいはん》を受《う》け、志《こゝろざし》を伸《の》ぶるを得《う》るの時《とき》とする。△訟《うつたへ》て勝利《しようり》を得《う》る只此《たゞこの》一爻《かう》のみである。

上九。或《アルヒハ》錫《タマフ》二之《コレニ》鞶帶《バンタイチ》一。終《シウ》朝《テウ》三《ミタビ》褫《ウバハル》レ之《コレチ》。○象傳曰《シヤウデンニイハク》。以《モッテ》レ訟《ウツタヘチ》受《ウク》レ服《フクチ》。亦《マタ》不《ズ》レ足《タラ》レ敬《ケイスルニ》也。

険《けん》を行《おこな》ふて幸《さいはひ》を求《もと》むるの意《い》である。抑《そもそも》鞶帶《はんたい》の命服《めいふく》、訟《うつたへ》を以《もつ》て錫《たま》ふの理《り》は無《な》い。此爻《このかう》訟《うつたへ》の極《きよく》に居《を》り、訟《うつたへ》に勝《かつ》て世《よ》に誇《ほこ》り、意氣《いき》揚々《やう〳〵》として、君子《くんし》に憫笑《びんせう》せらるゝ者《もの》とする。暫《しはら》く吉《きち》なるが如《ごと》しと雖《いへど》も忽《たちま》ち凶《きよう》に變《へん》ずる。△勞《らう》して功《こう》なきの時《とき》である。△心《しん》中《ちう》憂苦《いうく》を懷《いだ》く偶々《たま〳〵》喜《よろこ》びあるも亦《また》憂《うれひ》あり、得《う》ることあるも、亦《また》損失《そんしつ》あり。△訴訟《そしやう》を起《おこ》して費用《ひよう》に困《くる》しむの意《い》がある。△議論《ぎろん》に勝《かつ》て徳《とく》を破《やぶ》るの象《かたち》がある。△他《た》を瞞着《まんちやく》して爲《た》めに恥《はぢ》を受《う》くるの意《い》がある。△狡猾《かうかつ》を働《はたら》いて失策《しつさく》するの意《い》がある。

䷆（坎下坤上）地《チ》水《スヰ》師《シ》

師《し》の篆書《てんしょ》は師である。𠂤《ゐ》に从《したが》ひ、一に从《したが》ひ、巾《きん》に从《したが》ふ。𠂤《ゐ》は衆多《しうた》である。巾《きん》は旌旗《せいき》に乗《かたど》る。旌旗《せいき》を以《もつ》て三軍《ぐん》の衆《しう》を指揮《しき》進退《しんたい》す。故《ゆゑ》に𠂤《ゐ》に从《したが》ひ巾《きん》に从《したが》ふ文字《もじ》を帥《すゐ》と爲《な》し、ひきゐると訓《よ》む。此師《このし》の字《じ》は其帥《そのすゐ》に一を加《くは》へて衆《しう》を指揮《しき》する元帥《げんすゐ》の名詞《めいじ》となし師《し》の義《ぎ》とする。又轉《またてん》じて師範《しはん》の義《ぎ》と爲《な》り、或《あるひ》は單《たん》に衆多《しうた》の義《ぎ》に用《もち》ゐて、もろ〱と訓《よ》み、又《また》軍《ぐん》の字《じ》と同《おな》じく用《もち》ゐて、いくさと訓《よ》む。

師《シハ》。貞《タヾシ》。大人吉《タイジンハキツ》。无《ナシ》レ咎《トガ》。○彖傳曰《タンデンニイハク》。師《シハ》衆《シウ》也。貞《テイ》正《セイ》也。能以《ヨクヒキヰテ》レ衆《シウヲ》 正《タヾシケレバ》 可《ベン》二以《モツテ》 王《ワウタル》一矣。剛《ガウ》中而應《チウニシテオウズ》。行《オコナヒテ》レ險而順《ケンニシテジユン》。以《モツテ》レ此《コレヲ》 毒《ドクシテ》二天下《テンカヲ》一而民《タミ》從《シタガフ》レ之《コレニ》。吉又何咎矣《キツニシテマタナンノトガアラン》。○大象曰《タイシヤウニイハク》。地《チ》中有《チウニアルハ》レ水師《ミヅシ》。君子以《クンシモツテ》容《イレタミヲ》レ民畜《ヤシナフ》レ衆《シウヲ》。

此卦《このくわ》は時正《ときまさ》に危險《きけん》に際《さい》す。幾多《いくた》の困難《こんなん》に遇ふであらう。けれども權譎詐道《けんきつさだう》を以《もつ》て困《こん》難《なん》を濟《すく》はんと欲《ほつ》すれば、益《ます〱》困難《こんなん》を重《かさ》ぬべく、宜《よろ》しく正道《せいだう》を貞守《ていしゆ》して、詐術《さじゆつ》を須《もち》ひず、王師《わうし》の正々堂々《せい〳〵だう〳〵》たるが如《ごと》くなれば、遂《つひ》に困難《こんなん》を排除《はいじよ》して其志《そのこゝろざし》を達《たつ》するを得《う》るのである。△學校《がくかう》の教師《けうし》衆《おほく》の子弟《してい》を集《あつ》め、或《あるひ》は演說集會議院等《えんぜつしうくわいぎゐんとう》の象《かたち》がある。△心《こゝろ》に實情智慮《じつじやうちりよ》あつて、能衆人《よくしうじん》を從《したが》へ、大《おほい》に威權《ゐけん》あり、然《しか》れども人《ひと》の言《げん》を用《もち》ゐずして自己《じこ》一分《ぶん》を立《た》てんとする氣性《きしやう》あつて、事《こと》を愆《あやま》る意《い》がある。唯柔順《たゞじうじゆん》にして衆《しう》を容《い》るゝの心《こゝろ》あれば、大《おほい》に世《よ》に稱《しよう》せられ、人《ひと》の師《し》範《はん》ともなり聲譽《せいよ》があがる。△師《いくさ》を起《おこ》し衆《しう》を動《うごか》すの象《かたち》がある。△最危險隱伏《もつともきけんいんぷく》の象《かたち》がある。△願望急《ぐわんもうきふ》に成《な》らず、先《さき》に難《かた》くして後《のち》に易《やす》い。△患《うれひ》を消《け》し難《なし》を撰《えら》ぶことは、其人《そのひと》の巧拙《こうせつ》により成不成《せいふせい》がある。△心身安《しんしんやす》からず、住居《ぢうきよ》の苦勞《くらう》がある。併《しか》し妄《みだり》に轉動《てんだう》してはならぬ。△賣買《ばい〳〵》あり物價《ぶつか》下落《げらく》す。△敵《てき》ありて已《や》むを得《え》ずして師《いくさ》を用《もち》ふ。△口舌爭論盜難《くぜつさうろんたうなん》を防《ふせ》げ。

初《シヨ》六。師出《シイヅルニ》以レ律《モツテスリツヲ》。否レ臧《アラザレバヨキニ》凶《キヨウ》。○象傳曰《シヤウデンニイハク》。師出《シイヅルニ》以レ律《モツテスリツヲ》。失レ律《ウシナヒバリツヲ》凶《キヨウ》也。

凡《およ》そ事《こと》を爲《な》さんと欲《ほつ》せば宜《よろ》しく始《はじめ》に於《おい》て確乎《かくこ》たる見込《みこみ》を立《た》て、固《かた》く其規律《そのきりつ》を定《さだ》め、而《しか》して後着手《のちちやくしゆ》すべきである。然《しか》らざれば必《かなら》ず失敗《しつはい》を取《と》る。△百事初《じはじめ》を愼《つゝし》み、妄《みだり》に望《のぞみ》を爲《な》さずして、小事《せうじ》を爲《な》す時《とき》は吉《きち》。△剛氣《がうき》にして律《りつ》を犯《をか》すの意《い》がある。律《りつ》を失《うしな》ふて將《しやつ》拙《つたな》けれぱ利《よろし》きを得《え》ない。

九二。在《アル》二師《シノ》中《ウチニ》一吉《キチ》。无《ナシ》レ咎《トガ》。王《ワウ》三《ミタビ》錫《タマフ》レ命《メイヲ》。○象傳曰《シヤウデンニイハク》。在《アル》二師《シノ》中《ウチニ》一吉《キチハ》。承《ウケル》二天寵《テンチヨウヲ》一也。王《ワウ》三《ミタビ》錫《タマフハ》レ命《メイヲ》。懷《ヤスンズ》二萬邦《バンハウヲ》一也。

誠意正心《せいいせいしん》、事《こと》に臨《のぞ》んで畢生《ひつせい》の力《ちから》を竭《つく》さば、當《まさ》に大功《たいこう》を建《た》つべきの時《とき》とする。△勇《ゆう》を振《ふる》ふの大事業《だいじげふ》を起《おこ》すに吉《きち》。△衆人《しうじん》を統御《とうぎよ》し事《こと》を用《もち》ふるの象《かたち》がある。△終《つひ》に志《こゝろざし》を遂《と》ぐ、負《ま》けざるの氣《き》がある。△功《こう》の成《な》つて歸《き》するの象《かたち》がある。

六三。師《シ》或《アルヒハ》輿《ニナフ》レ尸《シカバネヲ》。凶《キヨウ》。○象傳曰《シヨウデンニイハク》。師《シ》或《アルトハ》輿《ニナフハ》レ尸《シカバネヲ》。大《オホヒニ》无《ナキ》レ功《コウ》也。

志剛《こゝろざしがう》にして才拙《さいつたな》い、能《よ》く反復思慮《はんぷくしりよ》して、妄《みだり》に進取《しんしゆ》を謀《はか》つてはならぬ。之《これ》を尋常《じんじやう》の事《こと》に取《と》れば人《ひと》に煽動《せんどう》せられて、己《おの》れの才《さい》を顧《かへり》みず、進《すゝ》んで事《こと》を爲《な》さんと欲《ほつ》し、反《かへ》つて失敗《しつはい》を取《と》るの時《とき》とする。故《ゆゑ》に退《しりぞ》く時《とき》を待《ま》つを宜《よろし》とする。△其分《そのぶん》に非《あら》ざるを犯《をか》すの意《い》がある。△蒙昧事《まうまいこと》を破《やぶ》るを戒《いまし》む。△自己《じこ》の器量《きりやう》を頼《たの》みて人《ひと》を侮《あなど》るの意《い》がある。

六四。師《シ》左《サ》次《ジス》。无《ナシ》レ咎《トガ》。○象《シヤウ》傳《デン》曰《ニイハク》。左《サ》次《ジス》无《ナキハ》レ咎《トガ》。未《イマダ》《ザル》レ失《ウシナハ》レ常《ツネヲ》也。

進《す》みて事《こと》を爲《な》す時《とき》ではない。退《しりぞい》て氣力《きりよく》を養《やしな》ひ、時《とき》を得《え》て動《うご》くを宜《よろし》とする。又《また》一方《はう》の長《ちやう》となつては衆人《しうじん》と利害《りがい》を共《とも》にすべし。我《わが》一分《ぶん》の名聞《めいもん》に拘《かゝ》はつてはならぬ。必然《ひつぜん》の利《り》ならざる時《とき》は、退舍《しりぞい》て退《まも》るを可《よし》とする。△師《し》を全《まつた》くして以《もつ》て退《しりぞ》くの象《かたち》がある。

六五。田《カリニ》有《アリ》レ禽《ヤン》。利《ヨロシ》二執《シツ》言《ゲンニ》一。无《ナシ》レ咎《トガ》。長子《チヤウシ》帥《シキユ》レ師《シヲ》。弟子《テイシ》輿《ニナウシカバネヲ》レ尸。貞《タヾシケレドモ》凶《キヨウ》。○象《シヤウ》傳《デン》曰《ニイハク》。長子《チヤウシ》帥《ヒキユルハ》レ師《シヲ》。以《モツテ》二中《チウ》行《カウヲ》一也。弟子《テイシニナフハ》輿レ尸《シカバネヲ》。使《ツカフコト》不《ザレバ》レ當《アタラ》也。

損害《そんがい》の要償《えうしやう》又《また》は名譽《めいよ》の回復《くわいふく》を求《もと》むるに適當《てきたう》なるの時《とき》とする。然《しか》れども委託《ゐたく》其人《そのひと》を擇《えら》ぶを肝要《かえう》。若《も》し其器《そのき》にあらざるものを用《もちふ》る時《とき》は、却《かへ》つて失敗《しつはい》を取《と》るの基《もと》となる。△人《じん》君將《くんしやう》に命《めい》じて師《いくさ》を出《いだ》すの象《かたち》がある。△其器《そのき》に當《あた》らざる時《とき》は師《し》の德《とく》を失《うしな》ふの恐《おそ》れがある。△一人《にん》に事《こと》を任《まか》すれば吉《きち》。彼《か》れ此《こ》れを交《まじ》ゆる時《とき》は必《かなら》ず破《やぶ》る。

上六《ジヤウ》。大《タイ》君《クン》有《アリ》レ命《メイ》。開《ヒラキクニヲ》レ國。承《ウケイヘヲ》レ家。小人《セウジンハ》勿《ナカレ》レ用《モチユル》。○象《シヤウ》傳《デン》曰《ニイハク》。大《タイ》君《クン》有《アリ》レ命《メイ》。以《モツテ》正《タヾス》レ功《コウヲ》也。小《セウ》人《ジン》勿《ナカレ》レ用《モチユル》。必《カナラズ》亂《ミダルクニヲ》レ邦也。

委託其人《ゐたくそのひと》を得《え》て事《こと》を果《はた》すの時《とき》とする」然《しか》れども爾後《じご》を戒慎《かいしん》しなければ、復成功《またせいこう》を壞《やぶ》るの象《かたち》ある。細心警戒《さいしんけうかい》を要《えう》する。又大志《またたいし》を遂《と》げたるの時《とき》であるから須《すべから》く後《のち》の治《ち》を要《えう》する。有功《いうこう》を賞《しやう》するに依怙《えこ》あつてはならぬ。忠直《ちうちよく》を採用《さいよう》して其風《そのふう》を下《しも》に移《うつ》さねばならぬ」姦邪《かんじや》を擢用《てきよう》する時《とき》は後害《こうがい》を醸《かも》す。△賞《しやう》を行《おこな》ふの時《とき》である。小人爵土《せうじんしやくど》を得《え》せしめてはならぬ」優《いう》するに金帛《きんぱく》を以《もつ》てして可《か》。

䷇（坤下坎上）水《スヰ》地《チ》比《ヒ》

比《ひ》の字《じ》篆書《てんしよ》に从に作《つく》る。二人相比《にんあひなら》ぶの象形《かたち》である。比《なら》べは即《すなは》ち親《したし》み、親《したし》めば即《すなは》ち相《あひ》輔《たす》け、相輔《あひたす》くれば則《すなは》ち樂《たのし》む。故《ゆゑ》に比《ひ》並比隣《へいひりん》の義《ぎ》の外《ほか》に親輔和樂《しんぽわらく》の義《ぎ》がある。此卦坎水《このけかんすゐ》坤地《こんち》の上《うへ》に在《あ》り、水《みづ》を地上《ちじやう》に洒《そゝ》げば障隔《しやうかく》することなくして能《よ》く和合《わがふ》する。蓋《けだ》し水《みづ》は土《ど》徳《とく》の包容《はうよう》に依《よ》つて安居《あんきよ》するを得《う》、地《ち》は水徳《すゐとく》の滋潤《じじゆん》を得《え》て其生育《そのせいいく》を成《な》す。故《ゆゑ》に相互《あひたがひ》に親《したし》み、輔《たす》けて和合《わがふ》するのである。

比吉《ヒハキツ》。原筮《フタヽビゼイシ》。元永貞《ゲンエーテイニンテ》无レ咎《ナシトガ》。不レ寧《ザルヤスカラ》方來《マサニキタル》。後夫凶《コウフハキヨウ》。○彖傳曰《タンデンニイハク》。比吉也《ヒハキツ》。比輔也《ヒハホ》。下順從也《シモジユンジウナル》。原筮《フタヽビゼイシ》。元永貞无レ咎《ゲンヱイテイナキハトリ》。以二剛中一也《モツテガウチウチ》。不レ寧《ザルモヤスカラ》方來《マサニキタル》。上下應也《シヤウカオウズル》。後夫《コウフ》凶《キヨウハ》。其道窮也《ソノミチキハマル》。○大象曰《タイシヤウニイハク》。地上有レ水《チシヤウニアルハミヅ》。比《ヒ》。先王以建二萬國一親二諸侯一《センワウモツテタテバンコクチシタシムシヨコウチ》。

人《ひと》と親《したしん》で共《とも》に事《こと》を爲《な》すに吉《きち》である。獨立《どくりつ》して事《こと》を爲《な》してはならぬ。又己《またおの》れ貞實《ていじつ》にして勉強《べんきやう》する時《とき》は、衆人《しうじん》の加勢《かせい》を得《え》て、望《のぞ》む所《ところ》の大業《たいげふ》を容易《ようい》に遂《と》げ得《う》るの時《とき》とする。一度人《どびと》と親《したしま》ず其人《そのひと》を容《い》れて、生涯《しやうがい》親《したしみ》を失《うしな》ふてはならぬ。△凡《およ》そ事高貴老成《ことかうきらうせい》に就《つい》て謀《はか》れば即《すなは》ち便宜《べんぎ》を得《う》。△我《われ》は彼《かれ》に須《したが》ひ、彼《かれ》は我《われ》に信《しん》あるの義《ぎ》。△主《しゆ》の行狀《ぎやうじやう》よしと雖《いへど》も、良宰《りやうさい》なき故《ゆゑ》に家政《かせい》の齊《とゝの》はざる意《い》。△先《さきん》ずるに宜《よろし》く後《おく》るれば凶《きよう》。△輔《たす》く親《したし》む和《やわら》ぐ等《とう》の意《い》がある。△願望調《ぐわんもうとゝな》ふ。△婚姻吉《こんいんきつ》。△出行往《でゆきゆい》て親《したし》みを得《う》る。△物價安《ぶつかやす》し。

初六《シヨ》。有レ孚《アリマコト》比レ之《とスコレニ》无レ咎《ナシトガ》。有レ孚《アリテマコト》盈レ缶《ミツレバフニ》。終來有二他吉一《ツヒニキタリテアリタノキツ》。○象傳曰《シヤウデンニイハク》。比之《ヒノ》

初《シヨ》六　有二他《アリタニ》　吉一也《キツ》。

憤發心《ふんぱつしん》を起《おこ》して、知《し》らざる土地《とち》に行《ゆ》くの象《かたち》がある。而《しか》して其地《そのち》に於《おい》て知己《ちき》の人《ひと》なし

と雖《いへど》も、孚《まこと》を盡《つく》し誠《まこと》を竭《つく》し、勉強《べんきやう》する時《とき》は、人之《ひとこれ》を信《しん》じて終《つひ》に大幸福《だいかうふく》を得《う》るの占《せん》とする。壯年《さうねん》の人《ひと》は愛敬《あいけい》を本《もと》として人《ひと》の爲《ため》に親切《しんせつ》を盡《つく》し、勞《らう》して功《こう》を云《い》はず、益々《ます〱》心《こゝろ》を盡《つく》して人《ひと》の愛顧《あいこ》を得《う》、生涯立身幸福《しやうがいりつしんかうふく》の基礎《きそ》を建《た》つに至《いた》る。△百事憂《じうれい》がない。急《きふ》に吉事《きつじ》を見《み》るの象《かたち》がある。△充實《じうじつ》なれば他《た》の吉《きち》がある。

六二。比《ヒスル》レ之《コレヲ》自《ヨリス》レ内《ウチ》。貞《テイ》吉《キツ》。○象傳曰《シヨウデンニイハク》。比《スル》レ之《コレヲ》自《ヨリスルハ》レ内《ウチ》。不《ザル》二自《ミヅカラ》失《ウシナハ》一也。

五爻《かう》の心情《しんじやう》を察《さつ》し、内縁《ないえん》より親附《しんぷ》して、上流《じやうりう》の人《ひと》の援助《ゑんぢよ》を得《え》、幸《さち》を受《う》くるの時《とき》とする。比《ひ》は自然《しぜん》の親和《しんわ》である。巧言令色《こうげんれいしよく》の謂《いひ》ではないことを察《さつ》しなければならぬ。△内《うち》より外《そと》に比《ひ》して水《みづ》に水《みづ》の合《がつ》する如《ごと》く、其眞《そのしん》を得《う》る吉道《きちだう》である。愛情《あいじやう》に過《す》ぎて物《もの》に陷溺《かでき》するの意《い》がある。

六三。比《ヒスル》レ之《コレヲ》匪《アラズ》レ人《ヒトニ》。○象傳曰《シヤウデンニイハク》。比《ヒスル》レ之《コレヲ》匪《アラス》レ人《ヒトニ》。不《ズ》二亦《マタ》傷《イタマシカラ》一乎。

知《し》らず識《し》らず不善《ふぜん》の人《ひと》に親《しん》を結《むす》ぶの象《かたち》がある。猛省《まうしやう》して過《あやまち》を改《あらた》めなければ、親《したし》む人《ひと》の爲《た》めに大《だい》なる禍《わざはひ》を得《え》て、難澁《なんじふ》を釀《かも》す。但《たゞ》し早《はや》く其過《そのあやまち》を改《あらた》め、心《こゝろ》を善《ぜん》に反《かへ》す時は、自《おのづか》ら其凶《そのきよう》を免《まぬか》るゝを得《う》る。

六四。外《ホカ》比《ヒス》レ之《コレニ》。貞《テイ》吉《キツ》。○象傳《シヤウデンニ》曰《イハク》。外《ホカ》比《ヒスルハ》レ於《ニ》レ賢《ケンニモ》。以《テ》従《シタカフ》レ上《カミニ》也。

目上《めうへ》の人《ひと》に就《つい》て事《こと》を行《おこな》ふ時《とき》は、平安《へいあん》にして吉《きち》を得《う》べし。瑣々《さゝ》たる家事《かじ》に關係《くわんけい》せず、一向我《かうわれ》を信用《しんよう》する賢者《けんしや》の爲《た》めに孚《まこと》を盡《つく》して實功《じつこう》を立《た》つべきの時《とき》とする。

九五。顯《アキラカニス》レ比《ヒヲ》。王《ワウ》用《モチヒテ》三驅《サンクシテ》失《ウシナフ》二前禽《ゼンキンヲ》一。邑《イウ》人《ジン》不《ズ》レ誡《イマシメ》。吉《キツ》。○象傳《シヤウデンニ》曰《イハク》。顯《アキラカニスル》レ比《ヒヲ》之《ノ》吉《キツ》。位《クラヰ》正中《セイチウナレバ》也。舍《ステ》レ逆《ギヤクヲ》取《トル》レ順《シユンヲ》失《ウシナフ》二前禽《ゼンキンヲ》一也。邑《イウ》人《ジン》不《ズ》レ誡《イマシメ》上《カミノ》使《ツカフコト》中《チウ》也。

衆人《しうじん》の望《のぞみ》を得《う》る時《とき》であるから、何人《なにびと》に對《たい》するも必《かなら》ず誠心《せいしん》を以《もつ》て交際《かうさい》を厚《あつ》くせねばならぬ。又如何《またいか》なる賤民《せんみん》と雖《いへど》も我同胞兄弟《わがどうはうけいてい》の看《かん》をなして、賤《いやし》み棄《す》つることありてはならぬ。此《かく》の如《こと》くなる時《とき》は必《かなら》ず身《み》を立《た》て道《みつ》を行《おこな》ひ、名《な》を後世《こうせい》に揚《あ》ぐるに至《いた》る。此爻衆《このかうしう》を容《い》るゝの智《ち》に長《ちやう》じたるものである。己《おのれ》を虛《むなし》くして人《ひと》の諫《いさめ》を納《い》れ、天下《てんか》の英雄豪傑《えいゆうがうけつ》を收攬《しうらん》して、遂《つひ》に宏業《くわうげふ》を開《ひら》きたる者《もの》の如《ごと》きは能《よ》く此卦《このくわ》の妙用《めうよう》を得《え》た者《もの》である。△一會《くわい》の黨首《たうしゆ》たるの象《かたち》ある。△君位《くんゐ》に居《を》り、衆《しう》の親附《しんぷ》する所《ところ》となり君《きみ》にして輔《たすけ》あるの象《かたち》ある。△親《しん》比《ひ》する者相集《ものあひあつま》るの象《かたち》ある。△群下《ぐんか》の爲《た》めに瞻仰《あふぎみ》せらるゝの象《かたち》ある。△一君萬民《くんはんみん》を親《したし》み萬民《はんみん》一君《くん》を輔《たす》く。△上《かみ》を以《もつ》て下《しも》を親《したし》み、下《しも》を以《もつ》て上《かみ》に順從《じゆんじう》するの象《かたち》ある。

上六《シヤウ》。比《ヒス》レ之《コレヲ》无《ナシ》レ首《シユ》。凶《キヨウ》。○象傳曰《シヤウデンニイハク》。比《ヒス》レ之《コレヲ》无《ナキハ》レ首《シユ》。无《ナキ》レ所《トコロ》レ終《ヲハル》也。

人《ひと》と交《まじは》るの初《はじ》め、道《みち》に違《たが》ひたるが故《ゆゑ》に、終《をはり》を善《よ》くすることが出來《でき》ない。朋友絶交《ほういうぜつかう》するの時《とき》とする。改心《かいしん》すべきである。

䷈（乾下巽上）風《フウ》天《テン》小《セウ》畜《チク》

畜《ちく》の字《じ》、玄《げん》に从《したが》ひ田《た》に从《したが》ふ。玄《げん》は水《みづ》なり、田《た》の止《と》め貯《たくは》へて禾穀《くわこく》を養《やしな》ふべきもの水《みづ》より上《うへ》なるはない。故《ゆゑ》に玄田《げんでん》を畜《ちく》と爲《な》し、止《と》め聚《あつ》め貯《たくは》へ養《やしな》ふの數義《すうぎ》を兼《か》ね有《いう》す。小《せう》は大《だい》の反對《はんたい》にして、物《もの》の微細《びさい》なるを謂《い》ふ。此爻《このかう》唯《たゞ》六四の一陰《いん》あつて、他《た》の五陽《やう》を止《とゞ》む。故《ゆゑ》に小畜《せうちく》と名《な》づく。

小畜《セウチク》。亨《トホル》。密雲《ミツウン》不《ズ》レ雨《アメフラ》。自《ヨリス》二我《ワガ》西郊《セイカウ》一。○彖傳曰《タンデンニイハク》。小畜《セウチク》柔《ジウ》得《エテ》レ位《クラヰヲ》而上下《シヤウカ》應《オウズルヲ》レ之《コレニ》曰《イフ》二小畜《セウチクト》一。

健而巽《ケンニシテソン》。剛中而志行《カウチウニシテコヽロザシオコナハル》。乃亨《スナハチトホル》。密雲《ミツウン》不《ゼルハ》レ雨《アメフラ》。尙往《ナホユク》也。自《ヨリスルニ》二我《ワガ》西郊《セイカウ》一。施《ホドコシ》未《イマダ》レ行《オコナハレ》也。

○大象曰《タイシヤウニイハク》。風《カゼ》行《ユクハ》二天《テン》上《シヨウ》一小畜《セウチク》。君子《クンシ》以《モツテ》懿《ヨリス》二文德《ブントクヲ》一。

此卦《このくわ》を得《う》る時《とき》は、時《とき》を救《すく》ふの志《こゝろざし》ありと雖《いへど》も、因循者《いんじゆんしや》の爲《ため》に遮《さへぎ》られて進《すゝ》むことが出來《でき》ない。憂《うれ》ひ悶《もだ》ゆるの時《とき》とする。思《おも》ふこと達《たつ》せず、鬱々《うつく》として事《こと》を廢《はい》する事《こと》がある。然《しか》れども開運《かいうん》の期《き》遠《とほ》くは無《な》い。宜《よろ》しく勉强《べんきやう》して成業《せいげふ》を期《き》すべきである。又女子《またぢよし》に權力《けんりよく》あつて、主人《しゆじん》の威力《ゐりよく》行《おこな》はれざるの象《かたち》がある。又贅壻《またいりむこ》となつて他家《たけ》を相續《さうぞく》するの象《かたち》がある。△小畜《せうちく》は諸事《しよじ》曖昧《あいまい》にして、確固《かくこ》たること能《あた》はざる也。△宰相《さいしやう》の意行《いおこな》はるゝの象《かたち》がある。△剛健内《がうけんうち》に在《あつ》て外《そと》に見《あらは》るゝことが出來《でき》ない。△時未《ときま》だ至《いた》らず常《つね》に安《やす》んずれば吉《きち》。△願望《ぐわんもう》速《すみやか》に成《な》らず意志《いし》通《つう》せざる兆《しるし》。△女人《ぢよじん》の爲《た》めに畜《とゞ》められて、出《い》で難《がた》いことがある。又婦人《ふじん》の夫《をつと》を嫌《きら》ふ象《かたち》。△陰旣《いんすで》に盛《さかん》にして陽《やう》に抗《かう》する時《とき》は、君子《くんし》も亦行《またおこな》ふことが出來《でき》ない。△物《もの》を忌《い》み嫌《きら》ひ人《ひと》の氣《き》を兼《か》ね、苦《くる》しみ厭《いと》ふなりと思《おも》ふ心《こゝろ》がある。胸《むね》に一物《ぶつ》を含《ふく》んで言語《げんご》に出《いだ》し難《がた》きの象《かたち》がある。△主人《しゆじん》を迷《まよは》す意《い》がある。

初九《シヨキウ》。復《カヘル》自《ヨリ》レ道《ミチ》。何《ナンゾ》其咎《ソレトガアラン》。吉《キツ》。○象傳曰《シヨウデンニイハク》。復《カヘル》自《ヨリ》レ道《ミチ》。其《ソレ》義《ギ》吉《キツ》也。

久《ひさ》しく通《つう》ぜざるもの漸《やうや》く通《つう》ずるの時《とき》とする。又婦人僥倖《またふじんげうかう》を得《え》て却《かへつ》て禍《わざはひ》を醸《かも》すことあるの時《とき》とする。愼《つゝし》むべきである。凡《およ》そ望事《ばうじ》一度達《たびたつ》すれば堅固《けんご》に之《これ》を守《まも》るべし、勢《いきほひ》に乘《じよう》じて進《すゝ》む時《とき》は、聊《いさゝ》か幸《さち》あるも、亦大《まただい》なる損害《そんがい》を醸《かも》す、是亦愼《これまたつゝし》むべきである。△疑惑《ぎわく》して他《た》を疑《うたが》ふの意《い》あれば、人亦信服《ひとまたしんぷく》せず、心中望《しんちうのぞみ》ありとも時《とき》を待《ま》つて事《こと》を謀《はか》るに利《り》ある。

九二。牽復《ヒヤテカヘル》吉《キツ》。○象傳曰《シヤウデンニイハク》。牽復《ヒヤテカヘルハ》在《アリテ》レ中《チニ》。亦《マタ》不《ザル》二自失《ミヅカラウシナハ》一也。

事《こと》ありて進《すゝ》まんと欲《ほつ》するも人《ひと》に妨《さまた》げらるゝことあるを知《しつ》て、半途《はんと》にして事《こと》を止《や》むの時《とき》である。蓋《けだ》し能《よ》く微《び》を見《み》、機《き》を察《さつ》するの明《めい》ありて、自《みづか》ら中止《ちうし》したるが故《ゆゑ》に、禍《わざはひ》を被《かふむ》らずして吉《きち》を得《う》るのである。之《これ》に反《はん》すれば其凶《その〳〵ようし》知るべきのみ。此爻正直《このかうしやうぢき》にして常《つね》に道《みち》を守《まも》る故《ゆゑ》に上《うへ》なる人《ひと》に倚《よ》り親《したし》むべき緣《たより》なしと雖《いへど》も、反《かへつ》て下《しも》に在《あ》りて平生信《へいぜいしん》を盡《つく》す所《ところ》の人《ひと》と相牽連《あひけんれん》して、共《とも》に發達《はつたつ》することがある。△遽《にわか》に進《すゝ》んではならぬ。能《よ》く下《しも》の初九《しよさう》と牽連《けんれん》して守《まう》るに吉《きち》。△物事《ぶつじ》に澁滯《しぶたい》するの象《かたち》ある。

九三。輿《クルマ》說《トク》レ輻《フクヲ》。夫《フ》妻《サイ》反《ソバム》レ目《メヲ》。○象《シヤウ》傳《デンニ》曰《イハク》。夫《フ》妻《サイ》反《ソバムヘ》レ目《メヲ》。不《ザル》レ能《アタハ》レ正《タヾスコト》レ室《シツヲ》也。

己《おの》れの剛直《がうちよく》を恃《たの》み强《し》ひて其志《そのこゝろざし》を達《たつ》せんと欲《ほつ》するも、小人高位《せうじんかうゐ》に居《を》り、柔順《じうじゆん》の態《たい》を示《しめ》して我《われ》を拒《こば》むこと甚《はなはだ》し、故《ゆゑ》に思《おも》ふ所達《ところたつ》せず、爭《あらそつ》て敗《はい》を取《と》るの時《とき》とする。是《こ》れ即《すなは》ち理《り》を以《もつ》て非《ひ》に陷《おちい》るの時《とき》であるから、深《ふか》く勘辨《かんべん》して爭《あらそひ》を起《おこ》さないのを可《か》とする。然《しか》らざれば愚人《ぐじん》の爲《た》めに妨害《ばうがい》せられて難澁《なんじふ》することがある。又商家《またしやうか》の支配人《しはいにん》にして、其家《そのいへ》の後見《こうけん》をするか、或《あるひ》は萬事《はんじ》を主宰《しゆさい》するの權《けん》あるもの丶定《さだま》れる妻妾《さいせう》なく、竟《つひ》に婦人《ふじん》の事《こと》に付《つ》き、心配《しんはい》することあり愼《つゝし》むべきである。△妻《つま》の氣質剛情《きしつがうじやう》にして夫怒《おつといか》るの象《かたち》ある。△長官《ちやうくわん》の威權《ゐけん》に制《せい》せられて不滿《ふまん》を抱《いだ》くの象《かたち》ある。△進《す》むことを得《え》ずして爭《あらさ》ふことあり。△婚姻利《こんいんよろ》しくない。△思《おも》ふ所達《ところたつ》せず、鬱陶《うつたう》として事《こと》を廢《はい》することがある。△恥《はぢ》を受《う》け面目《めんもく》を失《うしな》ふの象《かたち》ある。△張合《はりあひ》ての中違《なかたが》ひあり短慮《たんりよ》にして、事《こと》を敗《やぶ》り、安心《あんしん》なり難《かた》く、心中《しんちう》一物《もつ》あるの象《かたち》であるから、萬事《はんじ》齟齬《そご》することがある。

六四。有《アリ》レ孚《マコト》。血《ウレヒ》去《サリ》惕《オソレ》出《イヅ》。无《ナシ》レ咎《トガ》。○象傳曰《シヤウデンニイハク》、有《アリ》レ孚《マコト》惕出《オソレテイヅ》、上《カミ》合《ハス》レ志《コロザシ》也。

陰《いん》にして陽《やう》を制《せい》する時《とき》であるから、其位《そのゐ》地實《ちじつ》に危《あやう》しと云《い》はねばならぬ。然《しか》れども人《ひと》爲《ごと》に孚《まこと》を盡《つく》し己《おの》れに奉《ほう》ずる薄《うす》く、寡慾清廉《くわよくせいれん》なる時《とき》は恕《じよ》する所《ところ》あつて、難《なん》を免《まぬか》るゝを得《う》る。又子《またこ》の縁薄《えんうす》く憑《たのみ》とすべき親族少《しんぞくすくな》い。故《ゆゑ》に家事《かじ》に就《つい》ても憂慮多《いうりよおほ》かるべく、故《ゆゑ》に下《しも》なる者《もの》には慈善《じぜん》を施《ほどこ》し上《かみ》なるものには、孚《まこと》を盡《つく》さねばならぬ。此《かく》の如《ごと》くなれば、災咎《わざわい》をも免《まぬが》れ、其家《そのいへ》をも保持《ほぢ》するを得《う》る。△一陰《いん》にして衆陽《しうやう》を畜《つ》む。△傷寒《しやうかん》に遭《あ》ひ危懼《きく》を免《まぬか》るゝの象《かたち》ある。△孚《きこと》あれば隣《となり》の助《たすけ》を得《う》ることあり。△此卦《このくわ》を得《え》て血《ち》を見《み》ることあれば、潜行微服《せんかうびふく》、能忍《よくしのん》で難《なん》を避《さ》くることがある。△人《ひと》の志《こゝろざし》を破《やぶ》るの意《い》ある。

九五。有《アリ》レ孚《マコト》。攣《レン》如《ヂヨ》。富《トヾ》以《モソテス》二其《ソノ》隣《トナリヲ》一。○象傳曰《シヤウデンニイハク》。有《アリ》レ孚《マコイ》。攣如《レンヂヨハ》。不《ザル》二獨《ヒトリ》富《トマ》一也。

見《み》る所遠《ところとほ》きに及《およ》ばず、唯我意《たゞわがい》に違《たが》はざる者《もの》のみを愛戀《あいれん》して益友《ますともゝ》を失《うしな》ふの時《とき》とする。心志《しんし》を公明《こうめい》にして天下《てんか》の爲《ため》に善事《ぜんじ》を勵《はげ》むべきである。又富有《またふいう》の大家《たいか》にして親族知音多《しんぞくちいんおほ》く、召使《めしつか》ふものも亦多《またおほ》い。親族互《しんぞくあひたがひ》に攣合《れんがふ》して有無《うむ》を通《つう》じ、復《ま》た繁昌《はんじやう》することを得《う》る。此《かく》の如《ごと》くにして猶孚《なほまこと》を失《うしな》ふことなければ、縱《たと》ひ憂患《いうくわん》の事《こと》ありと雖《いへど》も、相扶《あひたす》けて之《これ》を免《まぬか》るゝことを得《う》る。△財金聚《ざいきんあつま》るの象《かたち》ある。△己《おのれ》に順《したが》ふ者《もの》に物《もの》を惠《めぐ》むの象《かたち》ある。△六四を助《たす》けて共《とも》に之《これ》を畜止《ちくし》するの象《かたち》がある。△懷《ふところ》に物《もの》を貯《たくは》へるの象《かたち》ある。△物《もの》を仕遂《しと》ぐる心《こゝろ》あり、包覆《はうふく》すれば功成《こうな》る。

上九。既《スデニ》雨《アメフリテ》既《スデニ》處《ヲリ》。尚《タツトビテ》レ徳《トクヲ》載《ノス》。婦《フハ》貞《タヾシケレドモ》厲《アヤウシ》。月《ツキ》幾《チカシ》レ望《ボウニ》。君子《クンシ》征《ユケバ》凶《キヨウ》。

○象傳《シヤウデン》曰《ニイハク》。既《スデニ》雨《シテアメフリ》既《スデニ》處《ヲリ》。徳《トク》積《ツミ》載《ノス》也。君子《クンシ》征《ユケバ》凶《キヨウハ》。有《アル》レ所《トコロ》レ疑《ウタガフ》也。

我《わ》れ望事《はうじ》あり、又兼《またかね》ての知己《ちき》あり、我《わ》れ其知己《そのちき》を恃《たの》みて依賴《いらい》せんとするに豈《あ》に圖《はか》らんや知己《ちき》なる者《もの》は、却《かへつ》て我《われ》の望《のぞみ》を妨《さまた》ぐる者《もの》であつて、其志《そのこゝろざし》を共《とも》にする者《もの》ではない。此《かく》の如《ごと》くであるから早《はや》く彼《かれ》の賴《たの》むべからざるを察《さつ》し、事《こと》を罷《やむ》るに如《し》かず、今之《いまこれ》を止《や》むる時《とき》は、目前《もくぜん》の小損《せうそん》にして止《とゞ》まる。此小事《このせうじ》を惜《をし》んで進《すゝ》んで止《や》まなければ、遂《つひ》に大損《だいそん》を取《と》るに至《いた》る。故《ゆゑ》に早《はや》く止《や》まれば吉《きち》となるの時《とき》である。△志《こゝろざし》上《あが》り進《すゝ》まんと欲《ほつ》して停止《ていし》せらる。正道《せいだう》を以《もつ》て守《まも》るに吉《きち》、故《ゆゑ》に出過《です》ぎて事《こと》を爲《な》すに惡《あ》しきの時也《ときなり》。

䷉（兌下乾上）天《テン》澤《タク》履《リ》

履《り》は冠履《くわんり》の履《り》、其正字《そのせいじ》は履《り》にして、篆書《てんしよ》𡳾に作《つく》る。尸《し》に从《したが》ひ彳《てき》に从《したが》ひ、舟《しう》に从《したが》ひ、夂《ち》に从《したが》ふ。尸《し》は人身《じんしん》に象《かたど》り、夂《ち》は足《あし》である。舟《ふね》は載《の》せて運《はこ》ぶの義《ぎ》に取《と》り、彳《てき》は行《ゆ》くである。即《すなは》ち履《り》は歩行《ほかう》する足《あし》を載《の》せて人身《じんしん》を運轉《うんてん》する物《もの》なるを以《もつ》て、其名《そのな》に充《あ》つるに此《この》字《じ》を以《もつ》てした。履《り》は地《ち》を踐《ふ》みて行《ゆ》くに用《もち》ゆ、故《ゆゑ》に一轉《てん》してふむの義《ぎ》となる。再轉《さいてん》して禮《れい》となる。禮《れい》は人《ひと》の踐《ふ》み行《おこな》ふべきものであるからである。此卦《このくわ》乾《けん》を外《そと》にして兌《だ》を内《うち》にす。乾《けん》は天《てん》、兌《だ》は澤《たく》である。天《てん》は上《うへ》に在《あ》り、澤《たく》は下《した》に居《を》る。上下尊卑《しやうかそんぴ》の分《ぶん》正《たゞ》し、故《ゆゑ》に禮《れい》の象《かたち》がある。

履《フム》虎《トラノ》尾《オ》。不《ズ》咥《クラハ》人《ヒトヲ》。亨《トホル》。○彖傳《タンデンニ》曰《イハク》。履《リハ》柔《ジウ》履《フム》剛《ガウヲ》也。説《ヨロコビテ》而應《オノズ》乎乾《ニケンニ》。是以《コレヲモツテ》履《フム》虎《トラノ》尾《オヲ》。不《ズ》咥《ノラハ》人《ヒトヲ》亨《トホル》。剛《ガウ》中《チウ》正《セイ》履《フミテ》帝《テイ》位《キヲ》而不《ズ》疚《ヤマシカラ》光《クワウ》明《メイ》也。○大象《タイシヤウニ》曰《ハク》。上《カミ》天《テン》下《シヤ》澤《タクハ》履《リ》。君子《クンシ》以《モツテ》辨《ベン》上下《シヤウカヲ》。定《サダム》民志《ミンシヲ》。

艱難《かんなん》を冒《おか》し、危険《きけん》に處《しよ》すと雖《いへど》も、一に敬禮《けいれい》和順《わじゆん》を以《もつ》て能《よ》く進退《しんたい》の節《せつ》を守《まも》り、戰々《せん〳〵》兢《きやう》兢《きやう》として忍耐《にんたい》せば、終《つひ》に其欲《そのほつ》する所《ところ》を得《う》る。△其身《そのみ》柔弱《じうじやく》にして剛強《がうきやう》なるもの、後《しり》へより履行《ふみゆ》けば、假令《たとへ》危《あやふ》きに臨《のぞ》むとも和悅《わえつ》を以《もつ》て之《これ》に遇《あ》へば、危難《きなん》を免《まぬか》れて、能《よ》く履《ふ》み行《ゆ》くことを爲《な》す。然《しか》れども人《ひと》に先《さきだ》つ時《とき》は必《かならず》破《やぶ》れあり。又人《またひと》の跡《あと》を受繼《うけつ》ぐの兆《しるし》がある。

△凡《すべ》て己《おの》れが爲《な》す所正《ところただ》しければ傷《やぶ》れがない。△二三の爻變《かうへん》すれば災《わざはひ》己《おの》れより招《まね》ぐ。

△上下《しやうか》を分《わか》ち尊卑《そんぴ》の義理《ぎり》定《さだ》まり禮厚《れいあつ》きの象《かたち》ある。△乾嚴兌和《けんげんだわ》、外嚴《そとげん》にして内和《うちわ》するの象《かたち》ある。△惰弱《だじやく》にして先職《せんしよく》の勤《つとま》り難《がた》い意《い》がある。△内柔懦《うちじうだ》にして、外剛戾《そとがうれい》なるの意《い》がある。△事《こと》を實踐《じつせん》するの意《い》がある。規則《きそく》を履行《りかう》する意《い》がある。△遺失《ゐしつ》の品《しな》、物《もの》に掩《おほ》はれてあり上爻《じやうかう》の時《とき》に至《いた》つて出《い》づ。△女《をんな》の裸《はだか》になりたるの象《かたち》がある。

初九《シヨキウ》。素《ソ》履《リ》。往《ユキテ》无《ナシ》レ咎《トガ》。○象傳《シヤウデン》曰《ニイハク》。素履《ソハリ》ノ之往《ユクハ》。獨《ヒトリ》行《オコナフ》レ願《ネガヒテ》也。

此爻《このかう》を得《う》る時《とき》は、本業《ほんげふ》に安《やす》んじ他人《たにん》の僥倖《ずうかつ》を羨《うらや》むではならぬ。又假令《またたとへ》小《せう》なりと雖《いへど》も我《わ》が心《こゝろ》の純金《じゆんきん》ならむ事《こと》を望《のぞ》め、鍍金《めつき》にして大《だい》なるを望《のぞ》むな。故《ゆゑ》に禮《れい》を主《しゆ》として心貞《こゝろてい》正《せい》なれば、立身出世《りつしんしゆつせ》するの兆《しるし》である。△漸次《ぜんじ》に事《こと》を爲《な》すに利《よろ》しく、急迫《きふはく》に利《よろ》しからず、△微弱《びじやく》にして人《ひと》に虐《しひた》げらるゝの象《かたち》がある。△目上《めうへ》の人《ひと》に畏怖《いふ》するの象《かたち》ある。

九二。履《フム》レ道《ミチヲ》坦《タン》。幽《イウ》人《ジン》貞《テイ》吉《キノ》。○象《シヤウ》傳《デンニ》曰《イハク》。幽《イウ》人《ジン》貞《テイ》吉《キツハ》。中《チウニシテ》不《ザル》二自《ミヅカラ》亂《ミダレ》一也。

事《こと》に臨《のぞ》んで速《すみやか》ならんことを欲《ほつ》すれば思《おも》はざるの禍《わざはひ》あり、故《ゆゑ》に靜《しづか》にして時機《じき》の至《いた》るを待《ま》て。然《しか》れども履《り》の卦《くわ》は本順《もとじゆん》を履《ふ》みて事《こと》を遂《と》ぐるの卦《くわ》であるから、只事《たゞこと》を急《きふ》にせざるのみにして、順序《じゆんじよ》を履《ふ》んで事《こと》を爲《な》すの意《い》を忘《わす》れてはならぬ。△履《ふ》む所《ところ》甚《はなは》だ危《あやう》しと雖《いへど》も柔順《じうじゆん》なれば遂《つひ》に亨通《きやうつう》を得《う》る。△利慾《りよく》を以《もつ》て亂《みだ》されず、能《よ》く貞正《ていせい》なれば危《き》に處《しよ》して傷《やぶ》れず、吉《きつ》の道《みち》である。△獨《ひと》り貞《てい》を守《まも》るの象《かたち》ある。△恭敬《きようけい》にして身《み》の修《をさ》まる意《い》がある。△家業《かげふ》を分《わか》つ意《い》がある。△物《もの》を失《うしな》ふの患《くわん》、意外《いぐわい》の損耗《そんかう》あり。△愼《つゝし》み至《いた》らざる所《ところ》なきの象《かたち》ある。

六三。眇《スガメ》能《ヨク》視《ミル》。跛《アシナヘ》能《ヨク》履《フム》。履《フム》二虎《トラノ》尾《オヲ》一。咥《クラフ》レ人《ヒトヲ》。凶《キヨウ》。武《ブ》人《シン》爲《ナス》レ于《ニ》二大《タイ》君《クン》一。○象《シヤウ》傳《デンニ》曰《イハク》。眇《スガメ》能《ヨク》視《ミル》。不《ザル》レ足《タラ》二以《モツテ》有《アルニ》一レ明《メイ》也《ナリ》。跛《アシナヘ》能《ヨク》履《フム》。不《ズ》レ足《タラ》二以《モツテ》與《モニ》行《ユクニ》一也。咥《クラフ》レ人《ヒトヲ》之《ノ》凶《ヨウハ》。

位《クラキ》不《ズ》レ當《アタラ》也。武《ブ》人《シン》爲《ナル》レ于《ニ》二大《タイ》君《クン》一。志《コヽロザシ》剛《ゴウ》也。

勢《いきほひ》に乘《じよう》じて、我《わ》が才能《さいのう》を恃《たの》み、妄《みだり》に進《すゝ》みて業《げふ》を破《やぶ》るの時《とき》とする。百事《じ》溫和《おんわ》を以《もつ》て人《ひと》に接《せつ》し、爭論《そうろん》をするな。然《しか》らざれば、禍《わざはひ》を取《と》るから愼《つゝし》め。△聊《いさゝ》かの事《こと》にも物《もの》の是非《ぜひ》善惡《ぜんあく》を語《かた》り、又身《またみ》に應《おう》ぜざるの大望《たいもう》を工夫《くふう》し、常《つね》に大言《だうげん》を吐《は》き、所謂《いはゆる》利口《りこう》の邦家《はうか》を覆《くつがへ》す如《ごと》く、若《も》し愼《つゝし》み薄《うす》き時《とき》は、虎口《ここう》に臨《のぞ》み、薄氷《はくへう》を履《ふ》むの類《るゐ》にして、危難其身《きなんそのみ》に及《およ》ぶことがある。△猥《みだ》りに轉役升進《てんやくしようしん》を望《のぞ》み、細身刻苦《さいしんこくく》すれば、却《かへつ》て他《た》の謗《そしり》を蒙《かうむ》る。△他《た》より嫉《ねた》みを受《う》くるか、又《また》は不意《ふい》の災厄《さいやく》に罹《かゝ》ることがある。

九四。履《フム》二虎《トラノ》尾《ヲ》一。愬々《サクサクタレバ》終《ツヒニ》吉《キツ》。○象傳《シヤウデン》曰《ニイハク》。愬愬《サクサクタレバ》終吉《ツヒニキツハ》。志《コヽロザシ》行《オコナハルル》也。

溫和《おんわ》を以《もつ》て人《ひと》に接《せつ》し、篤實《とじつ》を以《もつ》て事《こと》に當《あた》れば、危險《きけん》に臨《のぞ》むと雖《いへど》も、之《これ》を免《まぬか》るゝを得《う》る。運氣平《うんきたひら》なるの時《とき》とする。△危難《きなん》あれども、畏敬《いけい》惰《おこたら》ざれば終《つひ》に吉《きち》。△人《ひと》をも敬《けい》し、人《ひと》にも敬《けい》せらるゝの意《い》。△色情《しきじやう》深《ふか》し愼《つゝし》め。

九五。夬《サダム》レ履《フムコトヲ》。貞《タヾシケレドモ》厲《アヤウシ》。○象傳《シヤウ》曰《デンニイハク》。夬《サダム》レ履《フムコトヲ》貞《タヾシケレドモ》厲《アヤウヤハ》。位《クラキ》正當《セイタウナレバ》也。

數年《すうねん》の困苦《こんく》、今《いま》に至《いた》りて漸《やうや》く解《と》け、青雲《せいうん》を披《ひら》きたるの時《とき》とする。然《しか》りと雖《いへど》も從來困《じうらいこん》苦《く》して今《いま》の位地《ゐち》に至《いた》りたることを深《ふか》く顧《かへり》み愈《いよ〳〵》恭　順和《きようじゆんわ》正《せい》を加《くは》へねばならぬ。然《しか》らざれば長《なが》く其位地《そのゐち》を保《たも》つ事《こと》が出來《でき》ない。△願望誠《ぐわんもうまこと》を以《もつ》てすれば事調《ことゝな》ふの時《とき》。△求《もと》めずして自《おのづか》ら來《きな》るの象《かたち》ある。△出身吉《しゆつしんきち》、昇進成《しようしんな》る。△己《おの》れの決斷《けつだん》を專《もつぱら》とし他人《たにん》の諫《いさ》めを聞《き》かざる時《とき》は危《あやう》い。

上九《ジヤウキウ》。視《ミテ》レ履《フムコトヲ》　考《カンガフ》レ祥《シヤウヲ》。其《ソレ》　旋《メグレバ》　元《ゲン》　吉《キツ》。○象傳《シヤウデン》曰《ニイハク》。元《ゲン》　吉《キツ》　在《アリ》レ上《カミニ》。大《オホヒニ》　有《アル》レ慶《ケイ》　也。

今《いま》は願望已《ぐわんもうすで》に遂《と》げて、其身安樂《そのみあんらく》なるの時《とき》、又己《またおの》れより識量勝《しきりやうまさ》りたる人《ひと》も、我位地《わがゐち》より下《した》に居《を》ることあるものなれば、能く思慮を運らして下風に立つものと雖も、必《かなら》ず之《これ》を禮遇《れいぐう》して、賢《けん》を用《もち》ふべし、此《かく》の如《ごと》くなる時《とき》は長《なが》く今《いま》の位地《ゐち》を保《たも》ち元吉《げんきつ》なるを得《う》る。然《しか》るに人《ひと》は慾《よく》に限《かぎ》りなき者《もの》なれども、此爻《このかう》は已《すで》に利《り》の極《きよく》に居《を》て、復《ま》た履《ふ》み進《すゝ》む所《ところ》がない。故《ゆゑ》に常《つね》に能《よ》く志《こゝろざし》を得《え》ざりし時《とき》を省《かへり》み思《おも》ひて、慾《よく》を絶《た》ち溫厚平和《おんかうへいわ》を以《もつ》て、今《いま》の位地《ゐち》を保《たも》たんことを要《えう》す。△過《あやま》ちを悔《くひ》て身《み》を省《かへり》みれば、事和融《ことわゆう》して吉《きち》。△縺《もつ》れ苦勞《くらう》を去《さ》りて安心《あんしん》に代《か》ふの象《かたち》がある。△百事幸福《じかうふく》を得《う》る。△安《やす》からずして意外《いぐわい》に安《やす》きを得《う》るの意《い》がある。△周旋缺《しうせんか》くることなければ、元吉《げんきち》を得《え》。△戒心《かいしん》して禍《わざはひ》を免《まぬが》るゝの意《い》。△人《ひと》に馴《な》るゝの理《り》がある。△世才賢《せさいかしこ》き人《ひと》とす、益々親切《ます〳〵しんせつ》にせよ。

䷊（乾下坤上）地《チ》天《テン》泰《タイ》

泰《たい》の字《じ》篆書《てんしよ》〓に作《つく》る。大《だい》に从《したが》ひ、廾に从《したが》ひ、水《みづ》に从《したが》ふ。𠂇は左《ひだり》の手《て》、又は右《みぎ》の手《て》の象形《かたち》、即《すなは》ち兩手《りやうて》である。兩手《りやうて》を以《もつ》て大水《たいすゐ》を決《けつ》し、安處《あんしよ》を得《え》たるの會意《くわいい》である。又吾人《またごじん》の生息《せいそく》する地《ち》を國《くに》と云《い》ひ、又州《またしう》と云《い》ふ。其州《そのしう》の字《じ》は人民水中《じんみんすゐちう》の高土《かうど》に居《を》るに象《かたど》る。凡《およ》そ國《くに》を開《ひら》くの始《はじめ》は、必《かなら》ず疏水《そすゐ》を以《もつ》て本《もと》とし、然《しか》る後之《のちこれ》を開墾《かいこん》して田圃《でんほ》を耕作《かうさく》し、禾穀《くわこく》を種《うゑ》て、生活《せいくわつ》の安泰《あんたい》を得《う》るのである。蓋《けだ》し大雨《たいう》の降《ふ》る毎《ごと》に山骨《さんこつ》を洗《あら》ひて流《なが》れ出《いづ》る水中《すゐちう》の土砂《としや》、漸々《ぜん〳〵》に沈澱《ちんでん》して洲《しう》を爲《な》す。而《しか》して人《ひと》は其洲上《そのしうじやう》に栖息《せいそく》するものであるから、水《みづ》を決《けつ》して衣食住《いしよくぢう》を謀《はか》らねばならぬ、是《こ》れ泰《たい》の字《じ》の義《ぎ》とする。

泰《タイ》。小《セウ》往《ユキ》大來《ダイキタル》。吉《キツニシテ》亨《トホル》。○彖傳曰《タンデンニイハク》。泰《タイ》。小《セウ》往《ユキ》大來《ダイキタル》。吉《キツニシテ》亨《トホル》。則是《スナハチコレ》天地交《テンチマジハリテ》而萬物《バンブツ》通《ツウズル》也。上下交《シヤウカマジハリテ》而其志《ノチコ、ロザシ》同《オナジキ》也。内陽《ウチヤウヤゥニシテ》而外陰《ソトイン》。内《ウチ》健《ケンニシテ》而外《ソト》順《ジユン》。内《ウチ》君子《クンシニシテ》而外《ソト》小人《セウジン》。君子《クンシ》道《ミチ》長《チヤウジ》。小人《セウジン》道《ミチ》消《セウスル》也。○大象曰《タイシヤウニイハク》。天地交《テンチマジハルハ》泰《タイ》。后《キミ》以《モツテ》財成《サイセイシ》天地《テンチ》之道《ノミチヲ》。輔《ホ》相《シヤウシ》天地之《テンチノ》宜《ギヲ》。以《モツテ》左右《サイウス》民《タミヲ》。

時方《ときまさ》に泰《たい》、百事泰通《じやすくとほり》、意《い》の如《ごと》くならざるはない。然《しか》れども泰極《たいきはま》れば否來《ひきた》る。天連循《てんうんじゆん》環《くわん》の理《り》固然《もとしか》らざるを得《え》ず、此時《このとき》に當《あた》り、豫《あらかじ》め其謀《そのはかりごと》を爲《な》さねば、悔《く》ゆとも及《およ》ばない。否泰《ひたい》は天《てん》なりと雖《いへど》も、弊《へい》を補《おぎな》ふは人《ひと》に存《そん》す。坐《ざ》して以《もつ》て否《ひ》を待《ま》つは吝《りん》の道《みち》である。△事《こと》ありて此卦《このくわ》を得《う》る時《とき》は、其事《そのこと》が大《おほ》きい。△陰陽合體《いんやうがったい》の象《かたち》ある。△通《つう》ずるの意《い》がある。△安《やす》き意《い》がある。△男女情《だんぢよじやう》を通《つう》ずるの象《かたち》がある。△上下《しやうか》の秩序《ちつじよ》能く備《そな》はるの象《かたち》がある。△商家《しやうか》は賣買共《ばいゝとも》に吉《きち》にして且《か》つ大利《たいり》を得《う》るの時《とき》である。小往《せうゆ》き大來《だいきた》るを以《もつ》てゞある。△寛大泰然《くわんだいたいぜん》なる處《ところ》がある。△家族和合《かぞくわがふ》して、身安泰《みあんたい》の象《かたち》がある。△丈夫《ぢやうぶ》にして溫和《おんわ》なる人《ひと》とする。△善人《ぜんじん》世《よ》に行《おこな》はれて、不善人《ふせんじん》行《おこな》はれない時《とき》とする。

初《シヨ》九。拔《ヌクニ》レ茅《ヽウヲ》茹《ヂヨス》。以《モツテス》ニ其《ソノ》彙《タグヒヲ》一。征《ユケバ》吉《キツ》。○象《シヤウ》傳《デンニ》曰《イハク》。拔《ヌク》レ茅《ボウヲ》征《ユケバ》吉《キツハ》。志《ココロザシ》在《アル》レ外《ホカニ》也。常《つね》に己《おの》れに勝《まさ》りたる者《もの》を友《とも》とし、善事《ぜんじ》に進《すゝ》む時《とき》は、其朋友《そのほういう》も與《とも》に助《たす》け、又上《またかみ》に居《を》る者《もの》も之《これ》を助《たす》ける。故《ゆゑ》に小事《せうじ》に汲々《きふ〳〵》せずして、世《よ》の公益《こうえき》に志《こゝろざ》せ。拔レ茅の辭《じ》誤《あやまつ》て私《し》黨《たう》となしてはならぬ。△又上位《またじやうゐ》の人《ひと》に引立《ひきた》てらるゝの時《とき》とする。又初爻《またしよかう》は荒野不毛《くわうやふまう》の地《ち》とする。今之《いまこれ》を開墾《かいこん》すべきの時《とき》なるが故《ゆゑ》に拔レ茅と云《い》ふのである。是亦《これまた》一説《せつ》である。△朋友《ほういう》の周旋《しうせん》に依《よ》つて、立身《りつしん》するの象《かたち》である。時《とき》に臨《のぞ》んで活斷《くわつだん》すべきである。△善人相提携《ぜんじんあひていけい》して共《とも》に大事《たいじ》に進《すゝ》むの象《かたち》である。

九二。包《イル》レ荒《クワウヲ》用《モチウ》ニ馮《ヒヤウ》河《カヲ》一。不《ズ》ニ遐《カ》遺《エセ》一。朋《トモ》亡《ホロブレバ》得《ウ》レ尚《アウコトヲ》ニ于中《チウ》行《カウニ》一。○象《シヤウ》傳《デンニ》曰《イハク》。包《イル》レ荒《クワウヲ》得《ウルハ》レ尚《アフコトヲ》ニ于中《チウ》行《カウニ》一。以《モツテ》ニ光《クワウ》大《ダイナ》一也。寛容《くわんよう》にして中道《ちうだう》を行《おこな》ひ、諸人歸服《しよじんきふく》するの時《とき》とする。故《ゆゑ》に時運《じうん》に乘《じよう》じ、果斷《くわだん》を行《おこか》ふ時《とき》は、大功業《だいこうげふ》を成《な》し遂《と》ぐ。又遠方《またゑんぱう》に地所《ちしよ》を得《え》て人《ひと》を移《うつ》し、開墾《かいこん》せしめ、之《これ》に土着《どちやく》せしむるの象《かたち》がある。總《すべ》て國家《こくか》に益《えき》あるの意《い》。△剛毅《がうき》朴訥《ぼくとつ》の者《もの》と雖《いへど》も其志正直《そのこゝろざししやうじき》なれば、之《これ》を容《い》れ用《もち》ふるの象《かたち》がある。△私事《しじ》を棄《す》て、公事《こうじ》に盡《つく》すの象《かたち》がある。△道理《だうり》を用《もち》ゐて感情《かんじやう》を用《もち》ゐざるの時《とき》とする。△大事《だいじ》を負擔《ふたん》して衆《しう》に尊敬《そんけい》せらるゝの象《かたち》がある。△今氣《いまき》運盛《うんさかん》なるの時《とき》、盛衰《せいすゐ》の理《り》を知《し》る、能《よ》く愼《つゝし》む時《とき》は永《なが》く安泰《あんたい》を保《たも》つ。△貴人《きじん》より大任《たいにん》を依《い》托《たく》せらるゝの象《かたち》がある。△私《わたくし》の朋比《ほうひ》に昵《なづ》まず果斷剛決《くわだんがうけつ》を以《もつ》て不正《ふせい》の者《もの》を謝絶《しやぜつ》するの象《かたち》がある。

九三。无《ナク》ニ平《タヒラニシテ》不《ザル》レ陂《カタムカ》。无《ナシ》ニ往《ユキテ》不《ザル》レ復《カヘラ》。艱《ナン》貞《テイ》无《ナレハ》レ咎《ナシトガ》。勿《ナカレ》レ恤《ウレウル》其《ソレ》孚《マコトナラバ》于《オイテ》レ食《ショクニ》有《アリ》レ福《サイハヒ》。〇象傳曰《シヤウデンニイハク》。无《ナキハ》ニ往《ユキテ》不《ザル》レ復《カヘラ》天《テン》地《チ》際《マジハル》也。

運氣《うんき》猶《な》ほ盛《さかん》なるが如《ごと》くにして、而《しか》して危《あやう》きの時《とき》とする。故《ゆゑ》に自《みづか》ら嚴《げん》して、災《わざはひ》を未《み》然《せん》に防《ふせ》げ、然《しか》れば一時《じ》危《あやう》しと雖《いへど》も運氣《うんき》輓回《はんくわい》して意外《いぐわい》の幸《さち》がある。凶《きよう》を避《さ》け吉《きち》に趨《おもむ》く、一に占者《せんしや》の一心《しん》に在《あ》る。△盛運《せいうん》の中《なか》に良々《やゝ》衰運《すゐうん》の兆《しるし》あり進《すゝ》んで利《よろし》くない。△負擔《ふたん》する事《こと》に艱難《かんなん》あるべしと雖《いへど》も、忍耐《にんたい》能《よ》く努力《どりよく》する時《とき》は、意外《いぐわい》の幸《さち》がある。

六四　翩《ヘン》々《ヘン》。不《ズ》レ富《トマ》以《モツテ》ニ其《ソレトナリヲ》鄰一。不《ズ》レ戒《イマシメ》以《モツテ》孚《マコトアリ》。〇象傳曰《シヤウデンニイハク》。翩《ヘン》翩《ヘン》不《ザルハ》レ富《トマ》。皆《ミナ》失《ウシナフ》レ實《ジツナ》也。不《ズシテ》レ戒《イマシメ》以《モツテ》孚《マコトハ》。中心《チウシン》願《ネガフ》也。

下問《しもとふ》を恥《は》ぢず、聖語《せいご》を旨《むね》とし、我《われ》より下《しも》なる者《もの》と雖《いへど》も、智識《ちしき》ある者《もの》と事《こと》を謀《はか》り、信《しん》實《じつ》を以《もつ》て之《これ》を疑《うたが》はざれば願望成就《がんもうじやうじゆ》する。△權力《けんりよく》良《やゝ》傾《かたむ》くの象《かたち》あり。智力《ちりよく》ある者《もの》に依託《いたく》するの象《かたち》である。△私事《しじ》を念《おも》はず公事《こうじ》の擧《あが》るを希望《きはう》するの象《かたち》である。

六五。帝《テイ》乙《オツ》歸《トツグ》レ妹《マイヲ》。以《モツテ》祉《サヒハヒアリテ》元吉《ゲンキツ》。○象傳《シヤウデンニ》曰《イハク》。以《モツテ》祉《サイハヒアリテ》元吉《ゲンキツハ》。中《チウ》以《モツテ》行《オコナフ》レ願《ネガヒヲ》也。

帝女《ていぢよ》を諸侯《しよこう》に嫁《か》するの義《ぎ》に倣《なら》ひ、目下《めした》の信實《しんじつ》ある者《もの》を用《もち》ゐて、我望《わがのぞみ》を達《たつ》するの時《とき》である。△貴女心《きぢよこゝろ》を降《くだ》して歸嫁《きか》するの象《かたち》ある。△己《おの》れを虛《きよ》にして智識《ちしき》ある者《もの》に事《こと》を托《たく》するの象《かたち》ある。△仕官者器量《しくわんしやきりやう》あるも泰平《たいへい》の時不用《ときふよう》の遊手《いうしゆ》となる。△我部下《わがぶか》に智力《ちりよく》ある者《もの》を得《う》るの象《かたち》がある。△神《かみ》の應驗《おうけん》に由《よ》り、祉《さいはひ》を受《う》くるの象《かたち》がある。

上六《ジヤウ》。城《シロ》復《カヘル》レ于《ニ》レ隍《カラホリ》。勿《ナカレ》レ用《モチウル》レ師《シヲ》。自《ヨリ》レ邑《イフ》告《コフ》命《メイス》。貞《タヽシケレドモ》吝《リン》。○象傳《シヤウデンニ》曰《イハク》。城《シロ》復《カヘル》レ于《ハニ》レ隍《カラホリ》。其《ソレ》命《メイ》亂《ミダル》也。

家事顚覆《かじてんぷく》の兆《しるし》、愼《つゝし》みて事《こと》を用《もち》ふること勿《なか》れ。庸人《つねのひと》は憂至《うれひいた》つて之《これ》が備《そなへ》を爲《な》し、禍《わざはひ》生《しやう》じて之《これ》が防《ふせぎ》を爲《な》す。渇《かつ》に臨《のぞ》みて井《ゐ》を穿《うが》ち、火《ひ》を失《しつ》して水《みづ》を求《もと》むるが如《ごと》くである。故《ゆゑ》に盛《さかん》なる時《とき》に勤勉《べんきやう》して豫《あらかじ》め變《へん》に備《そな》へて直《お》け、常《つね》に怠《おこた》りて狼狽《らうはい》を取《と》つてはならぬ。△泰運《たいうん》極《きま》りて否運《ひうんきた》來り、落城《らくじやう》の象《かたち》がある。△家運《かうん》極《きま》りて分散《ぶんさん》するの象《かたち》がある。△己《おの》れの意志《いし》行《おこな》はれざるの象《かたち》がある。△部下《ぶか》より頤使《いし》せらるゝの兆《しるし》がある。△信用《しんよう》地《ち》に墜《お》ち命令通《めいれいつう》じない象《かたち》である。

䷋（坤下乾上）天《テン》地《チ》否《ヒ》

否《ヒハ》。之《コレ》匪《アラズ》レ人《ヒトニ》。不《ズ》レ利《ヨロシカラ》二君子《クンシノ》貞《テイニ》一。大《ダイ》往《ユキ》小《セウ》來《キタル》。○彖傳《タンデン》曰《ニイハク》。否《ヒハ》之《コレ》匪《アラズ》レ人《ヒトニ》。不《ズ》レ利《ヨロシカラ》二君子《クンシノ》貞《テイニ》一。大《ダイ》往《ユキ》小《セウ》來《キタル》。則《スナハチ》是《コレ》天地《テンチ》不《ズシテ》レ交《マジハラ》。而萬物《バンブツ》不《ザル》レ通《ツウゼ》也。上下《シヤウカ》不《ズシテ》レ交《マジハラ》。而天下《テンカ》无《ナキ》レ邦《クニ》也。内陰《ウチインニシテ》而外陽《ソトヤウ》。内柔《ウチジウニ》而《シテ》外剛《ソトガフ》。内小人《ウチセウジンニ》而《シテ》外君子《ソトクンシ》。小人道《セウジンミチ》長《ナガシ》。君子道《クンシミチ》消《セウスル》也《ナリ》。○大象《タイシヤウニ》曰《イハク》。天地《テンチ》不《ザルハ》レ交《マジハラ》否《ヒ》。君子《クンシ》以《モツテ》儉《ケンニシ》レ徳《トクヲ》辟《サク》レ難《ナンヲ》。不《ズ》レ可《ベカラ》二榮《エイスル》以《ニモツテ》一レ祿《ロクス》。

否《ひ》の字《じ》篆書《てんしよ》に否に作《つく》る。不《ふ》に从《したが》ひ、口《くち》に从《したが》ふ。不《ふ》は弗《ふつ》である。弗《ふつ》、茀《ふつ》と通《つう》ずる。茀《ふつ》は車後《しやご》の蔽障《おほひ》である。苐《ほつ》を以《もつ》て口《くち》を蔽《おほ》ふ、呼吸蔽塞《こきうへいそく》の會意《くわいい》とする。醫書《いしよ》に心下《しんか》痞硬《ひかう》などある痞《ひ》も亦同《またおな》じである。即《すなは》ち此義《このぎ》に取《と》つて名《な》づけたのである。

此卦君子《このくわくんし》心《こゝろざし》通《つう》せざるの時《とき》とす。故《ゆゑ》に才《さい》を隠《かく》し身《み》を退《しりぞい》て正《せい》を守《まも》るべし。又事大《またことだい》にして塞《ふさが》るの時《とき》とする。運宜《うんよろ》しくない。△閉塞《へいそく》して通《つう》じない。△陰長《いんちやう》じて小人盛《せうじんさか》んなる時《とき》とす。正《たゞ》しきに反《はん》す。故《ゆゑ》に否《ひ》は之《こ》れ人《ひと》に匪《あら》ずと云《い》ふ。人《ひと》の爲《な》すべからざることを行《おこな》ふの象《かたち》である。△否《ひ》は口《くち》せざるなり、生活《せいくわつ》に困難《こんなん》するの象《かたち》とする。△正當《せいとう》の言論《げんろん》と雖《いへど》も通《つう》じない。△百事《じ》交通《かうつう》せずして意志《いし》塞《ふさ》がる。△商家《しやうか》は賣買《はい〱》共《とも》に損失《そんしつ》あり故《ゆゑ》に大往小來《だいわうせうらい》と云《い》ふ。△物品《ぶつぴん》捌《さは》けない象《かたち》。△勞苦《らうく》して事《こと》を處《しよ》すると雖《いへど》も衰運《すゐうん》の時《とき》惡心《あんしん》を得《え》ない。△恰《あだか》も呼吸《こきふ》すること出來《でき》ない苦勞《くらう》がある。△内心不善《ないしんふぜん》にして外面善者《げめんぜんしや》の如《ごと》き象《かたち》。△小人跋《せうじんはつ》扈《こ》して君子《くんし》困難《こんなん》するの時《とき》とする。△小人黨《せうじんたうたう》を樹《た》て國家《こくか》を亂《みだ》さんとするの兆《しるし》。△親睦《しんぼく》せざるの意《い》がある。△和合《わがふ》せざる意《い》。△成功《せいにう》せざる意《い》。△損失《そんしつ》の意《い》。△逼迫《ふくはく》、乖離《そむきはなる》、衰《すゐ》微《び》等《とう》の意《い》がある。

初《しよ》六。拔《ヌクニ》レ茅《バウヲ》茹《ヂヨス》。以《モツテ》二其《ソノ》彙《タグヒヲ》一。貞吉《テイキツニシテ》。亨《トホル》。○象傳曰《シヤウデンニイハク》。拔《ヌクニ》レ茅《バウヲ》貞吉《テイキツハ》。志《コヽロザシ》在《アル》レ君《キミニ》也。

不善人《ふぜんじん》の黨《たう》に引《ひ》き入《い》れらるゝの時《とき》とす。故《ゆゑ》に我《わ》が本業《ほんげふ》を固守《こしゆ》して、道徳《だうとく》の君子《くんし》と共《とも》に上位《じやうゐ》の人《ひと》の命令《めいれい》に從《したが》はゞ吉《きつ》。△小人類《せうじんるゐ》を以《もつ》て集《あつま》り黨《たう》を結《むす》んで邪《じや》を爲《な》し、君子《くんし》は遙《はるか》に君《きみ》を慕《した》ふの象《かたち》。△衆力《しうりよく》を借《か》り示威《じゐ》運動《うんどう》して邪《じや》を貫《つらぬ》かんとする象《かたち》。

六二。包承《ハウシヤウス》。小《セウ》人吉《ジンハキツ》。大人《ダイジンハ》否亨《ヒニシテトホル》。○象傳曰《シヤウデンニイハク》。大人《ダイジンハ》否亨《ヒニシテトホル》。不《ザル》レ亂《ミダサ》レ群《グンヲ》也。

常人《じやうじん》は目上《めうへ》の人《ひと》の愛顧《あいこ》を得《う》るべし。包承とは我内心《わがないしん》を顯《あらは》さず、便柔《いひなりしだい》以《もつ》て上位《じやうゐ》の人《ひと》の愛顧《あいこ》を受《うく》るを云《い》ふ。又我《またわ》れ彼《か》れの招聘《せうへい》に應《おう》じて抱《かゝ》へ入《い》れらるゝも、亦包承《またはうしよう》の義《ぎ》である。又彼《またか》れより包《つゝみ》ものを賜《たま》はり、之《これ》を受《うく》るも亦包承《またはうしよう》である。△又此爻常人《またこのかうじやうじん》は吉《きち》である。大人《たいじん》に在《あ》つては所謂《いはゆる》不レ亂レ群貞固《ていこ》自《みづか》ら守《まも》らなければ亨《うく》る事《こと》は出來《でき》ない。否亨を法外《はふぐわい》の事《こと》と判《はん》じてはならぬ。△小人《せうじん》賄賂《わいろ》を用《もち》ゐて横議《おうぎ》するの象《かたち》がある。△奸智《かんち》を運《めぐ》らして、衆愚《しうぐ》を瞞着《まんちやく》するの象《かたち》がある。△小人《せうじん》の感情《かんじやう》を惹《ひ》き輿論《よろん》を喚起《くわんき》し、衆合《しうがふ》の力《ちから》を以《もつ》て上《かみ》を犯《をか》さんとする象《かたち》がある。△事《こと》を捏造《ねつぞう》して君子《くんし》より鼻薬《はなぐすり》を受《う》くるの象《かたち》。之《これ》を包承小人吉と云《い》ふ。△君子《くんし》は政府《せいふ》小人《せうじん》に對《たい》するの處置《しよち》を歡迎《くわんげい》し、敢《あひ》て云《い》はずして止《や》むの象《かたち》、之《これ》を大人否亨に云《い》ふ。△妄《みだ》りに苦情《くじやう》を稱《とな》へて訴《うつたへ》を起《おこ》すの象《かたち》。△利《り》を貪《むちほ》るの象《かたち》。

六三。包《ツヽム》レ羞《ハヂヲ》。○象傳《シヤウデンニイハク》曰。包《ツヽム》レ羞《ハヂヲ》。位《クラヰ》不《ザル》レ當《アタラ》也。

此爻《このかう》善人《ぜんじん》を犯《をか》さんとするが、又不善人《またふぜんじん》をして其罪《そのつみ》を隱《かく》し居《ゐ》るが、又《また》は小人《せうじん》の魁首《かいしゆ》となりて不善《ふぜん》を謀《はか》るものか、又不善人《またふぜんじん》を抑制《よくせい》するの體裁《ていさい》をなして、私利《しり》を謀《はか》るものが何《いづ》れも凶《きよう》の占《せん》、△不善《ふぜん》に進《す》むの象《かたち》。△小人閑居《せうじんかんきよ》して不善《ふぜん》を爲《な》し、至《いた》らざる所《ところ》なし。君子《くんし》を見《み》て厭然《いんぜん》として不善《ふぜん》を揜《お》ふの意《い》。△小人《せうじん》善《ぜん》を傷《やぶ》るに志《こゝろざ》し、未《いま》だ遂《と》ぐること能《あた》はず、故《ゆゑ》に包羞と云《い》ふ。△己《おの》れの罪惡《ざいあく》を掩蔽《えんぺい》するの象《かたち》。

九四。有《アリ》レ命《メイ》无《ナシ》レ咎《トガ》。疇《タグヒ》離《ツク》レ祉《サイハヒニ》。○象傳曰《シヤウデンニイハク》。有《アリ》レ命《メイ》无《ナシ》レ咎《トガ》。志《コヽロザシ》行《オコナハル》也。

此爻《このかう》を得《う》る時《とき》は、目上《めうへ》の賢者《けんしや》に從《したがつ》て事《こと》を爲《な》せ。漸々盛運《だん／＼せいうん》に向《むか》ふの時《とき》とする。又朋友《またほういう》と共《とも》に祉《さいはひ》を得《う》ることとあり。△偶然《ぐうぜん》に友《とも》を得《え》て互《たがひ》に志《こゝろざし》を遂《と》げ、相喜《あひよろこ》ぶの象《かたち》。△小《せう》人或《じんおゝひ》は盗賊《とうぞく》に犯《をか》さるゝの象《かたち》。△天命《てんめい》の祐《たすけ》を得《う》るの象《かたち》。故《ゆゑ》に有レ命无レ咎と云《い》ふ。△人《ひと》を教唆《けうさ》するの意《い》。

九五。休《キウス》レ否《ヒチ》。大《ダイ》人《ジンハ》吉《キツ》。其《ソレ》亡《ホロビン》。其《ソン》亡《ホロビントツナグ》繫二于《ニ》苞《ホウ》桑《ソウ》一。○象《シヤウ》傳《デンニ》曰《イハク》。大《ダイ》人《ジン》之《ノ》吉《キツハ》位《クラヰ》正《セイ》當《トウナレバ》也。

其身《そのみ》危《あやふ》きの至《いた》りなりと雖《いへど》も奮興《ふんこう》して頽瀾《たいらん》を既倒《きたう》に挽回《はんくわい》するの時《とき》とする。能《よ》く此大人《このたいじん》の氣象《きしやう》に倣《なら》ひ、大業《たいげふ》を維持《ゐぢ》しなければならぬ。事《こと》は大《だい》なりと雖《いへど》も、勉强力《べんきやうりよく》に耐《た》ふれば必《かなら》ず成《な》し遂《と》ぐべきの意《い》。△謹愼《きんしん》して否《ひ》の微運《びうん》を凌《しの》ぐの象《かたち》。△小人《せうじん》の妨《さまた》げあるを漸《やうや》くに凌《しの》いで位置《ゐち》を維持《ゐぢ》するの象《かたち》。△油斷怠慢《ゆだんたいまん》ある時《とき》は、零落《れいらく》して挽回《はんくわい》し難《がた》く、臍《ほぞ》を嚙《か》むの悔《くひ》ある。△忍耐努力《にんたいどりよく》する時《とき》は後來好運《こうらいかううん》に向《むか》ふ。

上九。傾《カタブク》レ否《ヒチ》。先《サキニ》否《フサガリ》後《ノチニハ》喜《ヨロコブ》。○象《シヤウ》傳《デンニ》曰《イハク》。否《ヒチ》終《ハレバ》則《スナハチ》傾《カタブク》。何《ナンゾ》可《ベケン》レ長《ナガカル》也。

前非《ぜんぴ》を改《あらた》め、善道《ぜんだう》に進《すゝ》み、勉强《べんきやう》の爲《た》めに運氣回復《うんきくわいふく》して、百事亭通《じきやうつう》するの占《せん》。又是迄《またこれまで》は運塞《うんふさが》りて、心樂《こゝろたのし》まざるも、天《てん》の時移《ときうつ》り、これまでに反《はん》して德行顯《とくかうあら》はれ、喜《よろこ》び事《ごと》あり、又《また》身《み》に動《うご》きあり。△否運《ひうん》終《をは》りて今《いま》より好運《かううん》に向《むか》ふの時《とき》とする。△拒絶《きよぜつ》の友《とも》と相會《あひくわい》して交和《かうわ》するの兆《しるし》。△毒《どく》を用《もち》ゆるの兆《しるし》。△久《ひさ》しく澁滯《しぶたい》せし事落着《ことらくちやく》して喜《よろこ》ぶの象《かたち》。

☰☲（離下乾上）天《テン》火《クワ》同《ドウ》人《ジン》

同人《ドウジン》。干《オイテス》レ野《ヤニ》。亨《トホル》。利《ヨロシ》レ渉《ワタル》二大川《タイセンヲ》一。利《ヨロシ》二君子《クンシノ》貞《テイニ》一。○彖傳《タンデン》曰《ニイハク》。同人《ドウジン》。柔《ジウ》得《ウ》レ位《クラヰヲ》。得《エテ》レ中《チウヲ》而應《オウズル》レ乎乾《ケンニ》。曰《イフ》二同人《ドウジント》一。同人干野《ドウジンオイテヤニ》。亨《トホル》。利《ヨロシ》レ渉《ワタルニ》二大川《タイセン》一。乾行《ケンハオコナヒ》也。文明以健《ブンメイニシテモツテケンノ》。中正而應《チウセイニシテオウズ》。君子《クンシノ》正《セイ》也。惟《タヾ》君子《クンシ》爲《ナス》三能《ヨク》通《ツウヅルヲ》二天下之志《テンカノココロザシヲ》一。○大象《タイシヤウニ》曰《イハク》。天與《テントハ》レ火《ヒ》同人《ドウジン》。君子以《クンシモツテ》類《ルキ》レ族《ゾクニ》辨《ベンズ》レ物《モノヲ》。

此卦《このくわ》文明《ぶんめい》の智力《ちよりく》を有《いう》して、而《しか》して中正《ちうせい》を得《え》たり。故《ゆゑ》に廣《ひろ》く天下《てんか》に交《まじは》りて、大事業《だいじげふ》を興《おこ》すべきの時《とき》とする。然《しか》れども高位《かうゐ》の人《ひと》に交《まじは》るに、謙下《へりくだり》して自《みづか》ら貶《へん》することなく、微賤《びせん》の人《ひと》を平等《びやうどう》一視《し》し、上《かみ》、天《てん》に愧《は》ぢず、中《うち》、人《ひと》に怍《は》ぢず、下《しも》、地《ち》に耻《は》ぢざるの行《おこなひ》を爲《な》せ。之《これ》を稱《しよう》して同人平野と曰《い》ふのである。夫《そ》れ此《かく》の如《ごと》くなれば人我《ひとわ》が心志《しんし》に感《かん》じ、我《わ》が行爲《かうゐ》を信《しん》じ、我《われ》を助《たす》けて事業《じげふ》を成就《じやうじゆ》せしめんとするに至《いた》る。果《はた》して强健者《がうけんしや》の助《たすけ》を得《え》ば、向《むか》ふ所敵《ところてき》なく、且危險《かつきけん》に陷《おちい》るの虞《おそれ》はない。宜《よろし》く此時《このとき》を失《うしな》はず、機會《きくわい》に乘《じよう》じて、身《み》を立《た》て道《みち》を行《おこな》ひ、大功《たいかう》を國家《こくか》に顯《あら》はし、美名《びめい》を後世《こうせい》に貽《のこ》さんことを圖《はか》れ。△共力《きようりよく》同心《どうしん》して事業《じげふ》を成《な》すに利《り》あり。

初九。同《ドウ》人《ジン》于《オイテス》レ門《モンニ》。无《ナシ》レ咎《トガ》。〇象傳《シヤウデンニイハク》曰。出《イデテ》レ門《モンヲ》同《オナジクス》レ人《ヒトト》。又《マタ》誰《タレヲカ》咎《トガメン》也。

此爻固《このかうこ》なく、必《ひつ》なく、己《おの》れを虛《きよ》にして人《ひと》に接《せつ》するを旨《むね》とする。要《えう》するに內己《うちおのれ》を失《うしな》はず、外人《そとひと》を失《うしな》はずして、能《よ》く和同《わどう》の道《みち》を得《う》るにある。△家《いへ》を出《いで》て學問修業《がくもんしゆげふ》に志《こゝろざ》すの象《かたち》。△我《わ》が見識《けんしき》を藏《ざう》して廣《ひろ》く世間《せけん》の人情《にんじやう》を營《な》むるの象《かたち》。

六二。同《ドウ》人《ニン》于《オイテス》レ宗《ソウニ》。吝《リン》。〇象傳《シヤウデンニイハク》曰。同《ドウ》人《ジン》于《オイテスハ》レ宗《ソウニ》。吝《リンノ》道《ミチ》也。

此爻文明《このかうぶんめい》の智力《ちりよく》、先見《せんけん》の明《めい》ある人《ひと》にして、人望《じんはう》を失《うしな》ひ、運氣《うんき》を離《はな》れたるの象《かたち》あり、宜《よろし》く驕傲《けうがう》の心《こゝろ》を抑《おさ》へ、衆人《しうじん》を蔑視《べつし》することなく、公明正大《こうめいせいだい》の志操《しさう》を貫《つらぬ》け。然《しか》る時《とき》は復《ま》た衰運頹氣挽回《すゐうんたいきはんくわい》して、顯榮《けんえい》の譽《ほまれ》を致《いた》すに至《いた》る。△一陰《いん》を以《もつ》て臣《しん》の位《くらゐ》に在《あ》り。文明《ぶんめい》の智《ち》識《しき》を有《いう》し、柔順中正《じゆうじゆんちうせい》を得《え》て、九五の君《きみ》に應《おう》ずる。明君良臣《めいくんりやうしん》、志《こゝろざし》相應《あひおう》じて、國家《こくか》を治《おさ》むるの象《かたち》。△高位《かうい》の愛顧《あいこ》を受《う》くる爲《た》めに、九三九四の嫉妬《しつと》を受《う》くること甚《はなは》しい。況《いは》んや高貴《かうき》の庇蔭《ひいん》を飾《かざ》るに於《おい》ては、大事是《だいじこゝ》に阻亡《そはう》す。後悔臍《こうかいほぞ》を噛《か》むも及《およ》ばない。△公明《こうめい》正大《せいだい》、天眞《こんしん》の誠《まこと》を體《たい》し、平原廣野《へいげんくわうや》掩《お》ふことなき言行《げんかう》を以《もつ》てすれば、衆《しう》の助力《ぢよりよく》を得《え》て、大《おほい》に志《こゝろざし》を遂《と》ぐるの象《かたち》。△威權《ゐけん》を挾《はさ》ます。毫《がう》も己《おのれ》を慢《まん》ずることなく、飄然《へうぜん》たるを要《えう》するの時《とき》である。

九三。伏《フス》二戎《ジウヲ》于《ニ》一レ莽《モウ》升《ノボル》二其《ソノ》高陵《カウリヨウニ》一。三歳《サンサイ》不《ズ》レ興《オコラ》。○象傳《シヤウデン》曰《ニイハク》。伏《フスル》二戎《ジウヲ》于《ニ》一レ莽《モウ》敵剛《テキガウ》也《ナル》。三歳《サンサイ》不《ズ》レ興《オコラ》。安行《イヅクニユカン》也。

此爻才力《このかうさいりよく》に任《まか》せ、理性《りせい》を審《つまびらか》にせず、妄《みだり》に大事《だいじ》を企《くはだ》て、半途《はんと》に力盡《ちからつ》きて止《や》むの象《かたち》とす、商賈《しやうこ》に在《あつ》ては、少額《せうがく》の資本《しほん》を以《もつ》て大金《たいきん》を要《えう》する營業《えいげふ》に着手《ちやくしゆ》し、百方苦心《はうくしん》すと雖《いへど》も、竟《つひ》に及《およ》ばず爲《た》めに資本《しほん》を消散《せうさん》するに至《いた》る。所謂勞《いはゆるらう》して功《こう》なきの時《とき》とする。△憤懣《ふんまん》を懷《いだ》きて、草莽《さうもう》の愚人《ぐじん》を煽動《せんどう》するの象《かたち》。△謀計《はうけい》を設《まう》けて他《た》を妨《さまた》げんとするの象《かたち》。△他人《たにん》の親《しん》和《わ》を恨《うら》むの意《い》。△久《ひさ》しく計畫《けいくわく》せし事齟齬《ことそご》するの象《かたち》。△屯田兵《とんでんへい》の象《かたち》。△智計多端《ちけいたたん》にして却《かへつ》て財産《ざいさん》を糜耗《びかう》するの象《かたち》。△他人《たにん》の苦勞《くらう》を引受《ひきう》くる事《こと》ある。

九四。乘《ノル》二其《ソノ》墉《カキニ》一。弗《ズ》レ克《アタハ》レ攻《セムル》。吉《キツ》。○象傳《シヤウデン》曰《ニイハク》。乘《ノルハ》二其《ソノ》墉《カキニ》一。義《ギ》弗《ザル》レ克《カタ》也。其《ソノ》吉《キツ》。則《スナハチ》困《クルシミテ》而反《カヘル》レ則《ノリニ》也。

此爻《このかう》外《ほか》に希望《きはう》する事《こと》あり、思慮《しりよ》を勞《らう》すと雖《いへど》も、已《すで》に外人《ぐわいじん》の有《いう》に歸《き》するの時《とき》とす。今《いま》其不可《そのふか》なるを悟《さと》り、斷然《だんぜん》其志《そのこゝろざし》を改《あらた》めれば悔《く》ひて吉《きち》を得《う》。△高《たか》き處《ところ》に上《のぼ》りて、衆《しう》を指揮《しき》するの象《かたち》。○事《こと》の遂《と》げ難《がた》きを見切《みき》つて、停止《ていし》するの象《かたち》。△諺《ことはざ》に所謂《いはゆる》骨折損《ほねをりぞん》の草臥儲《くたびれまう》けの象《かたち》。

九五。同人《ドウジン》先號咷《サキニハガウトウ》而《シテ》後《ノチニハ》笑《ワラフ》。大師《ダイシ》克《カチテ》相《アヒ》遇《アフ》。○象傳《シヤウデン》曰《ニイハク》。同人《ドウジン》之《ノ》先《センハ》。以《モツテ》二中直《チウチヨクヲ》一也。大師《ダイシ》相《アヒ》遇《アフハ》。言《イフ》二相《アヒ》克《カツヲ》一也。

此爻《このかう》我《われ》に妨害《はうがい》するものありて、久《ひさ》しく其志《そのこゝろざし》を伸《の》ぶるを得《え》なかつたが、今《いま》や漸《やうや》く其《その》妨害《はうがい》を排除《はいじよ》し宿志《しゆくし》を達《たつ》して相喜《あひよろこ》ぶの時《とき》とする。△寛裕《くわんゆう》にして衆望《しうはう》を得《う》るの象《かたち》。△大《だい》なる事業《じげふ》を起《おこ》して初《はじ》めは困難《こんなん》であつたが、竟《つひ》に事《こと》を遂《と》げて、名譽《めいよ》を博《はく》するの象《かたち》。△二人《にん》志《こゝろ》を合《あは》せ、貨財《くわざい》を融通《ゆうづう》し、利益《りえき》を分《わか》つの象《かたち》。△我《わ》が親愛《しんあい》する友《とも》に遇《あ》ひ、互《たがひ》に久濶《きうくわつ》を語《かた》り、相悦《あひよろこ》ぶの象《かたち》。

上九。同《ドウ》人《ジンオイテス》于レ郊《カウニ》。无《ナシ》レ悔《クヒ》。○象傳《シヤウデンニイハク》曰。同《ドウ》人《ジンノ》于レ郊《オイテスルハカウニ》志《コヽロザシ》未《イマダ》レ得《エ》也《ザル》。

此爻《このかう》無事《ぶじ》閑散《かんさん》にして、求《もと》むる所《ところ》なく、塵土《ちんど》の外《ほか》に超然《てうぜん》たるべし。無事《ぶじ》に苦《くる》しみて妄《みだり》に事《こと》を成《な》さんと欲《はつ》するは不可《ふか》也《なり》。△事《こと》の錯雜《さくざつ》に遠《とほ》ざかり毀譽《きよ》に關《くわん》せざるの象《かたち》。△閑靜《かんせい》の地《ち》に在《あ》つて無事《ぶじ》なるの象《かたち》。△朋友《ほういう》に疎《うと》んぜらるゝの象《かたち》。△世才《せさい》に疎《うと》くして人《ひと》に瞞着《まんちやく》せらるゝの象《かたち》。

此卦《このくわ》を歸魂《きこん》とし、若《も》し命數《めいすう》を占《せん》して此卦《このくわ》を得《う》る時《とき》は上爻《じやうかう》に至《いた》つて死《し》す。師卦《しくわ》の上爻《じやうかう》參照《さんせう》せよ。

䷍ （乾下離上） 火《クワ》天《テン》大《タイ》有《イウ》

大有《タイイウハ》。元亨《オホイニトホル》。○象傳《タンデンニイハク》曰。大有《タイイフハ》。柔《ジウ》得《エテ》二尊《ソン》位《キ》大中《タイチウヲ》一。而《シヤウカ》上下《オウズル》應《チ》レ之《コレニ》曰《イフ》二大有《タイイウト》一。其《ソノ》德《トク》剛《ガウ》健《ケンニ》而《シテ》文明《ブンメイ》。應《オウジテ》レ乎《ニ》レ天《テン》而時《トキニ》行《オコナフ》。是以《コヽヲモツテ》・元《オホイニ》亨《トホル》。○大象《タイシヤウニ》曰《イハク》。火《ヒ》在《アルハ》二天《テンノ》上《ジヤウニ》一大有《タイイウ》。君子《クンシ》以《モツテ》遏《トドメ》レ惡《アクヲ》揚《アゲ》レ善《ゼンヲ》。順《シタガフ》二天《テンノ》休《キウ》命《メイニ》一。

此卦《このくわ》を得《う》る時《とき》は、天性《てんせい》穎敏《えいびん》にして氣力《きりよく》あり、加《くは》ふるに學問《がくもん》に富《と》み、實地《じつち》の經驗《けいけん》ある人《ひと》に接《せつ》して、智識《ちしき》益《ます／＼》進《すゝ》むものとする。且《か》つ神明《しんめい》の保護《ほご》あり、盛運《せいうん》に赴《おもむ》く。唯《たゞ》身《み》の驕《おご》りを愼《つゝし》め。△寛仁大度《くわんじんたいど》の人《ひと》、高位《かうゐ》を得《え》て、衆望之《しうはうこれ》に歸《き》するの象《かたち》。△豪富《がうふ》の家《いへ》、善良《ぜんりやう》の支配人《しはいにん》を得《え》て、財産《ざいさん》を保《たも》つの象《かたち》。△仁恕《じんじよ》にして衆《しう》を撫育《ぶいく》するの象《かたち》。△日《ひ》の中天《ちうてん》に在《あ》るの象《かたち》にして、盛運《せいうん》の時《とき》とする。漸《やうや》く傾《かたむ》くの萌《きざ》しあるを以《もつ》て、常《つね》に謹愼《きんしん》して、永《なが》く大有《たいいう》の時《とき》を保《たも》つを要《えう》する。△富《と》む時《とき》は人《ひと》を侮《あなど》り奢侈《しやし》を肆《ほしい》まゝにし、過失《くわしつ》其間《そのあひだ》に生《しやう》ず戒《いまし》むべきである。△厄介《やくかい》を引《ひ》き受《う》くるの象《かたち》。△賣買《ばい／＼》は買《か》ふに利《り》あつて、品《しな》を有《も》つに宜《よろ》し。△婦人《ふじん》戸主《こしゆ》となるの象《かたち》。△婦人《ふじん》驕《おご》りに長《ちやう》じて亢《たか》ぶり、人《ひと》の嘲《あざけり》を受《う》くるの象《かたち》。△離《り》の聰《そう》明睿智《めいえいち》に非《あら》ざれば、前《まへ》に賊《ぞく》あり、後《しりへ》に讒《ざん》あるも、之《これ》を知《し》ること能《あた》はず、決斷《けつだん》に非《あら》ざれば、賢《けん》を擧《あ》げ不肖《ふしやう》を退《しりぞ》くること能《あた》はず、威權《ゐけん》に非《あら》ざれば、衆《しう》を威《おど》し民《たみ》を服《ふく》することが出來《でき》ない。三つの者備《ものそな》はつて、始《はじ》めて大有《たいいう》を成《な》す。△費用多《ひようおほ》くして得《う》る所少《ところすくな》し。他《た》に施《ほどこ》すのみにして得《う》る所《ところ》なきの象《かたち》。

初九。无《ナシ》レ交《マジハル》レ害《ガイニ》。匪《アラズ》レ咎《トガニ》。艱《ナヤメバ》則《スナハチ》无《ナシ》レ咎《トガ》。○象傳曰《シヨウデンニイハク》。大有《タイイウ》初九《シヨキウハ》无《ナシ》レ交《マジハル》レ害《ガイニ》也。

君子《くんし》と雖《いへど》も、交際廣《かうさいひろ》からず、人《ひと》に知《し》られず又信《またしん》せられざるの時《とき》とする。學士博士《がくしはかせ》市《し》井《せい》に住居《ぢうきよ》して防火夫《はうくわふ》に窘《たしな》められ、鶴掃溜《つるはきだめ》に在《あつ》て、人《ひと》の驅逐《くちく》を受《う》くるが如《ごと》くである。然《しか》れども小人《せうじん》の爲《な》すことは意《い》に介《かい》せず、唯之《たゞこれ》に遠《とほ》ざかる害《がい》を受《う》けざるを要《えう》する。蓋《けだ》し大《たい》業《げふ》を成《な》す人《ひと》と雖《いへど》皆始《みなはじ》めて人《ひと》に信《しん》せられずして小人《せうじん》の妨害《はうがい》を受《う》くるものである。然《しか》れども今《いま》の微運《びうん》は後《のち》の盛運《せいうん》となる基《もとゐ》であるから、心《こゝろ》を磨《みが》き勉強《べんきやう》せよ。さすれば遂《つひ》に昊天《かうてん》の祐助《いうぢよ》を得《え》て志願貫徹《しぐわんくわんてつ》するの時《とき》が至《いた》る。

九二。大車《タイシヤ》以《モツテ》載《ノス》。有《アリ》レ攸《トコロ》レ往《ユク》。无《ナシ》レ咎《トガ》。○象傳曰《シヤウデンニイハク》。大《タイ》車《シヤ》以《モツテ》載《ノスルハ》。積《ツミテ》レ中《ウチニ》不《ザル》レ敗《ヤブレ》也。

此爻變《このかうへん》ずれば離爲火《りゐくわ》と爲《な》り、其《その》六二に黄離元吉《くわうりげんきち》の辭《じ》參考《さんかう》として就《つい》て見《み》るべし。

才徳《さいとく》ある人《ひと》にして、盛運《せいうん》の來《きた》れる時《とき》とする。益勉勵《ますますべんれい》せば、幸福《かうふく》を得《う》る益々多《ますますおほ》い。△材《ざい》力強壮《りよくきやうさう》にして能《よ》く大有《たいいう》の任《にん》に耐《たゆ》るの象《かたち》。△大計畫《だいけいくわく》を企《くはだ》て大事業《だいじげふ》を起《おこ》し、爲《た》めに百般《はん》の事務《じむ》を負擔《ふたん》するも、我器量才力《わがきりやうさいりよく》の拔群《ばつぐん》なるを以《もつ》て能《よ》く之《これ》に耐《こら》へ、運轉自在《うんてんじざい》なること、之《これ》を掌上《しやうじやう》に運《めぐ》らすが如《ごと》き象《かたち》。

九三。公《コウ》用《モチヒテ》亨《キヤウス》ニ于《ニ》天子《テンシ》ー。小人《セウジンハ》弗《ズ》レ克《アタハ》。◯象傳《シヤウデンニ》曰《イハク》。公《コウ》用《モチヒテ》亨《キヤウスハ》ニ于《ニ》天子《テンシ》ー。小人《セウジン》害《ガイ》也《アリ》。

衆人《しうじん》の上《うへ》に立《た》ち身豐《みゆた》かなるべし。故《ゆゑ》に國恩《こくおん》を報《はう》ぜんとて、我《わ》が土地《とち》に產《さん》したるを獻上《けんじやう》するの象《かたち》。而《しか》して其誠實《そのせいじつ》貫《つらぬ》きたるを以《もつ》て之《これ》を面目《めんもく》と爲《な》す。然《しか》れども若《も》し利《り》を得《え》、名《な》を求《もと》むる爲《た》めにする時《とき》は、是《こ》れ小人《せうじん》の所爲《しよゐ》にして反《かへ》つて奢侈《しやし》の端《たん》を開《ひら》いて、後害《こうがい》を招《まね》ぐ。

九四。匪《アラズ》ニ其《ソノ》彭《ハウタルニ》ー。无《ナシ》レ咎《トガ》。◯象傳《シヤウデンニ》曰《イハク》。匪《アラズ》ニ其《ソノ》彭《ハウタルニ》ー无《ナシ》レ咎《トガ》。明辨晢《メイベンセキタル》也。

此爻賢哲《このかうけんてつ》の士《し》、君《きみ》に擢用《てきよう》せられ、德望自然《とくばうしぜん》に增《ま》し、權威自《けんゐおのづか》ら備《そな》はる。此時《このとき》に於《おい》ては友人《いうじん》よりする通常《つうじやう》の音信贈答《いんしんぞうとう》も、世人《せじん》に賄賂《わいろ》視《し》せらるゝ事《こと》があるかも知《し》れない。然《しか》れども是等《これら》は小事《せうじ》にして固《もと》より意《い》とするに足《た》らない。只身《たゞみ》を以《もつ》て國家《こくか》に盡《つく》せば、仰《あふい》で天《てん》に愧《は》ぢず、俯《ふ》して地《ち》に怍《は》ぢず、中《ちう》は人《ひと》に恥《は》ぢない。之《これ》を賛《さん》して明辨哲と云《い》ふのである。又智《またち》慮《りよ》明《あきらか》なりと雖《いへど》も、身《み》奢侈《しやし》に過《す》ぎ或《あるひ》は女色《ぢよしよく》に耽《ふけ》る等《とう》の事《こと》があつてはならぬ。愼《つゝし》めば終身安裕《しうしんあんゆう》である。

六五。厥《ソノ》孚《マコト》交《カウ》如《ヂヨ》威《キ》如《ヂヨ》。吉《キツ》。○象傳曰《シヨウデンニイハク》。厥《ソノ》孚《マコト》交《カウ》如《ヂヨ》。信以發《シンモツテハツスル》レ志《コヽロザシ》也。威《キ》如《ヂヨ》之《ノ》吉《キツハ》。易《アナドリテ》而无《ナキ》レ備《ツナヘ》也。

此爻《このかう》文明柔和《ぶんめいにうわ》にして、尊位《そんゐ》に居《な》り、衆賢者《しうけんじや》を擧用《きよよう》して、其才《そのさい》を施《ほどこ》さしむ。所謂垂拱《いはゆるすゐきよう》して天下《てんか》治《おさ》まるの時《とき》とする。常人《じやうじん》に在《あ》ては、衆有力者《しういうりよくしや》を使用《しよう》して、大事《だいじ》を成就《じやうじゆ》し、美名《びめい》を得《う》るの時《とき》である。然《しか》れども其身《そのみ》を驕《おご》らず其心《そのこゝろ》を誠《まこと》にして僞《いつは》らないことを要《えう》す。然《しか》らざれば其盛事《そのせいじ》を維持《ゐぢ》することは難《かた》い。

上九。自《ヨリ》レ天《テン》祐《タスク》レ之《コレヲ》。吉《キツ》无《ナシ》レ不《ザル》レ利《ヨロシカラ》。○象傳曰《シヨウデンニイハク》。大有《タイイウ》上吉《ジヤウキツ》。自《ヨリ》レ天《テン》祐《タスクル》也。

天性正直《てんせいせいちよく》にして剛毅《がうき》の志操《しさう》を有《いう》し、世事《せじ》の經驗《けいけん》に富《と》み、眞正《しんせい》の才智《さいち》あり、而《しか》も孚誠《ふせい》を積《つ》みて神《かみ》の保護《ほご》を得《う》るものとする。運氣盛《うんきさかん》なりと云《い》はねばならぬ。△博《ひろ》く信用《しんよう》を得《う》る象《かたち》。△神明《しんめい》の保護《ほご》を受《う》くる象《かたち》。△賢良《けんりやう》の人《ひと》を敬《うやま》ふの象《かたち》。△病《やまひ》は天命《てんめい》茲《こゝ》に終《をは》るの時《とき》にして靈魂天《れいこんてん》に上《のぼ》り尊位《そんゐ》を得《う》るものとする。

☷☶（艮下坤上）地《チ》山《ザン》謙《ケン》

謙《ケン》。亨《トホル》。君子《クンシ》有《アリ》レ終《ヲハリ》吉《キツ》。○彖傳《タンデン》曰《ニイハク》。謙《ケン》亨《ハトホル》。天道《テンダウハ》下《クダリ》濟《ナシテ》而光明《クワウメイ》。地道《チダウハ》卑《イヤシクシテ》而上行《ジヤウカウス》。天道《テンダウ》虧《カキ》レ盈《ミツルヲ》而益《マシ》レ謙《ケンニ》。地道《チダウハ》變《ヘンジテ》レ盈《ミツルヲ》而流《ナガシ》レ謙《ケンニ》。鬼神《シンハ》害《ガイシテ》レ盈《ミツルヲ》而福《サイハヒシ》レ謙《ケンニ》。人道《ジンダウハ》惡《ニクミ》レ盈《ミツルヲ》而好《コノム》レ謙《ケンヲ》。謙《ケンハ》尊《タツトクシテ》而光《ヒカリ》。卑《イヤシクシテ》而不《ズ》レ可《カラ》レ踰《ベコユ》。君子《クンシ》之終《ノヲハリ》也。○大象《タイシヤウニ》曰《イハク》。地中《チチウ》有《アル》レ山《ハヤマ》謙《ケン》。君子以《クンシモツテ》裒《アツメ》レ多《オホキヲ》益《マシ》レ寡《スクナキヲ》。稱《ハカリ》レ物《モノヲ》平《ヒトシクホドコシテ》レ施。

夫《そ》れ地勢《ちせい》は平等《べうとう》でない。大陸《たいりく》の平原《へいげん》は、島地《しまち》の山嶺《さんれい》より高《たか》きものあり、是《こ》れ猶《なほ》智學《がく》高尚《かうしやう》なりと雖《いへど》も、其行《そのおこな》ふ所間々《ところまゝ》凡庸《ぼんよう》の士《し》に若《し》かざることがある。故《ゆゑ》に此卦《このくわ》を得《え》たる者《もの》は乾《けん》の九三に云《い》へる如《ごと》く、終日乾乾として勉強《べんきやう》し、行《おこなひ》を篤《あつ》くして功《こう》に矜《ほこ》らざれば、將來意外《しやうらいいぐわい》の幸福《かうふく》がある。夫《そ》れ人《ひと》は十歳以上《さいいじやう》にして自活自立《じくわつじりつ》の計《けい》を爲《な》し、二十歳以上《さいいじやう》にして一家《か》の計《けい》を爲《な》し、三十歳以上《さいいじやう》にして子孫《しそん》の計《けい》を爲《な》し、四十歳以上《さいいじやう》にして老後《らうご》の計《けい》を爲《な》し、五十歳《さい》にして終焉《しうえん》の計《けい》を爲《な》す、即《すなは》ち君子有レ終の義《ぎ》である。

初《シヨ》六。謙《ケン》謙《ケン》君《クン》子《シ》。用《モチヒテ》渉《ワタル》二大《ニタイ》川《セン》一吉《ヲキツ》。○象傳曰《シヤウデンニイハク》。謙《ケン》謙《ケン》君《クン》子《シ》。卑以自牧也《イヤシクシテモツテミヅカラボクスル》。

己《おの》れ人《ひと》に誇《ほこ》らないから、人《ひと》の憎《にく》みを受《う》けず、亦人《またひと》に侮《あなど》らるゝことはない。平安《へいあん》にして其功《そのこう》竟《つひ》に顯《あら》はる。又人《またひと》に接《せつ》するには、親和《しんわ》を以《もつ》てし自然《しぜん》に感化《かんくわ》せしむるを可《か》とする。

△徳望《とくばう》ある人率先《ひとそつせん》して衆人《しうじん》を産業《さんげふ》に導《みちび》くの象《かたち》。△身《み》を持《ぢ》する謙遜《けんそん》なれば百事吉《じきち》。

六二。鳴《メイ》謙《ケン》。貞《テイ》吉《キツ》。○象傳曰《シヤウデンニイハク》。鳴《メイ》謙《ケン》貞《テイ》吉《キツ》。中《チウ》心《シン》得《ウル》也。

此爻《このかう》九三の君子《くんし》に就《つい》て、其徳《そのとく》に服從《ふくじう》し、又人《またひと》をして其君子《そのくんし》に服從《ふくじう》せしむ。己《おの》れ眞《しん》に其徳《そのとく》を自得《じとく》して、之《これ》を實地《じつち》に施《ほどこ》すが故《ゆゑ》に、象傳《しやうでん》に中心得也とも云《い》ふ。長者《ちやうじや》に從《したが》ひ事《こと》を爲《な》すに利《り》あるの占《せん》とする。

九三。勞《ラウ》謙《ケン》君《クン》子《シ》。有レ終吉《アリヲハリキツ》。○象傳曰《シヤウデンニイハク》。勞《ラウ》謙《ケン》君《クン》子《シ》。萬《バン》民《ミン》服《フクスル》也。

此爻《こゝかう》君子《くんし》の德《とく》洽《あまね》く感通《かんつう》して大《おほひ》に世《よ》に行《おこな》はるゝの時《とき》とする。大事業《だいじげふ》を爲《な》して可《か》。△人《ひと》の勞《らう》に代《かは》りて事《こと》を執《と》るの象《かたち》。△其勞《そのらう》に甘《あま》んじて其功《そのこう》に誇《ほこ》らず、善《ぜん》を勤《つと》むれば終《つひ》に吉《きら》を得《う》るの象《かたち》。△頑固《ぐわんこ》にして人《ひと》と和《わ》せざるの意《い》。

六四。无《ナシ》レ不《ザル》レ利《ヨロシカラ》。撝《フルヘ》レ謙《ケンヲ》。○象傳《シヤウデンニイハク》曰。无《ナシ》レ不《ザル》レ利《ヨロシカラ》。撝《フルイ》レ謙《ケンヲ》。不《ザル》レ違《タガヘ》レ則《ノリニ》也。

地位《ちゐ》高《たか》くして實力《じつりよく》がない。故《ゆゑ》に我《わ》れより下《しも》なる者《もの》の、才智《さいち》を用《もち》ひて、事《こと》を處《しよ》するを可《か》とする。△部下《ぶか》の人材《じんざい》を擧用《きよよう》して我《わ》が職《しよく》に代《かは》らしめんとするの象《かたち》。△下位《かゐ》にある君《くん》子《し》を擧《あ》げて其《とも》に事《こと》を行《おこな》ふの象《かたち》。

六五。不《ズ》レ富《トマ》以《モツテス》二其《ソノ》一鄰《トナリヲ》。利《ヨロシ》二用《モチヒテ》侵伐《シンバツスルニ》一。无《ナシ》レ不《ザル》レ利《ヨロシカラ》。○象傳《シヤウデンニイハク》曰。利《ヨロシキハ》二用《モチヒテ》侵伐《シンバツスルニ》一。征《セイスル》二不《フ》服《フクヲ》一也。

此爻《このかう》人《ひと》の上《うへ》に立《た》ちて謙《けん》に過《す》ぎ、終《つひ》に尾大不掉《びだいふるはざる》の兆《しるし》ある時《とき》とする。故《ゆゑ》に斷然《だんぜん》たる處分《しよぶん》を爲《な》せば尚其地位《なほそのちゐ》を全《まつた》くするを得《う》る。優柔不斷《いうじうふだん》に流《なが》るゝ時《とき》は、遂《つひ》に其跋扈《そのはつこ》に苦《くるし》み、終《つひ》に如何《いかん》ともする事《こと》が出來《でき》なくなる。

上六。鳴《メイ》謙《ケン》。利《ヨロシ》三用《モチヰテ》行《ヤリ》レ師《シヲ》征《セイスルニ》二邑國《イフコクヲ》一。○象傳曰《シヤウデンニイハク》。鳴《メイ》謙《ケン》。志《コヽロザシ》未《イマダ》《ザル》レ得《エ》也。可《ベシ》三用《モチヰテ》行《ヤリ》レ師《シヲ》征《セイス》二邑國《イフコクヲ》一也。

我《わ》が一家族《かぞく》の驕奢《けうしや》を制《せい》し、修身齊家《しうしんせいか》の教《をしへ》を施《ほどこ》すべきの時《とき》とする。然《しか》れども君子《くんし》の人《ひと》を正《たゞ》さんとするや必《かなら》ず先《ま》づ自《みづか》ら正《たゞし》くす、故《ゆゑ》に内《うち》に省《はぶい》て自《みづか》ら其行《そのおこなひ》を修《おさ》むるを善《ぜん》とする。

△自《みづか》ら光《ひかり》を藏《かく》して以《もつ》て君子《くんし》の德《とく》を發顯《はつげん》ならしむるの象《かたち》。

䷏（坤下震上）雷《ライ》地《チ》豫《ヨ》

豫《ヨ》。利《ヨロシ》二建《タテ》レ侯《コウヲ》行《ヤルニ》レ師《シヲ》一。○彖傳曰《タンデンニイハク》。豫《ヨハ》。剛應《ガウオウジ》而《テ》志《コヽロザシ》行《オコナハル》。順以動《ジユンモツテウゴク》。豫《ヨ》。豫《ヨ》以動《モツテウゴク》。故《ユヱニ》天地《テンチ》如《ゴトシ》レ之《カクノ》。而《シカルヲ》況《イハンヤ》建《タテ》レ侯《コウヲ》行《ヤル》レ師《シヲ》乎。天地《テンチ》以《モツテ》レ順《ジユンヲ》動《ウゴク》。故《ユヱニ》日月《ジツゲツ》不《ズシテ》レ過《アヤマラ》。而四時《ジ》不《ズ》レ忒《タガハ》。聖人《セイジン》以《モツテ》レ順《ジユンヲ》動《ウゴケバ》。則《スナハチ》刑罰《ケイバツ》淸《キヨクシテ》而民《タミ》服《フクス》。豫之時義《ヨノジギ》大哉矣《オホヒナルカナ》。○大象曰《タイシヤウニイハク》。雷《ライ》出《イデテ》レ地《チヲ》奮豫《フルウヨ》。先王《センワウ》以《モツテ》作《ツクリ》レ樂《ガクヲ》崇《タツトビ》レ德《トクヲ》。殷《サカンニ》薦《スヽメテ》二之《コレヲ》上帝《ジヤウテイニ》一以《モツテ》配《ハイス》二祖考《ソカウニ》一。

萬事《はんじ》意《い》の如《ごと》く、中心和《ちうしんわ》樂《らく》將《まさ》に漸《やうや》く怠《おこたり》を生《しやう》ぜんとするの時《とき》である。故《ゆゑ》に虚飾《きよしよく》を愼《つゝし》み、逸游《えついう》を戒《いまし》め、安《やすき》に居《ゐ》て危《あやう》きを思《おも》ひ、富貴《ふうき》に居《を》りて貧賤《ひんせん》を忘《わす》れざるの志行《しかう》がなければならぬ。此《かく》の如《ごと》くする時《とき》は尙《な》ほ此《こ》の運《うん》を保持《ほぢ》することを得《う》る。△運氣盛《うんきさかん》である上位《じやうゐ》の人《ひと》より愛顧《あいこ》を受《う》け、爲《た》めに威權《ゐけん》を有《いう》するの象《かたち》。△成功《せいこう》を急《いそ》がず事《こと》の順序《じゆんぢよ》を怠《おこた》らずして勤《つと》むる時《とき》は、大功《たいこう》を擧《あ》ぐるの時《とき》である。△人材《じんざい》を用《もち》ゐ大事《だいじ》を任《にん》ずるによろしき象《かたち》。

初《シヨ》六。鳴《メイ》豫《ヨ》。凶《キヨウ》。○象傳曰《シヤウデンニイハク》。初《シヨ》六鳴《メイ》豫《ヨハ》志《コヽロザシ》窮《キハマリテ》凶《キヤウ》也。

卓識《たくしき》の朋友《ほういう》を得《え》て、立身《りつしん》せるを見《み》、己《おの》れの短才《たんさい》にして世用《せよう》に足《た》らざるを知《し》らず、彼《か》の人《ひと》立身《りつしん》せば、我《われ》に大《だい》なる幸《さいは》ひあるべしと空想《くうさう》し、自《みづか》ら喜《よろこ》び、他人《たにん》に誇《ほこ》り、而《しか》して目《もく》的齟齬《てきそご》して窮《きう》するの時《とき》とす、宜《よろ》しく正《たゞ》しく自身《じしん》の實力《じつりよく》を以《もつ》て世《よ》に立《た》たんことを心掛《こゝろが》くべきである。然《しか》る時《とき》は九四は我應交《わがおうかう》なるが故《ゆゑ》に必《かなら》ず要路《えうろ》の人《ひと》に引《ひ》き立《た》てらるゝ事《こと》がある。△上位《じやうゐ》の人《ひと》より愛顧《あいこ》を得《う》るを名《な》とし私利《しり》を貪《むさぼ》る象《かたち》。

六二。介《カイナリ》レ于《ニ》レ石《イシ》。不《ズ》レ終《オヘ》レ日《ヒヲ》。貞《テイ》吉《キツ》。○象傳曰《シヤウデンニイハク》。不《ズ》レ終《オヘ》レ日《ヒヲ》貞《テイ》吉《キツ》。以《モツテ》二中《チウ》正《セイヲ》一也。

自身《じしん》の心《こゝろ》敦《あつ》く他人《たにん》の榮《さかえ》を意《い》とせず。自立《じりつ》して能《よ》く職務《しよくむ》に勉勵《べんれい》すれば、盛運《せいうん》に赴《おもむ》くの時《とき》とする。然《しか》れども亦《また》放逸《はうえつ》に流《なが》れんとするの恐《おそ》れがある。△確乎《かくこ》たる節操《せつさう》を以《もつ》て事機《じき》に投《たう》じ勇進《ゆうしん》すべきの時《とき》とする。△富《と》みて奢《おご》らず、貧《まづし》くして貪《むさぼ》らず唯天然《たゞてんねん》を守《まも》れ。

六三。盱《ノゾミテ》豫《ヨス》。悔《クユル》遲《オソケレバ》有《アリ》レ悔《クヒ》。○象傳《シヤウデンニイハク》曰。盱《ノゾミテ》豫《ヨス》有《アルハ》レ悔《クヒ》。位《クラヰ》不《ザルハ》レ當《アタラ》也。

我《わ》が依頼《いらい》する所《ところ》の者《もの》應《おう》ぜずして詮《せん》なき事《こと》に心《こゝろ》を勞《らう》し、後悔《かうかい》するの占《せん》とす。我《わ》が器量《きりやう》を省《かへり》みて分外《ぶんぐわい》の望《のぞ》みを顧《おも》ふてはならぬ。早《はや》く改心《かいしん》すれば吉《きち》。△身位《みくらゐ》に應《おう》ぜざれ奢侈《しやし》を戒《いまし》め、家事《かじ》を儉約《けんやく》するの象《かたち》。△僥倖《げうかう》を望《のぞ》むの不可《ふか》なるを悔悟《かいご》し、實業《じつげふ》に就《つ》くの象《かたち》。△人《ひと》に媚《こ》び諛《へつら》ひ威權《ゐけん》を有《いう》する者《もの》に付《つ》きて快樂《くわいらく》を貪《むさぼ》るの象《かたち》。

九四。由《イウ》豫《ヨス》。大《オホイニ》有《アリ》レ得《ウル》。勿《ナカレ》レ疑《ウタガウ》。朋《トモ》盍《アヒ》簪《アツマル》。○象傳《シヤウデンニイハク》曰。由《イフ》豫《ヨス》。大《オホヒニ》有《アルハ》レ得《ウル》。志《コヽロザシ》大《オホヒニ》行《オコナハル》也。

陽剛《やうがう》の才《さい》を以《もつ》て柔中《にうちう》の君《きみ》に仕《つか》へ、衆望《しうはう》を得《え》て、方《まさ》に危疑《きぎ》の地位《ちゐ》に居《を》る然《しか》れども其志《そのこゝろざし》各利《めいり》と威權《ゐけん》とに在《あ》らずして、衆人《しうじん》を豫樂《よらく》に致《いた》すに在《あ》る時《とき》は、何《なん》の嫌《きらひ》かある。任《にん》に此爻《このかう》に當《あた》る者《もの》區々《くゝ》の私情《しじやう》を以《もつ》て大事《だいじ》を誤《あやま》るな。△時《とき》を得《え》て百事《じ》を負擔《ふたん》するの象《かたち》。△累年《るゐねん》の辛苦《しんく》解《と》くるを得《え》て大《おほい》に喜《よろこ》ぶの時《とき》である。△能《よ》く親戚朋友《しんせきほういう》を接遇《せつぐう》して其事《そのこと》を幹《かん》し人望《じんばう》を得《う》るの象《かたち》。

六五。貞《テイ》疾《シツ》恒《ツネニ》不《ズ》レ死《シセ》。○象傳曰《シヤウデンニイハク》。六五貞《テイ》疾《シツ》。乘《ノレバ》レ剛《ガウニ》也。恒《ツネ》不《ザルハ》レ死《シセ》。中《チウ》未《イマダ》レ亡《ホロビザル》也。

身尊《みたつと》しと雖《いへど》も、常《つね》に他人《たにん》の爲《た》めに、牽制《けんせい》せられ、萬事《はんじ》意《い》の如《ごと》くなる能《あた》はず、鬱々《うつ〳〵》樂《たの》まず、終《つひ》に病《やまひ》を得《う》るの占《せん》である。外《そと》に強援《きやうえん》を求《もと》めて力《ちから》を協《あは》せ事《こと》を謀《はか》らば、志《こゝろざし》を得《う》るの時《とき》がないではない。蓋《けだ》し爻位《かうゐ》は此《かく》の如《ごと》しと雖《いへど》も、時運《じうん》方《まさ》に豫《よ》に屬《ぞく》するを以《もつ》てである。△悅《よろこ》びて事《こと》に進《すゝ》み、冥溺《めいでき》して財《ざい》を取《と》るの象《かたち》。部下《ぶか》の威權《ゐけん》に壓服《あつぷく》せられて常《つね》に不快《ふくわい》を懷《いだ》くの象《かたち》。△我意《がい》を張《は》らず務《つと》めて賢者《けんしや》の言《げん》を容《い》れ用《もち》へよ。△酒色《しゆしよく》に溺《おぼ》れ病《やまひ》を得《う》る。

上六《ジヤウ》。冥《メイ》豫《ヨ》。成《ナレドモ》有《アリ》レ渝《カハル》。无《ナシ》レ咎《トガ》。○象傳曰《シヤウデンニイハク》。冥《メイ》豫《ヨ》在《アリ》レ上《カミ》。何《ナンゾ》可《ベケン》レ長《ナガカル》也。

悅樂《いつらく》に耽《ふけ》り酒色《しゆしよく》に昏迷《こんめい》して、止《や》まざれば、死《し》に至《いた》る。然《しか》れども能《よ》く酒色《しゆしよく》を節《せつ》し淫慾《いんよく》を愼《つゝし》まば啻《たゞ》に其身《そのみ》の健全《けんぜん》を得《え》て、速《みやか》に死《し》せざるのみならず、更《さら》に家政《かせい》を釐《り》革《かく》し、盛《せい》運《うん》を致《いた》すべきの望《のぞみ》あり、宜《よろ》しく速《すみやか》に改《あらた》めよ。△放蕩《はうたう》の爲《た》めに零落《れいらく》して悔悟《かいご》するの象《かたち》。

☱☳（震下兌上）澤《タク》雷《ライ》隨《ズヰ》

隨《ズヰハ》、元亨《ゲンカウ》利《ヨロシ》レ貞《テイニ》。无《ナシ》咎《トガ》。○彖傳《タンデン》曰《ニイハク》。隨《ズヰハ》剛《ガウ》來《ヤタツテ》而下《クダリ》レ柔《ジウニ》。動《ウゴキテ》而説《ヨロコブ》隨《ズヰハ》。大《オホイニ》亨《トホル》貞《テイニシテ》无《ナシ》レ咎《トガ》。而天下《テンカ》隨《シタガフ》レ時《トキニ》。隨《シタガフ》レ時《トキニ》之義《ノギ》。大《オホイ》矣《ナル》哉《カナ》。○大象《タイシヤウ》曰《ニイハク》。澤中《タクチウニ》有《アルハ》レ雷《ライ》。君子《クンシ》以《モツテ》嚮《ムカヒ》レ晦《クラキニ》入《イリテ》宴息《エンソクス》。

此卦《このくわ》は一事業《じげふ》を始《はじ》めて他人之《たにんこれ》に左袒《さたん》し、加盟《かめい》するものあるも、亦《また》一方《はう》より云《い》へば、人《ひと》に從《したが》つて事《こと》を辨《べん》ずるの時《とき》とす。人《ひと》の心《こゝろ》に從《したが》はねば其事業《そのじげふ》なり難《がた》く、又世《またよ》の流行《りうかう》に從《したが》ひ、臨機應變《りんきおうへん》にして、事《こと》を處《しよ》すれば、志《こゝろざし》は遂《と》げ難《がた》い。然《しか》れどもたとへ人《ひと》に隨《したが》ひ、時《とき》に隨《したが》ふも、能《よ》く其事《そのこと》の善惡邪正《ぜんあくじやせい》を鑑別《かんべつ》せよ。若《も》し正《たゞ》しからざるに從《したが》へば、敗亡《はいばう》を取《と》ると疑《うたが》ひはない。△善惡共《ぜんあくとも》に應和《おうわ》するの時《とき》であるから、能《よ》く其人《そのひと》の正邪《せいじや》を擇《えら》んで、正事《せいじ》でなければ即《すなは》ち人《ひと》と酬醋《しうさく》するな。△己《おの》れ能《よ》く人《ひと》に隨《したが》ひ、人能《ひとよ》く、己《おの》れに隨《したが》ふ時《とき》である。

初九《シヨキウ》。官《クワン》有《アリ》レ渝《カハル》。貞《テイ》吉《キツ》。出《イデテ》レ門《モンヲ》交《マジハレバ》有《アリ》レ功《コウ》。○象傳曰《シヨウデンニイハク》。官《クワン》有《アリハ》レ渝《カハル》。從《シタガヘバ》レ正《セイニ》吉《キツ》也。

出《イデテ》レ門《モンヲ》交《マジハレバ》有《アリ》レ功《コウ》。不《ザル》レ失《ウシナハ》也。

此爻《このかう》官員《くわんゐん》たる官《くわん》の成規《せいき》に從《したが》ひて、事務《じむ》を處理《しより》すべきは、當然《たうぜん》であるけれども、實際《じつさい》上差《じやうさ》しつか文へある時《とき》は、權宜《けんぎ》を以《もつ》て長官《ちやうくわん》に親接《しんせつ》し、私交《しかう》を以《もつ》て談話《だんわ》し、其意《そのい》を受《う》くるも可《か》なりとす。是《こ》れ此爻《このかう》に隨《したが》て曰《い》はずして交《かう》と云《い》ふ所以《ゆえん》である。これ即《すなは》ち象傳《しやうでん》に所謂有レ功不レ失の義《ぎ》である。官《くわん》に仕《つか》へざる者《もの》此爻《このかう》を得《う》る時《とき》は、和氣《わき》を以《もつ》て人《ひと》に交《まじは》れば、我《わ》が地位《ちゐ》を進《すゝ》むるの時《とき》とする。

六二。係《カヽリテ》二小《セウ》子《ジニ》一失《ウシナフ》二丈《ヂヤウ》夫《フヲ》一。○象傳曰《シヤウデンニイハク》。係《カヽルハ》二小《セウ》子《ジニ》一。弗《ザル》二兼《カネ》與《トモニセ》一也。

此爻《このかう》君子《くんし》小人《せうじん》勢《いきほ》ひ兩立《りやうりつ》しないで、少壯《せうさう》躁《さわぎ》進《すゝむ》の徒《と》、位《くらゐ》に進《すゝ》み老成《らうせい》特重《とくぢう》の人《ひと》、用《もち》ひられざるの時《とき》とする。蓋《けだ》し君《きみ》の人《ひと》を用《もち》ふるや、一人《ひとり》高位《かうゐ》を得《う》れば、其黨類《そのたうるゐ》相率《あひひき》ゐて職《しよく》に就《つ》く、是《こ》れ人《ひと》は類《るゐ》を以《もつ》て相聚《あひあつま》るものであるから、首用《しゆよう》の一人小器《にんせうき》なる時《とき》は、相隨《あひしたが》ふもの亦小器《またせうき》であるのは當然《たうぜん》の事《こと》である。又瑣々《またさゝ》たる小事《せうじ》の爲《た》めに大事《だいじ》を失《うしな》ふの占《せん》。女子《ぢよし》良縁《りやうえん》を嫌《きら》ひ卑賤《ひせん》に嫁《か》するの象《かたち》。

六三。係《カヽリテ》二丈夫《ヂヤウフニ》一。失《ウシナフ》二小《セウ》子《ジヲ》一隨《シタガヘテ》有《アリテ》レ求《モトムル》得《ウ》、利《ヨロシ》レ居《ヲルニ》レ貞《テイニ》。○象傳《シヤウデン》曰《ニイハク》。係《カヽルハ》二丈夫《ヂヤウフニ》一。志《コヽロザシ》舍《スツル》レ下《シモヲ》也、

賤劣《せんれつ》なる損友《そんいう》に交《まじ》はらずして、高尚《かうしやう》なる益友《えきいう》に親《したし》み、己《おの》れの見識《けんしき》を高《たか》めねばならぬ。而《しか》して此益友《このえきいう》と交《まじは》るには、始終誠心《しじうせいしん》を以《もつ》てし、長久《ちやうきう》に交《まじは》るに非《あら》ざれば其益《そのえき》を受《う》け難《がた》い。△區々《くゝ》たる目分《もくぜん》の利《り》に係《かゝは》らず、誠心《せいしん》を以《もつ》て上位《じやうゐ》の人《ひと》に從《したが》へ。△女子貴顯《ぢよしきけん》に嫁《か》するの象《かたち》。

九四、隨《シタガヒテ》有《アリ》レ獲《ウル》、貞《テイ》凶《キヨウ》、有《アリテ》レ孚《マコト》在《アリ》レ道《ミチ》、以《モツテ》明《アキラカナレバ》何《ナンノ》咎《トガメカアラン》、○象傳《シヤウデン》曰《ニイハク》、隨《シタガヒテ》有《アリハ》レ獲《ウル》、其義《ソノギ》凶《キヨウ》也、有《アリ》レ孚《マコト》在《アルハ》レ道《ミチニ》、明《メイノ》功《コウ》也

此爻《このかう》眼前《がんぜん》に我《われ》に隨《したが》ふものあるを説《よろこ》ぶの時《とき》とする。然《しか》れども其人《そのひと》我《わ》が意《い》に適《てき》したりとて、妄《みだり》に諸事《しよじ》を委任《ゐにん》してはならぬ。凡《およ》そ人《ひと》は量《りやう》に大小《だいせう》あり、質《しつ》に善不善《ぜんふぜん》あり、宜《よろ》しく思慮《しりよ》して取捨《しゆしや》を行《おこな》ふべし。重任《ぢうにん》の位《くらゐ》に居《を》るものは、最《もつと》も深《ふか》く思慮《しりよ》を盡《つく》して、邪正《じやせい》を洞《どう》

察《あつ》し、明智《めいち》の功《かう》を立《た》つべきの時《とき》とする。△利慾《りよく》に随《したが》へば、義《ぎ》を害《がい》す、孚《まこと》にして道理《だうり》に叶《かな》はゞ不正《ふせい》のものをして、正《たゞ》しからしむ。以《もつ》て功《こう》とすべしとの意《い》。

九五。孚《マコト》㆑于《アリ》㆑嘉《ヨキニ》。吉《キツ》。○象傳曰《シヤウデンニイハク》。孚《マコトナリ》㆑于㆑嘉《ヨキニ》。吉《キツ》。位《クラヰ》正中《セイチウナレバ》也。

我《わ》が意《い》に適《てき》する益友《えきいう》を得《う》るの時《とき》とする。而《しか》して奇耦者《きぐうしや》長《なが》く存《そん》し、互《たがひ》に隔心《かくしん》なく、我《われ》の悦《よろこ》ぶ所《ところ》彼《かれ》亦《また》悦《よろこ》び、彼《かれ》の悦《よろこ》ぶ所《ところ》我《われ》亦《また》悦《よろこ》ぶと云《い》ふが如《ごと》く、両體《りやうたい》一心《しん》の想《おもひ》がある。萬《ばん》事亨通《じきやうつう》の占《せん》。

上《ジヤウ》六。拘係《コウケイス》㆓之《コレヲ》㆒。乃《スナハチ》従《シタガヒテ》維《ツナグ》㆑之《コレヲ》。王《ワウ》用《モチヒテ》亨《キヤウス》㆓于西《セイ》山《ザンニ》㆒。○象傳曰《シヤウデンニイハク》拘係《コウケイスレバ》㆑之《コレヲ》。上《カミ》窮《キハマルナリ》也。

誠心《せいしん》を以《もつ》て神明《しんめい》の加護《かご》を受《う》くるの時《とき》とす。人《ひと》と交《まじは》り其心《そのこゝろ》互《たがひ》に固結《こけつ》して變《へん》ぜず。條《でう》約《やく》を締《むす》び、或《あるひ》は法令《はふれい》を出《いだ》して變《へん》ぜざるの象《かたち》がある。△頑迷固執《ぐわんめいこしつ》に拘泥《かうでい》すれば、不意《ふい》の災害《さいがい》に罹《かゝ》る宜《よろ》しく顧慮《こりよ》して至誠《しせい》の道《みち》を盡《つく》せ。

此卦《このくわ》帰魂《きこん》の卦《くわ》にして、長男命卒《ちやうなんめいをは》るの時《とき》とす。而《しか》して互卦《ごくわ》に艮《ごん》あるが故《ゆゑ》に夫婦《ふうふ》の間《あひだ》に小男《せうなん》ありて、其家《そのいへ》を相續《さうぞく》し、寡婦《くわふ》は其少男《そのせうなん》を保育《はいく》して、亡夫《ばうふ》の祭祀《さいし》を爲《な》すの象《かたち》ある。歸魂《きこん》の卦《くわ》の上爻《じやうかう》に詳《つまびらか》である。

䷑（巽下艮上）山《サン》風《プウ》蠱《コ》

蠱《コハ》。元《オホヘニ》亨《トホル》。利《ヨロシ》レ渉《ワタル》二大川《メイセンヲ》一。先《サキダツ》レ甲《カフニ》三日《サンジツ》。後《オクル、》レ甲《カフニ》三日《サンジツ》。○彖傳《タンデンニ》曰《イハク》。蠱《コハ》剛《ガフ》上《ノボリ》而《テ》柔《ジウ》下《クダリ》。巽《ソンニ》而止《シテトヾマル》蠱《コ》。蠱《コハ》元《オホヒニ》亨《トホル》而天下《テンカ》治《チサマル》也。利《ヨロシ》レ渉《ワタル》二大川《ニタイセンヲ》一。往《ユケバ》有《アル》レ事《コト》也。先《サキダツ》レ甲《カフ》三《サン》日《ジツ》。後《オクル、》レ甲《カフニ》三日《サンジツ》。終《スハレバ》則《スナハチ》有《アル》レ始《ハジメ》。天行《テンカウ》也《ナリ》。○大象《タイシヤウニ》曰《イハク》。山下《サンカニ》有《アル》レ風蠱《ハカビコ》。君子《クンシ》以《モツテ》振《フルヒ》レ民《タミヲ》育《ヤシナフ》レ德《トクヲ》。

我巽《われしたが》ふて彼止《かれとゞ》まり、其憑《そのたの》む所《ところ》の人我《ひとわ》れに應《おう》ぜず、縱分《たとへ》彼應諾《かれおうだく》するも、信憑《たのむ》するを得《え》ざるの時《とき》とする。又災害《またさいがい》あるも、遠《とほ》きより來《きた》らず、近《ちか》きより生《しやう》じ、外寇《ぐわいこう》に非《あら》ずして、内患《ないくわん》あるの時《とき》とする。又長女少男《またちやうぢよせうなん》の色《いろ》に荒《すさ》み、一家《か》混亂《こんらん》するの時《とき》とする。又家政《またかせい》の敗《やぶ》れたるを勉强《べんきやう》して回復《くわいふく》するの時《とき》とする。總《すべ》て突然《とつぜん》として起《おこ》るものではない。宜《よろ》しく其《その》漸《ぜん》を愼《つゝし》め。△天下《てんか》無事《ぶじ》にして奢侈《しやし》に流《なが》れ人心柔弱《じんしんじうじやく》にして、狡猾遂《かうかつつひ》に内亂《ないらん》を生《しやう》ずるの象《かたち》。

初六《シヨ》。幹《カンス》ニ父《チ・》之《ノ》蠱《コヲ》一。有《アル》レ子《コ》考《チ・》无《ナシ》レ咎《トガ》。厲《アヤウケレドモ》終《ノヒニ》吉《キツ》。○象傳《シヤウデンニ》曰《イハク》。幹《カンスルハ》ニ父《チ・》之《ノ》蠱《コヲ》一。

意《イ》承《ウクル》レ考《チ・ニ》也。

此爻《このかう》父《ち、》が事業《じげふ》を始《はじ》むるも、運未《うんいま》だ至《いた》らすして、其功《そのこう》を遂《と》ぐる事《こと》が出來《でき》ず、事業半途《じげふはんと》にして死亡《しばう》し、其子《そのこ》之《これ》を繼續《けいぞく》するの時《とき》とする。而《しか》して其功未《そのかういま》だ成《な》らずして死《し》するは、時運《じうん》の未《いま》だ至《いた》らないのである。亦如何《またいかん》ともする事《こと》は出來《でき》ない。此時《このとき》に當《あた》り其子《そのこ》たる者《もの》、奮《ふるつ》て父《ち、》の慈愛辛苦《じあいしんく》に感激《かんげき》して起《た》たねばならぬ。凡《およ》そ子《こ》たる者《もの》は身體《しんたい》を父母《ふぼ》に受《う》け、其《その》鞠養敎育《きくやうけういく》の恩《おん》に倚《よ》りて纔《わづか》に人《ひと》と爲《な》つたものであつて、且《か》つ父《ち、》の事業《じげふ》を起《おこ》すや全《まつた》く惠《けい》を子孫《しそん》に傳《つた》へんとするものであるから、父《ち、》の意《い》を承《う》け父《ち、》の志《こゝろざし》を繼《つ》ぎ、父《ち、》の果《はた》さなかつた事功《じこう》を成《な》し、父《ち、》の失敗《しつはい》を轉《てん》じ、幸福《かうふく》と爲《な》し、其功《そのこう》をして專《もつぱ》ら父《ち、》に歸《き》せしむれば、父《ふ》子共《しとも》に美名《びめい》を受《う》くるのである。又我《またわ》が爲《た》めに力《ちから》を致《いた》して惜《おし》まない人《ひと》を得《う》る時《とき》は、困難《こんなん》の事《こと》ありと雖《いへど》も、其志《そのこゝろざし》必《かなら》ず成就《じやうじゆ》する。

九二。幹《カンスルハ》二母《ハヽノ》之蠱《コヲ》一。不《ズ》レ可《ベカラ》レ貞《テイス》。○象傳《シヤウデン》ニ曰《イハク》。幹《カンスルハ》二母《ハヽノ》之蠱《コヲ》一。得《ウル》二中道《チウダフヲ》一也。

恩義《おんぎ》を受《う》くる長上《ちやうじやう》、頑愚《ぐわんぐ》にして大《おほい》に之《これ》に事《つか》ふるの道《みち》に苦《くる》しむの時《とき》とする。誠《まこと》を盡《つく》し、義《ぎ》に進《す》むと雖《いへど》も、彼《か》れ頑愚《ぐわんぐ》にして諭《さと》し難《がた》い。若《も》し剛《がう》に過《す》ぐれば、恩《おん》を損《そん》じ、柔《じう》に過《す》ぐれば蠱《こ》を長《ちやう》ず。故《ゆゑ》に恩《おん》を損《そん》ぜず、蠱《こ》を長《ちやう》ぜず自《みづか》ら志《こゝろざし》を守《まも》りて、三ケ年《ねん》の後《のち》蠱《こ》を濟《すく》ふの時至《ときいた》るを待《ま》つべきである。且《か》つ五の主《しゆ》は陰《いん》である。陰《いん》の性《せい》たる事《こと》なきに易《やす》くして、事《こと》あるに難《かた》い。故《ゆゑ》に無事《ぶじ》を圖《はか》つて時《とき》を待《ま》つを可《か》とする。△大家《たいけ》の支配人幼主《しはいにんえうしゆ》を守《も》り立《た》て家政《かせい》を整理《せいり》するの象《かたち》。

九三。幹《カンス》二父《チノ》之蠱《コヲ》一。小《セウ》有《アリ》レ悔《クイ》。无《ナシ》二大《オホヒニ》咎《トガ》一。○象傳《シヤウデン》ニ曰《イハク》。幹《カンスルハ》二父《チノ》之蠱《コヲ》一。終《ツヒニ》无《ナシ》レ咎《トガ》也。

蠱《こ》の弊害《へいがい》甚《はなは》だ深《ふか》くして、云《い》ふべからざる時《とき》とする。過剛《くわがう》の才《さい》を以《もつ》て、改正《かいせい》の處置《しよち》を爲《な》すに其嚴酷《そのげんこく》に過《す》ぐるが爲《た》めに、一時人望《じじんばう》を失《うしな》ふことありと雖《いへど》も、果斷《くわだん》の力《ちから》を以《もつ》て遂《つひ》に大功《たいこう》を成《な》すことを得《う》る。△謀策《はうさく》を含《ふく》むの意《い》。△剛《がう》を以《もつ》てすれば、恩《おん》を傷《やぶ》るの恐《おそ》れがある。柔《じう》を以《もつ》てすれば、弊《へい》を改《あらた》むる事《こと》は出來《でき》ない。

六四。裕《ユタカニス》二父《チ、ノ》之蠱《コト》一。往《ユキテ》見《ミル》レ吝《リンヲ》。○象傳曰《シヤウデンニイハク》。裕《ユタカニス》二父《チ、ノ》之蠱《コト》一。往《ユキテ》未《イマダ》レ得《ザル》也。

玆《こゝ》に大盡長者《だいじんちやうじや》あり、其子《そのこ》錦衣玉食《きんいぎよくしよく》、追從輕薄《つひしようけいはく》の中《なか》に成長《せいちやう》して、世間《せけん》の辛苦貧者《しんくひんしや》の狀《じやう》態《たい》を知《し》らず。御無理御尤《ごむりごもつと》もと立《た》てられ、蔭《かげ》では人皆之《ひとみなこれ》を誹《そし》り笑《わら》ふを覺《さと》らず、無用《むよう》の游《いう》樂《らく》に日《ひ》を消《せう》し、家產《かさん》の羸弱《るゐじやく》を顧《かへり》みず、遂《つひ》に山風蠱《さんぷうこ》の暴風雨《ぼうふうう》に遭《あ》ひ、資產《しさん》盡《つ》きて尋常中《じんじやうちう》人《じん》の衣食《いしよく》すらも保《たも》つ能《あた》はざるに至《いた》るものである。

六五。幹《カンス》二父《チ、ノ》之蠱《コト》一。用《モチヒテ》譽《ホマレアリ》。○象傳曰《シヤウデンニイハク》。幹《カンスチ》レ父《、ニ》用《モチヒテ》譽《ホマレアル》。承《ハウクルニ》以《モツテ》レ德《トクヲ》也。

下《しも》の助《たす》けを得《え》て、舊來《きうらい》の弊害《へいがい》を一洗《せん》し、恢復《くわいふく》の功《こう》を成《な》して、積年《せきねん》の因苦《こんく》一時《じ》に解《と》け、世《よ》の賞贊《しやうさん》を得《え》て、聲譽《せいよ》高《たか》く揚《あが》るの時《とき》とする。子《こ》たる者父《ものちゝ》の業《げふ》を繼《つ》ぎて斯《かく》の如《ごと》きに至《いた》ること眞《しん》に孝子《かうし》と云《い》ふべきである。亦以《またもつ》て其父《そのちゝ》の敎訓《けうくん》能周到《よくしうたう》にして智仁勇《ちぢんゆう》の三德《とく》を兼備《けんび》したるを推知《すゐち》すべきである。

上九《ジヤウキウ》。不《ズ》レ事《ツカヘ》二王《ワウ》侯《コウ》一高《カウ》二尙《シヤウニス》其《ソノ》事《コトヲ》一。○象傳曰《シヤウデンニイハク》。不《ズ》レ事《ツカヘ》二王《ワウ》侯《コウ》一志《コヽロザシ》可《ベシ》レ則《ノツトル》也。

人幼《ひとえう》にして學問《がくもん》を勉勵《べんれい》し、事物《じぶつ》の道理《だうり》を知《し》り、長《ちやう》じては之《これ》を用《もち》ひて力《ちから》を國家《こくか》に盡《つく》し功《こう》を遂《と》げ業《げふ》を成《な》し、老《お》いては身《み》を閑地《かんち》に退《しりぞ》け、心《こゝろ》を世塵《せじん》の外《そと》に遊《あそ》ばし、以《もつ》て天命《てんめい》を樂《たのし》む。是《こ》れ世間凡庸輩《せけんぼんやうはい》の得《え》て、窺《うかゞ》ふ所《ところ》ではない、深《ふか》く意《い》に止《と》めよ。△高潔自《かうけつみづか》ら守《まも》り、世務《せいむ》に累《わづら》はされざるの象《かたち》。

此卦《このくわ》を歸魂《きこん》とす。若《も》し命數《めいすう》を占《せん》して此卦《このくわ》に遇《あ》ふ者《もの》は、上爻《じやうなう》に至《いた》つて定命終《ぢやうめいをは》るとする。

䷒（兌下坤上）地《チ》澤《タク》臨《リン》

臨《リン》。元《ゲン》亨《カウ》利《ヨロシ》レ貞《テイニ》。至《イタリテ》二于《ニ》八月《ハツゲツ》一有《アリ》レ凶《キヨウ》。○彖傳《タンデン》曰《ニイハク》。臨《リン》剛《ガウ》浸《スヽミテ》而長《チヤウジ》。説《ヨロコビテ》而順《シタガフ》。剛《ガウ》中《チウニシテ》而應《オウズ》。大《オホイニ》亨《トホル》以《モツテ》正《タヾシ》。天《テン》之《ノ》道《ミチ》也《ナリ》。至《イタツテ》二于八《ハツ》月《ゲツニ》一有《アルハ》レ凶《ケフ》。消《セウスルコト》不《ザル》レ久《ヒサシ》也《ナリ》。○大象《タイシヤウ》曰《ニイハク》。澤《タク》上《ジヤウニ》有《アルハ》レ地《チ》臨《リン》。君子《クンシ》以《モツテ》教《ヲシヘ》思《オモウ》无《ナク》レ窮《キハマリ》。容《イレ》二保《ヤスンズル》民《タミヲ》一无《ナン》レ疆《カギリ》。

盛運來《せいうんきた》るの時《とき》とする。但《たゞし》人《ひと》の妬忌《とき》を避《さ》けん爲《た》め、人《ひと》に交《まじは》るに溫和《おんわ》を以《もつ》てし、勢《いきほひ》に乘《じよう》じて躁進《さうしん》してはならぬ。又人氣《またにんき》を得《う》るの時《とき》とする。勤愼《きんしん》して運《うん》の傾《かたむ》かんことを慮《おもんぱか》り、鄭重《ていちやう》に進《すゝ》めば、吉《きち》の道《みち》である。△我《わ》が望《のぞ》む事《こと》を定《さだ》めて眞實《しんじつ》なれば大《おほい》に亨《とほ》つて吉《きち》。△事《こと》を始《はじ》めてより八ヶ月《げつ》に至《いた》り敗壊《はいくわい》を來《きた》すの恐《おそ》れあり。

初九《シヨキウ》。咸臨《ミナノゾム》。貞吉《テイキツ》。○象傳曰《シヤウデンニイハク》。咸臨貞吉《ミナノゾムテイキツハ》。志《コヽロザシ》行《オコナフ》レ正《セイヲ》也。

目上《めうへ》の同志《どうし》と謀《はか》り、力《ちから》を一にして事《こと》を爲《な》さんとす、而《しか》して六四の陰柔高位《いんじうかうゐ》に居《を》り、我陽剛《わがやうがう》の才《さい》を用《もち》ひ、志《こゝろざし》を合《あは》せ事成就《ことじやうじゆ》するの時《とき》である。又運氣《またうんき》進《すゝ》むの時《とき》とする。總《すべ》て善《ぜん》を明《あきらか》にし、志《こゝろざし》を誠《まこと》にして進《すゝ》む時《とき》は吉《きち》。△男女互《だんぢよたがひ》に情《じやう》を通《つう》ずるの象《かたち》。△有力《いうりよく》の人《ひと》と事《こと》を爲《な》せば吉《きち》。

九二。咸臨《ミナノゾム》。吉《キツ》。无《ナシ》レ不《ザル》レ利《ヨロシカラ》。○象傳曰《シヤウデンニイハク》。咸臨《ミナノゾム》吉《キツ》无《ナシヘ》不《ザル》利《ヨロシカラ》。未《イマダザル》順《シタガ》レ命《ハメイニ》也。

天運盛《てんうんさかん》なるの時《とき》とする。必《かなら》ず目上《めうへ》の人《ひと》、我《われ》を知《し》るありて、其援引《そのえんいん》を蒙《かふむ》り、幸福《かうふく》を得《う》る。時運《じうん》に合《あ》ひ我才《わがさい》を用《もち》ゆべきの時《とき》である。勉強《べんきやう》して命《めい》に從《したが》ふべしである。△下位《かゐ》の者《もの》を擧《あ》げ、同心協力《どうしんけふりよく》して業務《げふむ》に從事《じうじ》すれば、益《ます〳〵》盛大《せいだい》に至《いた》る。

六三。甘臨《アマクノゾム》。无《ナシ》レ攸《トコロ》レ利《ヨロシキ》。既《スデニ》憂《ウレウレバ》レ之《コレヲ》无《ナシトガ》レ咎。○象傳曰《シヤウデンニイハク》。甘臨《アマクノゾム》。位《クラキ》不《ザル》レ當《アタラ》也。既《スデニ》憂《ウレフルハ》レ之《コレヲ》。咎《トガ》不《ザル》レ長《ナガ》也。

己《おの》れの智力《ちりよく》なくして、唯小才《たゞこさい》を用《もち》ひ、人《ひと》を籠絡《らうらく》せんと欲《ほつ》す、是《こ》れ何事《なにごと》をか能《よ》く爲《な》さんやである。俚諺《ことわざ》に所謂《いはゆる》、人《ひと》を甘《あま》く見《み》て、失敗《しつぱい》す、これである。今《いま》の臨《のぞみ》の時《とき》に遇《あ》ひ君子《くんし》に近《ちか》づきて志操《しさう》の正《たゞ》しきを見《み》、以《もつ》て自《みづか》ら其非《そのひ》を悟《さと》り其志《そのこゝろざし》を改《あらた》むれば、咎長《とがなが》くはない。是《こ》れ即《すなは》ち善《ぜん》に徙《うつ》るの門《もん》である。

六四。至《イタリテ》臨《ノゾム》。无《ナシ》レ咎《トガ》。○象傳曰《シヤウデンニイハク》。至臨《イタリテノゾム》无《ナキハ》レ咎《トガ》。位《クラ井》當《アタル》也。

目上《めうへ》の智者《ちしや》と謀《はか》りて事《こと》を成《な》すの時《とき》である。至《いたりて》は懇切篤志《こんせつとくし》交《まじは》りを求《もと》むるの謂《いひ》であつて、我上位《われじやうゐ》に在《あ》りて、下卦《かくわ》の智者《ちしや》と謀《はか》る故《ゆゑ》に彼《かれ》に對《たい》しては常《つね》に其欲《そのほつ》する所《ところ》に就《つい》て、之《これ》を啓《ひら》き、以《もつ》て其衷情《そのちうじやう》を伸《の》べしめ、以《もつ》て其智惠《そのちゑ》を盡《つく》さしめよ。

六五。知《シリテ》臨《ノゾム》。大《タイ》君《クン》之《ノ》宜《ヨロシキ》。吉《キツ》。○象傳曰《シヤウデンニイハク》。大《タイ》君《クン》之《ノ》宜《ヨロシキハ》。行《オコナフ》レ中《チウヲ》之《ノ》謂《イヒ》也。

思慮《しりよ》深《ふか》く見識《けんしき》あるの人《ひと》にして、能《よ》く目下《めした》の人才《じんざい》を知《し》り用《もち》ひ、共《とも》に大事業《だいじげふ》を爲《な》すの時《とき》である。又事物《またじぶつ》の理由《りいう》を會得《ゑとく》し、時機《じき》を審《つまびらか》にし、隱微《いんび》を知《し》るの人《ひと》とする。故《ゆゑ》に其行《そのおこな》ふ所《ところ》當《あ》らないと云《い》ふ事《こと》はない。其爲《そのな》す事《こと》成《な》らぬと云《い》ふ事《こと》はない。

上六《ジヤウ》。敦《アツシ》レ臨《ノゾムニ》。吉《キツ》。无《ナシ》レ咎《トガ》。○象傳《シヤウデン》曰《ニイハク》。敦《アツシ》レ臨《ノゾムニ》之《ノ》吉《キツハ》、志《コヽロザシ》在《アル》レ内《ウチニ》也。

事《こと》を爲《な》すに誠心到《せいしんいた》らざるなくば、何事《なにごと》でも成《な》らぬと云《い》ふ事《こと》はない。たとへ己《おの》れの爲《な》さうとする所《ところ》の事業未《じげふいま》だ成功《せいこう》を見《み》るに至《いた》らないでも、後《のち》に必《かなら》ず其志《そのこゝろざし》を繼《つ》ぐものありて、早晩成就《さうばんじやうじゆ》する時《とき》がある。△忠臣事《ちうしんこと》に臨《のぞ》みて君《きみ》の爲《た》めに力《ちから》を盡《つく》し、身命《しんめい》を惜《おし》まない象《かたち》。△貴人賤家《きじんせんか》に歸《かへ》るの象《かたち》。

䷓（坤下巽上）風《フウ》地觀《クワン》

觀《クワン》。盥《テアラヒテ》而不《ズ》レ薦《スヽメ》。有《アリ》レ孚《マコト》顒若《ギヨウジヤクタリ》。○象傳《タンデン》曰《ニイハク》。大觀《タイクワン》在《アリ》レ上《カミ》。順《ジユン》而《ニシテ》巽《ソン》。中正《チウセイ》以《モツテ》觀《シメス》二天下《テンカニ》一。觀《クワンハ》盥《テアラウテ》而不《ズ》レ薦《スヽメ》。有《アリ》レ孚《マコト》顒若《ギヨウジヤクタリハ》。下《シモ》觀《ミテ》而化《クワスル》也。觀《ミテ》二天《テン》之《ノ》神道《シンダウヲ》一。而四時《シジ》不《ズ》レ忒《タガハ》。聖人《セイジン》以《モツテ》二神道《シンダウヲ》一設《マウケテ》レ教《ヲシヘヲ》。而天下《テンカ》服《フクス》矣。○大象《タイシヤウ》曰《ニイハク》。風《カゼ》行《ユクハ》二地上《チヂヤウニ》一觀《クワン》。先王《センワウ》以《モツテ》省《ミ》レ方《ハウヲ》觀《ミ》レ民《タミヲ》設《マウク》レ教《ヲシヘヲ》。

諸人《しよじん》より尊敬《そんけい》を受《う》くるの時《とき》とする。故《ゆゑ》に其身《そのみ》を愼《つゝし》み、其志行《そのしかう》を正《たゞ》しく、信義《しんぎ》を以《もつ》て人《ひと》に交《まじは》り、總《すべ》て人《ひと》の模範《もはん》となれ。然《しか》る時《とき》は期《き》せずして幸福來《かうふくきた》り、永《もと》めずして利益《りえき》を得《う》る。

初《シヨ》六。童觀《ドウクワン》。小《セウ》人《ジンハ》无《ナシ》レ咎《ドガ》。君《クン》子《シ》吝《リン》。○象傳曰《シヤウデンニイハク》。初《シヨ》六童觀《ドウクワンハ》。小《セウ》人《ジンノ》道《ミチ》也。

世《よ》に立《た》ち業《げふ》を創《はじ》むるの時《とき》とする。其心掛次第《そのこゝろがけしだい》にて將來《しやうらい》の運《うん》も定《さだ》まる。其身《そのみ》卑賤《ひせん》に在《あ》る者《もの》は其日《そのひ》送《おく》りに日《ひ》を消《せう》する童子《どうじ》の如《ごと》くなるも可《な》なり。苟《いやしく》も上流《じやうりう》に在《あり》て大《おほい》に爲《な》すことあらんと欲《ほつ》する者《もの》は、時勢人情《じせいにんじやう》に注意《ちうい》し遠大《ゑんだい》なる識見《しきけん》がなければ恥辱《ちぢよく》を招《まね》くことがある。

六二。闚觀《ウカガヒミル》。利《ヨロシ》二女《ヂヨノ》貞《テイ》一。○象傳曰《シヤウデンニイハク》。闚觀《ウカガヒミル》女貞《ヂヨノテイハ》。亦《マタ》可《ベシ》レ醜《ハヂ》也。

心《こゝろ》に待《まち》に焦《こが》れ、輕躁《けいさう》に失《しつ》する事《こと》がある。又高堂《またかうだう》に入《い》り、貴顯《きけん》に謁《えつ》して恐《おそ》れ臆《おく》するの象《かたち》がある。是《こ》れ常《つね》に學問《がくもん》を怠《おこた》り、識量《しきりやう》を研《みが》かざるの致《いた》す所《ところ》である。此《かく》の如《ごと》きの場合《はあひ》には言《げん》を愼《つゝし》み、行《おこなひ》を正《たゞ》しくして、他《た》の侮《あなどり》を防《ふせ》がねばならぬ。小事《せうじ》は可《か》なれども、大《だい》事《じ》にはよろしくない。△童稚婦女《どうちふぢよ》の見識《けんしき》の如《ごと》きの象《かたち》。△身《み》の不正《ふせい》を憂《うれ》ひて今中道《いまちうだう》を修《なさ》めんとするの象《かたち》。

六三。觀《ミテ》二我《ワガ》生《セイヲ》一進退《シンタイス》。○象傳《シヤウデンニイハク》曰。觀《ミテ》二我《ワガ》生《セイヲ》一進退《シンタイスハ》。未《イマダ》《ザル》レ失《ウシナハ》レ道《ミチヲ》也。
此爻《このかう》貴賤《きせん》の分界《ぶんかい》に居《を》り。大觀《たいくわん》の時《とき》に遇《あ》ふ。故《ゆゑ》に時宜《じぎ》を計《はか》り身《み》を省《かへり》みて、是非《ぜひ》を明《あきら》かにして進退《しんたい》を決《けつ》せよ。又放恣《またはうし》の行《おこなひ》を爲《な》さず、己《おのれ》を勉《つと》め、人《ひと》を憐《あはれ》まば、必《かなら》ず幸福《かうふく》あり。

六四。觀《ミル》二國《クニ》之光《ノヒカリヲ》一利《ヨロシ》二用《モチイテ》賓《ヒンタル》レ于王《ワウニ》一。○象傳《シヤウデンニイハク》曰。觀《ミルハクニ》二國之光《ノヒカリヲ》一。尙《タツトブ》レ賓《ヒンヲ》也。
此爻《このかう》は貴顯《きけん》の愛顧《あいこ》を蒙《かふむ》るべく、又德《まだとく》あるものは、貴顯《きけん》に隨從《つゐじう》して國家《こくか》の大猷《おほひなるはかりごと》に與《あづ》かるべきの時《とき》である。蓋《けだ》し明君《めいくん》の人《ひと》を用《もち》ふるや、國家《こくか》の爲《た》めにす、故《ゆゑ》に衆民《しうみん》の中《うち》より拔《ぬ》き、直《ちよく》を擧《あ》げて賢《けん》に任《にん》ず、是《これ》を以《もつ》て政敎行《せいけうおこな》はれ萬民悅服《ばんみんえつふく》す、暗君《あんくん》は則《すなは》ち之《これ》に反《はん》す。

九五。觀《ミル》二我《ワガ》生《セイヲ》一君子《クンシ》无《ナシ》レ咎《トガ》。○象傳《シヤウデンニイハク》曰。觀《ミル》二我《ワガ》生《セイヲ》一。觀《ミル》レ民《タミヲ》也。
人《ひと》に對《たい》して信《しん》なれば、人我《ひとわれ》を信《しん》ず、人《ひと》の信《しん》ぜざるは我《われ》の信《しん》ぜざるに依《よ》る。爾《なんぢ》に出《い》でたるものは爾《なんぢ》に反《かへ》る、愼《つゝし》まねばならぬ。

上九。觀《ミル》二其《ソノ》生《セイヲ》一。君子《クンシ》无《ナシ》レ咎《トガ》。○象傳《シヤウデンニイハク》曰。觀《ミル》二其《ソノ》生《セイヲ》一。志《コヽロザシイマダ》未《ザル》レ平《タイラカナラ》也。

天下《てんか》の重職國家《ぢうしよくこくか》の大任《たいにん》に當《あた》るの位《くらゐ》であつて、緊要《きんえう》の時《とき》とする。風地觀《ふうちくわん》は神《かみ》を祭《まつ》るの卦《くわ》、此爻上位《このかうじやうゐ》なるが故《ゆゑ》に心《こゝろ》を潔《きよ》くし、行《おこなひ》を正《たゞ》しくして、位《くらゐ》を保《たも》たねばならぬ。俗《ぞく》に人《ひと》離《はな》れのする位《くらゐ》である。志穢《こゝろけが》るれば、禍《わざはひ》を受《う》くるの占《せん》。△萬事人《ばんじひと》を恃《たの》んではならぬ。中《ちう》間《かん》の人《ひと》、却《かへ》つて障碍《しやうがい》をする。△萬事《ばんじ》に吉《きち》。△尊《たつと》きに過《す》ぎ及《およ》ばない事《こと》がある。

䷔（震下離上）火《クワ》雷《ライ》噬《ゼイ》嗑《ガフ》

噬《ゼイ》嗑《ガフ》亨《トホル》し　利《ヨロシ》レ用《モチウルニ》レ獄《ウツタイヲ》。○彖《タン》傳《デンニ》曰《イハク》。頤《イ》中《チウニ》有《アル》レ物《モノヲ》曰《イフ》ニ噬《ゼイ》嗑《ガフト》ー。噬《ゼ》嗑《ガノ》而亨《トホル》。剛《ガウ》柔《ジウ》分《ワカル》。動《ウゴキ》而明《アキラカ》。雷《ライ》電《デン》合《アフ》而《テ》章《アキラカ》。柔《ジウ》得《エテ》レ中《チウヲ》而上《シヤウ》行《カウス》。雖《イヘドモ》レ不《ズト》レ當《アタラ》レ位《クラキニ》。利《ヨロシ》レ用《モチウルニ》レ獄《ウツタイヲ》也。○大《タイ》象《シヤウニ》曰《イハク》。

雷《ライ》電《デン》噬《ゼイ》嗑《ガフ》。先《セン》王《ワフ》以《モツテ》明《アキラカニシ》レ罰《バツヲ》勅《トトノフ》レ法《ハフヲ》。

此卦《このくわ》我《われ》事《こと》を爲《な》さんと欲《ほつ》する時《とき》、差支《さしつか》への事生《ことしやう》ずるか、或《あるひ》は中間《ちうかん》に妨《さまたげ》を爲《な》す者《もの》あるの時《とき》とする。此時《このとき》に當《あた》つて禮讓《れいじやう》を以《もつ》て和《わ》せんとするも其効《そのかう》がない。故《ゆゑ》に威力《ゐりよく》を用《もち》ひて、其妨害者《そのはうがいしや》を制服《せいふく》せよ。然《しか》る時《とき》は事《こと》を達《たつ》し功《こう》を遂《と》ぐる事《こと》を得《う》る。總《すべ》て事《こと》を執《と》るに剛强《がうきやう》を用《もちふ》るを宜《よろ》しとする。△聲《こゑ》を高《たか》くして人《ひと》を威《おど》すの象《かたち》。△心中《しんちう》一物《もつ》を銜《ふく》み、他人《たにん》に向《むか》ひ立《りつ》腹《ぷく》するの象《かたち》。

初九《シヨキウ》。履《ハキテ》レ校《カウヲ》 滅《ヤブル》レ趾《アシ》。无《ナシ》レ咎《トガ》。○象傳曰《シヤウデンニイハク》。履《ヘキテ》レ校《カウヲ》 滅《ヤブルハ》レ趾《アシ》。不《ザル》レ行《ユカ》 也。

既《すで》に従事《じうじ》する所《ところ》の方向《はうかう》を誤《あやま》る、宜《よろ》しく猛省《まうせい》して之《これ》を改《あらた》めよ。又更《またさら》に起《おこ》さんと欲《ほつ》する所《ところ》の事業《じげう》も知《し》らず、識《し》らず失策《しつさく》し、終《つひ》に恥辱《ちじよく》を取《と》る事《こと》ある。又通常《またつうじやう》の小事《せうじ》と雖《いへど》も迅速《じゆんそく》に運《はこ》び難《がた》き時《とき》とする。人《ひと》に交際《かうさい》するに尤《もつと》も其善悪《そのぜんあく》を擇《えら》ばねばならぬ。又《また》滅レ趾とは行《ゆ》くに難《なや》むの義《ぎ》である。進《すゝ》めば悪《あし》きに取《と》る。△初《しよ》と上《じやう》は形《かたち》を受《う》くるの象《かたち》。

六二。噬《カミ》レ膚《ハダヘヲ》 滅《ヤブル》レ鼻《ハナヲ》。无《ナシ》レ咎《トガ》。○象傳曰《シヤウデンニイハク》。噬《カミ》レ膚《ハダイヲ》 滅《ヤブルハ》レ鼻《ハナヲ》。乘《ノル》レ剛《ガウニ》 也。

此爻《このかうくみ》與し易《やす》い者《もの》と侮《あなど》り、却《かへ》つて害《がい》を受《う》くるの時《とき》とする。又己《またおの》れが力《ちから》を用《もち》ひずして、利《り》を博《はく》せんと欲《ほつ》し、却《かへ》つて資本《しほん》を失《うしな》ふの象《かたち》。△軟《やわらか》き肉《にく》の噬《か》み易《やす》きが如《ごと》く、力《ちから》を用《ひち》ひずして事成《ことな》るの象《かたら》。

六三。噬《カミ》ニ腊《セキ》 肉《ニクヲ》一遇《アフ》レ毒《ドクニ》。小《スコシク》 吝《リン》。无《ナシ》レ咎《トガ》。○象傳曰《シヤウデンニイハク》。遇《アフハ》レ毒《ドクニ》。位《クラキ》 不《ザル》レ當《アタラ》 也。

我度量《わがどりやう》に過《す》ぎたる事業《じげふ》を創《はじ》め、一擧《きよ》に大利《たいり》を博《はく》さんとして却《かへつ》て爲《た》めに財産《ざいさん》を失《うしな》ふの時《とき》とする。又讒毒《またざんどく》に遇《あ》ふの時《とき》とする。好味《かうみ》を貪《むさぼ》りて毒《どく》に中《あた》るの時《とき》とする。陰柔不中正《いんじうふちうせい》、人《ひと》を治《おさ》めて人服《ひとふく》せず。即《すなは》ち噬ニ腊肉一遇レ毒の象《かたち》。

九四。噬《カミテ》ニ乾《カン》胏《シヲ》一得《ウ》ニ金《キン》矢《シヲ》一。利《ヨロシ》ニ艱《カン》貞《テイニ》一。吉《キツ》。○象傳曰《シヤウデンニイハク》。利《ヨロシ》ニ艱《カン》貞《テイニ》一。吉《キツハ》。未《イマダザル》レ光《ヒカラ》也。

己《おの》れを以《もつ》て己《おの》れを妨《さまた》げ、身《み》を以《もつ》て身《み》を助《たす》け、一身《しん》の通塞《つうさい》唯《たゞ》一心《しん》の艱《なや》みに在《あ》るものとする。眞正《しんせい》の男子《だんし》宜《よろ》しく當《まさ》に剛毅《がうき》の志《こゝろざし》を立《た》てよ。或人《あるひと》の歌《うた》に『思《おも》ひ立《た》つ志《こゝろ》だに撓《たゆ》まずば、龍《りう》の腮《あぎと》の玉《たま》も取《と》るべし。』と。△上下《しやうか》能《よ》く合《あ》ふ、勉強《べんきやう》して功業《こうげふ》必《かなら》ず成《な》る。

六五。噬《ガミ》ニ乾《カン》肉《ニクヲ》一得《ウ》ニ黄金《クワウキンヲ》一。貞《タヾシケレドモ》厲《アヤウシ》。无《ナシ》レ咎《トガ》。○象傳曰《シヨウデンニイハク》。貞厲无レ咎《タヾシケレドモアヤウシナキハトガ》。得《ウル》レ當《アタルヲ》也。

我《われ》もと明智《めいち》、加《くは》ふるに剛毅《がうき》にして險難《けんなん》を避《さ》けざるの人《ひと》の助《たすけ》を得《え》。奏《そう》すべからざるの事功《ことこう》を容易《ようい》に奏《そう》するの時《とき》とする。△柔順《じうじゆん》にして尊位《そんゐ》に居《を》り、刑《けい》を用《もち》ふ、人服《ひとふく》さない事《こと》はない。

上九《ジヤウキウ》。何《ニナフテ》レ校《カウヲ》滅《ヤブル》レ耳《ミヽヲ》。凶《キヨウ》。○象傳曰《シヤウデンニイハク》。何《ニナフテ》レ校《カウヲ》滅《ヤブルハ》レ耳《ミヽヲ》。聰《ソウ》不《ザル》レ明《アキラカナラ》也。

一歩《ほ》を過《あやま》つて千里《せんり》の差《さ》を生《しやう》ずるの時《とき》とする。一念《ねん》の不善《ふぜん》を改《あらた》めずして、覺《おぼ》へず大惡《だいあく》に陷《おちい》らんとす。宜《よろ》しく人《ひと》の諫《いさ》めを聽《き》き、方向《はうかう》を過《あやま》つなく、改心《かいしん》して善《ぜん》に遷《うつ》らんことを要《えう》する。△相鬪《あひたゝかつ》て倶《とも》に死《し》を取《と》るの象《かたち》。△刑《けい》を受《う》くる者《もの》とす。△惡極《あくきは》まり、罪大々《つみだい〳〵》、凶《きよう》の道《みち》である。

䷕（離下艮上）山《サン》火《クワ》賁《ヒ》

賁《ヒ》亨《トホル》。小《セウ》利《ヨロシ》レ有《アル》レ攸《トコロ》レ往《ユク》。○彖傳曰《タンデンニイハク》。賁《ヒ》亨《トホル》。柔《ジウ》來《キタリテ》而文《カザル》レ剛《ガウヲ》。故《ユヱニ》亨《トホル》。分《ワカチ》レ剛《ガウヲ》上《ノボリテ》而文《カザル》レ柔《ジウヲ》。故《ユヱニ》小《セウ》利《ヨロシ》レ有《アル》レ攸《トコロ》レ往《ユク》。天文《テンブン》也。文明《ブンメイニシテ》以止《トヾマル》。人文《ジンブン》也。觀《ミテ》二乎天《テン》文《ブンヲ》一以《モツテ》察《サツシ》二時變《ジヘンヲ》一。觀《ミテ》二乎人文《ジンブンヲ》一以《モツテ》化二成《クワセイス》天下《テンクワヲ》一。○大象曰《タイシヤウニイハク》。山下《サンカニ》有《アルハ》レ火《ヒ》賁《ヒ》。君子《クンシ》以《モツテ》明《アキラカニシ》二庶政《シヨセイヲ》一。无《ナシ》二敢《アヘテ》折《サダムル》一レ獄《ウツタイヲ》。

人《ひと》と接《せつ》するに體裁《ていさい》を飾《かざ》りて親睦《しんぼく》し爲《た》めに事通《ことつう》ずるの時《とき》とする。又《また》我《わ》れ人《ひと》の爲《た》めにする事《こと》あれば、人《ひと》亦《また》我《われ》の爲《た》めにすることありて、自他《じた》互《たがひ》に益《えき》あるの時《とき》とする。又此卦中《またこのくわちう》女少男《ぢよせうたん》を見《み》る華粧美飾《つくりびしよく》して、其年《そのとし》の長《ちやう》ぜるを掩《おほ》はんとする象《かたち》。

初九《シヨ》。賁《カザル》ニ其《ソノ》趾《アシヲ》一舍《ステ》レ車《クルマヲ》而徒《カチヨリス》。○象傳曰《シヤウデンニイハク》。舍《ステ》レ車《クルマヲ》而徒《カチヨリス》義《ギ》不《ザル》レ乘《ノラ》也。

剛正明良《がうせいめいりやう》なる賢士《けんし》の未《いま》だ出世《しゆつせ》の手掛《てが》りを得《え》ずして、野處《やしよ》する象《かたち》あり。故《ゆゑ》に車《くるま》に乘《の》らず徒歩《とほ》して自《みづか》ら其勞《そのらう》に服《ふく》する也《なり》。名譽《めいよ》を願《ねが》はずして舊業《きうげふ》に安《やす》んじよ。福運未《ふくうんいま》だ至《いた》らざるの時《とき》とする。△權門《けんもん》の家甚《いへはなは》だ威權《ゐけん》ありて、内心安《ないしんやす》からず、仕《つかへ》を致《いた》して官《くわん》を辭《じ》するの望《のぞみ》あり。△車《くるま》に乘《の》らず徒歩《とほ》して其篤行《そのとくかう》を賁《かざ》る。

六二。賁《カザル》ニ其《ソノ》須《ヒゲヲ》一。○象傳曰《シヤウデンニイハク》。賁《カザル》ニ其《ソノ》須《ヒゲヲ》一。與《トモニ》レ上《カミト》興《オコル》也。

須《ひげ》を賁《かざ》り體裁《ていさい》を繕《つくろ》ひ、上位《じやうゐ》の人《ひと》と交際《かうさい》して、智識《ちしき》を進《す》め、以《もつ》て身《み》を立《た》てんとするの意《い》。蓋《けだ》し頂《いたゞき》の髮《かみ》ある、皆自然《みなしぜん》の文《かざり》にして、人爲假借《じんゐかしやく》の飾《かざり》ではない。之《これ》を賁《かざ》る亦咎《またとが》とするに足《た》らない。智識《ちしき》を進《す》め、交際其人《かうさいそのひと》を得《え》ば、事成《ことな》るの占《せん》。△須《ひげ》を生《しやう》じて面《めん》を賁《かざ》る唯《たゞ》人《ひと》に從《したが》ふの象《かたち》。

九三。賁《ヒ》如《ヂヨ》濡《ジユ》如《ヂヨ》永貞吉《エイテイニシテキツ》。○象傳曰《シヤウデンニイハク》。永《エイ》貞《テイ》之《ノ》吉終莫《キツハツヒニナシ》之《コレナ》凌《シノグ》也。

剛《がう》の不中正《ふちうせい》、時《とき》を得《え》て上下《しやうか》の陰《いん》に飾《かざ》る、銅錢《どうせん》にして鍍金《ときん》を得《え》たるが如《ごと》くである。然《しか》れども、長《なが》く其徳《そのとく》を守《まも》りて諸物《しよぶつ》の爲《た》めに、陷溺《かんじやく》せざれば吉《きち》にして、其地位《そのちゐ》を失《うしな》はざることを得《う》。此時《このとき》に當《あた》り、賁《ひ》の驕奢《きやうしや》を省《はぶ》き、永《なが》く貞固《ていこ》の道《みち》を守《まも》らば、吉《きち》の占《せん》。△高尙《かうしやう》の言《げん》あるも、確《かく》たる志《こゝろ》なし。△溫和《おんわ》以《もつ》て通《つう》ずるの象《かたち》。

六四。賁《ヒ》如《ヂヨ》。皤《ヘン》如《ヂヨ》。白《ハク》馬《バ》翰《カン》如《ヂヨ》。匪寇婚媾《アラズアタスルニコンコウセントヘ》。○象傳曰《シヤウデンニイハク》。六四《ロクシ》當《タウ》位《ヰ》疑也匪《ウタガハシキナリズ》寇婚媾終《ハツヒニ》无《ナシ》尤《トガ》也。

目下《めした》の我陰《われいん》にして、高位《かうゐ》なるを羨《うらや》み、其同例《そのどうれい》たらんことを、欲《ほつ》して婚媾《こしこう》を望《のぞ》む者《もの》あり、これ我《わ》れに寇《あだ》する者《もの》ではないから、其望《そののぞみ》の如《ごと》く婚媾《こんこう》を許《ゆる》さば、終《つひ》に咎《とが》なきの占《せん》。△四と初《しよ》と相賁《あひかざ》る、志通《こゝろつう》ずるの象《かたち》。

六五。賁《カザル》于丘《キウ》園《エンヲ》束《トウ》帛《ハク》戔戔《サンサンタリ》吝終吉《ヤブサカナレドモツヒニキツ》。○象傳曰《シヤウデンニイハク》。六五吉《キツ》有《アル》喜《ヨロコビ》也。

衣食住皆節儉《いしよくぢうみなせつけん》を施《ほどこ》すの時《とき》である。又人《またひと》と交際《かうさい》するに虛飾《きよしよく》を用《もち》ひずして、誠實《せいじつ》を以《もつ》てせよ。君《きみ》には稼穡《かしよく》の艱難《こんなん》を知《し》り、小人《せうじん》の依《よ》ることを知《し》る。王業《わうげふ》の根本《こんぽん》、總《すべ》て此《こゝ》に在《あ》る。一家《か》を維持《ゐぢ》するの術《じゆつ》も亦此《またこゝ》にある。これ本《もと》を固《かた》くするの術《じゆつ》昴《つと》めねばならぬ。

上九《ジヤウキウ》。白賁《シロクカザル》无《ナシ》レ咎《トガ》。○象傳《シヤウデンニイハク》曰。白賁《シロカザル》无《ナシ》レ咎《トガ》。上《カミ》得《ウル》レ志《ココロザシヲ》也。

艮《こん》の篤實《とくじつ》に則《のつと》り、外誘《ぐわいいう》の私心《ししん》を去《さ》つて本然《ほんぜん》の善《ぜん》を行《おこな》へば、思慮《しりよ》を費《つひや》さずして、自《みづか》ら國治《くにおさま》り家齊《いへとゝな》ふ。蓋《けだ》し人《ひと》、文化《ぶんくわ》の時《とき》に在《あ》つては、自《みづか》ら華靡《くわび》に流《なが》れ易《やす》い。論語《ろんご》に禮與《レイヨリ》二其《ソノ》奢《オゴランヨリ》一寧《ムシロ》儉《ケンセヨ》とある。故《ゆゑ》に此爻《このかう》才智《さいち》を用《もち》ひずして、篤行《とくかう》を守《まも》るべきの時《とき》とする。

䷖（坤下艮上）山《サン》地《チ》剝《ハク》

剝《ハク》。不《ズ》レ利《ヨロシカラ》レ有《アル》レ攸《トコロ》レ往《ユク》。○彖傳《タンデンニイハク》曰。剝《ハク》剝《ハク》也。柔《ジウ》變《ヘンズル》レ剛《ガウヲ》也。不《カラザル》レ利《ヨロシ》レ有《アル》レ攸《トコロ》レ往《ユク》。小人《セウジン》長《チヤウズル》也。順《ジユンニシテ》而止《トヤム》レ之《コレヲ》觀《ミル》レ象《シヤウヲ》也。君子《クンシ》尚《タツトブ》二消息《セウソク》盈虛《エイキヨヲ》一天行《テンノオコナヒ》也。○大象《タイシヤウニイハク》曰。山《ヤマ》附《ツク》レ於《ニ》地《チ》剝《ハク》。上以《カミモツテ》厚《アツクシ》レ下《シモヲ》安《ヤスンズ》レ宅《タクヲ》。

小人《せうじん》增長《ぞうちやう》して君子《くんし》困迫《こんはく》するの時《とき》とする。又《また》一の碩果《せきくわ》を保護《ほご》して、人《ひと》に食《く》はるゝ事《こと》を爲《な》すな。國家《こくか》の興廢《こうはい》は陰陽消長《いんやうせうちやう》の數《すう》であつて、天理《てんり》の然《しか》らしむる所《ところ》なりと雖《いへど》も、人事《じんじ》を盡《つく》して天命《てんめい》を待《ま》つは、君子《くんし》の用心《ようじん》である。宜《よろ》しく碩果不レ食の手段《しゆだん》を求《もと》めよ。若《も》し然《しか》らざる時《とき》は遂《つひ》に云《い》ふべからざるの慘狀《ざんじやう》を見《み》るに至《いた》る。△首《くび》を墮《おと》すの象《かたち》。△上《あが》りつめて落《お》つるの象《かたち》。△災害《さいがい》の身《み》に迫《せま》ること初爻《しよかう》より漸々《だん〳〵》に剝盡《はぎつく》して牀《とこ》を下《お》るの理《り》。△奸邪《かんじや》正道《せいだう》を侵《おか》すの象《かたち》。

初六《シヨ》。剝《オトスニ》レ牀《シヤウヲ》以《モツテス》レ足《アシヲ》。蔑《ホロボセバ》レ貞《テイヲ》凶《キヨウ》。○象傳曰《シヤウデンニイハク》。剝《オトスハ》レ牀《シヤウヲ》以《モツテス》レ足《アシヲ》。以《モツテ》レ滅《メツスルヲ》レ下《シモヨリ》也。

目今大《もくこんだい》なる壞《やぶ》れなしと雖《いへど》も、漸《やうや》く進《すゝ》むの時《とき》である。早《はや》く之《これ》が豫防《よばう》を爲《な》さざるべからず。固執《こしつ》して變《へん》を知《し》らざれば、凶《きよう》の占《せん》とす。蔑《べつ》は滅《ほろぼす》なり、剝《は》ぐこと下《しも》よりするの象《かたち》。△善政《ぜんせい》を行《おこな》ふと雖《いへど》も誹謗《ひはう》すること流行《りうかう》するの象《かたち》。

六二。剝《オトスニ》レ牀《シヤウヲ》以《モツテス》レ辨《ベンヲ》。蔑《ホロボセバ》レ貞《テイヲ》凶《キヨウ》。○象傳曰《シウデンニイハク》。剝《オトス》レ牀《シヤウヲ》以《モツテス》レ辨《ベンヲ》。未《イマダ》《ザル》レ有《アラ》レ與《クミスル》也。

危《あやう》きを知《し》らずして安坐《あんざ》するの象《かたち》あり。機《き》を察《さつ》して早《はや》く身《み》の災《わざはひ》を避《さ》けよ。△蒙昧正《まうまいせい》を滅《ほろぼ》す、其凶《そのきようし》知るべし。△不軌《ふき》に與《くみ》せざるの象《かたち》。

六三。剝《オトス》レ之《コレヲ》无《ナシ》レ咎《トガ》。○象傳曰《シヤウデンニイハク》。剝《オトス》レ之《コレヲ》无《ナキハ》レ咎《トガ》失《ウシナフ》二上下《シヤウカヲ》一也。

心《こゝろ》を正《たゞ》しくし、行《おこなひ》を篤《あつ》くせよ、然《しか》らざる時《とき》は意外《いぐわい》の禍《わざはひ》を受《う》くるの時《とき》とす。△乘陰《じようゐん》陽《やう》を剝《おと》す、六三獨《ひと》り上爻《じやうかう》に應《おう》ず、小人《せうじん》にして君子《くんし》あることを知《し》るの象《かたち》。

六四。剝《オトスニ》レ牀《シヤウヲ》以《モツテス》レ膚《ハダヘヲ》凶《キヨウ》。○象傳曰《シヤウデンニイハク》。剝《オトスニ》レ牀《シヤウヲ》以《モツテスル》レ膚《ハダヘヲ》切《セツ》二近《キンス》災《ワザハヒ》一也。

禍《わざはひ》已《すで》に其身《そのみ》に及《およ》ぶの時《とき》なれば、速《すみやか》に其方向《そのはうかう》を轉《てん》じて、禍《わざはひ》を避《さ》くるの處置《しよち》を爲《な》せ。然《しか》らざれば臍《ほぞ》を噬《か》むの悔《くひ》あり。△大氣《たいき》衣《きぬ》を剝《は》ぐの象《かたち》。△犯禁《はんきん》の意《い》あり。△災禍《さいくわ》に切近《せつきん》して、禍《わざはひ》其身《そのみ》に及《およ》ぶの象《かたち》。△火難《くわなん》に遇《あ》ふの象《かたち》。

六五。貫《ツラヌク》レ魚《ウヲヲ》以《モツテス》二宮人《キウジンノ》寵《チヨウヲ》一无《ナシ》レ不《ザル》レ利《ヨロシカラ》。○象傳曰《シヤウデンニイハク》。以《モツテス》二宮人《キウジンノ》寵《チヨウヲ》一終《ツヒニ》无《ナシ》レ尤《トガメ》也。

貴人《きじん》の寵《ちよう》を得《え》て僥倖《げうかう》するの時《とき》とす。國家《こくか》を以《もつ》て念《ねん》とする者《もの》、天下《てんか》の大事《だいじ》あるに當《あた》りて、婦女子《ふぢよし》の寵《ちよう》の如《ごと》きは、顧《かへりみ》るに遑《いとま》あらず。宜《よろ》しく三省《しやう》せよ。又婦女子《またふぢよし》柔和《にうわ》に過《す》ぎ、亭主《ていしゆ》の無頼《ぶらい》を放過《はうくわ》して、家產《かさん》を蕩盡《たうじゆん》するを知《し》らざるの象《かたち》。△碩果《せきくわ》の人《ひと》に食《く》はれずして、猶《な》は木杪《もくせう》に在《あ》るの象《かたち》。△男子《だんし》にして女子《ぢよし》に制《せい》せらるゝの意《い》。△宮人《きうじん》の中《うち》にして長《ちやう》となり。寵愛《ちようあい》を受《う》け、女權盛《ぢよけんさかん》なるの象《かたち》。△武士《ぶし》は劒《けん》、町人《ちやうにん》は棒《ぼう》、女《をんな》は針《はり》と云《い》ふ如《ごと》きの象《かたち》。

△色情《しきじやう》にて艱苦《かんく》するの象《かたち》。

上九《シヤウキウ》。碩《セキ》果《クワ》不《ズ》レ食《クラハレ》君《クン》子《シ》得《エ》レ與《ヨテ》小人《セウジン》剝《オトス》レ廬《ロテ》。○象傳《シヤウデンニ》曰《イハク》。君《クン》子《シ》得《ウルハ》レ與《ヨテ》民《ヨミ》所《トコロ》レ載《ノスル》也。小《セウ》人《ジン》剝《オトス》レ廬《ロテ》終《ツヒニ》不《ズ》レ可《ベカラ》レ用《モチユ》也。

一の碩果《せきくわ》を保護《ほご》して、人《ひと》に食《く》はるゝことを爲《な》す勿《なか》れ、國家《こくか》の興廢《こうはい》は、陰陽消長《いんやうせうちやう》の數《すう》にして、天理《てんり》の然《しか》らしむる所《ところ》なりと雖《いへど》も、人事《じんじ》を盡《つく》して天命《てんめい》を待《ま》つは、君子《くんし》の用心《ようじん》たり。宜《よろ》しく碩果不レ食の手段《しゆだん》を求《もと》めよ。若《も》し然《しか》らざる時《とき》は、遂《つひ》に云《い》ふべからざるの慘《さん》狀《じやう》を見《み》るに至《いた》る。豈《あ》に愼《つゝし》まざるべからず。△崩墜《ほうつい》の象《かたち》。△首《くび》を墮《おと》すの象《かたち》。△上《のぼ》りつめて落《おつ》るの象《かたち》。災害《さいがい》の身《み》に迫《せま》ること、初爻《しよかう》より漸々《だん〳〵》に剝盡《はぎつく》して、牀《しやう》を下《くだ》るの理《り》。△行《ゆ》き止《とま》るの理《り》。△奸邪正道《かんじやせいだう》を侵《をか》すの象《かたち》。

䷗（震下坤上）地《チ》雷《ライ》復《フク》

復《フクハ》亨《トホル》。出入《シユツニフ》无《ナク》レ疾《ヤマヒ》。朋《トモ》來《キタルニ》无《ナシ》レ咎《トガ》。反復《ヘンプク》其道《ソノミチ》。七日《シツニツニシテ》來復《ライフクス》。利《ヨロシ》レ有《アルニ》レ攸《トコロ》レ往《ユク》。○彖傳《タンデン》曰《イハク》。復《フクハ》亨《トホル》。剛《ガウ》反《カヘルナリ》。動《ウゴイテ》而以順行《ジユンカウス》。是以《コレヲモツテ》出入《シユツニウ》无《ナシ》レ咎《トガ》。明《トモ》來《キタルニ》无《ナシ》レ咎《トガ》。反復《ハンプク》其道《ソノミチ》。七《シツ》日《ニツニシテ》來復《ライフクスレバ》。天行《テンカウ》也。利《ヨロシキハ》レ有《アルニ》レ攸《トコロ》レ往《ユク》。剛長《ガウチヤウズル》也。復《フクハ》其《ソノ》見《ミル》二天地《テンチ》之《ノ》心《ココロ》一乎。○大象《タイシヤウニ》曰《イハク》。雷《ライ》在《アルハ》二地中《チチウニ》一復《フク》。先王《センワウ》以《モツテ》至日《シジツ》閉《トヂ》レ關《クワンヲ》。商旅《シヤウリヨ》不《ズ》レ行《ユカ》。后《キミ》不《ズ》レ省《ミ》レ方《ハウヲ》。

漸《やうや》く盛運《せいうん》に向《むか》ふの時《とき》とする。然《しか》れども五陰中僅《いんちうわづ》かに一の陽爻《やうかう》あるのみであるから、其勢猶微《そのいきほひなほび》である。故《ゆゑ》に運氣《うんき》の發達《はつたつ》するを考《かんが》へ、順《じゆん》を以《もつ》て事《こと》を行《おこな》へ。先《ま》づ小《せう》より大《だい》に及《およ》ぼすの手段《しゆだん》を爲《な》し、速《すみやか》に大事《だいじ》を成《な》さんことを望《のぞ》んではならぬ。又復《またふく》は善《ぜん》の本《もと》、朋來《ともきた》るの卦《くわ》である。善事《ぜんじ》を行《おこな》へば人《ひと》の爲《た》めに益《えき》を受《う》け、且《か》つ名譽《めいよ》を得《う》るの象《かたち》とする。

△事《こと》あるも障《さは》りなくして思《おも》ふこと亨《とほ》り、朋來《ともきた》りて助《たす》けを爲《な》す。譬《たと》へば多《おほ》くの人《ひと》の其道《そのみち》を反覆《はんぷく》して、往來《わうらい》するが如《ごと》くである。故《ゆゑ》に氣《き》に合《あ》はない事《こと》があつても、七日《なぬか》忍耐《にんたい》する時《とき》は、虞《はか》らざる獲物《えもの》來《きた》りて、損《そん》した事《こと》も復《かへ》りて進《すゝ》み、是《こ》れより盛《さかん》になるの象《かたち》。

初九《シヨキウ》。不《ズシテ》レ遠《トホカラ》復《カヘル》。无《ナシ》レ祗《イタル》レ悔《クイニ》。元吉《ゲンキツ》。○象傳《シヤウデンニ》曰《イハク》。不《ザル》レ遠《トホカラ》之《ノ》復《カヘル》。以《モツテ》レ修《ヲサムル》レ身《ミヲ》也。

善《ぜん》を行《おこな》ふに勇《ゆう》にして、日《ひ》に我身《わがみ》を三省《さんしやう》せよ、又徐々《またじよ〳〵》事《こと》を起《おこ》さば、意外《いぐわい》に大事《だいじ》を遂《と》ぐるの時《とき》とする。△能《よ》く善《ぜん》に復《ふく》す、悔《くひ》に祇《いた》らず、大善《だいぜん》にして吉《きち》の道《みち》である。△智識高《ちしきたか》き人《ひと》に従《したが》ふの象《かたち》。

六二。休《ヨク》復《カヘル》吉《キツ》。○象傳曰《シヤウデンニイハク》。休《ヨク》復《カヘル》之《ノ》吉《キツ》以《モツテ》レ下《クダルヲ》レ仁《ジンニ》也。

直諒多聞《ちよくりやうたもん》の士《し》を友《とも》として、我《わ》が過《あやまち》を開《ひら》き、賢《けん》に親《したし》みて、進益《しんえき》を圖《はか》れ。又盛運《またせいうん》なる人《ひと》と、協同《けうどう》して事《こと》を行《おこな》ふや、幸福《かうふく》を受《う》くるの時《とき》とする。△智識高《ちしきたか》き人《ひと》に須《したが》ふ吉《きち》なる所《ゆ》以《えん》である、此爻變《このかうへん》ずれば臨《りん》と爲《な》る。臨《りん》は上《かみ》を以《もつ》て下《しも》に臨《のぞ》む、これ亦仁《またじん》に下《くだ》るの謂《いひ》である。

六三。頻《シキリニ》復《カヘル》。厲《アヤウケレドモ》无《ナシ》レ咎《トガ》。○象傳曰《シヤウデンニイハク》頻《シキリニ》復《カヘル》之《ノ》厲《アヤウキハ》。義《ギ》无《ナシ》レ咎《トガ》也。

我《わ》が運勢《うんせい》の傾《かたむ》きたるを知《し》らないで、屢々事《しばしばこと》を起《おこ》し而《しか》して屢々失敗《しばしばしつはい》す。益々勞《ますますらう》して益《ます》益益《ますえき》がない。然《しか》れども其破産《そのはさん》の甚《はなはだ》しきに至《いた》らざる者《もの》は幸《さいはひ》であつて、其失策《そのしつさく》なるを覺《さと》り、能《よ》く改《あらた》むるに依《よ》つてゞある。夫《そ》れ運《うん》の盛衰《せいすゐ》は天《てん》の數《すう》より出《い》で、免《まぬが》る可《べか》らざる者《もの》である。盛運《せいうん》の時《とき》は、舟《ふね》を上流《じやうりう》に放《はな》ちて、順風《じゆんぷう》に帆《ほ》を揚《あ》ぐるが如《ごと》くである。勞《らう》せずして其功《そのかう》を取《と》る。衰運《すゐうん》に在《あつ》ては、則《すなは》ち否《しか》らず、舟《ふね》を逆風《ぎやくふう》に浮《うか》べて、上流《じやうりう》に溯《さかのぼ》るが如《ごと》くである。勞《らう》して功《こう》なきのみならず。爲《た》めに損傷《そんしやう》を受《う》けない幾《ほと》んど希《まれ》である。商人《しやうにん》の如《ごと》きは、機變活潑《きへんくわつはつ》の要衝《えうしよう》に立《た》つ者《もの》である。尤《もつと》も運《うん》の盛衰《せいすゐ》に注意《ちうい》せよ。

六四。中《チウ》行《カウ》獨《ヒトリ》復《カール》。○象傳《シヤウデンニ》曰《イハク》。中《チウ》行《カウ》獨《ヒトリ》復《カヘルハ》。以《モッテ》レ従《シタガフヲ》レ道《ミチニ》レ也。

陰《いんく》にして陰《いん》に居《を》る。柔順《じうじゆん》なる人世《じんせい》の大人《たいじん》の言行《げんかう》に感發《かんはつ》するの象《かたち》がある。常《つね》に交《まじは》る所《ところ》の者《もの》は小人《せうじん》の群《ぐん》なりと雖《いへど》も志操《しさう》の傑秀《けつしう》、恰《あだか》も泥中《でいちう》の蓮《はちす》の如《ごと》くである。操行《さうかう》此《かく》の如《ごと》し、後《のち》必《かなら》ず盛運《せいうん》に至《いた》る。△其類《そのるゐ》に従《したが》はず、獨復と云《い》ふ、陽氣《やうき》甚《はなは》だ微《び》にして、未《いま》だ爲《な》すことあるに足《た》らないから故《ゆゑ》に吉《きら》を云《い》はない。

六五。敦《アツシ》レ復《カヘルニ》无《ナシ》レ悔《クイ》。○象傳《シヤウデンニ》曰《イハク》。敦《アツシ》レ復《カヘルニ》无《ナシ》レ悔《クイ》。中《チウ》以《モッテ》自考《ミヅカラナス》也。

此爻《このかう》誠《せい》必《しん》自《おのづか》ら發《はつ》して、大善《だいぜん》を行《おこな》へ。其徳《そのとく》あるが爲《た》めに、神《かみ》の靈護《れいご》を得《え》て、幸福《かうふく》並《なら》び至《いた》るの時《とき》とする。復《ふく》に敦《あつ》きは徳《とく》を養《やしな》ふのである。

上六。迷《マヨウ》レ復《カヘルニ》。凶《キヨウ》。有《アリ》二災《サイ》眚《セイ》一。用《モチヒテ》行《ヤレバ》レ師《シ》終《ツヒニ》有《アリ》二大《タイ》敗《ハイ》一。以《ト》二其《ソノ》國《コク》君《クン》一凶《キヨウ》。至《イタリ》レ于《ニ》二十年《ネン》一不《ハズ》レ克《アタハ》レ征《セイスル》。○象傳《シヤウデンニ》曰《イハク》。迷《マヨフ》レ復《カヘルニ》之《ノ》凶《ヨヨウハ》。反《ハンス》二君《クン》道《ダウニ》一也。

道徳《だうとく》の何物《なにもの》たるを知《し》らず、賢者《けんしや》の諫《いさめ》を用《もち》ひず、神明《しんめい》の威靈《ゐれい》を畏《おそ》れず、己《おのれ》の私心《ししん》を行《おこな》ひて、自《みづか》ら顧《かへり》みざる者《もの》、其災眚《そのさいせい》の來《きた》るに及《およ》び、天《てん》に號哭《がうこく》すと雖《いへど》も、已《すで》に天《てん》に得《え》たる者《もの》にして、禱《いの》るも亦益《またえき》がないのである。復《かへ》るに迷《まよ》ふの人《ひと》、宜《よろ》しく改心《かいしん》して愼《つゝし》め。△終《つひ》に迷《まよ》ふて復《かへ》らざるの象《かたち》。△凶《きよう》の道《みち》である。終《つひ》に行《おこな》ふ事能《ことあた》はず。位高《くらゐたか》く仁《じん》に下《くだ》るの美《び》がない。過《あやまち》を改《あらた》むるの勇《ゆう》がない。昏迷《こんめい》して復《かへ》るを知《し》らない。

☰☳（震下乾上）天《テン》雷《ライ》无《ム》妄《バウ》

无妄《ムバウ》元亨利レ貞《ゲンカウヨロシテイニ》。其《ソレ》匪レ正《アラザレバセイニ》有レ眚《アリワザハヒ》。不レ利《ズヨロシカラ》有レ攸《アルニトコロ》往《ユク》。○彖傳《タンデン》曰《ニイハク》。无妄《ムバウ》剛《ガウ》自レ外《ヨリホカ》來《キタツテ》。而爲レ主《ナリシユト》於レ内《ウチニ》。動《ウゴキテ》而健《ケン》。剛《カウ》中《チウニシテ》而應《オウズ》。大亨《オホイニトホル》以レ正《モツテタヾシ》。天之命《テンノメイ》也《ナリ》。其《ソレ》匪レ正《アラザレバセイニ》有レ眚《アリワザハヒ》。不レ利《ズヨロシカラ》有レ攸《アルトニロ》往《ユク》。无妄之往《ムバウノユクハ》何之《イヅクニユカン》矣。天命《テンメイ》不レ祐《ズタスケ》。行《ユカンヤ》矣哉。○大象《タイシヤウ》曰《ニイハク》。天下《テンカニ》雷行《ライユキ》。物《モノゴトニ》與二无妄一《アタフムバウヲ》。先王《センワウ》以《モツテ》茂《サカンニ》對レ時《タイシテトキニ》育二萬物一《ヤシナフバンモツヲ》。

此卦《このくわ》百事望《じのぞみ》を達《たつ》する所《ところ》なきの時《とき》とする。深《ふか》く愼《つゝし》んで、恭順《きようじゆん》にして无妄《むはう》の時《とき》の移《うつ》り易《かは》るを待《ま》て、若《も》し此時《このとき》を犯《おか》し、濫《みだ》りに進《すゝ》んで事《こと》を爲《な》さんとする時《とき》は、天災人眚並《てんさいじんせいなら》び起《おこ》る、大凶《だいきよう》の卦《くわ》である。其身《そのみ》正《たゞ》しと雖《いへど》も、意外《いぐわい》の災《わざはひ》を受《う》ける。古語《ここ》に神福レ善禍レ悪と、これ道徳《だうとく》の一方《はう》より勸善懲悪《くわんぜんちようあく》の爲《た》めに、其大數《そのだいすう》を述《の》べたに過《す》ぎない。今此卦《いまこのくわ》善人にして、而《しか》して其事正《そのことたゞ》しと雖《いへど》も、逆《さか》ひて動《うご》けば必《かなら》ず禍《わざはひ》を受《う》ける。只愼《たゞつゝし》みて无妄《むばう》の時《とき》の移《うつ》り易《かは》るを待《ま》つより外《ほか》に好手段《かうしゆだん》はない。

六九。无《ム》妄《バウ》往《ユケバ》吉《キツ》。○象傳《シヤウデン》曰《ニイハク》。无《ム》妄《バウ》之《ノ》往《ユクハ》得《ウル》レ志《コヽロザシヲ》也。

一の誠心《せいしん》を以《もつ》て人《ひと》に接《せつ》す、所謂眞實无妄《いはゆるしんじつむばう》である。然《しか》る時《とき》は吉《きち》を得《う》る。若《も》し聊《いさゝか》たりとも不正不義《ふせいふぎ》の念《ねん》を挾《はさ》む時《とき》は災害《さいがい》あるの時《とき》とする。

六二。不《ズシテ》レ耕《タガヤサ》穫《カリ》。不《ズシテ》レ菑《アラキハリセ》畬《コナタツクル》。則《スナハチ》利《ヨロシ》レ有《アル》レ攸《トコロ》レ往《ユク》。○象《シヤウ》傳《デン》曰《ニイハク》。不《ズシテ》レ耕《タガヤサ》穫《カルハ》。未《イマダ》レ富《トマザル》也。

此爻所謂《このかういはゆる》弱《じやく》の肉《にく》は强《きやう》の食《しよく》と云《い》ふが如《ごと》く、身《み》に道理《だうり》あるも、權利《けんり》ある者《もの》の奴隷《どれい》たるの時《とき》であつて、威權强《ゐけんつよ》き者《もの》の爲《た》めに横奪《おうだつ》を受《う》け、或《あるひ》は小國《せうこく》にして大國《だいこく》の爲《た》めに、其地《そのち》を呑食《どんしよく》せらるゝの時《とき》とする。人能《ひとよ》く此際《このさい》に處《しよ》して、狼狽蹉跌《らうはいさてつ》、薪《たきゞ》を荷《にな》ふて、火《ひ》に赴《おもむ》くが如《ごと》きことなからんを要《えう》する。

六三。无《ム》妄《バウ》之《ノ》災《ワザハヒ》。或《アルヒハ》繋《ツナグ》二之《コレガ》牛《ウシヲ》一。行《カウ》人《ジン》之《ノ》得《ウルハ》。邑《イウ》人《ジン》之《ノ》災《ワザハヒ》。○象傳《シヤウデン》曰《ニイハク》。行《カウ》人《ジンノ》得《ウルハ》レ牛《ウシヲ》邑《イウ》人《ジンノ》災《ワザハヒ》也。

此爻《このかう》我《わ》が女《むすめ》を他《た》人《にん》に奪《うば》ひ去《さ》らるゝの時《とき》とする。牛《うし》は陰《いん》に屬《ぞく》し、我《わ》が使《し》役《えき》する處《ところ》のものである。又他《またた》人《にん》の愛女其居所《あいぢよそのきよしよ》の知《し》れない爲《た》めに我《わ》れ之《これ》を隱蔽《いんぺい》したとの疑《うたがひ》を受《う》くることがある。又此時《またこのとき》に在《あつ》て、其難《そのなん》を遁《のがれ》んとすれば、却《かへ》つて其難《そのなん》を增《ま》すべきを以《もつ》て、自《じ》然《ぜん》に難《なん》の解《と》くるを待《ま》て、△喧嘩騷擾生《けんくわさうぜうせい》を失《うしな》ふの災《わざはひ》、圖《はか》らずして至《いた》ることあるの象《かたち》。

九四。可《ベシ》レ貞《テイス》。无《ナシ》レ咎《トガ》。○象傳《シヤウデン》曰《ニイハク》。可《ベシ》レ貞《テイス》失《ナキハ》レ咎《トガ》固《カタク》有《イウスル》レ之《コレヲ》也。

此爻事《このかうこと》を爲《な》すに用《もち》ゆるな。陽《やう》にして應《おう》なし。詮《せん》なきことを企《くわだ》て、剛陽《がうやう》の位置《ゐち》を失《うしな》ふな。又常業《またじやうげふ》を守《まも》り。他《た》人《にん》の福利《ふくり》を羨《うらや》んではならぬ。无妄《むはう》の時移《ときうつ》るを待《ま》て。無事是貴人と稱《しよう》するの時《とき》である。人固《ひとこ》守《しゆ》して咎《とが》なきの象《かたち》。爲《な》すことあるべからざるの占《せん》。△舊《きう》を守《まも》り常《つね》に安《やす》んずれば吉《きち》。

九五。无《ム》妄《バウ》之《ノ》疾《ヤマヒ》。勿《ナクシテ》レ藥《クスリスル》有《アリ》レ喜《ヨロコビ》。○象傳《シヤウデン》曰《ニイハク》。无《ム》妄《バウ》之《ノ》藥《クスリハ》。不《ズ》レ可《ベカラ》レ試《コヽロム》也。

非常《ひじやう》なる時《とき》に遭遇《さうぐう》するも、勞擾《らうぜう》を爲《な》すこと勿《なか》れ。久《ひさ》しからずして自《おのづか》ら定《さだま》るの時《とき》があ
る。是《こ》れ无妄之藥不レ可レ試也と云《い》ふの意《い》である。△乾剛中正《けんがうちうせい》にして尊位《そんゐ》に居《を》り、二爻《かう》
の應《おう》も亦中正《またちうせい》にして无妄《むはう》の至《いた》りである。△意《おも》はない疑疾《ぎしつ》を受《う》け、心中《しんちう》聊《いさゝか》も耻《はづ》る處《ところ》な
きの象《かたち》。△意外《いぐわい》の心勞起《しんらうおこ》ると雖《いへど》も自《おのづか》ら消滅《せうめつ》するの象《かたち》。

上九《ジヤウキウ》。无《ム》妄《バウ》行《ユケバ》有《アリ》レ眚《ワザハヒ》。无《ナシ》レ攸《トコロ》レ往《ユク》。○象傳曰《シヤウデンニイハク》。无《ム》妄《バウ》之《ノ》行《ユクハ》。窮之災《キハマルノワザハヒ》也。

此爻己《このかうおの》れの計畫《けいくわく》したる所《ところ》のもの、已《すで》に大《おほい》に過《あやま》ちて、其破壞近《そのはくわいちか》きに在《あ》り、天災人眚並《てんさいじんせいなら》
び至《いた》る。只祖先《たゞそせん》の靈《れい》に祈《いの》り。其消除《そのせうぢよ》を請《か》ふの一事《じ》あるのみ。△惡人災《あくにんわざはひ》に誘《いざな》はんとす。
偶善來《たまぜんにんきた》りて、意外《いぐわい》に諫《いさ》むることあり。速《すみやか》に之《これ》に隨《したが》ふ。

䷙（乾上艮上）山《サン》天《テン》大《ダイ》畜《チク》

大畜《タイチク》利《ヨロシ》レ貞《テイニ》。不《ズ》二家食《カシヨクセ》一吉《キツ》。利《ヨロシ》二渉《ワタルニ》大川《タイセン》一。○彖傳曰《タンデンニイハク》。大畜《ダイチク》剛《ガウ》健《ケン》篤《トク》實《ジツノ》輝《キ》光《クワウアリ》。日《ヒヾニ》新《アラタニス》二
其《ソノ》德《トクヲ》一。剛上《ガウカミニ》而尙《タツトビ》レ賢《ケンヲ》。能《ヨク》止《トヾムルハ》レ健《ケンヲ》大正《タイセイ》也。不《ズ》二家食《カシヨクセ》一吉《キツ》。養《ヤシナフ》レ賢《ケンヲ》也。利《ヨロシ》二渉《ワタル》大川《タイセンヲ》一。應《オウズル》レ乎レ天《テンニ》也。
○大象曰《タイシヤウニイハク》。天《テン》在《アルハ》二山中《サンチウニ》一大畜《タイチク》。君子《クンシ》以《モツテ》多《オホク》識《シリ》二前言《ゼンゲン》往行《ワウカウヲ》一。以《モツテ》畜《タクハフ》二其德《ソノトクヲ》一。

幾多《いくた》の艱難《かんなん》を經《へ》て事業亨通《じげふきやうつう》する意《い》。學事《がくじ》に長《ちやう》じ、經驗《けいけん》に富《と》み、多《おほ》く艱難《かんなん》を嘗《な》めたるの士《し》は、進退出身《しんたいしゆつしん》に宜《よろ》し。△禮《れい》を厚《あつ》くし恵《けい》を施《ほどこ》すに利《り》あり。△諸事畜《しよじとゞ》められざるやうに心《こゝろ》を用《もち》ふれば、意《い》の如《ごと》くして利《り》あり。

初九《シヨキウ》。有《アリ》レ厲《アヤウキ》 利《ヨロシ》レ已《ヤムニ》。○象傳曰《シヤウデンニイハク》。有《アリ》レ厲《アヤウキ》 利《ヨロシキハ》レ已《ヤムニ》 不《ザル》レ犯《ヲカサ》レ災《ワザハヒヲ》 也。

一學問《がくもん》を修《おさ》め得《え》て、凡《およ》そ天下《てんか》の事《こと》我《わ》れに於《おい》て爲《な》し難《がた》き事爲《ことな》しと自《みづか》ら信《しん》じて疑《うたが》はざるが如《ごと》し。是《こ》れ其《その》一を知《しつ》て未《いま》だ其《その》二を知《し》らず、恰《あだか》も馬車馬《ばしやうま》の前路《ぜんろ》の一方《ぱう》のみを見《み》て、左《さ》右《いう》を見《み》る能《あた》はざるが如《ごと》くである。社會無形《しやくわいむけい》の事物《じぶつ》に至《いた》つては、羊腸《やうちやう》の險路《けんろ》、山岳《さんがく》に在《あ》らずして、平地《へいち》に在《あ》ることが多《おほ》い。剛健《がうけん》の才《さい》能《よ》く事《こと》を成《な》し、亦《また》善《よ》く事《こと》を誤《あやま》る。其理《そのり》を知《しつ》て其勢《そのいきほひ》を知《し》らない者《もの》は必《かなら》ず敗《やぶ》る、此時《このとき》に於《おい》て決《けつ》して進《す》むではならない。必《かなら》ず人《ひと》に妨《さまた》げらるゝことがある。△乾《けん》の三陽艮《やうごん》の爲《た》めに止《とゞ》められ、而《しか》して此爻《このかう》六四の爲《た》めに止《とゞ》めらる故《ゆゑ》に往《ゆ》けば危《あやふ》きことがある。

九二。輿《クルマ》説《トク》レ輹《フクチ》。○象傳曰《シヤウデンニイハク》。輿《クルマ》説《トク》レ輹《フクチ》 中《チウ》 无《ナキ》レ尤《トガメ》 也。

我《わ》れ進《す》まんとすれば彼抑《かれおさ》ゆるの時《とき》であるから、寧《むし》ろ其用《そのよう》を已《や》めて閑歩逍遙《かんほせうえう》するの優《まさ》れるに若《し》くはない。△中《うち》に居《お》りて進《す》まず。車輹《しやふく》を脱去《だつきよ》して行《ゆ》かざるの象《かたち》。

九三。良馬《リヤウバ》逐《オフ》。利《ヨロシ》二艱《カン》貞《テイニ》一。日《ヒビニ》閑《ナラヘバ》二輿衛《ヨエイヲ》一。利《ヨロシ》レ有《アルニ》レ攸《トコロ》レ往《ユク》。○象傳《シヤウデンニイハク》曰。利《ヨロシ》レ有《アルニ》レ攸《トコロ》レ往《ユク》。上《カミ》合《アハス》レ志《コヽロザシヲ》也。

剛强《がうきやう》の才《さい》を恃《たの》み、進《す》むに急《きふ》にして、却《かへ》つて事《こと》を破《やぶ》るの意《い》がある。但艱難辛苦《たゞしかんなんしんく》を經《へ》て後其志願《のちそのしぐわん》を達《たつ》することを得《う》る。△官《くわん》を求《もと》め朝《てう》に立《た》つの象《かたち》。△任用《にんよう》せられて望《のぞみ》を遂《と》ぐる象《かたち》。△大志《たいし》を懷《いだ》くの意《い》がある。隱遁《いんとん》せず勉《つと》め嚴《きび》しくなる時《とき》は上《うへ》に用《もち》ひられ、大願成《だいぐわんじやう》就《じゆ》する。

六四。童牛《ドウギウ》之《ノ》牿《コク》。元吉《ゲンキツ》。○象傳《シヤウデンニイハク》曰。六四元吉《ゲンキツハ》。有《アリ》レ喜《ヨロコビ》也。

其身位《そのみくらゐ》と時《とき》とを得《え》たるが故《ゆゑ》に、如何《いか》なる人物《じんぶつ》と雖《いへど》も之《これ》を自由《じいう》にすること、恰《あたか》も童牛《どうぎう》に牿《こく》して、使役《しえき》し易《やす》きが如《ごと》くなるを得《え》、大《おほい》に吉《きつ》なるの時《とき》とする。△童牛《どうぎう》の如《ごと》く其《そ》の末《いま》だ角《つの》ならざるに防《ふせ》ぐ時《とき》は力《ちから》を爲《な》すこと易《やす》い、大善《だいぜん》の吉《きつ》。

六五。豶《フレ》豕《シ》之《ノ》牙《ガ》吉《キツ》。○象傳曰《シヤウデンニイハク》。六五之《ノ》吉《キツハ》。有《アル》レ慶《ヨロコビ》也。

地《ち》位《ゐ》最《もつと》も宜《よろ》しきが故《ゆゑ》に、剛健《がうけん》なる人物《じんぶつ》を使役《しえき》するに、豶豕《ふんし》を止《や》むるの易《やす》きが如《ごと》くであつて吉《きち》なるの時《とき》とする。△其勢《そのいきほひ》を豶去《ふんきよ》せば牙存《きばそん》すと雖《いへど》も剛躁《がうさう》自《おのづか》ら止《や》む。△天下《てんか》の惡《あく》は力《ちから》を以《もつ》て制《せい》すべからざるを知《し》れ。

上九《ジヤウキウ》。何《ニナフ》二天《テン》之《ノ》衢《クヲ》一。亨《トホル》。○象傳曰《シヤウデンニイハク》。何《ニナフ》二天《テン》之《ノ》衢《ヲ》一。道大行《ミチオホヒニオコナハル、》也。

昔《むかし》我《われ》壓制《あつせい》せられたるは、我《われ》未《いま》だ世事《せじ》に通《つう》ぜなかつたことを悟《さと》れ。今《いま》人君《じんくん》能《よ》く賢《けん》を尙《たつと》び、言路《げんろ》を開《ひら》き、衆議《しうぎ》を容《い》れ苟《いやしく》も國益《こくえき》あるべき事項《じかう》は之《これ》を決行《けつかう》して遲疑《ちぎ》することはない。恰《あだか》も天衢《てんく》の空濶《くうくわつ》なるが如《ごと》く、瑣々《さゝ》たる小事情《せうじじやう》の爲《た》めに妨《さまた》げを受《う》くべき時《とき》ではない。誠《まこと》に是《かく》の如《ごと》きの世《よ》となる時《とき》は、新聞紙《しんぶんし》の如《ごと》きは面目《めんもく》を一變《ぺん》して、道德實理《だうとくじつり》を擴張《くわくちやう》し、彼《かれ》の隱語《いんご》を曲用《きよくよう》して、暗《あん》に讒誣《ざんぶ》するが如《ごと》きは、跡《あと》を紙上《しじやう》に絶《た》つに至《いた》る。此爻白日《このかうはくじつ》を頭上《とうじやう》に戴《いたゞ》いて愧《はづ》ることなきの時《とき》とする。

䷚（震下艮上）山《サン》雷《ライ》頤《イ》

頤《イ》貞吉《テイキツ》。觀《ミテ》レ頤《イヲ》自求《ミヅカラモトム》二口實《コウジツヲ》一。○彖傳曰《タンデンニイハク》。頤貞吉《イハテイキツ》。養《ヤシナヘバ》レ正《セイヲ》則吉也《スナハチキツ》。觀《ミル》レ頤《ハイヲ》觀《ミル》二其所《ソノトコロヲ》一レ養《ヤシナフ》也。自求《ミヅカラモトムル》二口實《ハコウジツヲ》一。觀《ミル》二其《ソノ》自養《ミヅカラヤシナフヲ》一也。天地《テンチ》養《ヤシナヒ》二萬物《バンモツヲ》一。聖人《セイジン》養《ヤシナヒテ》レ賢《クンヲ》以《モツテ》及《オヨボス》二萬民《バンミンニ》一。頤之時《イノトキ》大《オホヒナル》矣哉《カナ》。○大象曰《タイシヤウニイハク》。山下有《サンカアルハ》レ雷頤《ライイ》。君子《クンシ》以《モツテ》愼《ツヽシミ》二言語《ゲンゴヲ》一。節《セツス》二飲食《インシヨクヲ》一。

此卦雷《このくわらい》は動《うご》き、山《やま》は止《とゞま》る、動止《だうし》常《つね》あり頤養正《いやうせい》を失《うしな》はざらんことを要《えう》す、又言語禍《またげんごわざはひ》を招《まね》ぎ飲食體《いんしよくたい》を害《そこな》ふの占《せん》とする。宜《よろ》しく之《これ》を愼《つゝし》み之《これ》を節《せつ》すべきである。又吉凶悔吝《またきつきようくわい》は動《どう》より生《しやう》ずる者《もの》である。動下《どうしも》に在《あ》り。我《わ》れより目下《めした》の人《ひと》に對《たい》して注意《ちうい》を要《えう》すべき時《とき》とする。△大言《だいごん》を吐《は》いて實《じつ》なきの象《かたち》。△頤《い》は空腹《くうふく》なる者《もの》が、頤《い》を朶《たれ》て飲食《いんしよく》を乞《こ》ひ求《もと》むるの象《かたち》。

初九《シヨキフ》。舍《ステ》二爾《ナンヂノ》靈龜《レイキヲ》一。我《ワレ》朶《タル》レ頤《イヲ》。凶《キヨウ》。○象傳曰《シヤウデンニイハク》。觀《ミテ》レ我《ワレ》朶《タルハ》レ頤《イヲ》。亦《マタ》不《ザル》レ足《タラ》レ貴《タツトブニ》也。

此爻己《このかうおの》れ下《しも》に居《ゐ》て、其有《そのいう》する所《ところ》の福裕《ふくゆう》を以《もつ》て足《た》れりとせず、尙《な》ほ多慾《たよく》に耽《ふけ》り、横財《おうざい》を貪《むさぼ》らんと欲《ほっ》して、却《かへつ》て禍《わざはひ》を求《もと》むるの時《とき》とする。又豪商《またがうしやう》にして祖先《そせん》の産業《さんげふ》を守《まも》らず、尋常《じゆんじやう》の才智《さいち》を以《もつ》て官吏《くわんり》たらん事《こと》を望《のぞ》むが如《ごと》きは、もと國《くに》の爲《た》めに力《ちから》を竭《つく》さんと欲《ほっ》するに非《あら》らず特《ひと》り官吏《くわんり》の權勢《けんせい》に據《よっ》て、自己《じこ》の榮利《えいり》を謀《はか》らんが爲《た》めのみ。是《こ》れ其貴《そのたっと》ぶに足《た》らざる所以《ゆえん》である。蓋《けだ》し身《み》を安《やす》んずるは、利《り》を競《きそ》はざるに如《し》くはなく、己《おの》れを修《おさ》むるは、自《みかづ》ら保《たも》つに如《し》くはない。

六二。顚《サカシマニ》頤《ヤシナフ》。拂《モドル》レ經《ツネニ》。于《オイテ》レ丘《キウニ》頤《ヤシナハル》。征《ユケバ》凶《キヤウ》。○象傳《シヤウデンニイハク》曰。六二往《ユケバキヤウハユキテウシナフ》凶。行失レ類《ルキヲ》也。

此爻《このかう》得《う》る處《ところ》の財少《ざいすくな》くして、費《つひや》す所《ところ》の財《ざい》が大《おほ》きい。出入相償《しゆつにふあひつぐな》はない時《とき》とする。又官《またくわん》職《しよく》に在《あ》る者《もの》、君《きみ》を輔佐《ほさ》する能《あた》はず、却《かへつ》て下僚《かれう》の扶助《ふぢよ》に賴《よ》る。而《しか》して又上位《またじやうゐ》の人《ひと》にも容《い》れられず、其扶助《そのふぢよ》をも併《あは》せて失《うしな》ふの占《せん》。

六三。拂《モドル》レ頤《ヤシナヒニ》。貞《テイ》凶《キヨウ》。十年《ネン》勿《ナカレ》レ用《モチウル》。无《ナシ》レ攸《トコロ》レ利《ヨロシキ》。○象傳《シヤウデンニイハク》曰。十年《ネン》勿《ナカレハ》レ用《モチフル》。道《ミチ》大悖《オホヒニモドルナリ》也。

此爻《このかう》我本業《わがほんげふ》に安《やす》んぜずして、得《とく》を貪《むさぼ》り多《おほ》きを求《もと》め、爲《た》めに其財《そのざい》を損《そん》するの時《とき》とする。又過分《またくわぶん》の顯職《けんしよく》に居《ゐ》ながら、尚《な》ほ昇進《しようしん》せんことを欲《ほつ》して、禍《わざはひ》を蒙《かふむ》るの時《とき》とする。恩《おん》に狃《な》れ報《はう》を忘《わす》れ、爲《た》めに世間《せけん》の信用《しんよう》を失《うしな》ふ者《もの》とする。△柔邪不正《じうじやふせい》にして動《うご》く者《もの》なく、頤《い》の正道《せいだう》に拂《もど》り違《たが》ふ。是《こ》れを以《もつ》て凶《きよう》。

六四。顚《サカシマニ》頤《ヤシナフ》。吉《キツ》。虎《コ》視《シ》眈々《タンタン》。其《ソノ》欲《ヨク》逐《チク》逐《チク》。无《ナシ》レ咎《トガ》。○象傳曰《シヤウデンニイハク》。顚《サカシマニ》頤《ナシヤシナフ》之《ノ》吉《キツ》。上《カミ》施《ホドコス》レ光《ヒカリヲ》也。

外威《そとゐ》嚴《げん》を以《もつ》て衆心《しうしん》を制服《せいふく》し、内和順《うちわじゆん》にして民情《みんじやう》を爕理《せうり》せよ。△交易市《かうえきいち》を爲《な》し、各々《おのおの》其所《そのところ》を得《え》、倶《とも》に利《り》を得《う》るの意《い》。△志願《しぐわん》人《ひと》に托《たく》す、彼此《かれこの》利《り》の爲《た》めに計《はか》るの象《かたち》。△四以上《いじやう》は徳義《とくぎ》を養《やしな》ふ者《もの》である。柔上《じうかみ》に居《ゐ》て、正《せい》を得《う》、應《おう》ずる所亦正《ところまたせい》にして、其養《そのやしな》ひに頼《よ》り、以《もつ》て下《しも》に施《ほどこ》す。故《ゆゑ》に顚《てん》と云《い》ふけれども吉《きち》。

六五。拂《モドル》レ經《ツネニ》。居《ヲレバ》レ貞《テイニ》。不《ズ》レ可《ベカラ》レ渉《ワタル》ニ大川《タイセンヲ》一。○象傳曰《シヤウデンニイハク》。居《ヲル》レ貞《テイニ》之《ノ》吉《キツハ》。順《ジユンニシテ》以《モツテ》從《シタガフ》レ上《カミニ》也。

此爻《このかう》自《みづか》ら本業《ほんげふ》を貞固《ていこ》に守《まも》り、之《これ》に安《やす》んずるを以《もつ》て肝要《かんえう》とする。慾《よく》に迷《まよ》ひ、新《あらた》に大事《だいじ》業《けふ》に着手《ちやくしゆ》すれば、徒《いたづ》らに財産《ざいさん》を蕩盡《たうじん》することがある。何事《なにごと》も目上《めうへ》の智者《ちしや》に問《と》ひ、綿密《めんみつ》に事《こと》を處《しよ》すべきの時《とき》とする。△陰柔《いんじう》にして尊位《そんゐ》に居《を》り、人《ひと》を養《やな》ふことが出來《でき》ない。上《じやう》九《きう》の養《やしな》ひに頼《よ》る上《かみ》は師傅《しふ》の位《くらゐ》である。己《おの》れの不足《ふそく》なるを以《もつ》て賢師傅《けんしふ》に順從《じゆんじう》す、故《ゆゑ》に吉《きち》である。唯其志《たゞそのこゝろざし》の固《かた》からざる事《こと》を恐《おそ》るの象《かたち》。

上九《ジヤウキウ》。由《ヨリテ》頤《ヤシナフ》。厲《アヤウケレドモ》吉《キツ》。利《ヨロシ》レ渉《ワタルニ》二大川《タイセン》一。○象傳曰《シヤウデンニイハク》。由《ヨリテ》頤《ヤシナフ》。厲《アヤウケレドモ》吉《キノ》。大《ハオホヒニ》有《アル》レ慶《ケイ》也。

此爻天稟《このかうてんぴん》の才《さい》を抱《いだ》いて、國家《こくか》の顧問《こもん》に居《ゐ》る。故《ゆゑ》に身《み》を致《いた》し、心《こゝろ》を竭《つく》し國家《こくか》の幸福《かうふく》を務《つと》めよ。智者盛運《ちしやせいうん》を得《う》るの象《かたち》。

䷛（巽下兌上）澤《タク》風《フウ》大《タイ》過《クワ》

大過《タイグワハ》。棟撓《ムナギタワム》。利《ヨロシ》レ有《アルニ》レ攸《トコロ》レ往《ユク》。亨《トホル》。○彖傳曰《タンデンニイハク》。大過《タイクワハ》。大者《オホイナルモノ》過《スグル》也。棟撓《ムナギタワムハ》。本末《ホンマツ》弱《ヨワキ》也。剛《ガウ》過《スギ》而《テ》中《チウ》。巽而說行《ソンニシテヨロコビオコナフ》。利《ヨロシ》レ有《アル》レ攸《トコロ》レ往《ユク》乃《スナハチ》亨《トホル》。大過《タイクワ》之時《ノトキ》大《オホイナル》矣哉《カナ》。○大象曰《タイシヤウニイハク》。

澤《タク》滅《イレ、ハ》レ木《キヲ》大過《タイクワ》。君子《クンシ》以《モツテ》獨立《ドクリツ》不《シテ》レ懼《オソレ》遯《ノガレテ》レ世《ヨヲ》无《ナシ》レ悶《モンスル》。

人才《じんさい》集《あつま》りて無事《ぶじ》に苦《くる》しみ。諺《ことわざ》に云《い》ふ、船頭《せんどう》多《おほ》くして船《ふね》を山《やま》に上《あ》ぐるの恐《おそれ》あるの時《とき》とする。又小金《またこがね》を所有《しよいう》して。大金《たいきん》なる物品《ぶつぴん》を買《か》ふことを約束《やくそく》し、殘金《ざんきん》の調達《てうたつ》成《な》り難《がた》く爲《た》めに、其手附金《そのてつけきん》を損《そん》するが如《ごと》き失策《しつさく》ありとす。盛極《せいきはま》りて將《まさ》に衰《おとろ》へんとす、輕擧《けいきよ》すべきでない。又全卦大洪水《またぜんくわだいこうずゐ》の卦《くわ》である。彼我大困難《ひがだいこんなん》を蒙《かふむ》るの象《かたち》。△背中合《せなかあは》せの象《かたち》にして、萬事《はんじ》相背《あひそむ》くの意《い》。

初六《シヨ》。藉《シクニ》用《モチウ》二白《ハク》茅《バウヲ》一无《ナシ》レ咎《トガ》。○象傳《シヤウデンニ》曰《イハク》。藉《シクニ》用《モチウルハ》二白《ハク》茅《バウヲ》一柔《ジウ》在《アル》レ下《シモニ》也。

我身《わがみ》柔《じう》にして、剛《がう》に對《たい》す、敬愼《けいしん》にして巽順《そんじゆん》なれ。又大事《まただいじ》を思《おも》ひ立《た》つの時《とき》とする。蟻《ぎ》穴《けつ》能《よ》く堤《つゝみ》を壞《やぶ》る。必《かなら》ず心《こゝろ》を小《せう》にして過《あやまち》なからんことを要《えう》す。凡《およ》そ謀《はか》ることは人《ひと》に在《あ》り、其成《そのな》ることは天《てん》に在《あ》り。故《ゆゑ》に大事《だいじ》に當《あた》らんとする者《もの》は、必《かなら》ず天地鬼神《てんちきじん》を祭《まつ》り、其冥助《そのめいぢよ》を受《う》けよ。△人《ひと》に把捉《はそく》せられて動《うご》き得《え》ず困《くる》しむ意《い》がある。△謙讓《けんじやう》に過《す》ぎて咎《とが》なきの意《い》。

九二。枯《コ》楊《ヤウ》生《シヤウズ》レ稊《ネヲ》。老《ラウ》夫《フ》得《ウ》ニ其《ソノ》女《ヂヨ》妻《サイヲ》一。无《ナシ》レ不《ザル》レ利《ヨロシカラ》。○象《シヤウ》傳《デン》曰《ニイハク》。老《ラウ》夫《フノ》女《ヂヨ》妻《サイハ》。過《スギテ》以《モツテ》相《アヒ》與《トモニスル》也。

此爻《このかう》剛《がう》にして柔《じう》に比《ひ》す。有餘《いうよ》を以《もつ》て不足《ふそく》を補《おぎな》ひ、盛《せい》を以《もつ》て衰《すゐ》を助《たす》く、人事《じんじ》の和《わ》、世《せ》道《だう》の美《び》、行《おこな》ふと宜《よろ》しからざるはない。大《おほい》に心痛《しんつう》の事《こと》あつて、一旦《たん》衰《おとろ》へたるも、目下《めした》の良友《りやういう》を得《え》て再《ふた》び運氣《うんき》を挽回《ばんくわい》するの時《とき》とする。又若《またわか》き女《をんな》を納《い》るゝの占《せん》。△老夫《らうふ》と雖《いへど》も女《ぢよ》妻《さい》を得《う》れば生育《せいいく》の功《かう》を成《な》す。

九三。棟《ムナギ》撓《タワム》。凶《キヨウ》。○象《シヤウ》傳《デン》曰《ニイハク》。棟《ムナギ》撓《タワムノ》之凶《キヨウハ》。不《ズ》レ可《ベカラ》ニ以《モツテ》有《アル》レ輔《タスケ》也。

剛強《がうきやう》なる性質《せいしつ》にして、天下《てんか》の豪傑《がうけつ》を以《もつ》て自《みづか》ら居《を》り、人《ひと》の諫言《かんげん》を納《い》れず忠告《ちうこく》を用《もち》ゐず、獨力《どくりよく》以《もつ》て大事業《だいじげふ》を擔任《たんにん》し、精力之《せいりよくこれ》に堪《た》へずして、其身或《そのみあるひ》は其家《そのいへ》を喪《うしな》ふ。占者早《せんしやはや》く之《これ》を知《しつ》て其慾《そのよく》を去《さ》り、其智《そのち》を捨《す》てゝ隠退《いんたい》せば、此禍《このわざはひ》を免《まぬか》るゝことを得《う》る。

九四。棟《ムネ》隆《タカシ》。吉《キツ》。有《アレバ》レ它《タ》吝《リン》。○象《シヤウ》傳《デン》曰《ニイハク》。棟《ムネ》隆《タカキノ》之吉《キツハ》。不《ザル》レ撓《タワマ》レ乎《ニ》レ下《シモ》也。

英邁《えいまい》にして仁徳《じんとく》あり、拔擢《ばつてき》せられて盛運《せいうん》に遇《あ》ふ。小人《せうじん》と交《まじは》らず、行儀《ぎやうぎ》を慎《つゝし》みて、天《てん》下《か》の公益《こうえき》を謀《はか》れ。大事《だいじ》を爲《な》すに方《あた》り、小利《せうり》を見《み》れば、敗《はい》を取《と》り名《な》を汚《けが》す。△堪《た》へざるを辛苦《しんく》し在《あ》る時《とき》は百事《じ》亨《とほ》るを得《う》る。

九五。枯《コ》楊《ヤウ》生《シヤウズ》レ華《ハナヲ》。老《ラウ》婦《フ》得《ウ》二其《ソノ》士《シ》夫《フヲ》一。无《ナシ》レ咎《トガ》无《ナシ》レ譽《ホマレ》。○象傳曰《シヤウデンニイハク》。枯《コ》楊《ヤウ》生《シヤウズ》レ華《ヘナヲ》。何《ナンゾ》可《ベケン》レ久《ヒサシカル》也。老《ラウ》婦《フ》士《シ》夫《フハ》。亦《ヤタ》可《ベシ》レ醜《ハヅ》也。

聖者《せいしや》に親《した》しまないで、愚者《ぐしや》に親《した》しみ、大事《だいじ》を謀《はか》るに、幇間者流《ほうかんしやりう》と與《とも》にするが如《ごと》く、今運氣盛《いまうんきさかん》なりと雖《いへど》も久《ひさ》しからずして、衰《おとろ》ふるの時《とき》とする。小事《せうじ》の如《ごと》きは害《がい》はないけれども、亦咎《またとが》なく、譽《ほまれ》もない。但《たゞ》し觀二其友一而知二其人一の古語《こご》もあるから、常《つね》に己《おの》れに優《まさ》つた者《もの》を友《とも》とし、劣《おと》つた者《もの》に親《した》しまない樣注意《やうちうい》せよ。

上六《ジヤウ》。過《スギテ》渉《ワタル》滅《イル》レ頂《イタヾキヲ》。凶《キヨウ》。○象傳曰《シヤウデンニイハク》。過《スギテ》渉《ワタルノ》之凶《キヨウハ》。不《ズ》レ可《ベカラ》レ咎《トガム》也。

己《おの》れの力《ちから》を揣《はか》らずして、危險《きけん》を犯《おか》し、身《み》を失《うしな》ふの時《とき》とする。幸《さいはひ》を求《もと》めて得《え》ず、却《かへつ》て禍《わざはひ》を釀《かも》す、故《ゆゑ》に此難《このなん》を免《まぬが》れんには、從容《しようよう》として、眞實《しんじつ》に身《み》を守《まも》り進《すゝん》で事《こと》を爲《な》さざるの一途《と》のみ。△生氣《せいき》の盡《つ》きて自《おのづか》ら枯《か》る、力《ちから》の堪《た》へざる所《ところ》、心《こゝろ》の及《およ》ばざる所《ところ》、强《しひ》て之《これ》を爲《な》せば、自心《じしん》、自身《じしん》に困《くる》しむ、是《こ》れ自滅《じめつ》の徴《ちよう》、過盛《くわせい》の凶《きよう》なる所以《ゆえん》である。

䷜ （坎下坎上） 坎《カン》爲《キ》水《スヰ》

習坎《シウカンハ》。有レ孚《アリマコト》。維心亨《コレコヽロトホル》。行有レ尚《ユキテアリタットブ》。○彖傳曰《タンデンニイハク》。習坎《シウカン》。重險《チヨウケン》也。水流《ミヅナガレテ》而不《ズ》レ盈《ミタ》。行《オコナヒテ》レ險《ケンヲ》而不レ失《ウシナハ》二其信《ソノシンヲ》一。維心亨《コレコヽロトホル》。乃《スナハチ》以《モツテ》二剛中《ガウチウヲ》一也。行有《ユキテアルハ》レ尚《タットブ》。往《ユキテ》有《アル》レ功《コウ》也。天險《テンノケンハ》不レ可《ベカラ》レ升《ノボル》也。地險《チノケンハ》山川《サンセン》丘陵《キウリヨウ》也。王公《ワウコウ》設《マウケ》レ險《ケンヲ》以守《モツテマモル》二其國《ソノクニヲ》一。險之時《ケンノジ》用《ヨウ》大矣哉《オホイナルカナ》。○大象曰《タイシヤウニイハク》。水洊至《ミヅフタヽビイタルハ》習坎《シフカン》。君子《クンシ》以《モツテ》常《ツネニシ》二德行《トクカウヲ》一。習《ナラフ》二教事《ケウジヲ》一。

運氣《うんき》極《きは》めて艱難《こんなん》なりとす、而《しか》して此艱難《このかんなん》の爲《た》めに能《よ》く心《こゝろ》を沈《しづ》めて考《かんが》ふる時《とき》は、却《かへつ》て世事人情《せじにんじやう》を知《し》り所謂通人達士《いはゆるつうじんたつし》の稱《しよう》を得《う》る機會《きくわい》である。水《みづ》の器《うつは》に從《した》ふが如《ごと》く、人《ひと》と抵抗《ていかう》せず、第五爻《だいかう》の時至《ときいた》れば、艱難《かんなん》自《おのづか》ら去《さ》るを以《もつ》て、唯耐忍《たゞたいにん》して其時《そのとき》を待《ま》て、又決《またけつ》して狼狽《らうばい》するな。策略《さくりやく》を以《もつ》て遁《のが》れんとしてはならぬ。然《しか》る時《とき》は心餒《こゝろう》ゐ體疲《たいつか》れ、遂《つひ》に困苦《こんく》に勝《た》へざるに至《いた》る。是《こ》れ艱難《かんなん》に處《しよ》するの道《みち》ではない。艱難《かんなん》は心《こゝろ》を磨《みが》くの時《とき》である。己《おの》れ之《これ》と根氣競《こんきくらべ》を爲《な》すの氣象《きしやう》がなければならぬ。然《しか》れども百事吉《じきち》ならず、非常《ひじやう》の災《わざはひ》ある時《とき》とする。懼《おそ》れ愼《つゝし》みて神《かみ》を禱《いの》れ。信《しん》ありて窒《ふさが》り、理《り》ありて陷《おちい》るの時《とき》とする。

初六《シヨ》。習《シウ》坎《カン》入《イル》二于《ニ》坎《カン》窞《タン》一。凶《キヨウ》。○象傳曰《シヤウデンニイバク》。習坎《シウカン》入レ坎《イルカン》　失レ道《ウシナヒテミチヲ》凶《キヨウ》也。

未《いま》だ一人《ひとり》立《だ》ちにて事《こと》を爲《な》すべきの時《とき》ではない。常《つね》に憂苦《いうく》ありと雖《いへど》も、堪《た》へ忍《しの》びて信《しん》を貫《つらぬ》かば、意《つひ》に免《まぬが》るゝことを得《う》る。又從來《またじうらい》の方向《はうかう》を轉《てん》じ、過《あやまち》を改《あらた》めて善《ぜん》に遷《うつ》り、險《けん》を出《い》づるの策《さく》を索《もと》めよ。又遊泳《またいうえい》を習《なら》はんとして水《みづ》に溺《おぼ》るゝの象《かたち》。△己《おの》れを治《をさ》め人《ひと》を治《をさ》むる。皆必《みなかならず》重習《ぢうしふ》して然《しか》る後《のち》に熟《じゆく》して之《これ》に安《やす》んず。習《なら》ふて後《のち》に行《おこな》ふ故《ゆゑ》に功《こう》あるの象《かたち》。

九二。坎《アナニアリ》有レ險《ケン》　求《モトメ》小《スコシク》得。○象傳曰《シヤウデンニイハク》。求《モトメテ》小《スコシクウハ》得。未《イマダ》レ出《イデ》レ中《チウヲ》也。

正實《せいじつ》にして才智《さいち》ありと雖《いへど》も、身《み》に艱難多《かんなんおほ》く心思《しんし》を苦《くる》しめる。今《いま》や運氣否塞《うんきひさい》の時《とき》とする。故《ゆゑ》に大《だい》なる事《こと》を思《おも》ひ立《た》つとも詮《せん》はない。小事《せうじ》なれば叶《かな》ふ。△重險《ぢうけん》の中《うら》に處《しよ》し自《おのづか》ら出《いづ》るの才力《さいりよく》を振《ふる》ふ能《あた》はず、漸《やうや》く無事《ぶじ》を得《う》るの象《かたち》。

六三。來《キタルモ》之《ユクモ》坎《カン》坎《カン》。險《ケシニシテカツ》且枕《ヨル》。入《イル》二于《ニ》坎《カン》窞《タン》一。勿《ナカレ》レ用《モチユル》。○象傳曰《シヤウデンニイハク》。來《キタルモユクモ》之坎《カン》坎《カン》。終《ツヒニ》无《ナシ》レ功《コウ》也。
事《こと》に行詰《ゆきつま》り、進《すゝ》むことも能《あた》はず、退《しりぞ》くことも亦《また》爲《な》し難《がた》く、途方《とはう》に暮《く》るゝの時《とき》とする。人《ひと》の助《たすけ》を求《もと》めて應《おう》なく、我力《わがちから》亦《また》用《もち》ふるに足《た》らない。然《しか》れども二ケ月《げつ》の後《のち》に至《いた》れば時運《じうん》變《へん》じて策《さく》を旋《めぐ》らすの道《みち》があらう、其時《そのとき》を待《ま》て。

六四。樽《ソン》酒《シユ》簋《キ》貳《ジ》用《モチフ》レ缶《フチ》。納《ナフ》約《ヤクヲ》自《ヨリス》レ牖《マド》。終《ツヒニ》无《ナシ》レ咎《トガ》。○象《シヤウ》傳《デン》曰《ニイハク》。樽《ソン》酒《シユ》簋《キ》貳《ジハ》。剛《ガウ》柔《ジウ》際《マジハル》也。
今《いま》艱難《かんなん》に居《を》ると雖《いへど》も、最早《もはや》免《のが》るべき目的《もくてき》がある。牖《まど》より約《やく》を納《い》るゝは信友《しんいう》より、我《わ》が艱難《かんなん》を濟《すく》ひて來《きた》る者《もの》あり。互《たがひ》に孚誠《ふせい》の相通《あひつう》ずる時《とき》とする。△陰陽交合《いんやうかうがふ》の象《かたち》。

九五。坎《カン》不《ズ》レ盈《ミタ》。祇《イタル》二既《スデニ》平《タヒラカナルニ》一。无《ナシ》レ咎《トガ》。○象《シヤウ》傳《デン》曰《ニイハク》。坎《カン》不《ザルハ》レ盈《ミタ》。中《チウ》未《イマダ》《ザル》レ大《オホヒナラ》也。
一家《か》を保《たも》たんとして是迄《これまで》辛勞困苦《しんらうこんく》したのである。今《いま》や漸《やうや》く平《へい》に赴《おもむ》き、久《ひさ》しからずして災厄《さいやく》を免《まぬが》るゝを得《う》べし。成功《せいかう》未《いま》だ大《だい》ならずと雖《いへど》も遂《つひ》に咎《とが》なく吉《きち》に赴《おもむ》く。

上六。繫《ツナグニ》用《モチフ》二徽《キ》纆《ボクヲ》一寘《スノ》二于叢《サウ》棘《キヨクニ》一。三《サン》歳《サイ》不《ズ》レ得《エ》。凶《キヨウ》。○象《シヤウ》傳《デン》曰《ニイハク》。上《シヤウ》六失《ウシナフ》レ道《ミチヲ》。

凶《キヨウ》三歳《サイ》也。

身《み》艱難《かんなん》に處《しよ》して心《こゝろ》を磨《みが》くの思慮《しりよ》なく、詐僞妄行《さぎばうかう》を動《はたら》き、災《わざはひ》を得《う》るの時《とき》とする。宜《よろ》しく志《こゝろざし》を改《あらた》めて善行《ぜんかう》を勵《はげ》め。然《しか》らざれば愈《いよ／＼》詭策《きさく》を揮《ふるつ》て不善《ふぜん》の徒《と》に陷《おちい》る。

䷝（離下離上）離《り》爲《き》火《くわ》

離《リ》利《ヨロシ》貞《テイニ》亨《トホル》。畜《ヤシナヘバ》二牝牛《ヒンギウ》一吉《キツ》。○彖傳《タンデン》曰《ニイハク》。離《リハ》麗《リ》也。日月《ジツゲツ》麗《ツキ》レ乎《ニ》レ天《テン》。百穀《コク》草木《サウモク》麗《ツギ》レ乎《ニ》レ土《ド》、重明《チヨウメイ》以《モツテ》麗《ツキ》レ乎《ニ》レ正《セイ》。乃《スナハチ》化《クワ》二成《セイス》天下《テンカヲ》一。柔《ジウ》麗《ツク》二乎《ニ》中正《チウセイ》一。故《ユヱニ》亨《トホル》。是以《コレヲモツテ》畜《タクハヘバ》二牝牛《ヒンギウ》一吉《キツ》也。○大象《タイシヤウニ》曰《イハク》。明《メイ》兩《フタツ》作《オコルハ》離《リ》。大人《タイジン》以《モツテ》繼《ツギ》レ明《メイニ》。照《テラス》二乎《ニ》四方《ハウ》一。

怜悧《れいり》にして文學《ぶんがく》あり、然《しか》れども離《り》は獨力《どくりよく》すべきものではない。故《ゆゑ》に善良《ぜんりやう》の友《とも》を擇《えら》んで、與《とも》に力《ちから》を合《あは》せ、事《こと》を謀《はか》れ。夫《そ》れ薪《たきゞ》は火《ひ》の體《たい》である。火《ひ》は薪《たきぎ》の用《よう》である。薪《たきぎ》と火《ひ》と合《がつ》して、而《しか》して後《のち》に用《よう》を爲《な》すのである。占者此理《せんしやこのり》を能《よ》く會得《えとく》して、事《こと》に從《したが》ふべきである。又火《またひ》は物《もの》に麗《つき》て移《うつ》るものである。故《ゆゑ》に其初《そのはじ》め善《ぜん》なりと雖《いへど》も互卦《ごくわ》に巽風《そんぷう》あり風來《かぜきた》れば變意外《へんいぐわい》に生《しやう》ずることがある。又牝牛《またひんぎう》を畜《やしな》へば吉《きち》と云《い》ふ。彖辭《たんじ》の意《い》、推《お》すに總《すべ》て剛急《がうきふ》の人《ひと》と接《せつ》しないで順良《じゆんりやう》の人《ひと》と事《こと》を謀《はか》るを宜《よし》とす。又目下《またもした》に剛急《がうきふ》なる者《もの》あり、其者《そのもの》よりして禍《わざはひ》を受《う》くるの意《い》あり。

初九《シヨキウ》。履《フムコト》錯然《サクゼンタリ》。敬《ケイスレバ》レ之《コレヲ》无《ナシ》レ咎《トガ》。○象傳曰《シヤウデンニイハク》。履錯之敬《フムコトマツマルノケイハ》。以《モツテ》レ辟《サクルヲ》レ咎《トガヲ》也。

凡《およ》そ事《こと》を起《おこ》し又人《またひと》に接《せつ》する能《よ》く其始《そのはじ》めを愼《つゝし》み、其終《そのをはり》の全《まつた》きを圖《はか》れ、懇親《こんしん》の間《あひだ》と雖《いへど》も禮《れい》を失《うしな》ふてはならぬ。

六二。黄離《クワウリ》元吉《ゲンキツ》。○象傳曰《シヤウデンニイハク》。黄離《クワウリ》元吉《ゲンキツハ》。得《ウル》ニ中道《チウダウヲ》一也。

天運《てんうん》盛《さか》んなる時《とき》とする。宜《よろ》しく文明《ぶんめい》の政治《せいぢ》を布《し》き、文明《ぶんめい》の事業《じげふ》を起《おこ》せ。此機《このき》に乗《じよう》じて、文明《ぶんめい》の美事《びじ》を爲《な》す何《なに》ものか我《われ》に妨害《はうがい》を加《くは》ふべき。

九三。日昃之離《ニツシヨクノリ》。不《ザレバ》ニ鼓《ウチテ》レ缶《フヲ》而歌《ウタハ》一。則《スナハチ》大耋之嗟《タイテツノナゲヽアリ》凶《キヨウ》。○象傳曰《シヤウデンニイハク》。日昃《ニツシヨク》之離《ノリ》。何《ナンゾ》可《ベケン》レ久《ヒサシカル》也。

暴虎馮河《はうこひようが》死《し》して、悔《くひ》ざる者《もの》不明《ふめい》にして、鋭進《えいしん》し禍《わざはひ》に罹《かゝ》るの時《とき》とする。又樂《またたのし》むべからざるに樂《たのし》み、哀《かなし》むべからざるに哀《かなし》み、言行《げんかう》、心情《しんじやう》共《とも》に異《い》を立《た》つるの占《せん》。

九四。突《トツ》如《ギヨ》其《ソレ》來《ライ》如《ギヨ》。焚《フン》如《ギヨ》。死《シ》如《ギヨ》。棄《キ》如《ギヨ》。○象傳曰《シヤウデンニイハク》。突《トツ》如《ギヨ》其《ソレ》來《ライ》如《ギヨハ》。无《ナシ》レ所《トコロ》レ容《イル》也。

勇氣《ゆうき》に誇《ほこつ》て常《つね》に人《ひと》の諫《いさ》めを用《もち》ひず、肆横侵凌《しおうしゆんりやう》自《みづか》ら禍《わざはひ》を取《と》る。諺《ことはざ》に云《い》ふ飛《とん》で火《ひ》に入《い》る夏《なつ》の蟲《むし》と、其《そ》れ此《この》九四の謂《いひ》か。

六五。出《イダシテ》レ涕《ナミダ》沱《ダ》若《ジヤク》。戚《イタミテ》嗟《サ》若《ジヤク》。吉《キツ》。○象傳曰《シヤウデンニイハク》。六五之《ノ》吉《キツハ》。麗《ツク》二王公《ワウカウニ》一也。

人《ひと》を慈愛《じあい》するの深《ふか》さ、能《よ》く此爻《このかう》の如《ごと》くなる時《とき》は、其家《そのいへ》を齊《とゝの》へ、天下《てんか》を治《をさ》むるに於《おい》て何《なに》かあらん。象傳《しやうでん》に重明以麗二乎正一乃化二成天下一と云《い》ふのも此爻《このかう》の徳《とく》を賛《さん》するのである。

上九《ジヤウキウ》。王《ワウ》用《モチヒテ》出《イデ・》征《セイス》。有《アリ》レ嘉《ヨミスル》レ折《クジク》レ首《カウベヲ》。獲《ウル》匪《コトアラズ》二其《ソノ》醜《タグヒニ》一。无《ナシ》レ咎《トガ》。○象傳曰《シヤウデンニイハク》。王《ワウ》用《モチヒテ》出征《シユツセイスハ》。以《モツテ》レ正《タヾス》レ邦《クニヲ》也。

勇氣《ゆうき》を用《もち》ゐて奸惡《かんあく》を制《せい》し、大《おほい》に功《こう》あるの時《とき》とする。智識明達《ちしきめいたつ》の人《ひと》、大事《だいじ》に當《あた》り實功《じつこう》を奏《そう》するの時《とき》である。

第三編　周易下經

䷞（艮下兌上）澤《タク》山《サン》咸《カン》

咸《カンハ》。亨《トホル》利《ヨロシ》レ貞《テイニ》。取《メトル》レ女《ニヂヨ》吉《キツ》。○彖傳《タンデン》曰《ニイハク》。咸《カンハ》感《カン》也。柔《ジウ》上《カミニ》而《シテ》剛《ガウ》下《シモ》。二氣《ヤ》感《カン》應《オウ》以《モツテ》相《アヒ》與《トモニス》。止《トヾマリテ》而說《ヨロコブ》。男《ダン》下《クダル》レ女《ヂヨニ》。是以《コレヲモツテ》亨《トホル》。利《ヨロシキハ》レ貞《テイニ》取《メトル》レ女《ニヂヨ》吉《キツ》也。天地《テンチ》感《カンジ》而萬物《バンモツ》化生《クワセイス》。聖人《セイジン》感《カンゼシメテ》二人心《ジンシンヲ》一。而天下《テンカ》和平《ヘイ》。觀《ミテ》二其所《ソノトコロヲ》一レ感《カンズル》。而天地《テンチ》萬物《バンブツ》之《ノ》情《ジヤウ》可《ベシ》レ見《ミル》。○大象《ターシヤウ》曰《ニイハク》山上《サンジヤウニ》有《アル》レ澤《ハタク》咸《カン》。君子《クンシ》以《モツテ》虛《キヨニシテ》受《ウク》レ人《ヒトニ》。

我《わ》れ篤實《とくじつ》を以《もつ》てすれば彼《か》れ悅《よろこ》びて、之《これ》に應《おう》ず、故《ゆゑ》に相談事《さうだんこと》依賴事《いらいこと》、速《すみやか》に調《とゝの》ふの時《とき》である。然《しか》れども媒妁《はいしやく》と稱《しよう》する世話人《せわにん》を中《なか》に加《くは》へて可《か》なり。凡《およ》そ我《わ》が使役《しえき》に服《ふく》するものを雇《やと》ひ入《い》れ、我《わ》れより目下《めした》なるものを用《もち》ゐ、共《とも》に事《こと》を謀《はか》る等《とう》百事吉《じき》である。又此卦《またこのくわ》の時《とき》は、善悪《ぜんあく》共《とも》に相感《あひかん》ずるものである。宜《よろ》しく其人《そのひと》を選《えら》ばねばならぬ。故《ゆゑ》に利貞《りてい》の戒《いましめ》がある。

初《シヨ》六。咸《カンズ》ニ其《ソノ》拇《ボニ》一。○象傳《シヤウデンニイハク》曰。咸《カンズルハ》ニ其《ソノ》拇《ボニ》一。志《コヽロザシ》在《アル》レ外《ホカニ》也。

人《ひと》と始《はじ》めて接《せつ》するに其言語《そのげんご》を愼《つゝし》め、人《ひと》を感《かん》せしむる初《はじめ》の一念《ねん》に在《あ》る。故《ゆゑ》に己《おの》れ誠《まこと》を以《もつ》てすれば、彼《かれ》も亦誠《またまこと》を以《もつ》てする。又目《まため》上《うへ》の人《ひと》の引立《ひきたて》を得《え》て、福《ふく》を得《う》るの時《とき》である、必《かなら》ず誠敬《せいけい》を盡《つく》せ。

六二。咸《カンズ》ニ其《ソノ》腓《ヒニ》一。凶《キヨウ》。居《ヲレバ》吉《キツ》。○象傳《シヤウデンニイハク》曰。雖《イヘドモ》レ凶《キヨウ》居《ヲレバ》吉《キツ》。順《シタガヘバ》不《ザル》レ害《ガイアラ》也。

目《め》上《うへ》に我《われ》を引《ひ》き立《た》てんとする人《ひと》あり。然《しか》れども速《すみやか》に事《こと》の運《はこ》ばざるの時《とき》とする。然《しか》るに性急《せいきふ》にして待《ま》つことが出來《でき》ない。他人《たにん》と組合《くみあ》ひ別《べつ》に事《こと》を起《おこ》す時《とき》は、目《め》上《うへ》の贔負《ひゐき》を離《はな》れ、己《おの》れの運《うん》を妨《さまたぐ》るなり、靜《しづか》にして目《め》上《うへ》の引立《ひきた》てを待て。

九三。咸《カンズ》ニ其《ソノ》股《モヽニ》一。執《トリテ》其《ソレ》隨《シタガフ》。往《ユケバ》客《リン》。○象傳《シヤウデンニイハク》曰。咸《カンスルハ》ニ其《ソノ》股《モヽニ》一。亦《マタ》不《ザル》レ處《ヲラ》也。志《コヽロザシ》在《アリ》レ隨《シタガフニ》レ人《ヒトニ》。所《トコロ》レ執《トル》下《シモ》也。

自主自立《じしゆじりつ》の力《ちから》ありと雖《いへど》も、他《た》に依賴《いらい》すべきの人《ひと》あるを以《もつ》て我實力《わがじつりよく》を施《ほどこ》すことを忘《わす》れたる者《もの》とする。此《こ》の爻咸《かうかん》の內卦《ないくわ》の主爻《しゆかう》にして外卦《げくわ》に應《おう》ず。咸股とは男女交接《だんぢよかうせつ》の隱語《いんご》にして、少男少女《せうなんせうぢよ》と相昵《あひじつ》し、心氣恍惚《しんきくわうこつ》として、平生有《せいぜいいう》する處《ところ》の剛氣《がうき》を失《うしな》つた象《かたち》がある。又《また》己《おの》れの才力《さいりよく》より遙《はるか》に下策《げさく》なる事《こと》に心《こゝろ》を勞《らう》するの占《せん》とする。

九四。貞《テイ》吉《キツ》。悔《クヒ》亡《ホロブ》。憧憧往來《シヤウシヤウワウライスレバ》。朋《トモ》從《シタガフ》爾《ナンヂノ》思《オモヒニ》。○象傳曰《シヤウデンニイハク》。貞吉悔亡《テイキツクヒホロブハ》。未《イマダ》《ザル》感《カン》害《ガイセラレ》也。憧憧往來《シヤウシヤウワウライス、バハ》。未《イマダ》《ザル》光《ヒカリ》大《ダイナラ》也。

神經《しんけい》の強《つよ》い人《ひと》にして、尋常些々《じゆんじやうさゝ》たることに、心《こゝろ》を勞《らう》し、限《かぎ》りなき事物《じぶつ》に心《こゝろ》を配《くば》り君子小人《くんしせうじん》の隔《へだた》りなく如何《いか》なる人《ひと》にも其氣《そのき》に應《おう》ぜんと欲《ほつ》するものである。心思《しんし》を限《かぎ》りなきの小事《せうじ》に勞《らう》し爲《た》めに心力擾亂《しんりよくぜうらん》するの恐《おそれ》がある。物《もの》に大小輕重《だいせうけいぢう》あり、是《これ》を之《こ》れ察《さつ》せずして、心《こゝろ》を勞《らう》するは識者《しきしや》の取《と》らない所《ところ》である。又目《またため》上《うへ》の人《ひと》を惠《めぐ》まんとして世話《せわ》しき事《こと》多《おほ》き象《かたち》。

九四。咸《カンズ》其《ソノ》脢《バイニ》。无《ナシ》悔《クヒ》。○象傳曰《シヤウデンニイハク》。咸《カンズルハ》其《ソノ》脢《バイニ》。志《コヽロザシ》末《スエ》也。

中正《ちうせい》を踐《ふ》み、志氣《しき》濶達《くわつたつ》人《ひと》を懷《なつ》くるに孚《まこと》あり、故《ゆゑ》に下《しも》なるもの感《かん》じて興起《こうき》す、是《こ》れ悔《くひ》なくして、大《おほひ》に志《こゝろざし》を得《う》る所以《ゆえん》である。△百事《じ》小事《せうじ》に可《か》にして大事《だいじよ》を成《な》すに可《か》ならざるの時《とき》とする。

上六。咸《カンズ》㆓其《ソノ》輔《ホ》頰《ケウ》舌《ゼツニ》㆒。○象傳《シヤウデン》曰《ニイハク》。咸《カンズルハ》㆓其《ソノ》輔《ホ》頰《ケウ》舌《ゼツニ》㆒。滕《アグル》㆓口《コウ》說《ゼツヲ》㆒也。辨舌達者《べんぜつたつしや》の人《ひと》、言論《げんろん》を以《もつ》て人《ひと》を感服《かんぷく》せしめんとす。然《しか》れども、孚誠《ふせい》の能《よ》く人《ひと》をして心服《しんぷく》せしむるに如《し》くはない察《さつ》しなければならぬ。

䷟（巽下震上）雷《ライ》風《フウ》恒《コウ》

恒《コウハ》。亨《トホル》。无《ナシ》㆑咎《トガ》。利《ヨロシ》㆑貞《テイニ》。利《ヨロシ》㆑有《アルニ》㆑攸《トコロ》㆑往《ユグ》。○彖傳《タンデン》曰《ニイハク》。恒《コウハ》久《キウナリ》也。剛《カウ》上《ノボリテ》而柔《ジウ》下《クダル》。雷《ライ》風《フウ》相《アヒ》與《トモニス》。巽《ソンニシテ》而動《ウゴキ》。剛柔《カウジウ》皆《ミナ》應《オウズレバ》恒《コウ》。恒《コウハ》亨《トホル》。无《ナシ》㆑咎《トガ》。利《ヨロシキハ》㆑貞《テイニ》。久《ヒサシキ》㆓於其道《ソノミチニ》㆒也。天地《テンチ》之道《ノミチハ》。恒久《コウキウニ》而《シテ》不《ズ》㆑已《ヤマ》也。利《ヨロシ》㆑有《アルニ》㆑攸《トコロ》㆑往《ユク》。終《ヲワレバ》則《スナハチ》有《アル》㆑始《ハジメ》也。日月《ジツゲツ》得《エテ》㆑天《テン》能《ヨク》久《ヒサシク》照《テラシ》。四時《シシ》變化《ヘンクワシテ》而能《ヨク》久《ヒサシク》成《ナル》。聖人《セージン》久《ヒサシクシテ》㆓於其道《ソノミチニ》㆒。而天下《テンカ》化成《クワセイス》。觀《ミテ》㆓其所《ソノトコロヲ》㆑恒《ツネトスル》㆒。而天地《テンチ》萬物《バンモツ》之情《ノジヤウ》可《ベシ》㆑見《ミル》矣。○大《タイ》

象《シヤウ》曰《ニイハク》。雷風《ライフウハ》恒《コウ》。君子《クンシ》以《モツテ》立《タツテ》。不《ズ》㆑易《カヘ》㆑方《ハウヲ》。

各《おの／＼》其業《そのげふ》とする所《ところ》を修《をさ》めて怠《おこた》らざること、天運《てんうん》の自彊《じきやう》不《ざる》レ息《やま》が如《ごと》くなる時《とき》は、家榮《いへさか》え、盛運《せいうん》の幸《さいはひ》を得《う》る。或《あるひは》勤《つと》め、或《あるひ》は怠《おこた》り、其徳《そのとく》を恒《つね》にしなければ、事必《ことかなら》ず沮滯《そたい》して過《あやま》ちあるを免《まぬか》れない。故《ゆゑ》に精《せい》一にして、其常《そのつね》を失《うしな》はざるを要《えう》す。既《すで》に其徳《そのとく》を恒《つね》にして、其正《そのせい》を得《う》る時《とき》は、人信《ひとしん》じ、運來《うんきた》りて或《あるひ》は要路貴顯《えうろきけん》の位地《ゐち》を占《し》むることがある。宜《よろ》しく當《まさ》に務《つと》むべきを務《つと》めて他《た》に求《もと》めるな。然《しか》る時《とき》は却《かへ》つて意外《いぐわい》の幸福《かうふく》がある。

初《シヨ》六。浚恒《フカクツネニス》。貞凶《タヾシケレドモキヨウ》。无《ナシ》レ攸《トコロ》レ利《ヨロシキ》。○象傳曰《シヤウデンニイハク》。浚恒之《フカクツネノ》凶《キヨウハ》。始《ハジメテ》求《モトムル》深《フカキ》也。

己《おの》れが才力《さいりよく》の足《た》らざるを顧《かへり》みず、目上《めうへ》の人《ひと》に聊《いさゝ》か苦《くる》しみあるを幸《さいはひ》とし、不相當《ふさうたう》なる望《のぞ》みを屬《ぞく》して、之《これ》を其人《そのひと》に依賴《いらい》し、其成《そのせい》を待《ま》つ。然《しか》るに其人他事《そのひとたじ》に忙《いそが》はしくして、我《われ》を顧《かへりみ》ることなく、失望迷惑《しつばうめいわく》するの時《とき》とする。我《わ》が力《ちから》を揣《はか》らず勞《らう》を積《つ》まば、一擧《きよ》に願《ねがひ》を遂《と》げんと欲《ほつ》す、諺《ことわざ》に所謂《いはゆる》欲《よく》に目《め》の無《な》き者《もの》と云《い》ふ。是《こ》れ浚恒貞凶なる所以《ゆゑん》である。此《この》爻井《かうゐ》を鑿《うが》つこと深《ふか》からずして、美水《びすゐ》を得《え》んと欲《ほつ》するもの丶如《ごと》し。速《すみや》かならんと欲《ほつ》すれば、達《たつ》しない。萬事速《はんじすみやか》に成《な》らんことを欲《ほつ》する者《もの》は必《かなら》ず半《なか》ばにして廢《はい》す。又位卑《またくらゐひく》くして言論高尙時事《げんろんかうしやうじじ》に益《えき》なくして、却《かへ》つて咎《とがめ》を取《と》る。

九二。悔《クヒ》亡《ホロブ》。○象傳曰《シヤウデンニイハク》。九二悔《クヒ》亡《ホロブハ》。能《ヨク》久《ヒサシケレバ》レ中《チウニ、》也

世運《せうん》に因《よ》りて大任《たいにん》の職《しよく》に居《を》る。故《ゆゑ》に心《こゝろ》の及《およ》ばん限《かぎ》りは、善《ぜん》を盡《つく》せ。善《ぜん》久《ひさ》しきにあらざれば顯《あらは》れない。事《こと》、勞《らう》を積《つ》むにあらざれば、成《な》らぬ。我《わ》が本業《ほんげふ》を守《まも》つて、勉强《べんきよう》すべきの時《とき》とする。他《た》に心《こゝろ》を移《うつ》すな。

九三。不レ恒二其德一《ズツネニセソノトクヲ》。或《アルヒハ》承二之羞一《ス丶ムコレニハヂヲ》。貞《テイ》吉《ヤツ》。○象傳曰《シヤウデンニイハク》。不レ恒二其德一《ザルハツネニセソノトクヲ》。无レ所レ容《ナキトコロイル、》也。

農工商共《のうこうしやうとも》に其本業《そのほんげふ》を守《まも》れ。慾《よく》に迷《まよ》ひ習《なら》はざるの事業《じげふ》を爲《な》し、失敗《しつはい》を取《と》るな。又官吏《またくわんり》にありては、俸給《ほうきふ》の多《おほ》きを貪《むさぼ》り、經歷《けいれき》なきの職務《しよくむ》に轉任《てんにん》することを望《のぞ》むな。果《はた》して其《その》意《い》の如《ごと》くなつたならば、終《つひ》に身《み》を措《お》く所《ところ》なきの失敗《しつはい》を取《と》る事《こと》がある。

九四。田无レ禽《カリニナシキン》。○象傳曰《シヤウデンニイハク》。久《ヒサシク》非二其位一《アラズソノクラヰニ》。安《イヅクンゾ》得レ禽《エンキンヲ》也。

禽《きん》は巽《そん》の深《ふか》き處《ところ》に居《を》るを知《し》らずして、己《おの》れの震《しん》の高《たか》きに居《きよ》し、尙高《なほたか》きを望《のぞむ》むを謂《い》ふ。

事《こと》の齟齬《そごはなは》甚だしと云《い》はねばならぬ。己《おの》れが見込《みこ》む所《ところ》、大《おほい》に差《ちが》ひ、勞《らう》して功《こう》はない。又《また》高位《かうゐ》に在《あ》り政柄《せいへい》を執《と》る者《もの》政體《せいたい》を一變《ぺん》するか或《あるひ》は己《おの》れ當時《たうじ》に益《えき》なきを知《し》りて退職《たいしよく》すべきの時《とき》とする。通常人《つうじやうじん》の進退亦《しんたいまた》推《お》して知《し》れ。

六五。恒《ツネニス》二其《ソノ》德《トクテ》一貞《テイ》。婦《フ》人《ジン》吉《キツ》。夫《フウ》子《シハ》凶《キヨウ》。○象傳曰《シヤウデンニイハク》。婦《フ》人《ジン》貞《テイ》吉《キツハ》。從《シタガヒ》レ一《ニ》而《テ》終也《ヲヘルナリ》。夫《フウ》子《シ》制《セイス》レ義《ギテ》。從《シタガヘバ》レ婦《フニ》凶《キヨウ》也。

記《き》に曰《いは》く自二天子一、至二於庶人一、壹是皆以レ修レ身爲レ本。其本亂而末治者否矣と、蓋《けだ》し身《み》を修《おさ》むるの本《もと》は、其職《そのしよく》を盡《つく》し、己《おの》れの任《にん》に堪《た》へたる本業《ほんげふ》を務《つと》むるに在《あ》る。然《しか》るに此《この》爻《かう》の如《ごと》きは己《おのれ》を舍《す》て丶人《ひと》に依賴《いらい》し、男子《だんじ》にして婦人《ふじん》の行《おこなひ》を爲《な》すもの丶やうである。宜《よろ》しく勇氣《ゆうき》を鼓《こ》して家業《かげふ》に勉勵《べんれい》すべし。否《しか》ざれば久《ひさ》しからずして凶變《きようへん》を受《う》くる。

上六。振《フルウ》レ恒《コウテ》凶《キヨウ》。○象傳曰《シヤウデンニイハク》。振《フルフ》レ恒《コウテ》在《アリ》レ上《カミニ》。大《オホイニ》无《ナキ》レ功《コウ》也《ナリ》。

他《た》の事業《じげふ》を羨《うらや》みて數々《しばしば》其業《そのげふ》を換《か》へ、他《た》の居處《きよしよ》を羨《うらや》んで其居《そのきよ》を移《うつ》す、譬《たと》へば樹木《じゆもく》を植《うゑ》るが如《ごと》く、數々《しばしば》之《これ》を植《う》る換《かへ》れば、其木《そのき》を枯《から》す、安《いづく》んぞ花實《くわじつ》を望《のぞ》むべき。移《うつ》り氣《け》多《おほ》くして物《もの》に厭《あ》き易《やす》き時《とき》は、其業發達《そのげふはったつ》することは出來《でき》ない。必《かなら》ず破産《はさん》を致《いた》す。

䷠ (艮下乾上) 天《テン》山《ザン》遯《トン》

遯《トンハ》亨《トホル》。小《セウ》利《ヨロシ》レ貞《テイニ》。○彖傳《タンデンニ》曰《イハク》。遯《トンハ》亨《トホルハ》。剛而《ノガレテ》亨《トホル》也。剛《ガウ》當《アタリテ》レ位《クラヰニ》而應《オウヅ》。與《ト》レ時《トキ》行《オコナフ》也。小《セウ》利《ヨロシキハ》レ貞《テイニ》。浸《スミ》而《テ》長《チヤウズル》也。遯之《トンノ》時《ジ》義《ギ》大《オホヒナル》矣哉《カナ》。○大象《タイシヤウニ》曰《イハク》。天下《テンカニ》有《アル》レ山《ハヤマ》遯《トン》。君子《クンシ》以《モツテ》遠《トホザカル》二小人《セウジンニ》一。不《ズシテ》レ惡《ニクマ》而嚴《ゲンニス》。

艮《ごん》の少男世《せうだんよ》を繼《つ》ぎ、乾《けん》の老父《らうふ》退隱《たいいん》するの時《とき》とする。父《ちゝ》は衰老《すゐらう》に向《むか》つて閑散《かんさん》を樂《たのし》み、少男意《せうなんい》を肆《ほしいまゝ》にして、家事《かじ》廢頽《はいたい》に趣《おもむ》くの象《かたち》がある。君子退《くんししりぞ》き、小人進《せうじんす》み、理《り》を以《もつ》て非《ひ》に陷《おちい》る。衰運《すゐうん》に向《むか》ふの兆《しるし》とす。百事《じ》を已《や》めて閑散《かんさん》に居《を》るに如《し》くはない。

初六《シヨ》。遯《トン》尾《ビ》厲《アヤウシ》。勿《ナカレ》レ用《モチウル》レ有《アル》レ攸《トコロ》レ往《ユク》。○象傳《シヤウデンニ》曰《イハク》。遯《トン》尾《ビ》之厲《ノアヤウキハ》。不《ズンバ》レ往《ユカ》何《ナンノ》災《ワザハヒ》也《アラン》。

門地《もんち》卑《いや》しくして、上《かみ》に達《たつ》せられず、又他《またた》人《にん》にも容《い》れられざるの時《とき》とする。早《はや》く其衰《そのすゐ》運《うん》を悟《さと》り、能《のう》を晦《くら》まし、智《ち》を韜《つゝ》み、只无事《たゞことなき》を圖《はか》り、災《わざはひ》を免《まぬが》るゝを專《せん》一とする。又戰場《またせんぢやう》に在《あ》りては早《はや》く退去《たいきょ》すべきの時《とき》とする。貪《むさぼ》りて後《おく》るゝ時《とき》は、大敗《たいはい》を取《と》る。

六二。執《トルニ》レ之《コレヲ》用《モチウ》ニ黄牛《クワウギウノ》之革《カワヲ》一。莫《ナシ》ニ之《コレヲ》勝説《アゲテトク》一。○象傳曰《シヤウデンニイハク》。執用《トルニモチフル》ニ黄牛《ハクワウギフヲ》一。固《カタクスル》レ志《コヽロザシヲ》也。

人事《じんじ》を托《たく》せんとす。然《しか》れども時正《ときまさ》に非《ひ》なり。事《こと》の遂《と》ぐ可《べか》らざるを知《し》らば、早《はや》く身を遁《のが》るゝに如《し》くはない。機微神速《きびしんそく》にして、間髪《かんはつ》を容《い》れず、時《とき》に随《したが》ひ、變《へん》に應《おう》じて行《おこな》はゞ遯《とん》の時《とき》と雖《いへど》も毫《がう》も不可《ふか》なる事《こと》はない。

九三。係《ツナグ》レ遯《トンヲ》。有《アリ》レ疾《ヤマヒ》。厲《アヤウシ》。畜《ヤシナヘバ》ニ臣妾《シンセウヲ》一吉《キツ》。○象傳曰《シヤウデンニイハク》。係《ツナグ》レ遯《トンヲ》之厲《ノアヤウキハ》有《アリテ》レ疾《ヤマヒ》憊《ツカル》也。畜《ヤシナヘバ》ニ臣妾《シンセウヲ》一吉《キツ》。不《ハザル》レ可《カナラ》ニ大事《ダイジニ》一也。

遁《のが》れて身《み》を全《まつた》くするの時《とき》なるを知《し》ると雖《いへど》も、陰柔《いんぢう》の婦女子《ふぢよし》に係戀《けいれん》して脱離《だつり》することが能《あた》はず、爲《た》めに危厲《きれい》を蹈《ふ》む者《もの》である。然《しか》れども崎嶇艱難《きくかんなん》一時《じ》の安全《あんぜん》を圖《はか》る、是《こ》れ厲と云《い》ふて凶《きよう》と云《い》はない所以《ゆえん》である。又臣妾《またしんせう》を召《め》し抱《かゝへ》るには吉《きち》の占《せん》とす。何《なん》となれば臣妾《しんせう》の道《みち》は自《じ》立《りつ》ではない他《た》に順從《じゆんじう》するを以《もつ》て良徳《りやうとく》とするからである。

九四。好《コノメドモノガル》遯。君子《クンシ》吉《キツ》。小人《セウジン》否《ヒ》。○象傳曰《シヤウデンニイハク》。君子《クンシ》好《コノメドモノガル》遯。小人《セウジンハシカラズ》否也。

日頃親暱《ひごろしんちつ》する者《もの》と雖《いへど》も、其不可《そのふか》なるを知《し》らば、情《じやう》を忍《しの》び、斷然之《だんぜんこれ》を離別《りべつ》せよ。又惡《またあし》き友《とも》を謝絶《しやぜつ》するの時《とき》とする。故《ゆゑ》に君子《くんし》には吉《きち》であるが小人《せうじん》には不吉《ふきつ》である。

九五。嘉遯《ヨクノガル》。貞吉《テイキツ》。○象傳曰《シヤウデンニイハク》。嘉遯貞吉《ヨクノガルテイキツハ》。以《モツテ》レ正《タヾス》レ志《コヽロザシ》也。

身《み》の富貴《ふうき》なるを以《もつ》て世事《せじ》を厭《いと》ふの意《い》がある。勉《つと》めて目下《めした》の者《もの》を引《ひ》き立《た》て才《さい》ある者《もの》を見立《みた》て事《こと》を委《ゆだ》ねよ。能《よ》く貞正《てい せい》を守《まも》る時《とき》は、嘉祥日々《かしやうひゞ》に至《いた》り、永《なが》く平安《へいあん》である。又妻子《またさいし》を打棄《うちす》て、他國《たこく》へ出《い》で歸《かへ》らざるの象《かたち》。

上九《ジヤウキウ》。肥遯《ユタカニノガル》。无《ナシ》レ不《ザル》レ利《ヨロシカラ》。○象傳曰《シヤウデンニイハク》。肥遯《ユタカニノガル》。无《ナヤハズ》レ不レ利《ヨロシカラ》。无《ナキ》レ所《トコロ》レ疑《ウタガフ》也。

此爻心廣《このかうこゝろひろ》く體胖《たいゆた》かにして能《よ》く世事《せじ》を遺脱《ゐだつ》す。飄然遠去《へうぜんゑんきよ》、物《もの》に係累《けいるい》せず、一點《てん》一心《しん》を勞《らう》することなく、萬事意《ばんじい》に介《かい》する者《もの》がない、大吉利《だいきちり》の占《せん》とする。

䷡（乾下震上）雷《ライ》天《テン》大《タイ》壯《サウ》

大壯《タイサウハ》。利レ貞《ヨロシテイニ》。○彖傳曰《タンデンニイハク》。大壯《タイサウハ》大者《オホヘナルモノ》壯《サウ》也。剛以動《ガウモツテウゴノ》。故壯《ユヱニサウ》。大壯《タイサウハ》利レ貞《ヨロシキテイニ》。大《オホイル》者《モノ》正《タヾシキ》也。正大《セイダイニシテ》而天地《テンチ》之《ノ》情《ジヤウ》可《ベシ》レ見《ミル》矣。○大象《タイシヤウニイハク》曰。雷《ライ》在《アルハ》二天上《テンジヤウ》一大壯《タイサウ》。君子《クンシ》以《モツテ》非《アラザレハ》レ禮《レイニ》弗《スフマ》レ履。

此卦長男傲然《このくわちやうなんがうぜん》として、老夫《らうふ》の上《うへ》に居《ゐ》る。血氣《けつき》に過《す》ぎて、和氣《わき》に乏《とぼ》しきの嫌《きら》ひがある。深《ふか》く禮讓《れいじやう》を守《まも》つて、正《せい》を行《おこな》へ。然《しか》る時《とき》は已《すで》に時《とき》を得《え》たるの占《せん》とす。△己《おの》れが器量《きりやう》を恃《たの》んで、人《ひと》を侮《あなど》り、時《とき》の勢《いきほひ》を振《ふる》ふの意《い》。

初九《シヨキウ》。壯《サカンナリ》二于《ニ》趾《アシ》一。征《ユケバ》凶《キヨウ》。有《アリ》レ孚《マコト》。○象傳《シヤウデンニイハク》曰。壯《サウハ》二于《ニ》趾《アシ》一。其孚《ソノマコト》窮《キハマル》也。

此爻《このかう》は時機《じき》の未《いま》だ熟《じゆく》せざるに進《すゝ》み、身《み》を失《うしな》ふか、或《あるひ》は名《な》を失《うしな》ふ。

九二。貞《テイ》吉《キツ》。○象傳《シヤウデンニイハク》曰。九二貞《テイ》吉《キツ》。以《モツテ》レ中《チウヲ》也。

卓識才略《たくしきさいりやく》ありて、大壯《たいさう》の世《よ》に居《を》り、運氣《うんき》は十分《ぶん》なるを知《し》ると雖《いへど》も、滿盈《まんえい》を慮《はか》りて進《すゝ》まず、故《ゆゑ》に能《よ》く其大《そのだい》を保《たも》つ、貞《てい》は事《こと》を以《もつ》て云《い》ひ、中《ちう》は心《こゝろ》を以《もつ》て云《い》ふ、激《げき》せず阿《おもね》らず、是《こ》れ吉《きち》を得《う》る所以《ゆえん》である。

九三。小人《セウジンハ》用《モチヒ》レ壯《サウヲ》。君子《クンシハ》用《モチウ》レ罔《マウヲ》。貞《テイ》厲《レイ》。羝《テイ》羊《ヤウ》觸《フレテ》レ藩《ハンニ》。羸《クルシム》二其角《ソノカクニ》一。○象傳《シヤウデンニイハク》曰。

小人《セウジン》用《モチウレバ》レ壯《サウヲ》。君子《クンシ》罔《マウ》也。

血氣《けつき》に任《まか》せて事《こと》を誤《あやま》るの時《とき》とする。厚《あつ》く思慮《しりよ》を加《くは》へずして、進《すゝ》む時《とき》は、自《みづか》ら迷惑《めいわく》を釀《かも》す、少《すこ》しく人《ひと》に後《おく》れて進《すゝ》まば、苦慮《くりよ》せずして事成《ことな》る。

九四。貞《テイ》吉《キツ》。悔《クヒ》亡《ホロブ》。藩《ハン》決《ヒラケテ》不《ズ》レ羸《クルシマ》。壯《サウ》ニ于《ナリ》大《タイ》輿《ヨ》之《ノ》輹《フクニ》一。○象傳《シヤウデン》曰《ニイハク》。藩《ハン》決《ヒラクル》不《ハズ》レ羸《クルシマ》。尚《ナホ》往《ユク》也。

小人《せうじん》勢《いきほひ》を失《うしな》ひ、君子《くんし》盛運《せいうん》の時《とき》とする。天時地利人和《てんのときちのりひとのわ》、皆併《みなあは》せて之《これ》を得《う》、心《こゝろ》に掛《か》ゝる事皆氷解《ことみなひやうかい》して望《のぞ》み事叶《ことかな》ふの時《とき》とする。

六五。喪《ウシナウ》ニ羊《ヒツジヲ》于《ヤスキニ》易一。无《ナシ》レ悔《クイ》。○象傳《シヤウデン》曰《ニイハク》。喪《ウシナフハ》ニ羊《ヒツジヲ》于《ヤスキニ》易一。位《クラキ》不《ザル》レ當《ハアタラ》也。

柔順《じうじゆん》にして用《もち》ゐて事《こと》を遂《と》ぐるの時《とき》とする。譬《たと》へば暴人《ばうじん》に出合《であつ》て非理《ひり》を云掛《いひか》けらるゝも和順《わじゆん》に待遇《たいぐう》して、回避《くわいひ》するを臧《よ》しとする。己《おの》れ志剛《こゝろざしがう》なりとも、外面《ぐわいめん》に顯《あらは》さず溫順《おんじゆん》にして人《ひと》に接《せつ》せよ。剛《がう》を御《ぎよ》する道《みち》、柔《ぢう》に如《し》くはない。

上六。羝《テイ》羊《ヤウ》觸《フレテ》レ藩《ハンニ》。不《ズ》レ能《アタハ》レ退《シリゾク》。不《ズ》レ能《アタハ》レ遂《スヽム》。无《ナシ》レ攸《トコロ》レ利《ヨロシキ》。艱《ナヤメバ》則《スナハチ》吉《キツ》。○象傳《シヤウデン》曰《ニイハク》。不《ズ》レ能《アタハ》レ退《シリゾク》。不《ズ》レ能《アタハ》レ遂《トグル》。不《フ》詳《シヤウ》也。艱《ナヤメバ》則《スナハチ》吉《キツ》。咎《トガ》不《ザル》レ長《ナガカラ》也。

己《おの》れの不明《ふめい》よりして艱難《かんなん》を招《まね》き、進退《しんたい》に苦《くる》しみしも、後《のち》に悔悟勉強《くわいごべんきやう》して艱難《かんなん》を免《まぬが》る爻《かう》。

䷢（坤下離上）火《クワ》地《チ》晋《シン》

晋《シン》。康《カウ》侯《コウ》用《モチヒテ》錫《タマフ》レ馬《ウマヲ》蕃庶《ハンショ》。晝《チウ》日《ジツ》三《ミタビ》接《セツス》。○彖《タン》傳《デン》曰《ニイハク》。晋《シン》進《シン》也。明《メイ》出《イヅ》二地《チ》上《ジヤウニ》一。順《シタガヒテ》而麗《ツク》二乎大明《タイメイニ》一。柔《ジウ》進《ススミテ》而上《ジヤウ》行《カウ》。是以《コレヲモツテ》康侯《カウコウ》用《モチヒテ》錫《タマウ》レ馬《ウマ》蕃庶《パンショ》。晝日《チウジツ》三《ミタビ》接《セツスル》也。○大象《タイシヤウ》曰《ニイハク》。明《メイ》出《イヅル》二地《ハチ》上《ジヤウニ》一晋《シン》。君子《クンシ》以《モツテ》自《ミヅカラ》昭《アキラカニス》二明德《メイトクヲ》一。

運氣盛《うんきさかん》に赴《おもむ》く、文明《ぶんめい》の智者《ちしや》に從《したが》つて、幸福《かうふく》を受《う》くるの時《とき》とする。國家《こくか》に功勞《こうらう》を立《た》て、又《また》は國益《こくえき》となる事《こと》を發明《はつめい》し、上《かみ》より保護《ほご》の恩惠《おんけい》を受《う》く、所謂《いはゆる》錫レ馬蕃庶の如《ごと》くである。上位《じやうゐ》の人《ひと》に親《したし》み、其愛顧《そのあいこ》を被《かふむ》る、所謂《いはゆる》晝日三接《つ》の如《ごと》くである。

初六《シヨリク》。晋《シン》如《ギヨ》。摧《カイ》如《ギヨ》。貞《テイ》吉《キツ》。罔《ナシ》レ孚《マコト》。裕《ユタウニシテ》无《ナシ》レ咎《トガ》。○象傳《シヤウデン》曰《ニイハク》。晋如摧如《シン、ギヨサイギヨハ》獨《ヒトリ》行《オコナフ》レ正《セイヲ》也。裕《ユタカニシテ》无《ナシ》レ咎《トガ》。未《イマダ》レ受《ウケ》レ命《メイヲ》也。

身《み》卑下《ひげ》に在《あ》り、將《まさ》に爲《な》すことあらんとす。然《しか》れども妨《さまたげ》ありて、志《こゝろざし》を果《はた》すを得《え》ない。宜《よろし》く心《こゝろ》を裕《ゆたか》にして、時運《じうん》の來《きた》るを待《ま》て、遠《とほ》からずして必《かなら》ず通《つう》ずるの時《とき》である。姑《しばら》くの忍耐《にんたい》が肝要《かんえう》。

六二。晉《シン》如《ギヨ》。愁《シウ》如《ギヨ》。貞《テイ》吉《キツ》。受《ウク》二茲《コノ》介《カイ》福《フクヲ》于其《ソノ》王《ワウ》母《ボニ》一。○象《シヤウ》傳《デン》曰《ニイハク》。受《ウクレバ》二茲《コノ》介《カイ》福《フクヲ》一。以《モツテ》二中《チウ》正《セイ》一也《ナリ》。

妨《さまたげ》をなす者《もの》あつて、喜《よろこ》ばなかつたが、外《ほか》に能《よ》き手續《てつゞき》出來《でき》て忽《たちま》ち望《のぞみ》を遂《と》ぐるの時《とき》とする。思《おも》はざるの幸福《かうふく》あり、目上《めうへ》の人《ひと》の意《い》に叶《かな》ひ、盛運《せいうん》に赴《おもむ》く。

六三。衆《シウ》允《マコトトス》。悔《クヒ》亡《ホロブ》。○象《シヤウ》傳《デン》曰《ニイハク》。衆《シウ》允《マコトトスル》レ之《ハコレヲ》。志《コヽロザシ》上《ジヤウ》行《カウスル》也《ナリ》。

此爻《このかう》偏僻《へんぺき》ある人《ひと》の心《こゝろ》を能《よ》く攬《と》るものとする。是《こ》れ時勢《じせい》を察《さつ》して、人《ひと》に接《せつ》せず、己《おの》れを枉《ま》げず、人《ひと》に諂《へつら》はず、衆人《しうじん》亦《また》咸《かん》稱《しよう》す。上手《じやうず》に世《よ》を渉《わた》る此《かく》の如《ごと》し何《なに》を以《もつ》て悔《くひ》があらうぞ。

九四。晉《シン》如《ギヨ》。鼫《セキ》鼠《ソ》。貞《タヾシケレドモ》厲《アヤウシ》。○象《シヤウ》傳《デン》曰《ニイハク》。鼫《セキ》鼠《ソ》貞《タヾシケレドモ》厲《アヤウシ》。位《クラヰ》不《ザル》レ當《アタラ》也《ナリ》。

我身《わがみ》に應《おう》ぜざる位置《ゐち》に居《を》れば、危《あやう》きこと近《ちか》くにある。宜《よろ》しく方向《はうかう》を轉《てん》じなければならぬ。己《おのれ》に好《よ》しと思《おも》ふこと、知《し》らず、識《し》らず方向《はうかう》を失《うしな》ひ居《を》るの時《とき》とする。

六五。悔《クヒ》亡《ホロブ》。失《シツ》得《トク》勿《ナカレ》レ恤《ウレウル》。往《ユケバ》吉《キツ》。无《ナシ》レ不《ザル》レ利《ヨロシカラ》。○象傳曰《シヤウデンニイハク》。失《シツ》得《トク》勿《ナカレ》レ恤《ハウレフル》。往《ユケバ》有《アリ》レ慶《ヨロコビ》也。

此爻《このかう》明智《めいち》ありて、過不及《くわふきう》なき者《もの》なり、些《さ》たる心配《しんはい》ありと雖《いへど》も、憂《うれ》ふるに足《た》らない。終《つひ》に解除《かいじよ》して慶《よろこび》あるの時《とき》とす。

上九《ジヤウキウ》。晋《スヽム》二其《ソノ》角《カクヲ》一。維用《コレモチヒテ》伐《ウツ》レ邑《イウヲ》。厲《アヤウケレドモ》吉《キツ》。无《ナシ》レ咎《トガ》。貞《テイ》吝《リン》。○象傳曰《シヤウデンニイハク》。維用《コレモチフ》伐《ウツハ》レ邑《イウヲ》。道《ミチ》未《イマダ》レ光《ヒカラ》也。

内《うち》に道徳《だうとく》を修《をさ》め、身《み》を省《かへり》みて過《あやまち》なからんことを要《えう》する。家《いへ》に在《あつ》ては、子弟《してい》を敎授《けうじゆ》し、僮僕《どうぼく》を撫育《ぶいく》し、官《くわん》に在《あ》つては、私交《しかう》を絶《た》ち、專《もつは》ら其職《そのしよく》を勤《つと》めよ。此爻角《このかうかく》に晋《す》むの卦《くわ》であるから、梗直《なほき》に偏《へん》して、人《ひと》の不埒《ふらち》を怒《いか》るの癖《くせ》がありて、人《ひと》を容《い》るゝの餘裕《よいう》なくして、人《ひと》の憂《うれひ》を喜《よろこ》ぶの色《いろ》がある。己《おの》れ正直《しやうじき》にして、理《り》一邊《べん》に偏《かたよ》り、朋友或《ほういうある》は目《め》上《うへ》の人《ひと》と雖《いへど》も其意《そのい》に牴牾《タゴウ》する時《とき》は、忽《たちま》ち其角《そのつの》を露《あら》はすことある。

䷣（離下坤上）地《チ》火《カ》明《メイ》夷《イ》

明夷《メイノイハ》利《ヨロシ》㆓艱貞《カンテイニ》㆒。○彖傳曰《タンデンニイハク》。明《メイ》入《イルハ》㆓地中《チチウニイルハ》㆒明夷《メイイ》。内《ウチ》文明《ブンメイニシテ》而外《ホカ》柔順《ジウジユン》。以《モツテ》蒙《カフムル》㆓大難《ダイナンヲ》㆒。文王《ブンワウ》以《モツテ》㆑之《コレヲ》。利《ヨロシキハ》㆓艱貞《カンテイニ》㆒。晦《クラマス》㆓其明《ソノメイヲ》㆒也。内難《ウチナヤミテ》而能《ヨク》正《タヾシクス》㆓其志《ソノコヽロザシヲ》㆒。箕子《キシ》以《モツテ》㆑之《コレヲ》。○大象曰《タイシヤウニイハク》。明《ミ》入《イルハ》㆓地《チ》中《チウニ》㆒明夷《メイイ》。君子《クンシ》以《モツテ》莅《ノゾミ》㆑衆《シウニ》。用《モチヒテ》㆑晦《クラキヲ》而明《アキラカ》。

内《うち》に文明《ぶんめい》の才智《さいち》を蓄《たくは》ふと雖《いへど》も、之《これ》を匿《かく》して却《かへ》つて、愚昧《ぐまい》の風《ふう》を装《よさ》ふべきの時《とき》とする。若《も》し才智《さいち》ありと見《み》らるゝ時《とき》は、威權《ゐけん》を以《もつ》て抑壓《よくあつ》せられ、不測《ふそく》の大害《たいがい》を惹起《じやくき》す。故《ゆゑ》に大《だい》事《じ》を企《くはだ》てべからざるは勿論《もちろん》、日常《にちじやう》の言語《げんご》動作《どうさ》と雖《いへど》も之《これ》を愼《つゝし》み以《もつ》て禍《わざはひ》を防《ふせ》げ。

初九《シヨキウ》。明夷《メイイ》于《コヽニ》飛《トビテ》。垂《タル》㆓其翼《ソノツバサヲ》㆒。君子《クンシ》于《コヽニ》行《ユク》。三《サン》日《ジツ》不《ズ》㆑食《クラハ》。有《アリ》㆑攸《トコロ》往《ユク》。主人《シユジン》有《アリ》㆑言《コト》。○象傳曰《シヤウデンニイハク》。君子《クンシ》于《コヽニ》行《カウス》。義《ギ》不《ズ》㆑食《クラハ》也。

運氣衰《うんきおとろ》へて智力《ちりよく》を施《ほどこ》す所《ところ》なく、術計盡《じゆつけいつ》きて羽《は》敲《はた》きもならぬ時《とき》とする。我進《われすゝ》まんとすれば、暴威《ばうゐ》を加《くは》ふる者《もの》ありて身《み》に害《がい》を受《う》く、又行先《またゆくさ》き不首尾《ふしゆび》にして困難《こんなん》するの時《とき》とする。又目上《またためうへ》の人《ひと》に違言《ゐげん》ありて困難《こんなん》することある。時運此《じうんかく》の如《ごと》し、總《すべ》て進取《しんしゆ》の事業《じげふ》に就《つ》くな。

六二。明夷《メイイ》夷《ヤブル》二于《ヲ》左《サ》股《コヲ》一。用《モチヒテ》レ拯《スクフニ》レ馬《ウマヲ》壯《サウナレバ》吉《キツ》。○象傳《シヤウデン》曰《ニイハク》。六二之《ノ》吉《キツハ》。順《ジユンニシテ》以《モツテ》則《ノリアル》也。

我文明《わがぶんめい》の智徳《ちとく》を備《そな》へて、彼《かれ》に違《たが》はずと雖《いへど》も、彼暴戻《かれはうさい》にして、道徳《だうとく》の何物《なにもの》たるを知《し》らず、頻《しきり》に迷惑《めいわく》を我《われ》に負《お》はしむ。一身立行《しんたちゆきかた》難く難儀《なんぎ》を目下《めした》の人《ひと》に助《たす》けらるゝ時《とき》とする。總《すべ》て善人《ぜんにん》にして禍《わざはひ》を被《かふむ》る。愼《つゝし》め。古昔周《むかししう》の文王此明夷《ぶんのうこのめいい》の時《とき》に遭《あ》ひ、紂王《ちうわう》の疑《うたがひ》を受《う》け、身《み》羑里《いうり》に囚《とら》はるゝ七年《ねん》に及《およ》んだ。文王《ぶんのう》は西方諸侯《せいはうしよこう》の長《ちやう》であつて、西伯《せいはく》と稱《しよう》し、天下《てんか》の名望己《めいはうおの》れに歸《き》した。然《しか》るに文王柔順《ぶんのうじうじゆん》を守《まも》り、紂王《ちうわう》に逆《さか》ふことがなかつた。故《ゆゑ》に紂王《ちうわう》の無道《ぶだう》と雖《いへど》も終《つひ》に其暴虐《そのはうぎやく》を逞《たくまし》ふすること出來《でき》なかつた。文王《ぶんのう》にして尚此《なほかく》の如《ごと》くである。況《いは》んや常人《じやうじん》に於《お》ては尚更《なほさら》のことである。故《ゆゑ》に此爻《このかう》に遇《あ》ふ時《とき》は謹愼《きんしん》して其難《そのなん》を避《さ》け時移《ときうつ》り運《うん》の開《ひら》くるを竢《ま》て。

九三。明《メイ》夷《イ》于《オイテ》二南《ナン》狩《シウニ》一得《ウ》二其《ソノ》大《タイ》首《シユヲ》一。不《スベカラズ》レ可レ疾《トクス》貞《テイ》。○象傳《シヤウデンニ》曰《イハク》。南《ナン》狩《シウ》之《ノ》志《コヽロザシハ》。乃《スナハチ》大《オホイニ》得《ウル》也《ナリ》。

運盛《うんさか》んにして、大事業《だいじげふ》を起《おこ》すの時《とき》である。我智《わがち》を以《もつ》て彼《かれ》の智《ち》を開《ひら》くの時《とき》である。其《その》事業《じげふ》は南《みなみ》に向《むか》つて始《はじ》まるを宜《よろ》しとする。然《しか》る時《とき》は大利《だいり》益《えき》を得《う》る。然《しか》れども漸《ぜん》を以《もつ》てするに非《あら》ざれば不可《ふか》である。

六四。入《イル》レ于《ヘ》二左《サ》一腹《フクニ》獲《ウル》二明《メイ》夷《イ》之《ノ》心《コヽロヲ》一于《オイテス》レ出《イヅルニ》二門《モン》庭《テイヲ》一。○象傳《シヤウデンニ》曰《イハク》。入《イルハ》レ于二左《サ》腹《フクニ》一獲《ウル》二心《シン》意《イヲ》一也。

柔順《じうじゆん》にして時《とき》の流行《りうかう》に隨《したが》ひ、又能《またよ》く主人《しゆじん》の心腹《しんぷく》を得《え》た。然《しか》れども後難《こうなん》の恐《おそ》れあり、豫《あらかじ》め退身《たいしん》の策《さく》を運《めぐ》らすの時《とき》とする。

六五。箕《キ》子《シ》之《ノ》明《メイ》夷《イ》利《ヨロシ》レ貞《テイニ》。○象傳《シヤウデンニ》曰《イハク》。箕《キ》子《シ》之《ノ》貞《テイハ》明《メイ》不《ザル》レ可《ベカラ》レ息《ヤム》也。

此爻進退兩難《このかうしんたいりやうなん》の地位《ちゐ》に立《た》つの時《とき》とする。人《ひと》は縱《たと》ひ人《ひと》たらざるも、我《われ》は我《われ》として其難《そのなん》に堪《た》へ忍《しの》べ。然《しか》る時《とき》は後《のち》必《かなら》ず其報《そのむく》ひがある。

上《ジヤウ》六。不《ズシテ》レ明《アキラカナラ》悔《クラシ》。初《ハジメハ》登《ノボリテ》レ于レ天《テンニ》。後《ノチニハ》入《イル》レ于《ニ》レ地《チ》。○象傳《シヤウデン》曰《ニイハク》。初《ハジメハ》登《ノボルハ》レ于レ天《テンニ》。照《テラスシ》二四國《コクヲ》一也。後《ノチニ》入《イルハ》レ于レ地《チニ》。失《ウシナフ》レ則《ノリヲ》也。


世《よ》の暗昧《あんまい》なる者《もの》、僥倖《げうかう》にしても上位《じやうゐ》に居《を》る時《とき》とする。己《おの》れ明《めい》なりと思《おも》ひて、其實《そのじつ》至《し》暗《あん》なるを知《し》らず、勢《いきほひ》に乘《じよう》じて人《ひと》に困難《こんなん》を與《あた》ふること多《おほ》く、爲《た》めに幸福《かうふく》變《へん》じて災禍《さいくわ》と爲《な》る。勢《いきほ》ひ已《すで》に此《こゝ》に至《いた》る、又如何《またいかん》とも出來《でき》ない、宜《よろ》しく初《はじめ》に戒心《かいしん》せよ。

䷤（離下巽上）　風《フウ》火《カ》家《カ》人《ジン》

家《カ》人《ジンハ》。利《ヨロシ》二女《ヂヨノ》貞《テイニ》一。○彖傳《タンデン》曰《ニイハク》。家人《カジンハ》女《ヂヨ》正《タヾシク》二位《クラ井ヲ》乎内《ウチニ》一。男《ダンハ》正《タヾシク》二位《クラ井ヲ》乎外《ホカニ》一。男女《ダンヂヨ》正《タヾシキハ》天地《テンチ》之《ノ》大義《タイギ》也。

家《カ》人《ジン》有《アリ》二嚴君《ゲンクン》一焉。父母《フボ》之謂《ノイヒ》也《ナリ》。父《チ・ハ》父《チ・タリ》。子《コハ》子《コタリ》。兄《ケイハ》兄《ケイタリ》。弟《テイハ》弟《テイタリ》。夫《フハ》夫《フタリ》。婦《フハ》婦《フタリ》。而《シカシテ》家道《カダウ》正《タヾシ》。

正《タヾシ》レ家《イヘヲ》而《テ》天下《テンカ》定《サダマル》矣。○大象《タイシヤウ》曰《ニイハク》。風《カゼ》自《ヨリ》レ火《ヒ》出《イヅルハ》家人《カジン》。君子《クンシ》以《モツテ》言《コト》有《アリテ》レ物《モノ》而《シカシテ》行《オコナヒ》有《アリ》レ恒《ツネ》。


我《わ》れ明《あきら》かにして彼《か》れ從《したが》ひ、一家《か》睦《むつ》まじくして家事《かじ》齊《とゝの》ひ、安心《あんしん》なる時《とき》とする。又衆人《またしうじん》と交《まじはり》と和合《わかう》し、恰《あだか》も一家《か》の如《ごと》き親愛《しんあい》を受《う》くる。又本業《またほんげふ》を固《かた》く守《まも》れば、漸々《ぜんく》に家《いへ》富《と》み、幸運《かううん》に進《すゝ》む。

初九《シヨキウ》。閑《フセギテ》有《タモツ》レ家《イヘヲ》悔《クヒ》亡《ホロブ》。○象傳曰《シヤウデンニイハク》。閑《フセギテ》有《タモツ》レ家《イヘヲ》。志《コヽロダシ》未《イマダ》《ザル》レ變《カハラ》也。

節儉《せつけん》を興《おこ》し、國《くに》を興《おこ》すの基《もと》であつて、之《これ》を行《おこな》へば、輕薄《けいはく》に流《なが》れず、邪惡《じやあく》に陷《おちい》らざる者《もの》と心《こゝろ》得、總《すべ》て冗費《じようひ》を省《はぶ》き、質素《しつそ》を行《おこな》へ。又他《またた》に心《こゝろ》を移《うつ》さず、一家心《かこゝろ》を協《あは》せ、其家風《そのかふう》を正《たゞ》しくして之《これ》を守《まも》れば、家道繁昌《かだうはんじやう》すべく、又物《またもの》の始《はじめ》を爲《な》すの意《い》がある。故《ゆゑ》に人《ひと》を雇《やとひ》入《い》るゝが如《ごと》きは其始《そのはじめ》に於《おい》て我家風《わがかふう》と其人《そのひと》の擔任《たんにん》すべき事務《じむ》とを叮嚀《ていねい》に敎《をし》へ置《お》く時《とき》は、其人之《そのひとこれ》に習熟《しふじゆく》して、能《よ》く我《わ》が業務《げうむ》を助《たす》ける。總《すべ》て初念《しよねん》を貫《つらぬ》く時《とき》は、後榮《こうえい》あるの占《せん》にして、中途《ちうと》にして、怠廢《たいはい》すべからざるの時《とき》とする。

六二。无《ナシ》レ攸《トコロ》レ遂《トグル》。在《アリ》二中饋《チウニキヤニ》一。貞《テイ》吉《キツ》。○象傳曰《シヤウデンニイハク》。六二之《ノ》吉《キツハ》。順《ジユンニシテ》以《モツテ》巽《シタガフ》也。

着實《ちやくじつ》を主《しゆ》として、本業《ほんげふ》に怠《おこた》らない時《とき》は、漸々《ぜんく》に盛運《せいうん》に赴《おもむ》く。他物《たぶつ》の爲《た》めに心《こゝろ》を動《うご》かし、欲念《よくねん》を起《おこ》し、又《また》は新《あらた》に事業《じげふ》を企《くはだ》てるな。

九三○家《カ》人《ジン》嗃《カク》嗃《カク》○悔《クヽレドモ》レ厲《アヤウヰテ》吉《キツ》○婦《フ》子《シ》嘻《キ》嘻《キ》○終《ツヒニ》吝《リン》○○象傳《シヤウデンニ》曰《イハク》○家《カ》人《ジン》嗃《カク》嗃《カク》○
未《イマダ》レ失《ウシナハザル》也○婦《フ》子《シ》嘻《キ》嘻《キ》○失《ウシナフ》ニ家《カ》節《セツテ》一也○
家道《かだう》厳格《げんかく》に過《す》ぎ又《また》は、放縦《はうじう》に流《なが》れ、何《いづ》れか一方《はう》に偏倚《へんき》するの時《とき》とする。但《たゞし》厳格《げんかく》なれば家内《かない》和《わ》せざるも吉《きち》、放縦《はうじう》なれば強制《きやうせい》せざれば大《おほい》に凶《きよう》。又《また》婦人《ふじん》女子《ぢよし》の愛《あい》に溺《おぼ》るゝことあり、又《また》業務《げうむ》を人《ひと》に委《まか》すべからず。つとめて中道《ちうだう》に副《そ》ふを吉《きち》とする。

六四○富《トマス》レ家《イヘヲ》大吉《ダイキツ》○○象傳《シヤウデンニ》曰《イハク》○富《トマス》レ家《イヘヲ》大吉《ダイキツ》○順《ジユンニ》在《シテアルクラヰニ》レ位也○
巽《そん》の陰爻《いんかう》は所謂《いはゆる》市《いち》に近《ちか》づけば利《り》三倍《ばい》を得《う》る者《もの》であつて、廉價《れんか》の物品《ぶつぴん》を買入《かひい》れ、大利《だいり》を得《う》るの時《とき》とする。又《また》家風《かふう》を守《まも》りて奢侈《しやし》に流《なが》れず、勉强《べんきやう》すれば、一家《か》和合《わがふ》して、富饒《ふぜう》を致《いた》すべし、又《また》學者《がくしや》は、先哲《せんてつ》の智識《ちしき》を研究《けんきう》して博聞强記《はくぶんきやうき》の大家《たいか》となるの時《とき》とする。

九五○王《ワウ》假《イタル》ニ有《イウ》家《カニ》一○勿《ナカレ》レ恤《ウレフル》吉《キツ》○○象傳《シヤウデンニ》曰《イハク》○王《ワウ》假《イタル》ニ有《イウ》家《カニ》一○交《コモゴモ》相《アヒ》愛《アイスル》也○
父母《ふぼ》に孝《かう》にして、全家《ぜんか》睦《むつ》ましく、家事《かじ》整頓《せいとん》して世《よ》の模範《もはん》となるの時《とき》とする。又《また》荒地《くわうち》を開墾《かいこん》し、工場《こうぢやう》或《あるひ》は學校《がくかう》を設《まう》け、世《よ》の公益《こうえき》を謀《はか》り令聞《れいぶん》九重《こゝのへ》に達《たつ》し、歡感《えいかん》の譽《ほまれ》を得《う》るの時《とき》とする。

上九《ジヤウキウ》。有《アリ》レ孚《マツト》。威《ヰ》如《ジヨ》。終《ツヒニ》吉《キツ》。○象傳《シヤウデンニ》曰《イハク》。威《ヰ》如《ジヨノ》之吉《キツハ》。反《ハンスル》レ身《ミニ》之《ノ》謂《イヒ》也。

弱年《じやくねん》より品行方正《ひんかうはうせい》にして、業務《げふむ》に勉勵《べんれい》し、家《いへ》富《と》み身《み》老《おい》て、其產業《そのさんけふ》を子孫《しそん》に讓與《じやうよ》するの時《とき》とする。勉強節儉《べんきやうせつけん》すること多年《たねん》にして、終《つひ》に一家《か》の風《ふう》を爲《な》し、其家風《そのかふう》を永遠《えいゑん》に貽《のこ》すのみならず、善德《ぜんとく》を積《つ》み、家業《かげふ》を昌《さかん》にし、威嚴《ゐげん》自《おのづか》ら備《そな》はり、人《ひと》の尊敬《そんけい》を受《う》くる時《とき》とする。

䷥（兌下離上）火《クワ》澤《タク》睽《ケイ》

睽《ケイハ》。小事《セウジニ》吉《キツ》。○彖傳《タンデンニ》曰《イハク》。睽《ケイ》火《ヒ》動《ウゴイテ》而上《ノボリ》。澤《タク》動《ウゴイテ》而下《クダル》。二女《ジヂヨ》同居《ドウキヨシテ》。其志《ソノコヽロザシ》不《ズ》二同《オナジク》行《オコナハ》一。說《ヨロコビテ》而麗《ツク》二乎《ニ》明《メイ》一。柔《ジウ》進《スヽミテ》而上行《ジヤウカウス》。得《エテ》レ中《チウ》而應《オウズ》二乎剛《ガウニ》一。是以《コヽヲモツテ》小事《セウジ》吉《キツ》。天地《テンチ》睽《ソムキテ》而其事《ソノコト》同《オナジ》也。男女《ダンヂヨ》睽《ソムキテ》而其志《ソノコヽロザシ》通《ツウズ》也。萬物《バンブツ》睽《ソムキテ》而其《ソノ》事《コト》類《ルイス》也。睽《ケイ》之《ノ》時《ジ》用《ヨウ》大《オホイナル》矣哉《カナ》。○大象《タイシヤウニ》曰《イハク》。上《カミニシ》レ火《ヒヲ》下《シモニス》レ澤《タクヲ》睽《ケイ》。君子《クンシ》以《モツテ》同《オナジクシテ》而異《コトナリ》。

人《ひと》と交《まじは》るに互《たがひ》に思《し》想《さう》の相《さう》違《ゐ》より意《い》外《ぐわい》の變《へん》を起《おこ》す。甚《はなは》だしきに至《いた》つては、骨《こつ》肉《にく》讎《しう》敵《てき》に化《くわ》し親《しん》疎《そ》旦《たん》夕《せき》に變《へん》ず。暌《けい》の時《とき》は、剛《がう》に施《ほどこ》すに宜《よろ》しからず、宜《よろ》しく溫《おん》和《わ》を旨《むね》とせよ。又《また》此《この》封《くわ》に弓《ゆみ》矢《や》鈌《てつ》砲《ぱう》の象《かたち》あり、戎《じう》器《き》に訴《うつた》へて果《くわ》斷《だん》するに利《り》あり。

初九《シヨキウ》。悔《クヒ》亡《ホロブ》。喪《ウシナフ》レ馬《ウマヲ》勿《ナカレ》レ逐《オフコト》。自《ミヅカラ》復《カヘル》。見《ミル》二惡《アク》人《ニンヲ》一。无《ナシ》レ咎《トガ》。○象《シヤウ》傳《デン》曰《ニイハク》。見《ミルハ》二惡《アク》人《ニンヲ》一。以《モツテ》レ辟《サクルヲ》レ咎《トガヲ》也《ナリ》。

上《じやう》位《ゐ》の不《ふ》善《ぜん》人《にん》より交《かう》際《さい》を求《もと》めらるゝことがある。事《こと》善《ぜん》なれば、從《したが》ふべく、不《ふ》善《ぜん》なれば程《ほど》能《よ》く謝《しや》絕《ぜつ》して之《これ》に從《したが》ふてはならぬ。孔《こう》子《し》が南《なん》子《し》を見《み》、陽《やう》貨《くわ》に遇《あ》ひしも、此《この》爻《かう》の意《い》を以《もつ》て禍《くわ》咎《きう》を避《さ》けたのである。古《むかし》より賢《けん》者《しや》惡《あく》人《にん》に逼《せま》られ、痛《いた》く拒《きよ》絕《ぜつ》して禍《わざはひ》を被《かふむ》つた者《もの》尠《すくな》くはない。是《こ》れ惡《あく》人《にん》を見《み》て咎《わざはひ》を避《さ》くることを知《し》らなかつたからである。

九二。遇《アフ》二主《シユニ》于《ニ》一レ巷《チマタ》。无《ナシ》レ咎《トガ》。○象《シヤウ》傳《デン》曰《ニイハク》。遇《アフハ》二主《シユニ》于《ニ》一レ巷《チマタ》。未《イマダ》《ザル》レ失《ウシナハ》レ道《ミチヲ》也。

目《め》上《うへ》と事《こと》を謀《はか》つて、成《じやう》就《じう》するの時《とき》とする。事《こと》意《い》外《ぐわい》に速《そく》成《せい》することがある。又《また》一時《じ》人《ひと》に邪《じや》魔《ま》せられて至《し》親《しん》の間《あひだ》を隔《へだ》てらるゝの象《かたち》。只《たゞ》心《こゝろ》を變《か》へないことを努《つと》めよ。

六三。見《ミル》㆓輿《ヨノ》曳《ヒカル・ヲ》㆒。其《ソノ》牛《ウシ》掣《ヒカル》。其人天《ソノヒトカミキラレ》且《カツ》劓《ハナキラル》。无㆑初《ナクシテハジメ》有《アリ》㆑終《ヲハリ》。○象傳曰《シヤウデンニイハク》。見《ミルハ》㆓輿《ヨ》曳《ヒカル、ヲ》㆒。位《クラヰ》不《ザル》㆑當《アタラ》也。无《ナシ》㆑初《ハジメ》有《アルハ》㆑終《ヲハリ》。遇《アフ》㆑剛《ガウニ》也。

思《おも》はざる點《てん》より、災《わざはひ》を釀《かも》すことがある。然《しか》れども一時《じ》の過誤《くわご》より起《おこ》つたものであるから、後漸《のちやうや》く消解《せうかい》するの占《せん》とする。人《ひと》、此爻《このかう》に遇《あ》ふ時《とき》は事《こと》に關《あづか》らぬを可《か》とする。

九四。睽《ケイ》孤《コ》。遇《アフ》㆓元夫《グンフニ》㆒。交孚《コモゴモマコトス》。厲《アヤウケレドモ》无《ナシ》㆑咎《トガ》。○象傳曰《シヤウデンニイハク》。交孚《コモゴモマコトス》无《ナキハ》㆑咎《トガ》。志《コヽロザシ》行《オコナハル》也。

此爻身《このかうみ》高位《かうゐ》に在《あ》るも、親戚舊故《しんせききうこ》少《すく》なく、且《か》つ我意《がい》に強《つよ》きを以《もつ》て、衆《しう》に嫌《きら》はれ除《の》けものとなるの象《かたち》あり、故《ゆゑ》に憂慮《いうりよ》に絶《た》えず、且不滿《かつふまん》の事多《ことおほ》い。然《しか》れども其孚誠《そのふせい》を失《うしな》はず、柔和《にうわ》を以《もつ》て交《まじは》る時《とき》は、必《かなら》ず其殊勝《そのしゆしよう》なるに對《たい》して助《たすけ》となる人《ひと》を得《う》る。

六五。悔《クヒ》亡《ホロブ》。厥《ソノ》宗《ソウ》噬《カム》㆑膚《ハダイヲ》。往《ユケバナンノトガアラン》何咎。○象傳曰《シヤウデンニイハク》。厥《ソノ》宗《ソウ》噬《カム》㆑膚《ハダヘヲ》。往《ユキテアル》有㆑慶《ケイ》也。

此爻目下《このかうめした》の賢人《けんじん》、我《われ》を助《たす》けて、難事《なんじ》を處理《しより》するの時《とき》とする。又政府《またせいふ》にして或《あるひ》は大臣《だいじん》輔相《ほしやう》の官邸《くわんてい》を空中《くうちう》に設《まう》け置《お》き、夜中《やちう》と雖《いへど》も、容易《ようい》に機事《きじ》を通《つう》ずることを得《う》るの象《かたち》がある。是《こ》れ遇ニ主于巷一の應爻《おうかう》があるからである。

上九《ジヤウキウ》。睽《ケイ》孤《コ》。見《ミル》ニ豕《シノ》負《オフテ》レ塗《トヲ》。載《ノス》ニ鬼《ヤヲ》一《イツ》車《シヤニ》一。先《サキニハ》張《ハリ》ニ之《コレガ》弧《ユミヲ》一。後《ノチニハ》說《ハヅス》ニ之《コレガ》孤《ユミヲ》一。匪《アラズ》レ寇《アダスルニ》婚媾《コンカウセントス》。往《ユキテ》遇《アヘバ》レ雨《アメニ》則《スナハチ》吉《キツ》。○象傳曰《シヤウデンニイハク》。遇《アフ》レ雨《アメニ》之《ノ》吉《キツ》。群《グン》疑《ギ》亡《ホロブル》也。

人《ひと》の上《うへ》に立《た》つ者《もの》、世《よ》の人情《にんじやう》如何《いかん》を解《かへ》する能《あた》はず、例《たと》へば我《わ》れ人《ひと》を疑《うたが》ふ時《とき》は、人《ひと》も亦《また》我《われ》を疑《うたが》ふ。能《よ》く此理《このり》を了悟《れうご》して、疑念《ぎねん》を消散《せうさん》し、誠意《せいい》を以《もつ》て徧《あまね》く人《ひと》に交《まじは》れ。然《しか》る時《とき》は今《いま》まで寇《あだ》と思《おも》ひし者《もの》も因《ちなみ》に繋《つな》がれ、親《した》しみ合《あ》ふべし。又久《またひさ》しくして事成《ことな》るの意《い》がある。總《すべ》て事《こと》は急《いそ》いではならぬ。又口角辯論《またこうかくべんろん》を愼《つゝし》め。

䷦（艮下坎上）水《スヰ》山《ザン》蹇《ケン》

蹇《ケンハ》。利《ヨロシ》ニ西南《セイナンニ》一。不《ズ》レ利《ヨロシカラ》ニ東西《トウザイ》一。利《ヨロシ》レ見《ミルニ》ニ大人《タイジン》一。貞吉《テイキツ》。○彖傳曰《タンデンニイハク》。蹇難《ケンハナン》也。險《ケンハ》在《アル》レ前《マイニ》也。見《ミテ》レ險《ケンヲ》而能止《トクトヾマル》。知矣哉《ハチナルカナ》。蹇《ケンハ》利《ヨロシキハ》ニ西南《セイナンニ》一。往《ユキテ》得《ウル》レ中《チウニ》也。不《ザル》レ利《ハヨロシカラ》ニ東北《トウホク》一。其道《ソノミチ》窮《キハマル》也。利《ヨロシキ》レ見《ミルニ》ニ大人《タイジンヲ》一。往《ユキテ》有レ功《コウ》也。當《アタリテ》レ位《クラヰ》貞吉《テイキヤウ》。以《モツテ》正《タヾシクス》二邦《クニヲ》一也。蹇之時《ケンノジ》用《ヨウ》。大矣哉《オホイナルカナ》。○大象曰《タイシヤウニイハク》。山上有《サンジヤウニアル》レ水蹇《ミヅケン》。君子以《クンシモツテ》反《カヘリミニ》レ身修《オサム》レ徳《トクヲ》。

身《み》の上《うへ》に甚《はなは》だしき艱難《かんなん》あり、而《しか》して此艱難《このかんなん》を濟《すく》はん爲《た》めに術計《じゆつけい》盡《つ》きて困《こま》り果《は》つるの時《とき》とする、此時《このとき》に當《あた》り智巧《ちこう》を用《もち》ひ、艱難《かんなん》を出《いで》んとする時《とき》は、益〻深入《ます〳〵ふかいり》する。而《しか》して其艱難《そのかんなん》たるや。之《これ》を大《だい》にしては身《み》を失《うしな》ひ、之《これ》を小《せう》にしては、家産《かさん》を失《うしな》ひ、應《まさ》に困苦《こんく》の極《きよく》に至《いた》る。蹇《けん》とは跛《あしなへ》なり、進《すゝ》んではならぬ。唯心《たゞこゝろ》に悶《もだ》へしめずして、時《とき》の至《いた》るを待《ま》て。初爻《しよかう》變《へん》ならば、五ケ月《げつ》の後《のち》天運《てんうん》來《きた》り我《われ》を濟《すく》ふ者《もの》ありて、蹇《なや》み自《おのづか》ら解《わか》る。利レ見二大人一とは威權《ゐけん》あるか、或《あるひ》は目上《めうへ》の智識《ちしき》ある者《もの》に依頼《いらい》して、助《たす》けを受《う》くるの時《とき》あるを謂《い》ふのである。第《だい》五爻《かう》の時至《ときいた》れば艱難解《かんなんと》けて平地《へいち》と爲《な》り、思《おも》はず平安《へいあん》に至《いた》るべきである。故《ゆゑ》に時《とき》の至《いた》らざるに、詮《せん》なき苦勞《くらう》して心《こゝろ》を痛《いた》ましむること勿《なか》れ。

初《シヨ》六。往蹇來譽《ユケバナヤミキタレバホマレアリ》。○象傳曰《シヤウデンニイハク》。往蹇來譽《ユケバナヤミキタレバホマレアルハヨロシクマツ》宜《ベキ》レ待也。

今身《いまみ》の上《うへ》に難義《なんぎ》ありとて、智巧《ちこう》を用《もち》ゐて動《うご》く時《とき》は、倘《な》ほ共難義《そのなんぎ》を増《ま》す。故《ゆゑ》に自若《じじやく》として開運《かいうん》の時《とき》至《いた》るを待《ま》て。今《いま》より五ケ月《げつ》の後《のち》難《なや》み解《と》けて意外《いぐわい》の譽《ほま》れがある。又我《またわれ》に對《たい》する敵手《てきしゆ》ありて、占《うらな》ふ時《とき》は進《すゝ》めば彼《かれ》に威權《ゐけん》を增《ま》し、彼《かん》の陰套《いんたう》に陷《おちい》りて迷惑《めいわく》する。彼《かれ》より來《きた》る時《とき》は、威權挫《ゐけんくじ》けて、反《かへ》つて我爲《わがた》めにまに相談對手《さうだんあいて》となるのである。安坐《あんざ》して彼《かれ》を服《ふく》するを以《もつ》て、人皆其《ひとみなそ》の先見《せんけん》の違《たが》はざるに服《ふく》す。是《こ》れ其《そ》の來譽と云《い》ふ所以《ゆえん》である。

六二。王《ワウ》臣《シン》蹇《ケン》々《ケン》。匪《アラズ》㆓躬《ミ》之《ノ》故《ユヱ》㆒。○象傳《シヤウデンニ》曰《イハク》。王《ワウ》臣《シン》蹇《ケン》々《ケンハ》。終《ツヒニ》无《ナキ》㆑咎《トガメ》也。

此爻臣位《このかうしんゐ》に居《ゐ》て、貞正《ていせい》を守《まも》るものとす。忠義《ちうぎ》に厚《あつ》けれども、國運未《こくうんいま》だ至《いた》らず、爲《た》めに難義《なんぎ》が多《おほ》い。然《しか》れども其志操《そのしさう》を變《か》へないて、國家《こくか》に盡《つく》す時《とき》は、遂《つひ》に天助《てんぢよ》を得《え》て吉《きち》となる。又常人《またじやうじん》なれば目上《めうへ》の人《ひと》と連帶《れんたい》して共《とも》に、憂患《いうくわん》がある。然《しか》れども四ケ月《げつ》の後《のち》には大人《たいじん》の力《ちから》を添《そゆ》るあり、困難解除《こんなんかいじよ》の好運《かううん》がある。

九三。往蹇《ユケバナヤミ》來反《キタレバカヘル》。○象傳《シヤウデンニ》曰《イハク》。往蹇《ユケバナヤミ》來反《キタレバカヘルハ》。内喜《ウチヨロコブ》㆑之《コレヲ》也。

此爻才力剛《このかうさいりよくがう》に過《す》ぐ、故《ゆゑ》に進《すゝ》みて難《なん》を解《と》かんと欲《ほつ》する時《とき》は、却《かへつ》て敗《はい》を取《と》り、困難《こんなん》に陷《おちい》る。故《ゆゑ》に其身《そのみ》を正《たゞ》しくして進《すゝ》まず、本分《ほんぶん》に安《やす》んずるを可《か》とする。又他《またた》に使《つかへ》しては彼《かれ》の亡状《ばうじやう》を受《う》くる事《こと》あるべく、彼《かれ》より來《きた》る時《とき》は事調《ことととの》ひ、意外《いぐわい》の幸《さいはひ》を得《う》るの時《とき》とする。

六四。往《ユケバ》蹇《フサガリ》來《キタレバ》連《ツラナル》。○象傳《シヤウデンニイハク》曰。往《ユケバ》蹇《フサガリ》來《キクレバ》連《ツラナルハ》。當《アタリテ》レ位《クラヰニ》實《ジツナル》也。

溫順《おんじゆん》の人《ひと》、目上《めうへ》の賢者《けんしや》と事《こと》を謀《はか》れば過《あやま》ちなきを得《う》る、我《わ》れ力《ちから》なくして、力《ちから》ある者《もの》と共《とも》に心配《しんぱい》す。故《ゆゑ》に遠《とほ》からず難解《なんと》けて安心《あんしん》に至《いた》る目上《めうへ》の誠《まこと》ある人《ひと》に從《したがつ》て實意《じつい》を盡《つく》すを要《えう》す。

九五。大《オホイニナヤム》蹇　朋《トモ》來《キタル》。○象傳《シヤウデンニイハク》曰。大《オホイニナヤムトモ》蹇　朋《キタルハ》來。以《モツテ》二中《チウセツヲ》節一也。

尊位《そんゐ》を履《ふ》み、身大《みだい》なれば艱難《かんなん》も亦大《またおほ》きい。智徳《ちとく》ありと雖《いへど》も、衆力《しうりよく》を得《え》ざれば、周《あまね》く之《これ》を救《すく》ひ難《がた》い。故《ゆゑ》に明智《めいち》ある者《もの》を集《あつ》めて。助《たすけ》を得《え》ば、艱難悉《かんなんこと〴〵》く解《と》けて、大功《たいこう》がある。又常人《またじやうじん》は天運《てんうん》と共《とも》に久《ひさ》しく蹇《なや》みたるも、今《いま》や衆人《しうじん》の助力《ぢよりよく》を得《え》て、難解《なんと》け望《のぞ》み達《たつ》するの時《とき》とする。

上六《ジヤウ》。往《ユケバナヤミ》蹇　來《キタレバオホイナリ》碩。利《ヨロシ》レ見《ミルニ》二大《ダイ》人《ジンヲ》一。○象傳《シヤウデンニイハク》曰。往《ユケバナヤミ》蹇　來《キタレバオホイナルハ》碩。志《コヽロザシ》在《アルウチニ》レ內也。利《ヨロシキハミルタイジンヲ》レ見二大人一。以《モツテ》從《シタガフ》レ貴《タツトキニ》也。

高位《かうゐ》に在《あ》りて、國家《こくか》の艱難《かんなん》を察《さつ》し、心《こゝろ》を難《なや》ますこと大《だい》なるべし。然《しか》れども艱《かん》已《すで》に解《とく》るに及《およ》んでは坐《ゐ》ながらにして德《とく》顯《あらは》る。常人《じやうじん》は數年《すうねん》の困學《こんがく》世《よ》に顯《あら》はれて、碩德《せきとく》の譽《はまれ》あるべきの時《とき》とする。

䷧（坎下震上）雷《ライ》水《スヰ》解《カイ》

解《カイハ》。利㆓西南㆒《ヨロシセイナンニ》。无㆑攸㆑往《ナシトコロユク》。其來復吉《ソノキタリテカヘリテキツ》。有㆑攸㆑往《アレバトコロユク》。夙吉《ハヤクシテキツ》。○彖傳曰《タンデンニイハク》。解《カイハ》。險以動《ケンニシテモツテウゴク》。動而免㆓乎險㆒解《ウゴイテマヌカル、ハケンニカイ》。解利㆓西南㆒《カイハヨロシキハセイナン》。往得㆑衆也《ユキテウルシウヲ》。其來復吉《ソノキタリカヘリテキツハスナ》。乃得㆑中也《ハチウルチウヲ》。有㆑攸㆑往夙吉《アリトコロユクハヤクシテキツ》。往有㆑功也《ユキテアルカウ》。天地解而雷雨作《テンチトケテライウオコリ》。雷雨作而百果草木皆甲折《ライウオコリテヒヤククワサウモクミナカフタクス》。解之時大矣哉《カイノトキオホイナルカナ》。○大《タイ》象曰《シヤウニイハク》。雷雨作解《ライウオコルハカイ》。君子以赦㆑過宥㆑罪《クンシモツテユルシアヤマチナダムツミヲ》。

久《ひさ》しく苦勞《くらう》なせしこと漸《やうや》く解《と》け、これより盛運《せいうん》に赴《おもむ》くの時《とき》とする。然《しか》れども運《うん》なる者《もの》は安坐《あんざ》して待《ま》つべきではない。必《かなら》ず心力《しんりよく》を盡《つく》して、之《これ》を待《ま》て。故《ゆゑ》に平生《へいぜい》の憂苦《いうく》も此《この》時《とき》に乘《じやう》じて之《これ》を待《ま》て。働《はたら》けば乍《たちま》ちに幸福《かうふく》をも受《う》け安心《あんしん》の時《とき》に赴《おもむ》く。

初《シヨ》六。无《ナシ》レ咎《トガ》。○象傳曰《シヤウデンニイハク》。剛《ガウ》柔《ジウ》之《ノ》際《サイハ、》。義《ギ》无《ナシ》レ咎《トガ》也。

從來難義《じうらいなんぎ》の事《こと》があつたが、人《ひと》に助《たす》けられ其難將《そのなんまさ》に解《と》けんとする時《とき》です。能《よ》く身《み》を養《やしな》ひ、心《こゝろ》を正路《せいろ》に守《まも》らば、次第《しだい》に開運《かいうん》に向《むか》ふ。又男女《まただんぢよ》の別《べつ》を正《たゞ》しくし、交際《かうさい》の道《みち》を重《おも》んぜよ、目上《めうへ》に引立《ひきた》てらるゝの象《かたち》。


九二。田《カリニ》獲《エ》二三《サン》狐《コヲ》一。得《ウ》二黃《クワウ》矢《シヲ》一。貞《テイ》吉《キツ》。○象傳曰《シヤウデンニイハク》。九二貞《テイ》吉《キツハ》。得《ウル》二中《チウ》道《ダウヲ》一也。

此爻才德備《このかうさいとくそな》はりて、國家《こくか》に忠《ちう》を盡《つく》す者《もの》、君則《くんそく》に在《あ》りて、權《けん》を有《いう》する小人《せうじん》を驅逐《くちく》するに人力《じんりよく》を以《もつ》てせずして、道《ちみ》に遵《したが》ふて行《おこな》ふ。故《ゆゑ》に貞吉と云《い》ふのである。常人《じやうじんさいりよくせいちよく》は才力正直の人《ひと》にして己《おの》れを詐《あざむ》かんとする者《もの》を驅逐《くちく》し、權着橫道《おうらやくおうだう》なる手代《てだい》を解雇《かいこ》し、爲《た》めに良手《よきて》代《だい》を得《う》るの時《とき》とする。


六三。負《オウテ》且《カツ》乘《ノル》。致《イタス》二寇《アダノ》至《イタルヲ》一。貞《テイ》吝《リン》。○象傳曰《シヤウデンニイハク》。負《オフテ》且《カツ》乘《ノル》。亦《マタ》可《ベシ》レ醜《ハヅ》也。自《ヨリ》レ我《ワレ》致《イタス》レ戎《ジウヲ》。又《マタ》誰《タレヲ》咎《トガメン》也。

自分不相應《みぶんふさうおう》の事《こと》を爲《な》して、人《ひと》より陰《いん》に誹《そし》らるゝを知《し》らず、益《ます〳〵》外《そと》を飾《かざ》るが故《ゆゑ》に內實《ないじつ》は困弊《こんぺい》となる。又人《またひと》に目《め》を屬《つ》けられ、賊難《ぞくなん》を蒙《かうむ》ることある。

九四。解《トク》二而《ナンヂノ》拇《オヤユビヲ》一。朋《トモ》至《イタリテ》斯《コヽニ》孚《マコトス》。○象傳《シヤウデン》曰《ニイハク》。解《トクハ》二而《ナンヂノ》拇《オヤユビヲ》一。未《イマダ》《ザル》レ當《アタラザル》レ位《クラヰニ》也。

壯剛《さうがう》にして、權《けん》あり功《こう》ある者《もの》である。然《しか》れども豪慢《がうまん》に過《す》ぎ、事《こと》に頓着《とんちやく》せず、己《おの》れが意《い》に投《たう》ずる者《もの》は小人《せうじん》と雖《いへど》も益友《えきいう》の喩《さと》すあり、飜然《はんぜん》悟《さと》りて之《これ》に棄《す》つ、是《こゝ》に於《おい》て良友《りやういう》來《きた》り助《たす》け、其功《そのかう》を爲《な》すに至《いた》る。占者《せんしや》の位置《ゐち》關係《くわんけい》此《かく》の如《ごと》くであるから、其親《そのしたし》む所《ところ》の者《もの》に注意《ちうい》せよ。

六五。君《クン》子《シ》維《コレ》有《アリ》レ解《トク》。吉《キツ》。有《アリ》レ孚《マコト》レ于《ニ》二小《セウ》人《ジン》一。○象傳《シヤウデン》曰《ニイハク》。君《クン》子《シ》有《アルハ》レ解《トク》。小《セウ》人《ジン》退《シリゾク》也。

此爻《このかう》其位《そのくらゐ》を履《ふ》みて孚《まこと》あれども、掩《おほ》はるゝ所《ところ》ありて、其德下《そのとくしも》に及《およ》ばない。今賢者《いまけんしや》を得《え》て親《したし》み、爲《ため》に間隔《かんかく》の小人解散《せうじんかいさん》して、其孚下《そのまことしも》に布《し》き小人《せうじん》は自然《しぜん》と退去《たいきよ》して、吉《きち》を得《う》るの時《とき》とする。常人《じやうじん》は篤實《とくじつ》なる人《ひと》とする。然《しか》るに己《おの》れの雇《やと》ひ置《お》く所《ところ》の手代《てだい》は、外面《げめん》媚《こ》び諛《へつら》ひて忠臣《ちうしん》の如《ごと》く見《み》ゆれども、內心《ないしん》は私曲《しきよく》のみ。之《これ》を知《し》らずして信用《しんよう》する時《とき》は、終《つひ》に身《しん》代《だい》を覆《くつがへ》すに至《いた》る。今《いま》や九二に當《あた》る剛直《がうちよく》なる手代《てだい》を用《もち》ゐて、横着《おうちやく》なる者《もの》の雇《やとひ》を解《と》く。故《ゆゑ》に是《こ》れより資産《しさん》も囘復《くわいふく》し、家《いへ》、安泰《あんたい》に赴《おもむ》くの占《せん》とする。

上六。公《コウ》用《モチヰテ》射《エル》三隼《シユンヲ》。于《ニ》二高墉《カウヨウ》之《ノ》上《カミ》一。獲《エテ》レ之《コレヲ》无《ナシ》レ不《ザル》レ利《ヨロシカラ》。○象傳曰《シヤウデンニイハク》。公用射《コウモチイテエルハ》レ隼《シユンヲ》。以《モツテ》解《トク》レ悖《ミダレヲ》也。

國君公爵《こくくんこうしやく》の臣《しん》に命《めい》じて、國家《こくか》の治安《ちあん》を害《がい》する賊臣《ぞくしん》を征《せい》す。而《しか》して剛直《がうちよく》の臣隨從《しんずゐじゆう》して一矢《し》之《これ》を殪《たほ》すの象《かたち》。常人《じやうじん》には器量才智《きりやうさいち》を有《いう》する者盛運《ものせいうん》此《こゝ》に來《きた》り、功名手柄《こうみやうてがら》を著《あらは》すの時《とき》とする。

䷨（兌下艮上）山《サン》澤《タク》損《ソン》

損《ソンハ》。有《アリ》レ孚《マコト》。元吉《グンキツ》。无《ナシ》レ咎《トガ》可《ベシ》レ貞《テイス》。利《ヨロシ》レ有《アルニ》レ攸《トコロ》レ往《ユク》。曷《ナニヲカ》之《コレ》用《モチヒン》。二簋《ジキ》可《ベシ》二用《モチヒテ》享《キヤウス》一。○象傳曰《タンデンニイハク》。損《ソンハ》損《ソンシテ》レ下《シモヲ》益《マスカミヲ》レ上。其道《ソノミチ》上行《ジヤウカウス》。損而《ソンシテ》有《アリ》レ孚《マコト》。元吉《ゲンキツ》。无《ナシ》レ咎《トガ》。可《ベシ》レ貞《テイス》。利《ヨロシ》レ有《アルニ》レ攸《トコロ》レ往《イヅクニ》。曷之用《カモチヒン》。二簋《ジキ》可《ベシ》二用《モチヒテ》享《キヤウス》一。二簋《ジキ》應《オウズ》レ有《アルニ》レ時《トキ》。損《ソンス》レ剛《ガウヲ》益《マスジウヲ》レ柔有《アリ》レ時《トキ》。損益《ソンエキ》盈虛《エイキヨ》。與《トキト》レ時《トモニ》偕行《オコナフ》。○大象曰《タイシヤウニイハク》。

山下《サンカ》有《アリ》レ澤《タク》損《ソン》。君子《クンシ》以《モッテ》懲《コラシ》レ忿《イカリヲ》窒《フサグ》レ慾《ヨクヲ》。

少女《せうぢよ》、少男《せうだん》に對《たい》して、衷情《ちうじやう》を述《の》ぶる者《もの》とする。終《つひ》に相孚《さうふ》して、澤山咸《たくさんかん》の婚媾《こんこう》あるに至《いた》るべしと雖《いへど》も、今《いま》は唯情《たゞじやう》を述《の》ぶるに止《とゞま》り、事成《ことな》るの時《とき》ではない。故《ゆゑ》に諸事《しよじ》を契約《けいやく》するに成《な》らない、後《のち》に至《いた》りて成《な》るの象《かたち》。

初九《シヨキウ》。已《ヤメテ》レ事《コトヲ》遄《スミヤカニ》往《ユク》。无《ナシ》レ咎《トガ》。酌《ハカリテ》損《ソンス》レ之《コレヲ》。○象傳《シヤウデン》曰《ニイハク》。已《ヤメテ》レ事《コトヲ》遄《ハカリ》往《ユクハ》。尚《ナホ》合《アハス》レ志《コヽロザシヲ》也。

朋友相知《ほういうさうち》の人《ひと》、疾病事故《しつぺいじこ》ありて、我《われ》に救助《きうぢよ》を乞《こ》ふ者《もの》がある。宜《よろ》しく速《すみやか》に應接《おうせつ》し、又《また》應分《おうぶん》の金《かね》を給《きふ》して、其情誼《そのじやうぎ》を盡《つく》せ。躊躇《ちうちよ》して速《すみやか》に應《おう》ぜざれば、彼救助《かれきうぢよ》を得《え》ずして死亡《しばう》するか、又《また》は容易《ようい》ならざる困難《こんなん》に陷《おちい》る。總《すべ》て此爻《このかう》は急速《きふそく》を貴《たつと》ぶ。

九二。利《ヨロシ》レ貞《テイニ》。征《ユケバ》凶《キヨウ》。弗《ズ》レ損《ソンセ》益《エキス》レ之《コレヲ》。○象傳《シヤウデン》曰《ニイハク》。九二。利《ヨロシ》レ貞《テイニ》。中《チウ》以《モッテ》為《ナス》レ志《コヽロザシト》也。

此爻中正《このかうちうせい》にして、我身《わがみ》修《をさま》り、家齊《いへとゝの》ひたる者《もの》とする。故《ゆゑ》に新《あらた》に事《こと》を釀《かも》すな。又進《またすゝ》みて事《こと》を取《と》るな。縱《たと》ひ國家《こくか》に益《えき》あるの意見《いけん》あるも、唯建議《たゞけんぎ》するに止《とゞ》まり、身《み》を以《もつ》て行《おこな》ふな。

然《しか》る時《とき》は名《な》を損《そん》せず財《ざい》を費《つひや》さず榮譽《えいよ》ありて利《り》あるの象《かたち》。

六三。○三人行《ニンユケバ》則《スナハチ》損《ソンス》二一人《ニンヲ》一。一人行《ユケバ》則《スナハチ》得《ウ》二其《ソノ》友《トモヲ》一。○象傳曰《シヤウデンニイハク》。一人行《ユケバ》。三《サンソレバ》則《スナハチ》疑《ウタガフ》也。

己《おの》れの志《こゝろざし》強《つよ》しと雖《いへど》も、才《さい》弱《よわ》きが故《ゆゑ》に、上九《じやうきう》の才《さい》ある人《ひと》に應《おう》じて共《とも》に交孚《かうふ》するの時《とき》とする。又《また》目上《めうへ》の人《ひと》の援引《えんいん》を得《え》て、立身《りつしん》する。又《また》甲家《かふか》に兄弟《けいてい》三人《にん》の男《をとこ》ありて、乙家《おつか》に姉《し》妹《まい》三人《にん》あり。而《しか》して甲家《かふか》の長男《ちやうなん》、乙家《おつか》の長女《ちやうぢよ》に入婿《いれむこ》し、乙家《おつか》の次《じ》三女《ぢよ》、甲家《かふか》に嫁入《よめいり》するの象《かたち》。又人《またひと》と事《こと》を謀《はか》るも議論紛起《ぎろんふんき》して決《けつ》せず、然《しか》れども己《おの》れ口《くち》を開《ひら》けば人之《ひとこれ》に附加《ふか》して速《すみやか》に事成《ことな》るの時《とき》となる。

六四。損《ソンス》二其《ソノ》疾《ヤマヒヲ》一使《シムレバ》レ遄《スミヤカナラ》有《アリ》レ喜《ヨロコビ》。无《ナシ》レ咎《トガ》。○象傳曰《シヤウデンニイハク》。損《ソンス》二其《ソノ》疾《ヤマヒヲ》一。亦《マタ》可《ベシ》レ喜《ヨロコブ》也。

我身《わがみ》に患難《くわんなん》の起《おこ》るも目下《めした》の朋友《ほういう》來《きた》つて我情《わがじやう》を推察《すゐさつ》し、之《これ》を救《すく》ふの時《とき》とする。又我《またわ》れに急病《きうびやう》の發《おこ》ることあり。而《しか》して醫《い》來《きた》ること遲《おそ》ければ、爲《た》めに死《し》に至《いた》らんとす。故《ゆゑ》に豫《あらかじ》め良醫《りやうい》に知己《ちき》を求《もと》めて置《お》け。又此理《またこのり》を推《お》して云《い》ふ時《とき》は、疾《やまひ》を治《なさ》むる者《もの》は醫《い》である。過《あやまち》を治《ち》する者《もの》は師《し》である。心《こゝろ》の不善《ふぜん》ある猶《な》ほ身《み》の疾病《しつぺい》あるが如《ごと》くである。故《ゆゑ》に識者《しきしや》に親《しん》交《かう》して之《これ》が醫治《いち》を爲《な》すべきの時《とき》とする。

六五。或益レ之《アルヒハエキスコレヲ》。十朋之《ホウノ》龜《キモ》弗レ克レ違《ズアタハタガフ》。元吉《ゲンキツ》。○象傳曰《シヤウデンニイハク》。六五元吉《ゲンキツ》。自レ上《ヨリカミ》祐也《ユタカナリ》。

此爻神《このかうかみ》の祐《たす》けあるものとする。人和《ひとわ》を得《え》て益《えき》を受《う》くる。良民多《りやうみんおほ》く賢明《けんめい》の臣並《しんならび》出《い》でて、國家吉祥《こくかきつしやう》の時《とき》とす。又天命《またてんめい》を受《う》くるの卜者世《ほくしやよ》に出《い》で、未來《みらい》の吉凶《きつきよう》を指示《しじ》するあるべく、又金銀《またきんぎん》の鑛山旺盛《くわうざんわうせい》の時《とき》とする。

上九。弗レ損益レ之《セズシテソンエキスコレヲ》。无レ咎《ナシトガ》。貞吉《テイキツ》。利レ有レ攸レ往《ヨロシアルニトコロユク》。得レ臣《エテシンヲ》无レ家《ナシイヘ》。○象傳曰《シヤウデンニイハク》。弗《セズシテ》レ損益レ之《ソンエキスコレヲ》。大得レ志也《オホイニウルコゝロザシヲ》。

此爻才德《このかうさいとく》併《あは》せ有《いう》する者他人《ものたにん》を損《そん》せずして、己《おの》れを益《えき》し、之《これ》を君《きみ》に致《いた》し、爲《た》めに衆望《しうばう》を得《う》る。又運氣愈〻盛大《またうんきいよ／＼せいだい》に向《むか》ふの時《とき》とする。

䷩（巽上震下）風《フウ》雷《ライ》益《エキ》

益《エキハ》。利《ヨロシ》有《アル》攸《ニトコロ》往《エク》。利《ヨロシ》渉《ワタル》大川《ニタイセンヲ》。○彖傳《タンデン》曰《ニイハク》。益《エキハ》損《ソンシ》上《カミヲ》益《エキス》下《シモヲ》。民《タミ》説《ヨロコブ》无《ナシ》疆《カギリ》。自《ヨリ》上《カ》下《クダル》下《シモニ》。其道《ソノミチ》大光《オホヒニヒカル》。利《ヨロシ》有《アル》攸《ニトコロ》往《ユク》。中正《チウセイ》有《アリ》慶《サヒハヒ》。利《ヨロシ》渉《ワタル》大川《ニタイセンヲ》。木道《ボクダウ》乃《スナチハ》行《オコナハル》。益《エキハ》動《ウゴキテ》而巽《シタガフ》。日《ヒニ》進《ス、ム》无《コトナシ》疆《カギリ》。天《テン》施《ホドコシテ》地生《シヤウズ》。其益《ソノエキ》无《ナシ》方《ハウヲ》。凡《ヨソ》益之道《エキノミチ》。與時《トトモニトキ》偕行《オコナフ》。○大象《タイシヤウ》曰《ニイハク》。風雷《フウライ》益《エキ》。君子《クンシ》以《モツテ》見《ミル》善《ハゼン》則《ヲ》遷《スナハチウツリ》。有過《アレバアヤマチ》則《スナハチ》改《アラタム》。

盛運《せいうん》に乗《じやう》ずるの時《とき》とする。勉強《べんきやう》して事《こと》に従《したが》ふ時《とき》は終身《しゆうしん》の幸福《かうふく》を得《う》る。故《ゆゑ》に氣《き》を緩《くわん》にするな。須《すべか》らく時是金なることを知《し》れ。

初九《シヨキウ》。利《ヨロシ》用《モチヒテ》爲《ナスエ》大作《タイサクヲ》。元吉《ゲンキツ》。无咎《ナシトガ》。○象傳《シヤウデン》曰《ニイハク》。元吉《ゲンキツ》无咎《ナシトガ》。下《シモ》不《ザル》厚《アツカラ》事《コト》也。

土地《とち》開墾《かいこん》の事業《じげふ》を企《くはだ》て大《おほい》に功《こう》を奏《そう》する。又商業《またしやうげふ》にても、工業《こうげふ》にても大利益《だいりえき》を受《う》くるの時《とき》とする。然《しか》れども大利益《だいりえき》を得《う》る時《とき》は、必《かなら》ず衆人《しゆうじん》の嫉《そね》みを受《う》くるを以《もつ》て、人《ひと》に接《せつ》するには、恭敬《きようけい》を基《もと》とし、且《か》つ衣食住《いしよくぢゆう》共《とも》に人《ひと》に踰《こえ》たるの擧動《きよどう》をするな。

六二。或《アルヒハ》益《マス》レ之《コレヲ》。十《ジウ》朋《ホウ》之《ノ》龜《キ》弗《ズ》レ克《アタヘ》レ違《タガフ》。永《エイ》貞《テイニシテ》吉《キツ》。王《ワウ》用《モチヒテ》亨《キヤウス》レ于《ニ》レ帝《テイニ》。吉《キツ》。○象《シヤウ》傳《デン》曰《ニイハク》。或《アルヒハ》益《マスハ》レ之《コレヲ》。自《ヨリ》レ外《ホカ》來《キタル》也。

同《おな》じく下《しも》に在《あ》る人《ひと》なりと雖《いへど》も、篤實《とくじつ》にして利慾《りよく》に迷《まよ》はず、色情《しきじやう》に溺《おぼ》れず、徳《とく》を積《つ》み、天《てん》を敬《けい》する者《もの》とする。又專《またもつ》ら公利公益《こうりこうえき》を圖《はか》り、人天《じんてん》の感應《かんおう》を得《え》て期《き》せざるの幸福《かうふく》を得《う》る人《ひと》とする。又超凡《またてうぼん》の妙術《めうじゆつ》を得《え》て國家《こくか》を制《せい》するの象《かたち》。

六三。益《マスニ》レ之《コレヲ》用《モチウ》二凶《キヨウ》事《ジヲ》一。无《ナシ》レ咎《トガ》。有《アリ》レ孚《マコト》中《チウ》行《カウ》。告《ツゲ》レ公《コウニ》用《モチウ》レ圭《ケイヲ》。○象《シヤウ》傳《デン》曰《ニイハク》。益《マスニ》用《モチフ》二凶《キヨウ》事《ジヲ》一。固《カタク》有《イウスル》レ之《コレヲ》也。

大利《たいり》を獲《え》て富《とみ》を致《いた》さんことに熱心《ねつしん》し、爲《た》めに艱難《かんなん》に陷《おちい》るの時《とき》とする。然《しか》れども其艱《そのかん》難《なん》たるや。其心《そのこゝろ》を磨《みが》き、其志《そのこゝろざし》を固《かた》め異日開運《ゐじつかいうん》の資《し》と爲《な》すべき者《もの》を以《もつ》て狼狽落膽《らうはいらくたん》することなく、益〻正道《ますますせいだう》を守《まも》るを可《か》とする。

六四。中《チウ》行《カウ》告《ツゲテ》レ公《コウニ》從《シタガフ》。利《ヨロシ》レ用《モチユル》レ爲《ニナス》二依《ニヨリテ》遷《ウツス》レ國《クニヲ》。○象《シヤウ》傳《デン》曰《ニイハク》。告《ツグ》レ公《コウニ》從《シタガフハ》。以《モツテ》益《マス》レ志《コヽロザシヲ》也。

人君《じんくん》の信用《しんよう》を得《え》て、國益《こくえき》を圖《はか》り、其計畫《そのけいくわく》する所《ところ》、時勢《じせい》に合《かな》ひ、民情《みんじやう》に適《てき》し、實功《じつこう》を奏《そう》するの時《とき》とする。又目上《またうへ》の人《ひと》と其目的《そのもくてき》を同《おな》じくす。若《も》し大事《だいじ》を委托《えたく》せられなば、心《こゝろ》を正直《しやうじき》にし大善《だいぜん》を行《おこな》ふを宜《よろ》しとする。

九五。有《アリ》レ孚《マコト》恵《ケイ》心《シン》勿《ナカレ》レ問《トフ》。元《ゲン》吉《キツ》。有《アリ》レ孚《マコト》恵《ケイス》ニ我《ワガ》徳《トクヲ》一。○象傳《シヤウデン》曰《ニイハク》。有《アリ》レ孚《マコト》恵《ケイ》心《シン》。勿《ナカレ》レ問《トフ》之《コレヲ》矣。恵《ケイスルハ》ニ我《ワガ》徳《トクヲ》一。大《オホヒニ》得《ウル》レ志《コヽロザシヲ》也。

此爻《このかう》尊位《そんゐ》を践《ふ》み、孚《まこと》を以《もつ》て下《しも》を恵《めぐ》むの時《とき》とする。故《ゆゑ》に進退動静《しんたいどうせい》、共《とも》に衆皆信従《しうみなしんじう》す。何《なん》ぞ吉凶《きつきよう》を問《と》ふを要《えう》すべき。天道固《てんだうもと》より之《これ》に従《したが》ふのみである。

上九《ジヤウキウ》。莫《ナシ》レ益《マスコト》レ之《コレヲ》。或《アルヒハ》撃《ウツ》レ之《コレヲ》。立《タツル》レ心《コヽロヲ》勿《ナシ》レ恒《ツネ》。凶《キヨウ》。○象傳《シヤウデン》曰《ニイハク》。莫《ナキハ》レ益《エキ》レ之《コレ》。偏《ヘン》辭《ジ》也《ナリ》。或《アルヒハ》撃《ウツハ》レ之《コレヲ》。自《ヨリ》レ外《ホカ》来《キタル》也。

此爻慾心盛《このかうよくしんさかん》にして人《ひと》の怨《うら》みを惹《ひ》く者《もの》とする。盗賊《たうぞく》に遇《あ》ひ、或《あるひ》は乱暴者《らんばうもの》の為《た》めに害《がい》を受《う》くるの象《かたち》。故《ゆゑ》に此難《このなん》を免《まぬが》れんには身《み》を下《くだ》して勤労《きんらう》するか、又《また》は別《べつ》に家業《かげふ》を求《もと》むるか、或《あるひ》は居所《きよしよ》を換《か》へ、方向《はうかう》を改《あらた》むるを宜《よろ》しとす。

☱☰（乾下兌上）澤《タク》天《テン》夬《クワイ》

夬《クワイハ》。揚二于王庭一《アガルニワウテイ》。孚號《マコトニヨバフ》有レ厲《アリアヤフキ》。告自レ邑《ツグスヨリスイウ》。不レ利レ即レ戎《ヨロシカラツクニジウニ》。利レ有レ攸レ往《ヨロシアルニトコロユク》。○彖傳曰《タンデンニイハク》。夬決也《クワイハケツナリ》。剛決レ柔也《ガウケツスルジウヲナリ》。健而說《ケンニシテヨロコビ》。決而和《ケツシテヤハラグ》。揚二于王庭一《アグレバニワウテイ》。柔乘二五剛一也《シノノレバゴガウニ》。孚號有レ厲《マコトアツテヨバフアリアヤウキ》。其危《ソノアヤウキ》乃光也《スナハチアラハル・ナリ》。告自レ邑《ツグルコトヨリスイウ》。不レ利レ即レ戎《ザルハヨロシカラツクニジウニ》。所レ尙乃窮也《トコロタットブスナハチキハマルナリ》。利レ有レ攸レ往《ヨロシキアルニトコロユク》。剛長《ガウチヤウジテ》乃終也《スナハチヲハル》。○大象曰《タイシヤウニイハク》。澤上二於天一《タクノボルハニテン》。夬《クワイ》。君《クン》子以施レ祿及レ下《シモツテホドコシロクヲオヨブシモニ》。居レ德則忌《オレバトクニスナハチイム》。

運氣《うんき》方《まさ》に竭《つ》き、不慮《ふりよ》の災《わざはひ》に迫《せま》るの時《とき》とする。上爻變《じやうかうへん》ずる時《とき》は最《もつと》も危《あやふ》い。住所《ぢうしよ》を轉《てん》じ、利慾《りよく》を棄《す》て、道德《だうとく》を專《もつぱ》らにして、神明《しんめい》の保護《ほご》を祈《いの》り、夬《くわい》の氣運《きうん》を經過《けいくわ》するの間愼《あひだつゝし》みて身《み》を亡《ほろ》ぼさざるを期《き》するを專要《せんえう》とする。

初九《シヨキウ》。壯二于前一レ趾《サウナリニス・ムアシヲ》。往不レ勝爲レ咎《ユキテズカタナストガト》。○象傳曰《シヤウデンニイハク》。不レ勝而往咎也《ズシテカタユクトガ》。

无位《むゐ》の地《ち》に居《ゐ》て政治《せいぢ》の是非《ぜひ》を論《ろん》ず。其國家《そのこくか》を憂慮《いうりよ》するは義《ぎ》に於《おい》て嘉《よみ》すべきも、或《あるひ》は理論《りろん》一邊《ぺん》を知《しつ》て、經驗《けいけん》に富《と》まざる少年輩《せうねんはい》は事《こと》に迫《せま》り、粗暴《そはう》の擧動《きよだう》を爲《な》し以《もつ》て禍《わざはひ》を招《まね》ぐ者《もの》、往々《わう〳〵》あるけれども、人誰《ひとたれ》か過《あやま》ちがなからう。皆見聞狭少《みなけんぶんけうせう》にして實地經驗《じつちけいけん》に乏《とぼ》しきが爲《た》めである。國家《こくか》の事《こと》は實地《じつち》の經驗《けいけん》がなければ當《あた》る事《こと》は出來《でき》ない。小壯《せうさう》の輩《はい》、此爻《このかう》に鑑《かんが》みて、戒愼《かいしん》せよ。常人《じやうじん》は我分際《わがぶんざい》を量《はか》りて事《こと》を爲《な》せ。動《やゝ》もすれば身《み》に餘《あま》ることを企《くはだ》て、途中《とちう》にて挫折《ざせつ》するの時《とき》とする。

九二。惕號《オソレテヨバフ》。莫夜《ボヤ》有レ戎《アレドモツハモノ》。勿レ恤《ナカレウレウル》。○象傳曰《シヤウデンニイハク》。有レ戎勿レ恤《アレドモツハモノナカレハウレウル》。得二中道一也《ウルチウダウヲテ》。

人《ひと》に長《ちやう》たるの量《りやう》あり故《ゆゑ》に上爻《じやうかう》に掩《おほ》ふ可《べか》らざるの奸惡《かんあく》ありと雖《いへど》も、唯《たゞ》九三をして之《これ》を糺《たゞ》さしめ、我《われ》は其奸惡《そのかんあく》を知《し》らざるが如《ごと》くす、是《こ》れ強《しひ》て人《ひと》の惡《あく》を發《あば》かず、自他《じた》をして信《しん》を世《よ》に失《うしな》はしめず、篤行《とくかうかく》斯の如《ごと》し、故《ゆゑ》に意外《いぐわい》の變《へん》があるけれども、懼《おそれ》ることはない。

九三。壯レ于レ頄《サウナリツラホネニ》。有レ凶《アリキヨウ》。君子《クンシ》夬レ夬《サダムクワイヲ》。獨行《ヒトリユキテ》遇レ雨《アフアメニ》。若レ濡《ゴトクウルホフカ》。有レ慍《アリイカラル》。无レ咎《ナシトガ》。

○象傳曰《シヤウデンニイハク》。君子《クンシ》夬レ夬《サダムクワイヲ》終无レ咎也《ツヒニナシトガ》。

己《おの》れ寃罪《えんざい》を蒙《かふむ》りたる讒者《ざんしや》の惡《あく》を訐《あば》くの時《とき》とする。又我《またわ》れ彼《か》れに恨《うらみ》ありて論破《ろんは》せんと欲《ほつ》する時《とき》は、彼《か》れ利《り》を啗《くら》はしめて、瞞着《まんちやく》せんとするの象《かたち》。溫和《おんわ》にして事《こと》を破《やぶ》らざるを可《か》とする。又婦人《またふじん》を奪《うば》はれて怒《いかり》を起《おこ》すの意《い》がある。

九四。臀《イサラビニ》无《ナシ》レ膚《ハダヘ》。其《ソノ》行《ユク》次《ジ》且《タンヨリ》。牽《ヒカレ》レ羊《ヒツジニ》悔《クヒ》亡《ホロブ》。聞《キキテ》レ言《コトヲ》不《ズ》レ信《シンゼ》。○象《シヤウ》傳《デンニ》曰《イハク》。其《ソノ》行《ユク》次《ジ》且《タンハ》。位《クラキ》不《ザル》レ當《アタラ》也。聞《キキテ》レ言《コトヲ》不《ザルハ》レ信《シンゼ》。聰《ソウ》不《ザル》レ明《アキラカナラ》也。

此爻我自《このかうわがじ》體《たい》のこと、或自由《わがじいう》にならざるが如《ごと》し。物事不決着《ものごとふけつちやく》なる者《もの》とする。唯正意《たゞせいい》を失《うしな》はないで、時《とき》に隨《したがつ》て進退《しんたい》せよ。又心《またこゝろ》躁《さわが》しき象《かたち》がある。故《ゆゑ》に心《こゝろ》を靜《しづか》にし、事《こと》に臨《のぞ》みて狼狽《らうばい》するな。能《よ》く先進《せんしん》の士《し》に親《したし》みを受《う》けよ。

九五。莧《ケン》陸《リク》夬《クワイ》。中《チウ》行《カウ》无《ナシ》レ咎《トガ》。○象《シヤウ》傳《デンニ》曰《イハク》。中《チウ》行《カウ》无《ナキハ》レ咎《トガ》。中《チウ》未《イマダ》レ光《ヒカラ》也。

人《ひと》の甘言《かんげん》に欺《あざむ》かるゝの意《い》がある。善友《ぜんいう》を擇《えら》んで之《これ》に交《まじは》り、固《かた》く正道《せいだう》を守《まも》るべきの時《とき》とする。

上六《ジヤウ》。无《ナシ》レ號《ヨバフ》。終《ツヒニ》有《アリ》レ凶《キヨウ》。○象《シヤウ》傳《デンニ》曰《イハク》。无《ナキ》レ號《ヨバフノ》之凶《キヨウ》。終《ツヒニ》不《ズ》レ可《ベカラ》レ長《ナガカラ》也。

君子《くんし》小人《せうじん》の別《べつ》なく意外《いぐわい》の禍《わざはひ》近《ちか》きにある。故《ゆゑ》に早《はや》く慾《よく》を捨《す》てゝ身《み》を遁《のが》るべきの時《とき》とする。

䷫（巽下乾上）天《テン》風《フウ》姤《ゴウ》

姤《ゴウハ》。女《ヂヨ》壯《サウナリ》。勿《ナカレ》レ用《モチウル》レ取《メトル》レ女《ニヂヨヲ》。○彖傳曰《タンデンニイハク》。姤遇也《ゴウハグウナリ》。柔《ジウ》遇《アウ》レ剛《ガウニ》也《ナリ》。勿《ナカレ》レ用《モチフル》レ取《メトル》レ女《ニヂヨヲ》。不《ザル》レ可《ベカラ》ニ與《トモニ》長《チヤウズ》一也《ナリ》。天地《テンチ》相《アヒ》遇《アフテ》。品物《ヒンブツ》或章也《コトゴトクアキラカ》剛《ガウ》遇《フテ》ニ中正《チウセイニ》一。天下《テンカ》大《オホイニ》行《オコナハル》也。姤《コウ》之《ノ》時《ジ》義《ギ》大《オホイナル》矣哉《カナ》。○大象曰《タイシヤウニイハク》。天下《テンカニ》有《アル》レ風《ハカゼ》姤《コウ》。后《キミ》以《モッテ》施《ホドコシ》レ命《メイヲ》誥《ツゲ》ニ四方《シハウニ》一。

我優柔不斷《われいうじうふだん》にして、彼《か》れ剛健果決《がうけんくわけつ》である。改《ゆゑ》に其志《そのこゝろざし》相容《あひい》れずと雖《いへど》も我《わ》れ柔順《じうじゅん》を以《もっ》て、彼《か》れに接《せつ》する時《とき》は、遂《つひ》に彼《ひ》我《が》親和《しんわ》するの時《とき》とす。且《か》つ占者《せんしゃ》の善《ぜん》と不善《ふぜん》とに依《よ》りて幸福《かうふく》若《も》しくは災禍《さいくわ》の不意《ふい》に來《きた》る時《とき》とする。又《また》女難《ぢょなん》を愼《つゝし》め。

初六《シヨ》。繫《ツナグニ》レ于ニ金《キン》柅《ヂニ》一。貞《テイ》吉《キツ》。有《アリ》レ攸《トコロ》レ往《ユク》見《ミル》レ凶《キヨウ》。羸《テルイシ》豕《マコトニ》孚《テキ》蹢躅《ショクス》。○象傳曰《シヤウデンニイハク》。繫《ツナグ》レ于《ハ》ニ金《キン》柅《ヂニ》一。柔道《ジウダウ》牽《ヒカル、ナリ》也。

此爻《このかう》は我《わ》れ不才《ふさい》を顧《かへり》みず、福《さいはひ》を願《ねが》ふものである。強《しひ》て僥倖《げうかう》を求《もと》めんとして、正人君《せいじんくん》子《し》にまで害《がい》を被《かふむ》らせんとす。其《そ》の行《おこな》ひ此《かく》の如《ごと》くなる時《とき》は、立《たち》どころに凶災《きょうさい》ある。恐《おそ》れ愼《つゝし》みて己《おの》れの本分《ほんぶん》を守《まも》り、決《けつ》して他《た》を望《のぞ》むな。能《よ》く時勢《じせい》と道理《だうり》とを考《かんが》へて、心《こゝろ》を正《たゞ》しくすれば、吉《きち》。又佞人《またねいじん》始《はじ》めて出《い》づる時《とき》とする。

九二。包《ツヽミ》有《モノニアリ》レ魚《ウヲ》。无《ナシ》レ咎《トガ》。不《ズ》レ利《ヨロシカラ》レ賓《ヒンニ》。○象傳《シヤウデンニ》曰《イハク》。包《ツヽミ》有《モノニアル》レ魚《ハウヲ》。義《ギ》不《ザル》レ及《オヨバ》レ賓《ヒンニ》也。

人信實《ひとしんじつ》を表《あらは》して、懇信《こんしん》を求《もと》む、これを容《い》れよ。然《しか》れども訪問應答《はうもんおうたふ》の禮《れい》、菲薄《ひはく》の贈物《おくりもの》は可《か》なりと雖《いへど》も、過分《くわぶん》の厚贈《かうぞう》に至《いた》ては、宜《よろ》しく注意《ちうい》せよ。蓋《けだ》し之《これ》を階《かい》して、奸計《かんけい》を爲《な》さんとする者《もの》あるからである。故《ゆゑ》に君子《くんし》の小人《せうじん》に於《お》ける、之《これ》を待《ま》つに寛《くわん》を以《もつ》てし、之《これ》を防《ふせ》ぐに嚴《げん》を以《もつ》てし、怨《うら》ますして畏《おそ》れ。親昵《しんぢつ》せしむるなかれ。

九三。臀《イサラヒニ》无《ナシ》レ膚《ハダヘ》。其《ソノ》行《ユクコト》次《ジ》且《タンヨリ》。厲《アヤウケレドモ》无《ナシ》二大《オホヒナル》咎《トガ》一。○象傳《シヤウデンニ》曰《イハク》。其《ソノ》行《ユクコト》次《ジ》且《タンハ》。行《ユヤテイマダ》未《ザル》レ牽《ヒカレ》也。

望事叶《のぞみごとかな》はざるの時《とき》とする。然《しか》れども其叶《そのかな》はざる者却《ものかへつ》て其身《そのみ》の幸福《かうふく》にして、大《だい》なる迷惑《めいわく》を受《う》けない。故《ゆゑ》に望《のぞ》み事叶《ごとかな》はないこと、決《けつ》して之《これ》を憂《うれ》ひず、愼《つゝしみ》て我本業《わがほんげふ》を守《まも》り、妄《みだ》りに心《こゝろ》を動《うご》かしてはならぬ。

九四。包《ツヽミモノ》无《ナシ》レ魚《ウヲ》。起《オコス》レ凶《キヤウヲ》。○象傳曰《シヤウデンニイハク》。无《ナシ》レ魚《ウヲ》之《ノ》凶《キヨウ》。遠《トホザカル》レ民《タミニ》也。

生來福分《せいらいふくぶん》ありて、又利《またり》を得《う》るの道《みち》に巧《たく》みなりとす。然《しか》れども官途《くわんと》に就《つ》いては、利《り》を貪《むさぼ》るの念《ねん》を絶《た》ち下《しも》なる者《もの》より些少《させう》の贈物《おくりもの》なりとも、決《けつ》して受《う》けてはならぬ。又上《またかみ》に接《せつ》するに吝嗇《りんしよく》の行《おこなひ》を爲《な》すな。此《こ》の二道《にだう》を守《まも》らなければ不意《ふい》の災難《さいなん》に遇《あ》ふの象《かたち》がある。

九五。以《モツテ》レ杞《キテ》包《ツヽム》レ瓜《ウリヲ》。含《フクメバ》レ章《シヤウヲ》有《アリ》レ隕《オツル》レ自《ヨリ》レ天《テン》。○象傳曰《シヤウデンニイハク》。九五。含《フクムハ》レ章《シヤウヲ》。中《チウ》正《セイ》也。有《アリ》レ隕《オツル》レ自《ヨリ》レ天《テン》。志《コヽロザシ》不《ザル》レ舍《ステ》レ命《メイヲ》也。

婦人《ふじん》、時《とき》を得《え》て男子《だんじ》を蔑視《べつし》するの時《とき》とする。故《ゆゑ》に何事《なにごと》をも爲《な》さず、只小人婦人《たゞせうじんふじん》の氣《き》を取《と》り、己《おの》れが身《み》の安全《あんぜん》を謀《はか》る、以《もつ》て時《とき》の一變《べん》するを待《ま》て、巧佞《かうねい》にして忠節《ちうせつ》。

上九《ジヤウキウ》。姤《アフ》ニ其《ソノ》角《カクニ》一。吝《リン》无《ナシ》レ咎《トガ》。○象傳曰《シヤウデンニイハク》。姤《アフハ》ニ其《ソノ》角《カクニ》一。上《カミ》窮《キハマリテ》吝《リン》也。

此爻上位《このかうじやうゐ》に在《あ》り、人《ひと》の親近《しんきん》する者《もの》なし、譬《たと》へば額《ひたひ》に雙角《さうかく》を戴《いたゞ》きたるが如《ごと》く、權威《けんゐ》を以《もつ》て人《ひと》に接《せつ》するが故《ゆゑ》に人《ひと》の懷《なづ》く者《もの》はない。然《しか》れども小人進《せうじんす》みて上《かみ》に執《と》り入《い》れんとする時《とき》に當《あた》り、威權《ゐけん》を挾《はさ》みて之《これ》を制《せい》す。是亦《これまた》一功《こう》と云《い》はねばならぬ。故《ゆゑ》に无レ咎と云《い》ふのである。又婦《またふ》女子《ちよし》の讒言《ざんげん》に意《おも》はない迷惑《めいわく》を受《う》くるの時《とき》とする。

䷬（坤下兌上）澤《タク》地《チ》萃《スヰ》

萃《スヰハ》。亨《トホル》。王《ワウ》假《イタル》二有《イウ》廟《ベウニ》一。利《ヨロシ》レ見《ミル》二大人《ニタイジンヲ》一。亨《トホル》。利《ヨロシ》レ貞《テイニ》。用《モチウレバ》二大性《タイセイヲ》一吉《キツ》。利《ヨロシ》レ有《アルニ》レ攸《トコロ》レ往《ユク》。○彖傳《タンデンニ》曰《イハク》。萃《スヰハ》聚《シウ》也。順《ジユンニ》以《シテ》說《ヨロコビ》。剛中《ガウチウニ》而《シテ》應《オウズ》。故《ユヱニ》聚《アツマル》也。王《ワウ》假《イタル》二有《ハイウ》廟《ベウニ》一。致《イタス》二孝享《カウキヤウ》一也。利《ヨロシ》レ見《ミルユ》二大《ダイ》小《ジンヲ》一。亨《トホルハ》。聚《アツマルニ》以《モッテ》レ正《セイヲ》也。用《モチウレバ》二大牲《タイセイヲ》一吉《キツ》。利《ヨロシ》レ有《アルニ》レ攸《トコロ》レ往《ユク》。順《シタガヘバ》二天命《テンメイニ》一也。觀《ミル》二其《ソノ》所《トコロヲ》レ聚《アツマル》一。而天地《テンチ》萬物《バンブツ》之《ノ》情《ジヤウ》可《ベシ》レ見《ミル》矣。○大象《タイシヤウニ》曰《イハク》。澤《タクノ》上《ノボルハ》二於地《チニ》一萃《スヰ》。君子《クンシ》以《モッテ》除《オザメ》二戎器《ジウキヲ》一。戒《イマシム》二不虞《フグヲ》一。

國家《こくか》に在《あ》りては聖明《せいめい》の主《しゆ》、君位《くんゐ》に在《あ》り、賢明《けんめい》の臣《しん》、宰相《さいしやう》たり、然《しか》れども下《しも》なる者《もの》君《きみ》に事《つか》ふるの順序《じゆんじよ》必《かなら》ず宰相《さいしやう》に依《よ》るを以《もつ》て、權力兩分《けんりよくりやうぶん》の時《とき》とする。地《ち》の上《うへ》に澤《さは》あるは洪《こう》水《すゐ》あるの象《かたち》。然《しか》れども物集《ものあつま》るの卦《くわ》であるから、豐作《ほうさく》であるべく、天神地祇《てんじんちぎ》を祀《まつ》りてその感應《かんおう》がある。

初六《シヨ》。有《アリテ》レ孚《マコト》不《ズ》レ終《ヲヘ》。乃《スナハチ》亂《ミダレ》乃《スナハチ》萃《アツマル》。若《モシ》號《サケベバ》一握《アク》爲《ナス》レ笑《ワラヒテ》。勿《ナカレ》レ恤《ウレウル》往《ユケバ》无《ナシ》レ咎《トガ》。

○象傳曰《シヤウデンニイハク》。乃亂乃萃《スナハチミダレスナハチアツマルハ》。其志亂《ソノコヽロザシミダル》也。

己《おの》れこれと思《おも》ふことを發言《はつげん》しないけれども、衆心區々《しうしんまちまち》にして、其意貫《そのいつらぬ》き難《がた》い。是《こ》れ運勢未《うんせいいま》だ來《きた》らざるの時《とき》とする。心《こゝろ》を勞《らう》するも詮《せん》はない唯時《たゞとき》の至《いた》るを待《ま》て。

六二。引吉《ヒケバキツ》。无《ナシ》レ咎《トガ》。孚《マコトアレバ》乃《スナハチ》利《ヨロシ》ニ用《モチヒテ》禴《ヤクスルニ》一。○象傳曰《シヤウデンニイハク》。引吉无レ咎《ヒケバキツナキハトガ》。中未《チウイマダ》レ變《ヘンゼ》也《ザル》。

此爻温順《このかうおんじゆん》にして正《たゞ》しき者《もの》とする。祈《いの》りて感應《かんおう》を受《う》けよ。

六三。萃《スヰ》如《ギヨ》。嗟《サ》如《ギヨ》。无《ナシ》レ攸《トコロ》レ利《ヨロシキ》。往《ユケバ》无《ナシ》レ咎《トガ》。小吝《スコシクリン》。○象傳曰《シヤウデンニイハク》。往无レ咎《ユクテナキハトガ》。上《カミ》巽《シタガヘバ》也。

此爻位《このかうくらゐ》を離《はな》れて、舊里《きうり》に戻《もど》れるが如《ごと》くである。親族集合《しんぞくしうがふ》すと雖《いへど》も、其身《そのみ》に取《と》り内心《ないしん》に嗟《なげき》あるに似《に》て居《ゐ》る。故《ゆゑ》に小吝と云《い》ふ。然《しか》れども咎《とが》あるのではない。又忠告《またちうこく》に由《よ》り、利潤《りじゆん》を得《う》ることがある。進《すゝ》みて事《こと》を爲《な》すも妨《さまたげ》はない。

九四。大《ダイ》吉《キツ》。无《ナシ》レ咎《トガ》。○象傳曰《シヤウデンニイハク》。大《ダイ》吉《キツ》无《ナキハ》レ咎《トガ》。位《クライ》不《ザル》レ當《アタラ》也。

此爻才徳備《このかうさいとくそな》はり。能《よ》く時宜《じぎ》に從《したが》ひて、剛柔變化《がうにうへんくわ》することを知《し》れり、故《ゆゑ》に事《こと》を謀《はか》り過《あやまら》なく大吉《だいきち》を得《う》る。

九五。萃《アツメテタモツ》有《クラ》レ位《ヰ》。无《ナシ》レ咎《トガ》。匪《アラズ》レ孚《マコト》。元《ゲン》永《エイ》貞《テイ》。悔《クヒ》亡《ホロブ》。○象傳曰《シヤウデンニイハク》。萃《アツメテタモツ》有《クラ》レ位《ヰ》。志《コヽロザシ》未光《イマダヒカラザル》也。

尊位《そんゐ》に居《を》ると雖《いへど》も、未《いま》だ衆人《しうじん》に信《しん》ぜられざるが如《ごと》し。唯元永貞《たゞげんえいてい》なれば、悔亡《くひほろ》ぶ。光《くわう》輝《き》著《あら》はれる。常人《じやうじん》に在《あ》りては意外《いぐわい》の幸福《かうふく》ありとする。然《しか》れども未《いま》だ人《ひと》に信《しん》ぜられざるの時《とき》とする。眞實堅固《しんじつけんご》の行《おこなひ》を爲《な》し。一家《か》質素《しつそ》儉約《けんやく》を行《おこな》ひ善行《ぜんかう》を爲《な》さば其家《そのいへ》久《ひさ》しく安《あん》泰《たい》である。

上《ジヤウ》六。齎《シ》咨《ジ》涕《テイ》洟《ルイ》。无《ナシ》レ咎《トガ》。○象傳曰《シヤウデンニイハク》。齎《シ》咨《ジ》涕《テイ》洟《ルイ》。未《イマダザル》レ安《ヤスンゼ》レ上《カミヲ》也。

陰柔《いんじう》の人《ひと》なれども、運氣《うんき》よく親族《しんぞく》の内《うう》より飛《と》び離《はな》れて、最《もつと》も善《よ》き身上《しんしやう》となる者《もの》、然《しか》るに諸事《しよじ》に就《つ》き便《たよ》りなく、悲《かなし》むことあるに似《に》たり。故《ゆゑ》に其身《そのみ》に取《と》りては、未《いま》だ心《こゝろ》に安《やす》からざることがある。

䷭（巽下坤上）地《チ》風《フウ》升《シヨウ》

升《シヤウハ》元《オホヒニ》亨《トホル》。用《モチヒテ》見《ミル》二大《タイ》人《ジンヲ》一。勿《ナカレ》レ恤《ウレウル》。南《ナン》征《セイスル》吉《キツ》。○象《シヤウ》傳《デン》曰《ニイハク》。柔《ジウ》以《モツテ》レ時《トキヲ》升《ノボリ》。巽《ソンニシテ》而順《ジユン》。剛《ガウ》中《チウニ》而《シテ》應《オウズ》。是《コヽヲ》以《モツテ》大《オホイニ》亨《トホル》。用《モチヒテ》レ見《ミル》二大《タイ》人《ジンヲ》一。勿《ナカレ》レ恤《ウレフル》。有《アル》レ慶《ヨロコビ》也《ナリ》。南《ナン》征《セイスレバ》吉《キツハ》。志《コヽロザシ》行《オコナハル》也。○大《タイ》象《シヤウニ》曰《イハク》。地《チ》中《チウニ》生《シヤウズルハ》レ木《ミ》升《ジシヤウ》。君《クン》子《シ》以《モツテ》順《シタガヒ》レ德《トクニ》積《ツンデ》レ小《セウヲ》。以《モツテ》高《カウ》大《ダイ》。

巽順《そんじゆん》を主《しゆ》とし、人心《じんしん》に悖《もと》らない時《とき》は、立身出世《りつしんしゆつせい》するの時《とき》とする。又進《またすゝ》みて勝《かち》を得《う》るの時南方《ときなんはう》に向《むかつ》て事《こと》を爲《な》すを宜《よろ》しとする。又行《またゆ》きて返《かへ》らざるの象《かたち》。

初《シヨ》六。允《マコトニ》升《ノボル》。大《ダイ》吉《キツ》。○象《シヤウ》傳《デン》曰《ニイハク》。允《マコトナレバ》升《ノボル》大《ダイ》吉《キツハ》。上《カミ》合《アハス》レ志《コヽロザシヲ》也。

謙遜《けんそん》して其身《そのみ》を貶《おと》し、在上《ざいじやう》の賢者《けんしや》に信《しん》を得《え》、共《とも》に立身出世《りつしんしゆつせ》するの時《とき》とする。△上靜《かみしづか》にして下動《しもうご》く、漸々《だん〳〵》高《たか》きに上《のぼ》るの意《い》がある。

九二。孚《マコトアレバ》乃《スナハチ》利《ヨロシ》レ用《モチフルニ》レ禴《ヤクヲ》。无《ナシ》レ咎《トガ》。○象《シヤウ》傳《デン》曰《ニイハク》。九二之《ノ》孚《マコトハ》。有《アル》レ喜《ヨロコビ》也。

巽順《そんじゆん》の徳《とく》を以《もつ》て人心《じんしん》に戻《もと》らず。衆人《しうじん》に信用《しんよう》せられ、大業《たいげふ》を爲《な》すに障碍《しやうがい》なく、上達《じやうたつ》するの時《とき》とする。祖先《そせん》の徳《とく》を崇《あが》め幸福《かうふく》を得《う》る。

九三。升《ノボル》二虚邑《キヨイウニ》一。○象傳曰《シヤウデンニイハク》。升《ノボルハ》二虚邑《キヨイウニ》一。无《ナシ》レ所《トコロ》レ疑《ウタガフ》也。

才徳《さいとく》ありて、衆人《しうじん》服從《ふくじう》し、前路《ぜんろ》妨《さまた》げなく昇進《しようしん》すること恰《あだか》も、軍《ぐん》を無人《むじん》の境《きやう》に行《や》り向《むか》ふ所敵《ところてき》なきが如《ごと》くである。又位階昇進《またゐかいしようしん》するの象《かたち》。

六四。王用亨《ワウモチヒテキヤウス》二于岐《キ》山《ザンニ》一。吉《キツ》无《ナシ》レ咎《トガ》。○象傳曰《シヤウデンニイハク》。王用亨《ワウモチヒテキヤウスルハ》二于岐《キ》山《ザンニ》一。順事《ジユンジ》也。

柔徳《じうとく》を備《そな》へて上《かみ》に奉《ほう》じ、下《しも》を愛《あい》し、善事《ぜんじ》を衆《しう》に讓《ゆづ》り、孚《まこと》を身《み》に留《と》め、上下和合《しやうかわがふ》して安泰《あんたい》なるべく、祖先《そせん》の靈《れい》を祭《まつ》りて幸福《かうふく》を益《えき》すの時《とき》とする。

六五。貞《テイ》吉《キツ》升《ノボル》レ階《カイニ》。○象傳曰《シヤウデンニイハク》。貞《テイ》吉《キツ》升《ノボル》レ階《ハカイニ》。大得《オホイニウル》レ志《コヽロザシヲ》也。

柔徳《じうとく》あつて人《ひと》を愛《あい》し、下《しも》の器量《きりやう》ある者《もの》を採用《さいやう》して、萬民其《ばんみんそ》の徳澤《とくたく》を被《かふむ》る。又通常《またつうじやう》の人《ひと》は意外《いぐわい》の幸福《かうふく》あるべく、婦人《ふじん》は貴者《きしや》に嫁《か》して生涯安心《しやうがいあんしん》の盛運《せいうん》に赴《おもむ》くの時《とき》とする。

上六。冥升《メイシヨウス》。利《ヨロシ》二于不《ザル》レ息《ヤマ》之貞《テイニ》一。○象傳曰《シヤウデンニイハク》。冥升《メイシヨウ》在《アリ》レ上《カミニ》。消《セウシテ》不《ズ》レ富《トマ》也。

升《のぼ》るに限《かぎ》りあることを察《さつ》しなければ、富《とみ》を損《そん》するに至《いた》る。盛《せい》を極《きは》めたるも、速《すみやか》に衰《すゐ》運《うん》に向《むか》ふの時《とき》とする。然《しか》れども今《いま》にして、其志《そのこゝろざし》を改《あらた》めれば、現時《げんじ》の位置《ゐち》を保《たも》つことが出來《でき》る。又本業《またほんげふ》を勉《つと》め、少《すこ》しも怠《おこた》らず且《か》つ品行《ひんかう》を愼《つゝし》め。

䷮（坎下兌上）澤《タク》水《スヰ》困《コン》

困亨《コンヘトホル》。貞大人吉无レ咎《タヾシタイジンハキツナシトガ》。有レ言不レ信《アリテコトズシンゼ》。○象傳曰《タンデンニイハク》。困剛揜也《コンハガウオホハル》。險以説《ケンニシテモツテヨロコビ》。困而不レ失ニ其所一亨《クルシンデザルウシナソノトコロヲトホル》。其唯君子乎《ソレタヾクンシ》。貞大人吉《テイダイジンハキツ》。以ニ剛中一也《モツテガウチウナリ》。有レ言不レ信《アリテコトズシンゼラレ》。尙レ口乃窮也《タツトバレクチヲスナハチヤウスルナリ》。

○大象曰《サイシヤウニイハク》。澤无レ水困《タクニナキハミヅコン》。君子以致レ命遂レ志《クンシモツテイタシメイヲトグコヽロザシヲ》。

運衰《うんおとろ》へ、困難《こんなん》して、勞苦《らうく》極《きはま》り且《か》つ己《おの》れ善《ぜん》にして不善人《ふぜんにん》の爲《た》めに困《くるし》めらるゝの時《とき》とする。狼狽《らうばい》せば益々《ますます》困難《こんなん》を重《かさ》ねる。志《こゝろざし》を持《じ》することを正《たゞ》しくして氣運《きうん》の變《へん》ずるを待《ま》て、又《また》壯年《さうねん》の者《もの》は志《こゝろざし》を磨《みが》きて後日《ごにち》の大成《たいせい》を期《き》せよ。

初《シヨ》六。臀《イサラヒ》困《クルシム》レ于ニ株《チウ》木《ボク》一。入《イル》レ于ニ幽《イウ》谷《コクニ》一。三《サン》歲《サイ》不《ズ》レ覿《ミ》。○象傳曰《シヤウデンニイハク》。入《イレバ》レ于ニ幽《イウ》谷《コクニ》一。

幽《イウニシテ》不《ズ》レ明《アキラカナラ》也。

困難《こんなん》に迫《せま》り、住所《ぢうしよ》安《やす》からず、他《た》に行《ゆ》かんとするの手段《しゆだん》も盡《つ》き果《は》てたるの時《とき》とする。故《ゆゑ》に智《ち》ある人《ひと》に救《すくひ》を求《もと》めよ。又從來爲《またじうらいな》す所《ところ》の事《こと》は無益《むえき》にして、其困《そのくるし》みも亦無益《またむえき》の事《こと》たるを悔《く》い、速《すみやか》に其位置《そのゐち》と思想《しさう》とを轉《てん》ぜよ。

九二。困《クルシムニ》レ于二酒《シユ》食《シヨク》一。朱《シユ》紱《フツ》方來《マサニキタル》。利《ヨロシ》レ用《モチヒテ》二亨祀《キヤウシスルニ》一。征凶《ユケバキヨウ》。无《ナシ》レ咎《トガ》。○象傳曰《シヤウデンニイハク》。困《クルシムハ》レ于二酒食《シユシヨクニ》一。中《チウ》有《アル》レ慶《ヨロコビ》也。

身窮屈《みきうくつ》にして、我《わ》が意《い》の如《ごと》くなることは出來《でき》ない。目上《めうへ》の人《ひと》我《われ》を助《たす》くるの心《こゝろ》、切《せつ》なりと雖《いへど》も、亦迷惑《またまいわく》なることありて、來《きた》り助《たす》くるを得《え》ない。誠《まこと》を盡《つく》して神《かみ》に祈《いの》る時《とき》は必《かなら》ず感應《かんおう》を受《う》くるの時《とき》とする。

六三。困《クルシムニ》レ于レ石《イシ》。據《ヨルハ》レ于《ニ》二蒺《シツ》蔾《リ》一。入《イリテ》レ于《ニ》二其《ソノ》宮《キウ》一。不《ズ》レ見《ミ》二其《ソノ》妻《ツマヲ》一。凶《キヤウ》。○象傳曰《シヤウデンニイハク》。據《ヨルハ》二于《ニ》蒺《シツ》蔾《リ》一。乘《ノレバ》レ剛《ガウニ》也。入《イリテ》レ于二其宮《ソノキフニ》一。不《ザルハ》レ見《ミ》二其《ソノ》妻《ツマヲ》一。不祥《シヤウ》也。

衰運極度《すゐうんきよくど》に達《たつ》し、困苦《こんく》に迫《せま》りて、一家離散《かりさん》せんとするの時《とき》とする。其原因《そのげんいん》は交《まじは》る可《べか》らざる者《もの》を友《とも》とし、詮《せん》なき事業《じげふ》を始《はじ》めたるより進退《しんたい》維《こ》れ谷《きはま》りたる者《もの》とする。從來《じうらい》の過《あやまち》を悔悟《くわいご》し、神《かみ》に祈《いの》り筮《ぜい》に問《と》ひ、新《あら》たに方向《はうかう》を定《さだ》むるを可《か》とする。

九四。來《キタルコト》徐《ジヨ》徐《〳〵》。困《クルシムニ》レ于二金《キン》車《シヤ》一。吝《リン》有《アリ》レ終《ヲハリ》。○象傳《シヤウデン》曰《ニイハク》。來《キタル》徐《ジヨ》徐《〳〵ハ》。志《コヽロザシ》在《アルモ》レ下《シモニ》也。雖《イヘドモ》レ不《ズト》レ當《アタラ》レ位《ノラヰニ》。有《アル》レ與《クミスル》也。

他《た》より來《きた》るべき金《かね》の延引《えんいん》して、運轉融通《うんてんゆうづう》に苦《くるし》み、爲《ため》に他人《たにん》に辱《はづかしめ》を受《う》け、己《おの》れの不敏《ふびん》を悔《く》ゆ、然《しか》れども意外《いぐわい》の人《ひと》に依頼《いらい》して、用辨《ようべん》することあり、又重職《またぢうしよく》の人《ひと》、時勢《じせい》に遇《あ》はないで、困苦《こんく》することあるの時《とき》とする。

九五。劓《ハナキラレ》刖《アシキラレ》。困《クルシムニ》レ于二赤《セキ》紱《フツ》一。乃《スナハチ》徐《ヂヤウヤク》有《アリ》レ說《ヨロコビ》。利《ヨロシ》レ用《モチヒテ》二祭祀《サイシスルニ》一。○象傳《シヤウデン》曰《ニイハク》。劓《ハナキラレ》刖《アシキラレ》。志《コヽロザシ》未《イマダ》レ得《エザル》也。乃《スナハチ》徐《ヂヤウヤク》有《アルハ》レ說《ヨロコビ》。以《モツテ》二中直《チウチヨク》一也。利《ヨロシキハ》レ用《モチヒテ》二祭祀《サイシスルニ》一。受《ウクル》レ福《サイハヒヲ》也。

商人《しやうにん》に在《あ》りては、資金貨物《しきんくわぶつ》に乏《とぼ》しく、世間《せけん》の信用《しんよう》を失《うしな》ひ、困却《こんきやく》極《きはま》るの時《とき》とする。然《しか》るに正直《しやうぢき》なる伴當《はんたう》あり、世間《せけん》にも信用《しんよう》を得《え》、主從共《しうじうとも》に相謀《あひはか》り、困難《こんなん》を出《い》で共《とも》に喜《よろこ》ぶの占《せん》である。此困厄《このこんやく》の時《とき》に當《あた》り、正直《しやうぢき》を以《もつ》て信用《しんよう》を求《もと》め、勉强《べんきやう》して商事《しやうじ》に怠《おこた》るべからざるは勿論《もちろん》、神《かみ》に祈《いの》りて幸福《かうふく》を受《う》くべきの時《とき》とする。

上六。困《クルシム》下于《ニ》二葛《カツ》藟《ルキ》一于《ニ》中臲《ゲツ》卼《コツ》上。曰《イフ》二動《ウゴキテ》悔《クユト》一有《アリ》レ悔《クイ》。征《ユケバ》吉《キツ》。○象傳《シヤウデン》曰《ニイハク》。困《タルシムハ》レ于《ニ》二葛《カツ》藟《ルキ》一。未《イマダ》レ當《アタラ》也。動《ウゴキテ》悔《クユ》。有《アルハ》レ悔《クユ》吉《キツニシテ》行《ユク》也。

身《み》を高《たか》きに置《お》き、以《もつ》て人《ひと》に目指《もくし》され、種々《しゆく》の厄介事《やくかいごと》多《おほ》く且《か》つ世俗《せぞく》の事《こと》に纒《まと》はれて、困苦《こんく》するの時《とき》とする。身《み》を轉《てん》ずる時《とき》は苦《く》を免《まぬが》れて吉《きつ》。又商人《またしやうにん》は見込違《みこみちがひ》にて損《そん》すること に關《かゝは》りたるも其損失《そのそんしつ》を斷念《たんねん》し、飜然方向《ほんぜんはうかう》を轉《てん》ずれば、遂《つひ》に吉《きち》に赴《おもむ》く。

䷯（巽下坎上）水《スヰ》風《フウ》井《セイ》

井《セイハ》。改《アラタメテ》レ邑《イウヲ》不《ズ》レ改《アラタメ》レ井《セイヲ》。无《ナシ》レ喪《ウシナフ》无《ナシ》レ得《ウル》。往來《ワウライ》井井《セイセイ》。汔《ホトンド》至《イタル》亦《マタ》未《イマダ》レ繘《キツセ》レ井《ズヰヲ》。羸《ヤブル》二其《ソノ》瓶《ツルベヲ》一。凶《キヨウ》。○象傳《タンデン》曰《ニイハク》。巽《イリテ》二乎水《ミヅニ》一。而上《アガル》レ水《ハミヅ》井《セイ》。井《セイハ》養《ヤシナ》而《テ》レ窮《ズ》レ不窮《キハマラ》也。改《アラタメ》レ邑《テイフヲ》不《ズ》レ改《アラタメ》レ井《セイヲ》。乃《スナハチ》以《モツテ》二剛中《ガウチウヲ》一也。汔《ホトンド》至《イタル》亦《マタ》未《イマダ》レ繘《ザル》レ井《ハキツセ》。未《イマダ》レ有《アラザル》レ功《コウ》也。羸《ヤブル》二其《ソノ》瓶《ツルベヲ》一。是以《コヽヲモツテ》凶《キヨウ》也。○大象《タイシヤウニ》曰《イハク》。木上《ボクジヤウ》有《ニアル》レ水《ハミヅ》井《セイ》。君《クン》子《シ》以《モツテ》勞《ラウシ》レ民《ミヲ》勸《スヽメ》相《タスク》。

彼《か》れ險《けん》にして我《わ》れ巽《そん》なるの卦《くわ》であるから、己《おの》れの無力《むりよく》なるを顧《かへり》みず、困難《こんなん》せる者《もの》に助力《ぢよりよく》するの時《とき》とする。又井戸《またゐど》の卦《くわ》であるから、他《た》に心《こゝろ》を移《うつ》してはならぬ。清廉《せいれん》にして時《とき》を待《ま》て、然《しか》る時《とき》は目上《めうへ》の人來《ひときた》りて救《すく》ふことがある。

初六《シヨ》。井《ヰ》泥《ヒチリコニシテ》不《ズ》レ食《クラハレ》。舊《キウ》井《セイニ》无《ナシ》レ禽《キン》。○象傳曰《シヤウデンニイハク》。井《ヰ》泥《ヒチリコニシテ》不《ザル》レ食《ハクラハレ》下《シモ》不《サレバ》レ食《クラハ》也《ナリ》。舊《キウ》井《セイ》无《ナキハ》レ禽《キン》。時《トキニ》舍《スツルナリ》也。

身《み》に德《とく》ありと雖《いへど》も、運衰《うんおとろ》へ、下《しも》に埋《う》もれ、其能顯《そののうあらは》れず、却《かへ》つて衆人《しうじん》に見棄《みす》てられたるが如《ごと》くである。然《しか》れども自《みづか》ら信《しん》を守《まも》りて潜《ひそ》み居《を》れば圖《はか》らず舊識《きうしき》の人《ひと》に遇《あ》ひ世《よ》に出《い》づる。

九二。井《セイ》谷《コク》射《ソヽグ》レ鮒《フニ》。甕《ツルベ》敝《ヤブレ》漏《モル》。○象傳曰《シヤウデンニイハク》。井《セイ》谷《コク》射《ソヽグハ》レ鮒《フニ》。无《ナシ》レ與《クミスル》也。

才德《さいとく》ありて之《これ》を世用《せよう》に施《ほどこ》さんと欲《ほつ》すれども、中間《ちうかん》に支《さ》ふる者《もの》ありて、其器量《そのきりやう》世《よ》に知《し》られず。譬《たと》へば、地下《ちか》より清泉涌出《せいせんようしゆつ》するも、間谷《かんこく》より流《なが》るゝ所《ところ》の泥水《でいすゐ》、之《これ》を濁《にご》らし、清水《せいすゐ》の功《こう》、現《あら》はれざるが如《ごと》くである。時至《ときいた》れば人《ひと》の之《これ》を知《し》る者《もの》あつて、其泥水《そのでいすゐ》を遮斷《しやだん》し。美水《びすゐ》の名《な》、始《はじ》めて世《よ》に著《あらは》れ、人《ひと》に珍重《ちんちよう》せられて、大功《たいかう》を成《な》すことを得《う》る。而《しか》して今尚其時《いまなはそのとき》の至《いた》らざるを以《もつ》て目上《めうへ》の人《ひと》に對《たい》し、務《つと》めて溫和《おんわ》に接《せつ》せよ。若《も》し然《しか》らずして、或《あるひ》は議論《ぎろん》して顔色《がんしよく》を犯《をか》すが如《ごと》きことあれば、却《かへ》つて異日立身《ゐじつりつしん》の妨《さまた》げとなる。

九三。井《キ》渫《キヨクシテ》不《ズ》レ食《クハレ》。爲《ナス》二我《ワガ》心《コヽロノ》惻《イタミヲ》一。可《ベシ》二用《モチヒテ》汲《クム》一。王《ワウ》明《アキラカナレバ》並《ナラビニ》受《ウク》二其《ソノ》福《サイハヒヲ》一。○象傳《シヤウデン》曰《イハク》。井《キ》渫《キヤヨクシテ》不《ザル》レ食《クラハレ》。行《ユクモ》惻《イタムナリ》也。求《モトメテ》二王《ワウ》明《メイヲ》一。受《ウクル》レ福《サイハヒ》也。

才德藝能《さいとくげいのう》並《なら》び有《いう》すと雖《いへど》も、其人君子《そのひとくんし》にして、虛名《きよめい》を博《はく》せざるが故《ゆゑ》に、聲聞少《せいもんすくな》い、譬《たと》へば清潔《せいけつ》なる井《ゐ》あるも、人《ひと》、之《これ》を知《し》らずして、汲《く》み用《もち》ゐざるが如《ごと》し、然《しか》るに今《いま》や盛運《せいうん》に赴《おもむ》くの時來《ときき》り貴人《きじん》の汲引《きふいん》を得《え》て登用《とうよう》せられ立身《りつしん》して幸福《かうふく》を得《う》るの象《かたち》。

六四。井《ヰ》甃《イシダヽミニス》。无《ナン》レ咎《トガ》。○象傳《シヤウデン》曰《ニイハク》。井《ヰ》甃《イシダヽミニス》无《ナキハ》レ咎《トガ》。修《ヲサムルキ》レ井《ヲ》也《ナリ》。

其職《そのしよく》に在《あ》りて、其任《そのにん》に當《あた》るも未《いま》だ其德《そのとく》を施《ほどこ》すに至《いた》らない。然《しか》れども能《よ》く下位《かゐ》の賢士《けんし》を知《し》りて之《これ》を君《きみ》に薦《すゝ》め厚《あつ》く周旋《しうせん》を爲《な》すを以《もつ》て、己《おの》れに大功《たいこう》なきも、共《とも》に其幸福《そのかうふく》を受《う》くる。

九五。井冽《キイサギヨシ》。寒泉食《カンセンニシテクラハル》。○象傳曰《シヤウデンニイハク》。寒泉之食《カンセンノクラハル、ハ》。中《チウ》正《セイ》也。

才德《さいとく》備《そなは》りて、幸福《かうふく》を得《え》、能《よ》く人《ひと》を憐《あはれ》み惠《めぐ》み、又能《またよ》く之《これ》を養《やしな》ひ助《たす》く、故《ゆゑ》に爲《な》すことは必《かなら》ず成就《じやうじう》する。又財《またざい》を用《もち》ゐて竭《つ》きざること井水《せゐすゐ》を汲《く》みて竭《つ》くることなきが如《ごと》くである。尙《な》ほ其德《そのとく》普《あまね》く人《ひと》に施《ほどこ》すべきの時《とき》とする。


上六《ジヤウ》。井收《クミテ》。勿《ナシ》幕《オホフ》有孚《アリマコト》。元《グン》吉《キツ》。○象傳曰《シヤウデンニイハク》。元《グン》吉《キツ》。在《アリ》上《カミニ》大成《ネホイニナス》也。

才德《さいとく》ありて、廣《ひろ》く信《しん》を得《え》たるの爻《かう》である。此心《このこゝろ》を貫《つらぬ》きて、人《ひと》と共《とも》に事《こと》を謀《はか》る時《とき》は、事《こと》として成《な》らざることはない。實《じつ》に大盛運《だいせいうん》を得《え》たるの時《とき》とする。

䷰（離下兌上）澤《タク》火《クワ》革《カク》

革《カクハ》。已日《ヲハルヒニシテ》乃孚《スナハチマコトス》。元亨利《ゲンカウリ》貞《テイ》。悔亡《クヒホロブ》。○象傳曰《タンデンニイハク》。革《カクハ》。水火《スヰクワ》相息《アヒヤム》。二女同居《ジヂヨドウキヨシテ》。其《ソノ》志不相得《コヽロザシザルヲアヒエ》曰革《イフカノニ》。已日乃孚《ヲハルヒニシテスナハチマコトアリ》。革而信《アラタメテシンズ》之《コレヲ》。文明以說《ブンメイモツテヨロコブ》。大亨以正《オホヒニトホルモツテタヾシ》。革而當《アラタメテアタル》。其悔乃亡《ソノクヒスナハチホロブ》。天地革《テンチアラタマリテ》。而四時成《シジナル》。湯武革命《タウブアラタメメイヲ》順天《シタガフテンノエ》。而應乎人《オリズヒトニ》。革之《カクノ》

時大矣哉《トキオホヒナルカナ》。○大象《タイ》曰《ヤウニイハク》、澤中有《タクチウアリ》レ火《ヒ》革《カク》、君子以《クンシモツテ》治《ヲサメ》レ歷《レキヲ》明《アキラカニス》レ時《トキヲ》。

舊《ふるき》を去《さ》り新《あたらしき》に就《つ》くの時《とき》とする。因循姑息《いうじゆんこそく》に安《やす》んぜず、斷然改革《だんぜんかいかく》を爲《な》せ、舊《ふる》きを改《あらた》めて、其當《そのたう》を得《う》る、一は心《こゝろ》を改《あらた》め、一は業《げふ》を改《あらた》むるの點《てん》。

初九《シヨキウ》。鞏《アラタムルニ》用《モチウ》二黃牛之革《クワウギウノカクヲ》一。○象傳《シヤウデン》曰《ニイハク》。鞏《アラタムルニ》用《モチウルハ》二黃牛《ワウギウヲ》一。不《ザル》レ可《ベカラ》三以《モツテ》有《アル》二レ爲《ナス》也《ナリ》。

心《こゝろ》一徹《てつ》にして、變《へん》に應《おう》ずるの智力《ちりよく》なき者《もの》なれば、六二の陰爻《いんかう》に比《ひ》して命《めい》を聽《き》くべき者《もの》とする。又改革《またかいかく》の時《とき》に於《おい》て其主意《そのしゆい》を解《かい》すること能《あた》はざる者《もの》とする。故《ゆゑ》に我《わ》が識見誤《しきけんあやま》れりと思惟《しゐ》し。愼《つゝし》みて何事《なにごと》をも爲《な》さざるを可《か》とする。

六二。已《ヲハルヒニシテスナハチアラタムコレヲ》レ日乃革レ之。征吉《ユケバキツ》、无《ナシ》レ咎《トガ》。○象傳曰《シヤウデンニイハク》。已《ヲハルヒニシテスナハチアラタムルハコレヲ》レ日・革レ之。行有《ユキテアル》レ嘉《ヨロコビ》也。

凡《およ》そ物盛《ものさかり》を過《す》ぐれば、則《すなは》ち變《へん》ず、故《ゆゑ》に已日《をはるひ》は當《まさ》に革《あらた》むべきの時《とき》なるを以《もつ》て、征《ゆい》て必《かなら》ず其功《そのこう》あるべきを云《い》ふ。故《ゆゑ》に象傳《しやうでん》にも行有レ嘉也と云《い》つて居《ゐ》る。

九三。征凶《ユケバキヨウ》、貞厲《タヾシケレドモアヤウシ》。革言三就《カクゲンミタビナル》。有《アリ》レ孚《マコト》。○象傳曰《シヤウデンニイハク》。革言三就《カクゲンミタビナル》。又何《マタイヅクニ》之《ユカン》矣。

凡《およ》そ人《ひと》舊弊《きうへい》を一掃《さう》し、改革《かいかく》を要《えう》するの時《とき》に遭《あ》ふも舊情《きうじやう》に纒《まと》はれ、百方支障《はうししやう》ありて、容易《ようい》に改革《かいかく》を行《おこな》ふを果《はた》すこと能《あた》はず此爻上下《このかうしやうか》の間《あひだ》に在《あ》り、雙方《さうはう》の情《じやう》を知悉《ちしつ》す、故《ゆゑ》に一層其實行《そうそのじつかう》に困却《こんきやく》する者《もの》とする。之《これ》を行《おこな》ふの道《みち》。權謀詐術《けんぼうさじゆつ》を用《もち》ゐ、又《また》は事《こと》を秘密《ひみつ》に付《ふ》するは、不可《ふか》である。改革《かいかく》を決行《けつかう》せんとせば、衆《しう》に對《たい》し、其《そ》の改革《かいかく》を要《えう》する所以《ゆえん》の理由《りいう》を明言《めいげん》し、廣《ひろ》く其意《そのい》を知《し》らしめ、三たび命《めい》を申《かさ》ねて改革《かいかく》を行《おこな》へ。然《しか》る時《とき》は衆人必《しうじんかなら》ず悦《えつ》服《ぷく》する。此卦《このくわ》に遇《あ》ふ者《もの》百事《じ》此意《このい》を以《もつ》て爲《な》せよ。

九四。悔《クヒホロブ》亡。有《アリマコト》レ孚改《アラタムメイヲ》レ命。吉《キツ》。○象傳《シヤウデンニイハク》曰。改《アラタムルメイ》レ命之《ノ》吉《キツハ》。信《シンズルコヽロザシヲ》レ志也。

天下《てんか》の人《ひと》に先《さき》んじ、世《よ》の弊害《へいがい》を改《あらた》めんが爲《た》めに、千辛萬苦《しんはんく》至《いた》らざる所《ところ》はない。因《よつ》て天《てん》命之《めいこれ》に應《おう》じ、衆人共《しうじんとも》に信服《しんぷく》す。天人感應《てんじんかんおう》の時正《ときまさ》に至《いた》つた。一身《しん》に取《と》りては、惡念《あくねん》を去《さ》り、善心顯《ぜんしんあらは》れ、學業成《がくげふな》りて才器《さいき》を得《え》、爲《た》めに鬼神《きじん》の擁護《えうご》ありて盛運《せいうん》に進《す》むの時《とき》とする。

九五、大《タイ》人《ジン》虎《コ》變《ヘンス》、未《イマダ》ズシテレ占《ウラナハ》有《アリ》レ孚《マコト》。○象《シヤウ》傳《デン》曰《ニイハク》。大《タイ》人《ジン》虎《コ》變《ヘンセバ》、其《ソレ》文《ブン》炳《ヘイ》也。

此爻《このかう》陽剛《やうがう》中正《ちうせい》、大人《たいじん》の徳《とく》を有《いう》す。蓋《けだ》し大人《だいじん》なる者《もの》は其《そ》の徳《とく》の廣大《くわうだい》なるを云《い》ふのである。夫《そ》れ天子《てんし》萬民《ばんみん》に代《かは》りて、天地《てんち》の神祇《じんぎ》に祈《いの》るは、天下《てんか》の昇平《しようへい》を致《いた》さんが爲《た》めである而《しか》して天子《てんし》に代《かは》りて天地《てんち》神祇《しんぎ》の命《めい》を受《う》くる者之《ものこれ》を偶《ぐう》と云《い》ひ又天地《またてんち》神祇《しんぎ》に代《かは》りて其命《そのめい》を傳《つた》ふる者《もの》を之《これ》を奇《き》と云《い》ふ。奇偶感應《きぐうかんおう》するは祭《さい》に在《あ》る。神祇《じんぎ》を敬《けい》し、仁政《じんせい》を施《ほどこ》すは大人《たいじん》の善徳《ぜんとく》である。此爻《このかう》に遇《あ》ふ者《もの》至善至美《しぜんしび》總《すべ》て利《よろ》しからざるはない。

上六《ジヤウ》。君《クン》子《シ》豹《ヒヨウ》變《ヘン》。大《ダイ》人《ジン》革《アラタム》レ面《メンヲ》、征《ユケバ》凶《キヨウ》。居《ヲレバ》レ貞《テイニ》吉《キツ》。○象《シヤウ》傳《デン》曰《ニイハク》。君《クン》子《シ》豹《ヒヨウ》變《ヘンス》。其《ソノ》文《ブン》蔚《ウツ》也。小《セウ》人《ジン》革《アラタム》レ面《メンヲ》、順《ジユン》以《モツテ》從《シタガフ》レ君《キミニ》也。

革道《かくだう》の成《な》るに由《よ》りて、善人《ぜんにん》は盛運《せいうん》を得《う》、不善人《ふぜんにん》は厄運《やくうん》に遇《あ》ふの時《とき》とする。開明《かいめい》にして安泰事《あんたいじ》功成就《こうじやうじう》して喜《よろこび》ある。

䷱（巽下離下）火《クワ》風《フウ》鼎《テイ》

鼎元亨吉《テイハオホイニトホルキツ》。○彖傳曰《タンデンニイハク》。鼎象《テイハシヤウ》也。以レ木巽レ火《モツテキヲイレヒニ》。亨飪《コウジユンスル》也。聖人亨以亨二上帝一《セイジンハウシテモツテキヤウシヤウテイヲ》。而大《オホイニ》亨以養二聖賢一《コウシテモツテヤシナフセイケンヲ》。巽而耳目聰明《ソンニシテジモクソウメイ》。柔進而上行《ジウス、ンデジヤウカフ》。得レ中而應二乎剛一《エテチウヲオウズガフニ》。是以元《コヽヲモツテオホヒニ》亨《トホル》。○大象曰《タイシヤウニイハク》。木上有レ火鼎《ボクジヤウニアルハヒテイ》。君子以正レ位凝レ命《クンシモツテタヾシククラヰヲアツムメイヲ》。

鼎足正《ていそくたゞし》くして、其身《そのみ》自立《じりう》を得《う》るの人《ひと》である。腹《はら》あり、器量大度《きりやうたいど》である。耳《みゝ》あり賢者《けんしや》の言《げん》を容《い》れ、鉉《げん》あり上位《じやうゐ》の人《ひと》に用《もち》ゐられ、器量才智《きりやうさいち》を以《もつ》て身《み》を立《た》て、位《くらゐ》を正《たゞ》し、福運《ふくうん》全《まつた》き者《もの》である。初爻《しよかう》の如《ごと》き小人《せうじん》に交《まじ》はるべからざるの占《せん》とする。

初六《シヨ》。鼎顛レ趾《カナヘサカシマニスアシヲ》。利レ出レ否《ヨロシイダスニアシキヲ》。得レ妾以二其子一《エテセウヲモツテソノコヲ》。无レ咎《ナシ、ガ》。○象傳曰《シヤウデンニイハク》。鼎顛レ趾《カナヘサカシマニスルハアシヲ》。未レ悖也《イマダミダレザルナリ》。利レ出レ否《ヨロシキイダスハアシキニ》。以レ從レ貴也《モツテシタガフヲタツトキニ》。

舊習《きうしふ》の否《あしき》を去《さ》り、速《すみやか》に志《こゝろざし》を改《あらた》め更《さら》に智識《ちしき》ある賢者《けんしや》の意《い》に從《したが》ふ時《とき》は、運來《うんきた》る。又妾《またせう》を迎《むか》ふるに善良《ぜんりやう》なる者《もの》を得《う》るの時《とき》とする。又子《またこ》を得《う》るの占《せん》。

九二。鼎有レ實《テイアリジツ》。我仇有レ疾《ワガアダアリヤマヒ》。不二我能レ即《ズワレニアタハツク》。吉《キツ》。○象傳曰《シヤウデンニイハク》。鼎有レ實《テイアルハジツ》。愼レ所レ之也《ツヽシムトコロナユクナリ》。我仇有レ疾《ワガアダアルハヤマヒ》。終无レ尤也《ツヒニナシトガメ》。

心剛毅《こゝろがうき》にして大事《だいじ》を成《な》すの人《ひと》なりと雖《いいど》も、謹愼《きんしん》を旨《むね》とせよ。目上《めうへ》に助《たす》くる人《ひと》ありて、終《つひ》に盛運《せいうん》に至《いた》る。

九三。鼎耳革《テイノミミアラタマル》。其行塞《ソノカウフサガル》。雉膏《キツノアブラ》不《ズ》食《クラハレ》。方雨《マサニアメフラントシテ》虧悔《カククヒテ》。終吉《ツヒニキツ》。○象傳曰《シヤウデンニイハク》。鼎耳革《テイノミヽアラタマルハ》。失其義《ウシナフソノギヲ》也。

信義《しんぎ》ありながら樸直《ぼくちよく》なるが故《ゆゑ》に、世《よ》に用《もち》ゐられない者《もの》とする。又短氣《またたんき》にして立腹《りつぷく》する時《とき》は、本心《ほんしん》を失《うしな》ひ、人《ひと》の諫《いさ》めを用《もち》ゐざるの失《しつ》あり。愼《つゝし》め。又世才《またせさい》に疎《うと》きが故《ゆゑ》に功《こう》あるも、人後《じんご》に立《た》つの象《かたち》。然《しか》れども正直《しやうじき》なるが故《ゆゑ》に人《ひと》の恕《じよ》する所《ところ》と爲《な》りて、後《のち》には幸福《かうふく》を得《う》る。

九四。鼎《テイ》折足《オルアシヲ》。覆公餗《コボスコウノギヨクヲ》。其形渥《ソノツミナヒコロサル》。凶《キヨウ》。○象傳曰《シヤウデンニイハク》。覆公餗《コボスコウギヨクヲ》。信《シン》如何《イカン》也。

此爻明君《このかうめいくん》に近《ちか》き大臣《だいじん》の高位《かうゐ》に在《あ》りながら、傲慢《がうまん》にして、天下《てんか》の賢士《けんし》を蔑視《べつし》し、高山《かうざん》に登《のぼ》りて、溪谷《けいこく》の下瞰《かかん》するの想《さう》を爲《な》し、獨力天下《どくりよくてんか》の事《こと》に當《あた》らんと欲《ほつ》す。而《しか》して下《しも》、小《せう》人《じん》と應《おう》じて、事《こと》を謀《はか》り、遂《つひ》に國《くに》に誤《あやま》り身《み》に災《わざはひ》を受《う》く。若《も》し志《こゝろざし》を改《あらた》め、心《こゝろ》を平《たひら》にし、賢者《けんしや》を容《い》れて、共《とも》に事《こと》を謀《はか》らば、咎《とがめ》なきことを得《う》る。

六五。鼎黄《テイクワウ》耳《ジ》金《キン》鉉《グン》。利《ヨロシ》レ貞《テイニ》。○象傳曰《シヤウデンニイハク》。鼎黄《テイクワウ》耳《ジハ》。中《チウ》以爲レ實也《モツテナスジツトナリ》。

明智《めいち》にして、尊位《そんゐ》を履《ふ》み、上下相親睦《しやうかあひしんぼく》し、賢臣《けんしん》ありて、輔佐《ほさ》を爲《な》す、正《たゞ》しきを守《まも》れば、益《ます〳〵》吉《きち》なるの時《とき》とする。

上九《ジヤウキウ》。鼎《テイ》玉《ギヨク》鉉《グン》。大《ダイ》吉《キツ》。无レ不レ利《ナシザルヨロシカラ》。○象傳曰《シヤウデンニイハク》、玉鉉《ギヨクグン》在《アル》レ上《カミニ》。剛《ガウ》柔《ジウ》節也《セツナル》。

此爻明徳備《このかうめいとくそなは》りて温和《おんわ》なる時《とき》とする。故《ゆゑ》に衆人歸服《しうじんきふく》して慕《した》はざるはない。是《こゝ》を以《もつ》て其《その》徳《とく》四海《かい》に輝《かゞや》き、其名萬世《そのなはんせい》に傳《つた》はる。實《じつ》に人臣《じんしん》の龜鑑《きかん》と云《い》ふべきである。

䷲（震下震上）震《シン》爲《キ》雷《ライ》

震《シンハ》。亨《トホル》。震來《シンキタリ》、虩《ゲキ》々《ゲキス》。笑言《セウゲン》啞《アク》啞《アクタリ》。震驚二百里一《シンオドロカスヒヤクリヲ》。不レ喪二匕鬯一《ズウシナハヒチヤウヲ》。○彖傳曰《タンデンニイハク》。震亨《シンハトホル》震《シン》來虩々《キタルニゲキゲキスルハ》恐《オソレテ》致レ福也《タスサイハヒナリ》。笑言啞啞《セウゲンアクノ、ハ》。後有レ則也《ノチニアルノリナリ》。震驚二百里一《シンオドロカスヒヤクリ》。驚レ遠《ヲオドロカストホキヲ》而懼《オソレシムル》邇也《チカキヲ》。出《イデテ》可下以守二宗廟社稷一《ベキモツテマモリソウベウシヤシヨクヲ》。以爲中祭主上也《モツテタルサイシユ》。○大象曰《タイシヤウニイハク》。洊雷震《フタヽビナルライハシン》。君子《クンシ》以恐懼《モツテキヨウク》修書《シウセイス》。

身《み》に學藝《がくげい》を備《そな》へ、國家《こくか》の爲《ため》に興起《こうき》せんとするの象《かたち》がある。又大事業《まただいじげふ》を繼續《けいぞく》し、前人《ぜんじん》の功《こう》を全《まつた》くし、能《よ》く之《これ》を保持《ほぢ》するの象《かたち》がある。又男子志《まただんしこゝろざし》を立《た》て勉強《べんきやう》して名《な》を社會《しやくわい》に轟《とゞろか》すの時《とき》にする。故《ゆゑ》に百折撓《せつたゆ》まず奮發《ふんはつ》すべきの事《とき》とする。

初九《シヨキウ》。震《シン》來《ライ》虩《ゲキ》々《ゲキス》。後《ノチニ》笑《セウ》言《ゲン》啞啞《アアククタリ》。吉《キツ》。○象傳《シヤウデン》曰《ニイハク》。震《シン》來《ライ》虩《ゲキ》々《ゲキハ》。恐《ホソレテ》致《イタス》レ福《サヒハヒヲ》也。笑《セウ》言《ゲン》啞《アク》啞《アクタリハ》後《ノチニ》有《アル》レ則《ノリ》也。

此爻剛正《このかうがうせい》にして愼《つゝし》み深《ふか》き者《もの》、神《かみ》を敬《けい》する時《とき》は大《おほい》に幸福《かうふく》を得《う》る。又奮發《またふんはつ》して大事《だいじ》を遂《と》ぐべきの占《せん》。

六二。震《シン》來《キタル》厲《アヤウシ》。億《オク》喪《ウシナフ》レ貝《バイテ》。躋《ノボル》レ于《ニ》二九陵《キウリヤウ》一。勿《ナカレ》レ逐《オノコト》。七《シチ》日《ジツニシテ》得《ウ》。○象傳《シヤウデン》曰《ニイハク》。震《シン》來《ライ》厲《アヤウキハ》。乘《ノレバ》レ剛《ガウニ》也《ナリ》。

柔順《じうじゆん》にして、物《もの》に驚《おどろ》くの性質《せいしつ》がある。又思慮臆測《またしりよおくそく》に過《す》ぎて、心配《しんぱい》する者《もの》とする。虚《きよ》聲《せい》に驚《おどろ》かされて財産《ざいさん》を失《うしな》ふことがある。然《しか》れども日《ひ》ならずして復舊《ふくきう》する。又偶然不幸《またぐうぜんふかう》に遇《あ》ふことがある。是《こ》れ亦神人《またしんじん》の助《たす》けありて回復《くわいふく》するの占《せん》。

六三。震《シン》蘇《ソ》々《ソタリ》。震《オソレテ》行《ユクバ》无《ナシ》レ眚《ワザハヒ》。○象傳《シヤウデン》曰《ニイハク》。震《シン》蘇《ソ》蘇《ソタルハ》。位《クラヰ》不《ザル》レ當《アタラ》也。

大難《だいなん》ありて未《いま》だ消《き》えざるの時《とき》とする。故《ゆゑ》に難《なん》に臨《のぞ》み、氣《き》を落《おと》さず、心《こゝろ》を勵《はげ》まして、慾《よく》を去《さ》り、善《ぜん》を修《をさ》むる時《とき》は、自《おのづか》ら天助《てんぢよ》ありて、其難《そのなん》を免《まぬが》るゝを得《う》る。

九四。震《ウゴヤテ》遂《ツヒニ》泥《オボル》。○象傳《シヤウデン》曰《ニイハク》。震《ウゴヤテ》遂《ツヒニ》泥《オボル》、未《イマダ》レ光《ヒカラザル》也。

氣力弱《きりよくよわ》き性質《せいしつ》なれども、他人《たにん》の爲《た》めに鼓動《こどう》せられ、前進《ぜんしん》したるものとす。然《しか》るに今《いま》艱難《かんなん》に陷《おちい》り。進退《しんたい》意の如《ごと》くなるを得《え》ない。譬《たと》へば一事業起《じげふおこ》したるも、心氣疲《しんきつか》れ、退屈《たいくつ》して之《これ》を廢棄《はいき》するもの丶如《ごと》し。故《ゆゑ》に勉強《べんきやう》して時運《じうん》の來《きた》るを待《ま》て。

六五。震《シン》往《ワウ》來《ライアヤウシ》厲。億《オク》无《ナシ》レ喪《ウシナフ》ニ有《イウ》事《ジテ》一。○象傳《シヤウデン》曰《ニイハク》。震《シン》往《ワウ》來《ライアヤウキハ》厲。危《アヤウシ》レ行《オコナヒテ》也。其《ソノ》事《コト》在《アリ》レ中《チウニ》。大《オホヒニ》无《ナシ》レ喪《ウシナフコト》也。

國家多事《こくかたじ》にして、禍患身《くわくわんみ》に及《およ》ばんとする時《とき》とする。又世風《またせふう》に連《つ》れ、同氣相求《どうきあひもと》めて往《わう》來《らい》し。事繁劇《ことはんげき》なるべく、他人《たにん》の事《こと》を引《ひ》き受《う》け、煩悶《はんもん》することがある。故《ゆゑ》に事《こと》を謝《しや》し、動搖《どうよう》を愼《つゝし》まば自《おのづか》ら過失《くわしつ》なくして安心《あんしん》を得《う》る。

上六。震《シン》索《サク》索《サクタリ》。視《ミル》矍《コトトク》矍《トクタリ》。征《ユケバ》凶《キヨウ》。震《シン》不《ズ》レ于《オイテ》二其《ソノ》躬《ミニ》一。于《オイテス》二其《ソノ》鄰《トナリニ》一。无《ナシ》レ咎《トガ》。婚《コン》媾《コウ》有《アリ》レ言《コト》。○象《シヤウ》傳《デン》曰《ニイハク》。震《シン》索《サク》索《サクタリ》。中《ウチ》未《イマダ》レ得《エザル》也《ナリ》。雖《イヘドモ》レ凶《キヨウ》无《ハナキハ》レ咎《トガ》。畏《オソル》二鄰戒《カイヲ》一也。

屢々《しば〳〵》身《み》に災《わざはひ》の及《およ》ばんとする事《こと》あれども、幸《さいはひ》にして之《これ》を免《まぬが》るゝことを得《う》る。又《また》希望《きばう》することありと雖《いへど》も、遂《と》げず、氣運閉塞《きうんへいそく》の時《とき》とする。

䷳ （艮下艮上） 艮《ゴン》爲《キ》山《ザン》

艮《トドマリテ》三其《ソノ》背《ヘイニ》一。不《ズ》レ獲《エ》二其《ソノ》身《ミヲ》一。行《ユキテ》二其《ソノ》庭《テイニ》一不《ズ》レ見《ミ》二其《ソノ》人《ヒトヲ》一。无《ナシ》レ咎《トガ》。○彖《タン》傳《デン》曰《ニイハク》。艮《ゴンハ》止《トヾマル》也《ナリ》。時《トキニ》止《トヾマルハ》則《スナハチ》止《トヾマリ》。時《トキニ》行《ユケバ》則《スナハチ》行《ユク》。動《ドウ》靜《セイ》不《ズ》レ失《ウシナハ》二其《ソノ》時《トキヲ》一。其《ソノ》道《ミチ》光《クワウ》明《メイ》。艮《トヾマル》二其《ソノ》止《トヾマルニ》一。止《トヾマル》二其《ソノ》所《トコロ》一也。上《シヤウ》下《カ》敵《テキ》應《オウ》。不《ズ》二相《アヒ》與《クミセ》一也。是《コヽヲ》以《モツテ》不《ズ》レ獲《エ》二其《ソノ》身《ミヲ》一。行《ユキテ》二其《ソノ》庭《テイニ》一。不《ズ》レ見《ミ》二其《ソノ》人《ヒトヲ》一。无《ナシ》レ咎《トガ》。○大《タイ》象《シヤウ》曰《ニイワク》。兼《ケン》山《ザン》艮《ハゴン》。君《クン》子《シ》以《モツテ》思《オモウ》不《コトズ》レ出《イデ》二其《ソノ》位《クラヰヲ》一。

能《よ》く其心《そのこゝろ》を篤實《とくじつ》にし、凡《およ》そ既《すで》に進《すゝ》みたるものは、二心《しん》なく進《すゝ》み、着手《ちやくしゆ》せざる事《こと》は止《とゞま》りて動《うご》くな。又人《またひと》の情實《じやうじつ》に拘《かゝ》はるな。譬《たと》へば鼻口耳目《びこうじもく》の其背《そのはい》に在《あ》りては、香味聲色《かうみせいしよく》に感《かん》ぜざるが如《ごと》くであれ。此卦《このくわ》は總《すべ》て人《ひと》に對《たい》し、依賴心《いらいしん》を起《おこ》すな。

初六《シヨ》。艮二其趾一《トヾマルソノアシニ》。无レ咎《ナシトガ》。利二永貞一《ヨロシエイテイニ》。○象傳曰《シヤウデンニイハク》。艮二其趾一《トドマルハソノアシニ》。未レ失レ正也《イマダウシナハザルセイヲ》。

何事《なにごと》にても居《ゐ》ながらして宜《よろし》き時《とき》とする。妄《みだ》りに他《た》に求《もと》むるな。自然《しぜん》に來《きた》ることは、進《すゝ》みて爲《な》すも苦《くる》しくはない。正《たゞ》しき道《みち》を守《まも》る時《とき》は運氣《うんき》開《ひら》く。

六二。艮二其腓一《トヾマルソノヒニ》。不レ拯二其隨一《ズスクハソノズヰヲ》。其心《ソノコヽロ》不レ快《ズコヽロヨカラ》。○象傳曰《シヤウデンニイハク》。不レ拯二其隨一《ズスクハソノズヰ》未二退聽一也《イマダシリゾキキカザル》。

氣力《きりよく》弱《よわ》き者《もの》剛情我慢《がうじやうがまん》の人《ひと》に從《したが》ひて、詮《せん》なき心配《しんぱい》をするが如《ごと》し、又己《またおの》れより不肖《ふせう》なる者《もの》に進退《しんたい》の指揮《しき》を受《う》け、心《こゝろ》に慊《こゝろよ》からざることがある。然《しか》れども今《いま》や我身《わがみ》の進退《しんたい》も自《じ》由《いう》ならざるの時《とき》なれば、暫《しばら》く忍《しの》びて正《たゞ》しきを守《まも》らば遠《とほ》かずして、氣運《きうん》開《ひら》き來《きた》る。

九三。艮二其限一《トヾマルソノゲンニ》。列二其夤一《サクソノインヲ》。厲薰レ心《アヤウクシテクンズコヽロヲ》。○象傳曰《シヤウデンニイハク》。艮二其限一《トヾマレバソノゲンニ》。危薰レ心也《アヤウクシテクンズルコヽロヲ》。

身壯健《みさうけん》なれども、運動《うんどう》せざるを以《もつ》て、氣鬱《きうつ》の病《やまひ》を發《はつ》するの象《かたち》とする。又氣性強《またきしやうつよ》く我《が》意《い》ありて比例《ひれい》より才《さい》の劣《おと》りたる者《もの》とする。此《こゝ》に人《ひと》あり、他人《たにん》の爲《た》めに心力《しんりよく》を勞《らう》し、報《はう》酬《しう》の有無《うむ》は少《すこ》しも意《い》に介《かい》せず、却《かへつ》て謹愼《きんしん》にして禮《れい》あり、加《くは》ふるに愛敬《あいけい》を以《もつ》てす。此《かく》の如《ごと》くなれば、衆人之《しうじんこれ》に感《かん》じ、之《これ》を好《よ》みし、皆稱賛《みなしようさん》せざるはない。衆《しう》の愛敬《あいけい》する所福祿《ところふくろく》集《あつ》まり、之《これ》を好《よ》き味《あじ》の人《ひと》と云《い》ふのである。又《また》一人《にん》あり之《これ》に反《はん》して、聊《いさゝか》の事《こと》にも、報酬《はうしう》の厚薄《かうはく》のみ是《こ》れ許《はか》り、過不及《くわふきふ》を顔色《がんしよく》に顯《あら》はし、或《あるひ》は學識《がくしき》を鼻《はな》に掛《か》け、頻《しきり》に人《ひと》を論難《ろんなん》し又或時《またあるとき》は智識《ちしき》を恃《たの》みて理《り》を非《ひ》に枉《ま》げ人《ひと》に強《しゆ》る者《もの》がある。之《こ》れ人《ひと》に忌《い》まれ遠《とほ》ざけらるゝ者《もの》である。

六四。艮《トヾマル》二其《ソノ》身《ミニ》一。无《ナシ》レ咎《トガ》。○象傳《シヤウデン》曰《ニイハク》、艮《トヾマル》二其《ソノ》身《ミニ》一。止《トヾマル》二諸躬《シヨキウニ》一也。

才子此爻《さいしこのかう》を得《う》る時《とき》は、勞《らう》して功《かう》なきの愚《ぐ》を爲《な》さず、其志《そのこゝろざし》を一變《ぺん》して位置《ゐち》を轉《てん》せよ。己《おの》れの意見行《いけんおこな》はれざるの時《とき》である。唯身《たゞみ》を修《をさ》めて詮《せん》なきことに、心《こゝろ》を勞《らう》してはならぬ。宜《よろし》く時運《じうん》の至《いた》るを待《ま》て。

六五。艮《トヾマル》二其《ソノ》輔《ホニ》一。言《コト》有《アリ》レ序《ジヨ》。悔《クヒ》亡《ホロブ》。○象傳《シヤウデン》曰《ニイハク》。艮《トヾマル》二内《ハツノ》輔《ホニ》一。以《モツテ》二中《チウ》正《セイ》一也。

尊位《そんゐ》の人進《ひとすゝ》みて事《こと》を行《おこな》ふな。又論辨《またろんべん》の象《かたち》がある。事臨《ことのぞ》み能《よ》く思慮《しりよ》して論辨《ろんべん》せば、必《かなら》ず人《ひと》を服《ふく》するに足《た》る。若《も》し言《こと》、順序《じゆんじよ》を誤《あやま》る時《とき》は挽回《ばんくわい》するに由《よし》なく事敗《ことやぶ》るゝ時《とき》とす。

上九。敦《アツシ》レ艮《トヾマルニ》吉《キツ》。○象傳《シヨウデンニ》曰《イハク》。敦《アツヤトヾマルノ》レ艮之吉《キツハ》。以《モツテアツクスルヲ》レ厚《ヲハリヲ》レ終也。

剛直《かうちよく》にして上《うへ》に止《とゞま》り、萬事《まんじ》篤實《とくじつ》を旨《むね》とし、世人《せじん》に交《まじは》るに始《はじ》めあり、終《をはり》あり、能《よ》く思《し》慮《りよ》して百事《じ》過《あやま》ちまきが故《ゆゑ》に世人《せじん》の信用益々《しんようます／＼》厚《あつ》きものとする。從來塞《じうらいふさ》いだること解《と》け、事通《ことつう》ずるの時《とき》とする。

䷴（艮下巽上）風《フウ》山《ザン》漸《ゼン》

漸《ゼンハ》。女歸吉《ヂヨトツグニキツ》。利《ヨロシテイニ》レ貞。○彖傳《タンデンニ》曰《イハク》。漸之進也《ゼンハス丶ムナリ》女歸吉也《ヂヨトツグニキツ》。進得《ス丶ンデウルクラヰヲ》レ位。往有《ユキテアルコウナリ》レ功也。進《ス丶ムニ》以《モツテスルハセイヲ》レ正。可《ベキモツテタヾスクニヲナリ》三以正二邦一也。其位剛得《ソノクラヰガウニシテウ》レ中也《チウヲ》。止而巽《トヾマリテソン》。動不《ウゴクモノザルハキマラ》レ窮也。○大象《タイシヤウニ》曰《イハク》。山上《サンジヤウニ》有《アルハキ》レ木漸《ゼン》。君子《クンシ》以《モツテヲリ》居《ケントクニ》二賢徳一。善《ヨクスゾクヲ》レ俗。

運氣《うんき》來《きた》りて、徐々《じよく》と立身《りつしん》するの時《とき》とする。故《ゆゑ》に出世《しゆつせ》する度毎《たびごと》に堅《かた》く其位置《そのゐち》を踏《ふ》み占《し》め、輕率《けいそつ》の行《おこなひ》を爲《な》すな。

初《シヨ》六。鴻《コウ》漸《ス・ム》レ于《ニ》レ干《ミギハ》。小子《セウシ》厲《アヤウシ》、有《アリ》レ言《コト》无《ナシ》レ咎《トガ》。○象傳曰《シヤウデンニイハク》。小子《セウシ》之《ノ》厲《アヤウキハ》。義《ギ》无《ナシ》レ咎《トガ》也。

他《た》より縁談《えんだん》あるか、或《あるひ》は我身《わがみ》の上《うへ》に就《つ》き、他人《たにん》の周旋《しうせん》するありと雖《いへど》も、我承諾《われしやうたく》せずして人《ひと》の意《い》に戻《もど》るの象《かたち》がある。爲《た》めに我地位《わがちゐ》一時《じ》厲《あやう》しと雖《いへど》も、其意《そのい》條理《でうり》あるが故《ゆゑ》に、咎《とが》なきを得《う》る。唯利《たゞり》を輕《かろ》んじ、名《な》を重《おも》んじ君子《くんし》の行《おこな》ふ所《ところ》に依《よ》りて、方向《はうかう》を定《さだ》むる時《とき》は、遂《つひ》に利《り》ならずと云《い》ふことはない。

六二。鴻《コウ》漸《ス・ム》レ于《ニ》レ磐《イハホ》。飲食《インシヨク》衎《カン》衎《カン》。吉《キツ》。○象傳曰《シヤウデンニイハク》。飲食《インシヨク》衎《カン》衎《カンハ》。不《ザル》二素《ソ》飽《ハウ》一也《セ》。

今迄《いままで》身上《みのうへ》安全《あんぜん》でなかつたが、今稍々《いまやゝ》其運《そのうん》を得《な》て、心《こゝろ》を安《やす》んじ、喜《よろこ》ぶも未《いま》だ何事《なにごと》も心《こゝろ》に任《まか》せず、身《み》に勤《つと》むること劇《はげ》しく岩上《がんじやう》に起居《ききよ》するが如《ごと》くである。屈《くつ》せずして能《よ》く之《これ》に堪《た》ふる時《とき》は吉《きつ》に向《むか》ふ。石《いし》の上《うへ》にも三年《ねん》の喩《たと》への如《ごと》く耐忍強《たいにんつよ》き時《とき》は、漸々盛運《だんだんせいうん》に向《むか》ふ。

九三。鴻《コウ》漸《スムハ》レ于《ニ》レ陸《リク》。夫《フ》征《ユキテ》不《ズ》レ復《カヘラ》。婦《フ》孕《ハラミテ》不《ズ》レ育《イクセ》。凶《キヨウ》。利《ヨロシ》レ禦《フセグニ》レ寇《アダヲ》。○象傳曰《シヤウデンニイハク》。夫《ソレ》往《ユキテ》不《ザルハ》レ復《カヘラ》。離《ハナル・》二群醜《グンシウヲ》一也。婦《フ》孕《ハラ・テ》不《ザルハ》レ育《イク》。失《ウシナフ》二其道《ソレミチヲ》一也。利《ヨロシキハ》レ、用《モチフルニ》レ禦《フセグニ》レ寇《アダヲ》。順《シユンニシテ》相《アヒ》保《タモツ》也《ナリ》。

己《おの》れの立身《りつしん》を急《きう》にし、朋友《ほういう》の信誼《しんぎ》を缺《か》き、漸進《ぜんしん》の德《とく》を失《うしな》ふ者《もの》とする。然《しか》れども、既《き》往《わう》は咎《とが》むるな。能《よ》く自《みづか》ら守《まも》りて過剛《くわがう》の失《しつ》を愼《つゝし》み、讒者《ざんしゃ》の害《がい》を防《ふせ》ぎ柔順《じうじゆん》にして、我身《わがみ》を保護《ほご》すべし。此爻賢德《このかうけんとく》ある者《もの》なりと雖《いへど》も、憂患多《いうくわんおは》し。又凶災《またきようさい》ありて進退度《しんたいど》を失《うしな》ふが如《ごと》きことあり。我《われ》に敵《てき》する者《もの》ありと雖《いへど》も、之《これ》を惡《にく》む時《とき》は、却《かへ》つて治《をさ》め難《かた》い。故《ゆゑ》に寇《あだ》を禦《ふせ》ぐに利《り》ありと云《い》ふ。今《いま》は凶《きよう》なりと雖《いへど》も、愼《つゝし》み深《ふか》くして進《す》む時《とき》は大利《だいり》を得《う》。

六四。鴻漸《コウス、ム》レ于《ニ》レ木《キ》。或得《アルヒハウ》二其《ソノ》桷《カクヲ》一。无《ナシ》レ咎《トガ》。○象傳曰《シヤウデンニイハク》。或得二其桷一《アルヒハウソノカクヲ》。順以《シユンニシテモツテ》巽《シタガフ》也。

漸《ぜん》は徐々《じよく》として進《す》むの卦《くわ》なれば、其義《そのぎ》を多《おほ》く此爻《このかう》に取《と》る。是《これ》を以《もつ》て或《あるひ》は意《い》の貫徹《くわんてつ》せざるが如《ごと》きことあり。故《ゆゑ》に安危兩途《あんきりやうと》の機此《きこゝ》に在《あ》り、今平柯《いまへいか》を得《う》るあらば、暫《しばら》く就《つい》て安《やすん》ずるも咎《とが》はない。故《ゆゑ》に安心《あんしん》の地位《ちゐ》を得《う》る時《とき》は、柔順《じうじゆん》を以《もつ》て之《これ》に處《しょ》せ。其地位《そのちゐ》を失《うしな》はずして、追々《おひ〳〵》望《のぞ》み事《こと》を遂《と》げる。

九五。鴻漸《コウス、ム》レ于《ニ》レ陵《リヨウ》。婦《フ》。三歳不《サイズ》レ孕《ハラマ》。終莫《ツヒニナシ》二之《コレニ》勝《カツ》一。吉《キツ》。○象傳曰《シヤウデンハイハク》。終莫《ツヒニナシ》二之《コレニ》勝《カツ》一。

吉《キツ》。得《ウル》レ所《トコロヲ》レ願《ネガフ》也。

家業《かげふ》を勵《はげ》み、連々利《れん〳〵り》を得《う》ることが多《おほ》い。私財《しざい》には富《と》めりと雖《いへど》も、子《こ》の緣薄《えんうす》い。陰德《いんとく》を施《ほどこ》せ。又彼我《またひが》の交際上《かうさいじやう》に於《お》けるや、間者《かんじや》ありて、妨《さまたげ》を爲《な》し、意《い》の如《ごと》くではない。爲《た》めに內心其苦慮《ないしんそのくりよ》することがある。然《しか》れども漸《やう〳〵》く時運來《じうんきた》り、終《つひ》には志《こゝろざし》を遂《と》ぐる。

上九《ジヤウキウ》。鴻《コウ》漸《スヽム》レ于《ニ》陸《リク》。其《ソノ》羽《ハネ》可《ベシ》二用《モチヰテ》爲《ナス》一レ儀《ギヲ》。吉《キツ》。〇象傳《シヤウデン》曰《ニイハク》。其《ソノ》羽《ハネ》可《ベシ》二用《モチヰテ》爲《ナス》一レ儀《ギヲ》。吉《キツハ》。不《ザル》レ可《ベカラ》レ亂《ミダル》也。

富貴《ふうき》に安住《あんぢう》して、齡《とし》も長《なが》かるべし。然《しか》れども、其盈滿《そのえいまん》を知《し》りて、風塵《ふうぢん》の外《そと》に脫《だつ》するを思《おも》へ。然《しか》る時《とき》は錦上《きんじやう》に花《はな》を添《そ》へたるが如《ごと》く、其行《そのおこな》ふ所後世《ところこうせい》に至《いた》るまで、儀則《ぎそく》と爲《な》ることがある。高《たか》く賢德《けんとく》を及《およ》ぼし、邦《くに》の風俗《ふうぞく》を善《よ》くするの意《い》。

䷵（兌下震上）雷《ライ》澤《タク》歸《キ》妹《マイ》

歸妹《キマイ》。征《ユケバ》凶《キヨウ》。无《ナシ》レ攸《トコロ》レ利《ヨロシキ》。〇象傳《タンデン》曰《ニイハク》。歸妹《キマイハ》。天地《テンチ》之《ノ》大義《タイギ》也。天地《テンチ》不《ズシテ》レ交《マジハラ》。而《シカウシテ》萬物《バンブツ》不《ズ》

レ與《オコラヤ》。歸妹《マイハ》。人之終始也《ヒトノシウシナリ》。悅以動《ヨロコンデモツテウゴク》。所レ歸レ妹《トコロトノクマイヲ》。征凶《ユケバキヨウ》。位《クラヰ》不《ザル》レ當《アタア》也。无レ攸レ利《ナキハトコロヨロシキ》。柔《ジウ》乘《ノレバ》レ剛《ガウニ》也。○大象曰《タイシヤウニイハク》。澤上《タクジヤウニ》有《アル》レ雷《ハライ》歸妹《キマイ》。君子《クンシ》以《モツテ》永《ナガク》レ終《ヲハリヲ》知《シル》レ敝《ヤブレヲ》。

事正《ことたゞ》しからずして、弊害《へいがい》従《したがつ》て起《おこ》るの時《とき》とする。情慾《じやうよく》に従《したが》ひて、志《こゝろざし》を動《うごか》すな。小人《せうじん》に權柄《けんぺい》を執《と》らしむな。震《しん》の修省《しうしやう》を以《もつ》て、兌《だ》の毀折《きせつ》を防《ふせ》ぐべきの時《とき》とする。始《はじ》めを愼《つゝし》み終《おは》りを慮《はか》りて、弊害《へいがい》を豫防《よばう》しなければならぬ。然《しか》らざれば危《あやふ》きことがある。

初九《シヨキウ》。歸《キ》妹《マイ》以《モツテス》レ娣《マイヲ》。跛能履《アシナヘヨクフム》。征吉《ユケバキツ》。○象傳曰《シヤウデンニイハク》。歸《キ》妹《マイ》以《モツテスルハ》レ娣《テイヲ》。以《モツテ》レ恒《ツネヲ》也《ナリ》。跛能履《アシナヘヨクフムハ》。吉相承也《キツニシテアヒウクルナリ》。

自身《じしん》は媵女《ようぢよ》にして、正室《せいしつ》に附従《ふじう》するが如《ごと》き時《とき》とする。此爻陽《このかうやう》に居《を》る。才強《さいつよ》く志《こゝろざし》も亦《また》強《つよ》い。然《しか》れども深《ふか》く思慮《しりよ》を秘《ひ》して、面《おもて》に顯《あらは》さず、従容《しようよう》として、在上《ざいじやう》の頤使《いし》に従《したが》ひ鄭重《ていちよう》に事《こと》を執《と》る。猶《な》ほ跛者《はしや》の杖《つゑ》に倚《よ》りて、轉躓《てんち》せざるものゝごとくせよ。然《しか》る時《とき》は衆《しう》の信用《しんよう》を得《え》て大事《だいじ》を委託《ゐたく》せらるゝに至《いた》る。是《こ》れ溫和《おんわ》にして、福《ふく》を受《う》くるの時《とき》とする。又牽聯《またけんれん》して、事《こと》に與《あづ》かる者皆過《ものみなあやまち》あるも、己《おの》れ獨《ひと》り免《まぬが》るゝを得《う》るの時《とき》とする。

九二。眇《スガメ》能《ヨク》視《ミル》。利《ヨロシ》二幽《イウ》人《ジン》之《ノ》貞《テイニ》一。○象傳《シヤウデン》曰《ニイハク》。利《ヨロシキハ》二幽《イウ》人《ジン》之《ノ》貞《テイニ》一。未《イマダ》レ變《ヘンゼザル》レ常《ツネヲ》也。

女《をんな》に在《あ》りては、己《おの》れ賢德《けんとく》を有《いう》して、不良《ふりやう》の夫《をつと》に配偶《はいぐう》し、爲《た》めに其身《そのみ》を誤《あやま》つたのである。然《しか》れども能《よ》く婦道《ふだう》を守《まも》り、自《みづか》ら幽閉貞靜《いうへいていせい》の德《とく》を墜《おと》さず、生涯《しやうがい》を了《れう》するの象《かたち》。又男《まただん》子《じ》に在《あ》りては事《つこ》ふる所《ところ》の人昏愚《ひとこんぐ》にして、己《おの》れ其下風《そのかふう》に立《た》つ能《あた》はざるも、時宜《じぎ》に隨《したが》つて處《しよ》置《ち》し、其身《そのみ》を潔《きよ》くするものとする。不義《ふぎ》の嫌《きらひ》なきに非《あら》ずと雖《いとど》も、已《や》むことを得《え》ずして、默從《もくじう》すること、此爻《このかう》の如《ごと》き時《とき》なきに非《あら》ず。故《ゆゑ》に瑣事《さじ》の如《ごと》きは假令《たとへ》心《こゝろ》に嫌《あき》たらざるも、之《これ》を意《い》に介《かい》せず、唯時《たゞとき》の移《うつ》るを待《ま》て。

六三。歸《キ》妹《マイモツテススウヲ》以レ須。反《ハン》歸《キ》以《モツテテイヲ》レ娣。○象傳《シヤウデン》曰《ニイハク》。歸《キ》妹《マイモツテスルハスウヲ》以レ須。未《イマダアタラザル》レ當也。

女子《ぢよし》にして斯《かく》の如《ごと》し。其醜甚《そのはぢはなは》だしと云《い》はねばならぬ。男子《だんし》に在《あ》りては、世《よ》に媚《こ》び、人《ひと》に諂《へつら》ひ、常《つね》に僥倖《げうかう》の心《こゝろ》を抱《いだ》きて上流《じやうりう》に立《た》ゝんと欲《ほつ》するも、其望《そのぞみ》を達《たつ》することは出來《でき》ない。又變《またへん》じて人《ひと》に依賴《いらい》し其所《そのところ》を擇《えら》ばざるに至《いた》る。斯《かく》の如《ごと》くにして世《よ》に立《た》たんとす。豈《あに》得《う》べけんや、宜《よろ》しく反省《はんせい》すべきである。

九四。歸《キ》妹《マイ》愆《スグ》レ期《キヲ》。遲《マツ》レ歸《カヘルヲ》有《アリ》レ時《トキ》。○象傳《シヤウデンニ》曰《イハク》。愆《スグルキヲ》レ期之《ノ》志《コヽロザシハ》。有《アリテ》レ待《マツ》而行《ユク》也。男女共《だんぢよとも》に賢《けん》にして、志操《しさう》あり、其人又《そのひとまた》は其君《そのきみ》でなければ仕《つか》へない。何《なん》ぞ遭遇《さうぐう》の遲《おそ》きを恨《うら》むべき。小事《せうじ》の如《ごと》きは時運《じうん》に後《おく》れたるが如《ごと》くなれども却《かへつ》て、意外《いぐわい》の幸福來《かうふくきた》るの時《とき》とする。時《とき》の至《いた》るを待《ま》ちて顯職《けんしよく》に任《にん》ぜらるゝの象《かたち》。

六五。帝乙《テイオツ》歸《トツガシム》レ妹《マイヲ》。其《ソノ》君《キミ》之《ノ》袂《ベイハ》。不《ズ》レ如《シカ》二其《ソノ》娣《テイ》之《ノ》袂《ベイノ》良《ヨキニ》一。月《ツキ》幾《チカシ》レ望《バウニ》。吉《キツ》。○象傳《シヤウデンニ》曰《イハク》。帝乙《テイオツ》歸《トツガシム》レ妹《マイヲ》。不《ザルハ》レ如《シカ》二其《ソノ》娣《テイ》之《ノ》袂《ベイ》良《ヨキニ》一也。其《ソノ》位《クラヰ》在《アリ》レ中《チウニ》。以《モツテ》レ貴《タツトキヲ》行《オコナフ》也。有徳《うとく》にして素服《そふく》を着《つ》けたるは金玉《きんぎよく》を故紙《ほご》に包《つゝ》みたるが如《ごと》く、无徳《むとく》にして美服《びふく》を飾《かざ》りたるは錦繡《きんしう》を以《もつ》て瓦石《ぐわせき》を包《つゝ》みたるが如《ごと》くである。此女《このをんな》は内《うち》に美徳《びとく》ありて、外《そと》を飾《かざ》らず、彼《かれ》の盛粧《せいしやう》以《もつ》て人《ひと》を悅《よろこ》ばす者《もの》と同《おな》じではない。男子《だんじ》にして冶容《かざり》を好《この》む、愧《は》づべきである。又明君謙德《まためいとくくんけん》を以《もつ》て位《くらゐ》に驕《おご》らず、賢《けん》を愛《あい》し、民《たみ》を撫《な》で、親《した》しく政務《せいむ》を行《おこな》ふの占《せん》とする。

上六《ジヤウ》。女《ヂヨ》承《サヽゲテ》レ筐《キヤウヲ》无《ナク》レ實《ジツ》。士《シ》刲《サイア》レ羊《ヒツジヲ》无《ナシ》レ血《チ》。无《ナシ》レ攸《トコロ》レ利《ヨロシキ》。○象傳《シヤウデンニ》曰《イハク》。上《ジヤウ》六无《ナキハ》レ實《ジツ》。承《ウル》二虛《キヨ》筐《キヤウヲ》一也《ナリ》。

我《われ》實《じつ》なくして、又《また》實《じつ》なき者《もの》に親《した》しむ。譬《たと》へば相互《あひたがひ》に欺《あざむ》くもの丶如《ごと》くである。實《じつ》なくして利辨《りべん》を弄《ろう》し、人《ひと》に厭惡《けんあく》せらる丶者《ものよろ》宜しく猛省《まうしやう》せよ。

䷶（離下震上）雷《ライ》火《クワ》豐《ホウ》

豐《ホウハ》。亨《トホル》。王假《ワウイタル》レ之《コレニ》。勿《ナカレ》レ憂《ウレウル》。宜《ヨロシク》二日中《ニツチウニ》一。○彖傳曰《タンデンニイハク》。豐大《ホウハダイ》也。明以動《メイモツテウゴク》。故豐《ユヱニユタカナリ》。王假《ワウイタル》レ之《コレニ》。尙《タツトブ》レ大《ダイヲ》也。勿《ナカレ》レ憂《ウレフル》。宜《ヨロシ》二日中《トハニツチウ》一。宜《ヨロシク》レ照《テラス》二天下《テンカ》一也。日中則昃《ヒチウスレバスナハチカタブク》。日盈則食《ヒミツレバスナハチシヨクス》。天地盈虛《テンチエイキヨ》。與《ト》レ時《トキ》消息《セウソクス》。而況於《シカルヲイハンヤオイテヲ》レ人《ヤヒトニ》乎。況於《イハンヤオイテヲ》二鬼神《ヤキジンニ》一乎。○大象曰《タイシヤウニイハク》。雷電皆至豐《ライデンミナイタルハホウ》。君子以折《クンシモツテサダメ》レ獄《ゴクヲ》致《イタス》レ刑《ケイヲ》。

運氣《うんき》盛《さか》んである。又《また》能《よ》く時機《じき》を察《さつ》する明《めい》あつて、勤勞利《きんらうり》を得《う》るものとする。然《しか》れども時運《じうん》は常《つね》ならざるを以《もつ》て儉約《けんやく》を守《まも》り、奢靡《しやび》を去《さ》り愼《つゝし》みて侈心《ししん》を生《しやう》ずるな。

初九《シヨキウ》。遇《アフ》二其《ソノ》配《ハイ》主《シユニフ》一。雖《ヘド》レ旬《モジユン》无《トナシ》レ咎《トガ》。往《ユケバ》有《アリ》レ尙《タツトブ》。○象傳曰《シヤウデンニイハク》。雖《イヘドモ》レ旬《ジユン》无《トナシ》レ咎《トガ》。過《スグレバ》レ旬《ジユンチ》災也《ワザハヒナリ》。

上《かみ》に志《こゝろざし》を同《おな》じくする人《ひと》あり、其人《そのひと》と共《とも》に力《ちから》を協《あは》せて、事業《じげふ》を爲《な》すべきの時《とき》とする。然《しか》れども其友《そのとも》とする所《ところ》の人《ひと》を擇《えら》ばねばならぬ。又其才《またそのさい》に誇《ほこ》り、分《ぶん》を越《こゆ》るの過《あやまち》がないではない。之《これ》を制《せい》せざれば、災《わざはひ》あり愼《つゝし》め。

六二。豐《オホイニスソノホウヲ》二其蔀一。日《ニッ》中《チウ》見《ミル》レ斗《トヲ》。往《ユケバ》得《ウ》二疑《ギ》疾《シツヲ》一。有《アリ》レ孚發若《マコトハツジヤクタレバ》。吉《キツ》。○象傳曰《シヤウデンニイハク》。有《アリ》レ孚發若《マコトハツジヤクタルハシンモツテハツスルコヽロザシヲ》。信以發レ志也。

柔順《じうじゆん》の人《ひと》にして誠《まこと》を盡《つく》し、主《しゆ》を思《おも》ふと雖《いへど》も、中間《ちうかん》に妨《さまたげ》を爲《な》す者《もの》ありて、其志《そのこゝろざし》貫《くわん》徹《てつ》せず故《ゆゑ》に強《しひ》て進《すゝ》めば、却《かへ》つて惡《にく》まるゝことがある。恰《あだか》も闇路《やみぢ》を行《ゆ》くが如《ごと》く進退《しんたい》に苦《くる》しむの時《とき》とする。然《しか》れども誠《まこと》を積《つ》みて止《や》まなければ自《おのづか》ら長上《ちやうじやう》の發明《はつめい》する所《ところ》ありと、其疑《そのうたがひ》氷解《ひやうかい》し終《つひ》に吉《きつ》。

九三。豐《オホイニスソノハイヲ》二其沛一。日中見《ニッチウニミル》レ沬《マイヲ》。折《ヲル》二其《ソノ》右《イウ》肱《カウヲ》一。无《ナシ》レ咎《トガ》。○象傳曰《シヤウデンニイハク》。豐《オホイニスルハソノハイヲ》二其沛一。不《ズ》レ可《ベカラ》二大《タイ》事《ジ》一也。折《ヲルハ》二其《ソノ》右《ウ》肱《コヲ》一。終《ツヒニ》不《ズ》レ可《ベカラ》レ用《モチウ》也。

剛正《がうせい》の徳《とく》ありて、從來發達《じうらいはつたつ》したるも、今《いま》は衰運《すゐうん》に向《むか》つた。且《か》つ從來同志《じうらいどうし》の人《ひと》ありて、互《たがひ》に相助《あひたす》けたが、是《こ》れ又離《またはな》るゝ。又賭博《またとはく》して大《おほひ》に損敗《そんはい》するの象《かたち》がある。法網《はふまう》を潜《くゞ》り警《けい》吏《り》の目《め》を暗《くら》ますは、節《せつ》を豊《おほい》にするのである、骨牌《かるた》を弄《ろう》し骨子《さい》を玩《もてあそ》ぶは沛《はい》を豊《おほい》にするのである。敗北《はいほく》して力《ちから》を落《おと》すは、右肱《いうかう》を折《を》るのである。其事《そのこと》や爲《な》すべきではないけれども、其害《そのがい》たるや己《おの》れが金《かね》を損《そん》するに止《とゞま》る。故《ゆゑ》に咎《とが》なしと云《い》ふのである。

九四。豐《オホヒニス》二其《ソノ》蔀《ハウヲ》一。日中《ニツチウニ》見《ミル》レ斗《トヲ》。遇《アフ》二其《ソノ》夷《イ》主《シユニ》一。吉《キツ》。○象傳《シヤウデンニ》曰《イハク》。豐《オホイニスルハ》二其《ソノ》蔀《ハウヲ》一。位《クラヰ》未《イマダ》レ當《アタラザル》也。日中《ニツチウニ》見《ミルハ》レ斗《ヲ》。幽《イウニシテ》不《ナザル》レ明《アキラカナラ》也。遇《アフハ》二其《ソノ》夷《イ》主《シユニ》一。吉《キツ》行《オコナハル、》也。

現在《げんざい》の職位《しよくゐ》、其身《そのみ》に適《てき》せずして、共力《そのちからあらは》顯れず、其身《そのみ》も亦安《またやす》からざるの時《とき》とする。故《ゆゑ》に更《さら》に其位置《そのゐち》を換《かゆ》る時《とき》は吉《きつ》。又下《またしも》に在《あ》る智者《ちしや》と協議《けふぎ》して事《こと》を執《と》る時《とき》は、志《こゝろざし》行《おこな》はれて其事成就《そのことじやうじゆ》する。

六五。來《キタセバ》レ章《シヤウヲ》有《アリ》二慶《ケイ》譽《ヨ》一。吉《キツ》。○象傳《シヤウデンニ》曰《イニク》。六五之吉《キツハ》。有《アル》レ慶《ヨロコヒ》也。

尊體《そんたい》に居《を》り、柔暗《じうあん》なるが故《ゆゑ》に、時勢不可《じせいふか》なるものゝ如《ごと》し而《しか》して今在下賢士《いまざいかけんし》の明章《めいしやう》を建白《けんぱく》するなり。之《これ》を機《き》として、之《これ》に托《たく》して百事《じ》を釐正《りんぜい》し、世《よ》の耳目《じもく》を一變《ぺん》するに至《いた》り、賢士《けんし》乃《すなは》ち隨《したが》ひて其羽翼《そのうよく》を爲《な》す。此時《このとき》に於《おい》て豐《ほう》の宜日中の義《ぎ》を保《たも》つのである。而《しか》して固《かた》く之《これ》を守《まも》れ。否《しか》らざる時《とき》は、日《ひ》昃《かたむ》き月虧《つきかく》るの衰運《すゐうん》に至《いた》る。

上六《ジヤウ》。豐其屋《オホヘニスソノオクチ》。蔀其家《オホフソノイヘチ》。闚其戶《ウカヤヘバソノコチ》。闃其无人《ゲヤトシテソノナシヒト》。三歲《サイ》不《ズ》覿《ミ》。凶《キヨウ》。○象傳《シヤウデンニ》曰《イハク》。豐其家《オホイニスルハソノイヘチ》。天際翔也《テンサイニカケル》。闚其戶《ウカヤヘバソノコチ》。闃其无人《ゲヤトシテソノナキヘヒト》。自藏也《ミヅカラカクル、》。

其身上流《そのみじやうりう》に居《を》るが爲《た》めに、聲名《せいめい》を轟《とゞろ》かしたる者《もの》とする。然《しか》るに衰運《すゐうん》に向《むか》つて踪方《あとかた》もなく潛《ひそ》み藏《かく》るゝは却《かへ》つて惡《わる》い。能《よ》く貞正《ていせい》を守《まも》つて、妄動《まうどう》せざれば意外《いぐわい》の助《たす》けがある。

䷷（艮下離上）火《クワ》山《ザン》旅《リヨ》

旅《リヨハ》。小亨《スコシクトホル》。旅貞吉《リヨテイニシテキツ》。○象傳曰《シヤウデンニイハク》。旅小亨《リヨスコシクトホル》。柔得中乎外《ジウエテチウヲホカニ》。而順乎剛《シタガフガウニ》。止而麗乎明《トヾマリテツクニメイ》。是以小亨《コヽヲモツテスコシクトホル》。旅貞吉也《リヨテイナレバキツ》。旅之時義大矣哉《リヨノジギオホイナルカナ》。○大象曰《タイシヤウニイハク》。山上有火旅《サンジヤウニアルハヒリヨ》。君子以明愼用刑《クンシモツテメイシンモチヒテケイチ》。而不留獄《ズトヾメギヨクチ》。

官員《くわんゐん》は公使《こうし》領事《りやうじ》を拜命《はいめい》して、外國《ぐわいこく》に赴《おもむ》くの時《とき》とする。常人《じやうじん》は愛敬《あいけい》薄《うす》き人《ひと》にして衆人《しうじん》に愛《あい》せられない時《とき》とする。僧侶《そうりよ》は徳行衆《とくかうしう》に勝《すぐ》れて眞《しん》の出家《しゆつけ》とする。器量《きりやう》の秀《ひい》でたる者《もの》は、宣教師《せんけうし》と爲《な》りて衆人《しうじん》を教導《けうだう》する人《ひと》である。孔子《こうし》も亦旅客《またりよきやく》の一人《にん》である。

初《シヨ》六。旅《リヨ》瑣《サ》瑣斯《サタリコレ》其所レ取レ災《ソノトコロトルワザハヒヲ》。○象傳曰《シヤウデンニイハク》。旅《リヨ》瑣《サ》瑣《サタリ》。志窮《コヽロザシキハマリ》災也《ワザハヒアル》。

心狭小《こゝろけうせう》にして卑劣《ひれつ》なる者《もの》は勿論《もちろん》、假令《たとへ》卑行《ひかう》なき人《ひと》と雖《いへど》も、人《ひと》に知《し》られずして、恥辱《ちじよく》を受《う》くるの時《とき》とする。我《わ》れ謙遜《けんそん》すれば、人益々《ひとますます》卑下《ひげ》する。自若《じじやく》たる行《おこなひ》を爲《な》して、恥《ち》辱《じよく》を招《まね》ぐな。

六二。旅《リヨ》即《ツク》レ次《シテ》。懐《イダク》二其《ソノ》資《シヲ》一。得《ウ》二童《ドウ》僕《ボク》貞《テイヲ》一。○象傳曰《シヤウデンニイハク》。得《ウル》二童僕貞《ドウボクテイヲ》一。終《ツヒニ》无《ナキ》レ尤《トガメ》也。

旅商人《たびあきうど》にして利《り》を得《う》る如《ごと》し商業巧者《しやうげふこうしや》にして、損《そん》をすることはないけれども、旅《たび》に出《い》でゝは賊難《ぞくなん》に注意《ちうい》しなければならぬ。今正直《いましやうぢき》なる小厮《こもの》を連《つ》れて、其助《そのたすけ》を得《う》ることがある。然《しか》れども不足《ふそく》なき身《み》にして心淋《こゝろさび》しき意《い》ある時《とき》とする。

九三。旅《リヨ》焚《ヤク》二其《ソノ》次《ジヲ》一。喪《ウシナフ》二其《ソノ》童僕貞《ドウボクノテイヲ》一。厲《アヤウシ》。○象傳曰《シヤウデンニイハク》。旅《リヨ》焚《ヤク》二其《ソノ》次《ジヲ》一。亦以傷《マタモツテイタム》矣。以《モツテ》レ旅《リヨヲ》與《クミス》レ下《シモニ》。其《ソノ》義《ギ》喪《ウシナフ》也。

住所安寧《ぢうしよあんねい》ならざるの象《かたち》。又久《またひさ》しく使《つか》ひ慣《な》れた手代《てだい》に暇《ひま》を取《と》らするか、年來交《としごろまじは》りたる朋友《ほういう》と不和《ふわ》を生《しやう》ずるか、何《いづ》れにも親《したし》みある者《もの》に離《はな》るゝの時《とき》とする。常《つね》に剛强《がうきやう》なる心《こゝろ》を和《やわら》げ、信義《しんぎ》を破《やぶ》らざるを主《しゆ》とせよ。又旅人《またりよじん》は損失《そんしつ》あるの時《とき》とす。

九四。旅于處《リヨオイデトコロニ》。得《ウ》其《ソノ》資《シ》斧《フチ》。我心《ワガコヽロ》不快《ズコヽロヨカラ》。象傳曰《シヤウデンニイハク》。旅《リヨ》于處。未得位《ニシヨスルハイマダエゼルクラヰヲ》也。得其《ウルハソノ》資《シ》斧《フチ》。心未快《コヽロニイマダコヽロヨカラ》也。

僥倖《げうかう》にして其任《そのにん》に居《を》るも、自《おのづか》ら安《やす》からざるの意《い》がある。固《もと》より其器《そのき》に非《あら》ずして、其《その》位《くらゐ》を履《ふ》む者《もの》であるからである。今《いま》の居《を》る處旅《ところりよ》に非《あら》ず而《しか》して旅《たび》に居《を》るが如《ごと》く、前途《ぜんと》安《やす》からざるの時也《ときなり》。

六五。射《キテ》雉《キヂヲ》一矢《シ》亡《ホロブ》。終以譽命《ツヒニモツテスヨノイヲ》。○象傳曰《シヤウデンニイハク》。終以譽命《ツヒニモツテスルハヨメイヲ》。上逮《カミオヨブ》也。

宇内《うだい》を周遊《しういう》して、萬國《ばんこく》の形勢《けいせい》を察《さつ》し、文明《ぶんめい》の事物《じぶつ》を輸入《ゆにふ》して赫《かく》たる實功《じつこう》を立《た》て、名《な》を竹帛《ちくはく》に垂《た》るゝ時《とき》とする。

上九《ツヤウキウ》。鳥《トリ》焚《ヤク》其《ソノ》巢《スヲ》。旅人先笑《リヨジンサキンズレバワラヒ》。後號咷《オクルレバガウタウス》。喪牛《ウシナフウシヲ》于易《ヤスキニ》。凶《ヤヨウ》。○象傳曰《シヤウデンニイハク》。

以《モツテ》レ旅《リヨヲ》在《アリ》レ上《カミニ》。其《ソノ》義《ギ》焚《ヤク》也。喪《ウシナフハ》ニ牛《ウシヲ》于レ易《ヤスキニ》。終《ツヒニ》莫《ナシ》ニ之《コレヲ》聞《キクコト》一也。

高《たか》きに止《とゞま》りて、其身《そのみ》安逸《あんえつ》を樂《たのし》み、人《ひと》の困苦《こんく》せるを見《み》て、之《これ》を笑《わら》ふ。然《しか》るに自己《じこ》の禍《わざはひ》、案外《あんぐわい》に起《おこ》ることありて、其居《そのきよ》を失《うしな》ひ、恰《あだか》も旅人《りよじん》の如《ごと》く身外《しんぐわい》一物《もつ》も留《とゞ》めざるに至《いた》る。加《くは》ふるに損《そん》の上《うへ》に損《そん》ありて、之《これ》を愬《うつた》ふる處《ところ》なし、唯途《たゞと》方《はう》に暮《くれ》るゝの時《とき》とする。又鑛山《またくわつざん》に火《ひ》起《おこ》りて衆人燒死《しうじんせうし》するの象《かたち》。

䷸（巽下巽上）巽《ソン》為《キ》風《フウ》

巽《ソンハ》。小《スコシク》亨《トホル》。利《ヨロシ》レ有《アル》レ攸《トコロ》レ往《ユク》。利《ヨロシ》レ見《ミルニ》ニ大人《タイジンヲ》一。○彖傳《タデンニ》曰《イハク》。重巽《チヨウソンハ》以《モツテ》申《カサヌ》レ命《メイヲ》。剛《ガウ》巽《シタガツテ》ニ乎中正《チウセイニ》一而志《コヽロザシ》行《オコナハル》。柔《ジウ》皆《ミナ》順《シタガフ》ニ乎剛《ガウニ》一。是以《コヽヲモツテ》小《スコシク》亨《トホル》利《ヨロシ》レ有《アル》レ攸《トコロ》レ往《ユク》。利《ヨロシ》レ見《ミルニ》ニ大人《タイジンヲ》一。○大象《タイシヤウニ》曰《イハク》。隨《スキ》
風《フウハ》巽《ソン》。君子《クンシ》以《モツテ》申《カサネ》レ命《メイヲ》行《オコナフ》レ事《コトヲ》。
疑《うたが》ひ多《おほ》きを以《もつ》て、事《こと》を誤《あやま》るの時《とき》とする。故《ゆゑ》に英邁果斷《えいまいくわだん》の人《ひと》を得《え》て、事《こと》を謀《はか》るを宜《よろ》しとする。又時運《またじうん》に投《たう》じて利《り》を得《う》るの象《かたち》。又家督相續論起《またかとくさうぞくろんおこ》るの象《かたち》。

初六《シヨ》。進《シン》退《タイス》。利《ヨロシ》二武《ブ》人《ジン》之《ノ》貞《テイニ》一。○象傳《シヤウデンニイハク》曰。進退《シンタイスハ》志《ココロザシ》疑《ウタガフ》也。利《ヨロシキハ》二武《ブ》人《ジン》之《ノ》貞《テイ》一。志《ココロザシ》治《ヲサマル》也。

恃《たの》むべき人《ひと》を知《し》らず、漫《みだ》りに疑懼《ぎく》を懷《いだ》きて、其時宜《そのじぎ》を失《うしな》はんとするの時《とき》とする。故《ゆゑ》に斷然意《だんぜんい》を決《けつ》して、其人《そのひと》と共《とも》にすれば、事成《ことな》る。又卑怯者《またひきやうもの》、諂諛者《てんゆしや》なりとして、人《ひと》に擯斥《ひんせき》せらるゝの象《かたち》がある。是《こ》れ其柔順《そのじうじゆん》なるが爲《た》めであるから、決然《けつぜん》として志《こゝろざし》を定《さだ》め、品行《ひんかう》を正《たゞ》しくし、長上《ちやうじやう》に對《たい》するも、條理《でうり》を踐《ふ》みて讓《ゆづ》らざるの氣象《きしやう》を養成《やうせい》せよ。

九二。巽《ソン》在《アリ》二牀下《シヤウカニ》一。用《モチフ》二史《シ》巫《フヲ》一紛若《フンジヤクタレバ》。吉《キツ》无《ナシ》レ咎《トガ》。○象傳《シヤウデンニイハク》曰。紛若《フンジヤク》之《ノ》吉《キツハ》。得《ウル》レ中《チウヲ》也。

才力《さいりよく》ありて、多端《たたん》の事《こと》を整理《せいり》するの時《とき》である。△目下《めした》に二心《しん》を挾《はさ》む者《もの》あるの意《い》。

九三。頻巽《シキリニソンス》吝《リン》。○象傳《シヤウデンニイハク》曰。頻巽之《シキリニソンスノ》吝《リンハ》。志《ココロザシ》窮《キウス》也。

其志《そのこゝろざし》常《つね》に躁《さはが》しく、目的《もくてき》を定《さだ》めずして、妄動《ばうどう》する者《もの》とする。又目的《またもくてき》あることを上位《じやうゐ》の人《ひと》に陳述《ちんじゆつ》して頻《しき》りに迫《せま》ると雖《いへど》も、時機《じき》に投《たう》ぜざるを以《もつ》て、用《もち》ゐられず、心痛《しんつう》するの象《かたち》あり。又心《またこゝろ》剛强《がうきやう》なるを以《もつ》て物《もの》を容《い》るゝこと能《あた》はず爲《た》めに己《おの》れも亦容《またい》れられず、困《こん》窮《きう》の餘《あま》り卑屈《ひくつ》に陷《おちい》るの象《かたち》とする。蓋《けだ》し不レ可レ行の時《とき》に當《あた》り强《しひ》て行《おこな》はんと欲《ほつ》すれば、行《おこな》ふことを得《え》ざるのみならず、反《かへつ》て志《こゝろざし》窮《きう》する者《もの》である。

六四。悔《クヒ》亡《ホロブ》。田獲《カリニウ》二三品《ピンヲ》一。○象傳曰《シヤウデンニイハク》。田獲《カリニウルハ》二三品《ピンヲ》一。有《アル》レ功《コウ》也。

才力薄《さいりよくうす》しと雖《いへど》も、禮節正《れいせつたゞ》しきを以《もつ》て、上位《じやうゐ》の人《ひと》を輔佐《ほさ》し、大事業《たいじげふ》を成就《じやうじゆ》するの象《かたち》とする。又其職《またそのしよく》に在《あ》りて爲《な》す所《ところ》、人氣《にんき》に合《かな》ひ、人情《にんじやう》に應《おう》じ、速《すみやか》に功《こう》を奏《そう》するの時《とき》とする、又商人《またしやうにん》は大利益《だいりえき》を起《おこ》すの時《とき》にして、實《じつ》に得難《えがた》きの盛運《せいうん》である。

九五。貞《テイ》吉《キツ》。悔《クヒ》亡《ホロブ》。无《ナシ》レ不《ザル》レ利《ヨロシカラ》。无《ナシ》レ初《ハジメ》有《アリ》レ終《オヘリ》。先《サキダツ》レ庚《カウニ》三日《ジツ》。後《オクルヽ》レ庚《カウニ》三日《ジツ》。吉《キツ》。○象傳曰《シヤウデンニイハク》。九五之《ノ》吉《キツハ》。位《クラヰ》正中《セイチウ》也。

氣《き》を勵《はげ》まし、意《い》を鋭《するど》くして、時事《じじ》を詳察《しやうさつ》せざれば、終《つひ》に大事《だいじ》を誤《あやま》るの時《とき》とする。又《また》臨機應變《りんきおうへん》の處分《しよぶん》を爲《な》し、少《すこ》しも猶豫《ゆうよ》せざるに於《おい》ては功《こう》を成《な》すの時《とき》とする。始《はじめ》なくして終《をはり》ありと云《い》ふが如《ごと》く、其機《そのき》に投《たう》ずれば意外《いぐわい》の大功《たいかう》を奏《そう》す。

上九《ジヤウキウ》。巽在牀下《ソンニシテアリシヨウカ》。喪其《ウシナフソノ》資《シ》斧《フチ》。貞凶《テイキヨウ》。○象傳曰《シヤウデンニイハク》。巽在牀下《ソンニシテアルハシヨウカニ》。上窮也《カミキハマル》。
喪其資《ウシナフハソノシ》斧《フチ》。正乎《マサニ》凶《キヨウ》也。

國家《こくか》に在《あ》りては、仁惠《じんけい》に流《なが》れて剛德《がうとく》を失《うしな》ひ、優柔不斷《いうじうふだん》の凶《きよう》に趣《おもむ》くの時《とき》、一個人《こじん》に在《あ》りては本業《ほんげふ》に怠《おこた》り、財本《ざいほん》と權利《けんり》とを失《うしな》ひ人《ひと》に擯斥《ひんせき》せらるゝの時《とき》とする。

䷹（兌下兌上）兌《ダ》爲《イ》澤《タク》

兌《ダハ》。亨《トホル》。利貞《ヨロシテイニ》。○彖傳曰《タンデンニイハク》。兌說也《ダハエツ》。剛中而柔外《ガウチウニシテジウホカ》。悅以利貞《ヨロコンデモツテヨロシテイニ》。是以順乎天《コヽヲモツテシタガフテテンニ》。而應乎人《オウズヒトニ》。悅以先民《ヨロコンデサキダテバタミニ》。民忘其勞《タミワスレソノラウヲ》。悅以犯難《ヨロコンデモツテヲカセバナンヲ》。民忘其死《タミワスルソノシヲ》。悅之大《エツノオホイナル》。民勸矣《タミスヽム》哉。○大象曰《タイシヤウニイハク》。麗澤兌《リタクハダ》。君子以朋友講習《クンシハモツテホウイウコウシフス》。

寬和正實《くわんわせいじつ》にして、天然《てんねん》の利《り》を說《よろこ》び、國家《こくか》の爲《た》めに公益《こうえき》を圖《はか》れ。利《り》を以《もつ》て愚民《ぐみん》を欺《あざむ》き、私《わたくし》の爲《た》めに死《し》を忘《わす》れしむるの占《せん》とするな。

初九《シヨキウ》。和兌《クワシテヨロコブ》。吉《キツ》。○象傳曰《シヤウデンニイハク》。和兌之吉《クワシテヨロコブノキツハ》。行未疑也《オコナヒイマダウタガハ》。

下《しもむ》無位《ゐ》の地《ち》に居《を》ると雖《いへど》も、心《こゝろ》公平《こうへい》にして、才強《さいつよ》く而《しか》して我地位《わがちゐ》に安《やす》んずる者《もの》とする。故《ゆゑ》に上位《じやうゐ》の人《ひと》に接《せつ》するも悦《よろこ》んで、求《もと》むるの念《ねん》なく、俳句《はいく》に「長閑《のどか》さや願《ねがひ》なき身《み》の神詣《かみまうで》」と云《い》へるが如《ごと》くである。斯《か》る志操《しさう》を以《もつ》て人《ひと》に接《せつ》す、故《ゆゑ》に未《いま》だ嘗《かつ》て人《ひと》に疎《うと》んぜられず、其悦《そのよろこ》び正《たゞ》しきを得《え》、和《わ》して流《りう》せざる者《もの》である。百年《ねん》一日《じつ》の如《ごと》くにして、變《へん》ぜず、思想清白《しさうせいはく》の善人《ぜんにん》とする。

九二。孚《マコトニシテ》兌《ヨロコブ》吉《キツ》。悔《クヒ》亡《ホロブ》。○象傳《シヤウデンニ》曰《イハク》。孚《マコトニシテ》兌《ヨロコブノ》之吉《キツハ》。信《シンズル》レ志《コヽロザシ》也《ナリ》。

心誠實《こゝろせいじつ》にして浮世《うきよ》の雜情《ざつじやう》に流《なが》れず、又小人《またせうじん》の爲《た》めに欺《あざむ》かれず、唯一片《たゞいつぺん》の孚信《ふしん》を以《もつ》て、兌《た》の時《とき》に處《しよ》する者《もの》である。古歌《こか》に「僞《いつは》りのなき世《よ》なりせばいかばかり、人《ひと》の言《こと》の葉《は》嬉《うれ》しからまし」とは、それ此《こ》の爻《かう》の謂《いひ》か。

六三。來《キタツテ》兌《ヨロコブ》。凶《キヨウ》。○象傳《シヤウデンニ》曰《イハク》。來《キタツテ》兌《ヨロコブノ》之凶《キヨウハ》。位《クラキ》不レ當《ザレバアタラ》也。

卑屈《ひくつ》にして、人《ひと》に接《せつ》し、僥倖《けうかう》を得《え》んとするの象《かたち》。己《おの》れ人《ひと》を欺《あざむ》き、利《り》を得《え》んと欲《ほつ》するが故《ゆゑ》に、智徳《ちとく》晦《くら》みて、後日《ごにち》の害《がい》を思《おも》はざる者《もの》とする。恰《あだか》も藝娼妓《げいしやうぎ》の輩《はい》の如《ごと》くである。

又男子《またたんし》にして此《か》の如《ごと》くなる者《もの》は、人《ひと》に接《せつ》するに利《り》を以《もつ》てするが故《ゆゑ》に遂《つひ》に利《り》の爲《た》めに我《わ》が生命《せいめい》をも亡失《はうしつ》することがある。須《すべか》らく志《こゝろざし》を改《あらた》め方向《はうかう》を轉《てん》じて禍《わざはひ》を避《さ》けよ。

九四。商《ハカリテ》兌《ヨロコビテ》未《イマダ》ズレ寧《ヤスカラ》。介《カイニシテ》疾《ヤメバ》有《アリ》レ喜《ヨロコビ》。○象傳《シヤウデンニイハク》曰。九四之《ノ》喜《ヨロコビハ》。有《アル》レ慶《ケイ》也。

此爻《このかう》に當《あた》る人《ひと》は、商賣《しやうばい》の道《みち》に入《い》りて、賣買《ばいばい》に利《り》を得《う》ることありとも、心勞《しんらう》多《おほ》く、亦《また》病患《びやうくわん》に係《かゝ》ることがある。然《しか》れども竟《つひ》には又喜《またよろこび》がある。

九五。孚《マコトナリ》レ于《ニ》レ剝《ハグ》。有《アリ》レ厲《アヤウキ》。○象傳《シヤウデンニイハク》曰。孚《マコトナリ》レ于《ニ》レ剝《ハグ》。位正當《クラヰセイトウ》也。

利益《りえき》に關《くわん》すること或《あるひ》は甘言《かんげん》の爲《た》めに、人《ひと》に欺《あざむ》かるゝことあり、油斷《ゆだん》するな。能《よ》く人《ひと》を察《さつ》して僞君子《ぎくんし》佞邪《ねいじや》の徒《と》を近《ちか》づけるな。

上六《ジヤウ》。引《ヒキテ》兌《ヨロコブ》。○象傳《シヤウデンニイハク》曰。上六《ジヤウ》引《ヒキテ》兌《ヨロコブハ》。未《イマダ》レ光《ヒカラ》ザル也。

利《り》の爲《た》めに欺《あざむ》かるゝ事《こと》あり、又口舌《またこうぜつ》を以《もつ》て人《ひと》を欺《あざむ》かんと欲《ほつ》するの意《い》がある。心《こゝろ》を改《あらた》め。志《こゝろざし》を正《たゞ》しくして人《ひと》に欺《あざむ》かれず、人《ひと》を欺《あざむ》くな。且《か》つ色慾《しきよく》の爭論《さうろん》を愼《つゝし》め。

䷺（坎下巽上）風《フウ》水《スヰ》渙《クワン》

渙。亨《クワンハトホル》。王假ニ《ワウイタル》有廟一《イウベウニ》。利レ渉ニ大川一《ヨロシワタルタイセンヲ》。利貞《ヨロシテイニ》。○彖傳曰《タンデンニイハク》。渙亨《クワンハトホル》。剛來而不レ窮《ガウキタリテズキハマラ》。柔得ニ《ジウエテ》位乎《クラヰヲ》外一《ソトニ》。而上同《カミオナジク》。王假レ有廟一《ワウイタルイウベウニ》。王乃在レ中也《ワウスナハチアルチウニ》。利レ渉ニ大川一乘レ木有レ功也《ヨロシトハワタルタイセンノリテキニアルコウ》。○大象《タイシヤウニ》曰《イハク》。風行ニ水上一渙也《カゼユクハスヰジヤウニクワン》。先《セン》王以亨ニ于《ワウモツテキヤウシニ》帝一立レ廟《テイニタツベウヲ》。

航海《かうかい》するに方《あた》り、大風《たいふう》に遇《あ》ふか、或《あるひ》は水澤節《すゐたくせつ》の鐵艦《てつかん》に衝突《しようとつ》し、危險《きけん》に遇《あ》ひて纔《わづか》に脫《だつ》するの象《かたち》がある。又危《またあやふ》きに臨《のぞ》み、鬼神《きじん》を祈《いの》り冥護《めうご》を受《う》くるの象《かたち》があり、都《すべ》て憂鬱解放《いううつかいさん》するの象《かたち》。

初《シヨ》六。用拯《モチヒテスクウ》。馬壯吉《ウマサウナルハキツ》。○象傳曰《シヤウデンニイハク》。初《シヨ》六之《ノ》吉。順也《キツハジユンナレバ》。

身《み》を動《うご》かすの望《のぞみ》がある。賢者《けんしや》に從《したがつ》て援助《えんぢよ》を求《もと》むれば速《すみやか》に成《な》る。優柔不斷《いうじうふだん》にして、機《き》を失《うしな》へば、成《な》り難《がた》い。瑣《さ》々たる得失《とくしつ》に意《い》を留《と》めて、躊躇《ちうちよ》すべからず、急《いそ》げば吉《きつ》。

九二。渙奔ニ其机一《クワンハシルソノキニ》。悔亡《クヒホロブ》。○象傳曰《シヤウデンニイハク》。渙奔ニ其机一《クワンハシルハソノキニ》。得レ願也《ウレバネガヒヲ》。

身《み》を動《うご》かさんと欲《ほつ》すれども、兎角人《とかくひと》に後《おく》れたるの時《とき》とする。故《ゆゑ》に進《す》むではならぬ。堅固《けんこ》に其位置《そのゐち》を守《まも》りて、時《とき》を竢《ま》て。然《しか》る時《とき》は自然機運《しぜんきうん》開《ひら》くに至《いた》る。

六三。渙ニ其《アラクソノ》躬《ミヲ》一。无《ナシ》レ悔《トガ》。○象傳曰《シヤウデンニイハク》。渙ニ其躬《アラクルハソノミヲ》一。志在《ココロザシアル》レ外《ホカニ》也。

我《わ》が艱難《かんなん》の時《とき》、上位《じやうゐ》の人《ひと》あり、我《わ》が得意《とくい》なる事《こと》を依頼《いらい》せられ、義《ぎ》を立《た》て身《み》を顧《かへり》みずして、節義《せつぎ》を盡《つく》し、爲《た》めに、事功《じこう》を奏《そう》し、己《おの》れの艱難《かんなん》も亦是《またこれ》と共《とも》に消滅《せうめつ》す。所謂身《いはゆるみ》を殺《ころ》して仁《じん》を爲《な》すの意《い》。

六四。渙ニ其《アラダソノ》群《グンヲ》一。元《ゲン》吉《キツ》。渙《クワン》有《アリ》レ丘《キウ》。匪ニ夷《アラズツネノ》所《トコロニ》レ思《オモフ》。○象傳曰《シヤウデンニイハク》。渙ニ《アラゲ》其群《ソノグンヲ》一。元《ゲン》吉《キツハ》。光大《クワウダイ》也。

高才達識《かうさいたつしき》の賢者《けんしや》坐《ゐ》ながらにして、天下《てんか》の艱難《かんなん》を濟《すく》ふ。其策略《そのさくりやく》たるや平凡《へいぼん》なる者《もの》の意表《いへう》に出《い》で拔群《ばつぐん》の功名《こうみやう》を顯《あらは》し、衆《しう》に尊敬《そんけい》せらるゝものとする。又常人《またじやうじん》は衆人艱難《しうじんかんなん》の中《うち》に在《あ》りながら、己《おの》れは無事《ぶじ》に免《まぬが》るゝの象《かたち》。

九五。渙ヨ汗其《クワンカンスソノ》大《ダイ》號《ガウヲ》一。渙ニ王居《アラゲワウキヨヲ》一。无《ナシ》レ咎《トガ》。○象傳曰《シヤウデンニイハク》。王《ワウ》居《キヨ》无《ナシ》レ咎《トガ》。正《セイ》位《ヰ》也。

尊位《そんゐ》に在《あ》り、令《れい》を下《くだ》すに及《およ》びて、下民憂鬱《しもたみいううつ》の氣《き》發散《はつさん》し、人氣協合《じんきけふがふ》して、王威盛大《わうゐせいだい》なるの時《とき》とする。常人《じやうじん》は運盛《うんさか》んなり。一言《げん》を發《はつ》し、其意《そのい》を押《お》し貫《つらぬ》く時《とき》は、衆人永《しうじんなが》く信用《しんよう》して負《そむ》かざるの時《とき》とする。

上九。渙《アラグ》ニ其《ソノ》血《チヲ》一。去《サリ》逖《オソレテ》出《イヅ》。无《ナシ》レ咎《トガ》。○象傳《シヤウデン》曰《ニイハク》。渙《アラグレバ》ニ其《ソノ》血《チヲ》一。遠《トホザカル》レ害《ガイニ》也。

社會《しやくわい》の現象《げんしやう》を看破《かんぱ》し、人情《にんじやう》を穿《うが》つの人《ひと》にして、通人《つうじん》と云《い》はねばならぬ。人生僅《じんせいわづか》に五十年《ねん》、一萬《まん》八千の日子《にっし》である。内《うち》五千日《にち》は體《からだ》の育《そだ》つを待《ま》つのみ。殘《のこ》り一萬三千日《にち》は我《わが》身《み》の生活《せいくわつ》を計《はか》り、餘力《よりよく》あれば社會《しやくわい》の幸福《かうふく》を圖《はか》るより外《ほか》はない。坐《ざ》するに半疊《はんでふ》。臥《ぐわ》するに一疊《でふ》。酒食《しゆしよく》も亦限《またかぎ》りあり、又財《またざい》を蓄《たくは》へ、子孫《しそん》に遺《のこ》すは、害《がい》ありて益《えき》はない。貪慾《どんよく》にして名利《めいり》に汲々《きふ〳〵》たる者宜《ものよろ》しく鑑《かんが》むべきである。

䷻（兌下坎上）水《スヰ》澤《タク》節《セツ》

節《セツハ》。亨《トホル》。苦《ク》節《セツ》不《ズ》レ可《ベカラ》レ貞《テイス》。○彖《タン》傳《デン》曰《ニイハク》。節《セツハ》亨《トホル》。剛《ガウ》柔《ジウ》分《ワカレ》。而《テ》剛《ガウ》得《ウ》レ中《チウヲ》。苦《ク》節《セツ》不《ザルハ》レ可《ベカラ》レ貞《テイス》其《ソノ》道《ミチ》窮《キハマル》也。悅《ヨロコビテ》以《モツテ》行《オコナフ》㆑險《ケンヲ》。當《アタリテ》㆑位《クラヰニ》。以《モツテ》節《セツス》。中正《チウセイニシテ》以《モツテ》通《ツウズ》。天地節《テンチセツシテ》而四時《シジ》成《ナル》。節《セツスルニ》以㆓《モツテスレバ》制《セイ》度《ドヲ》㆒。不《ズ》㆑傷《ヤブラ》㆑財《ザイヲ》不《ズ》㆑害《ガイセ》㆑民《タミヲ》。○大象《タイシヤウニ》曰《イハク》。澤上《タクシヤウニ》有《アルハ》㆑水《ミツ》節《セツ》。君子《クンシ》以《モツテ》制《セイシ》㆓數度《スウドヲ》㆒。議《ギシ》㆓德行《トクカウヲ》㆒。

天人《てんじん》の道徳符節《だうとくふせつ》を合《あは》するが如《ごと》く、臣民《しんみん》に在《あ》りては、忠節《ちうせつ》を以《もつ》てし、顯貴《けんき》に在《あ》りては節制《せつせい》を以《もつ》てし、人《ひと》に交《まじ》るには節義《せつぎ》を以《もつ》てせよ。又財務《またざいむ》に於《おい》ては尤《もつと》も節儉《せつけん》を加《くは》へねばならぬ。但《たゞし》吝嗇《りんしよく》に陷《おちい》らざるを要《えう》す。節《せつ》とは理《り》の宜《よろ》しきに合《かな》ふを調《とゝな》ふのである。頑陋偏《ぐわんろうへん》頗《ぱ》はよろしくない。

初九《シヨキウ》。不《ザレバ》㆑出《イデ》㆓戸《コ》庭《テイチ》㆒无《ナシ》㆑咎《トガ》。○象傳《シヤウデンニ》曰《イハク》。不《ザルハ》㆑出《イデ》㆓戸《コ》庭《テイチ》㆒。知《シル》㆓通《ツウ》塞《ソクチ》㆒也。

才智《さいち》ありと雖《いへど》も、之《これ》を秘《ひ》して顯《あら》はさず、譬《たと》へば大《だい》なる商業《しやうげふ》を企《くはだ》て資産《しさん》の工夫《くふう》中《ちう》の如《ごと》し。之《こ》れ深《ふか》く水《みづ》を蓄《たくは》ふるの意《い》である。又兌《またゞ》の初《はじめ》に居《を》る即《すなは》ち大事《だいじ》を思《おも》ひ立《た》ち他《た》に言《げん》を漏《も》らさざるの象《かたち》。

九二。不《ザルハ》㆑出《イデ》㆓門《モン》庭《テイチ》㆒。凶《キヨウ》。○象傳《シヤウデンニ》曰《イハク》。不《ザレバ》㆑出《イデ》㆓門《モン》庭《テイチ》㆒。凶《キヨウ》。失《ウシナフノ》㆑時《トキヲ》極《キヨク》也。

我《わ》れ說破《せつぱ》する時《とき》は、彼《か》れ服從《ふくじう》し、我《わ》れ云《い》ひて彼《か》れ應《おう》ずるの時《とき》とする。故《ゆゑ》に人《ひと》あり資《し》金《きん》を借《か》り入《い》れ商業《しやうげふ》に着手《ちやくしゆ》せしに意外《いぐわい》の損失《そんしつ》を蒙《かふむ》り、己《おの》れ不面目《ふめんぼく》なるを以《もつ》て、債主《さいしゆ》を避《さ》けて會《あ》はず、然《しか》るに債主《さいしゆ》は其情《そのじやう》を審《つまびらか》にしないから、一意《い》に欺《あざむ》かれたるものと自信《じしん》し、交誼《かうぎ》を捨《す》て、法廷《はふてい》に訴《うつた》へ、身代限《しんだいかぎ》りを爲《な》さしむ。債務者《さいむしや》に在《あ》りては、始《はじ》めより一片《ぺん》の不正心《ふせいしん》なく、債主《さいしゆ》に於《おい》ても亦惡念《またあくねん》ありて此《こゝ》に至《いた》つたのではない。たゞ債務者《さいむしや》の不面目《ふめんもく》より逃避《たうひ》して債主《さいしゆ》の怒《いかり》を惹起《じやくき》したのである。若《も》し始《はじ》めより其事情《そのじじやう》を辨明《べんめい》すれば、債主《さいしゆ》に於《おい》ても失敗《しつぱい》の所由《しよいう》を審《つまびらか》にし、啻《たゞ》に舊債《きうさい》を責《せ》めざるのみならず、或《あるひ》は資本《しほん》を貸與《たいよ》して、繼續《けいぞく》せしめたかも知《し》れない。此爻《このかう》に遇《あ》ふ者《もの》此意《このい》を體《たい》して婦人小子《ふじんせうし》の羞《はぢ》を爲《な》すな。

六三。不《ザレバ》二節《セツ》若《シヤクセ》一則《スナハチ》嗟《サ》若《シヤクス》。无《ナシ》レ咎《トガ》。○象傳《シヤウデン》ニ曰《イハク》。不《ザル》レ節《セツセ》之《ノ》嗟《ナゲキハ》。又誰《マタタレ》咎《ヲカトガメン》也。

例《たと》へば人《ひと》より金《かね》を借《か》り、返濟《へんさい》の期《き》に至《いた》り元利《ぐわんり》に若干《じやくかん》の不足《ふそく》あつて、皆濟《かいさい》を爲《な》し得《え》ざるを不面目《ふめんもく》とし、荏苒經過《じんぜんけいくわ》、利上《りじやう》に利《り》を加《くは》へ、終《つひ》に身代限《しんだいかぎ》りを爲《な》し、權利者《けんりしや》、義務者共《ぎむしやとも》に難澁《なんじふ》を被《かふむ》りたるが如《ごと》くである。此爻《このかう》に遇《あ》ふ時《とき》は言《ことば》を卑《ひく》くし、事《こと》の落着《らくちやく》を專《せん》一とし、宜《よろ》しく英斷勇進《えいだんゆうしん》して業務《げふむ》を努《つと》め、以《もつ》て負債辨償《ふさいべんしやう》の道《みち》を立《た》つべきである。

六四。安レ節《ヤスンズセツニ》亨《トホル》。○象傳曰《シヤウデンニイハク》。安レ節之亨《ヤスンズルセソニノトホルハ》。承二上道一也《ウクルジヤウダウチ》。

銀行《ぎんかう》或《あるひ》は大家《たいけ》の伴當若《はんたうもし》くは華族《くわぞく》の家令《かれい》にして、其身《そのみ》拔群《はつぐん》の才力《さいりよく》なきも、溫柔《おんじうか》且つ勤《きん》愼其命令《しんそのめいれい》と定規《ぢやうき》とを固守《こしゆ》し、投機《たうき》の事《こと》を爲《な》さず、而《しか》して品行正《ひんかうたゞ》しく節儉《せつけん》を專《もつぱ》らにすれば、其身《そのみ》の安全《あんぜん》を保《たも》つものとする。

九五。甘レ節《アマンズセツニ》吉《キツ》。往有レ尙《ユキテアリタツトバル、コト》。○象傳曰《シヤウデンニイハク》。甘レ節之吉《アマンズルセツニノキツ》。居レ位中也《キテクラキニチウナレバ》。

世味《せみ》の酸甘《さんかん》を甞《な》め盡《つく》し、營生處世《えいせいしよせい》の道《みち》に通達《つうだつ》する通人《つうじん》と云《い》ふべく、運氣《うんき》盛《さか》んにして、吉祥《きつしやう》なるの時《とき》とする。

上六《ジヤウ》。若《ク》節《セツ》。貞凶《テイキヤウ》。悔凶《クヒホロブ》。○象傳曰《シヤウデンニイハク》。苦《ク》節《セツ》貞凶《テイキヨウハ》。其《ソノ》道窮《ミチキハマル》也。

己《おの》れが方向大《はうかうおほい》に誤《あやま》てるを悟《さと》れ、若《も》し此《こゝ》に注意《ちうい》しなければ、益《えき》なきことに苦《くる》しんで、人《ひと》に冷笑《れいせう》せられる。思想《しさう》を一變《ぺん》し、其過《そのあやまち》を改《あらた》むれば、則《すなは》ち吉《きち》に赴《おもむ》く。

䷼（兌下巽上）風《フウ》澤《タク》中《チウ》孚《フ》

中孚《チウフハ》。豚魚吉《トンギヨキチ》。利レ渉ニ大川一《ヨロシワタルニタイセンチ》。利レ貞《ヨロシテイニ》。○彖傳曰《タンデンニイハク》。中孚《チウフハ》柔在レ内《ジウアリテウチニ》而剛《ガウ》得レ中《エチウヲ》。悦而巽《ヨロコンデシタガフ》孚《マコトアリテ》。乃化レ邦也《スナハチクワスクニヲ》。豚魚吉《トンギヨノキツハ》。信及ニ豚魚一也《シンオヨブトンギヨニナリ》。利レ渉ニ大川一《ヨロシヤハワタルニタイセンニ》。乘レ木舟虚也《ノリテキニフネキヨナル》。中孚以利レ《チウフモツテヨロシキハ》貞《テイニ》。乃應レ乎天也《スナハチオウズルテンニ》。○大象曰《タイシヤウニイハク》。澤上有レ風中孚《タクジヤウニアルハカゼチウフ》。君子以議レ獄緩レ死《クンシモツテハカリキヨクヲユルクスシヲ》。

我《わ》れ誠實《せいじつ》を以《もつ》て人《ひと》に交《まじは》れば、人《ひと》も亦益友《またえきいう》として、我《われ》に應《おう》ずる。抑《そも〳〵》此卦《このくわ》は人互《ひとたがひ》に相《あひ》信《しん》じ相感《あひかん》ずるの時《とき》であるから、善人《ぜんにん》は善人《ぜんにん》に感《かん》じ、不善人《ふぜんにん》は不善人《ふぜんにん》に感《かん》じ、各其類《おの〳〵そのるゐ》を以《もつ》て相友《あひとも》とする。故《ゆゑ》に善者益々《ぜんしやます〳〵》善《ぜん》に進《すゝ》み、不善者《ふぜんしや》は益々《ます〳〵》不善《ふぜん》を増《ま》すに至《いた》る。是《こゝ》を以《もつ》て之《これ》を戒《いまし》むるに利貞《りてい》を以《もつ》てす。蓋《けだ》し卦《くわ》の豚魚《とんぎよ》は風《かぜ》を知《し》り、第二爻《だいにかう》の鶴《かく》は夜半《よはん》を知《し》り、上《じやう》爻《かう》の鷄《けい》は晨《あした》を知《し》るの此理《このり》を推《お》せば、中孚《ちうふ》は即《すなは》ち至誠神《しせいかみ》に感《かん》ずるの占《せん》とする。人苟《ひといやし》も善《ぜん》を以《もつ》て進《すゝ》まば何事《なにごと》か感應《かんおう》しないことがあらうか。

初九《シヨキウ》。虞吉《ハカレバキツ》。有レ它《アレバタ》不レ燕《ズヤスカラ》。○象傳曰《シヤウデンニイハク》。初九虞吉《シヨキウハカレバキツハ》。志未レ變也《コヽロザシイマダカハラザル》。

己《おの》れの本業《ほんげふ》を守《まも》り、妄《みだ》りに他《た》を羨《うらや》み、事《こと》を起《おこ》すな。若《も》し又人《またひと》に依頼《いらい》して其志《そのこゝろざし》を成《な》さんと欲《ほつ》するも、啻《たゞ》に成《な》らざるのみならず、却《かへつ》て難事《なんじ》を惹起《じやくき》する。

初《シヨ》二。鳴《メイ》鶴《カク》在《アリ》レ陰《インニ》。其《ソノ》子《コ》和《クワスコレヲ》レ之。我《ワレニアリ》有ニ好《コウシヤク》爵一。吾《ワレ》與《ト》レ爾《ナンヂ》靡《ツナグコレヲ》レ之。○象傳《シヤウデンニイハク》曰。其《ソノ》子《コ》和《クワスルハコレヲ》レ之。中心《チウシンネガフ》願也。

君子《くんし》にして世《よ》に顯《あら》はれない人《ひと》とする。故《ゆゑ》に我《わ》が懷抱《くわいはう》する所《ところ》の才徳《さいとく》を以《もつ》て子弟《してい》を訓導《くんだう》するの象《かたち》。又誠意相通《またせいいあひつう》じ、盛運《せいうん》に向《むか》ふの時《とき》。

六三。得《ウ》レ敵《テキヲ》。或《アルヒハツヽミウチ》鼓。或《アルヒハヤミ》罷。或《アルヒハナキ》泣。或《アルヒハウタウ》歌。○象傳《シヤウデンニイハク》曰。或《アルヒハツヽミウチ》鼓。或《アルヒハヤムハ》罷。位《クラヰ》不《ザル》レ當《アタラ》也。

己《おの》れが欲《ほつ》する所《ところ》を急遽《きふきよ》に得《え》んと欲《ほつ》して、人《ひと》に依頼《いらい》せしに、其人外貌《そのひとぐわいばう》應《おう》じたるが如《ごと》くであるも、内心實《ないしんじつ》はない。即《すなは》ち其《それ》に由《よ》らず、交際深《かうさいふか》からざる人《ひと》に依頼《いらい》し、其意《そのい》の如《ごと》くならざるが爲《た》めに、中心煩悶《ちうしんはんもん》する者《もの》とする。蓋《けだ》し中孚《ちうふ》は己《おの》れを正《たゞ》しくするの卦《くわ》である。然《しか》るに爲《な》す所此《ところかく》の如《ごと》し。宜《よろし》く過《あやまち》を改《あらた》むべきである。

六四。月《ツキチカシバウニ》幾レ望。馬《バ》匹《ヒツウシナフ》亡。无《ナシ》レ咎《トガ》。○象傳《シヤウデンニイハク》曰。馬《バ》匹《ヒツウシナフハタツルキテノボル》亡。絶レ類上也。

高位《かうゐ》の人《ひと》より信用《しんよう》を受《う》け、福運盛《ふくうんさか》んなる時《とき》とする。是《こ》れ中孚《ちうふ》の誠《まこと》を盡《つく》すが故《ゆゑ》である。

馬《うま》は我《わ》が乘《の》る所《ところ》の者《もの》である、是《こ》れ其女《そのをんな》の内緣《ないえん》ある者《もの》、若《もし》くは妻《つま》の家《いへ》より依賴《いらい》せらるゝことあるも、私情《しじやう》の爲《た》めに公事《こうじ》を枉《ま》げずして、之《これ》を謝絕《しやぜつ》し、爲《た》めに其親族《そのしんぞく》と交《まじはり》を絕《た》つが如《ごと》きの事《こと》がある。之《これ》を馬匹亡絕類上と云《い》ふのである。公私《こうし》の別嚴《べつげん》なること此《かく》の如《ごと》くである。蓋《けだ》し人《ひと》の相信《あひしん》ずる。善《ぜん》に從《したが》ふに一なるのみ、誠心專《せいしんせん》一にして、我《わ》が知遇《ちぐう》に報《むく》へよ、豈《あ》に私黨《したう》を樹《た》つるが如《ごと》きことがあらうぞ。

九五。有レ孚《アリマコト》攣《レン》如《ギヨ》。无レ咎《ナシトガ》。○象傳曰《シヤウデンニイハク》。有レ孚《アリマコト》攣如《レンギヨハ》位正當《クラヰセイタウナレバ》也。

人《ひと》と志《こゝろざし》を合《あ》はせ、心《こゝろ》を同《おな》じくして、親《したしみ》を結《むす》ぶものとする。又運氣宜《またうんきよろ》しき時《とき》である。

上九《ジヤウキウ》。翰《カン》音《イン》登《ノボル》レ于《ニ》レ天《テン》。貞凶《テイキヤウ》。○象傳曰《シヤウデンニイハク》。翰《カン》音《イン》登《ノボル》レ于《ニ》レ天《テン》。何可《ナンゾベケン》レ長《ナガカル》也。

人才力器量《ひとさいりよくきりやう》なくして、僥倖《げうかう》に依《よ》り名《な》を得《え》たる者《もの》である。銀《ぎん》は磨《みが》げども金《きん》とならぬ。然《しか》るに得《う》る所《ところ》の名聲却《めいせいかへつ》て其實《そのじつ》に過《す》ぎて居《を》る、故《ゆゑ》に自《みづか》ら倒《たふ》るゝに至《いた》る。假令《たとへ》舊功《きうこう》を飾《かざ》り高位《かうゐ》を得《え》んと欲《ほつ》するも雞聲天《けいせいてん》に至《いた》ることは出來《でき》ない。志《こゝろざし》を改《あらた》めなければ凶《きやう》である。志《し》望《ばう》ありと雖《いへど》も、之《これ》を遂《と》ぐることは出來《でき》ない時《とき》とする。蓋《けだ》し人々《ひと〴〵》各《おの〳〵》其分《そのぶん》を知《し》らざるを苦《くるし》む。唯上進《たゞじやうしん》せんと欲《ほつ》して、其任《そのにん》に堪《た》へざるを知《し》らず、強《し》ひて事《こと》を遂《と》げんとす。凶固《きようもと》より免《まぬが》るゝ事《こと》は出來《でき》ない。

䷽（艮下震上）　雷《ライ》山《サン》小《セウ》過《クワ》

小過《セウクワ》。亨《トホル》。利《ヨロシ》レ貞《テイニ》。可《カナリ》二小事《セウジニ》一。不《ズ》レ可《カナラ》二大事《ダイジニ》一。飛《ヒ》鳥《テウノ》遺《コス》二之《コレガ》音《インヲ》一。不《ズ》レ宜《ヨロシカラ》レ上《ノボルニ》。宜《ヨロシク》レ下《クダルニ》。大吉《ダイキツ》。○彖《タン》傳曰《デンニイハク》。小過《セウクワハ》小者《セウナルモノ》過《スギテ》而亨《トホル》也。過《スギテモツテ》以利《ヨロシトハ》レ貞《テイニ》與《トトモニ》レ時行《オコナフ》也。柔《ジウ》得《ウ》レ中《チウヲ》。是以《コヽヲモツテ》小事《セウジニ》吉《キツ》也。剛《ガウ》失《シツシテクラヰヲ》レ位而不《ズ》レ中《チウナラ》。是以《コヽヲモツテ》不《ズ》レ可《カナラ》二大事《ダイジ》一也。有《アリ》二飛《ヒ》鳥《テウノ》之象《シヤウ》一焉。飛《ヒ》鳥《テウノ》遺《コス》二之《コレガ》音《イン》一。不《ズ》レ宜《ヨロシカラ》レ上《ノボルニ》宜《ヨロシク》レ下《クダルニ》大吉《ダイキツ》。上逆《ノボレバギヤクニシテ》而下順《クダレバジユンナル》也。○大象《タイシヤウニ》曰《イハク》。山上《サンジヤウニ》有《アル》レ雷《ライ》小過《セウクワ》。君子《クンシ》以《モツテ》行《オコナヒ》過《スギ》レ乎《ニ》レ恭《キヨウ》。喪《モ》過《スギ》レ乎《ニ》レ哀《アイ》。用《ヨウ》過《スグ》レ乎《ニ》レ險《ケン》。

傲慢《がうまん》にして、進《すゝ》む時《とき》は、人《ひと》に嫌惡《けんあく》せられて、身《み》に災難《さいなん》あるべく、恭謙《きようけん》にして進《すゝ》まざる時《とき》は、人《ひと》に愛敬《あいけい》せられて、幸福《かうふく》がある。又人《またひと》より依賴《いらい》せらるゝこともあるべきも、後《ご》日災害《にちさいがい》の原因《げんいん》となることがある。故《ゆゑ》に之《これ》を謝絶《しやぜつ》して其事《そのこと》に應《おう》じなければ咎《とが》なき事《こと》を得《う》る。

初《シヨ》六。飛《ヒ》鳥《テウ》以《モツテ》凶《キヨウ》。○象《シヤウ》傳《デンニ》曰《イハク》。飛《ヒ》鳥《テウ》以《モツテ》凶《キヨウハ》。不《ズ》レ可《ベカラ》二如《イカン》何《トモス》一也。

徳《とく》なく才《さい》なく唯《たゞ》僥倖《げうかう》を見《こ》れ求《もと》めて、遂《つひ》に災《わざはひ》に罹《かゝ》り、難《なん》に陷《おちい》るものとする。例《たと》へば投機商《たうきしやう》の暴利《ばうり》を得《え》んと欲《ほつ》して、失敗《しつはい》するが如《ごと》き是《こ》れである。宜《よろし》く其分《そのぶん》に安《やす》んぜよ。身《み》に及《およ》ばない大望《たいもう》を起《おこ》すは凶《きやう》である。

六二。過《スギテ》二其《ソノ》祖《ソニ》一。遇《アフ》二其《ソノ》妣《ヒニ》一。不《ズ》レ及《オヨバ》二其《ソノ》君《キミニ》一。遇《アフ》二其《ソノ》臣《シンニ》一。无《ナシ》レ咎《トガ》。○象《シヤウ》傳《デンニ》曰《イハク》。不《ザルハ》レ及《オヨバ》二其《ソノ》君《キミニ》一。臣《シン》不《ズ》レ可《ベカラ》レ過《スグ》也。

身《み》の發達《はつたつ》を望《のぞ》み、又《また》は志願《しぐわん》ありて、上位《じやうゐ》の人《ひと》に接《せつ》せんとする。然《しか》るに我《わ》が目的《もくしき》とする人《ひと》は、上位《じやうゐ》に過《す》ぎて應《おう》じない。但《たゞ》し上官《じやうくわん》に接《せつ》せんと欲《ほつ》するも自《みづか》ら遠慮《ゑんりよ》して、次官《じくわん》に接《せつ》する時《とき》は、却《かへつ》て事調《ことゝとゝな》ふ。凡《すべ》て十分《ぶん》なる事《こと》を望《のぞ》んで僅《わづか》に三分《ぶ》を得《う》る時《とき》とする。

九三。弗《ズ》レ過《スギ》レ防《フセギ》レ之《コレヲ》従《シタガヒテ》或《アルヒハ》戕《ソコナフ》レ之《コレヲ》。凶《キヨウ》。○象《シヤウ》傳《デンニ》曰《イハク》。従《シタガヒテ》或《アルヒハ》戕《ソコナフ》レ之《コレヲ》。凶《キヤウ》如《イカン》何《セン》也。

才力《さいりよく》ありて上《かみ》に立《た》つと雖《いへど》も、位置不正《ゐちふせい》にして、下《しも》より嫌疑《けんぎ》を受《う》くる。又知《またし》らず識《し》らず世風《せふう》に誘《さそ》はれ僞君子《ぎくんし》の體《たい》を粧《よそ》ふ者《もの》がある。又下《またしも》には妬忌《とき》せられ、上《かみ》には迷惑《めいわく》を掛《か》けらるゝの時《とき》であつて、皆我《みなわ》が分《ぶん》に過《す》ぎたる依賴《いらい》に應《おう》じて苦《くるし》むものとする。過《あやまち》を改《あらた》め位置《ゐち》を換《か》へ、獨《ひと》り身《み》を愼《つゝし》み時運《じうん》の變《へん》ずるを待《ま》て。

九四。无《ナシ》レ咎《トガ》。弗《ズシテ》レ過《スギ》遇《アフ》レ之《コレニ》。往《ユケバ》厲《アヤウシ》。必《カナラズ》戒《イマシム》。勿《ナカレ》レ用《モチフル》永貞《エイテイ》。○象傳《シヤウデン》曰《ニイハク》。弗《ズシテ》レ過《スギ》遇《アフハ》レ之《コレニ》。位《クラヰ》不《ザル》レ當《アタラ》也。往《ユケバ》厲《アヤウシ》。必《カナラズ》戒《イマシム》。終《ツヒニ》不《ズ》レ可《ベカラ》レ長《ナガカル》也。

從來《じうらい》の運氣無事《うんきぶじ》なりしと雖《いへど》も、今下位《いまかゐ》に我《わ》が應《おう》あり。其旨《そのむね》に從《したが》ひて身《み》を退《しりぞ》けよ。之《これ》を宜下大吉と云《い》ふ。時運將《じうんまさ》に衰《おとろ》へんとするの時《とき》なるを知《し》らずして躊躇《ちうちよ》する時《とき》は、意外《いぐわい》の災《わざはひ》に罹《か》るべし。又下位《またかゐ》に在《あ》りて常《つね》に親《したし》む所《ところ》の者《もの》に迷惑《めいわく》を蒙《かうむ》らしむることあり愼《つゝし》めよ。

六五。密《ミツ》雲《ウン》不《ズ》レ雨《アメフラ》自《ヨリス》二我《ワガ》西《セイ》郊《カウ》一。公《コウ》弋《ヨクシテ》取《トル》二彼《カノ》在《アルヲ》一レ穴《アナニ》。○象傳《シヤウデン》曰《ニイハク》。密《ミツ》雲《ウン》不《ザル》レ雨《アメフラ》。已上《ハナハダミノボル》也。

高位《かうゐ》の人《ひと》、賢者《けんしや》を求《もと》めて、中才《ちうさい》の人《ひと》を得《う》る時《とき》とする。又常人《またじやうじん》は貯蓄《ちよちく》に汲々《きう〳〵》として吝《りん》嗇《しよく》なるも、願望《ぐわんもう》調《の》はずして相談對手《さうだんあひて》を求《もと》むる時《とき》とする。

上《ジヤウ》六。弗《ズシテ》レ遇《アハ》過《スグ》レ之《コレニ》。飛《ヒ》鳥《テウカヽル》離レ之《コレヲ》。凶《キヨウ》。是謂《コレヲイフ》二災眚《サイセイト》一。○象傳曰《シヤウデンニイハク》。弗《ズシテ》レ遇《アハ》過《スグルハ》レ之《コレニ》。已亢《ナハヘダカウスル》也。

身《み》の分際《ぶんざい》を知《し》らず、亢慢《かうまん》にして自《みづか》ら災眚《さいせい》を招《まね》ぐものとする。又罪《またつみ》を犯《をか》したる者《もの》の捕《とら》へらるゝ時《とき》とする。

䷾（離下坎上）水《スヰ》火《クワ》既《キ》濟《セイ》

既《キ》濟《セイ》。亨《トホル》。小《スコシク》利《ヨロシ》レ貞《テイニ》。初吉《ハジメハキツ》。終亂《オハリハミダル》。○彖傳曰《タンデンニイハク》。既《キ》濟《セイ》亨《トホル》。小者亨《スコシキモノトホル》也。利《ヨロシキハ》レ貞《テイニ》。剛柔《ガウジウ》正《タヾシクシテ》而位當《クラキアタレバ》也。初吉《ハジメキツハ》。柔得《ジウウル》レ中《チウヲ》也。終止《ヲハリトヾマレバ》則亂《スナハチミダル》。其道窮《ソノミチキハマル》也。○大象曰《タイシヤウニイハク》。水在《ミヅアル》二火《クワ》上《ヤジワキ》一既濟《セイ》。君子以《クンシモツテ》思《オモフテ》レ患《ウレヒヲ》而豫《アラカジメ》防《フセグ》レ之《コレヲ》。

運氣《うんき》始《はじ》め盛《さかん》にして、後衰《のちおとろ》ふるの時《とき》とする。其盛《そのさか》んなるに當《あた》り、異日衰時《ゐじつよゐじ》の計《けい》を爲《な》せ。

又《また》中女《ちうぢよ》中男《ちうなん》ありつて親睦膠漆《しんぼくかうしつ》の如《ごと》しと雖《いへど》も、久《ひさ》しからずして離別《りべつ》するの象《かたち》がある。夫《そ》れ陰陽相合《いんやうあひがつ》する、固《もと》より吉《きつ》である。然《しか》れども其用《そのよう》を爲《な》すことは離《はな》れざれば、出來《でき》ない。男《をとこ》は外《そと》を掌《つかさど》り、女《をんな》は内《うち》を主《つかさど》り、而《しか》して後《のち》に能《よ》く久《ひさ》しく合《あ》ふことを得《う》る。故《ゆゑ》に久《ひさしく》合《あ》ふは、不合《あはざる》にもとづき、速離《そくり》に本《もと》づく、是故《このゆゑ》に此卦《このくわ》は不離《はなれざる》の象《かたち》にして、淫行度《いんかうど》なきの意《い》がある。先合後離終《せんがふこうりをはり》を保《たも》つ事《こと》は出來《でき》ぬ。

初九《シヨヤウ》。曳《ヒク》二其《ソノ》輪《リンヲ》一。濡《ウルホス》二其《ソノ》尾《ビヲ》一。无《ナシ》レ咎《トガ》。○象傳《シヤウデン》曰《ニイハク》。曳《ヒクハ》二其《ソノ》輪《リンヲ》一。義《ギ》无《ナシ》レ咎《トガ》也。

上位《じやうゐ》の人《ひと》の急難《きふなん》に赴《おもむ》くと雖《いへど》も、微力《びりよく》にして、救《すく》ふことが出來《でき》ない。途中《とちう》より空《むな》しく歸《かへ》るの意《い》。救急《きうきふ》の事《こと》たる。其義賞《そのぎしやう》すべしと雖《いへど》も、己《おの》れの力量《りきりやう》を揣《はか》らざれば、却《かへつ》て難《なん》を被《かふむ》る。猶游泳術《なほいうえいじゆつ》を知《し》らざる者《もの》、妄《みだ》りに溺者《できしや》を救《すく》はんとし相共《あひとも》に溺死《できし》するが如《ごと》くである。

六二。婦《フ》喪《ウシナフ》二其《ソノ》茀《フツヲ》一。勿《ナカレ》レ逐《オフコト》。七日得《ニチニシテウ》。○象傳《シヤウデン》曰《ニイハク》。七日得《ニチニシテウ》。以《モツテ》二中道《チウグウナ》一也。

心《こゝろ》に期《き》する所《ところ》齟齬《そご》して、失望《しつばう》するの時《とき》とする。然《しか》れども遠《とほ》からずして滿足《まんそく》に至《いた》る。或《あるひ》は物《もの》を喪《うしな》ふ事《こと》あり。靜《しづか》に尋《たづ》ぬれば自然《しぜん》に出《い》づる。唯燥急《たゞさうきふ》なれば害《がい》ある。

九三。高《カウ》宗《ソウ》伐《ウツ》ニ鬼《キ》方《ハウヲ》一。三年《ネン》克《カツ》レ之《コレニ》。小《セウ》人《ジン》勿《ナカレ》レ用《モチフル》。○象傳曰《シヤウデンニイハク》。三年《ネン》克《カツハ》レ之《コレニ》。憊《ツカル》也。

天理《てんり》に從《したが》つて事《こと》を企《くわだ》つれば、遲《おそ》くも遂《と》ぐることを得《う》る。然《しか》れども諺《ことはざ》に勘定合《かんぢやうあ》ふて錢《ぜに》足《た》らずと云《い》ふが如《ご》く、得失相償《とくしつあひつぐな》はない。又親友同僚《またしんいうどうれう》と議論《ぎろん》合《あ》はず反對《はんたい》して、相仇視《あひきうし》するの象《かたち》。

六四。濡《ウルホスアリ》有ニ衣《イ》袽《ヂヨ》一。終《ジウ》日戒《ジツイマシム》。○象傳曰《シヤウデンニイハク》。終日戒《シウジツイマシムヘ》。有レ所レ疑《アリトコロウタガフ》也。

日頃《ひごろ》能《よ》く心《こゝろ》を盡《つく》して生業《せいげふ》に勤《つと》め、思慮常《しりよつね》に深《ふか》くして、非常《ひじやう》の備《そなへ》を爲《な》す、故《ゆゑ》に變《へん》に處《しよ》して事《こと》を措置《そち》し、又鬼神《またきじん》の冥助《めうぢよ》を得《え》て、能《よ》く災害《さいがい》を免《まぬが》る。然《しか》れども、進《すゝ》むに利《り》あらざるの時《とき》也。

九五。東《トウ》鄰殺レ牛《リンノコロスハウシヲ》。不《ズ》レ如《シカ》ニ西鄰《セイリン》之《ノ》禴祭《ヤクサイシテ》。實受ニ其福《ジツニウクルニソノサイハヒヲ》一。○象傳曰《シヤウデンニイハク》。東鄰殺《トウリンノコロスハ》レ牛《ウシヲ》。不《ズ》レ如《シカ》ニ西鄰《サイリン》之《ノ》時《トキナルニ》一也。實受ニ其福《ジツニウケテソノサヒハヒヲ》一。吉大來《キツオホイニキタル》也。

尊位《そんゐ》に在《あ》りと雖《いへど》も、衰運《すゐうん》に向《むか》はんとするの時《とき》とする。幸《さひはひ》に下《しも》に忠臣《ちうしん》あれば、之《これ》を擧《あ》げて志《こゝろざし》を一にし、時《とき》を濟《すく》ふに專《もつぱら》なれば、大幸福《だいかうふく》を得《う》、且《か》つ神《かみ》の保護《ほご》あり。

上《ジヤウ》六。濡二其首一《ウルホスソノカウベヲ》。厲《アヤウシ》。○象傳曰《シヤウデンニイハク》。濡二其首一《ウルホスソノカウベヲ》。厲何可レ久也《アヤウケレバナンゾベケンヒサシカル》。

親族知音《しんぞくちいん》相互《あひたがひ》に濟《すく》ひ合《あ》ひ來《きた》つたが、今《いま》や世《せ》道變《だうへん》じて、人情《にんじやう》區々《まち〳〵》に亂《みだ》れ更《さら》に賴《よ》るべき所《ところ》を失《うしな》ひたるものとする。故《ゆゑ》に己《おの》れを以《もつ》て己《おの》れを悟《さと》り、自《みづか》ら其進止《そのしんし》を決《けつ》すべき時《とき》の象《かたち》。

䷿（坎下離上）水《スヰ》火《クワ》未《ビ》濟《セイ》

未濟。亨《ビセイハトホル》。小狐《セウコ》汔濟《ホトンドワタラントシテ》。濡二其尾一《ウルホスソノビヲ》。无レ攸レ利《ナシトコロヨロシキ》。○象傳曰《タンデンニイハク》。未濟亨《ビセイハトホル》。柔得レ中也《ジウウルチウヲ》。小狐《セウコ》汔濟《ホトンドワタル》。未レ出レ中也《イマダイデザルチウヲ》。濡二其尾一《ウルホスソノビヲ》。无レ攸レ利《ナシトコロヨロシ》。不レ續レ終也《ザルツヾカヲハリヲ》。雖レ不レ當レ位《イヘドモズカアタラクラヰニ》。剛柔應也《ガウジウオウズ》。

○大象曰《タイシヤウニイハク》。火在二水上一《ヒアルハスヰジヤウニ》。未濟《ビセイ》。君子《クンシ》以愼辨レ物居レ方《モツテツヽシミテベンジモノヲヲルハウニ》。

始《はじ》め成《な》り難《がた》きも、後《のち》に至《いた》りて成《な》る。今交際《いまかうさい》する所《ところ》の朋友《はういう》は各《おの〳〵》其位《そのくらゐ》を得《え》ずと雖《いへど》も、互《たがひ》に短《たん》を補《おぎな》ひ、足《た》らざるを助《たす》けて、協心同力大事業《けふしんどうりよくだいじげふ》を計《はか》るの時《とき》とする。然《しか》れども其成《そのせい》を急《いそ》いではならぬ。力《ちから》を蓄《たくは》へ、物《もの》を備《そな》へて、順次《じゆんじ》に事《こと》に從《したが》へ。輕卒《けいそつ》なる時《とき》は失敗《しつぱい》して大《おほい》に世《よ》の信用《しんよう》を失《うしな》ふ。

初六《シヨ》。濡《ウルホス》二其《ソノ》尾《ビヲ》一。吝《リン》。○象傳曰《シヤウデンニイハク》。濡《ウルホス》二其《ソノ》尾《ビヲ》一。吝《リンハ》。亦《マタ》不《ザル》レ知《シラ》レ極《キヨクヲ》也。

世事人情《せじにんじやう》に暗《くら》くして、事《こと》を急《いそ》ぎ、其局《そのきよく》を結《なす》ぶこと能《あた》はずして、難澁《なんじふ》する者《もの》とする。己《おの》れが器量《きりやう》を考《かんが》へ、前途《ぜんと》を思慮《しりよ》せよ。其才力《そのさいりよく》を量《はか》り、自《みづか》ら其分《そのぶん》に安《やす》んずるを要《えう》す。又《また》靜《しづか》に時《とき》を待《ま》つ時《とき》は助力《ぢよりよく》する者《もの》來《きた》りて意外《いぐわい》の大事《たいじ》業《げふ》を成就《じやうじゆ》す。然《しか》れども、時尙早《ときなほはや》い。故《ゆゑ》に失敗《しつぱい》して我《わ》が迷惑《めいわく》となるのみならず。其事業《そのじげふ》にも惡評《あくひやう》を負《お》はしめ、後日《ごにち》の障害《しやうがい》となるの象《かたち》。

九二。曳《ヒク》二其《ソノ》輪《リンヲ》一。貞吉《テイキツ》。○象傳曰《シヤウデンニイハク》。九二。貞吉《テイキツハ》。中以行《チウモツテオコナフ》レ正《セイヲ》也。

才力《さいりよく》ありて愼《つゝし》み深《ふか》きものとする。本業《ほんげふ》を怠《おこた》らずして、時《とき》を俟《ま》ち進《すゝ》む時《とき》は、大《だい》なる實《じつ》功《こう》を奏《そう》する。盛運《せいうん》將《まさ》に來《きた》らんとして居《を》る。衆《しう》と和順《わじゆん》する時《とき》は益々《ます〳〵》吉《きつ》なるの意《い》。

六三。未《ビ》濟《セイ》征《ユクバ》凶《キヨウ》。利《ヨロシ》レ渉《ワタルニ》二大川《タイセン》一。○象傳曰《シヤウデンニイハク》。未《ビ》濟《セイ》征《ユケバ》凶《キヨウ》。利《ヨロシキハ》レ渉《ワタルニ》二大川《タイセンヲ》一。位《クラヰ》不《ザル》レ當《アタラ》也。

我《わ》が才力《さいりよく》を計《はか》り、然《しか》る後《のち》に進《すゝ》め。然《しか》らざれば身心《しんしん》を痛《いた》むる程《ほど》の憂慮《いうりよ》がある。又思《またおも》はざるの援助《えんぢよ》ありて、我《われ》を濟《すく》ふことがある。運盛《うんさか》んにして力足《ちからた》らざるの時《とき》とする。若《も》し氣力《きりよく》あらば進《すゝ》みて功業《こうげふ》を成《な》すの意《い》。

九四。貞《テイ》吉《キツ》。悔《クヒ》亡《ホロブ》。震《ウゴキテ》用《モチヒテ》伐《ウツ》二鬼《キ》方《ハウヲ》一。三年《ネン》。有《アリ》レ賞《シヤウスルニ》二于大《タイ》國《コク》一。○象傳《シヤウデン》曰《ニイハク》貞《テイ》吉《キツ》。悔《クヒ》亡《ホロブ》。志《コヽロザシ》行《オコナハル》也。

才智《さいち》ありて、登用《とうよう》せられ、其職《そのしよく》に勵《はげ》むと雖《いへど》も、世人《せじん》を救《すく》ふは容易《ようい》ならずして憂慮《いうりよ》が多《おほ》い。然《しか》れども天時《てんじ》に從《したが》ひ、眞正《しんせい》を守《まも》り、功業《こうげふ》ありて賞《しやう》せらるゝの時《とき》とする。常人《じやうじん》は蒸氣機械《じようききかい》を運轉《うんてん》して大利益《だいりえき》を得《う》るの象《かたち》。

六五。貞《テイ》吉《キツ》。无《ナシ》レ悔《クヒ》。君《クン》子《シ》之《ノ》光《ヒカリ》。有《アリ》レ孚《マコト》。吉《キツ》。○象傳《シヤウデン》曰《ニイハク》。君《クン》子《シ》之《ノ》光《ヒカリハ》。其《ソノ》輝《ヤ》吉《キツ》也。

柔順《じうじゆん》にして尊位《そんゐ》を踐《ふ》み、其心《そのこゝろ》を虛《むな》しくして外明《ほかあきらか》なり、故《ゆゑ》に能《よ》く善《ぜん》を容《い》れ、百官有司《くわんいうし》より萬民《ばんみん》に至《いた》るまで、皆善《みなぜん》に化《くわ》し其德光輝《そのとくくわうき》あり、是《こ》れ貞正《ていせい》を守《まも》るの吉《きつ》である。

上九《ジヤウキウ》。有《アリ》レ孚《マコト》二于飮《イン》酒《シユニ》一。无《ナシ》レ咎《トガ》。濡《ウルオス》二其《ソノ》首《カウベヲ》一。有《アリ》レ孚《マコト》失《ウシナフ》レ是《コレヲ》。○象傳《シヤウデンニ》曰《イハク》。飮《ノミ》レ酒《サケヲ》濡《ウルホス》レ首《カウベヲ》。亦《マタ》不《ザル》レ知《シラ》レ節《セツヲ》也。

千辛萬苦《しんばんく》を嘗《な》め、大事業《たいじげふ》を爲《な》し、復憂患《またいうくわん》なきの時《とき》。故《ゆゑ》に世事《せじ》に對《たい》しては餘望《よばう》あることなし、唯德《たゞとく》を保《たも》ち道《みち》を履《ふ》むのみである。又身《またみ》を養《やしな》はんが爲《た》めに飮酒宴樂《いんしゆえんらく》するも可《よ》し、然《しか》れども其溺《そのおぼ》るゝに及《およ》びて身《み》を損《そん》するは所謂《いはゆる》有レ孚失レ是ものであつて、節《せつ》を知《し》らない者《もの》と云《い》はねばならぬ。之《これ》を節《せつ》すること知《し》らざれば得《う》と雖《いへど》も失《うしな》ふのである。

占斷自在 高島周易講釋 終

本書を通讀せられたる讀者は、易經の各卦の解釋判斷に就て會得せられたるなるべし。既に各卦の解釋判斷に通ぜられたるからは、之が占筮の方法に就て學び置かざるべからず、依て曩に大學館に於て發行したる呑象先生述の『占法詳解周易占筮法秘傳』を通讀せられ、先生多年の研究、百占百中の筮術を知らるれば、吉凶禍福を自ら前知するを得べし。

編者白

大正三年六月十日印刷
大正三年六月十三日發行

高島周易講釋
定價金八拾錢

著作權所有

述者　高島嘉右衞門
編者　菊池曉汀
發行者　岩崎鐵次郎
東京市神田區鍋町二十一番地
印刷者　中島藤太郎
東京市神田區錦町三丁目一番地
印刷所　神田印刷所
東京市神田區錦町三丁目一番地
電話本局二五四二番

發兌　東京市神田區鍋町二十一番地
大學館
電話本局三〇六七番
振替東京四五一七番

呑象 高嶋嘉右衛門先生述

占法註解

周易占筮法秘傳

東京 大學館發兌

卷頭言

易《えき》は神《かみ》に通《つう》ずるの道《みち》也《なり》。

至《し》誠《せい》以《もつ》て筮《ぜい》を執《と》りて、神《かみ》に對《たい》すれば、神《かみ》の默《もく》示《し》嚴《おごそ》かに、其《その》筮《ぜい》に感《かん》應《おう》す。

斯《しか》れば人《ひと》皆《みな》此《こ》の易《えき》を知《し》りて道《みち》に入れば、吉《きつ》凶《きやう》を前《ぜん》知《ち》し、禍《くわ》福《ふく》を豫《よ》知《ち》し、凶《きやう》を轉《でん》じて吉《きち》と爲《な》し、禍《くわ》を轉《てん》じて福《ふく》と爲《な》し、而《しか》して以《もつ》て、一身《しん》一家《か》の繁《はん》昌《じやう》幸《かう》福《ふく》を得《え》て、災《さい》害《がい》、凶《きやう》患《かん》を除《のぞ》くを得《う》べし。

世《せ》人《じん》動《やゝ》もすれば易《えき》道《だう》は、極《きは》めて入《い》り難《がた》きものと爲《な》せども、至《し》誠《せい》以《もつ》て斯《し》道《だう》に入《い》らば、何《なに》人《びと》と雖《いへど》も、道《みち》に達《たつ》して、神示《しんじ》を享《う》くるを得《う》るは、玆《こゝ》に斷言《だんげん》する所《ところ》也《なり》。

編者言

呑象高島先生《どんせうたかしませんせい》の名《な》は、我國《わがくに》如何《いか》なる土地《とち》に行《ゆ》くも、富豪《ふがう》として、將《は》た易道《えきだう》の神《かみ》として、恐《おそ》らく三歳《さい》の童兒《どうじ》と雖《いへど》も知《し》らざる者《もの》は、無《な》いのである。

先生周易《せんせいしうえき》の學《がく》に從《したが》ふ既《すで》に七十餘年《よねん》、從來先生《じゆうらいせんせい》一度至誠《たびしせい》以《もつ》て、筮《ぜい》を執《と》れば、百中《ちう》一の外《はづ》れたることなしとは、先生《せんせい》の常《つね》に斷言《だんげん》せらるゝ所《ところ》である。

先生《せんせい》の斯道《しだう》に達《たつ》することと實《じつ》に斯《かく》の如《ごと》きの故《ゆゑ》を以《もつ》て、世《よ》の占筮《せんぜい》に從《したが》ふ者《もの》は、先生《せんせい》を知《し》ると知《し》らざるとを問《と》はず、自《みづか》ら稱《しよう》して『高島呑象翁門下《たかしまどんせうをうもんか》』也《なり》と云《い》つて居《ゐ》る。

先生《せんせい》は斯道《しだう》に達《たつ》せるのみならず、一方周易占筮《はうしうえきせんぜい》の道《みち》を大《おほい》に普及《ふきふ》せしめんと努《つと》められ、世人《せじん》の悉《こと〲》くを、斯道《しだう》に入《い》らしめんとせられて居《ゐ》るのである。本書中《ほんしよちう》にも云《い》はれたるが如《ごと》く

『各人易《かくじんえき》を知《し》らざれば、直《たゞ》ちに天命《てんめい》を受《う》くることと能《あた》はざるを以《もつ》て、今《いま》より後易學《のちえきがく》を好《この》

む者は固《もと》より、之《これ》を己《おの》れに私《わたくし》せず、卜筮《ぼくぜい》を以《もつ》て神《かみ》に通《つう》じ、人《ひと》を救《すく》ふべく、又官吏等《またくわんりとう》は業務《げふむ》の餘暇《よか》常《つね》に易學《えきがく》に從事《じゆうじ》し、老後退隱《ろうごたいゐん》の節《せつ》、占筮以《せんぜいもつ》て業《げふ》と爲《な》し、一は以《もつ》て自《みつか》ら樂《たのし》み、一は以《もつ》て人《ひと》を救《すく》ひ、衆人《しゆうじん》は事《こと》を處《しよ》するに臨《のぞ》み、必《かなら》ず卜者《ぼくしや》に就《つ》きて、之《これ》を蓍筮《きぜい》に問《と》ひ天命《てんめい》を受《う》けて、其從遺《そのじうゐ》を決《けつ》し、凶《きよう》を避《さ》け吉《きち》に趨《おもむ》くに至《いた》るであらう。』と云《い》はれて居《ゐ》る。されば本書《ほんしよ》は即《すなは》ち先生《せんせい》が從來《じゆうらい》の經驗《けいけん》より、其達《そのたつ》しられたるの術《じゆつ》と道《みち》とを、私《わたくし》せずして、庶人《しよじん》に示《しめ》されたるものであつて、編者《へんしや》たる余《よ》も、本書《ほんしよ》を編纂《へんさん》するに當《あた》つて、主《しゆ》として理屈《りくつ》を避《さ》けて實用的《じつようてき》に、筆錄《ひつろく》したれば、恐《おそ》らく本書《ほんしよ》を一讀再讀《どくさいどく》せらるゝの讀者《どくしや》は、直《たゞ》ちに以《もつ》て占筮《せんぜい》の術《じゆつ》を會得《ゑとく》せらるゝことを斷言《だんげん》するのである。

先生目下《せんせいもつか》病床《びやうせう》に在《あ》り、余《よ》は其枕頭《そのちんとう》に侍《じ》して、而《しか》して先生《せんせい》の高教《かうけう》を仰《あふ》ぎて、本書《ほんしよ》を編《へん》纂《さん》せしものなれば、文責《ぶんせき》は總《すべ》て余《よ》にある事《こと》を明言《めいげん》して置《お》くのであると共《とも》に、本書《ほんしよ》の內《ない》容《よう》の順序配列《じゆんじよはいれつ》は余《よ》の任意《にんい》にせしものなれば、先生《せんせい》の意《い》に滿《み》たざる點《てん》は深《ふか》く謝《しや》する處《ところ》である。

本書《ほんしよ》の讀者《どくしや》は先生《せんせい》の高著《かうちよ》『高島易斷《たかしまえきだん》』を併讀《へいどく》せば、更《さら》に易道《えきだう》の堂奥《だうおく》を究《きはむ》るを得るであらう。

大正二年一月

編者　菊池曉汀

目次

第四編　天命《てんめい》及《およ》び性《せい》の神髄《しんずゐ》

第五編　易《えき》義《ぎ》例《れい》

第八編　神通占筮《しんつうせんぜい》の經驗《けいけん》……一一九

目次終

占法詳解 周易占筮法秘傳

呑象 高島嘉右衛門先生述
菊池曉汀 編

第一編 易占大義

◎緒言

夫《そ》れ易《えき》は天地《てんち》陰陽奇偶《いんようきぐう》の理《り》を明《あきらか》にし、以《もつ》て造化《ざうくわ》の秘蘊《ひおん》を闡發《たんはつ》し、森羅《しんら》萬象《ばんしよう》一として、網羅《もうら》せざるは無《な》い、蓋《けだ》し宇宙間《うちうかん》の事物《じぶつ》一として陰陽對偶《ゐんようたいぐう》なきものはないのである。日《ひ》あれば月《つき》あり、寒《かん》あれば暑《しよ》あり、男《をとこ》あれば女《をんな》あり、既《すで》に形而下《けいじか》の物《もの》あれば、形《けい》而《じ》上《じやう》の者《もの》なかるべからずで、猶《な》ほ人《ひと》に睹《み》る可《べ》き肉體《にくたい》あれば、又必《またかなら》ず睹《み》る可《べか》らざるの心《しん》魂《こん》あるが如《ごと》き是《こ》れである。此《こ》の心魂《しんこん》一たび、肉體《にくたい》を蟬脫《せんだつ》し去《さ》れば、之《これ》を名《な》づけて、鬼《き》神《じん》と謂《い》ふ、鬼神《きじん》は肉眼《にくがん》の得《え》て睹《み》る可《べ》きに非《あら》すと雖《いへど》も、人至誠《ひとしせい》を以《もつ》て之《これ》に通《つう》ずるの術《じゆつ》を得《そ》て未來《みらい》の事《こと》を示《しめ》し申計《きをしはか》らるゝ時《とき》は、凡庸《ぼんよう》の者《もの》と雖《いへど》も、其神《そのかみ》の在《あ》る有《あ》りを知《し》る。惟《おも》ふに太古《たいこ》草昧《さうまい》の世《よ》に於《おい》ては、往々《わう〳〵》神通《しんつう》の術《じゆつ》を能《よ》くする者《もの》あり。故《ゆゑ》に人皆鬼神《ひとみなきじん》あるを知《し》つた。今文明《いまぶんめい》の世《よ》、人智《じんち》は古人《こじん》を凌駕《れうが》して、人事《じんじ》の便利《べんり》は益々《ます》進歩《しんぽ》し、萬里比隣《ばんりひりん》の看《くわん》を成《な》しながら、却《かへ》つて冥々咫尺《めい〳〵しせき》に儼臨《げんりん》する鬼神《きじん》に通《つう》ずるの術《じゆつ》を知《し》らず、遂《つひ》に無神論《むしんろん》を誇《ご》張《ちやう》する者《もの》あるに至《いた》る。其故《そのゆゑ》は何《なん》であるか、蓋《けだ》し人間生活《にんげんせいくわつ》の法《はふ》、古今《こゝん》一變《べん》し、隨《したがつ》て人《ひと》の氣質《きしつ》も亦《また》一變《べん》したからである。夫《そ》れ神《かみ》に接《せつ》するの道《みち》は、精氣氣力《せいききりよく》の單純《たんじゆん》なるに由《よ》り、理《り》を窮《きは》むるの道《みち》は、智識思想《ちしきさう》の緻密《ちみつ》なるに由《よ》るのである。今人《こんじん》の智識思想《ちしきさう》は緻密《ちみつ》である。是《これ》を以《もつ》て能《よ》く物理《ぶつり》を窮《きは》むれども、却《かい》つて神明《しんめい》に通《つう》ずることは出來《でき》ない。古人《こじん》は精《せい》神氣力單純《しんきりよくたんじん》である。故《ゆゑ》に神明《しんめい》に通《つう》ずれども、物理《ぶつり》を窮《きは》むることは出來《でき》なかつた。是《こ》れ至誠《しせい》の道《みち》の上古《じやうこ》に行《おこな》はれて、而《しか》して巧智《こうち》の後世《こうせい》に盛《さか》んなる所以《ゆえん》である。請《こ》ふ詳《つまびら》かに其《その》變遷《へんせん》の由來《ゆらい》を述《の》べやう。

◎占筮法の變遷

夫《そ》れ惟《おも》ふに陰陽《いんよう》の精氣《せいき》交《まじわ》りて、萬物生《ばんぶつしやう》ず、人《ひと》は固《もと》より靈妙《れいみやう》なる心魂《しんこん》を禀《う》けて萬物《ばんぶつ》の長《ちやう》たりと雖《いへど》も、裸體《らたい》にして身《み》を護《まも》るの蹄角《ていかく》も無《な》く、他《た》を害《そこな》ふの爪牙《しが》もない。去《さ》れば穴《けつ》居野處《きよやしよ》の日《ひ》に當《あた》りては、其生活上《そのせいくわつじやう》猛獸毒蛇《もうじゆうどくだ》の類《るゐ》と互《たがひ》に競爭《きやうさう》し、勝《か》つ時《とき》は彼《かれ》を食《くら》ひ、負《ま》くれば即《すなは》ち彼《かれ》に食《くら》はる。是《こゝ》に於《おい》て偶々《たま〳〵》敏捷《びんせう》なる者《もの》あり、火山《くわざん》より火《ひ》を取《こ》り來《きた》りて、之《これ》を利用《りよう》し、以《もつ》て彼《か》の猛獸毒蛇《もうじゆうどくだ》を驅除《くぢよ》し、始《はじ》めて人類《じんるゐ》の世《よ》となるを得《え》たのである、爾《じ》來人類《らいじんるゐ》は益々蕃殖《ます〳〵はんしよく》し、動物《どうぶつ》は愈々減少《いよ〳〵げんせう》せしを以《もつ》て、漸《やうや》く食料《しよくれう》の缺乏《けつぼう》を來《きた》し、一匹《ぴき》の禽《きん》獸《じゆう》を數人《すうにん》にして、爭《あらそ》ふより、茲《こゝ》に鬪爭《とうさう》なるものを起《おこ》し、其極《そのきよく》人類相食《じんるゐあひしよく》すに至《いた》つた。之《これ》を優勝劣敗弱肉强食《いうしやうれつぱいじやくにくきやうしよく》の時代《じだい》と謂《い》ふのである。是時《このとき》に當《あた》つて、天生民《てんせいたみ》を憫《あはれ》み、大《だ》人《じん》を世《よ》に降《くだ》して、社會《しやくわい》を救濟《きうさい》せしめた。大人《だいじん》斯《か》くの如《ごと》き狀況《じやうきやう》を見《み》て、惻怛《そくだつ》の必禁《こゝろきん》ずることは出來《でき》ない。天《てん》を仰《あほ》ぎて嘆息《たんそく》し、救世《きうせい》の道《みち》を求《もと》むること最《もつと》も切《せつ》である。其至誠《そのしせい》神《かみ》に通《つう》じて、漁獵《ぎよりやう》の法《ほふ》を感得《かんとく》す。乃《すなは》ち衆《しゆう》に諭《さと》して、曰《いは》く、汝等《なんだら》今《いま》他人《たにん》の肉《にく》に腹《はら》を肥《こや》して、快《くわい》を一時《じ》に取《と》れども、其肥《そのこや》したる汝《なんぢ》が肉《にく》も、早晩《さうはん》又《また》他《た》人《にん》の腹《はら》を肥《こや》さざるを得《え》さるに至《いた》らう、斯《かく》の如《ごと》くであれば、其悲態慘狀實《そのひたいさんじやうじつ》に名狀《めいじやう》する事《こと》は出來《でき》ない。之《これ》を推想《すいさう》して復《ま》た同類《どうるゐ》相食《あひは》むことは勿《なか》れ、其食料《そのしよくれう》の如《ごと》きは、我《わ》れ之《これ》を與《あた》へんとて、乃《すなは》ち繩《なは》を結《むす》びて、網《あみ》を製《せい》し、以《もつ》て禽獸《きんじゆう》を捕《ほ》獲《くわく》することを敎《おし》へたので、衆皆利《しゆうみなり》として之《これ》に從《したが》つた。又木《またき》を割《わ》つて石《いし》に磨《と》削《さく》し、之《これ》を耒耜《らいし》と名《な》づけて、地《ち》を耕《たがや》さしめ、草木《さうもく》の果實《くわじつ》を選《えら》みて、之《これ》を蒔《ま》き、民《たみ》に火食《くわしよく》を敎《おし》へ自力自活《じりよくじくわつ》の道《みち》に就《つ》かしむ、衆皆德《しうみなとく》として、之《これ》に服《ふく》することは神《かみ》の如《ごと》くであつた。是《これ》より衣食《いしよく》足《た》りて禮節《れいせつ》を知《し》り、令《れい》すれば行《おこな》はれ、命《めい》ずれば從《したが》ふ。是《こゝ》に於《おい》て統御《とうぎよ》の道《みち》漸《やうや》く擧《あが》り、建國《けんこく》の基《もとゐ》始《はじ》めて立《た》ち、君臣《くんしん》の分《ぶん》長《なが》く定《さだ》まつて、父子夫婦兄弟《ふしふうふけいてい》朋友《ほういう》の秩序《ちつじよ》漸《やうや》く備《そな》はつた、之《これ》を我《わ》が國《くに》に觀《み》る時《とき》は、皇祖《くわうそ》瓊々杵尊《にゝぎのみこと》天降《あまくだり》の時代《じだい》にあつて、之《これ》を支那《しな》に取《と》る時《とき》は、伏羲氏《ふくぎし》の世《よ》である。

◎占筮法の創始

伏羲氏《ふくぎし》の其國《そのくに》に王《わう》たるや、神明《しんめい》に幽贊《いうさん》して、占筮《せんぜい》の法《はふ》を創《はじ》め、凡人《はんじん》と雖《いへど》も、神《かみ》に問《と》ひて疑《ぎ》を決《けつ》す。

神《かみ》に交《まじは》りて未來《みらい》を前知《ぜんち》することを得《え》せしめた。易《えき》に曰《いは》く昔聖人《むかしせいじん》神明《しんめい》に幽贊《いうさん》して、蓍《き》を作《つく》れりと、是《こ》れ易道《えきだう》の創始《さうし》である。夫《そ》れ易《えき》は八卦《か》を以《もつ》て萬物《ばんぶつ》の原子《げんし》を表《あらは》す、蓋《けた》し萬《ばん》物《ぶつ》は八原子《げんし》の集合《しうがふ》より成《な》るが故《ゆゑ》に、八卦《くわ》を畫《くわく》して形而上《けいじじやう》の原子《げんし》を形而下《けじか》に現《あら》はし、漸《ぜん》次《じ》之《これ》を重《かさ》ねて六十四卦《くわ》と爲《な》し、以《もつ》て萬象《ばんさう》に應《おう》ずるものである。故《ゆゑ》に斯道《しだう》を名《なづ》けて易《えき》と云《い》ふのである。易《えき》の字《じ》たるや、日月《じつげつ》の二大光《だいくわう》を重《かさ》ね合《あは》す、即《すなは》ち此《こ》の二大光《だいくわう》を並《なら》べ書《ゑが》きて明《めい》の字《じ》となると同《おな》じく、斯道《しだう》に從《したが》へば、森羅萬象《しんらばんしやう》明《あき》らかならずと云《い》ふことなきの義《ぎ》である。易《えき》に曰《いは》は易《えき》は以《もつ》て幽冥《いうめい》の故《ゆゑ》を知《し》り、鬼神《きじん》の情狀《じやうじやう》を知《し》り、神《かみ》の爲《な》す所《ところ》を知《し》り、萬物《ばんぶつ》の情《じやう》を見《み》、天地《てんち》の心《こゝろ》を見《み》ると、蓋《けた》し人《ひと》も亦《また》萬物《ばんぶつ》と共《とも》に、八原子《げんし》の集合《しふがふ》より成《な》りたるものであるから、性情動作《せいじやうどうさ》共《とも》に其序次《そのじよじ》を離《はな》れず、故《ゆゑ》に一たび造化《ざうくわ》の理由《りいう》を知《し》るに至《いた》りては、各《おの〳〵》其性《そのせい》の基《もと》づく所《ところ》を知《し》り、死生《しせい》の説《せつ》、進退存亡《しんたいぞんばう》の機《き》、陰陽消長《いんやうせうちやう》の理《り》の如《ごと》きは、默識冥合《もくしきめいがう》して、活用《くわつよう》し、禍亂《くわらん》を未萌《みほう》に防《ふせ》ぎ、災害《さいがい》を未發《みはつ》に消《せう》するを得《う》ること、猶《な》ほ之《これ》を掌《てのひら》に運《めぐら》すが如《ごと》くである。是《これ》を以《もつ》て神農《しんのう》、黄帝《くわうてい》、堯舜以下《げうしゆんいか》の聖人易《せいじんえき》を以《もつ》て、聖《せい》を相承《さうしよう》の神寶《しんぽう》と爲《な》し、以《もつ》て王道《わうだう》の基礎《きそ》と爲《な》した。夫《そ》の堯舜《げうしゆん》の天下《てんか》を舜禹《しゆんう》に禪《ゆず》る時《とき》の語《ご》に、人心《じんしん》惟《こ》れ危《あやう》く、道心《だうしん》惟《こ》れ微《び》なり、惟《こ》れ精《せい》、惟《こ》れ一にして允《まこと》に其中《そのちう》を執《と》れと云《い》へるが如《ごと》きも、人《ひと》の思慮計畫《しりよけいくわく》は臆測想像《おくそくさうぞう》にして違《ちが》ひ易《やす》きを憂《うれ》ふるが故《ゆゑ》に、易《えき》の第五爻《だいごかう》たる中正《ちうせい》を得《え》て、而《しか》して其政《そのせい》を民《たみ》に施《ほどこ》すべきことを示《しめ》したるものである。然《しか》るに夏殷《かいん》の代《よ》に至《いた》つては氣運《きうん》漸《やうや》く變遷《へんせん》し、專《もつぱ》ら智力《ちりよく》と勞力《らうりよく》との二つに賴《たよ》りて、生計《せいけい》を營《いとな》み、復《ま》た上《じやう》古《こ》の如《ごと》く危險《きけん》の境《さかひ》に身命《しんめい》を賭《ご》して食《しよく》を求《もと》むるの必要《ひつえう》なきに至《いた》りしが故《ゆゑ》に、其精神氣力《そのせいしんきりよく》も、亦上古《またじやうこ》の如《ごと》く強壯《きやうさう》ならず、精神氣力《せいしんきりよく》上《じやう》に係《かゝ》れる道術《だうじゆつ》の漸《やうや》く衰頽《すゐたい》に趣《おもむ》けるは、則《すなは》ち勢《いきほひ》の然《しか》らしむる所《ところ》である。周《しう》の文王《ぶんわう》出《い》づるに及《およ》んで、世人《せじん》專《もつぱ》ら想像《さうざう》の理《り》を信《しん》じ、神智《しんち》を聞《き》くの道《みち》を失《うしな》ひ、人智《じんち》の天眞《てんしん》を紊《みだ》さんことを懼《おそ》れ、終《つひ》に神易《しんえき》の道《みち》を崇奉《すうほう》し、彖《てん》辭《じ》を繋《つな》けて、伏義《ふくぎ》の意《い》を明《あきら》かにす。其彖《そのてん》の辭《じ》たる幽冥《いうめう》の薀奥《うんおう》を究《きは》め、造化《ざうくわ》の秘機《ひき》を撥《ひら》き、天澤火雷風水山地《てんたくくわらいふうすいさんち》の八原子《げんし》配合《はいがう》の理《り》よりして、人事《じんじ》の吉凶《きつきやう》に說《と》き及《およ》ばし、之《これ》を行《おこな》ふに神《かみ》に通《つう》ずるの道《みち》を以《もつ》てし、造化《ざうくわ》の理《り》、及《およ》び神人相通《しんじんさうつう》の道《みち》、共《とも》に完全《くわんぜん》することを得《え》た。其子《そのこ》周公《しうこう》是《これ》も亦《また》父《ちゝ》の意《い》を繼《つ》ぎて、熟々《つらつら》天下《てんか》を通觀《つうくわん》し、人間社會《にんげんしやくわい》の事物《じぶつ》、甚《はなは》だ錯雜《さくざつ》なりと雖《いへど》も、或《あるひ》は一定《てい》の規則《きそく》があつて、之《これ》を運轉《うんてん》するものなるべきを感想《かんさう》し、連山歸《れんざんき》藏《ざう》の二易《えき》、即《すなは》ち夏殷《かゐん》の二代《だい》一千五十年間《ねんかん》の鬼神《きじん》に感通《かんつう》し、事理《じり》に適合《てきがう》せし易占《えきせん》を徵集《ちやうしふ》し、衆學士《しゆうがくし》と共《とも》に之《これ》が纂輯《さんしふ》に從事《じゆうじ》せしに、果《はた》して其豫想《そのよさう》に違《たが》はず、萬象《ばんせう》の運動《うんどう》一として三百八十四爻《かう》の外《ほか》に出《い》づることなきを知《し》り、當初《たうしよ》觀《み》て以《もつ》て千變萬化《べんばんくわ》窮《きはま》りなしと思《おも》ひしも、恰《あだか》も側面《そくめん》より走馬燈《そうまとう》を見《み》て、無量無限《むりやうむげん》の感《かん》を抱《いだ》きしが如《ごと》く今《いま》一定《てい》の規則《きそく》を發明《はつめい》せしは之《これ》を上部《じやうぶ》より下瞰《かくわん》して、直《たゞ》ちに其限《そのかぎ》りあるを看破《かんぱ》したるが如《ごと》く、易道《えきだう》の變化《へんくわ》を以《もつ》てし、卦《け》の時《とき》に因《よ》り、卦《くわ》の義《ぎ》に因《よ》り、卦《くわ》の理《り》に因《よ》り、剛柔《がうじう》の應比《おうひ》に因《よ》り、陰陽氣運《いんやうきうん》の消長《せうちやう》に因《よ》りて、一々之《これ》に辭《じ》を繋《つな》ぎ、之《これ》を爻《かう》の辭《じ》と謂《い》ひ、以《もつ》て易道《えきだう》を大成《たいせい》したのである。故《ゆゑ》に周《しう》の世《よ》は卜筮《はくぜい》八政《せい》の一に居《を》り、春秋《しゆんじう》の頃《ころ》に至《いた》りても、尙《な》ほ大人《たいじん》の官《くわん》を重《おも》んじ、卿大夫之《きやうたいふこれ》を掌《つかさど》り、上智遠識《じやう、ゑんしき》の士《し》、效《なら》ふて之《これ》を行《おこな》つた。さて周公《しうこう》の爻辭《かうじ》の比擬譬喩《ひぎひゆ》に涉《わた》れるもの多《おほ》くして、直接《ちよくせつ》に善惡《ぜんあく》を指斥《しせき》せるもの少《すくな》きは如何《いかん》と云《い》ふに、是《こ》れ翅《つばさ》に其《そ》の才《さい》の美《び》を以《もつ》て郁々乎《いくくこ》たるもの少《すくな》きは、如何《いかん》と云《い》ふに、是《こ》れ翅《つばさ》に其《そ》の才《さい》の美《び》を以《もつ》て、郁《いく》々乎《くこ》たる文章《ぶんしやう》と成《な》したるのみならず、亦深《またふか》く憂《うれ》ふる所《ところ》ありて然《しか》るものである。蓋《けだ》し人《ひと》の資質《ししつ》に善《ぜん》あり、不善《ふぜん》あるは免《まぬが》れ難《がた》き數《すう》なるが故《ゆゑ》に、善人《ぜんじん》と不善人《ふぜんじん》と相待《あひま》ちて、社會《しやくわい》を成《な》し、善人不善人更《ぜんじんふせんじんさら》に世《よ》に流行《りうかう》し、中人《ちうじん》は其《そ》の流行《りうかう》に連《つ》れられて或《あるひ》は上下《じやうげ》し、或《あるひ》は左右《さいう》することこそ是《こ》れ陰陽消長《いんやうせうちやう》の常理《じやうり》にして、恰《ふだか》も四季《き》の循環《じゆんくわん》するが如《ごと》く、晝夜《ちうや》の交代《かうたい》するが如《ごと》くである。而《しか》して其暗黑《そのあんこく》なる時《とき》に當《あた》りては、燈《ともし》を揭《かゝ》げて之《これ》を照《てら》さねばならぬ。是《こ》れ敎學《けうがく》の已《や》むべからざる所以《ゆえん》である。夫《そ》れ斯《か》くの如《ごと》く一明《めい》一暗《あん》一順《じゆん》一逆《ぎやく》は、陰《いん》陽消長《やうせうちやう》の理《り》なるが故《ゆゑ》に、其陽長《そのやうちやう》ずるの氣運來《きうんきた》りて、善人時《ぜんじんとき》を得《う》るの日《ひ》は、天下安泰《てんかあんたい》の易道《えきだう》明《あき》らかなりと雖《いへど》も、彼《か》の陰長《いんちやう》するの氣運《きうん》來《きた》り、惡人《あくにん》勢《いきほひ》を得るの時《とき》に際《さい》し、善人《ぜんじん》として易占《えきせん》を行《おこな》はしむるに、若《も》し不善人《ふぜんじん》の腦中《のうちう》に蟠屈《ばんくつ》せる姦惡《かんあく》の情狀《じやうじやう》を、彖辭《てつじ》に因《よ》りて明白《めいはく》に陳述《ちんじゆつ》する時《とき》は、其不善人《そのふぜんじん》羞恥《しうち》の餘《あま》り、却《かへ》つて禍善《くわぜん》を善人《ぜんじん》に加《くは》へんことを懼《おそ》る、故《ゆゑ》に周公《しうこう》特《とく》に隱語《いんご》を用《もち》ゐたのである。例《たと》へば猛惡者《まうあくしや》を虎《とら》と說《と》き、狡猾奴《かうかつど》を狐《きつね》と稱《しよう》し、愚鈍《ぐどん》を豕《ゐのこ》に比《ひ》する等《とう》、其辭《そのじ》を婉曲《えんきよく》にし、彼《かれ》をして反省《はんせい》する所《ところ》ありて、憤恨《ふんこん》する所《ところ》なからしむる、其意《そのい》を用《もち》ふるや親且《しんか》つ切《せつ》なりと謂《い》はねばならぬ。是《こ》れ孔子《こうし》の聖且智《せいかつち》を以《もつ》てするも、猶《な》ほ我《われ》に數年《すうねん》を加《くは》へて、五十にして易《えき》を學《まな》ばゞ、以《もつ》て大過《たいくわ》なかるべしとの歎《なげき》を起《おこ》されし所以《ゆゑん》である。孔子《こうし》の大聖《たいせい》なるすら、尙《な》ほ韋編《ゐへん》三たび絕《た》つの勞《らう》を積《つ》みて、斯《し》道《だう》を研究《けんきう》し、敎《をしへ》を萬世《ばんせい》に垂《た》るゝを以《もつ》て己《おの》れが任《にん》とし、徒弟《とてい》三千を集《あつ》めて之《これ》を薰陶《くんたう》せられたのである。三千の弟子《でし》固《もと》より聰明《そうめい》の士《し》に乏《とぼ》しからざるべきも、斯道《しだう》に通《つう》ずるもの、果《はた》して幾人《いくにん》かある。乃《すなは》ち歎《たん》じて曰《いは》く道《みち》の行《おこな》はれざるや、我《わ》れ之《これ》を知《し》る、智者《ちしや》は之《これ》に過《す》ぎ、愚者《ぐしや》は及《およ》ばす、賢者《けんしや》は之《これ》に過《す》ぎ、不肖者《ふせうしや》は及《およ》ばざればなりと。蓋《けだ》し其弟子《そのでし》中《ちう》の才《さい》ある者《もの》は、其才《そのさい》を恃《たの》みて思《おも》へらく、世《よ》の中《なか》の事《こと》、才《さい》を以《もつ》て處《しよ》するに足《た》る。迂遠《うゑん》の道《みち》何《なん》ぞ研究《けんきう》するに足《た》らんと！是《こゝ》に於《おい》て半途《はんご》にして廢《はい》す。智者《ちしや》は之《これ》に過《す》ぐるとは、蓋《けだ》し婉辭《えんじ》のみ、唯顏淵《だゞがんえん》のみ、優《いう》かに聖域《せいゝき》に入《い》るべからざりしが、不幸短命《ふこうたんめい》にして死《し》した。宏才《こうさい》雄辯《いうべん》なる子貢《しこう》の輩《はい》すら未《いま》だ性《せい》と天道《てんだう》とを與《あづか》り聞《き》くこと能《あた》はず、斯道《しだう》の至大《しだい》にして傳《つた》へ難《がた》きこと此《かく》の如《ごと》きものあるのである。蓋《けだ》し孔子《こうし》の主眼《しゆがん》とする所《ところ》は堯舜《げうしゆん》と齊《ひさ》しく易《えき》の中《ちう》正《せい》を用《もちゐ》て國家《こつか》人事《じんじ》を行《おこな》はしめんとするに在《あ》る。故《ゆゑ》に其中正《そのちうせい》を常《つね》に用《もち》ゆるを中庸《ちうよう》と云《い》ふ。中庸《ちうよう》は天命《てんめい》の中正《ちうせい》を得《え》て、神智《しんち》に則《のつと》り、次《つい》で之《これ》を人事《じんじ》に行《おこな》ふものなれば、聖人《せいじん》と雖《いへど》も實踐《じつせん》に難《な》んずる所《ところ》である。故《ゆゑ》に中庸《ちうよう》に天下《てんか》國家《こつか》可レ均也《ひとしかるべし》、爵祿可レ辭也《しやくろくじすべきなり》、白刄可レ踐也《はくじんふむべし》、中庸不可レ能也《ちうようあたうべからず》と人《ひと》名利《めいり》の二《ふた》つを脫《だつ》するの達觀遠識《たつくわんゑんしき》ある者《もの》と雖《いへど》も、至誠神《しせいかみ》に通《つう》づるの域《ゐき》に至《いた》らざれば未《いま》だ能《あた》はざるを以《もつ》てである。故《ゆゑ》に中庸其至矣乎《ちうようそれいたるや》、民鮮ニ能久一矣、夫《そ》れ易《えき》を占《うらな》ふに三要《えう》あり、易理《えきり》に明《あきら》かなる一、世事《せじ》人情《にんじやう》に通曉《つうげう》する二、至誠神《しせいかみ》に通《つう》ずる三、是《こ》れである。而《しか》して其《その》一二は深思推勘《しんしすゐかん》に在《あ》りと雖《いへど》も、其《その》三に至《いた》りては精神《せいしん》の氣力《きりよく》に屬《ぞく》するものにして、自《みづか》ら行《おこな》ふて其術《そのじゆつ》に達《たつ》するものである。所謂自レ誠明謂ニ之性一、自レ明誠謂ニ之教一、誠則明矣、明則誠矣、是《こ》れ性《せい》の誠《まこと》を盡《つく》して、神智《じんち》を稟《う》くるの教《おし》へである。伏義《ふくぎ》、文王《ぶんわう》、周公《しうこう》、孔子《こうし》の四聖人《せいじん》、各天賦《かくてんぷ》の能力《のうりよく》を有《いう》し、畢生《ひつせい》の力《ちから》を擧《あ》げ、後世《こうせい》を憂《うれ》ひて述作《じゆつさく》し易學《えきがく》も、後世《こうせい》の學者之《がくしやこれ》を解《かい》するの力《ちから》に乏《とぼ》しく、二千有餘年《いうよねん》冥々晦々《めいめいかいかい》存《ぞん》するが如《ごと》く、亡《ほろぶ》するが如《ごと》く、人《ひと》の之《これ》を實用《じつよう》する者《もの》なかりしは先聖《せんせい》の爲《た》めにも、弔《とむら》はざるを得《え》ない。慨嘆《がいたん》に堪《た》へないのである。

◎祭と祭事と太卜

謹《つゝしん》て本朝《ほんてう》千古《こ》の昔《むかし》に遡《さかのぼ》りて考《かんが》ふるに、神武天皇《じんむてんわう》始《はじ》めて都《みやこ》を橿原《かしはら》に建《た》て給《たま》ひ、群賢《ぐんけん》を登用《とうよう》して國事《こくじ》を圖《はか》らしめ給《たま》ひし當初《たうしよ》より、天皇《てんわう》必《かなら》ず御親《おんみづか》ら鳥見山《とりみやま》の祭壇《さいだん》に臨御《りんぎよ》し給《たま》ひ、親《した》しく神《かみ》に接《せつ》し、謹《つゝしみ》て神意《しんい》を伺《うかゞ》ひて、以《もつ》て當世《たうせい》の國是《こくぜ》を定《さだ》め給《たま》ひ、然《しか》る後之《のちこれ》を民《たみ》に施《ほどこ》し給《たま》ふ。故《ゆゑ》に神《かみ》に事《つか》ふるを祭《まつり》と謂《い》ひ、民《たみ》に施《ほどこ》すを祭事《まつりごと》と謂《い》ふのである。祭事《まつりごと》と政《まつりごと》と其義《そのぎ》を異《こと》にせしは、漢字《かんじ》渡來《とらい》以後《いご》の事《こと》である。天皇《ていわう》の神聖《しんせい》に坐《まし》ますすら、猶國《なほこつ》政《せい》を獨斷《どくだん》に決《けつ》し給《たま》はず、神意《しんい》のまにまに施《ほどこ》し給《たま》ふ。故《ゆゑ》に昔《むかし》は皇道《くわうだう》を神隨《しんずゐ》の道《みち》と稱《しよう》したのである。是《こ》れより以後《いご》も、國《くに》の大事《だいじ》は必《かなら》ず至誠《しせい》を施《ほどこ》して、神意《しんい》を伺《うかゞ》ひ神託《しんたく》を稟《う》けて、之《これ》を實地《じつち》に施《ほどこ》し給《たま》ふを常典《じやうてん》と定《さだ》められしことは、今《いま》に於《おい》て奈良《なら》の春日《かすが》神社《じんじや》に鹿《しか》を飼《か》ひ置《お》かるゝを見《み》ても分《わか》る。(春日《かすが》の神《かみ》は天兒屋根尊《あめのこやねのみこと》にて、神事《しんじ》を司《つかさど》り給《たま》ふ。鹿《しか》は太卜《たいぼく》の用《よう》に供《きやう》する料《れう》である。其後《そのご》歷代《れきだい》の天皇《てんわう》も亦《また》斯道《しだう》を遵奉《じゆんぽう》し給《たま》ひ、且《かつ》後世《こうせい》を憂慮《いうりよ》坐《まし》まし更《さら》に中臣《なかとみ》の職《しよく》（即《すなは》ち春日《かすが》の神《かみ》の子孫《しそん》をして、此《こ》の職《しよく》を世襲《せしう》せしむ）を置《お》きて、神人《しんじん》酬酢《しうさく》の事《こと》を司《つかさど》らしめ給《たま》へり、(中臣《なかとみ》とは中取臣《なかとるしん》と云《い》ふ義《ぎ》にて、神《かみ》と人《ひと》との中《なか》を取《と》り持《も》つ臣《しん》である。)されど世《よ》降《くだ》り時《とき》移《うつ》るに及《およ》びては、人智《じんち》次第《しだい》に進《すゝ》み、形而下《けいじか》の理《り》のみを說《と》く者《もの》增殖《ぞうしよく》し、神隨《しんずゐ》の道《みち》を信《しん》ずる者《もの》漸次《ぜんじ》減少《げんせう》するに隨《したが》ひ、至誠《しせい》の心《こゝろ》愈々《いよ／＼》薄《うす》らぎ、終《つひ》に太卜《たいぼく》の術《じゆつ》も廢《すた》れて行《おこな》はれず、神《かみ》に通《つう》ずるの道《みち》殆《ほと》んど絕《た》え果《は》てたのである。人生《じんせい》の不幸《ふかう》之《これ》より大《だい》なるはない。

◎神の明示

恭《うや〳〵》しく惟《おもんみ》るに、明治天皇陛下《めいぢてんわうへいか》、天資聖明《てんしせいめい》に坐《まし》まして、萬民《ばんみん》を撫育《ぶいく》し給《たま》ふこと赤《せき》子《し》の如《ごと》く、歳時《さいじ》に賢所《かしこどころ》を御親祭《ごしんさい》あらせられ、且伊勢《かついせ》の大廟《たいべう》を始《はじ》め奉《たてまつ》り、官國幣神《かんこくへいじん》社《じや》、祭祀《さいき》には勅使《ちよくし》を差遣《さしつかは》して、幣物《へいもつ》を進《すゝ》め給《たま》ふのみならず、先年大津事件《せんねんおほつじけん》の如《ごと》きことあるに當《あた》りては、特《とく》に勅使《ちよくし》を祭《さい》して、神明《しんめい》に禱《いの》らせ給《たま》ひ、海外《かいぐわい》に赴任《ふにん》或《あるひ》は歸朝《きてう》の者《もの》ある毎《ごと》に、賢所《かしこどころ》に參拜《さんぱい》せしめて、其神德《そのしんとく》を蒙《かうむ》らしめ給《たま》ふが如《ごと》き皆敬神《みなけいしん》の道《みち》を盡《つく》し給《たま》ふに非《あらざ》るは無《な》い。然《しか》るに茲《こゝ》に怪《あやし》むべきは近來人民教育《きんらいじんみんけういく》の責任《せきにん》を帶《お》ぶる博士學士《はかせがくし》中《ちう》、妄《みだ》りに神《かみ》の有無《いうむ》を論《ろん》ずる輩《はい》ありと聞《き》くが、嗚呼是《あゝこ》れ何等《なんら》の怪事《くわいじ》であらうぞや。我《わ》が聖天子《せいてんし》は親《した》しく至誠《しせい》を盡《つく》させられ、神祭《しんさい》を行《おこな》はせ給《たま》ふに、之《これ》が臣民《しんみん》たる博士學士輩《はかせがくしはい》却《かへ》つて其《その》神《かみ》の有無《いうむ》を論《ろん》じて未《いま》だ決《けつ》せずとは、實《じつ》に悖戻《はいれい》の至《いた》りである。夫《そ》れ道《みち》の本原《ほんげん》は天《てん》に出《い》でゝ易《うらな》ふ可《べ》きでは無《な》い。綱常彝倫皆之《かうじやういりんみなこれ》に頼《よ》りて立《た》つ、今彼《いまか》の博士學士輩《はかせがくしはい》は泰西《たいせい》の科學《くわがく》（卽《すな》ち形而下《けいじじやう》の現理《げんり》）に溺《おぼ》れて、我《わ》が東洋《とうやう》の道學《だうがく》（即《すなは》ち形而上《けいじじやう》の眞理《しんり》）を辨《べん》せず、斯《か》くの如《ごと》き偏見《へんけん》を懷《いだ》き、淺識《せんしき》以《もつ》て子弟《してい》を教育《けういく》す、社會《しやくわい》の道德《だうとく》將《まさ》に地《ち》を掃《はら》はんとして居《ゐ》る。爲《た》めに君臣父子《くんしんふし》夫婦《ふうふ》兄弟《けいてい》朋友《ほういう》の道《みち》、其形《そのかたち》ありて、其義《そのぎ》なきに至《いた》るは、豈此《あにこれ》が爲《た》めではないか。然《しか》りと雖《いへど》も、彼《か》の博士《はかせ》學士《がくし》も亦《また》堂々《どう〳〵》たる明治《めいぢ》の智者《ちじや》である。其古人《そのこじん》の定說《ぢやうせつ》を抹殺《まつさつ》し、新《あら》たに神《かみ》の有無《うむ》を論《ろん》ずるは、必《かなら》ず論據《ろんきよ》とする所《ところ》があらう。惟《おも》ふに彼等《かれら》は古人《こじん》を妄語者《まうごしや》とする乎《か》、將《は》た愚者《ぐしや》とする乎《か》、必《かなら》す其《その》一に居《ゐ》るであらう。若《も》し古人《こじん》を妄語者《まうごしや》とする乎《か》、神《かみ》を信《しん》し、神《かみ》を敬《うやま》ふは、特《ひと》り我國《わがくに》のみでは無《な》い。普《あまね》く世界《せかい》の歷史《れきし》に就《つ》きて其《その》建國《けんこく》の初《はじめ》に看《み》よ、孰《いづ》れの國孰《くにいづ》れの地《ち》か、神《かみ》に賴《よ》りて開《ひら》けざる。我《わ》が隣邦《りんぱう》たる支那《しな》の上《じやう》古《こ》の如《ごと》き、神《しん》德《く》普《あまね》く布《し》きて、民其慶《たみそのけい》に賴《たよ》りしこと、事實《じじつ》に徵《ちやう》して昭々《せう〳〵》たりである。凡《およ》そ神《かみ》、儼在《げんざい》は凡人《ぼんにん》の耳目《じもく》に觸《ふ》れざれども、宇宙《うちう》の間《かん》、往《ゆ》く所《ところ》として照臨《せうりん》し給《たま》はざるは無《な》きこと、至誠《しせい》を以《もつ》て待《ま》つ時《とき》は、立《たち》ところに兄來格《らいかく》せざるなきを以《もつ》て證《しやう》するを得《う》る。聖人《せいじん》が神《かみ》の格《きた》る度《はか》るへからす、矧《はん》や射《ねら》ふ可《べ》けんやと宣《のたま》ひしは、正《まさ》しく之《これ》を證明《しやうめい》する者《もの》である。印度《いんど》の佛陀《ぶつだ》に於《お》ける歐米《おうべい》の「ゴット」に於《お》ける、皆固《みなもと》より神《かみ》あるを信《しん》するのである。我《わ》が北海道《ほくかいだう》に『カモイコタン』と名《な》つくる地《ち》、處々《しよ〳〵》にある。之《これ》を譯《やく》すれば神《かみ》の坐《ましま》す處《ところ》と云《い》ふ義《ぎ》である。而《しか》して文字《もんじ》も智識《ちしき》も無《な》き土人《どじん》すら之《これ》を過《す》ぐる毎《ごと》に謹愼敬禮《きんしんけいれい》せざるは無《な》い、されば人《ひと》の神明《しんめい》に接《せつ》して、神託《しんたく》を受《う》け、神意《しんい》を感《かん》ずる等《とう》の事《こと》は、精神《せいしん》の至誠《しせい》にして、氣力《きりよく》の充滿《じゆうまん》なる人《ひと》に非《あら》ざれば能《あた》はざれども、神《かみ》の存在《ぞんざい》を信《しん》じ、神《かみ》の威靈《ゐれい》を敬《けい》するの念《ねん》は、人《ひと》の智愚《ちぐ》と國《くに》の文野《ぶんや》とを問《と》は無《な》い。凡《およ》そ人類《じんるゐ》として天賦《てんぷ》の能力《のうりよく》を有《いう》し、其神徳中《そのしんとくちう》に生存《せいぞん》したる限《かぎ》りは、自然《しぜん》に發《はつ》せざるを得《え》ないものである、諺《ことはざ》に曰《いは》く『正直《しやうじき》の首《かうべ》に神宿《かみやど》る』とは言《い》ひ得《え》て頗《すこぶ》る妙《めう》である。彼《か》の博士學士輩《はかせがくしはい》の如《ごと》きは、歐米《おうべい》の科《くわ》學《がく》のみを專修《せんしう》して、至誠《しせい》の精神《せいしん》、浩然《かうぜん》の氣力《きりよく》とを破碎《はさい》し、天然正直《てんねんしやうじき》の首《かうべ》を化《くわ》して、不《ふ》正直《しやうじき》の首《かうべ》と爲《な》したるが故《ゆゑ》に、遂《つひ》に『アイノ』にも劣《おと》りたる偏見《へんけん》を起《おこ》すに至《いた》れるのみ。

請《こ》ふ詳《つまびら》かに論《ろん》じやう。

◎易は形而上の學問なり

彼《か》の歐米科學《おうべいくわがく》は、形而下《けいじか》の現理《げんり》を專《もつぱ》らにするが故《ゆゑ》に、微細《びさい》なる智識緻密《ちしきちみつ》なる思想《しさう》に於《おい》ては、年々進歩《ねんねんしんぽ》の色《いろ》を見《み》れども、其思想《そのしさう》の緻密《ちみつ》は裂《さ》け、其智識《そのちしき》の微細《びさい》に碎《くだ》くるに隨《したが》ひ、精神《せいしん》の至誠《しせい》を渙散《くわんさん》し、氣力《きりよく》の充實《じゆうじつ》を衰耗《すゐもう》するが故《ゆゑ》に、形而上《けいじじやう》の眞理《しんり》に至《いた》りては、却《かへ》つて年々退歩《ねんねんたいほ》の色《いろ》を呈《あら》はした。抑々今《そもそもいま》の博士學士等《はくせがくしとう》も、單《たん》に形而下《けいじか》の理學《りがく》のみにては、懷《おもふ》に慊《こころ》よからざる所《ところ》ありと見《み》え、哲學《てつがく》を講《かう》じて、形而上《けいじじやう》の眞理《しんり》をも究明《きうめい》せんと企《き》圖《と》すれども、畢竟推測臆斷《ひつきやうすゐそくおくだん》の研究《けんきう》なれば、爭《いか》でか精神氣力《せいしんきりよく》の光《ひかり》を放《はな》たんやである。其《その》研究《けんきう》の結果遂《けつくわつひ》に人體《じんたい》を一の機關《きくわん》と爲《な》し、食餌《しよくじ》を石炭《せきたん》に比《ひ》するに至《いた》る。其說《そのせつ》に曰《いは》く食物《しよくもつ》中《ちう》の炭素《たんそ》と、氣息《きそく》の酸素《さんそ》を抱合《はうがう》して、熱《ねつ》を起《おこ》し、以《もつ》て身體《しんたい》の活動《くわつどう》を爲《な》し、其身體《そのしんたい》の力《ちから》と血熱《けつねつ》の作用《さよう》とに由《よ》つて、精神《せいしん》の感覺《かんかく》を爲《な》す諸動物《しよどうぶつ》の感覺活動皆然《かんかくくわつどうみなしか》り、人豈獨《ひとあにひと》り此《こゝ》に異《こと》ならんや、人《ひと》のみ心魂《しんこん》あるの理《り》なしと。或《あ》る博士《はかせ》は乃《すなは》ち云《い》ふ、人《ひと》は劣等動物《れつとうどうぶつ》より進《しん》化《くわ》したる者《もの》である。然《しか》るに其祖先《そのそせん》の劣等動物《れつとうどうぶつ》たりしを忘《わす》れ、妄《みだ》りに自《みづか》ら萬物《ばんぶつ》の靈長《れいちやう》と自負《じふ》し、各動物《かくどうぶつ》を屠食《としよく》するは、動物中《どうぶつちう》の尤《もつと》も凶惡《きやうあく》なる者《もの》であると。嗚呼《あゝ》此《かく》の如《ごと》き博士《はかせ》の教育《けういく》を受《う》くる子弟《してい》は、遂《つひ》に人《ひと》の性《せい》を以《もつ》て凶惡《きやつあく》となし、其惡事《そのあくじ》を作《な》すは、猶《な》ほ猿《さる》の木《き》に昇《のぼ》る月《つき》と同《おな》じく、之《これ》を天然《てんねん》の事《こと》と爲《な》し、罪《つみ》を犯《おか》して耻《は》ぢざるに至《いた》るであらう。人《ひと》として耻《はぢ》なくんば、天下《てんか》爲《な》さざる事無《ことな》きなり、豈《あに》天慨《がいたん》せざるべけんや。斯《か》かる淺薄謬戾《せんはくべうれい》なる學識《がくしき》を以《もつ》て、妄《みだ》りに古人《こじん》を妄語者《まうごしや》なりと認《みと》め、古人《こじん》の今世《きんせい》に居《を》らざるを奇貨《きか》として恣《ほしいまゝ》に缺席裁判《けつせきさいばん》を下《くだ》すは寃《えん》である、暴《ばう》であると謂《い》はねばならぬ。古人《こじん》は決《けつ》して妄語《まうご》はしない妄語《まうご》は夫子自《ふしみづか》ら云《い》ふのである。斯《か》かる博士學士《はかせがくし》は妄《みだり》に神《かみ》の有無《いうむ》を論《ろん》ぜんよりは、先《ま》づ自己《じこ》の頭腦《づのう》の有無《いうむ》を詮索《せんさく》した方《はう》がよい。是《こ》れを之《こ》れ爲《た》さずして、超越《てうえつ》して、神《かみ》の有無《いうむ》を論《ろん》ずるは、猶《な》ほ短綆《たんかう》を以《もつ》て深水《たすゐ》に汲《く》み　水《みづ》に達《たつ》せざるを見《み》て、遽《には》かに無水《むすゐ》論《ろん》を主張《しゆちやう》するが如《ごと》きのみである。或《あるひ》は古人《こじん》は實《じつ》に愚《ぐ》にして、己《おの》が智識《ちしき》の及《およ》ばざる所《ところ》を稱《しやう》して神《かみ》と爲《な》したりとせん乎《か》、世《よ》を累《かさ》ね歳《さい》を經《ふ》るに隨《したが》ひ、實地《じつち》の經驗《けいけん》に富《と》み、人智《じんち》の漸次《ぜんじ》進歩《しんぽ》するは、疑《うたが》ふべきではないけれども、然《しか》れ共《ども》一方《はう》には人口《じんこう》の増殖《ぞうしよく》するに隨《したが》ひて、生存競爭《せいぞんけうさう》の度《ど》を高《たか》め、之《これ》に加《くわ》ふるに人慾熾《じんよくさか》んに燃《も》ゆるが故《ゆゑ》に、其學問《そのがくもん》と云《い》ひ、智《ち》識《しき》と云《い》ふも或《あるひ》は官途《くわんと》に出身《しゆつしん》するを望《のぞ》み、或《あるひ》は教師《けうし》に雇聘《こへい》せらるゝを求《もと》め、畢竟生計《ひつきやうせいけい》の爲《た》めに勉勵《べんれい》するものが多《おほ》い、古人《こじん》の如《ごと》く、心膽《しんたん》を練《ね》り、精神《せいしん》を磨《みが》き、聖意《せいい》を貫徹《くわんてつ》せんとするもの、天下《てんか》果《はた》して幾人《いくにん》かある。之《これ》を猿猴《ゑんこう》に譬《たと》ふ、月《つき》を捉《と》らんとするの手《て》は非常《ひじやう》に延伸《えんしん》したるが故《ゆゑ》に、著《いちじる》しく發達《はつたつ》したるが如《ごと》きも、枝《えだ》を持《も》つの手《て》は非常《ひじやう》に短縮《たんしゆく》して、大《おほい》に退歩《たいほ》したるを見《み》る、此《こ》の景況《けいきやう》を以《もつ》て進歩《しんぽ》したならば、一方《はう》の道徳《だうとく》は愈々《いよいよ》減縮《げんしゆく》するを奈何《いかん》せん。又之《またこれ》を家屋《かをく》に譬《たと》ふれば、古《いにしへ》の學者《がくしや》は隱君子《いんくんし》の茅屋《ばうおく》の如《ごと》く、間口《まぐち》は狹《せま》いけれども、奥行《おくゆき》は頗《すこぶ》る深《ふか》く容《い》れば、容《い》るに從《したが》ひ、庭園竹樹《ていゑんちくじゆ》の幽邃《いうすゐ》なるを見《み》るのである。今《いま》の學者《がくしや》は、庸醫《ようゐ》の玄關《げんくわん》の如《ごと》く、間口《まぐち》は廣《ひろ》いけれども、奥行《おくゆき》は甚《はなは》だ淺《あさ》く、僅《わつか》に堂《だう》に昇《のぼ》れば、既《すで》に行《ゆ》くべき處《ところ》が無《な》い、文明《ぶんめい》と云《い》ひ、開化《かいくわ》と云《い》ふも、其實況《そのじつけう》は斯《か》くの如《ごと》きに過《す》ざざれば、其所謂人智《そのいはゆきじんち》の進《すゝ》むは、畢竟巧智黠才《ひつきやうこうちけつさい》のみ、何《なん》ぞ形而上《けいじじやう》の眞理《しんり》に與《あづ》かるを得《う》べき、是れ古人の愚《ぐ》なるに非ず、之を愚《ぐ》と爲す者《もの》の愚《ぐ》なるのみである。凡《およ》そ此等愚學《これらぐがく》者《しや》及《およ》び妄語者《まうごしや》の痼疾《こしつ》を療《りやう》するは、之《これ》をして我《わ》が東洋理學《とうやうりがく》の第《だい》一たる易《えき》を學《まな》ばしむるに如《し》かないのである。

第二編　神人交話

◎神話は其歸を一にす

世《よ》に神話《しんわ》と云《い》ふがある。此《こ》の神話《しんわ》は世界到《せかいいた》る處《ところ》、何《いづ》れの國《くに》、如何《いか》なる種族《しゆぞく》の間《あひだ》にも之《これ》あらざることなしで、其趣《そのおもむき》こそは多少異《たせうことな》つても居《を》れ、歸《き》する所《ところ》は皆殆《みなほと》んど同《どう》一であるのが面白《おもしろ》い。

畢竟此《ひつけうこ》の神話《しんわ》は、何《いづ》れも往古半開《わうこはんかい》の時代《じだい》に、人々稍々《ひとびとやゝ》推理《すゐり》の知能《ちのう》も發達《はつたつ》して來《き》たところで、物《もの》の原始《はじめ》には考量《かうりやう》を及《およ》ぼして、抑々吾人々類《そもそもごじんじんるゐ》は、最初如何《さいしよいか》して發來《でき》たのであらうかとの、疑團《うたがひ》を生《しやう》ずるに至《いた》つたのが起因《おこり》で、其到底人智《そのたうていじんち》を以《もつ》ては、測知《はかりし》るべからざるものあるに至《いた》つて、總《すべ》て之《これ》を神業《しんげふ》に歸《き》したからして出《で》て來《き》たのである。即《すなは》ち神《かみ》の存在《ぞんざい》を認《みと》めて、深《ふか》くも其宏大《そのこうだい》なる造化力《ざうくわりよく》を信《しん》じたからで、隨《したがつ》て運命《うんめい》も亦總《またすべ》て神《かみ》の掌裡《しやうり》に在《あ》ることを考《かんが》へたのだ。

乃《そこ》で此《こ》の神話《しんわ》の生《しやう》ずる頃《ころ》に於《お》ける、神《かみ》に對《たい》する仰向《けいかう》又《また》は信念《しんねん》といふものは、何處《いづこ》如《い》何《か》なる民族《みんぞく》にあつても、大抵《たいてい》相等《あいひと》しかつたことが曉《わか》る。此《これ》に由《よ》つて又《また》神《かみ》より受《う》けた心《しん》靈界《れいかい》の作用《さよう》と云《い》ふのも、決《けつ》して彼此《かれこれ》の區別《くべつ》が無《な》いことを想《おも》ひ得《え》られる。尤《もつと》も其筈《そのはず》であらうよ。神《かみ》は唯《たゞ》其眞心《そのまごころ》に應《おう》じ給《たま》ふのであるから、人種《じんしゆ》に由《よ》つて心力《しんりよく》に、等級《とうきふ》などを附《ふ》せらるべき譯《わけ》でない。其處《そこ》で此《これ》を打《う》ち反《かへ》して曰《い》ふと、即《すなは》ち神意《しんい》は平等普遍《へうとうふへん》で、其道《そのみち》をさへ得《え》て、神《かみ》に通《つう》ずるに至《いた》れば、日本人《にほんじん》でも支那人《しなじん》でも、又《また》は印度人《いんどじん》でも、歐米人《おうべいじん》でも、誰彼《たれかれ》の差別《さべつ》なく冥助《めうじよ》を得《え》らるゝといふことになる。此《こ》の平等普遍《へいとうふへん》是《こ》れが最《もつと》も尊《とうと》い且《か》つ面白《おもしろ》い所《ところ》である。

◎神の如き聖人の生れたる理由

老爺《らうや》物語《ものがたり》に曰《いは》く『昔々其昔《むかし〳〵そのむかし》、一の大神《おほかみ》が在《まし》して、世界《せかい》を造化《ざうくわ》せんことを思《おも》ひたたれ、先《ま》づ太陽《たいやう》と地球《ちきう》とを作《つく》られて、其天地《そのてんち》の氣《き》太陽《たいやう》の光熱《くわうねつ》と雲雨《うんう》の化醇《くわじゆん》に由《よ》つて、恰《あだか》も地球《ちきう》に黴《かび》の生《は》えたが如《ごと》く、數多《あまた》の動植物《どうしよくぶつ》を生《しやう》じられて、又人類《またじんるゐ》をも生《しやう》じられた。是《こ》れが即《すなは》ち中庸《ちうよう》に所謂《いはゆる》『致二中和一《ちうくわをいたす》天地位焉《てんちくらゐし》、萬物育焉《ばんぶついくす》』であるが、追々人類《おひ〳〵じんるゐ》の繁殖《はんしよく》するに隨《したが》つて、漸《やうや》く食料《しよくれう》の乏《とぼ》しくなる所《ところ》から、爭鬪《そうとう》を生《しやう》じて、終《つひ》に人々相喰《ひと〴〵あひは》むと云《い》ふ、狀態《じやうたい》にまでなつたから、心《こゝろ》ある者《もの》は大《おほい》に歎《たん》じて『今《いま》の狀態《じやうたい》と云《い》ふものは如何《いかゞ》であらう。人間《にんげん》には善惡《ぜんあく》二樣《やう》あつて、自《みづか》ら心力《しんりよく》と勞力《ろうりよく》とを用《もち》ゐて、食《しよく》を求《もと》めて天命《てんめい》と樂《たの》しむ善良《ぜんりよう》の者《もの》と、己《おの》れは遊手《いうしゆ》して反《かへ》つて他《た》の蓄積《ちくせき》を奪《うば》はうとする兇惡《きやうあく》の者《もの》と、兩々其數殆《りやう〳〵そのすうほと》んど相《あい》半《なかば》する實況《じつけう》ではないか。神《かみ》は何故《なにゆゑ》に斯《か》く善惡相反《ぜんあくあいはん》する性情《せいじやう》の者《もの》を造《つく》られたのであらうか。何《ど》うせ人間《にんげん》を造《つく》らるゝ位《くらゐ》ならば、何故今少《なにゆゑいますこ》し等級《こうきふ》を上《のぼ》して、善良《ぜんりやう》の者《もの》のみとはせられたかつたであらう』と頻《しき》りに愚痴《ぐち》をこぼして居《ゐ》た。其愚痴《そのぐち》が大神《おほかみ》の知《し》る所《ところ》となつて、大神《おほかみ》は成程造化《なるほどざうくわ》の時《とき》には、何《いづ》れも咄嗟の際《きは》であつたから、それでさういふことにもなつたであらう。然《しか》らば其缺損《そのけつそん》を補《おぎな》はしむべき爲《ため》に、神《かみ》に代《かは》つて化育《くわいく》を贊《たす》くる眞人《まひと》を降《くだ》してやらうと。乃《そこ》で神《かみ》の如《ごと》き聖人《せいじん》は生《しやう》じられたと。

◎聖人は神明に通じたり

此《こ》の聖人《せいじん》は我國《わがくに》では、畏多《おそれおほ》いが人皇《じんわう》としては、神武天皇以下御歴代《じんむてんわういかごれきだい》の聖上《せいじやう》に在《まし》まして、其政《そのまつりごと》の大本《たいほん》は、太陽《たいやう》の下土《かど》を照《て》らし、萬物《ばんぶつ》を發育《はついく》するに法《のつと》り、人民《じんみん》を我《わ》が子《こ》の如《ごと》く愛撫《あいぶ》するにあるので、上位《じやうゐ》に在《あ》つて奢《おご》らざるは、畏多《おそれおほ》くも伊勢《いせ》の、太廟《たいべう》を以《もつ》て示《しめ》し給《たま》ふてある。それで賦税《ふぜい》輕《かろ》きが故《ゆゑ》に、民《たみ》は仰《あほ》いで父母《ふぼ》に事《つか》ふるに足《た》り、俯《ふ》して妻《さい》子《し》を養《やしな》ふに足《た》りて、各々《おの〳〵》職業《しよくげふ》に就《つ》きて鼓腹《こふく》した。偶々《たま〳〵》無業《むげふ》浮浪《ふらう》の徒《と》あつて、良民《りやうみん》を惱《なや》ますことあらば、武《ぶ》を以《もつ》て征《せい》された。王室《わうしつ》の御連枝《ごれんし》でも、六孫王經基《ろくそんわうつねもと》は、今《いま》で云《い》へば武藏《むさし》の知事《ちじ》になられ、其《その》六代目《だいめ》の頼光《よりみつ》は、警部《けいぶ》のやうなものになり、巡査《じゆんさ》の渡邊綱《わたなべつな》、坂《さか》田金時《たきんとき》等其々《それ〳〵》を伴《つ》れて、大江山《おほえやま》に酒呑童子《しゆてんどうじ》を退治《たいぢ》した。斯《か》くして段々《だん〳〵》と王孫《わうそん》も士民《しみん》と共《とも》に交《まじ》り、士民《しみん》と共《とも》に繋延《けいえん》するやうになつて、親類又親類《しんるゐまたしんるゐ》と重《かさ》なるやうになつたから、自《みずか》ら一國親屬《こくしんぞく》の思《おも》ひを爲《な》すやうになつたのである。尤《もつと》も此間《このあいだ》には支那《しな》朝鮮《てうせん》の人《ひと》など、國亂《こくらん》を避《さ》けて我《わ》が國《くに》に來《き》た者《もの》もあつたが、其等《それら》は井戸《ゐど》に土瓶《どびん》を落《おと》したる如《ごと》し、仁《じん》政《せい》に化《くわ》されて分《わか》らなくなつた。それから支那《しな》に於《おい》て神《かみ》の如《ごと》き聖人《せいじん》は最初《さいしよ》は先《ま》づ伏羲氏《ふくぎし》である。

偖此《さてこ》の聖人《せいじん》は、老爺《らうや》の物語《ものがたり》にあるが如《ごと》く、神《かみ》に代《かは》つて化育《くわいく》を賛《たす》くべく、神《かみ》より降《くだ》されたと謂《い》ふ程《ほど》であるから、實《じつ》に天地《てんち》純粹《じゆんすゐ》の精氣《せいき》より形化《けいくわ》せられて神意《しんい》を其《その》まゝ享《う》け得《え》られた人《ひと》なのである。即《すなは》ち天道《てんだう》の則《のつと》り、人道《じんだう》の政《まつりごと》を行《おこな》ふ。それだからして、此《こ》の聖人《せいじん》は易《えき》の文言《ぶんげん》にもあるが如《ごと》く『與㆓天地《てんちさ》㆒合㆓其德《そのとくをがつし》㆒與㆓日月《じつげつと》㆒合㆓其明《そのめいをがつす》㆒與㆓四時《しいじと》㆒合㆓其序《そのぢよをがつす》㆒與㆓鬼神《きじんと》㆒合㆓其吉凶《そのきつきようをがつす》㆒』で、よく神明《しんめい》に通《つう》じて未來《みらい》を知《し》られた。乃《そこ》で『先天《てんにさきだつてしかして》而天弗違《てんにたがはず》後㆑天而《てんにおくれてしかうして》奉㆓天時《てんじをほうず》㆒』(文言、前の續き)といふが如《ごと》く、總《すべ》て神意《しんい》に順《したが》つて政《まつりごと》を施《ほどこ》されたので、我《わ》が國《くに》では、人皇之《じんくわうこれ》を實際《じつさい》に行《おこな》はせ給《たま》ふて、一族《ぞく》の集團《しふだん》の如《ごと》くなつたから、斯《か》く萬世《ばんせい》一系《けい》と云《い》ふ世界《せかい》に類《たぐひ》のない、貴《たつと》い國體《こくたい》をも成《な》したのであるが、支那《しな》の方《はう》では少《すこ》しく其行方《そのゆきかた》が違《ちが》つて、種々《しゆ〴〵》な民族《みんぞく》も混《こん》じたので、如彼國柄《あゝいふくにがら》となり來《きた》つたのである。

◎聖人が神に通じて未來を知る方法

乃《そこ》で此《こ》の聖人《せいじん》が、神《かみ》に通《つう》じて未來《みらい》を知《し》られたといふ其方法《そのはうはふ》は、我《わ》が國《くに》では昔時太占《むかしふとまに》の法《はふ》と云《い》ふがあつて、鹿《しか》の肩骨《けんこつ》を燒《や》いて、吉凶《きつきよう》を占《うらな》つたので、中臣氏《なかとみし》の祖《そ》、即《すなは》ち神《かみ》と人《ひと》の間《あいだ》に介《あ》つて神意《しんい》を取次《とりつ》ぐべき職《しよく》の人《ひと》が、之《これ》を司掌《つかさど》つたのであるが、其法《そのほふ》はたゞ春日《かすが》にありしが何時《いつ》しか絶《た》へて今行《いまおこな》はれず、今鹿《いましか》のみ殘《のこ》つて居《を》る。

支那《しな》に於《おい》ては神《かみ》に通《つう》ずる道《みち》は、聖人《せいじん》より聖人《せいじん》に傳《つたは》つて居《ゐ》る。即《すなは》ち易《えき》なので伏義氏《ふつぎし》は之《これ》に由《よ》つて、天《てん》に繼《つ》いで極《きよく》を立《た》て、民《たみ》に自力自活《じりよくじくわつ》の道《みち》を敎《おし》へて建國《けんこく》の基《もとい》を築《きづ》かれ、天下《てんか》に王《わう》として、今《いま》の所謂政府《いはゆるせいふ》なるもの、最初《さいしよ》の開店《かいてん》をされたのだが、其開物成務《そのかいもつせいむ》に盡《つく》さるゝの傍《かたはら》、尚後世《なほこうせい》を憂《うれ》へられて、若《も》し凡庸《ぼんよう》の主《しゆ》が王位《わうゐ》を卽《つ》いでも猶《なほ》よく神明《しんめい》に通《つう》じて未來《みらい》を知《し》り、神意《しんい》に遵《したが》つて政《まつりごと》を行《おこな》ひ得《う》べきが爲《ため》に、乃《すなは》ち神《かみ》と相談《さうだん》して、其道具《そのだうぐ》を作《つく》られた。夫《そ》れが今《いま》の筮竹《ぜいちく》と卦木《さんぎ》である。人大事《ひとだいじ》あるに方《あた》つて、之《これ》を捧《さゝ》げ持《も》つて信念《しんねん》を凝結《ぎようけつ》せしめ、其心力《そのしんりよく》の正《まさ》に勃起《ぼつき》したるの時之《ときこれ》を分《わ》くれば、神意《しんい》は筮竹《ぜいちく》の數《すう》に感《かん》じて、事《こと》の成否《せいひ》、未來《みらい》の吉凶《きつきよう》を示《しめ》さるゝのである。卦木《さんぎ》に陰陽《いんやう》を表《へう》して、八卦《け》を成《な》すもので、萬物《ばんぶつ》の八元子《げんし》を象《かたち》に取《ご》られたのであるから、即《すなは》ち其《その》八元子《げんし》の性情《せいじやう》に因《よ》つて合《がつ》する所《ところ》の愛憎《あいぞう》と吉凶《きつきよう》とを知《し》るので、此《こ》れは易經《きやう》に由《よ》つて知《し》り得《う》べきものである。

◎道統の傳の事

右《みぎ》の神通《しんつう》の道《みち》は、伏羲氏《ふくぎし》より、次《つぎ》の聖人神農氏《せいじんしんのうし》よりは、又次《またつぎ》の聖人黄帝《せいじんくわうてい》に傳《つた》へられたが、偖之《さてこれ》を汎《あまね》く一般《はん》に知《し》らしむる時《とき》は、或《あるひ》は不善人《ふぜんじん》あつて、其未來《そのみらい》を知《し》り得《う》るを奇《き》とし、之《これ》を惡用《あくよう》して愚民《ぐみん》を煽動《せんどう》し、反《かへ》つて世《よ》を亂《みだ》る樣《やう》の事《こと》を仕出來《しでか》さぬとも限《かぎ》らぬから、乃《そこ》で此《これ》は論語《ろんご》にもあるが如《ごと》く『民可レ使レ由レ之《たみはこれによらしむべし》、不レ可レ使レ知レ之《これをしらしむべからず》』（泰伯篇）とせられた。此後《このご》の『後世半解《こうせいはんかい》の學者《がくしや》、聖意《せいい》と時とを知《し》らずして、權謀否政《けんぼうひせい》の具《ぐ》とせるは笑《わら》ふべきである。』此《こゝ》に於《おい》て神通《しんつう》の道《みち》は秘《かく》されてしまつて、特《ひと》り聖王《せいわう》より聖王《せいわう》にのみ傳《つた》へて、民《たみ》には知《し》らしめず、唯其薄税德澤《たゞそのはくぜいとくたく》にのみ浴《よく》せしむることにされた。是《こ》れが即《すなは》ち『道統《だうとう》之傳《のでん》』(中庸序)の由來《ゆらい》で、黄帝以下《くわうていいか》の聖人《せいじん》、堯《げう》より舜《しゆん》により、禹《う》により湯《たう》により、周《しう》にまで傳《つた》へられた。

◎神より免職さる

斯《かく》の如《ごと》く神通《しんつう》の道《みち》は、道統《だつとう》の傳《でん》となつて、一般庶民《はんしよみん》には秘《かく》されてあつたが、上記《じやうい》の列聖《れつせい》に事《つか》へた明相《めいしやう》、賢臣《けんしん》、殊《こと》には皐陶《くわうたう》、伊尹《いいん》、傅說《ふせつ》、周公《しうこう》、召公《せうこう》などいふ人々《ひと〴〵》は、何《いづ》れも斯道《このみち》に參與《さんよ》して、化育《くわいく》を翼賛《よくさん》せられた事《こと》であるから、自然其餘光《しぜんそのよくわう》が洩《も》れて、在野《ざいや》の人《ひと》にも微《かすか》に樣子《やうす》が窺《うかゞ》はれてあつた。それで民間《みんかん》に居《ゐ》た君子人《くんしじん》は、何《いづ》れも力《つと》めて斯道《しだう》に入《い》らうと勵《はげ》んだのであつたが、漸《やうや》く星遷《ほしうつ》り、物變《ものかは》るに隨《したが》つて、周末《しうまつ》の世《よ》となりて、凡庸《ぼんよう》の天子《てんし》政《まつりごと》を失《うしなつ》て、人間《にんげん》の品格《ひんかく》が下落《げらく》して上天子《かみてんし》卿相《けいしやう》より、下士庶人《しもししよじん》に至《いた》るまで、只其私慾《たゞそのしよく》を盈《みた》さうにのみ力《ちから》を入《い》れて、一向天下國家《かうてんかこくか》の事や、公衆《こうしゆう》の爲《ため》に眼《め》を注《そゝ》ぐたどいふ者《もの》はない様《やう》になつた。殊《こと》に『春秋《しゆんじう》』戰國《せんごく》の世《よ》となつては、一に是《こ》れ抗爭《こうそう》の時代《だい》で、所謂優勝劣敗《いはゆるいうしやうれつはい》、强食弱肉《きやうしよくじやくにく》の狀態《じやうたい》であつたから、天下擧《てんかこぞ》つて、其志《そのこゝろざし》を道《みち》に運《はこ》ぶ者《もの》などは、一人《にん》も無《な》い。ないから遂《つひ》に道《みち》を忘失《ばうしつ》してしまつて、道具《だうぐ》こそあれ、仕方《しかた》こそ殘《のこ》れ、偶々易《たまくえき》を弄《もてあそ》ぶ者《もの》があつても、至誠心力《しせいしんりよく》による術《すべ》なるを知《し》らずして、儀式形《ぎしきけい》容《えう》に走《はし》りて、筮《ぜい》を揲《せつ》し、醇理《じゆんり》を解《かい》せず、唯卦《たゞか》の形象《けいせう》に就《つい》て臆測《おくそく》を逞《たくまし》うしたに過《す》ぎないのであるから、眞《まこと》は神明《しんめい》に通《つう》じて神意《しんい》を稟《う》くるなどは思《おも》ひも寄《よ》らぬ。即《すなは》ち此《こ》の神通《しんつう》の道《みち》は消《き》えたのであつた。否消《いなき》えたといふのは人間《にんげん》から云《い》ふ勝手《かつて》な謂《い》ひ草《ぐさ》で、實《じつ》は人《にん》間《げん》が餘《あま》りに惡《わる》くなつたので、前《まへ》に賦與《ふよ》されてあつた天命《てんめい》を行《おこ》ふ職《しよく》を神《かみ》から取上《とりあ》げられてしまつて免職《めんしよく》を食《く》つたのである

◎道の事

此處《こゝ》に一寸道《ちよつとみち》の事《こと》を云《い》つて置《お》かう。道《みち》と云《い》ふのは、人々《ひと〴〵》皆仁義《みなじんぎ》八行《かう》の樣《やう》なことに思《おも》つて居《ゐ》るが、其《それ》は違《ちが》つて居《ゐ》る。八行《かう》は道《みち》ではない道德《だうとく》である。道德《だうとく》と云《い》ふのは、道《みち》を行《おこな》ふに由《よ》つて得《え》らるゝ其德《そのとく》なので、此《これ》を直《たゞ》ちに道《みち》とは謂《い》へない。道《みち》は本《もと》、道德《だうとく》は末《すゑ》である。道《みち》に入《い》つた君子《くんし》天命《てんめい》の畏《おそ》るべきを知《し》るが故《ゆゑ》に、世《よ》に立《た》つて我《わ》れも宜《よろ》しく、人《ひと》も宜《よろ》しくして善事《ぜんじ》のみを行《おこな》ふ、之《これ》を道德《だうとく》と云《い》ふのである。乃《そこ》で此《こ》の道《みち》と道德《だうとく》とを喩《たと》へて見《み》ると、道《みち》は石炭酸《せきたんさん》の純結晶《じゆんけつせう》で、道德《だうとく》は此《これ》に三十倍《ばい》の水《みづ》を増《ま》した樣《やう》なものである。孔《こう》子《し》の道德《だうとく》を唱へたのは、當時《たうじ》の世態到底道《せたいとうていみち》には入《い》り得《え》ぬから、せめて其道《そのみち》の用《よう》、即《すなは》ち道《みち》より起《おこ》つた發現《はつげん》する所《ところ》の善事《ぜんじ》、道德《だうとく》になりと由《よ》らしめやうと考《かんが》へたのである。然《しか》らば道《みち》は如何《ごう》いふものかと謂《い》ふに、道《みち》とは人《ひと》にして、神明《しんめい》に通《つう》ずるの位《くらゐ》に至《いた》り、神智《しんち》を假《か》りて我《わ》が智識《ちしき》を神明《しんめい》にすることであるから、即《すなは》ち易《えき》といふ神人交通《しんじんかうつう》の方《はう》に由《よ》つて、神意《しんい》を稟《う》け、其示《そのしめ》し申《つ》げらるゝ所《ところ》を畏《かしこ》みて之《これ》を行《おこな》ふ事《こと》で、約言《やくげん》すれば所謂天命《いはゆるてんめい》の履行《りかう》である。孔子《こうし》五十にして天命《てんめい》を知《し》るといふのは、即《すなは》ち始《はじ》めて此《こ》の道《みち》に入《い》られたといふのである。孔子《こうし》歿《ぼつ》して後茫々《のちばうばう》二千五白年《ねん》、此《こ》の道《みち》は有《あ》るが如《ごと》く、亡《な》きが如《ごと》くであつたが、予《よ》が四獄《しうごく》の苦《く》は反《かへ》つて此《これ》も神人交通《しんじんかうつう》の道《みち》を感得《かんとく》するに至《いた》つた。

◎孔子道に苦むこと三十五年

孔子《こうし》は周初《しうしよ》より五百年《ねん》も後《のち》に生《うま》れたので、恰《あたか》も戰國《せんこく》の時《とき》であつた。戰國《せんこく》の時《とき》には前《まへ》にも云《い》つた様《やう》に、人間《にんげん》は已《すで》に天命《てんめい》を行《おこな》ふ職《しよく》を免職食《めんしよくく》つて了《しま》つて、其權利《そのけんり》もなくなつてゐたから、誰《たれ》に聞《き》いても斯道《しだう》を知《し》る者《もの》はとんとない。それだからこそ『朝聞レ道夕《あしたにみちをきけはゆふべ》死可矣《にしすともかなり》』（論語里仁篇）の歎聲《たんせい》も發《はつ》されたのだ。それから專《もつぱ》ら古學《こがく》に由《よ》つて道《みち》を求《もと》められたが、易《えき》は何《なに》しろ文王《ぶんわう》、周公《しうこう》の書《か》き遺《のこ》された其儘《そのまゝ》なので、文王周公《ぶんわうしうこう》の頃《ころ》には、また文字《ぶんじ》も少《すく》なかつたから其少《そのすくな》かつた時《とき》の文字《ぶんじ》で記《しる》されてあつて、孔子《こうし》の頃《ころ》とは文字《もんじ》の形體《けいたい》にも意《い》義にも、少《すくな》からぬ相違《さうゐ》がある。それに五百年間《ねんかん》に於《お》ける人情世態《にんじやうせたい》の變遷《へんせん》はあるし、殊《こと》には天地間《てんちかん》にありとあらゆる森羅萬象《しんらばんせう》を取《と》り籠《こ》められてある所《ところ》の其要解《そのえうかい》が、僅々數文字《きん〳〵すうもんじ》に收《おさ》められてあるので、孔子《こうし》の聖《せい》を以《もつ》ても其解釋《そのかいしやく》に非常《ひじやう》に困苦《こんく》を積《つ》まれた。而《しか》して五十にして始《はじ》めて道《みち》に入《い》つて、天命《てんめい》を知《し》られたので『吾十有五而志レ學《われじふいうごにしてがくにこゝろざし》』（論語學而篇）といふから數《かぞ》へて見《み》ると、其間《そのあひだ》恰《あだか》も三十五年《ねん》を費《つひや》して居《ゐ》るのである。

◎孔子は三千の子弟を如何にして教へしか

孔子《こうし》五十にして天命《てんめい》を知《し》り、此《これ》を以《もつ》て天下《てんか》を治《をさ》めんと思《おも》つて、政府《せいふ》に、勸《すゝ》めたけれども、其時《そのとき》の政府《せいふ》は、聖人《せいじん》とは力《ちから》が甚《はなは》だしい差《さ》だから、孔子《こうし》の說《せつ》を用《もち》ふる者《もの》が無《な》い。孔子《こうし》の心持《こゝろもち》では、一個人《こじん》で行《おこな》つては事《こと》が狹《せま》い。天下萬民《てんかばんみん》の休戚《きうせき》に關係《くわんけい》するから、政府《せいふ》をして此《こ》の道《みち》を廣《ひろ》く行《おこな》はしめて、後世《こうせい》を誤《あやま》らざらしめんとしたのであつたが、悲哉《かなしいかな》行《おこな》はれない。已《や》むを得《え》ずして三千の子弟《してい》を取立《とりた》てた。併《しか》し孔子《こうし》の家《いへ》が金満家《きんまんか》と云《い》ふ譯《わけ》でも無《な》く、如何《いか》にしてそれだけの人《ひと》を敎《おし》へたらうかと云《い》へば、孔子《こうし》は金《かね》の必用《ひつよう》の時《とき》には、相塲《さうば》くらゐはやつたらうと思《おも》はれる。故《ゆゑ》に論語《ろんご》にも『子《し》罕言レ利《まれにりをいふ》』といふことがある。一年《ねん》に一度《ご》くらゐは相塲《さうば》でもやつて費用《ひよう》を助《たす》けたものと見《み》える。

◎道行はれずして道徳を説く

乃《そこ》で孔子《こうし》も頻《しき》りに道《みち》を説《と》いたけれども、弟子《でし》は愚《ぐ》といふでもあるまいが、勝《すぐ》れた者《もの》も先《ま》づなかつたと見《み》えて、いくら説《と》いても、了解《りやうかい》する者《もの》が無《な》いから、孔子《こうし》は此《こ》の國《くに》の人民《じんみん》は一體《たい》に劣等《れつとう》な人種《じんしゅ》なるかと思《おも》つて歎息《たんそく》して、或時《あるとき》に『道不レ行、乘レ桴浮于レ海《みちおこなはれはいかだにのつてうみにうかはん》』など云《い》はれて居《ゐ》る。自分《じぶん》が大《おほい》に勝《すぐ》れ居《ゐ》るのを忘《わす》れて、普通人《ふつうひと》の意氣地《いきぢ》の無《な》いのを歎息《たんそく》に及《およ》んだ。又或時《またあるとき》は『道之不レ行也《みちのおこなはれざるや》、我《われ》知レ之矣《これをしる》、智者過レ之《ちしやはこれにすぐ》、愚者不レ及也《ぐしやはおよばざるなり》』『道之不明也《みちのあきらかならざるや》、我知レ之矣《われこれをしる》、賢者過之《けんしやこれにすぐ》、不肖者不レ及也《ふせうしやおよばざるなり》』とも云《い》はれた。けれども尋常《じんじやう》の學問《がくもん》とは違《ちが》つて、事《こと》を未來《みらい》に知《し》る學問《がくもん》であるから、さう容易《たやす》く知《し》ることは出來《でき》ない。それに才《さい》子《し》は覿面《てきめん》の事《こと》を喜《よろこ》び、退屈《たいくつ》してしまつてやらぬ、退屈《たいくつ》して等閑《とうかん》にするから及《およ》ばぬ。又愚《またぐ》者《しや》は固《もと》より及《およ》ぶべきでない、君子《くんし》が萬望《ごうぜ》習《なら》ひたいと謂《い》つて來《き》ても、猶且《なほか》つ學問《がくもん》が深《ふか》いので、中途《ちうと》で廢《はい》すのもある。それで君子《くんし》道《みち》を貴《たつと》んで行《おこな》ひ、半途《ほんと》にして止《や》むも、吾《われ》は止《や》むこと能《あた》はずと云《い》はれてある。そこで兎《と》に角顏淵《かくがんえん》一人《にん》、道《みち》を覺《おぼ》えかけて來《き》たから、此《これ》は何《ご》うゐ道《みち》の跡《あと》取り、相續人《さうぞくにん》が出來《でき》たと、孔子《こうし》は甚《いた》く喜《よろこ》んで居《を》られたが、偖此《さてこ》の道《みち》といふものは、易《えき》に由《よ》つて天命《てんめい》を判斷《はんだん》するのだから、容易《ようい》でないので、先《ま》づ易《えき》の辭《ことば》から云《い》つても、大《だい》は天地《てんち》を網羅《もうら》して餘《あま》す所《ところ》が無《な》く、小《せう》は一家《か》の瑣事《さんじ》をも取《と》り籠《こ》めて漏《もら》す所《ところ》が無《な》いのに、其極《そのきわ》めて廣汎《くわうはん》な極《きわ》めて深甚《しんじん》な意味《いみ》をば、僅々數文字《きつくすうもんじ》の間《あいだ》に含蓄《がんちく》せられて其上文辭《そのうへもんじ》はまだ文字《もじ》も少《すく》なかつた時代《じだい》の周《しう》の初《はじめ》に、然《しか》も直接物《ちよくせつもの》に當《あて》てゞはなく、謂《い》はゞ暗號《あんかう》の樣《やう》な工合《ぐあい》に、書《か》かれてあるまゝなのですから愈々以《いよくもつ》てむつかしい。それが何故《なにゆゑ》に暗號《あんがう》などを用《もち》ひられたかといふと、世《よ》の中《なか》は善人《ぜんじん》と不善人《ふぜんじん》とが相半《あいはん》して、それが互《たがひ》に勢《いきほひ》を得《え》、威權《ゐけん》の地《ち》に位《くらゐ》して居《ゐ》るから、善人《ぜんにん》が世《よ》に立《た》つて政權《せいけん》を行《おこな》ふ時《とき》には、是非《ぜひ》邪正《じやせい》を明白《めいはく》に裁斷《さいだん》するから好《よ》いが、若《も》しも、惡人《あくにん》が時《とき》を得《え》て、獨《ひと》り威福《ゐふく》を肆《ほしいまゝ》にするといふ場合《ばあひ》になつて、其惡人《そのあくにん》が君子《くんし》に易《えき》を占《うらな》はせたとすると忽《たちま》ち其罪惡《そのざいあく》が暴露《ばくろ》する事《こと》になるから、所謂《いはゆる》『臭《くさ》い者身《ものみ》知《し》らず』で、惡人《あくにん》が反《かへ》つて其筮者《そのぜいしや》を嫉《ねた》んで、害《がい》を聖人《せいじん》に加《くは》ふる恐《おそれ》がある。其爲《そのた》め故《ゆゑ》に暗號樣《あんがうやう》の工合《ぐあい》に書《か》かれたの惡人《あくにん》をして自《みづか》ら曉《さと》つて、心《こゝろ》に成程《なるほど》、如何《いか》にもと後悔《こうかい》さする樣《やう》にされたのである。それで强暴《きやうばう》の人《ひと》をば、其《それ》とは指《ゆびさ》さずに虎《とら》として、履《り》の卦《くわ》に『履虎尾《とらのをふむ》』と書《か》かれた如《ごと》き、姦邪《かんじや》の徒《と》をば、狐《きつね》として、坎《かん》に其象《そのせう》を示《しめ》されたが如《ごと》き、醜陋《しうろう》の者《もの》をば、豕《ぶた》として、姤《こう》の卦《くわ》や、睽《けい》の卦《くわ》に其《それ》を現《あら》はされたが如《ごと》き、此等《これら》の事皆即《ことみなすなは》ち是《こ》れで、實《じつ》に用意《ようい》の飽迄周到《あくまでしうたう》な所《ところ》である。故《ゆゑ》に孔子《こうし》も、周孔《しうこう》の才《さい》の美《び》なるには、甚《はなは》だ敬服讃歎《けいふくさんたん》せられてある。此《こ》の如《ごと》く易《えき》は實《じつ》にむづかしいもので、孔子《こうし》すらも非常《ひじやう》の苦心《くしん》を積《つ》まれたのだが、文章《ぶんしやう》は時《とき》に隨《したが》つて遷《うつ》るけれども、道《みち》は古今《こゝん》を通《つう》じて諭《かは》らぬから、今日《こんにち》と雖《いへど》も、一旦道《たんみち》に入《い》つた以上《いじやう》は、其要領《そのえうれう》に於《おい》て愆《あやま》ることは無《な》い。併《しか》し縱令《たとへ》道《みち》は開いたにしても、『易《えき》の辭《ことば》を自分《じぶん》で經驗《けいけん》した上《うへ》に、天命《てんめい》を己《おの》れの物《もの》にするまでは、まだ完全《くわんぜん》したものでは無《な》い。それだからして論語《ろんご》に、顏淵《がんえん》と子貢《しこう》と相場《さうば》所《しよ》に行《い》つて、顏淵《がんえん》は反《かへ》つて財布《さいふ》の底《そこ》をはたいて歸《かへ》つたけれども、子貢《しこう》は大《たい》層金《そうかね》を持《も》つて來《き》たといふことがある。其時《そのとき》に孔子《こうし》が、『回也其庶乎《くわいやそれちかきか》、屢空《しばしばむなし》、賜也《しやめいをうけず》不レ受レ命而貨殖焉《しかもくわしよくすおもんはかれば》、億則《すなはちしば》屢中《くあたる》』と云《い》つてある。論語《ろんご》に相場《さうば》所《しよ》の事《こと》が出《で》て居《ゐ》るのを、知《し》らぬくらゐな學者先生《がくしやせんせい》では困《こま》る。其中《そのうち》に顏淵《がんえん》は突然死《こつぜんし》んだ。孔子《こうし》の落膽甚《らくたんはなはだ》しく『顏淵死《がんえんしす》、噫天喪レ予《あゝてんわれをほろぼせり》』と嘆《なげ》いた。それから孔子《こうし》は、子貢《しこう》や冉求《ぜんきう》は高弟《かうてい》のことだから、少《すこ》しは出來《でき》るかと思《おも》つて、汝等道《なんぢらみち》は如何《ごう》だと尋《たづ》ねた、すると子貢《しこう》は『夫子《ふし》之《の》言三性《せいと》與二天道《てんだうと》レ不レ可二得而聞一《えてしかうしてきくべからず》』と答《こた》へた。冉求貴様《ぜんきうきさま》は如何《ごう》だといふと、『非レ不レ說二子之道一《ひのみちをよろこばざるにあらず》力不足《ちからたらざん》也《なり》』と云《い》つた。乃《そこ》で孔子《こうし》も仕方《しかた》が無《な》く、此《かく》の如《ごと》き者《もの》どもに、無理《むり》に教《おし》へやうとするのは、難《かた》きを人《ひと》に責《せ》むる樣《やう》なものだと、其《それ》よりして道徳《だうとく》を說《こ》き始《はじ》めた。

◎道とは何ぞや

前《まへ》にも一寸《ちよつと》道《みち》の事《こと》を云《い》つたが、此處《こゝ》に之《これ》を云《い》つて置《お》くべき必要《ひつえう》がある。抑々《そも〳〵》此の道《みち》といふのは、至誠《しせい》を以《もつ》て其極神《そのきよくかみ》に通《つう》じて、命《めい》を受《う》け、未來《みらい》を知《し》つて、大《だい》は國家《こくか》を愆《あやま》らず、小《せう》は其身《そのみ》を誤《あやま》らず、人間《にんげん》の幸福《かうふく》を得《う》るを以《もつ》て目的《もくてき》とすることは、前《まへ》にも略述《ほゞの》べた如《ごと》くである。乃《そこ》で之《これ》を知《し》つて、形而上《けいじじやう》に神《かみ》ありと云《い》ふことを確《たしか》に覺《おぼ》えて『戒ニ愼《そのみざる》乎其《こゝろに》所《かい》レニ不《しん》レ觀《し》　恐《その》ニ懼《きかざる》乎其所《こゝろに》ニレ不《けうくす》レ聞』といふ樣《やう》になれば、勳章《くんしやう》を與《く》れるからと云《い》つても、惡事《あくじ》が出來《でき》なくなる。其《それ》と共《とも》に未來《みらい》を知《し》ることが出來《でき》れば、決《けつ》して己《おのれ》の生活《せいくわつ》に困《こま》る樣《やう》なことが無《な》い。只子《たゞし》孫《そん》が可愛《かあい》いと云《い》つて、凡庸《ぼんよう》の息《せがれ》、愚《おろか》の子孫《しそん》を愛《あい》する爲《た》め、過分《くわぶん》な金《かね》を蓄《たくは》へて、永年《えいねん》の計《けい》を爲《な》すなどいふことは、人情《にんじやう》としては、或《あるひ》は恕《ゆる》すべきでもあらうが、一體《たい》から云《い》ふと、今少《いますこ》し眼孔《がんこう》を濶大《くわつだい》にして、廓宏《くわくこう》なる思慮《しりよ》を運《めぐ》らさねばならぬことと思《おも》ふ。何故《なぜ》といふと、父祖《ふそ》の餘德《よとく》に因《よ》つて、有福《いうふく》に成長《せいちやう》した者《もの》は、人生《じんせい》の艱苦《かんく》を知《し》らぬから、唯學問《たゞがくもん》のみを以《もつ》て、天下《てんか》の事《こと》云《い》ふに足《た》らずとして、何《なん》でもござれと云《い》ふ物知《ものし》りの積《つも》りで居《ゐ》るが、實《じつ》は其物知《そのものし》りでないこと夥《おびたゞ》しい。例《たと》へば繪《ゑ》に描《えが》いた火《ひ》の樣《やう》なもので、物《もの》も燒《や》かねば光《ひかり》も無《な》い、加之《しかのみならず》、若《も》しも貧乏《びんばふ》して居《ゐ》る或《あ》る學者《がくしや》などを傭《やと》つて、高利《かうり》の金《かね》でも貸出《かしだ》さしたとして見《み》よ。今度《こんど》は慾《よく》が突張《つッぱ》つて居《ゐ》るから、前《まへ》の繪《ゑ》に描《か》いた火《び》とは違《ちが》つて、眞正《しんせい》の火《ひ》よりも更《さら》に猛焔《まうえん》を燃《も》やして、小《ちいさ》な資本家《しほんか》を燒《や》き亡《ほろぼ》して了《しま》ふ。それでは乞食《こじき》を製造《せいざう》するのと同《おな》じ事《こと》である、何《なん》の公共《こうけう》も國家《こくか》もあつたものでは無《な》い。乃《そこ》で其結果《そのけつくわ》は如何《どう》なるかといふと、詰《つま》り衆怨《しゆうゑん》の歸《き》する所《ところ》となるから、子孫《しそん》の慶福《けいふく》どころの話《はなし》では無《な》い、反《かへ》つて積不善《せきふぜん》の家《いへ》の餘殃《よあう》として、子孫《しそん》を害《そこな》ふにも至《いた》らうと云《い》ふのだ。又唯家《またたゞいへ》の永續《えいぞく》といふことをのみ專《もつぱ》らとして、持《も》つて居《ゐ》る公債《こうさい》の利《り》を積《つ》んで、それで又公債《またこうさい》を買《か》はうなどゝいふ連中《れんちう》は是《こ》れも亦論外《またろんぐわい》で、單《たん》に無能大藏大臣《むのうおほくらだいじん》の肥料《ひれう》となるに過《す》ぎない。人《ひと》は畢竟其技倆《ひつけうそのぎりやう》もなくして。只金《たゞかね》を溜《た》めやうとするのが間違《まちが》つて居《ゐ》る。論語《ろんご》の陽貨篇《やうくわへん》にも孔子《こうし》は『飽食終日《ほうしよくしうじつ》、無レ所レ用レ心《こゝろをもちふるところなし》、難矣哉《かたいかな》、不レ有ニ博奕者一乎《ばくえきたるものあるにあらずや》、爲《これを》レ之《なす》レ猶《なほ》賢ニ《やむに》乎《まさる》已ニ」と云《い》つてある樣《やう》な次第《しだい》だ。父祖《ふそ》の蔭《かげ》で人生《じんせい》の辛苦《しんく》も知《し》らんで、成《せい》長《ちやう》して、人情《にんじやう》をも知《し》らず世態《せたい》をも解《かい》せず、國家社會《こくかしやくわい》の如何なるものだにやも曉《わか》らぬ癖《くせ》に、倨然傲然《きよぜんがうぜん》として、獨天狗《ひとりてんぐ》で居《ゐ》る者《もの》ほど、氣《き》の知《し》れぬ者《もの》は無《な》いと思《おも》ふ。萬物《ばんもつ》の靈長《れいちやう》たる人間《にんげん》は、決《けつ》して遊手徒食《いうしゆとしよく》すべきものでは無《な》く、又自己《またじこ》の安樂《あんらく》をのみ期《き》すべきものでは無《な》い。上下《じやうげ》を擧《あ》げて終生心力《しうせいしんりよく》を盡《つく》して、競爭場裡《けうさうじやうり》に立《た》つべき筈《はづ》になつて居《ゐ》る。只《たゞ》逸樂《いつらく》を貪《むさぼ》る徒輩《とはい》の如《ごと》きは、其《それ》は人間《にんげん》では無《な》い、肥料製造《ひれうせいぞう》の器械《きかい》である。

偖孔子《さてこうし》は、今同《いまおな》じ世《よ》の中《なか》に住《す》んで居《ゐ》る者《もの》に、共《とも》に幸福《かうふく》を得《え》させて、人《ひと》も直《なほ》し、己《おのれ》も宜《よ》しとする樣《やう》に、初《はじ》めは道《みち》を以《もつ》て導《みちび》いたが、前《まへ》にも云《い》つた樣《やう》に、何《ど》うも弟子《でし》は了解《りやうかい》しかねる樣《やう》だから、それと一轉《てん》して、其己《そのおのれ》も宜《よ》く人《ひと》も宜《よ》しといふ事《こと》をする樣《やう》になれば、即《すなは》ち惡《わる》いことはしないで、善《よ》いことをする樣《やう》になる。其善《そのよ》いことゝいふのは、如何《どう》いふことか、それを敎《をし》へてやらうといふことになつて來《き》た、其《それ》が即《すなは》ち道德《だうとく》なのである。

◎仁義禮智信の解釋

我身《わがみ》を愛《あい》する心《こゝろ》を以《もつ》て、博《ひろ》く衆《しゆう》を愛《あい》するを仁《じん》といふ。義《ぎ》とは己《おのれ》が職業《しよくげふ》を勉強《べんきやう》して、毫《ごう》も人《ひと》の力《ちから》に依《よ》らざるをいふのである。字《じ》を看《み》よ、我《われ》の羊《ひつじ》といふ字《じ》が義《ぎ》といふ字《じ》だ。羊《ひつじ》を人《ひと》が世話《せわ》しないで、措《お》いたなら、草《くさ》の中《なか》に居《ゐ》て、大雪《おほゆき》でも降《ふ》つた時《とき》は、食物《しよくもつ》を雪《ゆき》の爲《ため》に隱《かく》されて了《しま》つて、飢渇《きかつ》に迫《せま》つて凍《こゞ》えて死《し》ぬ。それを人《ひと》が小屋《こや》を拵《こしら》へて、秋《あき》に草《くさ》を苅《か》つておいて、羊《ひつじ》の食《く》ふだけ世話《せわ》をすれば、羊《ひつじ》は子《こ》を産《う》んで殖《ふ》ゑる。すると人間《にんげん》は、其肉《そのにく》を食《く》ひ、其毛《そのけ》を着《き》、其乳《そのちゝ》を飲《の》み、我《わ》が生活《せいくわつ》をする。此《こ》の理合《りあい》である。大學《だいがく》にも『自《てん》二天子《し》一以至二於庶人一壹是皆以修身レ爲レ本《よりもつてしよじんにいたるまでいつにこれみなみをおさむるをもつてもとゝす》』といふが如《ごと》く、何《なん》でも人《ひと》の社會《しやくわい》に立《た》つには、各々《おの〳〵》其適《そのてき》する所《ところ》の業務《げふむ》に從事《じうじ》し、心《こゝろ》を盡《つく》し、身《み》を勞《らう》して、自力自活《じりよくじくわつ》の途《みち》に由《よ》り、決《けつ》して他人《たにん》の力《ちから》に賴《たよ》るべからざるといふのである。此《こゝ》で義《ぎ》といふ字《じ》の意味《いみ》は分《わか》つたのであらう。次《つぎ》に上下長幼《じやうげちやうえう》の間《あいだ》に立《た》ちて、彼《かれ》をして我《われ》を善《よ》い人《ひと》なりと思《おも》はしむる樣《やう》に對《たい》するを禮《れい》といふ。それから學問《がくもん》と實際《じつさい》の經驗《けいけん》とで、遍《あまね》く天下《てんか》の事《こと》を知《し》るを智《ち》といふ。又《また》云《い》つたことが違《ちが》はず、約束《やくそく》を變《へん》ずることの無《な》いのが信《しん》である。此《こ》の仁義禮智信《じんぎれいちしん》を孔《こう》子《し》が說《と》く樣《やう》になつたといふのは、前《まへ》にも云《い》つた通《とほ》り、道《みち》を知《し》り得《え》ぬ者《もの》の爲《ため》に已《や》むを得《え》ずしてした事《こと》である。

◎筮を執つて神に對する場合

孔子《こうし》の道德《だうとく》を說《と》かれたのは、論語《ろんご》のやうなもので、道《みち》を說《と》かれたのは、易《えき》と中庸《ちうよう》である。詰《つま》る所《ところ》道理《だうり》を說《と》かれたのだ。理《り》といふのは、あつた事《こと》の理由《りいう》を話《はな》すので、玉偏《たまへん》に里《り》といふ字《じ》を書《か》く、王《わう》の山《やま》に在《あ》る時《とき》は、岩石《がんせき》も同《おな》じ樣《やう》なものだが、里《り》に出《で》ると、衆《しゆう》人《じん》の手《て》に觸《ふ》れて寶《たから》となる。人《ひと》も學問《がくもん》を以《もつ》て、事物《じぶつ》を知《し》るといふ理《り》で、あつた事《こと》の理由《りいう》を專《もつぱ》らに闡明《たんめい》するといふ字《じ》である。道《みち》は文字《もじ》にして、首走《くびはし》るといふ字《じ》である。人《ひと》一大《だい》事《じ》に臨《のぞ》んで、未來《みらい》の吉凶《きつきよう》、事《こと》の成否《せいひ》は知《し》り得《う》るものでない。其時《そのとき》に及《およ》んで、此《これ》を仕損《しそん》ずれば一大事といふ際《さい》、至誠《しせい》を以《もつ》て神《かみ》に對《たい》し、滿腔の信念《しねん》を凝結せしめ、靈驗灼然なる荒神《くわうじん》に、親《した》しく面接《めんせつ》しある心持《こゝろもち》で、筮竹《ぜいちく》を捧《さゝ》げ持《も》つて、額《ひた》に當《あ》て、呼吸《こきふ》を靜止《せいし》して、一心《しん》に祈念《きねん》し、息《いき》せざること稍々《やゝ》久《ひさ》しうして、心力《しんりよく》の正《まさ》に勃起《はつき》したる時《とき》、筮竹《ぜいちく》を分《わ》くると、此四時《このしいじ》は神意《しんい》は已《おのれ》に降《くだ》つて、筮竹《ぜいちく》に舍《やど》つてあるのだから、便《すなは》ち其數《そのすう》に由《よ》つて、天命《てんめい》を知《し》らるゝのである。倘謂《なほい》ふと此《こ》の場合《ばあい》に片唾《かたつば》を呑《の》んで、一心不亂《しんふらん》になれば、自《みづか》ら氣息《きそく》も杜《と》ぢて信念《しんねん》のみ唯《ひと》り徹《てつ》するに至《いた》るから、其際神《そのさいかみ》の示申《ししん》も得《え》らるゝので、即《すなは》ち中庸《ちうよう》に『至《し》誠《せい》無息《はきすることなし》不レ息《いきせざれば》、則《すなはち》久《ひさし》、久《ひさしければ》則《すなはち》徴《しるしあり》』とある所以《ゆえん》である。又易《またえき》の乾《けん》の卦《くわ》の大象《たいしやう》に『天行健《てんかうはけんなり》、君子自强不レ息《くんしはみづからつとめていきせず》』とあるのも、大學《だいがく》に『至二於用力之久一而《ちからをもちふるのひさしうしてしか》一旦轉然貫通一《していつたんくわんつうするに》則衆物之表裡精粗、無レ不レ到《たればすなはちしゆうぶつのへうりせいそいたれざるなし》』とあるのも、皆此《みなこ》の場合《ばあい》を説《と》かれたのである。要《えう》するに、氣息《いき》を凝《こら》し至誠《しせい》を籠《こ》めて、筮《ぜい》を執《と》れば、必《かなら》ず神明《しんめい》に通《つう》じ得《え》らるゝのである。だから大學《だいがく》の『物格而后知至《ものいたつてしかしてのちいたる》』と云《い》ふのも、神明《しんめい》の來格《らいかく》に由《よ》つて、人間以上《にんげんいじやう》の知《ち》を得《え》られるといふことに解《かい》してよい。易《えき》に『其受命也如嚮《そのめいをうくるやむかふがごとし》』とあるのも、此《こ》の事《こと》で、何者《なにもの》か、其處《そこ》に居《ゐ》る様《やう》だといふのである。是《こゝ》に至《いた》つて如何《いか》なる沒頭漢《ぼつとうかん》と雖《いへど》も、懼然悚然《くぜんしようぜん》として、神明《しんめい》の畏《おそ》るべきを怖《おそ》れざるを得《え》まい。即《すなは》ち大學《だいがく》に所謂《いはゆる》『知至而《ちいたつてしか》后意誠《してのちまことなり》』ではあるまいか。それであるから『君子《くんしは》戒《その》ニ愼《みざる》乎其《ところに》所ㇾ不《かいしんし》ㇾ睹《その》、恐《きかざる》ニ懼乎《ところに》其所《けう》ㇾ不聞《くす》』とあるので、又《また》『愼獨《ひとりつゝしむ》』ともある所以《ゆゑん》である。神威《しんゐ》は實《じつ》に宇宙《うちう》の間《あひだ》に磅礴《ほうはく》して、近《ちか》く吾人《ごじん》の身邊《しんぺん》に及《およ》んで居《ゐ》るのである。其處《そこ》で此《こ》の至誠無息《しせいむそく》一心《しん》を凝《こら》して、神明《しんめい》に乞《こ》へば、神《かみ》は何時《なんどき》でも應《おう》ぜらるゝので、此時己《このときおのれ》の腦中《のうちう》にある精神《せいしん》が、走《はし》り出《い》て神《かみ》に接《せつ》して來《く》る。之《これ》を形容《けいよう》して首走《かうべはし》ると云《い》ふ道《みち》の字《じ》が出來《でき》たのである。それだから神道《しんだう》、儒道《じゆだう》、佛道皆形而上《ぶつだうみなけいじじやう》の學《がく》なのである。

◎易の由來

此《これ》は此處《こゝ》にあらためて云《い》ふ迄《まで》もないが、四千年前伏羲氏《ねんぜんふくぎし》の發明《はつめい》する所《ところ》で、堯舜以來《げうしゆんいらい》皆此《みなこ》の易《えき》に由《よ》つて、未來《みらい》を知《し》り、國《くに》を開《ひら》いて來《き》たのであるが、伏羲氏《ふくぎし》の遺《のこ》されたのは、唯易《たゞえき》の卦《けい》だけで。文字《もんじ》はない。其後《そのご》周《しう》の文王《ぶんわう》道《みち》の衰《おとろ》ふるを慨《なげ》かれて、之《これ》が辭《ことば》を繋《つな》けられた。即《すなは》ち彖辭《てんじ》である。次《つぎ》に文王《ぶんわう》の子《こ》周公旦《しうこうたん》其志《そのこゝろざし》を繼《つ》いで、凡《およ》そ天下《てんか》の事《こと》・人事《じんじ》百端《たん》、千差《さ》萬別《べつ》だけれども、何《なに》か此《こ》の間《あいだ》一定《てい》の規則内《きそくない》に運動《うんどう》して居《ゐ》るものがあるでは無《な》いかと考《かんが》へて、終《つひ》に爻《かう》の辭《ことは》を作《つく》られた。それから五百餘年《ねん》を經《へ》て孔子《こうし》が生《うま》れられたが、孔子《こうし》は世《よ》の狀態《じやうたい》を看《み》て、古《いにしへ》は天下《てんか》治《をさま》つて、人民《じんみん》皆《みな》鼓腹《こふく》して樂《たのし》んだと云《い》ふに、今《いま》の實況《じつけう》は全《まる》で差《ちが》つて、實《じつ》に人間《にんけん》が惡《わる》くなつて、天下《てんか》麻《あさ》の如《ごと》くに亂《みだ》れて居《ゐ》る。何《ど》う云《い》ふ譯《わけ》で古《いにしへ》は治《をさま》つて居《ゐ》たであらうといふ所《ところ》から、畢生《ひつせい》の力《ちから》を盡《つく》して研究《けんきう》して終《つひ》に所謂《いはゆる》十翼《よく》を作《つく》られた。是《こゝ》に至《いた》つて易《えき》は大成《たいせい》したのである。

◎天命とは何ぞ

予《よ》が天命《てんめい》を知《し》らうといふ望《のぞみ》を起《おこ》したのは、孔子《こうし》は五十にして、天命《てんめい》を知《し》るとあるから、天命《てんめい》といふものは、知《し》られるものであらうと思《おも》つたからで、孔子《こうし》が三十五年《ねん》かゝつたなら、自分《じぶん》は何《ど》うか一生涯《しやうがい》の中《うち》に知《し》りたいと思《おも》つた。それに就《つい》て孔子《こうし》は『鬼《き》神之《しんの》爲レ徳其盛矣乎《とくたるそれさかんなるかな》』『質ニ諸鬼神一而無レ疑知レ天也《これをきしんにたゞしてしかうしてうたがひなきはてんをしるなり》』と云《い》つてあるし、又《また》『神之《かみの》格思《いたる》、不レ可レ度思況可レ射思《はかるべからずいはんやいとふべけんや》』と云《い》つてある。殊《こと》に神《かみ》といふ字《じ》は、示《しめ》し申《つげ》るといふ字《じ》である。手《て》を拍《う》つて拜《はい》し、神酒《みき》を供《さゝ》げて禮《おじぎ》をすべきものといふばかりでの字《じ》では無《な》い。それだから孔子《こうし》も神《かみ》を祭《まつ》ること神《かみ》在《いま》すが如《ごと》くと云《い》つた。又釋迦《またしやか》は、來《きた》るが如《ごと》しといふ意《い》で、如《によ》來《らい》と云《い》つて居《ゐ》る。在《いま》すが如《ごと》しと、來《きた》るが如《ごと》しとは、彼此《ひし》相同《あひおな》じ樣《やう》なものである。尤《もつと》も如《ごと》しと云《い》ふ字《じ》は女《をんな》の口《くち》といふ字《じ》で、曖昧《あいまい》の樣《やう》ではあるが、似《に》た事《こと》くらゐはあるから、如《ごと》しと云《い》つたに相違《さうゐ》は無《な》い。然《しか》らば其神《そのかみ》に接《せつ》して、天命《てんめい》を知《し》りたいと思《おも》つて、其《それ》には易《えき》に若《し》くものはないと思《おも》つた。易《えき》は孔子《こうし》さへも述《の》べて作《つく》らずと、言《い》つたくらゐで、我《わ》が亞細亞洲《あじあしゆう》の黄色人種《くわうしよくじんしゆ》が、何千年《なんせんねん》の間《あひだ》、幾億萬《いくおくまん》の人間《にんげん》の、入代《いりかは》り立代《たちかは》りした其中《そのうち》でも、實《じつ》に天賦《てんぷ》の能力《のうりよく》を有《いう》した人達《ひとだち》が、畢生《ひつせい》の力《ちから》を盡《つく》して遺《のこ》して置《お》かれたものなのである。然《しか》るに今《いま》の學者《がくしや》は、千百人寄《にんよ》るも、之《これ》を講《かう》ずる者《もの》は僅々《きんきん》二三輩《はい》に過《す》ぎない。尚《な》は且《か》つ其《その》二三輩《はい》の者《もの》も、猶《なほ》よく明解《めいかい》する能《あた》はずと云《い》ふ、是《こ》れ何《なん》の故《ゆゑ》であらう。聖人《せいじん》は後《こう》世《せい》の人《ひと》を窘《くるし》めんが爲《ため》にされたのでは無《な》く、敎《おし》ふるが爲《ため》に遺《のこ》されたのである。分《わか》らぬのは畢竟至《ひつきやういた》らぬからである。それで予《よ》は若《わか》い時《とき》七年間仔細《ねんかんしさい》あつて獄中《ごくちう》に居《ゐ》た折《をり》、其獄中《そのごくちう》で偶然《ぐうぜん》にも、易《えき》の坤本《こんほん》一冊發見《さつはつけん》したから、獄中《ごくちう》は無事《ぶじ》で用《よう》は無《な》いし、交際《かうさい》もなし、飯《めし》は炊《た》いて食《く》はして呉《く》れるといふのであるから、一番此《はんこ》の時《とき》に於《おい》て之《これ》にかゝつて見《み》たならば、聖人《せいじん》の旨《むね》のある所《ところ》も知《し》ることが出來《でき》やうと考《かんが》へて、それからとう／＼易《えき》の研究《けんきう》に熱中《ねつちう》するに至《いた》つた。而《しか》して終《つひ》に神《かみ》に通《つう》じて命《めい》を受《う》けるの道《みち》に入《はい》つた。それで天命《てんめい》といふのは、易《えき》に由《よ》つて神《かみ》より申《つ》げらるゝ所《ところ》の其命《そのめい》なのである。

◎神に通ずるは唯至誠のみ

今人間《いまにんげん》の考《かんが》へで、經驗《けいけん》に經驗《けいけん》したことを理學《りがく》と言《い》つて居《ゐ》る。而《しか》して其理學者《そのりがくしや》の持て餘《あま》したことは、哲學者《てつがくしや》に委《ゆだ》ねるところで、其哲學者《そのてつがくしや》にも手餘《てあま》りて、此《これ》は何《なん》でも一種《しゆ》の神《かみ》があるのであらうと考《かんが》へた者《もの》は有神論《いうしんろん》を出《いだ》し、其《それ》に至《いた》らずして、此《これ》はまだ己《おのれ》の研究《けんきゆふ》の足《た》らぬ所《ところ》があつて分《わか》らぬのであらうと思《おも》つた者《もの》は、無神論《むしんろん》を唱《とな》へて、學者《がくしや》の論《ろん》は何れとも未《いま》だ決定《けつてい》しないが、經書《きやうしよ》を讀《よ》むと、神《かみ》に通《つう》ずることは唯誠《たゞまこと》としてある。曰《いは》く『誠《まこと》者《は》天之《てんの》道也《みちなり》　誠レ之者人之道也《これをまことにするはひとのみちなり》』曰《いは》く『誠者自成也《まことはみづからなすなり》、而道自道也《しかうしてみちはみづからみちなり》』『至誠之道《しせいのみち》、可以前知《もつてぜんちすべし》』などある。前知《ぜんち》が來《でき》れば、國家《こくか》を誤《あやま》る様《やう》なことが無《な》い。それから『唯天下《たゞてんか》、至誠爲三能盡二其性一《しせいよくそのせいをつくすをなす》能其二其性一《よくそのせいをつくせば》、則能二盡人之性一《すなはちよくひとのせいをつくす》、能二盡物之性一《よくひとのせいをつくせば》、則能盡二物之性一《すなはちよくもののせいをつくす》、能盡物之性《よくもののせいをつくせば》、則可三以贊二天地之化育一《すなはちもつてゝんちのくわいくをたすくべし》、可三以贊二天地之化育一《もつてゝんちのくわいくをたすくべくば》、則可下以與二天地一參上《すなはちもつてゝんちとまじはるべし》矣』ともあつて、皆《みな》至誠《しせい》に歸《き》してある。此《こ》の至誠《しせい》といふは、畢竟信念《ひつけうしんねん》の凝結《ぎようけつ》に外《ほか》ならぬ。今《いま》の學者《がくしや》のやり方《かた》では、硫酸《りうさん》などを打《う》つかけて、物質《ぶつしつ》を驗《ため》す、さうして物《もの》の元素《げんそ》を六十四といふ。元素《げんそ》の二つや三つは殖《ふ》えることもあらうし、減《へ》ることもあらうが、先《ま》づ六十四と云《い》ふ。さうして見《み》る所《こゝろ》のものは何《なに》かと云《い》ふと、其《それ》は目《め》である。目《め》で見《み》るのだ。目《め》といふものは鼻《はな》、口《くち》、耳《みゝ》、目《め》、手《て》、足《あし》と並稱《へいしよう》せられて、一官《くわん》一能《のう》はあるが、詰《つま》り心魂《しんこん》の傭者《ようしや》である。其《それ》に望遠鏡《ばうゑんきやう》と顯微鏡《けんびきやう》との力《ちから》を假《か》りてやつて居《ゐ》るのだ。其等《それら》を使用《しよう》する心魂《しんこん》の効能《こうのう》はといふと、主人公《しゆじんこう》たる心魂《しんこん》の効力《かつりよく》は、至誠《しせい》を以《もつ》て神《かみ》と接觸《せつしよく》し、未來《みらい》の吉凶《きつきよう》、事《こと》の成否《せいひ》を知《し》る大能力《だいのうりよく》を有《いう》するのである。其《そ》の得《う》る所《ところ》の智《ち》は則《すなは》ち神智《しんち》なるが故《ゆゑ》に、人間株式會社《にんげんかぶしきくわいしや》の智識《ちしき》よりは遙《はる》かに上等《じやうとう》である。實《じつ》に心魂《しんこん》に徹《てつ》して畏《おそ》れるのである。吾《われ》の如《ごと》き薄腦《はくのう》ですら此《かく》の如《ごと》しである。世《よ》の智識《ちしき》秀《ひい》でたる者《もの》是《こ》れを行《おこな》ふに於《おい》ては、この畏《おそ》るゝの感《かん》最《もつと》も甚《はなは》だしくして、心服改心《しんぷくかいしん》するに相違《さうゐ》なからう。乃《そこ》で易《えき》の方《はう》を言《い》ふと、萬物《ばんもつ》の元總《げんそう》はなく、萬物《ばんもつ》の原子《げんし》は八ッある。其《その》八ッは天《てん》、澤《たく》、火《くわ》、雷《らい》、風《ふう》、水《すゐ》、山《さん》、地《ち》で、此《こ》の中天《ちうてん》、雷《らい》、風《ふう》、火《くわ》の四は、形以上《かたちいじやう》にして見《み》るべからざるもの、地《ち》、水《すゐ》、山《さん》、澤《たく》の四は、形以下《かたちいか》で見《み》らるゝものである。此《こ》の形而上《けいじじやう》の原子《げんし》四と、形而下《けいじか》の原子《げんし》四と、八原子《けんし》結合《けつがふ》して萬物《ばんもつ》となるので、人《ひと》も其中《そのうち》にある。そこで其意味《そのいみ》の接《せつ》する所《ところ》の鹽梅式《あんばいしき》で、愛憎《あいぞう》も起《おこ》れば吉凶《きつきよう》も生《しやう》ずる。それで未然《みぜん》の事《こと》を知《し》るには、至誠《しせい》を以《もつ》て神《かみ》に尋《たづ》ね示《しめ》し申《つ》げらるれば宜《よ》いといふのが易《えき》である。其神《そのかみ》の命《めい》は、前《まへ》にも言《い》つた通《ごう》り、恰《あだか》も嚮《むか》ふが如《ごと》しで、至誠《しせい》以《もつ》てすると、其處《そこ》に何者《なにもの》かゞ居《ゐ》て、言辭《ことば》を以《もつ》て告《つ》げらるゝが如《ごと》くに、筮數《ぜいすう》にあらはるゝのである。それであるからして、大誥《たいこう》にも、『顧二諟天《てんていのめい》之明命《めいをかいりみる》一』ともあるし、詩《し》にも『維天之命《これてんのめい》、於穆不已《あゝぼくとしてやまず》』とある。而《しか》して君子《くんし》は妄《みだり》に居《ゐ》て命《めい》を俟《ま》つので、又《また》『君子有三畏《くんしにさんゐあり》、畏二天命一《てんめいをおそれ》、畏二大人一《たいじんをおそれ》、畏二聖人之言一《せいじんのげんをおそる》』とも云《い》つて、天命《てんめい》を三畏《さんゐ》中《ちう》の第《だい》一にしてある。而《しか》して論語《ろんご》の尾《をわり》には、『不知命《めいをしらずば》、無三以爲二君子一也《もつてくんしたることなきなり》』とあつて、學問《がくもん》の目的《もくてき》は、命《めい》を知《し》るにあるとしてある。孔子《こうし》は此《こ》の命《めい》を知《し》らんが爲《ため》に、年《とし》十五にして學《がく》に志《こゝろざ》し、五十にして始《はじ》めて之《これ》を知《し》られたのである。

偖此《さてこ》の八原子《げんし》の結合《けつがふ》する所《ところ》、八八六十四となる。今行《いまおこな》はるゝ六十四元素《げんそ》は、分析《ぶんせき》して六十四になつたといふが、此方《こつはう》は結合《けつがふ》して六十四になる。東西《とうざい》の先哲理《せんてつり》を窮《きは》むるや、偶然其數《ぐうぜんそのすう》を一にして居《ゐ》るのが面白《おもしろ》い。斯《か》うして見《み》ると、早晩《いつ》かは竟《つひ》に同《おな》じであつたといふ時《とき》もあらう。又前《またぜん》にも云《い》つた通《とう》り、儒佛《じゆぶつ》の一は『如二神在一《しんいますがごとし》』と云《い》つてあるし、一は『如レ來《きたるがごとし》』と云《い》つてあるから、此等《これら》形而上《けいじじやう》のことは皆同《みなおな》じ事《こと》で、何《いづ》れも易《えき》に由《よ》つて、知《し》ることが出來《でき》るであらうと考《かんが》へた。それで予《よ》は此《こゝ》に入《はい》つたのだが、果《はた》せる哉《かな》、其目《そのめ》指事《ざすこと》を思《おも》ひ入《い》れて、眼《め》を瞑《つぶ》つて、筮竹《ぜいちく》を分《わ》くると、外《はづ》るゝことが無《な》いとなつた。如何《どう》云《い》ふ理由《りいう》で外《はづ》れ無《な》いといふことは、神《かみ》と一緒《しよ》にならねば解《わか》らないが、感通《かんつう》に因《よ》ることで勿論《もちろん》で、其感通《そのかんつう》に由《よ》つて、判斷《はんだん》も外《はづ》れ無《な》い。耶蘇《やそ》世を去《さ》るの後直弟《のちちよくてい》十二人《にん》歐洲《おうしゆう》に布教《ふきやう》し、未來《みらい》を豫言《よげん》して、衆之《しゆうこれ》に服《ふく》さざるは無《な》し、其勢《そのいきほひ》二千年《ねん》研究《けんきふ》せる哲學《てつがく》を風靡《ふうひ》し、皆耶蘇《みなやそ》教國《けうこく》となつたのではないか。是《こ》れ必《かなら》ず至誠《しせい》を以《もつ》て神《かみ》に通《つう》じたからに相違無《さうゐな》い。予《よ》は耶蘇《やそ》教《けう》を知《し》らぬけれども、常《つね》に思《おも》ふて止《や》まないのである。今《いま》に於《おい》て哲學《てつがく》の盛《さか》んなるを見《み》ては、或《あるひ》は耶蘇《やそ》教《けう》も哲學《てつがく》と兩々相對《りやう〱あひたい》するが如《ごと》くして、直弟《ちよくてい》十二人《にん》の勢《いきほひ》に及《およ》ばざるやをも考《かんが》へるのである。さすれば我《わ》が國神道《くにしんだう》、儒道《じゆだう》、佛道《ぶつだう》、耶蘇道等《やそだうとう》も、我《わ》が易《えき》を以《もつ》て儒道《じゆだう》の妙味《めうみ》を知《し》りたるが如《ごと》く、佛《ぶつ》の如來《によらい》、耶蘇《やそ》の豫言《よげん》も探求《たんきふ》して形而下《けいじか》の學《がく》と兩《りやう》立《りつ》せんことを望《のぞ》むのである。此《こ》の意見《いけん》を發表《はつぺう》したのは、丁度予《ちやうどよ》が三十四の年、慶應元《けいおうぐわん》年丑《ねんうし》の十月《ぐわつ》獄《ごく》から出《で》てより、亦正《またまさ》に三十五年目《ねんめ》であつたが、今《いま》はそれよりも十餘年《よねん》になつて居《ゐ》る。此《こ》の間《あいだ》一日《にち》も怠《おこた》らず、易《えき》を研究《けんきゅふ》して來《き》た。それと天命《てんめい》を知《し》るの準備《じゅんび》は大《たい》抵《てい》備《そなに》つた積《つも》りで居《ゐ》る。乃《そこ》で此《こ》の天命《てんめい》をもつて人《ひと》を教《おし》へ導《みちび》くときは、人皆《ひとみな》眞《しん》に天命《てんめい》の畏《おそ》るべきを知《し》つて、心《こゝろ》より敬虔《けいけん》の念《ねん》を生《しやう》じ、便《すな》はち惡《あく》を避《さ》け、善《ぜん》に進《すゝ》むに至《いた》るであらうといふ希望《きばう》である。

◎至誠感通の法

以上《いじやう》述《の》べたるが如《ごと》く、神《かみ》は常《つね》に吾人《ごじん》を照《てら》し給《たま》ふて、唯《たゞ》至《し》誠《せい》にのみ應《おう》ぜらるゝのであるから、斯道《しだう》に入《い》つて神意《しんい》を稟《う》け、天命《てんめい》に順《したが》つて事《こと》を行《おこな》ふことは、實《じつ》に治國《ちこく》の大本《たいほん》であるのだけれども、今各國《いまかくこく》の情勢《じやうせい》を觀《み》ると、兎角眼前形而下《とかくがんぜんけいじか》の詮議《せんぎ》にのみ走《はし》つて、臆《おく》説想像《せつさうぞう》のみを逞《たくまし》うするから、甲是《かうぜ》乙非《おつひ》、一擧手《きよしゆ》、一投足《とうそく》にも紛々囂々《ふん〱がう〱》宛然議論《えんぜんぎろん》地獄《ぢごく》とも謂《い》ふべき状《じやう》で、其上事面倒《そのうへことめんどう》に及《およ》ばゝ、無理《むり》にも其我意《そのがい》を押し通さうが爲《ため》にと、軍《ぐん》艦《かん》、銃砲等《じうはうとう》の兇器《きようき》を備《そな》へ、近頃《ちかごろ》は又其《またそれ》にも足《た》らんで、飛行機《ひかうき》などいふものまで拵《こしら》へ出《だ》した。此《これ》が愈々《いよ／＼》成就《じやうじゆ》して、實際《じつさい》に使用《しよう》さるゝ様《やう》になつたら、何《ど》うであらう。空中《くうちう》より投下《とうか》さるゝ爆彈《ばくだん》に對《たい》して人民《じんみん》が悉《ことごと》く鋼鐵《こうてつ》の家《いへ》を造《つく》つて置《お》くといふ譯《わけ》には行《ゆ》くまいから、勢《いきほ》ひ山《やま》に隧道《とんねる》でも鑿《ほ》つて、其處《そこ》に屏息《へいそく》する様《やう》な事《こと》にもならぬとも限《かぎ》らぬ。それでは往古《わうこ》の穴居《けつきよ》に逆戻《ぎやくもど》りでは無《な》いか、兎角《とかく》今《いま》の文明《ぶんめい》といふのは、形而下《けいじか》の理勢《りせい》にのみ走《はし》つて、表面《へうめん》ばかりであるから困《こま》る。併《しか》し心靈《しんれい》はやはり存《そん》して居《ゐ》るから、内心《ないしん》から其《それ》を好事《よいこと》とは思《おも》はぬ、好事《よいこと》と思《おも》はぬながらにする。それは何《ど》うかといふと、世《よ》に英雄《えいゆう》とか豪傑《がうけつ》とかいふ半狂人《はんけうじん》があつて、其《それ》が流行《りうかう》するから、道《みち》を知《し》らぬ惑《まどい》の人《ひと》は、皆其《みなそれ》に引《ひ》かるゝ爲《ため》であるのだ。併《しか》し飛行機《ひかうき》が出《で》てはもう此《こゝ》で兇器《きようき》の發展《はつてん》も極度《きよくど》であらう。さすれば物窮《ものきはむ》れば通《つう》ずるであるから、こゝで人心《じんしん》も一變《ぺん》の機運《きうん》にならうかと思《おも》はれる。けれども其《それ》はまだ／＼手《て》に取《と》る様《やう》な譯《わけ》には行《ゆ》くのでは無《な》い。それと今《いま》ではまだ人心《じんしん》がそうでないから、何《なん》と云《い》つても云《い》ひ聞《き》かした所《ところ》が仕方《しかた》が無《な》い。百まんだら言《い》つた所《ところ》が駄目《だめ》である。乃《そこ》で此際《このさい》此人心《このじんしん》を濟《すく》ふの法《ほふ》としては、神《かみ》と人《ひと》との間《あひだ》に介在《かいざい》して、神《かみ》の仰《おほ》せ言《ごと》を其儘取次《そのまゝとりつ》いで、畏《おそ》らして從《したが》はせる外《ほか》は無《な》いと思《おも》つた。而《しか》して人《ひと》も神明《しんめい》の畏《おそ》るべきを知《し》るに至《いた》れば、自然怖《しぜんおそろ》しくて、惡事《あくじ》の出來《でき》なくなるのが無論《むろん》であるから、然《さ》うしたいと云《い》ふ考《かんが》へである。是《こ》れが予《よ》の切《せつ》に易《えき》を鼓吹《こすゐ》して居《ゐ》る所以《ゆえん》であるのである。だが由來《ゆらい》我《わ》が國《くに》は神國《しんこく》とも稱《しよう》されて居《ゐ》るし、又扶桑《またふさう》の別號《べつがう》もある。それで所謂名詮自稱《いはゆるめうせんじしよう》でおらう。神國《しんこく》としては五十鈴川《いすゞがは》の流長《ながれとこし》へに清《きよ》く、國民皆神徳《こくみんみなしんとく》を仰《おほ》ぎ奉《たてまつ》るし、それと共《とも》に一方《はう》には、又扶桑《またふさう》に因《ちな》む蠶糸《さんし》の業夙《げふつと》に發達《はつたつ》して、明治《めいぢ》の初《はじめ》より生糸《きいと》は實《じつ》に我《わ》が生産《せいさん》物《ぶつ》として、各國《かくこく》との貿易品中第《ぼうえきひんちうだい》一位《ゐ》に居《ゐ》る。さうして年々《ねん〳〵》の輸出額巨億《ゆしゆつがくきよおく》に達《たつ》し、今《いま》に至《いた》るも尙《な》ほ我《わ》が國《くに》の生糸《きいと》は世界市場《せかいしじやう》は優勝《いうしやう》の地位《ちゐ》を占《し》めて居《ゐ》る。で此《これ》から言《い》ふと、開《かい》國以來《こくいらい》我《わ》が國《くに》に輸入《ゆにう》して所謂今日《いはゆるこんにち》の文明《ぶんめい》の利器《りき》は電信《でんしん》でも、鐵道《てつだう》でも、汽船《きせん》でも、乃《ない》至《し》は軍艦《ぐんかん》、銃砲《じゆうはう》、其他諸多《そのたしよた》の工業智識《こうげふちしき》等に至《いた》る迄《まで》も、殆《ほと》んど其總《そのすべ》てが皆此《みなこ》の生糸《きいと》に由《よ》つて購《あがな》ひ得《え》たものと云《い》つてよいのである。其處《そこ》で物庶《ぶつしよ》の貿易《ぼうえき》は、相互《さうご》便利《べんり》の交換《かうかん》に由《よ》つて差引《さしひき》がつくし、器械《きかい》の代價《だいか》は、桑《くは》より得《う》る所《ところ》の生糸《きいと》の代價《だいか》に由《よ》つて差引《さしひき》がつくが、唯此《たゞこ》の一つ差引《さしひき》のつきかぬのは、彼《かれ》が數《すう》百年智《ねんち》識《しき》の練磨《れんま》を積《つ》んだ巧緻《こうち》の器機《きゝ》と、物質《ぶつしつ》上《じやう》の智能《ちのう》とである。之《これ》に酬《むく》ふるには何《なに》を以《もつ》てしやうか、予《よ》は神智《しんち》の活用《くわつよう》を以《もつ》てするより外《ほか》ないと思《おも》ふのである。易《えき》は形而上《けいじじやう》なるものを道《みち》と云《い》ひ、形而下《けいじか》なるものを器《き》といふ。乃《すなは》ち其器《そのき》に代《か》ふるに道《みち》を以《もつ》てし、器《き》を製《せい》するの智《ち》を受《う》くるには、神智《しんち》を以《もつ》てし、報《むく》ひやうといふのである。利《り》を專《もつぱ》らとして國《くに》を建《た》てゝる彼《かれ》は、其弊《そのへい》終《つひ》に奪《うば》はずんば飽《あ》かざらんとするに至《いた》るのであるから、其極片時《そのきよくへんじ》も心《こゝろ》を安《やす》んずるを得《え》ぬので、此點《このてん》に就《つき》ては、彼等《かれら》も常《つね》に之《これ》を内《うち》に病《なや》んで居《ゐ》るのである。其處《そこ》で之《これ》に送《おく》るに神智《しんち》を以《もつ》てする。神智《しんち》は彼之《かれこれ》を受《う》けて、實心《まごゝろ》より神《かみ》を恐懼《けうく》し、畏敬《いけい》して、斷然自《だんぜんみづか》ら志操《しさう》を悛《あらた》むるに至《いた》るべきものであるから、竟《つひ》に擴布《かうふ》して、世界《せかい》の人心《じんしん》を安泰靜穩《あんたいせいおん》なるに至《いた》らしむべき唯一《ゆゐ》の道《みち》なのである。其處《そこ》で我《わ》が國《くに》では前《まへ》にも云《い》つた如《ごと》く、神國《しんこく》として歴代《れきだい》の至尊《しそん》神髓《かんながら》の道《みち》に由《よ》らせ給《たま》ふて、租税《そぜい》を薄《うす》くし、民《たみ》を惠《めぐ》ませられ、偏《ひとへ》に國家《こくか》の安泰《あんたい》を祈《いの》らせ給《たま》ふたのであるが、今《いま》や戎器《じうき》を以《もつ》て壓迫《あつぱく》せんとする者《もの》あるに至《いた》つては、己《おのれ》を得《え》ずして、之《これ》に對《たい》せねばならぬので、便《すなは》ち物質上《ぶつしつじやう》の智識《ちしき》、器械《きかい》も之《これ》を差措《さしお》く譯《わけ》には行《ゆ》かぬのであるが、是《こ》れ決《けつ》して世界人類《せかいじんるゐ》の平和《へいわ》の爲《ため》では無《な》い。それで彼等《かれら》も其内心《そのないしん》に常《つね》に艱《なや》んで居《ゐ》る所《ところ》の不安《ふあん》を去《さ》らしめ、世界《せかい》の平和《へいわ》を致《いた》さん爲《ため》に、其物質上《そのぶつしつじやう》の知能《ちのう》に酬《むく》ゆるに、世界平和《せかいへいわ》の大寶典《だいほうてん》たる道《みち》を以《もつ》てしやうといふので、差引彼《さしひきかれ》に大利《たいり》あつて、我《われ》に損《そん》なく、此《これ》が何《なに》よりの交易物《かうえきぶつ》だらうと思《おも》ふのである。神《かみ》は平等《へいとう》で、決《けつ》して人種《じんしゆ》も種族《しゆぞく》もない。唯至誠《たゞしせい》を以《もつ》て感通《かんつう》を得《う》る域《ゑき》にさへ進《すゝ》めば、誰《たれ》でも彼《かれ》でも神意即《しんいすなは》ち神智《しんち》を禀《う》くることが出來《でき》るのだから、我《わ》が國《くに》ばかりか東洋《とうやう》ばかりか、何《ど》うか之《これ》を歐米《おうべい》にも及《およ》ぼし度《た》い。さうして世界《せかい》を平和《へいわ》に導《みちび》き度《た》いといふ考《かんが》へがあるので。然《そ》うして人皆此《ひとみなこ》の易《えき》を知《し》つて道《みち》に入《い》る樣になれば、造化《ざうくわ》の神《かみ》の恩澤《おんたく》に浴《よく》し、高天原《たかまがはら》でも、極樂《ごくらく》でも、天國《てんごく》にでも住《す》むの幸福《かうふく》を得《え》て、人間死《にんげんし》して鬼神《きじん》となり、鬼神死《きしんし》して人間《にんげん》になる事《こと》をも知《し》るべきであると信《しん》ずる是《こ》れ予《よ》が局終《しうきよく》の願《ねがひ》である。

第三編　神人交通する所以の理

◎至善なれば神に通ず

或人《あるひと》予《よ》に問《と》ふて曰《いは》く『先生《せんせい》常《つね》に耆筮《きぜい》の神《かみ》に通《つう》ずることを説《と》かる。然《しか》れども愚《ぐ》未《いま》だ神《しん》人交通《じんかつう》する所以《ゆえん》の理《り》を知《し》らず、先生《せんせい》幸《さいは》ひに之《これ》を敎《おし》へよ』と予《よ》之《これ》に答《こた》へて曰《いは》く『予《よ》は幼《えう》にして父《ち》の敎《おし》へを受《う》け、常《つね》に聖經《せいきやう》を讀《よ》む。父《ち》曰《いは》く聖人《せいじん》の敎《おし》へは人知《じんち》を盡《つく》して其及《そのおよ》ばざる所《ところ》は、天命《てんめい》を受《う》くるに在《あ》る。聖人《せいじん》の世《よ》を濟《すく》ひ民《たみ》を安《やす》んせしむる必《かなら》ず天命《てんめい》に依《よ》るのである。盖《けた》し聖人《せいじん》の敎《おし》へは其歸《そのき》する所《ところ》、天命《てんめい》を受《う》くるに在《あ》るのみであると。予《よ》因《よつ》て之《これ》を思《おも》ふに、世人《せじん》往々《わう〳〵》禍福《くわふく》の偶然《ぐうぜん》に來《きた》る者《もの》を以《もつ》て天命《てんめい》と思惟《しゐ》する者《もの》があるけれども、是《こ》れ自然的《しぜんてき》を指《さ》すものにして、眞《しん》の天命《てんめい》ではない。蓋《けだ》し天命《てんめい》とは人知《にんち》の及《およ》ばざる所《ところ》を神《かみ》に問《と》ふ、其命《そのめい》を受《う》くるものであるから、之《これ》を受《う》けんと欲《ほつ》するならば、神《かみ》に接《せつ》して、神知《しんち》を迎《むか》ふるに在《あ》る。而《しか》して神《かみ》に接《せつ》するの道《みち》は、最高《さいかう》の善《ぜん》に志《こゝろざ》して、心《こゝろ》を洗《あら》はねばならぬ。是《こ》れ自然《しぜん》に非《あら》ずして、至善《しぜん》である。自然《しぜん》と至善《しぜん》とは同音《どうおん》にして、其義《そのぎ》は大《おほい》に異《ことな》つて居《ゐ》る。易《えき》に聖人心《せいじんこゝろ》を洗《あら》ふと云《い》ふ語《ご》がある。心《こゝろ》を洗《あら》ふと云《い》ふことは、俗《ぞく》に所謂《いはゆる》六根《こん》清淨《せうじやう》にして、即《すなは》ち吾心《わがこゝろ》の明徳《めいとく》を明《あきら》かにするものである。六根清淨《こんせうじやう》にして、心力《しんりよく》を一にし、神《かみ》に對《たい》して筮《ぜい》を揲《てつ》し、神意《しんい》を筮數《ぜいすう》に感得《かんとく》すべし。故《ゆゑ》に唯天下至誠爲ニ能盡ニ其性一《たゞてんかのしせいよくそのせいをつくすとなす》と云《い》ひ、其之《そのこれ》を行《おこな》ふの際《さい》一點《てん》の私心《しん》を狹《はさ》まざるが故《ゆゑ》に、自レ誠明謂ニ之性一《まことよりあきらかなるこれをせいといふ》と云《い》ひ、神の感應《かんおう》を得《え》て、天命《てんめい》の誤《あやま》らざるを畏《おそ》れ、之《これ》を疑《うたが》ふの間《かん》なきに感《かん》ず、之《これ》を自レ明誠謂ニ《あきらかなるよりまこと》之教一《なるこれをなしへといふ》と云《い》ふ。即《すなは》ち各人《かくじん》に於《お》ける性《せい》の極力《きよくりよく》は神人交通《しんじんかうつう》の徑路《けいろ》なることを悟《さと》り、是《これ》に於《おい》て易學《えきがく》に從事《じゆうじ》せしが、易《えき》の說卦傳《せつくわでん》に窮レ理盡レ性以至レ於レ命《りをきはめせいをつくしてもつてめいにいたる》の言《げん》あるを以《もつ》て、遂《つひ》に易經《えききやう》を暗讀《あんどく》し、稍《やゝ》其義《そのぎ》に通《つう》じ、其理《そのり》を窮《きは》め、揲筮《てうせい》の際《さい》、性《せい》を盡《つく》すの極致《きよくち》あるを知《し》るは、前《まへ》に述《の》べた通《とほ》りである。抑《そもそも》性《せい》を盡《つく》すと云《い》へるは、神人交通《しんじんかうつう》の一大要件《だいえうけん》にして、世《よ》に神《かみ》あることを知《し》るは是《これ》よりして、入《い》るべきである。而《しか》して性《せい》と曰《い》ひ、命《めい》と曰《い》ひ、道《みち》と云《い》ふ。此《こ》の三つの者《もの》に學問上《がくもんじやう》最《もつと》も知《し》り難《がた》く、最《もつと》も解《かい》し難《がた》きものにして、即《すなは》ち敎《をしへ》の自《よつ》て生《しやう》ずる所《ところ》である。故《ゆゑ》に中庸《ちうよう》の首章《しゆしやう》に『天命之謂レ性《てんのめいこれをせいといふ》率レ性《せいにしたがふ》之謂レ道《これをみちといふ》修レ之《みちをおさむるこれ》謂レ敎《をおしへといふ》』と云《い》つた。人《ひと》能《よ》く之《これ》を知《し》れば則《すなは》ち其睹《そのみ》ざる所《ところ》に戒愼《かいしん》し、其聞《そのき》かざる所《ところ》に恐懼《けうく》し、暗室屋漏《あんしつをくろう》に恥《は》ぢざるに論《ろん》なく、進《すゝ》みては聖賢《せいけん》の地位《ちゐ》にも至《いた》るのである。是《これ》を以《もつ》て中庸《ちうよう》天命之謂レ性《てんめいこれをせいといふ》の下《もと》に於《おい》て前文戒愼恐懼《ぜんぶんかいしんけうく》云々《うんうん》の語《ご》がある。

◎同じく人也知愚賢不肖の異なるのみ

予《よ》嘗《かつ》て論語《ろんご》を讀《よ》み、孔子《こうし》の吾十有五而志レ于レ學《われじふいうごにしてがくにこゝろざす》と云《い》ひ、之《これ》に次《つ》ぎ五十而知二天命一《にしててんめいをしる》と云《い》ふに至《いた》り、孔子《こうし》の聖《せい》を以《もつ》てするも五十にして始《はじ》めて天命《てんめい》を知《し》ると云《い》ふを見《み》れば、天命《てんめい》を知《し》ること容易《ようい》で無《な》いと云《い》ふ事《こと》を覺《おぼ》へたが、孔子《こうし》も予《よ》と同《おな》じく人《ひと》なれば、知賢愚不肖《ちけんぐふせう》の異《こと》なるありと雖《いへど》も、學《まな》びて至《いた》らざるの理《り》あるべからず、孔子《こうし》が五十にして之《これ》を知《し》るものとせば、予《よ》は當《まさ》に畢生《ひつせい》の力《ちから》を盡《つく》して之《これ》を知《し》るべきを欲《ほつ》し、業務《げふむ》の餘暇《よか》ある毎《ごと》に聖賢《せいけん》の書《しよ》を讀《よ》み、或《あるひ》は默誦深思《もくしようしんし》し未《いま》だ嘗《かつ》て一日《にち》も此《こ》の念《ねん》を廢《はい》したことは無《な》い。是《こ》れより先予《さきよ》は其藩主《そのはんしゆ》の請《こ》ひに應《おう》じ、自己所有金《じこしよいうきん》の外《ほか》に知已《ちき》の助力《じよりよく》を仰《あふ》ぎ、巨額《きよがく》の金《かね》を聚《あつ》めて該藩《がいはん》の急《きふ》を救《すく》つたが、該藩《がいはん》の經濟當《けいざいたう》を失《しつ》し、家計《かけい》益《ます〳〵》窮乏《きうはう》して復之《またこれ》を返還《へんくわん》すること無《な》く、予《よ》は之《これ》が爲《ため》に許多《いくた》の債務《さいむ》を負《お》ひ自己所有《じこしよいう》の大半《たいはん》を喪《うしな》ふに至《いた》つた。其後《そのご》横濱港《よこはまこう》に出店《しゆつてん》し、外國貿易《ぐわいこくぼうえき》に從事《じゆうじ》せし際《さい》、我《わ》が國《くに》の金貨即《きんくわすなは》ち小判《こばん》を外國人《ぐわいこくじん》に賣與《ばいよ》し、其贏利《そのゑいり》を以《もつ》て負債《ふさい》を辨償《べんしやう》しやうとして、當時《たうじ》の禁《きん》を犯《おか》せしの故《ゆゑ》を以《もつ》て、牢獄《ろうごく》に幽囚《ゆうしう》せらるゝこと七年《ねん》の久《ひさ》しきに及《およ》んだ。抑《そも〳〵》當時《たうじ》我《わ》が國金銀貨《くにきんぎんくわ》の價格《かかく》に金《きん》一に對《たい》する銀《ぎん》十五の定位《ていい》であつたが、外國《ぐわいこく》に在《あ》りては、墨斯哥《めきしこ》より多額《たがく》の銀《ぎん》を産出《さんしゆつ》せしより、銀貨《ぎんくわ》は低落《ていらく》し、金貨《きんくわ》の貴きより、外國人《ぐわいこくじん》は常《つね》に我《わ》が金貨《きんくわ》を喜《よろこ》ぶの傾《かたむ》きがあり、是《こゝ》に於《おい》て予《よ》は窃《ひそか》に金貨《きんくわ》即《すなは》ち小判《こばん》と唱《とな》ふる貨幣《くわへい》を購求《かうきう》し、之《これ》を外國人《ぐわいこくじん》に賣與《ばいよ》し、其差《そのさ》より得《う》る所《ところ》の利益《りえき》を以《もつ》て、負債《ふさい》の辨償《べんしやう》に充《あ》てんと欲《ほつ》し、苦心《くしん》の餘《あまり》若干《にやくかん》の小判《こばん》を得《え》、之《これ》を外國人《ぐわいこくじん》に賣與《ばいよ》した。然《しか》るに此《こ》の事《こゝ》たる固《もと》より當時《たうじ》の政府《せいふ》の禁《きん》ずる所《ところ》であつたから、終《つひ》に幕吏《ばくり》の知《し》る所《ところ》に爲《な》り、此《こ》の厄《やく》に罹《かゝ》つたのである。

◎偶ま得たる易の坤本一册

然《しか》るに獄中《ごくちう》に在《あ》りて偶《たまた》ま易《えき》の坤本《こんほん》一冊《さつ》を拾得《しうとく》し、窃《ひそ》かに惟《おも》ふに易《えき》は天道性命《てんだうせいめい》の書《しよ》であつて、伏義《ふくぎ》、文王《ぶんわう》、周公《しうこう》、孔子《こうし》の四聖《せい》を經《へ》て成《な》る所《ところ》、其意義《そのいぎ》廣博深遠《くわうはくしんゑん》にして、孔子《こうし》と雖《いへど》も易《えき》を讀《よ》みて、韋編《ゐへん》三たび絶《た》つと云《い》はれ、又我《またわ》れに數年《すうねん》を加《か》して五十にして以《もつ》て易《えき》を學《まな》び、以《もつ》て大過《たいくわ》なかるべしと云《い》はれしを見《み》れば、其之《そのこれ》を學《まな》ぶの難《かた》きことを知《し》るべしである。然《しか》れども今予《いまよ》の偶然《ぐうぜん》の此《こ》の一卷《かん》を得《え》たるものは、天《てん》の予《よ》に賜《たま》ふものに非《あら》ざるなきか、予今幸《よいまさひは》ひに無事《ぶじ》にして日《ひ》を消《せう》するに苦《くるし》む。宜《よろ》しく徐《しづか》に之《これ》を研鑽《けんさん》しやうと志《こゝろざ》し、是《こ》れより後手《のちて》に卷《かん》を釋《す》てず、晝讀夜思《ちうどくやし》四閲月《えつげつ》にして、悉《こと〴〵》く之《これ》を諳誦《あんしよう》し、略其大義《そのたいぎ》に通《つう》ずることを得《え》たのである。而《しか》して予《よ》は久《ひさ》しく獄裏《ごくり》に在《あ》りしを以《もつ》て、獄吏中《ごくりちう》にも自《みづか》ら相知《あひし》る者《もの》を生《しやう》じ、時《とき》あつては瑣事《さじ》を託《たく》することもあつた。然《しか》るに一日《にち》相知《きうち》の獄吏某來《ごくりぼうきた》り頤《あご》を以《もつ》て、予《よ》を招《まね》き密《ひそ》かに告《つ》ぐるに、予《よ》の死刑近《しけいちか》きに在《あ》るべきを以《もつ》てせられた。且《か》つ言《い》ふ、子《し》と雖《いへど》も突然之《とつぜんこれ》を聞《き》かば、必《かなら》ず心《こゝろ》を動《うご》かさざるを得《え》ざるべしと察《さつ》し、好意《かうい》を以《もつ》て之《これ》を洩《も》らすのである、豫《あらかじ》め覺悟《かくご》せられよと云《い》ふのである。是《こゝ》に於《おい》て予《よ》は斷腸《だんちやう》の念《おもひ》あるのみならず、其幼少《そのえうせう》より得《え》たる素養《そやう》の水泡《すゐほう》に歸《き》せんことを憾《うら》み、猶獄吏《なほごくり》の言《げん》の果《はた》して違《たが》はざるや否《いな》や未《いま》だ分明《ぶんめい》ならざるを以《もつ》て、謹《つゝしん》で之《これ》を蓍筮《きぜい》に問《と》ふて見《み》やうと思《おも》つた。

◎䷂ 水電屯《ちゆん》の二爻

斯《か》くて其夜《そのよ》自《みづか》ら五十本《ほん》の紙捻《かみより》を製《せい》し置《お》き、翌朝盥嗽《よくてふくわんそう》の後《のち》一心《しん》の至誠《しせい》を注《そゝ》ぎ、瞑目靜《めいもくせい》座呼吸《ざこきふ》を止《と》め、予《よ》が生死《しやうし》の決《けつ》する所此《ところこゝ》に在《あ》り、揲筮《てうぜい》して、䷂水雷屯《すゐてんちゆん》の二爻《かう》を得《え》たのである。其辭《そのことば》に曰《いは》く、屯元亨利貞勿ㇾ用有ㇾ攸往ㇾ利ㇾ建ㇾ侯《ちゆんはげんかうりていゆくところあるにもちゆるなかれこうをたつるによろし》、爻辭曰《かうじにいはく》六二屯如　如《ちゆんたよこんじよ》乘馬班如匪ㇾ冦婚媾女子貞不ㇾ字十年乃字《じやうばはんじよあだするにあらずこんこうせんとすじよしていにしてあざなせしねんあざなせず》。

按《あん》ずるに屯《ちゆん》の卦《くわ》たり、内卦《ないくわい》に雷《らい》にして動《うご》くの性《せい》がある。外卦《ぐわいくわい》は水《みづ》にして危險《きけん》の象《せう》がある。故《ゆゑ》に動《うご》けば則《すなは》ち危險《きけん》に陷《おちい》るの時《とき》とす。況《いは》んや自牢獄《みづからろうごく》に在《あ》るをや。屯《ちゆん》とは動《うご》き難《がた》く、又進《またすゝ》み難《がた》きの義《ぎ》であるから、此《こ》の卦《くわ》を得《う》る時《とき》は、運氣《うんき》否塞《ひそく》し、自由《じいう》の行動《かうどう》を得《え》ざるも、唯貞正《たゞていせい》にして困苦《こんく》に耐《た》ゆる時《とき》は、必《かなら》ず其志望《そのしばう》を達《たつ》すべきを以《もつ》て、元亨利貞《げんかうりてい》と云《い》ふ。又《また》二爻《かう》は繋《つな》ぎたる馬《うま》に鞭《むち》を加《くは》へたるが如《ごと》き運氣《うんき》にして、何程燥急《なにほどさうきう》するも動《うご》くこと能《あた》はざるが故《ゆゑ》に、屯如《ちゆんじよ》　如乘馬班如《てんじよじやうばはんじよ》の辭《ことば》がある。熟《つら〳〵》ら思《おも》ふに予《よ》嘗《かつ》て某藩《ぼうはん》の請《こ》ひに應《おう》じ、朋友《はういう》の助力《じよりよく》を求《もと》め、之《これ》に許多《いくた》の貨幣《くわへい》を貸與《たいよ》せしも、其返還《そのへんくわん》なきが爲《ため》に、信義《しんぎ》を朋《はう》友《いう》に失《うしな》ふに忍《しの》びないから、已《や》むを得《え》ずして判金《はんきん》を密賣《みつばい》したのは罪《つみ》ありと雖《いへど》も、其實《そのじつ》は政府《せいふ》が金銀《きんぐ》の價格《かゞく》を詳悉《せうしつ》せざるに起《おこ》り、政府《せいふ》は己《おの》れの不知不明《ふちふめい》を顧《かへり》みずして、予《よ》を幽《いう》囚《しう》し、故《ことさ》らに予《よ》を不利《ふり》の地《ち》に陷《おちい》れんとするを、予《よ》の深《ふか》く恨《うら》む所《ところ》であつたが、今此《いまこ》の占《せん》に依《よ》る時《とき》は、大《おほい》に其義《そのぎ》を異《こと》にし、天《てん》の予《よ》を囚獄《しうごく》に投《とう》ずるものは、却《かへ》つて予《よ》を助《たす》けんとせしものなることを悟《さと》つた。爻辭《かうじ》の匪　冦　婚　媾《あだするにあらずこんこうせんとす》とは蓋《けだ》し之《これ》を謂《い》ふのである。何《なん》となれば、予《よ》は長軀《ちやうく》にして五尺八寸餘《しやくすんよ》、人《ひと》の目《め》を屬《ぞく》する所《ところ》なれば、一たび予《よ》を見《み》て其《そ》名《な》を記《き》する者《もの》は復之《またこれ》を忘《わす》るゝことが出來《でき》ない。此《こ》の時《とき》に當《あた》りて、壤夷《ぢやうゐ》を唱《とな》ふる諸藩《しよはん》の浪士輩《らうしはい》尙多《なほおほ》く往々《わう〳〵》外國人《ぐわいこくじん》を襲《おそ》はんとするの勢《いきほひ》があつた。故《ゆゑ》に外國人《ぐわいこくじん》と盛《さか》んに貿易《ばうえき》するものを見《み》れば、之《これ》を疾《にく》むこと、猶豺狼蛇蝎《なほさいらうだかつ》の如《ごと》く、屢々之《しば〳〵これ》を暗殺《あんさつ》し、稱《しよう》して天誅《てんちう》と曰《い》ふの類《るゐ》が少《すくな》くはなかつた。然《しか》るに余《よ》の長軀《ちやうく》を以《もつ》て常《つね》に江戶《えど》橫濱《よこはま》の間《あひだ》を往來《わうらい》する時《とき》は、其毒刄《そのどくじん》に罹《かゝ》ることなきを保《ほ》せず。然《しか》らば則《すなは》ち予《よ》の幽囚《ゆうしう》は天《てん》の予《よ》をして、此《こ》の災厄《さいやく》を免《まぬが》れしむるが爲《ため》にするに非《あら》ずして何《なん》ぞやである。予《よ》が身《み》を處《しよ》するは女子《ぢよし》の貞節《ていせつ》を守《まも》り、氣運《きうん》の來《きた》るを待《ま》つが如《ごと》くすべし。然《しか》る時《とき》は十年《ねん》の後《のち》に至《いた》り平生《へいぜい》の抱負《ほうふ》を行《おこな》ひ、志遂《こゝろざしと》げ功成《こうな》り、大《おほい》に世人《せじん》に知《し》られ衆人《しゆうじん》に字《あざな》せらるゝの時《とき》あるや必《ひつ》せり。之《これ》を女子貞不レ字《ぢよしのていにしてあざなせず》十年乃字《ねんあざなせず》と謂《い》ふのであらう。是《これ》に由《よ》りて觀《み》れば予《よ》は未《いま》だ天《てん》の舍《す》つる所《ところ》と爲《な》らずして、尙生命《なほせいめい》を全《まつた》くし、十年《ねん》の後志望《のちしばう》を達《たつ》すべきことを前知《ぜんち》し、繫辭傳《けいじでん》に所謂《いはゆる》天樂み《てんをたのし》、命《めい》を知《し》る故《ゆゑ》に憂《うれ》ひずとあること、我《わ》れを欺《あざむ》かざるに感《かん》じた。

◎神人感道の理

予《よ》が平素《へいそ》謂《い》ふ所《ところ》の蓍筮《きぜい》神《かみ》に通《つう》ずるは此《こ》れよりして悟入《ごにう》せしものであつた。是《こ》れより後《のち》筮《ぜい》を揲《てつ》するに當《あた》り、必《かなら》ず此《こ》の觀念《くわんねん》を以《もつ》てする故《ゆゑ》に百にして一を誤《あやま》らず、始《はじ》めて天命《てんめい》を知《し》ると云《い》ひ、又理《またり》を窮《きは》め、性《せい》を盡《つく》して以《もつ》て命《めい》に至《いた》る等《とう》のことを了解《りやうかい》せし、蓋《けだ》し孔子《こうし》の天命《てんめい》を知《し》ると云《い》ひ又繋辭傳《またけいじでん》に其受レ命也如レ嚮天無レ有二遠近幽深一遂知二來物一《そのめいをうくるやむかふかごくてんゑんきんいうしんあるこしつひにらいぶつをしる》と云《い》はれたるは、何《なに》に由《よ》りて、此《こ》の術《じゆつ》を感得《かんとく》せられしや、經籍《きやうせき》に載《の》する所《ところ》なければ、之《これ》を知《し》るに由《よし》なしと雖《いへど》も、論語《ろんご》述而《じゆつじ》の篇《へん》に甚矣哉吾衰也久矣吾不二復夢見二周公一《はなはだしいかなわれおとろいたるやひさしわれゆめにしうこうをまたず》の語《ご》あるに依《よ》れば、其平生道《そのへいぜいみち》を求《もと》むるの志深《こゝろざしふか》きより、至誠《しせい》の通《つう》ずる所夢《ところゆめ》に周公《しうこう》より授《さづ》けられしに非《あらざ》るなきか、予《よ》は死生《しせい》を判《はん》ずるの際《さい》に於《おい》て、筮《ぜい》を揲《てう》し、偶然神人感道《ぐうぜんしんじんかんだう》の理《り》を悟《さと》り、天命《てんめい》を知《し》ることの此《こゝ》に在《あ》るとを知《し》つた。之《これ》を例《たと》ふるに釣鈎《つりばり》に餌《えさ》を附《ふ》し、釣竿《つりざを》を掲《あ》げて、澤畔《さわあぜ》を徜徉《せうえふ》するの際誤《さいあやま》つて、顚仆《てんぼく》し釣糸《つりいと》の水中《すゐちう》に沒《ぼつ》したりしに關《かん》せず、唯衣《たゞころも》を掃《はら》ひ足《あし》を摩《ま》するに當《あた》り、偶《たま〳〵》釣竿《つりざを》の徵動《びどう》するを見《み》速《すみや》かに之《これ》を引《ひ》けば、大《だい》なる鮒《ふな》を得《え》たので、更《さら》に餌《えさ》を附《ふ》して、之《これ》を投《とう》ずれば、陸續數《りくぞくすう》千尾《び》を獲《え》たりしが如《ごと》く、是《こ》れ泥水中《でいすゐちう》に鮒魚《ふぎよ》の棲息《せいそく》せしことを知《し》らず、顚仆《てんぼく》して釣糸《つりいと》を水中《すゐちう》に墮《おと》せしの結果之《けつくわこれ》を獲《え》たるものにして、予《よ》の多年天命《たねんてんめい》を知《し》らんと欲《ほつ》して之《これ》を求《もと》めたるも、久《ひさ》しく得《う》る所《ところ》なく、此《こ》の死生《しせい》を決《けつ》するの際《さい》に於《おい》て之《これ》を感得《かんとく》せしは、即《すなは》ち泥中《でいちう》の鮒魚《ふぎよ》を獲《え》しに異《こと》なる所《ところ》は無《な》い。抑《そも〳〵》釣竿《つりざを》は猶耆《なをわさき》のごとし、彖爻《たんかう》の辭《ことは》は從來略之《じゆうらいほゞこれ》を了解《りやうかい》したが、未《いま》だ至誠《しせい》の域《ゐき》に至《いた》らず、其處刑近《そのしよけいちか》きに在《あ》りと聞《き》き、驚《おどろ》きて筮《ぜい》を揲《てう》せしは、即《すなは》ち生死《せいし》の由《よ》つて判《はん》ずる所《ところ》であつて、至誠《しせい》の極《きよく》自《みづか》ら神《かみ》に通《つう》ずることを得《え》たのでないか。是《こ》れ釣竿《つりざを》を揭《あ》げて澤畔《さわあぜ》に顚倒《てんたう》したるに等《ひと》しく而《しか》して糸《いと》を垂《た》るれば、或《あるひ》は手《て》に應《おう》じ、或《あるひ》は槙木《うき》の沈《しづ》むを見《み》る。然《しか》れども未《いま》だ泥水《でいすゐ》の中《なか》に鮒《ふな》あるを認《みと》めない。鮒《ふな》も亦久《またひさ》しく泥中《でいちう》に在《あ》りて餌《えさ》なきに苦《くるし》みしより、偶々餌《たま〳〵えさ》を見《み》て之《これ》に附《つ》くは、互《たがひ》に相感應《あひかんおう》するものにして、即《すなは》ち聲《こゑ》なきに聞《き》き、形《かたち》なきに見《み》るに異《こと》ならぬのである。夫《そ》の神人感通《しんじんかんつう》に於《お》ける幽明相隔《ゆうめいあひへだ》てたると雖《いへど》も、斯《か》くの如《ごと》くなれば則《すなは》ち期《き》せずして、感《かん》ずるものにして、此《こ》の感應《かんおう》の妙《めう》たる口言《くちい》ふこと能《あた》はず、志《こゝろざし》喩《たと》ること能《あた》はざるものあるを以《もつ》て、深《ふか》く思惟《しゐ》せざるべからずである。是《こ》れ繫辭《けいじ》傳《でん》君子《くんし》將レ有レ爲《まさになすあらん》也將レ有レ行也問焉以レ言其受レ命也如レ嚮《とすまさにおこなひあらんとすこふにことばをもつてそのめいをうくるやひゞかふがごとし》云々《うんぬん》の語《こ》ある所以《ゆえん》である。而《しか》して遂《つひ》知二《こらい》來物一《よつをしる》の四字《じ》たる其要領《そのえうれう》を敷衍《ふゑん》すれば、實《じつ》に幽明《ゆうめい》一貫《くわん》して他界《たかい》の關門《くわんもん》を打破《だは》するに異《こと》ならぬ。是《こ》れ孔子《こうし》の祭レ神如二神在一《かみをまつるかみいますがごとし》と云《い》ひ、釋迦《しやか》の佛《ぶつ》を指《さ》して、如來《によらい》と曰《い》ひ、即《すなは》ち來《きた》る如《ごと》しの義《ぎ》を取《さ》るも、同一《どう》の意味《いみ》であるから、鬼神《きしん》の極致《きよくち》たる、儒敎《じゆけう》の言《い》ふ所《ところ》も釋氏《しやくし》の言《い》ふ所《ところ》も、一に歸《き》するが如《ごと》し。然《しか》らば則《すなは》ち予《よ》の喋々《てう〳〵》する所《ところ》も、亦宗敎《またしうけう》に於《おい》て小補《せうほ》なきに非《あら》ざるを信《しん》ずるのである。

◎萬邦の民易學に就け

今《いま》や世《せ》道人心《だうじんしん》の腐敗《ふはい》すること日《ひ》一日《にち》よりも甚《はなは》だしく口《くち》に文明《ぶんめい》を唱《とな》ふるも、其心《そのこゝろ》は一に利慾《りよく》に耽《ふけ》り、仁義忠信《じんぎちうしん》の何物《なにもの》たるを知《し》らない。優勝劣敗弱肉強食《いうしやうれつぱいじやくにくきやうしよく》を以《もつ》て、人生《じんせい》の常《つね》なりとして居《ゐ》る。夫《か》の敎育《けういく》に從事《じゆうじ》する者《もの》を見《み》るに、形而下《けいじか》の物《もの》に即《つ》きて、理《り》を究《きは》むることは、日月《じつげつ》に進步《しんぽ》すと雖《いへど》も、形而下《けいじか》心性《しんせい》の敎《おし》へに至《いた》りては、却《かへ》つて日《ひ》に退步《たいほ》するやうである。蓋《けだ》し心性《しんせい》の敎《おし》へに至《いた》りては、一に神《かみ》に依《よ》らざるなしである。而《しか》うして神《かみ》に二種《しゆ》あり、一を無意味《むいみ》の神《かみ》と爲《な》し、一を有意味《いういみ》の神《かみ》と爲《な》す。前者《ぜんしや》は造化《ざうくわ》の神絶大《かみぜつだい》にして、人知《じんち》の推測《すゐそく》するべからざるものなれば、唯其威德《たゞそのゐとく》を恐《おそ》れ、之《これ》を唱《とな》へて、大神《おほかみ》と曰《い》ふのである。後者《こうしや》は聖賢君子《せいけんくんし》或《あるひ》は英雄豪傑國家《えいゆうごうけつこくか》に大功《たいこう》ありし人《ひと》の靈魂《れいこん》千載《さい》を經《へ》て、消磨《せうま》せず、威靈《ゐれい》を人《ひと》に示《しめ》すものにして、生前《せいぜん》一度《たび》社會《しやくわい》の辛酸《しんさん》を嘗《な》めしものである。聖《せい》人之《じんこれ》を指《ゆびさ》して鬼神《きしん》と曰《い》ふ。夫《そ》の揲筮《てふぜい》の際人《さいひと》の至誠《しせい》に感《かん》じて、之《これ》に憑依《ひようゐ》し吉凶悔吝《きつきようくわいりん》を示《しめ》さゝるもの即《すなは》ち是《こ》れである。故《ゆゑ》に人若《ひとも》し神《かみ》に通《つう》じて命《めい》を受《う》くることを知《し》り、性命道《せいめいだう》の貴《たうと》き所以《ゆえん》を覺《さと》らば、則《すなは》ち神《かみ》は常《つね》に我《わ》が左右《さいう》に在《あ》りて、其善惡邪正《そのぜんあくじやせい》を照鑒《せうかん》し、善《ぜん》に福《さいはい》し、淫《みだり》に禍《わざはひ》することの虛《きよ》ならざるを知《し》るべく、乃《すなは》ち始《はじ》めて天命《てんめい》を畏《おそ》れ、不善《ふぜん》を爲《な》さんと欲《ほつ》するも、自《みづか》ら爲《な》すことが出來《でき》ない。是《こゝ》に於《おい》て其睹《そのみ》ざる所《ところ》に戒愼《かいしん》し、其聞《そのき》かざる所《こころ》に恐懼《けうく》するに至《いた》らん、而《しか》して此《こ》の至誠《しせい》神《かみ》に通《つう》ずるが故《ゆゑ》に、將《まさ》に斯道《しだう》を以《もつ》て斯民《しみん》を覺《さと》し、眞《しん》に鬼神《きしん》の存在《ぞんざい》することを明《あきら》かにし、幽明《ゆうめい》一貫《くわん》の理《り》を示《しめ》し、人《ひと》をして天命《てんめい》を畏《おそ》れ善《ぜん》に遷《うつ》り、過《あやま》ちを改《あらた》むるに吝《りん》ならざらしめんことを欲《ほつ》す。然《しか》れども各人易《かくじんえき》を知《し》らざれば、直《たゞ》ちに天命《てんめい》を受《う》くること能《あた》はざるを以《もつ》て、今《いま》より後易學《のちえきがく》を好《この》む者《もの》は固《もと》より、之《これ》を己《おの》れに科《くわ》せず、卜筮《ぼくぜい》を以《もつ》て神《かみ》に通《つう》じ、人《ひと》を濟《すく》ふべく、又官吏等《またくわんりら》は業務《げふむ》の暇常《いとまつね》に易學《えきがく》に從事《じゆうじ》し、老後《らうご》退隱《たいいん》の餘《あまり》占筮《せんぜい》を以《もつ》て業《げふ》と爲《な》し、一は以《もつ》て自《みづか》ら樂《たのし》み、一は以《もつ》て人《ひと》を救《すく》ひ、衆人《しゆうじん》は事《こと》を處《しよ》するに臨《のぞ》み必《かなら》ず卜者《ぼくしや》に就《つ》きて、之《これ》を耆筮《きぜい》に問《と》ひ、天命《てんめい》を受《う》けて其從違《そのじうゐ》を決《けつ》し、凶《きよう》を避《さ》け、吉《きち》に趨《おもむ》くべし。夫《そ》れ此《か》くの如《ごと》くにして、其久《そのひさ》しきに至《いた》らば、全國《ぜんこく》の人皆易《ひとみなえき》を重《おも》んずべく、信《しん》ずべきを知《し》り、延《ひい》て必《かなら》ず歐米各邦《おうべいかくこく》に及《およ》ぼすべく、其歐米各邦《そのおうべいかくはう》に行《おこな》はるゝに至《いた》りては、彼《か》の國人皆其神異《こくじんみなそのしんゐ》なるを驚嘆《けうたん》し學術上亦《がくじゆつじやうまた》一生面《しやうめん》を生《しやう》じ、必《かなら》ず附《ふ》するに尊崇《そんすう》の名《な》を以《もつ》てするであらう。歐米各邦亦古來賢哲《おうべいかくはうまたこらいけんてつ》の士《し》に乏《とぼ》しくはない。其《その》靈魂《れいこん》の永遠《えいゑん》に滅《めつ》せざる者《もの》あるは、復疑《またうたが》ひに容《い》れざる所《ところ》である。夫《そ》れ此《か》くの如《ごと》くにして、而《しか》して天下《てんか》の惡《あく》を爲《な》す者日《ものひ》に減《げん》じ、民日《たみひ》に善《ぜん》に徙《うつ》りて其所以《そのゆえん》を知《し》らば、以《もつ》て宇内泰平《うだいたいへい》の基礎《きそ》をして、鞏固《けうこ》ならしむるに至《いた》るであらう。予《よ》の望《のぞ》む所《ところ》は、實《じつ》に此《こ》れに外《ほか》ならぬのである。と問者《こふもの》唯々《ゐゝ》として退《しりぞ》く。

第四編　天命及性の神髓

◎天命

大學《だいがく》に顧㆓說天之命㆒《てんのめいをうけてかへりみる》とあるは、人《ひと》にして天《てん》より命令《めいれい》あることを考《かんが》へ見《み》よと云《い》ふことである。又大學《またたいがく》に唯々命《たゞくめい》不㆑干㆑常道善《に》則《れは》得㆑之《を》、不善則失㆑之矣、とは人事《じんじ》あるに臨《のぞ》み成否《せいひ》を前知《ぜんち》せんと欲《ほつ》し、占筮《せんぜい》すれば、天命《てんめい》の在《あ》る所《ところ》を知《し》るべし、蓋《けだ》し天《てん》は善惡《ぜんあく》を取捨《しゆしや》して、占易《せんえき》の辭《ことば》に於《おい》て、善《ぜん》を勸《すゝ》め、不善《ふぜん》を戒《いまし》むるを云《い》ふのである。中庸《ちうよう》に君子居㆑易以俟㆑命《くんしえきにゐてもつてめいをまつ》とあるは、未《いま》だ氣運《きうん》の熟《じゆく》せざる時《とき》は心《こゝろ》を樂《らく》にして、時機《じき》の來《きた》るを待《ま》ち居《を》れと云《い》ふに外《ほか》ならぬ。又中庸《またちうよう》の維天之命於穆《あゝめ》不㆑已、蓋《し》曰《ふ》ヨ天之所㆓以爲《て》㆒㆑天、とは天文學等《てんもんがくとう》に說《と》く所《ところ》の天《てん》は形而下《けいじか》の字《じ》であつて、其巡回《そのじゆんくわい》を計《はか》るに過《す》ぎない。今是《いまこゝ》に說《と》く所《ところ》の天《てん》は、人《ひと》が天《てん》の命令《めいれい》に接《せつ》するを得《え》て事《こと》を前知《ぜんち》するの天人關係《てんにんくわんけい》の意味《いみ》を云《い》ふのである。又中庸《またちうよう》の思知レ人不レ可三以不二レ知レ天と云《い》ふも亦然《さ》うである。又中庸中《またちうようちう》の大德者必受レ命《だいとくはかならずめいをうく》とは德《とく》ある者《もの》は、天命《てんめい》を受《う》くるを得《う》ると云《い》ふのである。論語《ろんご》の子曰吾十有五而志二于學一三十而立、四十而不レ惑五十而知二天命一とは、孔子《こうし》の聖《せい》にして尚且《なほか》つ三十五年間《ねんかん》功《こう》を積《つ》みて、然後天命《しかるのちてんめい》を受《う》くるに至《いた》れると云《い》ふのである。又論語《またろんご》の孔子《こうし》曰君子有二三畏一畏二天命一畏二大人一畏二聖人之言一《くんしにさんゐありてんめいをおそるたいじんをおそれせいじんのげんをおそる》とは人《ひと》は第《だい》一に天命《てんめい》の嚴格《げんかく》なるを畏《おそ》るべきを戒《しまし》め、大人《たいじん》は其天命《そのてんめい》を實行《じつかう》するものであつて、聖人《せいじん》は天命《てんめい》を受《う》くべき人《ひと》に指導《しだう》するものと云《い》ふのである。又論語《またろんご》の子曰不レ知レ命無三以爲二君子一也《しのたまわくめいをしらずんばもつてくんしたるなし》、とは聖人《せいじん》の書《しよ》を學《まな》ぶものは、天命《てんめい》を知《し》らんとするより外《ほか》なきを云《い》ふのである。易《えき》の繫醇傳《けいじでん》に君子將レ有レ爲也《くんしなすあらんとし》、將レ有レ行也《まさにおこのふこころあらんとす》、問レ焉而以レ言、其受レ命知レ響《ことにとふにことはをもつてすればそのめいをうくひゞきのごとし》とある以上《いじやう》の語《ご》あるを思《おも》へば、人々《ひと〴〵》必《かなら》ず天命《てんめい》を受《う》くべきものなること確然《かくぜん》たりである。

◎性

易《えき》の說卦《せつくわ》に曰《いは》く窮レ理盡レ性至二於命一《りをきはめせいをつくしてめいにいたる》と此《こ》の理《り》を窮《きは》むると云《い》ふは學問《がくもん》と經驗《けいけん》に依《よ》つて、事物《じぶつ》の理《り》を窮《きは》むるを云《い》ひ、性《せい》を盡《つく》すとは神人交通《しんじんかうつう》の一大要件《だいえうけん》にして、世《よ》に神《かみ》あるを識《し》るの極致《きよくち》と云《い》ふべしである。元來性《ぐわんらいせい》の字《じ》は心《こゝろ》に从《なら》び、生《せい》に从《なら》べるが如《ごと》く、心生《こゝろうま》るゝの義《ぎ》であつて、心《こゝろ》の活動《くわつどう》すと云《い》ふより一層勢力《そうせいりよく》強《つよ》く心念《しんねん》を凝結《ぎようけつ》すと云《い》ふ點《てん》もある。又心《またこゝろ》を清淨《せいじやう》にして、神《かみ》に對《たい》して耻《は》ぢる所無《ところな》しと云《い》ふ點《てん》もある。是等《これら》の點《てん》より觀《み》るも、其意義《そのいぎ》を覺《さと》る事《こと》が出來《でき》る。中庸《ちうよう》に曰《いは》く自レ誠明謂二之性一《まことよりあきらかなるせいこいふ》自レ明誠謂二之敎一《めいよりまことになしへこいふ》、誠則《まことなれは》明矣《あきらかなり》、明則誠《なればすなはちまことなり》矣、と又曰《またいは》く誠者《まことは》、天之道也《てんのみちなり》。誠レ之者《これまことにするはひとの》、人之道也《みちなり》、と是《こ》れに由《よつ》て之《これ》を觀《み》れば人《ひと》の神《かみ》に對《たい》する時《とき》は誠《まこと》を以《もつ》て心《こゝろ》を洗《あら》ひ、仰《あほい》で天《てん》に慚《は》ぢず、伏《ふ》して地《ち》に愧《は》ぢず、中《ちう》にして人《ひと》に恥《は》ぢざる心位《しんゐ》ならざるべからずである。然《しか》る時《とき》は其心《そのこゝろ》必《かなら》ず虛靈《きよれい》と爲《な》る。此《こ》の虛靈《きよれい》とは佛法《ぶつぽふ》の所謂空《いはゆるくう》の如《ごと》きものではない。神道《しんだう》の六根清淨《こんせうじやう》の如《ごと》き是《こ》れである。中庸《ちうよう》に唯《たゞ》々天下至誠爲下能盡二其性一《くてかのしせいをよくしそのせいをつくして》、能盡二其性一《よくそのせいをつくす》、則能盡二人之性一《すなはちよくひとのせいをつくしてよくひとのせいをつくす》、能盡二物之性一《よくもののせいをつくす》、則可三以贊二天地之化育一《すなはちもつててんちのくわいくをたすけべし》、可二以贊二天地之化育一《もつててんちのくわいくをたすけべし》、則可中以與二天地一參上《すなはちもつててんちこくみすべしと》矣、とある如《ごと》く、人能性《ひとよくせい》を盡《つく》す時《とき》は、天地《てんち》造化《ざうくわ》の樞機《すうき》を知《し》ると共《とも》に之《これ》に參與《さんよ》し、即《すなは》ち神人《しんじん》相交通《あひかうつう》するを得《う》るに至《いた》るのである。又中庸《またちうよう》の至誠之《しせいの》道《みち》、可ニ以前知一《もつてぜんちすべし》、國家將レ興《こくかまさにおこらんとし》、必《かならず》有ニ禎祥一《ていせあり》、國家將レ亡《こくかまさにほろびんとして》、必有ニ妖孽一《かならずようへきあり》、見ニ乎蓍龜一《ききをあらはれて》、動ニ乎四體一《したいうごく》、禍福將レ至《くわふくまさにいたらんとして》、善必先知レ之《ぜんかならずまづこれをしる》、不《ふ》善必先知レ之《ぜんかならずぜんちす》故《ゆゑに》至誠如レ神《せいかみのごとし》、と至誠《しせい》を以《もつ》て心《こゝろ》を洗《あら》ひ占筮《せんぜい》する時《とき》は、神《かみ》は其《その》至誠《せい》に感《かん》じて未來《みらい》を告知《こくち》す、大《だい》は國家《こくか》の興廢《こうはい》より、小《せう》は一身《しん》の禍福《くわふく》に至《いた》るまで知《し》れずと云《い》ふ事《こと》は無《な》い。禍福《くわふく》は蓍龜《きき》に見《あら》はれ、人相《にんさう》にも顯《あら》はるゝものであつて、凶災近《きようさいちか》づく時《とき》は脾肉動《ひにくうご》くことがある。又中庸《またちうよう》の誠者自成也《まことはおのづからなるなり》、而道自道也《しかうしてみちはおのづからみちびく》、誠者物終始《まことはものゝしじう》、不レ誠無レ物《まことならざればものなし》、是故君子誠レ《これがゆゑにくんしは》之爲レ貴《まことにするをたつとし》誠者《まことは》非ニ自成レ己而已一、所以成レ物也《ゆえんものをなす》、成レ己仁也《おのれをなすじんなり》、成レ物知也《おのれをなすゝなり》、性之德也《せいのとくなり》、合ニ内外一之道也《ないぐわいがつするのみちなり》、は誠《まこと》を以《もつ》て心《こゝろ》を洗《あら》ひ、神《かみ》に對《たい》するが故《ゆゑ》に、神意《しんい》を得《え》て世《よ》の事物《じぶつ》を豫知《よち》するを得《え》、是《こ》れ性《せい》の德《とく》にして、神人《しんじん》相合《あひがつ》するものである。又中庸《またちうよう》に曰《いは》く、至誠無レ息《しせいいきするなし》不レ息《いきせざ》則久《るときはひさしけれは》、久則徵《すなはちしるしあり》、徵則悠遠《しるしあればすなはちいうゑん》、悠遠則博厚《いうゑんなればすなはちはくかう》、博厚則高明《すなはちかうめい》、博厚所ニ以載一レ物也《はくかうはものをさいするゆゑんなり》、高明所ニ以覆一レ物也《かうめいはものをおふゆゑんなり》、悠久所ニ以成一レ物也《いうきうはものをなすゆゑんなり》、博厚配レ地《はくかうちをはいし》高明配レ天《かうめいてんをはいす》、悠久無レ疆《いうきうはきはまりなし》、如レ此者不《かくのごとくみ》見而章、不レ動而變、無レ爲而成、と至誠無レ息の息は休息の息にあらず、占筮《せんぜい》の時《とき》暫《しばら》く氣息《きそく》を斷《た》つの謂《い》ひにて、至誠《しせい》イキスル事無《ことな》しと、訓《くん》ずるのである。一大事《だいじ》に臨《のぞ》んで占筮《せんぜい》する時《とき》は、筮竹《ぜいちく》を額上《がくじやう》に捧《さゝ》げ、眼《め》を閉《と》ぢ心《こゝろ》を洗《あら》ひ、只其占《たゞそのうらな》はんとする事《こと》のみを專念《せんねん》し、其間氣息《そのあいだきそく》を斷《た》ち其息《そのいき》將《まさ》に斷《た》へんとする時全心力《ときぜんしんりよく》を注《そゝ》ぎ筮《ぜい》を揲《かぞ》へる時《とき》は、必《かなら》ず神明《しんめい》は其人《そのひと》の至誠《しせい》に感《かん》じ、來格《らいかく》して其意《そのい》を筮數《ぜいすう》に示《しめ》し、人《ひと》の未來《みらい》を知《し》らしむるのである。占筮者《せんぜいしや》にして、經驗《けいけん》を積《つ》めるものは、筮《ぜい》を揲《かぞ》へると共《とも》に、其神通《そのじんつう》じたるを知《し》るを得《う》るのである。此《こ》の妙境《めうきやう》に悟《さと》り至《いた》るは、大學《だいがく》の所謂《いはゆる》『至ニ於用《ちからをもちゐて》レ力之久《これをひさしくして》、而一旦割然貫《いつたんかつぜんとし》通ニ焉《てかんつうを》、則《いたすすなはち》象物《しうぶつ》之表裏《へうり》精粗《せいそ》無レ不レ到《いたらざるなし》、而吾心之全體大用《しかうしてわがこゝろのぜんたいだいよう》無レ不レ明矣《あきらかならざるなし》』に外《ほか》ならず、佛氏《ぶつし》の所謂《いはゆる》『穎悟《えいご》』も亦頗《またすこぶ》る之《これ》に似《に》て居《ゐ》る。人皆《ひとみ》な占筮《せんぜい》には判斷《はんだん》に重《おも》きを措《お》けども、其實《そのじつ》は筮竹《ぜいちく》を分《わか》つとき至誠《しせい》を込《こ》むる時《とき》に於《おい》て、言《い》ふべからざる妙味《めうみ》がある。學問《がくもん》、世事《せじ》、及《およ》び判斷《はんだん》の如《ごと》きは、其餘波《そのよは》のみ、故《ゆゑ》に予《よ》は筮《ぜい》を揲《かぞ》ふるも、至誠《しせい》十分《ぶん》ならずと思量《しりやう》したる時《とき》は、筮《ぜい》を數《かぞ》ふるを止《さ》むるを常《つね》とする。占筮《せんぜい》は唯々學理《たゞ／＼がくり》のみに托《たく》すべきでは無《な》い。其《その》間《あいだ》に多少《たせう》の術《じゆつ》をも加《くわ》へねばならぬ。其神意《そのしんい》の感通《かんつう》せるや否《いな》やを知《し》ることは近《ちか》く是《こ》れを譬《たと》ふれば、忠臣藏《ちうしんぐら》五段目《だんめ》に『暗中《あんちう》の發砲慥《はつぽうたし》かに手應《てごた》へ』と云《い》へるが如《ごと》く、天《てん》を射《い》る時《とき》、その矢《や》の的中《てきちう》せんとする時《とき》は未《いま》だ中《あた》らざる以前《いぜん》に矢《や》は其途中《そのとちう》にあるも、一種《しゆ》の手應《てごた》へあるに同《おな》じである。世《よ》に中《あた》るも八卦《けい》、中《あた》らぬも八卦《けい》と云《い》へる諺《ことわざ》あれども、是《こ》れは是《こ》の道理《だうり》を知《し》らざるものゝ云《い》ふ事《こと》である。其中《そのあた》ると中《あた》らざるとは、誠《まこと》を盡《つく》すと否《いな》らざるとに由《よ》るものであつた、誠《まこと》を盡《つく》せば、必《かなら》ず中《あた》り、誠《まこと》を盡《つく》さゞれば必《かなら》ず中《あた》らざるものと知《し》るべきである。又中庸《またちうよう》に曰《いは》く、天地《てんち》之《の》道《みち》、可ニ一言而盡一也《いちけんにしてつくすべきなり》、其爲レ物不レ貳《それものみなすにならず》則其生レ《すなはちそれものご》物不レ測《うむはからりず》、占筮《せんぜい》は人《ひと》之《これ》を行《おこな》ふと雖《いへど》も、世《よ》の所謂《いはゆる》理學者等《りがくしやこう》の理想《りさう》の如《ごと》きものでは無《な》い。眼《め》に見《み》へざる人魂《じんこん》と同《おな》じく、神《かみ》と兩々《りやう〳〵》相感《あひかん》じて、事物《じぶつ》を前知《ぜんち》することを出《いだ》すものである。又中庸《またちうよう》に曰《いは》く、今夫天昭々之多《いまそれてんせう〳〵これおほし》、及ニ其無レ究也《それきはまりなきにおよぶや》、日月星辰繫《じつげつせいしんをつなぐ》、萬物覆焉《ばんぶつをおほふ》、今夫地《いまそれち》一撮土之多《さいどのおほきは》、及ニ其廣厚一《そのこうはくにおよんで》、載ニ華嶽一而不レ重《くわがくをのせておもしとせず》、振ニ河海一而不レ洩《かかいをふるつてもらさず》、萬物載焉《ばんぶつをのす》、と前《まへ》にも述《の》べる如《ごと》く神人感通《しんじんかんつう》の事天地《こゝてんち》に記《き》することを説《ご》くに對《たい》し、人或《ひとあるひ》は天地《てんち》の大《だい》なる吾人《ごじん》の小《せう》なる何《なに》を以《もつ》て、之《これ》に對《たい》するを得《え》んやと、或《あるひ》は疑《うたが》ふものあらん。中庸《ちうよう》の此《こ》の文《ぶん》を活讀《くわつどく》せば以《もつ》て其疑《そのうたがひ》を解《と》くであらう。夫《そ》れ物《もの》の大小《だいせう》は只其眼界《たゞそのがんかい》に映《えい》ずる所《ところ》の者《もの》のみ、況《いは》んや其《その》之《これ》を見《み》るべき眼《め》に於《おい》ても、既《すで》に異《こと》なる所《ところ》がある。即《すなは》ち鳥類《てうるゐ》に在《あつ》ては夜中何物《やちうなにもの》をも見《み》ること能《あた》はざる者《もの》なれども、鴟鵂《みゝづく》の如《ごと》きは夜中《やちう》にあらざれば見《み》ることが出來《でき》ない。獸類《じうるゐ》も亦眼《まため》の作用晝夜《さようちうや》相異《あひこと》ならざるものがある。今是《いまこゝ》に云《い》ふ所《ところ》は斯《か》かる偏狹《へんけう》の理論《りろん》に拘泥《こうてい》するが如《ごと》き者《もの》ではない。假令《たとへ》ば太陽《たいやう》は提灯《ちやうちん》の大《だい》なる熱體《ねつたい》にして、光輝《くわうき》ある一大物《だいぶつ》、春夏《しゆんか》秋冬《しうとう》の序《じよ》を過《あやま》たず、回轉《くわいてん》するの職分《しよくぶん》を有《いう》して居《ゐ》る。而《しか》して地《ち》は一土塊《ごくわい》のみ、山《やま》を以《もつ》て衣《ころも》と爲《な》し、海《うみ》を以《もつ》て裳《もすそ》と爲《な》し、太陽《たいやう》の熱《ねつ》を受《う》けて水氣蒸發《すゐきじようはつ》し以《もつ》て兩間《りやうかん》の萬物《ばんぶつ》を化育《くわいく》す。此《こ》の間《あいだ》一大物《だいぶつ》に斯《か》かる心情《しんじやう》あればこそ萬物各々其職分《ばんぶつおの〳〵そのしよくぶん》を盡《つく》すなれ、故《ゆゑ》に地雷復《ちらいふく》の卦《くわ》には、見二天地之心一乎《てんちのしんをみるや》、と云《い》ひ、大壯《たいそう》の卦《くわ》には天地《てんち》の情可レ見矣《じやうみるべし》、と云《い》ひ、澤山咸、雷風恒、の二卦《くわ》には、天地萬物之情可レ見矣《てんちばんぶつのじやうみるべし》、と云《い》つてある。是《こ》れ其心《そのこゝろ》に於《おい》ては、人《ひと》と相近《あひちか》きも、體《たい》の大小《だいせう》に於《おい》て異《こと》なる所《ところ》あるのみである。而《しか》して是《こ》れ其心《そのこゝろ》に於《おい》ては、人《ひと》と相近《あひちか》きも體《たい》の大小《だいせう》に於《おい》て異《こと》なる所《ところ》あるのみである。而《しか》して人《ひと》は天地《てんち》に則《のつと》りて、國家《こくか》を治《をさ》むべき掟《おきて》なるを以《もつ》て、一國《こく》の君主《くんしゆ》を天子《てんし》とは稱《しやう》するのである。又中庸の君子尊ニ徳性一而道ニ問學一、致ニ廣大一而盡ニ精微一、極ニ高明一而道ニ中庸一、は是《こ》れ至誠《しせい》を以《もつ》て性《せい》として神《かみ》に接《せつ》せしめ之《これ》に神智《しんち》を得《え》、我《わ》が徳《とく》を神明《しんめい》にするの謂《い》ひである。其神《そのかみ》より得《え》たる徳《とく》を一身《しん》の小《せう》のみならず、國家《こくか》の大《おほい》に及《およ》ぼす時《とき》は、易《えき》五爻《かう》の中正《ちうせい》を用《もち》ひて、萬物《ばんぶつ》に幸福《かうふく》を得《え》せしめるのである。中又庸《ちうまたよう》に唯天下至聖、爲能ニ聰明睿智一、足ニ以有一レ喩也、寛裕裕柔、足ニ以有一レ容也、發强剛毅、足ニ以有一レ執也、齊莊中正、足ニ以有一レ敬也、文理密察、足ニ以有一レ別也、溥博淵泉、而時出レ之、溥博如レ天、淵泉如レ淵、見而民莫レ不レ敬、言而民莫レ不レ信、行而民莫レ不レ說、是以聲名洋ニ溢中國一、施及ニ蠻貊一、舟車所レ至、人力所レ通、天之所レ覆、地之所レ載、日月所レ照霜露所レ墜、凡有ニ血氣一者、莫レ不ニ尊親一故曰レ配レ天、と是《こ》れ氣運位地《きうんゐち》、時《とき》に應《おう》じて活用《くわつよう》するを說《と》くものにして、即《すなは》ち內卦乾《ないくわけん》を得《う》る時《とき》は、大《たい》事《じ》に臨《のぞ》むべし、若《も》し其坤《それこん》を得《う》る時《とき》は他人《たにん》の言《げん》を容《い》れて事《こと》に從《したが》ふべく、其雷《そのらい》なる時《とき》は、强氣《きやうき》以《もつ》て事《こと》に當《あた》るべく、其坎《そのかん》なる時《とき》は、事《こと》を敬《けい》して過《あやま》ち勿《なか》らんことを努《つと》むべく、其維《そのゐ》なる時《とき》は、事物《じぶつ》を明瞭《めいりやう》にして、疑惑《ぎわく》を招《まね》がざらんことを期《き》すべく、時《とき》に應《おう》じて、其宜《そのよろ》しきに處《しよ》すべしと云《い》ふにある。占易《せんえき》は智識《ちしき》を與《あた》ふこと水《みづ》の湧《わ》き出《いづ》るが如《ごと》くにして、之《これ》に依《よつ》て天下《てんか》を治《をさ》むる時《とき》は、民服《たみふく》し、且信《かつしん》じ、且悅《かつよろこ》び、天道《てんだう》を以《もつ》て政《せい》を布《し》く時《とき》は、天下泰《てんかたい》平《へい》にして、萬民幸福《ばんみんかうふく》を受《う》くると云《い》ふのである。又中庸に唯々天下至誠、爲㆘能經綸天下之大經㆒、立㆓天下之大本㆒、知㆗天地之化育㆖、(中略《ちうりやく》)苟不㆘固聰明聖知達㆓天德㆒者㆖、其孰能知㆑之、とあるは、天道《てんだう》の政《せい》は人《ひと》の至誠《しせい》、神《かみ》に感《かん》じて、神智《しんち》を人事《にんじ》に適合《てきがふ》し、之《これ》を以《もつ》て天下《てんか》の大經《たいきやう》を經綸《けいりん》し、天下大本《てんかたいほん》を立《た》つべし、是等《これら》は皆其學位《みなそのがくゐ》天德《てんとく》に達《たつ》するものに非《あ》らざれば知《し》ることがないとの意《い》である。又中庸《またちうよう》の衣㆑錦尙㆑絅惡㆓其文之著㆒(中略)知㆓遠之近㆒、知㆓風之自㆒、知㆓微之顯㆒、可㆓與入㆑德は僥季《げうき》の世《よ》に至《いたつ》て、人々景美《ひと〴〵けいび》を飾《かざ》り、驕奢《けうしや》に沈《ふけ》り、上下《じやうげ》淫逸《いんえつ》に流《なが》れ、祭事《さいじ》は儀式《ぎしき》に止《とゞ》まり、政弊之《せいへいこれ》に伴《ともな》ふて百出《しゆつ》せんことを戒《いまし》むるものである。若《も》し神智《しんち》を得《え》ば居《ゐ》ながらにして、何時《いつ》何《な》んの風吹《かぜふ》き來《く》るやさへ之《これ》を知《し》るに至《いた》る。是《これ》を風《ふう》の自《よ》ることを知《し》れば、火《ひ》を以《もつ》て事《こと》を成《な》すと云《い》ひ、微《び》の顯《あら》はるゝを知《し》るとは小《せう》よりして、大《だい》を知《し》ると云《い》ふ心《こゝろ》である。前文徳性《ぜんぶんとくせい》を尊《たつと》んで、學問《がくもん》により、是《これ》に至《いた》つて徳《とく》に入《い》るべしとの語《ご》あるは人《ひと》の徳《とく》と稱《しよう》するは神智《しんち》の得《う》る人《ひと》に名《なつ》くるものたるを知《し》るべしである。又中庸《またちうよう》に曰《いは》く、相在ニ再室一、尚不レ愧ニ于屋漏一、故君子不レ動不レ言而信、詩曰、奏假無レ言、時靡レ有レ爭、是故君子不レ賞而民勸、不レ怒民威ニ於鐵鉞一、と夫《そ》れ一國《こく》の主宰《しゆさい》たる君子《くんし》は天佑《てんいう》にして、皇祖皇宗《くわうそくわうそう》、深仁厚澤《しんじんかうたく》の政《せい》を施《ほどこ》し、導《みちび》くに五倫五常《りんじやう》の道《みち》を以《もつ》てし、皇統一系君民同心《くわうとういつけいくんみんどうしん》の基《もとい》を樹《た》てられ、建國以來未《けんこくいらいいま》だ嘗《かつ》て、王位《わうゐ》を覬覦《きゆ》する事《こと》は無《な》い。されば上《かみ》の信任《しんにん》を得《え》て國家《こくか》の重職《ちうしよく》に在《あ》る者《もの》は萬民《ばんみん》の父母《ふぼ》たる陛下《へいか》の叡慮《えいりよ》を奉戴《ほうたい》して、下《しも》に臨《のぞ》み民《たみ》の租税《そぜい》を以《もつ》て國家《こくか》を料理《りやうり》するものなれば、吾《わ》身《み》の行《おこな》ひは、他人《たにん》の羨望《せんばう》を來《きた》すが如《ごと》くならずは、論客門《ろんかくもん》に立《た》つて、一言《げん》を發《はつ》するものなく、其徳《そのとく》に畏《おそ》るゝこと鐵鉞《てつくわい》よりも其行《そのおこな》ひに感《かん》じて賞《しよう》せざるに民勸《たみす》むなりである。

第五編　易義例

◎易

易《えき》とは、日月《じつげつ》の二大光《だいくわう》を合《あは》せたる字《じ》にして、横《よこ》に並《なら》び畫《ゑが》けば則《すなは》ち明《めい》の字《じ》となる。是《こ》れ易《えき》を以《もつ》てすれば、森羅萬象《しんらばんせう》一切《さい》の性情動作《せいじやうどうさ》の理《り》、一として明《あき》らかならざるは無《な》しとの義《ぎ》である。

◎道

道《みち》とは首走《くびはし》ると云《い》ふ字義《じぎ》である。即《すなは》ち人《ひと》の首《くび》に寓《ぐう》する心魂《しんこん》の走《はし》りて神《かみ》に通《つう》じ、所謂《いはゆる》神《かみ》と人《ひと》との心魂《しんこん》、感應酬酢《かんおうしうせき》して、神意《しんい》の在《あ》る處《ところ》を承《う》け、之《これ》を天下《てんか》の事《こと》に行《おこな》ひ、宜《よろ》しきに適《かな》ふを道《みち》と謂《い》ふのである

◎神

予《よ》が神《かみ》ありと確言《かくげん》するは、至誠息《しせいいき》する事《こと》なきの術《じゆつ》を以《もつ》て、筮《ぜい》を揲《てふ》すれば、百占《せん》百中《ちう》して違《たが》はず、是《こゝ》に於《おい》て神《かみ》の在《あ》るあるを知《し》るのである。中庸《ちうよう》に曰《いは》く、鬼神之爲レ徳《きじんのとくたる》、其盛《それさかん》矣乎《なるかな》、視レ之《これをみて》而弗レ視《みず》、聽レ之《これをきけども》而弗レ聞《きこえず》、體レ物《ものにたいして》而不レ可レ遺《のこすべからず》、と即《すなは》ち聖人《せいじん》の見聞《けんぶん》すべからずと云《い》へるは、予《よ》と雖《いへど》も同《おな》じである、又神之格思《またしんのいたる》不可度思《はかるべからず》、矧可レ射思《いはんやいとうべけんや》と、聖人《せいじん》と雖《いへど》も、伏仰天地《ふげいてんち》を觀察《くわんさつ》し、易《えき》に由《よつ》て、天命《てんめい》を受《う》くるに於《おい》て、空間《くうかん》に靈妙不測《れいめうふそく》の神《かみ》あるを知《し》る。故《ゆゑ》に殊《こと》に思《し》の助字《じよじ》三ッあるを以《もつ》て知《し》るべきである。所謂聖人《いはゆるせいじん》の神《かみ》と稱《しよう》し玉《たま》ふ所《ところ》も、予《よ》の神《かみ》と曰《い》ふも、毫《がう》も差違《さい》はない。神《かみ》の字《じ》は示《しめ》し申《つ》ぐるである。予《よ》は至誠《しせい》の道《みち》により、易《えき》を以《もつ》て神命《しいめい》を受《う》くることを得《え》たるものである。故《ゆゑ》に神《かみ》ありと明言《めいげん》するのである。

◎卦

卦《くわ》は畫《くわ》である。陰陽《いんやう》を形《かたち》に見《あら》はし、萬物原子《ばんぶつげんし》の形象《けいせう》を畫《えか》き、人《ひと》に物《もの》の界域《かいゐき》を示《しめ》す、故《ゆゑ》に此《こ》の字圭《じけい》に從《したが》ひ、卜《ぼく》に從《したが》ふ、是《こ》れ土《つち》を重《かさ》ねて界域《かいえゆ》を卜《ぼく》すると云《い》ふ義《ぎ》である。

◎爻

爻《かう》は交《かう》である。卦《くわ》を重《かさ》ね、原子《げんし》の結合《けつがふ》により、其性情《そのせいじやう》の愛惡《あいあく》を示《しめ》し、及《およ》び變動《へんどう》と會《くわい》通《つう》とを以《もつ》て、天下《てんか》の動《どう》を說《と》き示《しめ》すものである。

◎彖

彖《たん》は材《ざい》である。則《すなは》ち六畫全卦《ぐわぜんくわ》の體材象義《たいざいせうぎ》を統論《とうろん》して、萬古《ばんこ》各敎道義《かくけうだうぎ》の標識《へうしき》を建《た》てしむるものである。此《こ》の字《じ》豕走悅《しそうえつ》である。豕走《ぶたはし》て悅《よろこ》ぶ、則《すなに》ち頭《あたま》昂《あが》り唇《くち》仰《あほ》ぎて、毛剌聳豎《もうし・やうじゆ》す、開舒發揚《かいじよはつやう》の意《い》がある。蓋《けた》し是《こ》の字《じ》を假《か》りて、其義《そのぎ》を明《あきらか》にするのである。

◎象

象《せう》は熱帶地方《ねつたいちはう》に產《さん》する巨獸《きよじゆう》の名《な》である。古《いにし》へ舟車《しうしや》の便《べん》なきを以《もつ》て、人《ひと》未《いま》だ其物《そのもの》を見《み》ることが出來《でき》ず、偶々象《たま〳〵せう》の牙骨《くわこつ》を見《み》て、其形狀《そのけいじやう》の大《だい》なるを想像《さうざう》せしの義《ぎ》を借《か》る。傳《ふ》に象《せう》は像《ざう》なりと、蓋《けだ》し八原《げん》子になぞらへて萬物《ばんぶつ》の性情《せいじやう》を說き、上下卦《じやうげくわ》の結合《けつがふ》によりて、尙《な》ほ愛憎《あいぞう》の意《い》を盡《つく》すを謂《い》ふものである。

◎吉

吉《きち》とは善《ぜん》である。利《り》である。得《とく》である。道《みち》に從《したが》ひて福祥《ふくせう》を得《う》るを謂《い》ふのである。此《こ》の字《じ》士《さむらひ》の口《くち》と云《い》ふ義《ぎ》であつて、正確《せいかく》にして不善《ふぜん》なきを謂《い》ふのである。

◎凶

凶《きやう》とは地穿《ちうが》ちて交《こもごも》其中《そのうち》に陥《おちい》るの義《ぎ》である。即《すなは》ち道《みち》に反《はん》して、憂患禍害《いうかんくわがい》に遭《あ》ふを謂《い》ふのである

◎悔

悔《かい》とは天命《てんめい》に従《したが》はずして、屢々《しばしば》失錯《しつさく》し、悔悟《かいご》して善《ぜん》に趨《おもむ》くを謂《い》ふのである。

◎吝

吝《りん》とは失錯《しつさく》して尚《な》ほ過《あやまち》を改《あらた》むるに憚《はばか》るは、人《ひと》の知《し》らんことを畏《おそ》れ、勢必《せいかなら》ず辭《じ》を飾《かざ》り、其醜《そのしう》を覆《おほ》ふを謂《い》ふのである。其心《そのこゝろ》を欺《あざむ》けば、小悪《せうあく》も大悪《だいあく》となる。故《ゆゑ》に吝《りん》に惜《おし》むの義《ぎ》である。

◎无《さが》レ咎《なし》

无《とが》レ咎《なし》とは、既《すで》に失錯《しつさく》ありと雖《いへど》も、自《みづか》ら之《これ》が過《あやま》ちを補《おぎな》ふを謂《い》ふのである。

◎利レ有レ攸レ往《ゆくところあるによろし》

往《ゆく》の字《じ》は有爲《いうい》の義《ぎ》にして、進《すゝ》みて事《こと》を成《な》し、志《こゝろざし》を遂《と》げ得《う》るを謂《い》ふのである。

◎利レ渉ニ大川ニ《たいせんをわたるによろし》

渉《わたる》は川《かは》をカチワタリするの義《ぎ》、危《あやう》きを履《ふ》みて、大業《たいげふ》を成《な》し得《う》べきを謂《い》ふのである。

◎三才の義

◎陰陽の定位

陰陽位を得たる圖

地六天五地四　天三地二天一

陰陽位を得ざる圖

易《えき》は參天兩地《さんてんりやうち》の數《かず》に依《よ》り、天地《てんち》の位《くらゐ》を設《まう》け、剛柔《がうじゆう》の位《くらゐ》を定《さだ》むるものであつて、則《すなは》ち圖《づ》の如《ごと》く、天《てん》一地《ち》二天《てん》三地《ち》四天《てん》五地《ち》六と爲《な》す。陰陽《ゐんやう》悉《ことごと》く交《まじは》りて、其定位《そのていゐ》の整正《せいせい》を得《え》たる卦《くわ》は、獨《ひと》り水火既濟《すゐくわきさい》のみ、抑《そもそ》も易《えき》に位《くらゐ》に當《あた》ると云《い》ひ、位《くらゐ》に當《あた》らずと云《い》ふは、皆此《みなこ》の理《り》より推《すゐ》せるものであつて、天下大小《てんかたいせう》の事《こと》、都《すべ》て道理《だうり》に中《あた》ると中《あた》らざるとは、是《こ》れより出《い》づるものである。地中《ちちう》に天《てん》ありとは、地《ち》の兩面《りやうめん》を以《もつ》て、二と四を兩地《りやうち》と曰《い》ひ、地《ち》を包《つゝ》める一と五を兩天《りやうてん》と曰《い》ひ、三を地中《ちちう》の天《てん》と曰《い》ひ、總《すべ》て之《これ》を三天《てん》と謂《い》ふのである。上爻《じやうかう》の陰《ゐん》は、地球《ちきう》の外《ほか》に世界《せかい》あるを表《へう》するのである。此《こ》の三天兩地《てんりやうち》の位《くらゐ》は、易《えき》に於《おい》て最《もつと》も樞要《すうえう》の事《こと》である。故《ゆゑ》に天《てん》の居《お》るべき位《くらゐ》に、地《ち》あるは、位《くらゐ》に當《あた》らずと云《い》ひ、易《えき》

の居《を》るべき位《くらゐ》に、天《てん》あるも亦位《またくらゐ》に當《あた》らずと云《い》ふ。易《えき》の時《とき》、處《ところ》、位《くらゐ》に精密《せいみつ》なる、此《か》の如《ごと》きものである。

◎中正の義

中位の圖

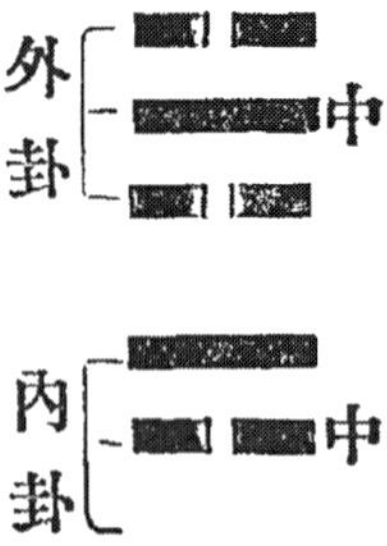

中正《ちうせい》とは、二爻《かう》は内卦《ないくわ》の中《ちう》にして、五爻《かう》は外卦《ぐわいくわ》の中《ちう》である。中《ちう》には至徳《しとく》ある故《ゆゑ》に、中《ちう》は正《せい》の徳《とく》を攝《せつ》するなり。卦殊《くわこと》に五と二とを貴重《きちやう》するは、其中徳《そのちうとく》の隆盛《りうせい》なるを以《もつ》てである。故《ゆゑ》に中《ちう》には其不正《そのふせい》を咎《とが》むること少《すくな》し、凡《およ》そ陽爻《やうかう》二に居《ゐ》るを剛中《がうちう》と曰《い》ひ、陰位《ゐんゐ》に居《を》ると雖《いへど》も、不正《ふせい》を咎《とが》めず、是《こ》れ中《ちう》の徳《とく》あるを以《もつ》てゞある。亦陽爻《またやうかう》五に居《ゐ》るを柔中《じうちう》と曰《い》ふ。是《こ》れ亦陰《またゐん》にして陽《やう》に居《を》ると雖《いへど》も、中徳《ちうとく》あるが故《ゆゑ》に咎《とが》めず、陽爻《やうかう》五に居《を》れば、剛《がう》

健中正《けんちうせい》と曰《い》ふ。是《こ》れ陽爻《やうかう》の餘徳《よとく》を具備《ぐび》したるものである

◎應爻の義

應位の圖

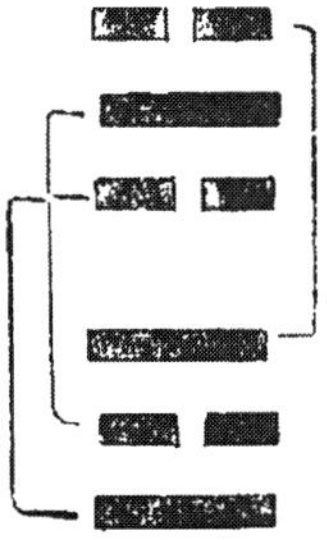

應《おう》とは陰陽感應《ゐんやうかんわう》する理《り》にして、男《だん》の女《ぢよ》を愛《あい》し、女《ぢよ》の男《だん》を慕《した》ふが如《ごと》く、互《たがひ》に意氣《いき》相投ずると謂《い》ふのである。應《おう》とは答《こたへ》である。應和《おうわ》である。故《ゆゑ》に君臣尊卑《くんしんそんぴ》夫婦《ふうふ》に於《お》ける、我《われ》と彼《かれ》とに於《お》ける、我《わ》れと事《こと》とに於《お》ける、我《わ》れと物《もの》とに於《お》ける、人《ひと》と神《かみ》とに於《お》ける、互《たがひ》に相感應《あひかんおう》するを指示《しじ》す。初《はじめ》の四と、二の五、三の上《うへ》と。各陰陽相應《かくゐんやうあひおう》ずるは、圖《づ》の如《ごと》くである。陽《やう》と陽《やう》、陰《ゐん》と陰《ゐん》とは相應《あひおう》じないのである。

◎比爻の義

比位の圖

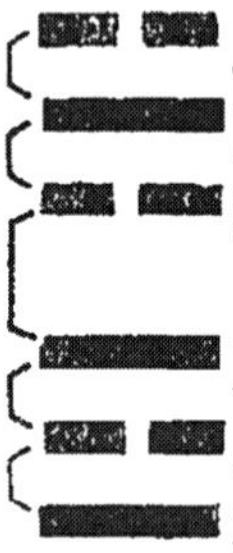

比《ひ》とは親比《しんひ》の義《ぎ》である。比鄰《ひりん》の義《ぎ》である。輔《たす》くるである。凡《およ》そ六爻中其位《かうちうそのゐ》に拘《かゝは》らず、陰爻陽爻比隣《ゐんかうやうかうひりん》すれば必《かなら》ず相親比《あひしんひ》し、相輔《あひたす》くるの義《ぎ》である。交際親睦《かうさいしんぼく》の上《うへ》、情《じやう》を結《むす》びて、事《こと》を遂《と》ぐべし。之《これ》を比《ひ》と謂《い》ふ。陽《やう》と陽《やう》、陰《ゐん》と陰《ゐん》とは比和《ひわ》しないのである。

第六編 易占筮儀

◎易の筮法

凡《およ》そ易《えき》の筮法《ぜいほふ》を論《ろん》ずる者《もの》、古來衆説《こらいしゆうせつ》一ならずと雖《いへど》も、唯本筮中筮略筮《たゞほんぜいちうぜいりやくぜい》の三法《ほふ》あるのみ、其他《そのた》は皆牽強附會《みなけんきやうふくわい》の妄説《もうせつ》である。本筮《ほんぜい》は繫辭傳《けいじふ》に詳說《せつせつ》する十八變《ぺん》の法《ほふ》である。中《ちう》筮《ぜい》は之《これ》を略《りやく》して六變《ぺん》となせしもの、略筮《りやくぜい》は更《さら》に略《りやく》して三變《ぺん》と爲《な》せしものであつて、皆《みな》理《り》のあるありに存《そん》ずるのである。故《ゆゑ》に何《いづ》れの法《ほふ》に依《よ》るも、其能《そのよ》く至誠《しせい》を竭《つく》して神《かみ》に通《つう》ずれば、其命《そのめい》を受《う》け得《う》るに至《いた》つては、即《すなは》ち一なるを以《もつ》て、予《よ》は數十年來《すうねんらい》の經驗《けいけん》に依《よ》り、斷《だん》じて三變《ぺん》の略筮《りやくぜい》を用《もち》ひ、敢《あえ》て其煩雜《そのはんざつ》を求《もと》めないのである。而《しか》して筮《ぜい》は本神明《ほんしんめい》に酬醋《しゆうせき》し、親《した》しく其命《そのめい》を受《う》くるの道《みち》であるから、其蓍《そのき》を揲《かぞう》るの際《さい》、妄念雜慮《もうねんざつりよ》を絶《た》ち、至誠《しせい》以《もつ》て之《これ》を求《もと》むるに非《あら》ざれば、之《これ》を得《う》ることは出來《でき》ない。若《も》し一毫《もう》の妄念《もうねん》を其間《そのあいだ》に挾《はさ》む時《とき》は、假令《たとへ》十有八變《いうぺん》するも、豈《あ》に鬼神《きしん》の之《これ》に感通《かんつう》するの理《り》あるべきやである。況《いはん》や吾輩《わがはい》常人《じやうじん》に於《おい》て、少時間《せうじかん》は妄念雜慮《もうねんざつりよ》を絶《た》つこと得《う》るも、十有八變《いうぺん》を爲《な》すの長時間《ちやうじかん》に亘《わた》りて、必《かなら》ず念慮《ねんりよ》の動《うご》くなきを保《ほ》せず、念慮僅《ねんりよわづ》かに動《うご》けば、即《すなは》ち其益無《そのえきな》きが故《ゆゑ》に、予《よ》は至誠專《しせいせん》一にして、占筮《せんぜい》の間《かん》、能《よ》く精神充滿《せいしんじうまん》して、小弛《こゆるみ》なく、其功《そのこう》を瞬時《しゆんじ》に爲《な》るを貴《たつと》び、煩《はん》を去《さ》り、簡《かん》に就《つ》き、常《つね》に略筮《りやくぜい》を用《もち》ゐ、敢《あへ》て其多《そのおほ》きを求《もと》めない。今初學者《いましよがくしや》の爲《た》めに其法《そのほふ》の大要《だいえう》を示《しめ》さう。

◎筮竹を分ける作法

凡《およ》そ人《ひと》の大事《だいじ》に臨《のぞ》むや、其吉凶成敗《そのきつきやうせいばい》は、未來《みらい》に前知《ぜんち》せんと欲《ほつ》するも、固《もと》より人知《じんち》の及《およ》ぶ所《ところ》では無《な》い。是《こゝ》に於《おい》て易道《えきだう》により、至誠《しせい》の術《じゆつ》を以《もつ》て、之《これ》を神《かみ》に問筮《もんぜい》すれば、一として示《しめ》し申《つ》げざるは無《な》い。其之《そのこれ》を筮《ぜい》せんとするに當《あた》りてや、先《ま》づ身《み》を淨《きよ》め、心《こゝろ》を洗《あら》ひ、閑室《かんしつ》に端座《たんざ》し、謹《つゝし》みて筮竹《ぜいちく》を取《こ》るべし。筮竹《せいちく》の數《すう》は五十本《ほん》にして、即《すなは》ち大衍《たいえん》の數《すう》である。此《こ》の五十本《ほん》の中《うち》より、一本《ほん》を除《のぞ》きて、中央《ちうわう》の筮大《ぜいだい》に立《た》て、之《これ》を太極《たいきよく》に象《かたど》り、神靈《しんれい》を倚《よ》らしむ。其餘《そのよ》の四十九本《ほん》を左《ひだり》の手《て》にて本《もさ》を握《にぎ》り、先《さき》を少《すこ》しく扇形《せんけい》に開《ひら》き、右《みぎ》の拇《おや》指《ゆび》を以《もつ》て、筮竹《ぜいちく》の少《すこ》し廣《ひろ》がりたる中邊《ちうへん》に當《あ》て、餘《よ》の四指《し》は外《そか》より之《これ》を抱《いだ》きて、額上《がくじやう》に捧《さゝ》げ、眼《め》を閉《と》ぢ、氣息《きそく》を閉塞《へいそく》し、其占《そのうら》なはんことを專念《せんねん》すると共《とも》に、他念《たねん》を去《さ》り、誠《せい》意正心《いせいしん》、精神《せいしん》の凝結《ぎやうけつ》する處《こゝろ》、思念《しねん》一徹《てつ》し、躬心天地《きうしんてんち》と一である。其之《それこれ》を思《おも》ひ、思《おも》ふて止《や》まざれば、神之《かみこれ》を祐《たす》く、即《すなは》ち氣息《きそく》の將《まさ》に絶《た》えなんとするに當《あた》りて、猶《なは》一層《そう》の氣力《きりよく》を增《ま》すと共《とも》に、筮竹《ぜいちく》を中分《ちうぶん》する時《とき》は、空間《くうかん》の靈意《れいい》、筮竹《ぜいちく》の數《すう》に感《かん》じて顯《あら》はる。是《こ》れ至誠《しせい》の道以《みちもつ》て前知《ぜんち》すべきの道術《だうじゆつ》である。而《しか》して其中分《そのちうぶん》して兩《ふたつ》と爲《な》し、以《もつ》て天地陰陽《てんちゐんやう》の兩儀《りやうぎ》に象《かたど》る。其右《そのみぎ》の策《さく》を机上《きじやう》に置《お》き、其中《そのうち》より一本《ほん》を取《と》りて、左《ひだり》の小指《こゆび》の間《あいだ》に挾《はさ》み、以《もつ》て天地《てんち》人《じん》の三才《さい》に象《かたど》るのである。次《つぎ》に左《ひだり》の手《て》に執《と》りたる筮竹《ぜいちく》を右《みぎ》の手《て》にて、二本《ほん》つゝ四たび、四たびに、即《すなは》ち八本《ほん》づゝ、段々《だんだん》に數《かぞ》へ除《のぞ》き、其零所《そのれいしよ》の數《すう》に、前《ぜん》の小指《こゆび》の間《あいだ》に挾《はさ》みたる一本《ほん》をも加《くは》へ終《をわ》り、卦《くわ》を立《たて》る。

一本殘れば乾《けん》☰の卦

二本殘れば兌《だ》☱の卦

三本殘れば離《り》☲の卦

四本殘れば震《しん》☳の卦

五本殘れば巽《そん》☴の卦

六本殘れば坎《かん》☵の卦

七本殘れば艮《こん》☶の卦

八本の滿數にて
殘り無き時は坤☷の卦

乃《すなは》ち天《てん》、澤《たく》、火《くわ》、雷《らい》、風《ふう》、水《する》、山《さん》、地《ち》の八象《せう》である。是《こ》の如《ごと》くにして初《はじ》めて得《え》たる卦《くわ》を内卦《ないくわ》と稱《しよう》して、下《した》に置《お》き、再《ふた》び前法《ぜんほふ》の如《ごと》くにして、筮《ぜい》を別《わか》ち之《これ》を數《かぞ》へて得《え》たる卦《くわ》を外卦《ぐわいくわ》と稱《しよう》して上《うへ》に置《お》き、初《はつ》めて重畫《ちゆうくわ》六爻《かう》の一卦《くわ》を爲《な》すのである。六十四卦《くわ》の中《うち》、何《いづ》れの卦《くわ》が現《あら》はれずと云《い》ふことはない、例《たと》へば初《はじ》めに一本殘《ほんのこ》れば、乾《けん》にして、之《これ》を下《した》に置《お》き、次《つぎ》に五本殘《ほんのこ》れば、巽《そん》にして、上《うへ》に置《お》く、上下合《じやうげがつ》して ䷈ 風天小畜《ふうてんせうちく》の卦《くわ》となるのである。又初《またはじ》めに二本殘《ほんのこ》り次《つぎ》に六本殘《ほんのこ》れば ䷻ 水澤節《するたくせつ》の卦《くわ》となるのである。

六十四卦皆此《くわみなこ》の例《れい》に準《じゆん》じて知《し》れ。

◎變爻筮法

斯《かく》の如《ごと》くにして卦《くわ》を得《う》れば、次《つぎ》に爻《かう》の變《へん》を見《み》るのである。其筮法《そのぜいほふ》は都《すべ》て前《ぜん》の如《ごと》くであるけれども、唯筮竹《たゞぜいちく》を數《かぞ》ふるに、前《ぜん》の卦《くわ》を得《う》るれば、八本拂《はんはら》ひにするは、卦《くわ》は八卦《けい》なるが故《ゆゑ》である。今爻《いまかう》は六爻《かう》なるが故《ゆゑ》に二本《ほん》つゝ三たび、三たびと、六本拂《ほんはら》ひにして、餘《あま》りの數《すう》を取《ご》るのである。乃《すなは》ち一本殘《ほんのこ》れば、初爻《しよかう》にして二本殘《ほんのこ》れば、二爻《かう》と、段々數《だんだんかぞ》へて、終《おはり》に六本《ほん》の滿數《まんすう》なれば、上爻《じやうかう》と見《み》るのである。其《その》一二三の位《くらゐ》は、下《した》より逆《さかさ》に數《かぞ》へ上《あ》げるのである。故《ゆゑ》に最下《さいか》を初《しよ》と曰《い》ひ、最上《さいじやう》六本目《ほんめ》を上爻《じやうかう》と曰《い》ふのである。此《これ》に於《おい》て初《はじ》めて何卦何爻《なんくわなんかう》と相當卦定《さうたうくわさだ》まるのである。

右《みぎ》の如《ごと》く卦《くわ》を得《え》たる上《うへ》にて彖象《たんせう》の辭《ことば》にて、其占筮《そのせんぜい》したる事項《じこう》の大體《だいたい》を觀《み》、其得《そのえ》たる爻《かう》の辭《ことば》にて、一時《じ》の吉凶悔吝《きつきようかいりん》を斷《だつ》ずるのである

第七編　陰陽八卦の義

陰陽《ゐんやう》と事物《じぶつ》に就《つい》て見《み》る時《とき》は概《おほむ》ね左《さ》の如《ごと》くである。

陽《やう》	陰《いん》
天《てん》	地《ち》
日《じつ》	月《げつ》
晝《ちう》	夜《や》
健《けん》	順《じゅん》
剛《がう》	柔《じゅう》
男《だん》	女《ぢょ》
夫《ふう》	婦《ふ》
君《くん》	臣《しん》
大《だい》	小《せう》
進《しん》	退《たい》
盈《えい》	虧《き》
動《どう》	靜《せい》
開《かい》	閉《へい》
表《へう》	裏《り》
眞《しん》	僞《ぎ》
昇《せう》	降《かう》
貴《き》	賤《せん》
富《ふう》	貧《ひん》
正《せい》	邪《や》
清《せい》	濁《だく》
善《ぜん》	惡《あく》
生《せい》	死《し》
氣《き》	形《けい》

☰ 乾

乾《けん》は天《てん》である。乾燥《かんそう》は天《てん》の所爲《しよゐ》にして、造化《ざうくわ》の本《もと》たることを謂《い》ふのである。此《こ》の卦《くわ》三奇純陽《きじゅんやう》にして、缺《か》くる處《ところ》なきの象《かたち》である。純陽缺《じゅんやうか》くる處《ところ》なきものは氣《き》である。其德《そのとく》は健《けん》である。

天《てん》、太陽《たいやう》、圓《えん》《まどか》、大《たい》、始《し》、統《とう》、施《し》、明《めい》、御《ぎよ》《つかふ》、正《せい》、大和《たいわ》《やわらか》、寧《ねい》《やすし》、
剛《かう》《つよし》、誠《せい》《まこと》、天子《てんし》、君《きみ》、父《ち》、夫《ふ》《をつと》、大人《たいじん》、聖《せい》《ひじり》、君子《くんし》、首《しゆ》《かしら》、西北《さいほく》《にしきた》、
秋《しう》、辛《しん》《からし》、肺臟《はいざう》、戊亥《はしゐ》、天命《てんめい》、四九數《しくすう》、嚴肅《げんしゆく》、高貴《かうき》、易簡《えきかん》《やすくてかる》、
大度《たいど》、大器《たいき》、老成《らうせい》、運轉《うんてん》、眞實《しんじつ》、滿足《まんぞく》、上達《じやうたつ》、自然《しぜん》、至德《しとく》、
闢《へき》《ひらく》、卓見《たくけん》
(初爻《しよかう》)騰貴《とうき》、確乎《かくこ》、不拔《ふばつ》
(二爻《かう》)博愛《はくあい》、保合《ほがう》、立誠《りつせい》、寬仁《かんじん》、矍鑠《くわくしやく》、優勝《いうしやう》、純粹《じゆんすゐ》
(三爻《かう》)驕奢《きやうしや》、侵淩《しんれう》、勉强《べんきやう》、君子《くんし》

☷ 坤

坤《こん》は地《ち》である。天《てん》腸承《う》けて萬物《ばんぶつ》を生育伸長《せいいくしんちやう》するの義《ぎ》であつて、造化《ざうくわ》の用《よう》である。此《こ》

の卦《くわ》三偶純陰《ぐうじゅんいん》にして、容《い》れざる所《ところ》なきの象《かたち》である。純陰《じゅんいん》にして容《い》れざる所《ところ》なきものは順《じゅん》の性《せい》である。

地《ち》、地球《ちきう》、至《し》《いたる》、生《せい》《いきる》、厚《かう》《あつし》、載《さい》《のせる》、含弘《ぐわんこう》《ふくむひろし》、牝馬《めうま》、迷《めい》《まよい》、常《じやう》《つね》、柔《じゆう》《やわらか》、主《しゆ》利《り》、庶民《しよみん》、臣《しん》、妻《さい》、母《ほ》、凡庸《ほんよう》、小人《せうじん》、腹《ふく》、西南《せいなん》、甘味《かんみ》、胃腑《ふ》、未申《みしん》、五十數《すう》、夏秋《かしう》の間《かん》、衆庶《しゆうしよ》《おほくのひと》、平凡《へいぼん》、吝嗇《りんしよく》、惜《せき》《をしむ》、輿《よ》《くるま》、文《ぶん》、平均《へいきん》、乏《ばう》《とぼし》、貯蓄《ちよちく》、暗愚《あんぐ》、聚歛《しうれん》《あつめおさむる》、布藏《ふざう》《しきかくす》、鞄《はう》《かばん》、受承《じゆじやう》《うくる》、役《えき》せらる、服從《ふくじゆう》、共同《けうどう》、省略《せうりやく》、徒黨《ととう》、勞働《らうどう》、亂雜《らんざつ》、厚顏《かうがん》、易《えき》《やすくて》簡《かん》、闔《がい》、朋類《ほうるゐ》、圖《づ》、器《き》、能《のう》、法《ほふ》、化《くわ》、黄色《くわうしよく》、

(初爻《しよかう》)卑賤《ひせん》、奴僕《どれい》、不善《ふぜん》、馴《じゆん》、邪《じや》、

(二爻《かう》)抱《はう》、撫恤《ぶじゆつ》、慈善《じぜん》、方正《はうせい》、

(三)爻《かう》 疑《ぎ》、无《なし》レ成《なす》、

☳ 震《しん》

震《しん》は雷《らい》である。動《どう》は雷《らい》の所爲《しよい》にして、萬物《ばんぶつ》雷《らい》の生氣《せいき》に由《よ》り、鼓動發育《こどうはついく》せざるは無《な》い。即《すなは》ち造化《ざうくわ》の用《よう》である。此《こ》の卦《くわ》一陽《やう》二陰《ゐん》の下《した》に在《あ》り、陽《やう》は剛《がう》にして動《うご》き升《のぼ》るの性《せい》である。陰《ゐん》は柔《じゆう》にして靜《しづか》に降《くだ》るの性《せい》である。今《いま》一陽《やう》二陰《ゐん》の下《した》に抑《おさ》へらる。故《ゆゑ》に奮激《ふんげき》して動《うご》き上《あが》らんとする象《かたち》である。是《こ》れを人《ひと》にすれば恰《あたか》も大人《だいじん》の小人《せうじん》の下《しも》に居《を》り、智者愚者《ちしやぐしや》の下《しも》に坐《ざ》するが如《ごと》く、憤激《ふんげき》して發出《はつしゆつ》するの象《かたち》である。

雷《らい》、動《どう》、慟《どう》、勤《きん》、稼《か》、憤激《ふんげき》、奮發《ふんぱつ》、幾《き》、決斷《けつだん》、動搖《どうえう》せしむ、修省《しうせい》《をさめかへりみる》、賢人《けんじん》、祭主《さいしゆ》、長男《ちやうなん》、足《あし》、東方《こうはう》、春《はる》、酸味《さんみ》、青色《せいしよく》、肝《かん》臟《ざう》、卯《う》、三八數《すう》、往《ゆく》、音《おん》、壯夫《さうふ》《ますらを》、威權《ゐけん》、道路《だうろ》、活《くわつ》《いきる》、意氣地《いきぢ》、

勇《いう》《いさむ》、勢《いきほひ》、活潑《くわつぱつ》、勵《はげむ》、跋扈《ばつこ》、烈《れつ》、立志《りつし》、電氣《でんき》、氣轉利《きてんきゝ》、精力《せいりよく》、聲《こゑ》を發《はつ》す、地震《ぢしん》、冐《ばう》、

（初爻《しよかう》）木《もく》、大作《たいさく》、事《こと》、發起《ほつき》、征討《せいとう》、志《こゝろざし》、怒《いかる》、進《すゝむ》、彈劾《だんがい》、努《ど》力《りよく》、俠氣《けうき》、卒先《そつせん》、排欝《はいうつ》、攻擊《こうげき》、昇進《せうしん》、氣慨《きがい》、捗《わた》る、判決《はんけつ》、運否天賦《うんぴてんぷ》、威迫《ゐはく》、侵略《しんりやく》、

（二爻《かう》）影響《えいきやう》、名譽《めいよ》、驚嚇《けうくわく》、雷同《らいごう》せらる、鬧《さわぐ》、蹂躙《じゆうりん》、

（三爻《かう》）驚嚇《けうかく》、雷同《らいごう》せらる、鬧《さわぐ》、暴擧《ぼうきよ》、傍若無人《はうぎやくむじん》、躓《ち》、蹂躙《じゆうりん》、

☴ 巽《そん》

巽《そん》は風《かぜ》である。風《かぜ》の物《もの》に從《したが》ひ、萬物《ばんもつ》を皷舞渙散《こぶくわんさん》して、之《これ》を生育《せいいく》するは、其性《そのせい》にして、造化《ざうくわ》の用《よう》である。此《こ》の卦《くわ》一陰二陽《かんやう》の下《した》に在《あ》り、陽《やう》は強《つよ》く、陰《ゐん》は弱《よは》し、今《いま》一陰《ゐん》二陽《やう》の下《もと》

に降《くだ》り、入《い》るの象《かたち》である。是《こ》れを人《ひと》にすれば、氣慨乏《きがいとぼ》しく、恭服《けうふく》して人《ひと》の氣《き》に入《い》らとするの象《かたち》である。

風《ふう》、恭服《けうふく》、伏入《ふくにう》、進退不果《しんたいふくわ》《すゝみしりぞくはたさず》、如才《ぢよさい》なし、長女《ちやうぢよ》、股《もゝ》、東南方《とうなんはう》、春夏《しゆんか》の間《あいだ》、酸味《さんみ》、白色《はくしよく》、肝臓《かんぞう》、辰巳《たつみ》、三八數《すう》、工《こう》、反目《はんもく》、魚《ぎよ》、繩直《でうちよく》、葛藟《かつるい》、命令《めいれい》、長《ちやう》、高《かう》、臭《しう》《くさし》、依賴《いらい》、風俗《ふうぞく》、敎《けう》《をしへ》、妾《せふ》《そばめ》、係《けい》、委托《ゐたく》、戀《れん》、或《わく》《あるひ》、疑《ぎ》、勿《つね》レ恒《なし》、疾《さ》《はや》し、拜聽《はいちやう》、會合《くわいがふ》、廣告《くわうこく》《ひろくつぐる》、散《さん》《ちらし》、關涉《くわんしやう》《あづかる》、通《つう》、揉《じう》《もむ》、生聞《せいぶん》、隨從《ずゐじう》《したがふ》、

(初爻《しよかう》)瓜《うり》、不《た》レ勝《へず》、陪從《はいじう》、靡《ひ》、幇間《ほうかん》、媚《び》《こぶ》、首鼠《しゆそ》、反間《はんかん》、闚《き》、

(二爻《かう》)馴合《なれあひ》、風采《ふうさい》、風評《ふうへう》、風致《ふうち》、布告《ふこく》、花主《くわしゆ》《とくい》、周旋《しうせん》、優美《いうび》、宥免《いうめん》《ゆるす》、流行《りうかう》《はやる》、投機《とうき》、都合《つがふ》、工夫《くふう》、薫陶《くんとう》、景氣《けいき》、經濟《けいざい》、

權柄《けんぺゐ》、諷諫《ふうれん》、風流《ふうりう》、周《あまねし》、接待《せつたい》、融通《ゆうつう》、修好《しうかう》、比擬《ひぎ》、
推考《すゐかう》、
（三爻《かう》）躁動《さうどう》《さわぐ》、輕薄《けいはく》、彷徨《はうくわう》、漠然《ばくぜん》、狼狽《らうばい》、無稽《むけい》、倉卒《さうそつ》、

☵ 坎《かん》

坎《かん》は水《みづ》である。水《みづ》は萬物《ばんもつ》を滋潤《ぢじゆん》するものである。即《すなは》ち造化《ざうくわ》の用《よう》である。坎《かん》の字《じ》は土《つち》の欠《か》けたると謂《い》ふものにして、水《みづ》の低《ひく》きに陷《おちい》ると謂《な》ふのである。此《こ》の卦《くわ》一陰二陽《ゐんやう》の間《あいだ》に陷《おちい》るの象《かたち》である。之《これ》を人《なぞ》にすれば、困難《こんなん》に陷《おちい》りて艱《なや》める象《かたち》である。

水《する》、陷《かん》、隱伏《ゐんふく》《かくれる》、月《げつ》、通《とほる》、中男《ちうだん》、耳《じ》、北方《ほくはう》、冬《とう》、鹹味《かんみ》、黑色《こくしよく》、
腎臟《じんざう》、子《し》、一六數《すう》、邪魔《じやま》、狐《きつね》、狡猾《かうかつ》、穴《けつ》、血《けつ》、寒《かん》、不明《ふめい》、
窮迫《きうはく》、盲人《もうじん》、險《けん》《けにしき》、不景氣《ふけいき》、悖《はい》《もとる》、妨《はう》《さまたげ》、

（初爻《しよかう》）憂《いう》《うれへ》、苦勞《くらう》、鬱閉《うつぺい》、怨《えん》《うらみ》、萎靡《ゐび》、暗愚《あんぐ》、心障《しんしやう》《こゝろのさはり》、哀《あひ》《かなし》、寂寥《せきれう》、
擯斥《ひんせき》せらる、貧窮《ひんきう》、隱慝《いんさく》《かくすあしきこと》、厭《えん》、不快《ふくわい》、機密《きみつ》、惰夫《だふ》《ぶしやう》、

（二爻《かう》）思慮《しりよ》《おもひをもんぱかり》、酒食《しゆしよく》《さけくひもの》、法律《ほふりつ》、習敎《しふけう》《ならひをしへ》、辛抱《しんはう》、大川《たいせん》、情《じやう》、注意《ちうい》、
慷慨《かうがい》、堪忍《かんにん》、摧心《さいしん》、心操《しんさう》、懺悔《ざんげ》、氷解《ひようかい》《こほりとくる》、濟《せい》《わたる》、

（三爻《かう》）盜賊《ごうぞく》、寇《こう》《あだ》、惡《あく》、神經病《しんけいべう》、刑《けい》、眚《せい》《わざはひ》、疾《やまひ》、恥羞《ちしう》《はぢ》、害《がい》《そこなふ》、敗《はい》《やぶる》、
咎《きう》《とが》、醜《しう》《みにくし》、寃罪《えんざい》《むじつ》、呆《がひ》《あきる》、痛《つう》《いたむ》、薄命《はくめい》《ふしあはせ》、纍障《るいしやう》《やつくしさはり》、千辛萬苦《せんしんばんく》、淫《いん》《いた》、
奔《ほん》《づら》、破廉恥《はれんち》、滅亡《めつぼう》、流離《りうり》、流連《りうれん》、汚名《をめい》、橫着《わうちやく》、姦雄《かんいう》、
橫奪《わうだつ》、倒產《たうさん》、潰《つぶれる》、嫉妬《しつと》《ねたむ》、無賴漢《ぶらいかん》、窮策《きうさく》、詐欺《さぎ》、危急《ききう》、
悶《もん》《もだへる》、無情《むじやう》、

☲ 離《り》

離《り》は火《ひ》である。附着《ふちやく》の義《ぎ》にして、物《もの》に麗《つき》て發《はつ》するは、火《ひ》の所爲《しよゐ》である。火《ひ》は萬物《ばんもつ》を燥《かわ》かし、物《もの》を明《めい》にす、即《すなは》ち造化《ざうくわ》の用《よう》である。此《こ》の卦《くわ》一陰《ゐん》二陽《やう》の間《あいだ》に麗《つ》ぐ、陽《やう》は強《つよ》く、陰《ゐん》は弱《よわ》し、其勢《そのせい》兩附《りやうふ》せざるを得《え》ざるの象《かたち》である。之《これ》を人《ひと》にすれば、火《ひ》の明《あきらか》なるが如《ごと》く知識《ちしき》あるの象《かたち》である。

火《くわ》、文明《ぶんめい》、附着《ふちやく》《つく》、智慧《ちゑ》、中女《ちうぢよ》、眼《まなこ》、南方《なんはう》、夏《なつ》、苦味《くみ》、赤色《せきしやく》。心臟《しんざう》、午《うま》、二七數《すう》、曰《いふ》、大腹《たいふく》《おほはら》、網罟《もうこ》《あみ》、鋭《えい》《するどし》、

(初爻《しよかう》)交錯《かうさく》《まじはる》、馬鹿正直《はかしやうじき》、

(二爻《かう》)見《あらはる》、文《ぶん》、照明《せつめい》《てらしあきらか》、資財《しざい》《もとだから》、善《ぜん》、才子《さいし》、學士《がくし》、係連《けいれん》《かゝりあひ》、辨知《べんち》、賞《しよう》、爵《しやく》、威《ゐ》、賢《けん》、无レ所レ容《いるゝところなし》、捕《とら》へる、優美《いうび》、發明《はつめい》、怜《れい》

悧《り》、花華《くはくわ》《よきはな》、晴《せい》《はれる》、自得《じとく》、洞察《どうさつ》、機智《きち》、智覺《ちかく》、着眼《ちやくがん》、臨《りん》機應變《きおうへん》。豫期《よき》、鑒定《かんてい》、當意即妙《たういそくめう》、達觀《たつくわん》、聰明《そうめい》、條理《でうり》、美麗《びれい》、華奢《くわしや》《しし》、光《ひかり》、敏捷《びんせう》《はやし》、網羅《まうら》、形容《けいえう》、檢査《けんさ》、燥《かわ》かす、附會《ふくわい》、

（三爻《かう》）傍觀《ほうくわん》、發表《はつぺう》、眺《ながむる》、離間《りかん》、怒《いかる》、疾視《しつし》《にくみみる》、煩惱《はんのう》、過慮《くわりよ》、狡《かう》猾《かつ》、睨付《にらめつく》、蔑《べつ》、慢心《まんしん》。沸騰《ふつとう》。忿懣《ふんまん》、焦慮《せうりよ》、煽動《せんどう》《をだてる》、災《さい》《わざ》害《がい》《わひ》、焦眉《せうび》、

☶ 艮《こん》

艮《こん》は山《やま》である。止《とゞま》るなり、止《とゞま》りて動《うご》かざるは、山《やま》の所爲《しよゐ》である。山《やま》は地下《ちか》の火力《くわりよく》に

由《よ》りて、突出《とつしゆつ》して、高《たか》く地上《ちじやう》に聳《そび》へ、上《とゞま》りて動《うご》かざるものである。此《こ》の卦《くわ》一陽《やう》二陰《いん》の上《うへ》に在《あ》り、陽《やう》は上《のぼ》るの性《せい》である。陰《いん》は下《くだ》るの性《せい》である。今《いま》一陽《やう》二陰《いん》の上《うへ》に至《いた》る。更《さら》に進《すゝ》むべき所《ところ》なくして、止《とゞま》るの象《かたち》である。之《これ》を人《ひと》にすれば己《おの》れの見識《けんしき》を立《た》て、止《とゞま》りて動《うご》かざるの象《かたち》である。

山《さん》、止《し》《とゞまる》、篤實《とくじつ》《あつくまこと》、小男《せうなん》、手《て》、東北方《とうほくほう》、冬春之間《とうしゆんのあいだ》、甘味《かんみ》、黄色《くわうしよく》、脾胃《ひゐ》、丑寅《うしとら》、五十數《すう》、惰夫《だふ》、門闕《もんけつ》、狗《く》《いぬ》、終始《しじう》、敬肅《けいしゆく》《つゝしむ》、石《いし》、嶽《がく》、

（初爻《しよかう》）童僕《どうぼく》、閑《かん》、從者《じうしや》、僅《わづか》、陳腐《ちんぷ》、貯《たくわへ》、因循《いんじゆん》、偏屈《へんくつ》、隔意《かくい》、止《とゞ》められる、

（二爻《かう》）守《まもる》、小心《せうしん》、謙遜《けんそん》《へりくだち》、操《そう》、保守《ほしゆ》、維持《ゐぢ》、約束《やくそく》、靜謐《せいひつ》、無《ぶ》

事《じ》、止《とゞ》めらる、次《やどり》、質朴《しつぼく》、

（三爻《かう》）止《とゞ》めらる、頑固《ぐわんこ》、背《はい》、家《いへ》、取《とる》、防禦《ばうぎよ》《ふせぐ》、世情《せじやう》に通《つう》ぜず、疎《そ》《うとし》、儲蓄《ちよちく》《たくはへ》、手心《てごゝろ》、扱《あつかふ》、採用《さいよう》、掌握《しやうあく》、倨傲《きよがう》《をごりたかぶる》、我意《がい》、高《かう》尚《せう》、剛愎《がうふく》、嚴格《げんかく》、樓閣《ろうかく》、瓜彈《しだん》、權限《けんげん》、根性《こんじやう》、障礙《しやうげ》《さはり》、孤立《こりつ》、抵觸《ていしよく》、境界《けうかい》、莊嚴《そうごん》、謝絶《しやぜつ》、澁滯《じゆうたい》《とゞこほり》、

☱ 兌《だ》

兌《だ》は澤《さわ》である。澤《さわ》は水《みづ》を受《う》くるの地《ち》を謂《い》ふものにして、即《すなは》ち海《うみ》である。此《こ》の卦《くわ》一陰《いん》二陽《やう》の上《うへ》に在《あ》り、陽《やう》は剛《かた》く、陰《いん》は柔《やはら》かである。今柔弱《いまじゆうじやく》なるもの、陽剛《やうがう》の上《うへ》にあげらる。是《こ》れ悦《よろこ》ふの象《かたち》である。之《これ》を人《ひと》にすれば、恰《あだか》も少女《せうぢよ》の人《ひと》に寵遇《ちやうぐう》せられて、喜《よろこ》ぶが如《ごと》きの象《かたち》である。夫《そ》れ人《ひと》喜《よろこ》ぶ時《とき》は、口邊《こうへん》の法令《はふれい》の筋《すぢ》現《あら》はる。兌《だ》の字《じ》、蓋《けだ》し義《ぎ》を是《こゝ》に取《と》る

のである。

澤《たく》《さは》、悦《えつ》《よろこぶ》、見《あら》はる、和順《わじゆん》、毀折《きせつ》《そこなふ》、少女《せうぢよ》、口《こう》、西方《さいはう》、秋《しう》、辛味《しんみ》、白色《はくしよく》、肝臓《かんぞう》、酉《とり》、四九數《すう》、妾《せふ》《そばめ》、

（初爻《しよかう》）商量《しやうりやう》、謎《なぞ》、調《ととなふ》、謀《ぼう》、

（二爻《かう》）講習《かうしう》、辯解《べんかい》《いひわけ》、例言《れいげん》、圓滑《ゑんこつ》、方便《はうべん》、説明《せつめい》、誓《せい》、忠告《ちうこく》、穩當《おんたう》、格言《かくげん》、豫言《よげん》、嗜《たしなむ》、喩《たとへ》、妙《めう》、樂《らく》、歓待《くわんたい》《もてなし》、愛敬《あいけい》、讃美《さんび》、懷《なつく》、愉快《ゆくわい》、説諭《せつゆ》、好《このむ》、茶利《さり》、可愛《かあい》、愛相《あいさう》、怜悧《れいり》、得色《とくしよく》、嬉《き》、

（三爻《かう》）口舌《くぜつ》、笑《せう》、小人《せうじん》、不信《ふしん》、傷《しやう》、論議《ろんぎ》、捧腹《ほうふく》、發言《はつげん》、唱《せう》、陳述《ちんじゆつ》、呼吸《こきふ》、口實《こうじつ》、喜悦《きえつ》、威令《ゐれい》を行《おこな》ふ、誘引《ゆういん》《さそふ》、磁石《じしやく》、

放言《はうげん》、駁撃《はくげき》、罵詈《ばり》、冷笑《れいせう》、閉口《へいこう》、僻説《へきせつ》、遁辭《とんじ》、決定《けつてい》、流言《りうげん》、利己《りこ》、可笑《かせう》、賄賂《わいろ》、詑《わび》、騙《だます》、喝采《かつさい》、餘澤《よたく》、誑《あざむく》、唆《そゝのかす》、半面學《なまいき》、噂《うはさ》、喧嘩《けんくわ》、告發《こくはつ》、媚《び》、讒謗《ざんばう》、呵《しかる》、

周易上經

䷀ 乾《けん》爲《ゐ》天《てん》

䷁ 坤《こん》爲《ゐ》地《ち》

䷂ 水雷屯《すゐてんしゆん》

山水蒙《さんすゐもう》

水天需《すゐてんじゆ》

天水訟《てんすゐしやう》

地水師《ちすいし》

水地比《すゐちひ》

風天小畜《ふうてんせうちく》

天澤履《てんたくり》

地《ち》天《てん》泰《たい》

天《てん》地《ち》否《ひ》

天《てん》火《くわ》同《どう》人《じん》

火《くわ》天《てん》大《たい》有《いう》

地《ち》山《ざん》謙《けん》

雷《らい》地《ち》豫《よ》

澤雷隨《たくちいずゐ》

山風蠱《さんぷうこ》

地澤臨《ちたくりん》

風地觀《ふうちくわん》

火雷噬嗑《くわらいぜいがふ》

山火賁《さんくわひ》

䷖ 山《さん》地《ち》剝《はく》

䷗ 地《ち》雷《らい》復《ふく》

䷘ 天《てん》雷《らい》无《む》妄《ばう》

䷙ 山《さん》天《てん》大《たい》畜《ちく》

䷚ 山《さん》雷《らい》頤《い》

䷛ 澤《たく》風《ふう》大《だい》過《くわ》

䷜

坎《かん》爲《ゐ》水《すゐ》

䷝

離《り》爲《ゐ》火《くわ》

周易下經

䷞

澤《たく》山《さん》咸《かん》

䷟

雷《らい》風《ふう》恒《こう》

䷠

天《てん》山《ざん》遯《こん》

雷《らい》天《てん》大《たい》壯《さう》

火《くわ》地《ち》晉《しん》

地《ち》火《か》明《めい》夷《い》

風《ふう》火《くわ》家《か》人《じん》

火《くわ》澤《たく》睽《けい》

水《すゐ》山《ざん》蹇《けん》

雷《らい》水《すゐ》解《くわい》

山澤損《さんたくそん》

風雷益《ふうらいえき》

澤天夬《たくてんくわい》

天風姤《てんぷうこう》

澤地萃《たくちすゐ》

地風升《ちふうしやう》

䷮ 澤《たく》水《すゐ》困《こん》

䷯ 水《すゐ》風《ふう》井《せい》

䷰ 澤《たく》火《くわ》革《かく》

䷱ 火《くわ》風《ふう》鼎《てい》

䷲ 震《しん》爲《ゐ》雷《らい》

䷳ 艮《ごん》爲《ゐ》山《ざん》

風《ふう》山《さん》漸《ぜん》

雷《らい》澤《たく》歸《き》妹《まゐ》

雷《らゐ》火《くわ》豐《ほう》

火《くわ》山《さん》旅《りよう》

巽《そん》爲《ゐ》風《ふう》

兌《だ》爲《ゐ》澤《たく》

風水渙《ふうすゐくわん》

水澤節《すゐたくせつ》

風澤中孚《ふうたくちうふ》

雷山小過《らいさんせうくわ》

水火既濟《すゐくわきさい》

火水未濟《くわすゐみせい》

第八編　神通占筮の經驗

◎八歳にして經典の暗誦

余《よ》は天保《てんぱう》三年《ねん》十一月《ぐわつ》一日《にち》江戸《えど》三十間町《けんちやう》に生《うま》れたのである。幼年《えうねん》の間《あいだ》別《べつ》に大病《たいびやう》に罹《かゝ》つたことは無《な》いけれども、身體虚弱《しんたいきよじやく》にして、虫氣《むしけ》あつて、他《た》の小兒《こども》よりも弱《よわ》く、四歳《さい》に至《いた》る迄《まで》は歩行《はかう》することが出來《でき》なかつた。兩親《りやうしん》は痛《いた》く之《これ》を憂《うれ》へ、灸《きう》を點《す》へ、赤蛙《あかゞへる》を服用《ふくよう》せしめて、愛撫《あいぶ》して呉《く》れた。兩親《りやうしん》の丹精《たんせい》と寵愛《ちやうあい》とに依《よ》つて成長《せいちやう》し、稍《やゝ》物覺《ものおぼ》えした頃《ころ》、即《すなはち》五歳《さい》の時姉兩人《ときあねりやうにん》に導《みちび》かれて、加賀町《かゞちやう》(東京京橋區《とうきやうきやうばしく》)の殿岡堂《とのをかだう》と云《い》ふ手習《てならひ》の師匠《ししやう》に就《つい》て學《まな》んだが、余《よ》の智識《ちしき》は凡《すべ》て他《た》の友《とも》と較《くら》ぶると、劣《おと》つて居《ゐ》たけれども、暗誦《あんしよう》の力《ちから》は格《かく》別心《べつこゝろ》を用《もち》ひずして、人《ひと》よりも優《すぐ》れて居《ゐ》たのである。其時《そのとき》父《ちゝ》は毎日鍋島南部《まいにちなべしまなんぶ》兩家《りやうけ》の普請《ふしん》を受負《うけお》ひ、其見廻《そのみまは》りに行《ゆ》く通路《つうろ》であつたから、稀《まれ》には伴《つ》れて行《ゆ》かれることもあつた。

父母《ふぼ》の余《よ》を寵愛《ちやうあい》すること一方《かた》ならず、母《はゝ》は余《よ》に六諭衍義《ゆいんぎ》を敎《おし》へ、余《よ》が言行《げんかう》に過《あやま》ちあれば、此《こ》の書《しよ》に依《よ》つて、常《つね》に諄々《じゆん〳〵》訓戒《くんかい》して怠《おこた》らなかつたのである。爲《た》めに二人《にん》の姉《あね》も余《よ》と倶《とも》に此《こ》の書《しよ》を暗記《あんき》し、小供心《こどもごゝろ》に之《これ》を貴《たつと》き教《おし》へなりと思《おも》つて信《しん》じて居《ゐ》た。余《よ》が恒《つね》に屢《しば》々《〳〵》人《ひと》に向《むか》つて語《かた》る如《ごと》く、余《よ》が八歳《さい》の時《とき》より父《ちゝ》は經典餘師《きやうてんよし》の假名付《かなづ》けの四書《しよ》を手《て》にし、余《よ》には假名《かな》の付《つ》かぬ四書《しよ》を持《も》たせて教《おし》へた。余《よ》大聲《たいせい》にて十度《たび》之《これ》を朗讀《らうどく》すれば、曾《かつ》て忘《わす》るゝことは無《な》い。自《みづか》ら察《さつ》するに、余《よ》が性《せい》は目《め》弱《よは》くして耳《みゝ》の强《つよ》かつたものであらう。又《また》父《ちゝ》の不在中《ふざいちう》と雖《いへど》も母《はゝ》に託《たく》して毎日《まいにち》余《よ》に復習《ふくしふ》せしむるを常《つね》として居《ゐ》た。然《しか》るに余《よ》は之《これ》を朗讀《らうどく》するのみにて、理《り》の解《かい》せざるが爲《た》めに、往々《わう〳〵》其命《そのめい》を守《まも》らないことがある。父《ちゝ》歸《かへ》つて留守中《るすちう》に余《よ》の復讀《ふくどく》せしや否《いな》やを母《はゝ》に問《たづ》ねる。母《はゝ》は又《また》自《みづか》ら其申付《そのまをしつ》けを忘《わす》れたりと答《こた》へて、父《ちゝ》に謝《しや》する。此《こ》の際《さい》父《ちゝ》は直接《ちよくせつ》に余《よ》を叱《しか》らないで、母《はゝ》の申付《まをしつ》けない事《こと》を責《せ》めて、母《はゝ》を咎《とが》むるを以《もつ》て、余《よ》は幼少《えうせう》ながらも、母《はゝ》に氣《き》の毒《どく》なりとの感《かん》を抱《いだ》いて、毎日復讀《まいにちふくどく》に勉《つと》め、五經《きやう》の禮記《れいき》までは、略《ほ》ぼ暗誦《あんしよう》し了《しま》つたが、後《の》ち是《こ》れが非常《ひじやう》の素養《そやう》となつたと思《おも》ふ。又《また》普通《ふつう》の軍書《ぐんしよ》は幼少《えうせう》の時《とき》より面白《おもしろ》きが故《ゆゑ》に、和漢《わかん》ともに大抵《たいてい》讀《よ》んで、今尚《いまた》は之《これ》を暗記《あんき》して居《ゐ》る。諺《ことわざ》に讀書《どくしよ》百遍義《ぺんぎ》自《みづか》ら通《つう》ずと云《い》ふが如《ごと》く、余《よ》も反復暗記《はんぷくあんき》したる結果聖人《けつくわせいじん》の書《しよ》は自《みづか》ら解《かい》するを得《う》るに至《いた》つたが、別《べつ》に師《し》に就《つい》て學《まな》んだと云《い》ふ譯《わけ》では無《な》い。

◎十四歳にして大金を儲く

余《よ》が十四歳《さい》の時《とき》に、父嘉兵衛《ちゝかへえ》は、余《よ》に謂《い》つて、汝若《なんぢも》し食《しよく》を斷《た》たば必《かなら》ず空腹《くうふく》なることを知《し》るであらう。然《しか》らば汝何《なんぢなに》を以《もつ》て食《しよく》を求《もと》むる途《みち》を立《た》つるか、士《し》、農《のう》、工《こう》、商《しよう》、各々《おのおの》分業《ぶんげふ》して其家業《そのかげふ》を怠《おこた》らざる者《もの》は、生活《せいくわつ》の途立《みちた》ち怠《おこた》る者《もの》は餓死《がし》を免《まぬが》れざるの理《り》は問《と》はずして明《あきら》かである。而《しか》して人《ひと》は固《もと》より老少不定明日《ろうせうふぢやうあす》の事《こと》も豫《あらかじ》め測《はか》られ無《な》い。今《いま》にも我《わ》れ死《し》することあるかも知《し》れない。汝我《なんぢわ》れの爲《な》せるが如《ごと》く家業《かげふ》を取《と》り行《おこな》ふを得《え》ば、則《すなは》ち可《か》、然《しか》らざる時《とき》は、母姉幷《はゝあねならび》に弟《おとうと》の身《み》は如何《いかん》ともする事《こと》は出來《でき》ない。止《や》むを得《え》ず、一家離散《かりさん》し各々他《おのおのた》に出《で》て、人《ひと》に雇《やと》はるゝとも又《また》は親類《しんるゐ》の厄介《やくかい》になるも、若《も》し、病者《びやうしや》ある時《とき》は、家内相寄《かないあひよ》つて、互《たがい》に看病《くわんびやう》することも、心《こゝろ》に任《まか》せないから、汝今《なんぢいま》よりして我《わ》れ死《し》せりと思《おも》つて、一家獨立《かどくりつ》の志望《しばう》を抱《いだ》くやうにせよ。汝本年既《なんぢほんねんすで》に十四才《さい》の春《はる》を迎《むか》へたのであるから、其心得《そのこゝろえ》かなければならぬ。我《わ》れ聞《き》く、人《ひと》は十四歳《さい》にして德定《とくさだま》る故《ゆゑ》に、德《とく》の字《じ》は十四の一心《こゝろ》を行《おこな》ふの意《い》であると、されば汝旣《なんぢすで》に其齡《そのとし》に逹《たつ》して居《ゐ》る。今充分《いまじゆうぶん》の覺悟《かくご》を以《もつ》て直《たゞ》ちに汝《なんぢ》の意《い》を吐露《とろ》せよと嚴命《げんめい》した。余《よ》は父《ちゝ》の言固《げんもと》より理《り》に於《おい》て尤《もつと》もなりと思《おも》つたけれども、斯《か》る事《こと》は念頭《ねんとう》に置《お》いたことも無《な》いから、返答《へんたう》する道《みち》も無《な》く、唯々《たゞたゞ》心《こゝろ》を痛《いた》めて忸怩《ぢくぢ》其言《そのい》ふ所《ところ》を知《し》らなかつた。すると母《はゝ》は傍《かたはら》に在《あ》つて、語《ご》を添《そ》へて之《これ》を取《と》り做《な》し、汝旣《なんぢすで》に十四歳《さい》なれば內心獨立《ないしんどくりつ》の覺悟《かくご》は概《おほむ》ね定《さだま》つて居《ゐ》るであらうが、今卽然《いまそくさう》は爲《な》し難《がた》いであらうから篤《とく》と熟考《ぢゆくかう》して、返答《へんたう》せよと、其塲《そのば》は漸《やうや》く濟《す》んだが、濟《す》まないのは、余《よ》の心《こゝろ》である。是《こ》れより余《よ》は世《よ》の生活《せいくわつ》の容易《ようい》ならざることを看破《くわんぱ》し、常《つね》に父《ちゝ》の言動《げんどう》に心《こゝろ》を注《そゝ》ぎ、材木賣買《ざいもくばいぐ》の呼吸《こきふ》、品質《ひんしつ》の檢査《けんさ》、受負普請《うけおひふしん》に付《つ》き、諸職工《しよしよくこう》の取扱《とりあつか》ひ、肝煎《きもいり》への差圖《さしづ》、棟梁小頭等《とうれうこがしらとう》の器量《きりやう》に依《よ》りて、或《あるひ》は命令《めいれい》し、或《あるひ》は相談《さうだん》する事《こと》、又《また》一方《はう》に於《おい》ては諸大名《しよだいみやう》の役人應對作事掛《やくにんおうたいさくじがゝり》の責任等《せきにんとう》に至《いた》る迄《まで》、略知得《ほゞちとく》したのである。而《しかう》して帳簿《ちやうぼ》精算《せいさん》の事《こと》も、余《よ》自《みづか》ら擔當《たんたう》し得《う》るに際《さい》し、偶々鍋島奧方《たまたまなべしまおくがた》の住居《じうきよ》の內《うち》一箇所《かしよ》普請受負入札《ふしんうけおひにうさつ》の事《こと》があつた。父《ちゝ》は、其見積《そのみつも》りを余《よ》に命《めい》じた。余《よ》は其命《そのめい》に從《したが》つて、繪圖《えづ》、仕様書等《しやうがきとう》を以《もつ》て晝夜《ちうや》心《こゝろ》を凝《こ》らし、先《ま》づ石材木材《せきざいもくざい》の積《つ》み立《た》てを爲《な》し、それより父《ちゝ》の常《つね》に信用《しんよう》して居《ゐ》る職人頭《しよくにんかしら》を集《あつ》めて手間賃諸入費《てまちんしよにうひ》をも計算《けいさん》し、結局《けつきよく》三千四百兩《りやう》の入札《にっさつ》を爲《な》したるに・幸《さいはひ》に二番札《ばんふだ》と些少《させう》の差《さ》で落札《らくさつ》したのである。父《ちゝ》は乃《すなは》ち曰《いは》く我《わ》れ死《し》せりと思《おも》つて一言《げん》も我《わ》れに謀《はか》ること無《な》く汝獨力《なんぢごくりよく》で之《これ》を計畫《けいくわく》せよ、損益《そんえき》の如何《いかん》は固《もと》より問《と》ふ所《ところ》ではない。唯々《たゞ〳〵》爰《こゝ》に戒《いまし》む可《べ》きは、普請《ふしん》の初《はじ》めから終《をわ》りに至《いた》るまで念入《ねんい》りに永保《ながも》ちの工夫《くふう》を凝《こ》らして事《こと》を行《おこな》ふやうにせよ、併《しか》し乍《なが》ら商人《しやうにん》の計算《けいさん》に於《おい》て一の誤《あやま》りあれば、忽《たちま》ち一家《か》の浮沈《ふちん》に關《くわん》すること恰《あだか》も武士《ぶし》の戰場《せんじやう》に於《おい》て一たび指揮《しき》を誤《あやま》れば、一軍《ぐん》の存亡《そんばう》に關《くわん》すると同《おな》じ實《じつ》に、商人《しやうにん》の損失《そんしつ》と爲《な》すは、武士《ぶし》の戰《たゝかひ》に出《い》でゝ手《て》を負《お》ふが如《ごと》く、損失多《そんしつおほ》きに達《たつ》すれば、討死《うちじに》を爲《な》すに異《こと》なる所《ところ》は無《な》い。又巨額《またきよがく》の借財《しやくざい》を爲《な》すに至《いた》ては恰《あだか》も石《いし》を負《お》ふて、泳《およ》ぐに等《ひと》しく、遂《つひ》に利息《りそく》の爲《た》めに溺死《できし》するを免《まぬが》れない。更《さら》に利益《りえき》を得《う》るの塲合《ばあい》を云《い》へば、今假《いまか》りに百兩《りやう》を得《え》たりとせんか、月《つき》一兩《りやう》の利子《りし》で、二人扶持《にんぶち》の定祿《じやうろく》に等《ひと》しい。即《すなは》ち百兩《りやう》の收益《しうえき》は武士《ぶし》の首《くび》一つ獲《え》たるに同《おな》じである。千兩《りやう》を利《り》すれば月《つき》十兩《りやう》の利子《りし》であつて、恰《あだか》も大將《たいしやう》の首《くび》一つを獲《え》たるやうである。一萬兩《まんりやう》を利《り》すれば月《つき》百兩《りやう》の利子《りし》であつて、城《しろ》一つを得《え》たるやうである。十萬兩《まんりやう》を利《り》すれば年《ねん》一萬兩《まんりやう》の利子《りし》であつて、國《くに》一つ得《え》たのと同《おな》じ、更《さら》に百萬兩《まんりやう》を利《り》すれば、恰《あだか》も天下《てんか》を掌握《せうあく》したるに同《おな》じである。唯々《たゞ》異《こと》なる所《ところ》は政治《せいくわつ》に關《くわん》せず、生殺與奪《せいさつよだつ》の權《はか》るゝ、衆《おほく》の臣下《しんか》を抱《かゝ》へ置《お》く等《とう》の必要《ひつえう》なきのみ、然《しか》れども身《み》の榮達榮華《えいたつえいぐわ》は前《まへ》に述《の》ぶる所《ところ》に依《よ》つて判明《はんめい》して居《ゐ》る。故《ゆゑ》に商業《しようげふ》を以《もつ》て身《み》を立《た》てんと欲《ほつ》する者《もの》は此《こ》の理《り》を胸裏《きやうり》に存《ぞん》せねばならぬ。又商人《またしようにん》が利《り》を射《ゐ》るの途《みち》は其採《そのと》る所《ところ》は結局《けつきよく》衣食住《いしよくじう》の三つに關《くわん》するものを基《もとゐ》とせねばならぬ、爰《こゝ》に其法《そのはふ》を說《と》かう。先《ま》づ金《かね》を貯蓄《ちよちく》して肥料《ひれう》を整《とゝの》へ、之《これ》を百姓《しやう》に貸與《たいよ》して生《しやう》ずる所《ところ》の農料《のうれう》の廉價《れんか》に依《よ》つて、得利《とくり》せしめ、己《おの》れは農産物《のうさんぶつ》の廉價《れんか》なるを得利《とくり》す、彼我《ひが》利《り》を共《とも》にするの理《しゆ》は、天地利用《てんちりよう》するに出《い》づるものにして、毫《かう》も人《ひと》を傷《きずつ》くる事《こと》は無《な》い。而《しか》して其得利《そのとくり》したる品《しな》は又必《またかなら》ず、他《た》より廉價《れんか》にて賣却《ばいきやく》するを得《う》へく、且《か》つ熱心《ねつしん》に其品《そのしな》の鑑定《かんてい》を盡《つく》し、品《しな》の正《たゞ》しきを保證《ほしやう》して過《あやま》ちにも、人《ひと》を欺《あざむ》く事《こと》なければ、世《よ》は之《これ》に依《よ》つて利《り》する所多《ところおほ》く、己《おの》れは世《よ》の信用《しんよう》に依《よ》つて、更《さら》に利《り》する所《ところ》が多《おほ》いのである。此《こ》れ所謂有無相通《いはゆるいうむあひつう》するの目的《もくてき》を達《たつ》し得《え》たるものである。と余《よ》は其言《そのげん》に感《かん》し服膺《ふくよう》して、自《みづか》ら受負《うけお》ひたる普請《ふしん》に從事《じゆうじ》し、晝夜《ちうや》奔走《ほんさう》して、身心《しんしん》を勞《ろう》したる結果《けつくわ》、約束日限《やくそくにちげん》の如《ごと》く五ヶ月間《げつかん》にと、竣工《しんこう》した。實《じつ》に商業《しようばい》は元直《もとね》の安《やす》さに在《あ》りとの理《り》に違《ちが》はず、初陣《ういぢん》に、受負金《うけおひきん》の凡《およ》そ一割餘《わりよ》即《すなは》ち四百五十圓《ゑん》を得《え》て、父《ちゝ》に捧《さゝ》げて、其《その》喜悦《きえつ》の親《かほ》を見《み》んと、欲《ほつ》したのである。父《ちゝ》も亦内心《またないしん》に喜《よろこ》びを含《ふく》んで、一と安心《あんしん》の狀《じやう》を示《し》した。母《はゝ》は父《ちゝ》の命《めい》に依《よ》り、襃美《ほうび》として木綿《もめん》の綿入《わたい》れ二枚《まい》同《おな》じ羽織《はおり》一枚《まい》を與《あた》へられた。尚《な》ほ父《ちゝ》は常《つね》に商業《しやうげふ》の成否《せいひ》は、元直《もとね》の如何《いかん》に在《あ》るは、論《ろん》を俟《ま》たない。凡《すべ》て商業《しやうげふ》を營《いとな》まんとせば、良好《りやうかう》の品《しな》を亦安價《あんか》にて買《か》ひ、薄利《はくり》にて賣《う》り捌《さば》く時《とき》は、商賣繁昌《しやうばいはんぜう》せざるとは無い。吾《わ》が躬《み》を奉《ほう》ずるとは儉約《けんやく》を第《だい》一とすれども、吝嗇《りんしよく》に陷《おちい》る時《とき》は必《かな》らず人《ひと》の惡《にく》みを買《か》ひ、妬《ねだみ》を受《う》け、災害《さいがい》を免《まぬ》がるゝと能《あた》はず、呉々《くれ〲》も此《こ》の邊《へん》へ注意《ちうい》せよと教訓《けうくん》せられた。

◎大損したる十八歳

余《よ》が十八歳《さい》の時南部《ときなんぶ》東海岸《とうかいがん》を見《み》んと欲《ほつ》して、遠野《とほや》を出立《しゆつたつ》し、釜石泊《かまいしどま》りの積《つも》りで、途《と》中仙人峠《ちうせんにんとうげ》を越《こ》へて下《くだ》ること略半《ほゞなか》ばにして麓《ふもと》なる大橋村《おほはしむら》を望《のぞ》めば、足下《そくか》に茶屋《ちや》がある。旅人《たびゞと》若《も》し中食《ちうじき》を希望《きばう》する時《とき》は、懸岸《かけし》に並立《へいりつ》して大音《だいおん》を發《はつ》すると其大音《そのだいおん》微《かす》かに茶屋《ちや》に達《た》するや、茶屋《ちや》は懸岸《かけし》に並立《へいりつ》せる人數《にんずう》を仰望《けいばう》し、之《これ》に割合《わりあは》して飯《めし》を焚《た》き、其蒸《そのむ》したる頃《ころ》に旅人《たびゞと》丁度其茶屋《ちやうどそのちやや》に達《たつ》するのである。余《よ》も其例《そのれい》に傚《なら》つて晝食《ちうじき》を命《めい》じ置《お》き豫期《よき》の時刻《じこく》に到着《とうちやく》して休息《きうそく》し居《ゐ》ると、時《とき》に亭主黑色《ていしゆこくしよく》の丸石《ぐわんせき》二三箇《こ》を取《と》り出《いだ》して云《い》ふやう、此《こ》の石《いし》は量目鐵《りやうもくてつ》に等《ひと》しく、且《か》つ鐵《てつ》に粘着《ねつちやく》する性《せい》がある。恐《おそら》くは磁石《じせき》であらうと、云《い》つて近隣《きんりん》に於《お》ける其所在地《そのしよざいち》を懇《ねんごろ》に敎《おし》へたので、余《よ》は其《その》一箇《こ》を貰《もら》ひ受《う》けて其夜《そのよ》釜石《かまいし》に一泊《はく》し、翌朝《よくて》此《こ》の石《いし》を携《たづさ》へて、山田《やまだ》港《こう》の知己《ちき》湊市兵衛《みなといちべゑ》氏《し》を訪問《はうもん》して一泊《はく》した。此《こ》の家《いへ》は南部領内《なんぶりやうない》の資産家《しさんか》で能《よ》く事理《じり》を辨《べん》じ得《う》る人《ひと》である。嘗《かつ》て南部家《なんぶけ》御用金命令《ごようきんめいれい》に應《おう》じて巨額《きよがく》の納金《なふきん》を爲《な》したるの功《こう》に依《よ》つて、士族《しぞく》に取《と》り立《た》てられたのであつた。余《よ》右《みぎ》の石《いし》を湊氏《みなとし》に示《しめ》して此《こ》の量目《りやうもく》が普通《ふつう》の石塊《せきくわい》に比《ひ》して過重《くわちやう》なるは、多量《たりやう》の鐵分《てつぶん》を含有《がんいう》すと信《しん》ず、果《はた》して然《しか》らば之《これ》を分解《ぶんかい》する時《とき》は莫大《ばくだい》の利益《りえき》を得《う》るであらう。然《しか》れども余《よ》一人《にん》の事業《じげふ》として之《これ》を經《けい》營《えい》することは出來《でき》ないから、願《ねが》はくは貴下《きか》も一臂《ぴ》の力《ちから》を假《か》し給《たま》へ、大橋附近《おほはしふきん》にて之《これ》を採掘《さいくつ》し貴下所有《きかしよいう》の牛《うし》を以《もつ》て釜石《かまいし》に運《はこ》び、夫《そ》れより三十里《り》の路《みち》を船《ふね》にて島《しま》の越《こし》まで運送《うんさう》し呉《く》れ給《たま》はゞ余《よ》は同所《どうしよ》より牛《うし》にて室羽鐵山《むろはねてつざん》に送《おく》り、之《これ》を分解《ぶんかい》するの任《にん》に當《あた》る。損《そん》するも二三百圓《ゑん》に過《す》ぎない、益《えき》すれば國家《こくか》の大利益《だいりえき》であると相談《さうだん》したので、速座《そくざ》に談《はなし》が纒《まとま》つて相當《さうたう》の時日《じじつ》を經《へ》て、湊氏《みなさし》は船《ふね》二十艘《さう》に積《つ》み込《こ》み、件《くだん》の石塊《せきくわい》を送《おく》り、余《よ》は室羽鐵山《むろはねてつざん》の爐《ろ》にて分解《ぶんかい》を試《こゝろ》みた所《ところ》が、其始《そのはじめ》は砂鐵《さてつ》は最《もつと》も早《はや》く銑鐵《せんてつ》と爲《な》つたが、暫《しばら》くにして所謂《いはゆる》殘錯粘《ざんさくね》ばりて、吹筒風穴《するこうふうけつ》を閉塞《へいそく》する爲《た》め、火力《くわりよく》を減《げん》じ成蹟不良《せいせきふりやう》にして、如何《いかん》ともすることは出來《でき》ない。遂《つひ》に之《これ》を中止《ちうし》するを得《え》ざるに至《いた》つた。

◎義兄の借財を引受く

余等父子《よらふし》盛岡《もりをか》へ出立《しゆつたつ》する際《さい》、江戸《えど》の家《いへ》は養子《やうし》して、之《これ》に家業《かげふ》を讓《ゆづ》つたが、其頃出入《そのころでいり》屋敷權門《やしきけんもん》の家《いへ》には勤番詰《きんばんつ》め、獨身《どくしん》の役人《やくにん》多《おほ》きが爲《た》めに、出入商人等《でいりしやうにん》は其役人等《そのやくにんら》の徒然《とぜん》を慰《なぐさ》むると稱《しよう》して、吉原品川等《よしはらしながはとう》の遊廓《いうくわく》に連《つ》れ行《ゆ》くの習慣《しふくわん》があつた。養子《やうし》の利兵衛《りへゑ》も其《その》悪風《あくふう》に感染《かんせん》したる結果《けつくわ》、家業《かげふ》を怠《おこた》り遊廓《いうくわく》に流連《りうれん》する事多《こゝおほ》く遂《そひ》に身代《しんだい》を覆《くつが》へし、父《ちゝ》の名《めい》義《ぎ》ある家《いへ》に莫大《ばくだい》なる借財《しやくざい》を負《お》ふて、如何《いかん》ともする能《あた》はざるに至《いた》つて、訴訟《そしやう》を提起《ていき》する者交々現《ものこもごもあら》はれたけれども、父歿《ちゝはつ》したる故《ゆゑ》一週間《しうかん》の日延《ひの》べを請《こ》ふて、其喪式《そのそうしき》を了《しま》つた後《のち》、其《そ》の訟《うつたへ》に應《おう》じやうとしたが、養子《やうじ》の利兵衛《りへゑ》は到底此家《とうていこのいへ》の相續覺束《さうぞくおぼつか》なき旨《むね》を申出《まをしい》でたから、余《よ》は自《みづか》ら之《これ》を引《ひ》き受《う》けて、債主《さいしゆ》の訴訟《そしやう》を提起《ていき》せし者《もの》七人《にん》を北《きた》の奉行溜《ぶげふだまり》に集《あつ》めて、さて拙者《せつしや》は遠州屋嘉兵衛《ゑんしうやかへゑ》（余《よ》の實《じつ》の名《な》）の實子《じつし》である。是《こ》れまで父《ちゝ》の命《めい》に從《したが》つて南部《なんぶ》領《れう》の鑛山《くわうざん》に從事《じうじ》したが、今度父《こんどちゝ》は病死《びやうし》し、又父《またちゝ》の留守中其家《るすちうそのいへ》を引《ひ》き受《う》けたる養子利兵《やうしりへ》衛《ゑ》は家業《かげふ》手に合《あ》はずして、諸方《しよはう》より借財《しやくざい》を爲《な》し。爲《た》めに今日諸氏《こんにちしよし》の訴訟《そしやう》に遭遇《さうぐう》するに至《いた》つたが、利兵衛《りへゑ》は到底之《とうていこれ》を負擔《ふたん》すこと能《あた》はざるを自認《じにん》したるに付《つい》て、余《よ》が之《これ》を引受《ひきう》けて辨濟《べんさい》に及《およ》ぼうと思《おも》ふ。固《もと》より此《こ》の負債《ふさい》は父《ちゝ》の名義《めいぎ》を信用《しんよう》の上《うへ》に成《な》り立《た》ちたる事柄《ことがら》であるから。余《よ》に於《おい》て高恩《かうおん》に報《むく》ひ、諸氏《しよし》の迷惑《めいわく》を解《こ》かうとは思《おも》ふが、今爰《いまこゝ》に拙者《せつしや》の身《み》に一金《きん》の蓄《たくは》へも無《な》いのである。今直《いまただ》ちに各々方《おのおのがた》に於《おい》ても無《な》きものを取《と》り得《え》ることは出來《でき》なからうと思《おも》ふ。拙者《せつしや》も無《な》き物《もの》を渡《わた》す事《こと》は出來《でき》ない。今乃《いますなは》ち徒《いたづ》らに訴所《うつたへじよ》に出入《しゆつにう》して年月《としつき》を送《おく》るは双方共《さうはうとも》に愚《ぐ》の至《いた》りであるから、各人《かくじん》七人《にん》にて拙者《せつしや》の身《み》を籤引《くぢひ》きにて當籤《たうせん》の家《いへ》に拙者《せつしや》を雇《やと》ひ、其給料《そのきよれう》を金高《きんだか》にして、各債主《かくさいしゆ》に分配《ぶんぱい》しやう。殊《こと》に債主《さいしゆ》の内未《うちいま》だ出《しゆつ》訴《そ》に及《およ》ばない仁主《じんしゆ》に對《たい》しては、尙更《なほさら》其給料分配《そのきふれうぶんぱい》の割合《わりあひ》を多《おほ》く充《み》てねばならない。斯《か》く云《い》はゝ或《あるひ》は迂遠《うゑん》なりと思《おも》はるゝ人《ひと》もあるであらう。凡《およ》そ人間《にんげん》の多《おほ》きが中《うち》にも、假令《たとひ》無給金《むきふきん》にて雇入《やとひい》るゝも割《わり》に合《あ》はぬ者《もの》がある。又《また》一年《ねん》二三千兩《りやう》の高給《かうきふ》にて抱《かゝ》へ置《お》くも決《けつ》して高《たか》きに過《す》ぎざる者《もの》がある。之《これ》を要《えう》するに其人《そのひと》の技倆《ぎりやう》如何《いかん》に在《あ》るものであるから、諸氏《しよし》に於《おい》て左程心配《さほどしんぱい》せらる可《べ》きことでもあるまい。請《こ》ふ安心《あんしん》して籤引《くぢひ》きに着手《ちやくしゆ》せられたしと此《こ》の場《ば》に立《た》ち會《あ》ふ名主町役人等《なぬしまちやくにんら》數十名《すうめい》の者之《ものこれ》を聞《き》きて、理《り》を說《と》く事《こと》、判官《はんぐわん》よりも明《あきら》かなりと云《い》ひ合《あ》つたさうだ。七人《にん》の債主《さいしゆ》も其條理《そのでうり》は分明《ぶんめい》なれども、若《も》し此《こ》の人《ひと》を抱《かゝ》へる時《とき》は、多少《たせう》の元金《もときん》を渡《わた》して、其望《そののぞみ》に適《かな》ひたる働《はたら》きを爲《な》さしむるに非《あら》ざれば、其効《そのかう》が無《な》い。此《こ》の塲合《ばあい》には何程《なにほど》の大金《たいきん》を望《のぞ》むかも測《はか》り難《がた》いと云《い》つて容易《ようい》に口《くち》を開《ひら》く者《もの》がなかつた。すると暫《しば》くして金高《きんだか》の多《おほ》い債主《さいしゆ》の一人《にん》が曰《いは》く、此人《このひと》の器量《きりやう》測《はか》る事《こと》は出來《でき》ない、假令《たとひ》此《こ》の人《ひと》を抱《かゝ》へて使役《しえき》せんとするも、吾輩《わがはい》の力《ちから》には到底《とうてい》及《およ》ばないから、諸《しよ》氏《し》が鬮取《くじと》りとせられても私《わたくし》は之《これ》に加入《かにう》しない。又此《またこ》の訴訟《そしやう》は名前人《なまへにん》死亡《しばう》の廉《かど》を以《もつ》て一ケ年間《ねんかん》を延期《えんき》し、暫《しばら》く此《こ》の人《ひと》の働《はたらき》を見《み》やうと述《の》べた。すると他《た》の債主《さいしゆ》は異口同音《いくどうおん》に其説《そのせつ》に同意《どうい》したのである。余《よ》乃《すなは》ち曰《いは》く假令《たとへ》拙者《せつしや》の腕《うで》に如何《いか》なる働《はたら》きありとするも、一ケ年《ねん》にして安《いづくん》ぞ身《み》を立《た》つるの見込《みこみ》を立《た》つるを得《え》やう。請《こ》ふ是《こ》れを草木《さうもく》の成長《せいちやう》に譬《たと》へんに、草木《さうもく》も地下《ちか》より這《は》ひ出《で》て、双葉《ふたば》を成《な》せる際《さい》刈《か》り取《と》られんか成木《せいぼく》は到底《たうてい》成長《ちやう》の望《のぞ》みがない。故《ゆゑ》に拙者《せつしや》の出世《しゆつせ》する迄《まで》待《ま》たるゝことの承諾《しようだく》あらん事《こと》を希望《きばう》すると云《い》ふと、一同之《どうこれ》を承諾《しようだく》して願下《ねがひさ》げを爲《な》し、其事立《そのことたち》どころに結了《けつれう》したのである。余《よ》は夫《そ》れより父《ちゝ》の名《な》を襲《つ》ぎ嘉兵衛《かへゑ》と名乘《なの》り、負債《ふさい》を引《ひ》き受《う》けて、其家《そのいへ》の經營《けいえい》に從事《じゆうじ》した、時《とき》に年《とし》は二十二歳《さい》であつた。

◎観相の効果

余《よ》嘗《かつ》て深川《ふかがは》に赴《おもむ》かんとして靈岸島《れいがんじま》を通過《つうくわ》せる時路傍《ときろばう》に在《あ》る炭問屋《すみどんや》の暗黒《あんこく》なる納屋《なや》の中《なか》より、清《せい》さん々々と呼《よ》ぶ者《もの》がある。(余《よ》の幼名《えうめい》を清《せい》三郎《ちう》と稱《しよう》した。)で余《よ》は誰《たれ》であるかと思《おも》つて顧《かへり》みると、余《よ》の父《ちゝ》の使《つか》つた大工《だいく》の棟梁金谷《とうれうかなや》萬《まん》五郎《らう》と云《い》ふ者《もの》で、常《つね》に人相學《にんさうがく》を好《この》み能《よ》く人《ひと》の將來《しやうらい》の事《こと》を語《かた》る男《をとこ》であつた。此時余《このときよ》の顏《かほ》を凝視《ぎようし》して一別以來《べついらい》旦那《だんな》の人相《にんさう》頗《すこぶ》る變《かは》つたと云《い》つて、且《か》つ今《いま》より船《ふね》に乘《の》つて淺草《あさくさ》の千枝《し》に同行《どうかう》しやうと勸《すゝ》め、其船賃《そのふなちん》は私《わたし》が出《だ》しますと云《い》ふ。其頃淺草《そのころあさくさ》に山口《やまぐち》千枝《し》と云《い》へる者《もの》ありて、江戸《えど》有名《いうめい》の人相見《にんさうみ》である。余《よ》乃《すなは》ち萬《まん》五郎《らう》の勸《すゝ》めにより與《とも》に千枝《し》の宅《たく》に行《ゆ》くと、千枝《し》天眼鏡《てんがんきやう》を以《もつ》て余《よ》を観相《くわんさう》して曰《いは》く、足下《そくか》今《いま》は一文無《もんな》しの躬《み》であるけれども、三十歳《さい》となる迄《まで》には一萬兩《まんりやう》の身代《しんだい》を得《う》るけれども、生命《せいめい》は夫《そ》れ迄《まで》にて長《なが》く保《たも》つを得《え》ない。と余此時《よこのとき》一途《づ》に世《よ》に屹立《きつりつ》するの希望《きばう》なるが故《ゆゑ》に、一萬兩《まんりやう》の身《み》と云《い》はれたのを喜《よろこ》び、壽命《じゆみやう》の長短《ちやうたん》の如《ごと》きは、敢《あえ》て心《こゝろ》に留《と》めず、兩人共《りやうにんとも》に千枝《し》を辭《じ》して、山門際《さんもんぎは》の茶店《ちやみせ》に來《き》て休息《きうそく》した。其時余《そのときよ》は萬《まん》五郎《らう》に向《むか》つて、如何《いか》にも千枝《し》は、高名《かうめい》なる觀相者《くわんさうしや》である。余《よ》を三十歳《さい》までに一萬兩《まんりやう》を得《う》るを受《うけ》合《あ》つた。お前《まへ》は子分《こぶん》ありて一家《か》の計營上《けいゑいじやう》に差支《さしつか》へない身《み》であるから、余《よ》を補佐《ほさ》して一萬兩《まんりやう》の男《をとこ》たらしめば如何《いかん》、幸《さいはひ》に余《よ》若《も》し一萬兩《まんりやう》の男《をとこ》たるを得《う》れば、必《かなら》ずお前《まへ》の身《み》を取《とり》立《た》てる。就《つい》ては今《いま》よりお前《まへ》を辨慶《べんけい》にし、余《よ》を義經《よしつね》としては如何《いかん》と云《い》つた所《ところ》が、彼《かれ》は輙《すなは》ち承諾《しようだく》した。其處《そこ》で夫《そ》れより直《す》ぐ彼《か》れを連《つ》れて深川《ふかがは》に於《おい》て材木《ざいもく》を借《か》り出《いだ》す可《べ》き計畫《けいくわく》を立《た》てたのである。元來《ぐわんらい》萬五郎《まんごらう》は敢《あへ》て資產家《しさんか》と云《い》ふではないけれども、彼《か》れは俠氣《けうき》ありて多《おほ》くの子分《こぶん》を率《ひき》ひ、誠實《せいじつ》に業務《げふむ》を營《いとな》むを以《もつ》て自《みづか》ら世間《せけん》の信用《しんよう》を得《え》、從《したが》つて融通《ゆうづう》も利《き》くの地位《ちゐ》に居《ゐ》るが故《ゆゑ》に、余《よ》は彼《か》れを利用《りよう》して一切《さい》の勘定《かんぢやう》を引受《ひきう》けしめ、大土藏《おほどざう》三棟《むね》を三十間堀《けんぼり》に建築《けんちく》した。此頃《このごろ》余《よ》は銀座《ぎんざ》四丁目《ちやうめ》に借家《しやくや》して、母《はゝ》と共《とも》に住居《じうきよ》して居《ゐ》たが、母《はゝ》は正直《しやうじき》一筋《すぢ》の人《ひと》であつたから、兎角《とかく》取《と》り越《こ》し苦勞《くらう》をする事《こと》が多《おほ》かつた。それで余《よ》は用向《ようむき》は一切《さい》話《はな》さぬやうにして居《ゐ》たのであつて、今回《こんくわい》の事《こと》も亦《また》何事《なにごと》をも語《かた》らなかつたので然《しか》るに或日《あるひ》鳶人足《とびにんそく》の世話燒《せわやき》兩人《りやうにん》が、余《よ》の留守宅《るすたく》を訪《たづ》ねて母《はゝ》に面會《めんくわい》して、土藏出來《どざうしゆつたい》の祝《しゆく》辭《じ》を述《の》べ、祝儀《しうぎ》を貰《もら》はうとしたのである。母《はゝ》は之《これ》を聞《き》いて、伜《せがれ》は南部《なんぶ》から歸《かへ》つてから、餘程大膽《よほどだいたん》になつたやうであるが、今《いま》の世帶《しよたい》は土藏《どざう》の三棟《むね》も持《も》つ程《ほど》の身代《しんだい》では無《な》いからと云《い》つて信用《しんよう》しなかつたが、兩人《りやうにん》の詳細《しやうさい》なる話《はなし》を聞《き》いて、半信半疑《はんしんはんぎ》の思《おもひ》ひ爲《な》し、遂《つひ》に心配《しんぱい》をし初《はじ》め、隣《となり》の藝者屋《げいしやや》の婆《ばあ》さんに留守《るす》を賴《たの》んで、其兄《そのあに》なる吉浦屋文右衛門氏《よしうらやぶんゑもんし》を訪《たづ》ねて、鳶《とび》の者《もの》から聞《き》いた事《こと》を告《つ》げて、今《いま》の有樣《ありさま》では伜《せがれ》は何事《なにごと》を仕出《しだ》すかも知《し》れないからと、頻《しき》りに心配《しんぱい》する模樣《もやう》であつた。其處《そこ》で文右衛門氏《ぶんゑもんし》も之《これ》を怪《あや》しんで、兎《と》に角實《かくじつ》地《ち》を見屆《みとゞ》けんとて　鳶《とび》の者《もの》より聞《き》いた場所《ばしよ》に行《い》つて見《み》れば、立派《りつぱ》なる新築《しんちく》の大土藏《おほどざう》あるに驚《おどろ》いたのである。余《よ》は固《もと》より斯《かゝ》る事《こと》とは知《し》らず、夕方《ゆうがた》に宅《たく》へ歸《かへ》つて見《み》ると、前記《ぜんき》藝者屋《げいしやや》の婆《ばあ》さんが留守居《るすゐ》して、母《はゝ》は晝前《ひるまへ》に何《いづ》れにか赴《おもむ》かれて、今以《いまもつ》て歸宅《きたく》せられないとの事《こと》である。余《よ》も心配《しんぱい》であるから心當《こゝろあた》りの先《さき》を兩三《りやうさん》ヶ所《しよ》尋《たづ》ね吉浦屋《よしうらや》へも二度《ど》行《い》つたけれども母《はゝ》は來《こ》ないと云《い》ふ。又々《また／＼》重《かさ》ねて同家《どうけ》に行《い》つて尋《たづ》ねると、叔父《をぢ》即《すなは》ち文右衛門氏《ぶんゑもんし》は何時《いつ》になき顔付《かほつ》きをして余《よ》に問《と》ふて云《い》ふには、お前《まへ》は土藏《どざう》を建築《けんちく》したさうであるが、其費用《そのひよう》は何《いつ》れから持《も》つて來《き》たかと問《と》ふのである。余《よ》は彼《か》の千枝《し》、萬《まん》五郎《らう》の事《こと》より、萬《まん》五郎《らう》と結托《けつたく》して資本《しほん》を調達《てうたつ》せし事《こと》まで仔細《しさい》に告《つ》げたので、文右衛門《ぶんゑもん》氏《し》も無資産《むしさん》の身《み》より今《いま》は江戸《えど》一二の大料理店《おほれうりてん》と爲《な》つた男《をとこ》であるから、話《はなし》は早分《はやわか》りのする方《かた》であつたので、此《こ》の話《はなし》を聞《き》くと、お前《まへ》もよい腹《はら》の男《をとこ》となつたと嘆賞《たんしよう》して、母《はゝ》も實《じつ》は我《わ》が家《いへ》に居《を》られると云《い》つて　母《はゝ》をも宥《なだ》めて歸宅《きたく》せしめたのである。而《しか》して此《こ》の土藏《どざう》は起工後《きこうご》二ヶ月《げつ》にして出來《しゆつたい》したので、其《その》三分《ぶん》の二を麻布《あざぶ》の酒屋《さゝや》鹿島《かじま》に貸《か》し付《つ》け、其入《そのはい》つて來《く》る家賃《やちん》を抵當《ていたう》として、他《た》より五百兩《りやう》を借《か》り受《う》け、殘《のこ》り三分《ぶん》の一を材木店《ざいもくてん》と爲《な》して商業《しようげふ》を開始《かいし》したのである。

◎徳政による損害

余《よ》は前《まへ》に述《の》べたる如《ごと》く、義兄《ぎけい》利兵衛《りへゑ》の借財《しやくざい》を引《ひ》き受《う》け七人《にん》の債主《さいしゆ》へは事理《じり》を辨明《べんめい》して、余《よ》が出世《しゆつせ》するまでは催促《さくそく》しないとの承諾《しようたく》を得《え》、裁判所《さいばんじよ》へは示談《じだん》調《こゝの》ひたる旨《むね》を具《ぐ》して願《ねが》ひ下《さ》げの手續《てつゞ》きを終《を》へ、又出訴《またしゆつそ》せざる債主《さいしゆ》に對《たい》しても、前同樣《ぜんどうやう》の旨《むね》を述《の》べて返濟《へんさい》期《き》の事《こと》を納得《なつとく》せしめたる時《とき》、余《よ》の云《い》つたのは我家《わがいへ》は父《ちゝ》が節儉《せつけん》を旨《むね》として、篤實《とくじつ》に商賣《しやうばい》を營《いとな》んだ爲《た》め中等《ちうとう》の財產《さいさん》はあつたが、天保《てんぽ》十二年德川政府《ねんとくがはせいふ》から、德政《とくせい》と云《い》ふものを發《はつ》令《れい》せしには頗《すこぶ》る迷惑《めいわく》した。抑々此《そもそもこ》の德政《とくせい》と云《い》ふのは、今代《こんだい》の人《ひと》には或《あるひ》は分《わか》り難《がた》いであらうから是《こゝ》に一通《とう》り述《の》べて見《み》やう、泰平《たいへい》の世《よ》武士《ぶし》奢《おご》りに長《ちやう》じ、家計紊亂《かけいびんらん》し收納米《しうのふまい》は早《はや》く旣《すで》に商人《しやうにん》の爲《た》めに、抵當《ていたう》に取《と》られ、利金《りきん》に利金《りきん》を重《かさ》ねて、如何《いかゞ》ともする能《あた》はざる境《けう》遇《ぐう》に陷《おちい》つたる者許多《ものきよた》なる場合《ばあい》、德政《とくせい》と云《い》ふものを發令《はつれい》し、其發令當時《そのはつれいたうじ》に至《いた》る迄《まで》の金錢《きんせん》貸借《たいしやく》は訴訟《そしやう》一切《さいご》取《と》り上《あ》げず、示談《じだん》にて萬事《ばんじ》終結《しふけつ》せしむべしとの命令《めいれい》である。然《しか》れども、商人同志《しやうにんどうし》の間柄《あいだがら》に在《あ》つては互《たがひ》仁信義《しんぎ》を重《おも》んじ、德政以前《とくせいいぜん》の證文《しやうもん》も其布令後《そのふれいご》の日付《ひつけ》に改《あらた》むるを以《もつ》て普通《ふつう》の慣例《くわんれい》になつて居《ゐ》た。武家《ぶけ》に在《あ》つては善《よ》き幸《さいは》ひとして、商人《しやうにん》の迷惑《めいわく》に頓着《とんちやく》せざること殆《ほと》んど一般《はん》の常態《じやうたい》であつた。我家《わがいへ》ゐ此《こ》の德政《とくせい》の爲《た》めには一方《かた》ならぬ迷《めい》惑《わく》を蒙《かうむ》り、父《ちゝ》の代《だい》には他借《たしやく》としては一文《もん》もなかつたが、資產《しさん》と云《い》ふのは德政前《くせいぜん》の空證文《からしようもん》のみであつた。余《よ》が代《だい》となりて後《のち》、是等《これら》の事《こと》に就《つい》ても出來得《できう》る限《かぎ》りの整理《せいり》を付《つ》けんと考《かんが》へ居《ゐ》る中《うち》、是《こゝ》に一の思《おも》ひ付《つ》きたる事《こと》がある。即《すなは》ち遠藤但馬守《ゑんどうたじまのかみ》への催促《さいそく》の事《こと》である。徳政《とくせい》に逢《あ》ひたるとて大抵貸金《たいていかしきん》は見棄《みす》てたれども、爰《こゝ》に遠藤但馬守《ゑんどうたじまのかみ》と云《い》へば當時若年寄《たうじわかどしより》を勤《つと》むる人《ひと》であり、此《こ》の人《ひと》に對《たい》する貸金《かしきん》五百兩《りやう》の證文《しようもん》あるを以《もつ》て、余《よ》は屋敷《やしき》に至《いた》り遠《ゑん》州屋嘉兵衛《しゆうやかへゑ》の倅《せがれ》なる旨《むね》を告《つ》げて其勘定方役人《そのかんじやうかたやくにん》に面會《めんくわい》を乞《こ》ふた所《ところ》が、舊債《きうさい》の催促《さいそく》と心付《こゝろつ》きて、左樣《さやう》の人物《じんぶつ》は當家《たうけ》に於《おい》て更《さら》に知《し》らずとの答《こた》へ、面會《めんくわい》を謝絶《しやぜつ》されたので、余《よ》はお承知無《しようちな》しとの事《こゝ》であれば致方《いたしかた》は無《な》いが、天保年間《てんぽうねんかん》の大火《たいくわ》に際《さい》し、御當家《ごたうけ》も神田橋外《かんだばしそと》の御屋敷《おやしき》は類燒《るゐしやう》と爲《な》り、拙者《せつしや》の父《ちゝ》深《ふか》くお察《さつ》し申上《まをしあ》げ、お普請金《ふしんきん》を立替《たてか》へたるは其額《そのがく》五百兩《りやう》である。父《ちゝ》はお控《ひか》へ申《まを》して曾《かつ》て催促《さいそく》ヶ間敷事《まがしきこと》は申上《まをしあ》げたことはなかつたが、其父《そのちゝ》は先般病死《せんぱんびやうし》し、其間徳政《そのあいだとくせい》の事《こゝ》あり武家《ぶけ》へ用立《ようた》てたる金《きん》は返《かへ》り來《きた》らず、さりとて商人仲間《しやうにんなかま》の貸借《たいしやく》は證文《しようもん》の日付《ひつけ》を改《あらた》めて、舊《もと》の如《ごと》く仕拂《しはらひ》を繼續《けいぞく》し居《ゐ》るを以《もつ》て、父《ちゝ》の代《だい》より傳《つた》はれる借財《しやくざい》は積《つ》んで數千兩《すうせんりやう》の額《がく》に達《たつ》し、微力《びりよく》の拙者今之《せつしやいまこれ》を如何《いかん》ともする事《こと》は出來《でき》ない。實《じつ》は父《ちゝ》の催促《さいそく》せざりし貸金《かしきん》を子《こ》たる拙者《せつしや》が催促《さいそく》するは不本意《ふほんい》此《こ》の上《うへ》もなけれども、窮乏《きうぼう》の餘《あま》り哀願《あいがん》に及《およ》ばんとするのである。此儀《このぎ》御賢察《ごけんさつ》の上《うへ》拙者《せつしや》の家族《かぞく》を引《ひ》き纏《まと》め御當家《ごたうけ》へお召抱《めしかゝ》へ之《これ》あるに於《おい》ては拙者《せつしや》の幸福《かうふく》此《こ》の上《うへ》も無《な》いと、取次《とりつぎ》の者《もの》に說《と》く折柄《おりから》障子《しやうじ》の蔭《かげ》に姿《すがた》を隱《かく》して聞《き》き居《ゐ》たる役人《やくにん》忽《たちま》ち顯《あら》はれ出《い》でて面會《めんくわい》し、從來《じゆうらい》の無沙汰《ぶさた》を謝《しや》し、是《こ》れも畢《ひつ》竟《けう》手元《てもと》不如意《ふによい》の爲《た》めであつたと云《い》つて細《こま》かに事情《じじやう》を述《の》べた後《のち》其半金《そのはんきん》を即座《そくざ》に仕拂《しはら》ひ、殘金《ざんきん》は年賦《ねんぷ》拂《はらひ》の證文《しようもん》を認《したゝ》めて余《よ》に渡《わた》したのである。因《よつ》て其金《そのきん》を前《まへ》に述《の》べたる七人《にん》の債《さい》主《しゆ》の內金高《うちきんだか》多《おほ》き某材木問屋《ぼうざいもくとんや》に渡《わた》して、余《よ》は今此《いまこ》の金《かね》を除《のぞ》きては、資本《しほん》とす可《べ》きものは無《な》い。併《しか》し借財《しやくざい》あるが故《ゆゑ》に之《これ》を以《もつ》て返濟《へんさい》しやう。併《しか》し乍《なが》ら人間《にんげん》の世話《せわ》は人間《にげん》の爲《な》す事《こと》である。此《こ》れ天下《てんか》の定理《じやうり》であれば、今余《いまよ》に對《たい》する舊債金《きうさいきん》を受取《うけご》らんと欲《ほつ》するの情《じやう》を以《も》て、願《ねが》はくば余《よ》が身代《しんだい》の成《な》り立《た》つ迄元値段《までもとねだん》を以《もつ》て貴店《きてん》の材木《ざいもく》を賣渡《うりわた》されんことを請《こ》ふと、彼《か》れ之《これ》を承諾《しようだく》した。此《こ》の問屋《とんや》に就《つい》て、他《た》より一割安《わりやす》く仕入《しい》れ、其品《そのしな》に自家《じか》の口錢《こうせん》として一割《わり》を附《ふ》す可《べ》きものを附《ふ》せずして、之《これ》を商《あきな》ひたるに、附近《ふきん》に軒《のき》を並《なら》ぶる他《た》の材《ざい》木店《もくてん》よりは、二割方《わりかた》の安値《やすね》なるが故《ゆゑ》に、日《ひ》に繁昌《はんぜう》し賣買《ばい〳〵》を重《かさ》ねる高《たか》は益々《ます〳〵》增進《ぞうしん》して、殆《ほと》んど止《や》む所《ところ》を知《し》らずと云《い》ふ有様《ありさま》であつた。其爲《そのた》めに附近《ふきん》の材木店中《ざいもくてんちう》には競爭《きやうさう》することが出來《でき》ないで、店《みせ》を他《た》に轉《てん》ずる者《もの》もあつた。余《よ》は其跡《そのあと》を土藏付《どざうづき》の儘《まゝ》透《すか》さず亦直《やすね》に買《か》ひ受《う》けて、之《これ》に移《うつ》り、斯《か》くの如《ごと》くして父《ちゝ》の死《し》去後《きよご》九ヶ月目《げつめ》には新規《しんき》の土藏《どざう》三棟《むね》を借入《かりいれ》舊《もと》の土藏《どざう》三棟《むね》とに依《よ》り材木《ざいもく》を充分《じうぶん》に取《と》り扱《あつか》ふ事《こと》となつた。

◎六諭衍義の出版

余《よ》嘗《かつ》て古證文《ふるしやうもん》を改《あらた》めて見《み》たるに中《なか》に長州公《ちやうしゆうこう》の作事方《さくじかた》棟梁《とうれう》武田《たけだ》紋左衛門《もんざゑもん》に父《ちゝ》の貸金《かしきん》あることを發見《はつけん》したので、一日《あるひ》催促《さいそく》の爲《た》め該家《がいけ》を問《と》ふたるに、豈計《あにはか》らんや同家《どうけ》の妻《つま》は余《よ》の同町《どうちやう》に住《す》む知巳《ちき》の棟梁《とうれう》源四郎《げんしらう》の娘《むすめ》であつて、界隈《かいわい》で名高《なだか》い美人《びじん》であつた。然《しか》るに此家《このや》に嫁《か》して僅《わづか》に一年《ねん》を經《へ》て夫《をつと》紋左衛門《もんざゑもん》は所謂《いはゆる》天刑病《てんけいびやう》を發《はつ》し、人《ひと》に忌《い》み嫌《きら》はるゝ癩病《らいびやう》にて、相貌《さうばう》全《まつた》く變《へん》じて、一見《けん》悚然《りつぜん》たる有様《ありさま》であつた。然《しか》るに美人《びじん》と謠《うた》はれ良緣《りやうえん》に乏《とぼし》くないのであつたが、世帶《しよたい》の苦勞《くろう》に身《み》も窶《やつ》れ、只管《ひたすら》夫《をつと》を愛護《あいご》するに餘念《よねん》なき貞操《ていさう》に余は感心《かんしん》して、一言貸金《ごんかしきん》の事《こと》に及《およ》ばずして歸《かへ》つた。嗚呼《あゝ》紙《かみ》よりも薄《うす》き人情《にんじやう》輕薄《けいはく》の今日《こんにち》に於《おい》て斯《か》くの如《ごと》き貞婦《ていふ》を見《み》ることは、稀《ま》れであると、非常《ひじやう》に感心《かんしん》したのである。余《よ》の母《はゝ》も亦貞順怜悧《またていじゆんれいり》の人《ひと》であつて、余《よ》の幼《えう》なる時常《ときつね》に六諭《ゆ》衍義《いんぎ》を教《おそは》つた。故《ゆゑ》に余《よ》も此《こ》の書《しよ》の趣《しゆ》意を實踐《じつせん》しやうと努《つと》めたのである。明治《めいぢ》二十二年來《ねんらい》二回此《くわいこ》の書《しよ》を出版《しゆつぱん》して世人《せじん》をして道徳心《だつとくしん》を養《やしな》ふの根底《こんてい》と爲《な》さしめ余此書《よこのしよ》の末《すゑ》に左《さ》の如《ごと》く記《しる》した。

六諭《ゆ》衍義《いんぎ》は琉球程順則《りうきうていじゆんそく》の著述《ちよじゆつ》なり、享保年中室鳩巣先生《きやうほねんちうむろきうそうせんせい》幕府《ばくふ》の命《めい》を奉《ほう》じ和譯《わやく》にしたる教育書《けういくしよ》なり。余《よ》は幼年《えうねん》の時此《ときこ》の書《しよ》を以《もつ》て父母《ふぼ》より教育《けういく》を受《う》けたり、近頃歐米《ちかごろおうべい》の理《り》學進入《がくしんにふ》して智育《ちいく》は進《すゝ》むと雖《いへど》も、徳育《とくいく》は退《しりぞ》くの傾《かたむ》きあるを恐《おそ》る。夫《そ》れ人幼《ひとえう》にして徳育《とくいく》の基礎《きそ》を固《かた》め、其上《そのうへ》に智育《ちいく》の建築《けんちく》を爲《な》す時《とき》は有用《いうよう》の材器《ざいき》を成《な》して社會《しやくわい》に立《た》つを得《う》べきなり。或《あ》る時中村正直先生《ときなかむらまさなほせんせい》に六諭《ゆ》衍義《いんぎ》を教育書《けういくしよ》に用《もち》ひては如何《いかん》と問《と》ひたるに先生《せんせい》曰《いは》く、此書《このしよ》は四書《しよ》五經《きやう》をランビキに掛《かけ》たる如《ごと》きなりと、因《よつ》て廣《ひろ》く世《よ》に行《おこな》はれん事《こと》を望《のぞん》で出版《しゆつぱん》せり、小學校入門《せうがくかうにうもん》の初《はじ》め此書《このしよ》を以《もつ》て幼童《えうどう》を徳育《とくいく》に導《みちび》かれなば幸甚《かうじん》。

◎釜鳴占筮の偶中

余《よ》が二十四歳《さい》の時即《ときすなは》ち安政《あんせい》二年《ねん》九月末頃《くわつすゑごろ》と覺《おぼ》ゆ、或日《あるひ》大名屋敷《だいみやうやしき》より受負《うけお》ひ居《ゐ》たる普《ふ》請《しん》の見廻《みまは》り指圖等《さしづとう》を終《をわ》りて夕刻歸宅《ゆうこくきたく》した。時《とき》に、弟《おとうと》の徳右エ門《とくゑもん》表《おもて》にて往來《わうらい》の掃除《さうぢ》をして居《ゐ》たが、余《よ》が歸《かへ》つたのを見《み》て、共《とも》に湯屋《ゆや》に趣《おもむ》いた。家《いへ》を出《で》る時《とき》に徳右エ門《とくゑもん》曰《いは》く、今日我家《こんにちわがや》に不思議《ふしぎ》の事《こと》があると云《い》ふので、何事《なにごと》であると聞《き》くと、母《はゝ》が余《よ》の氣《き》に懸《か》けることを憂《うれ》へて之《これ》を語《かた》るなと云《い》はれたからと云《い》つて、默《もく》して居《ゐ》る。歩《あゆ》むこと一丁餘《ちやうよ》にして徳右衛門《とくゑもん》は再《ふたゝ》び繰《く》り返《かへ》すので、再《ふたゝ》び問《と》ひ返《かへ》したが、何《ど》うしても其仔細《そのしさい》を語《かた》ら無《な》い。夫《そ》れより湯《ゆ》に入《い》り、兩人《りやうにん》衣《い》を脱《だつ》して裸體《らたい》となりし時《とき》徳右衛門《とくゑもん》三たび前言《ぜんげん》を繰《く》り返《かへ》すので強《し》いて問《と》ふて見《み》ると、我家《わがや》の釜不思議《かまふしぎ》にも釜《かま》の下《した》に一片《ぺん》の火《ひ》がないのに、烈《はげ》しく鳴《めい》動《どう》し、近隣《きんりん》にも聞《きこ》へて、人々怪《ひとびとあや》しんだ程《ほど》であると云《い》ふ。余之《よこれ》を聞《き》いて其事奇異《そのことぎゐ》なれば、或《あるひ》は一大變事《だいへんじ》の起《おこ》るならんと思惟《しゐ》し、一旦裸體《たんらたい》と爲《な》りたるも湯《ゆ》に入《い》らず、其儘《そのまゝ》衣を纏《まと》めて、直《たゞ》ちに家《いへ》に歸《かへ》つて、未熟《みぢゆく》ながらも筮竹《ぜいちく》を取《と》つて、占筮《せんぜい》したるに、今《いま》は其卦名《そのくわめい》も記憶《きおく》して居《ゐ》ないが、慥《たし》かに火《ひ》を生《しやう》ずる卦《くわ》を得《え》たるを以《もつ》て、江戸《えど》に大火《たいくわ》あると判斷《はんだん》し、即刻材木《そつこくざいもく》の大買收《だいばいしう》を爲《な》さんと欲《ほつ》し、其夜《そのよ》提灯《ちやうちん》を手《て》にして家《いへ》を飛《と》び出《だ》したるものゝ之《こ》れに充《み》つべき金《かね》がないので、百方思考《はうしかう》の末《すゑ》一策《さく》を案出《あんしゆつ》した。即《すなは》ち出入《しゆつにう》せる鍋島家《なべしまけ》の經濟《けいざい》法《ほふ》は毎年《まいねん》十月《ぐわつ》より翌年《よくねん》九月《ぐわつ》に至《いた》るまでを一期《ご》として、國元《くにもと》より豫《あらかじ》め定額經費《ていがくけいひ》金《きん》を携《たづさ》へ來《きた》り、一期《き》の終《をわ》りに剩餘《じやうよ》を得《え》持《も》ち歸《か》へる者《もの》には褒美《ほつび》として、幾分《いくぶん》の金員《きんいん》を與《あた》ふるの法《ほふ》であつて經濟《けいざい》に於《おい》ては諸大名《しよだみやう》に類《たぐひ》なき手縮《てじま》りであるけれども、遊金《いうきん》は常《つね》にある譯《わけ》であるから、余《よ》は此《こ》の金《かね》を借《か》り出《だ》すことは、前例《ぜんれい》になつて居《ゐ》た。其前例《そのぜんれい》となつた理由《りいう》は年來該家《ねんらいがいけ》入用《にうよう》の材木《ざいもく》を一手《で》販賣《はんばい》にて引受《ひきう》け居《ゐ》る姿《すがた》なれば、直《たゞ》ちに同邸《どうてい》に伺候《しかう》して、當《たう》節《ぜつ》我《わ》が朋友《はういう》の中《なか》に材木《ざいもく》を山《やま》より切《き》り出《いだ》しつゝある者《もの》あり、今《いま》に於《おい》て其方《そのはう》へ約定金《やくじやうきん》を差《さし》入《い》れ置《お》く時《とき》は、明年《めうねん》に至《いた》り安直《やすね》ちに良材《りやうざい》を得《う》べきを以《もつ》て、只今其前金《たゞいまそのぜんきん》として拜借《はいしやく》し、一其返濟《そのへんさい》は後《のち》に納《をさ》むる御用材木代《ごようざいもくだい》と引《ひ》き去《さ》るに於《おい》ては、相互《さうご》に便利《べんり》であらうと思《おも》ひますと、述《の》べて例《れい》に依《よ》り千圓《ゑん》を借《か》り得《う》ることを胸算《けうさん》したのである。既《すで》にして靈岸島《れいがんじま》にて火《ひ》を點《てん》し、木場町《きばまち》へ入《い》り込《こ》んだが、我家《わがや》の提灯《ちやうちん》にては大名屋敷《だいみやうやしき》の急普請《きうふしん》を受負《うけお》ひたるものと誤認《ごにん》せらるゝ時《ごき》は、價値《かちよく》の掛引《かけひき》を恐《おそ》れ、同所《どうしよ》にて他《た》の材木屋《ざいもくや》の提灯《ちやうちん》を借《か》り受《つ》けて、材木《ざいもく》の買收《ばいしう》に着手《ちやくしゆ》したのである。時《ごき》に時分《じぶん》が思《おも》ふに、若《も》し占易當《せんえきあた》り大儲《おほまうけ》を爲《な》したる時《ごき》は、貧家《ひんか》の商品《しやうひん》を買收《ばいしう》するは氣《き》の毒《どく》であると知《し》つたので、因《よつ》て成《な》るべく金滿家《きんまんか》の大店《おほみせ》のみを選《えら》んで、夜通《よごう》し廻《まは》つて買收《ばいしう》し、其買《そのか》ふ所《ところ》の材木《ざいもく》も成《な》るべく燒《や》け跡《あご》に急場《きうば》の用《よう》を爲《な》すべき小角貫板《せうかくぬきいた》の類《るゐ》を選《えら》んだ。其頃江戸《そのころえど》は一般《はん》に不景氣《ふけゝき》の揚句《あげく》材木《ざいもく》の直段《ねだん》は殊《こゝ》に安《やす》くして杉《すぎ》五寸角《すんかく》一丈《ぢやう》四尺紀州新宮《しやくきしゆうにひみや》の產《さん》一兩《りやう》に付《つき》十六本半《ほんはん》、替杉《かへすぎ》四分板《ぶはた》は一兩《りやう》に百十枚《まい》、松《まつ》の六分《ぶ》は百五枚位《まいぐらゐ》であつた。又當時《またたうじ》の取引法如何《とりひきはふいかん》と云《い》ふに、唯鼠半切《たゞねづみはんきれ》に材木《ざいもく》の名《な》と印《いん》と國《くに》と、山並《やまならび》に員數《いんすう》を記《しる》し、直段《ねがん》は符牒《ふてう》にて認《した》め右《みぎ》の通《ごう》りに御座《ござ》候《さふらう》也《なり》月日某《くわつぴばう》と書《か》くのみ其約束《そのやくそく》は現今《げんこん》の手《て》金《きん》を渡《わた》したるよりも堅《かた》くて、決《けつ》して破《やぶ》る者《もの》はない。斯《か》くて其《その》夜《よ》八つ時《とき》迄《まで》諸方《しよはう》より盛《さか》んに買收《ばいしう》したが、其間《そのあいだ》手代《てだい》の荷數《にかず》を調《しら》ぶる時《とき》など、余《よ》は聊《いさゝ》か餘《よ》暇《か》ある際《さい》には、時々《とき〴〵》戸外《こぐわい》に飛《と》び出《だ》し、何《いづ》れの方向《はうかう》にか火《ひ》の手《て》の見《み》へざるかを窺《うかゞ》つて居《ゐ》た。凡《およ》そ代價《だいか》一萬兩餘《まんりやうあま》りも買《か》つたと思《おも》ふ頃《ころ》歸宅《きたく》して計算《けいさん》をしたるに、漸《やうや》く七千兩餘《りやうよ》に過《す》ぎなかつたから、翌日《よくじつ》尙《な》ほ三千兩許《りやうばかり》を買足《かひた》さんと思《おも》つて居《ゐ》たが翌日天氣《よくじつてんき》晴朗《せいらう》にして、樣子《やうす》を見《み》るに付《つ》け、前夜《ぜんや》狂氣《きやうき》の如《ごと》く遄《はや》り立《た》て買《か》ひ入《い》れたる材木《ざいもく》の稍々《やゝ》多《おほ》きに過《す》ぎたるを悔《く》ひ、且《か》つ初《はじ》めより前夜《ぜんや》の勇氣《いうき》は撓《ゆる》んだ、鍋島家《なべしまけ》より材木前金《ざいもくぜんきん》として一千兩《りやう》を借《か》り受《う》け、其金《そのかね》を材木問屋《ざいもくどんや》に手金《てきん》として分配《ぶんはい》して時節《じせつ》の當來《たうらい》を待《ま》つて居《ゐ》た。

兎角《とかく》當時《たうじ》身《み》に應《おう》ぜざる大買收《だいばいしう》であつたから、聊《いさゝ》か心《こゝろ》を痛《いた》め前夜《ぜんや》の不足《ふそく》を買《か》ひ足《た》すの勢《いきほひ》なきのみならず、果《は》ては後日《ごじつ》の成行《なりゆき》を案《あん》じ煩《わづら》ふこととなつた。余《よ》は心《こゝろ》に決《けつ》せざる事《こと》ある時《とき》は、常《つね》に菩提寺《ぼだいじ》に赴《おもむ》きて、墓參《ぼさん》を爲《な》し、線香《せんかう》の火《ひ》に依《よ》つて莨《たばこ》を吸《す》ひ、今《いま》に我《わが》身《み》も石《いし》の帽《ぼう》を戴《いたゞ》く可《べ》きものと覺悟《かくご》を固《かた》むると共《とも》に心《こゝろ》を落《お》ち付《つ》けて沈思默考《ちんしもくかう》するを例《れい》とした。菩提寺《ぼだいじ》は高輪泉岳寺《たかなわせんがくじ》であつて、此時《このとき》も余《よ》は例《れい》に依《よ》つて墓參《ぼさん》をすると、和尙《をせう》は其《その》墓側《はかたは》に停《たゝず》みて何事《なにごと》か考《かんが》ふるの慣《なら》ひあると熟知《じゆくち》し、余《よ》が傍《そば》に來《き》て、高島《たかしま》さん何《なに》かよい工夫《くふう》が付《つ》きますかと云《い》つた。既《すで》にして墓場《はかは》から家《いへ》に歸《かへ》つて見《み》ると、大垣藩分家《おほかきはんぶんけ》戸田《こだ》安房守《あはかみ》の家老《かろう》より明日《みやうにち》藩主《はんしゆ》家督《かとく》相續《さうぞく》の祝宴《しゆくえん》を催《もよう》すに付《つ》き來《きた》るべしとの案内状《あんないじやう》があつた。余《よ》の家《いへ》は戸田家《こだけ》に親戚《しんせき》の關係《くわんけい》あるからである。依《よつ》て翌日《よくじつ》同家《どうけ》に赴《おもむ》き馳走《ちさう》を受《う》けて酩酊《めいてい》し、特《とく》に乗物《のりもの》を貰《もら》ひ受《う》けて歸路《きろ》に就《つ》いたが、此日《このひ》は余《よ》の知《し》れる藝者某《げいしやぼう》が吉原仲《よしはらなか》の町《ちやう》に、店《みせ》開《ひら》きを爲《な》す筈《はず》なので、豫《かね》て披露《ひろう》に來《きた》れる事《こと》に心付《こゝろづ》き歸宅《きたく》の途中《とちう》本郷《ほんがう》越中屋《ゑつちうや》と云《い》ふ駕籠《かご》屋《や》にて、大《だい》なる山駕籠《やまかご》に乗《の》り替《か》へて、湯島《ゆしま》切《き》り通《どう》し加《か》州《しう》盲長屋《めくらながや》の前《まへ》を過《す》ぐる時《とき》に、余《よ》は醉餘《するよ》駕籠《かご》に搖《ゆ》られて快《こゝろよ》く睡《ねむ》つた居《ゐ》た。すると敷多《あまた》の雷《らい》一時《じ》に轟《とゞろ》くが如《ごと》く大響《おほひゞ》きして、耳《みゝ》を劈《つんざ》くばかりに鳴動《めいどう》するので、余《よ》は好天氣《かうてんき》の筈《はず》であるのに、此《こ》の雷鳴《らいめい》は何事《なにごと》であらうと驚《おどろ》いて、目《め》を覺《さむ》れば、駕籠屋《かごや》は余《よ》に曰《いは》く、旦那《だんな》大地震《おほぢしん》ですと云《い》ふ。余目《よめ》を開《ひら》いて、前面《ぜんめん》の町家《まちや》を眺《なが》むれば動搖《どうえう》甚《はなはだ》にして戸障子《こしやうじ》は微塵《みぢん》に碎《くだ》け、屋根瓦《やねがはら》崩落《ほうらく》して家《いへ》覆《くつがへ》るの有樣《ありさま》、男女《なんによ》泣き叫《さけ》ぶの聲《こゑ》、言語《ごんご》に盡《つく》し難《がた》い。然《しか》るに余《よ》は未《いま》だ酒氣《しゆき》の醒《さ》めざるが爲《た》め、尙《なほ》も駕籠屋《かごや》を叱《しつ》して吉原《よしはら》に進《すゝ》まうとすると、舁夫共《かごかきども》諫《いさ》むるのである。けれども吉原《よしはら》へ地震《ぢしん》の見舞《みまい》に行《ゆ》くのだと云《い》ひ張《は》つたのであるが、去《さ》る程《ほど》に到《いた》る處《ところ》家《いへ》は轉覆《てんぷく》して左右《さいう》に火《ひ》を發《はつ》し、余《よ》の進路《しんろ》も殆《ほど》んど、火《ひ》を以《もつ》て遮斷《しやだん》せられ、江戸《えど》二十七箇所《かしよ》の大火《たいくわ》であつたから、市中《しちう》殆《ほと》んど火《ひ》を以《もつ》て包《つゝ》まれたるの有樣《ありさま》である。余《よ》は此《こ》の大火《たいくわ》を見《み》て易《えき》斷《だん》の當《あた》れるを知《し》つた。此《これ》に由《よ》つて仕入《しい》れたる材木《ざいもく》の爲《た》めに利益《りえき》の數《すう》は殆《ほど》んど測《はか》る可《べ》からざるならんとの目算《もくさん》をし、駕籠《かご》を下《を》りて、歸路《きろ》左右《さいう》の町家《まちや》は滿面火《まんめんひ》を以《もつ》て覆《おほ》はれたが、潰家《つぶれや》の火《ひ》であるから、往來《わうらい》には差支《さしつか》へなくして無事《ぶじ》に三十軒堀《けんぼり》の自宅《じたく》に歸《かへ》つた。所謂《いはゆる》安政《あんせい》二年《ねん》の大火《たいくわ》とは是《こ》れである。不思議《ふしぎ》の出來事《できごと》より拙《せつ》なる易斷《えきだん》を信《しん》じて、山氣《やまき》を起《おこ》し、偶然《ぐうぜん》の大震《たいしん》に、僥倖《げうかう》にも巨利《きより》を博《はく》し、咄嗟《こつさ》の間《あいだ》に二萬兩《まんりやう》を所有《しよいう》する身《み》となつた。時《とき》に二十四歲《さい》であつた。

◎忽ちにして大金を得忽ちにして大損

地震《ぢしん》の後《のち》に於《おい》て、先《さき》に請負《うけお》ひたる、鍋島家《なべしまけ》の假普請《かりぶしん》建坪《たてつぼ》二千五百坪《つぼ》は約《やく》の如《ごと》く、三十五日《にち》にして竣功《しゆんこう》し、閑叟公《かんきうこう》も御《ご》參府《さんぷ》相成《あひな》り御用濟《ごようずみ》と爲《な》つた。余《よ》は南部家《なんぶけ》家老《かろう》楢山佐《ならやまさ》渡氏《どし》に面會《めんくわい》し、震災《しんさい》の見舞《みまひ》を述《の》べ、且《か》つ此《こ》の際《さい》私《わたくし》相應《さうおう》の御用向《ごようむき》を仰《おほ》せ付《つ》けられんことを請《こ》ひ、先《ま》づ同家《どうけ》菩提所《ぼだいじよ》たる白金《しろがね》の瑞祥寺《ずゐしようじ》、芝《しば》の金地院《こんちゐん》何《いづ》れも今回《こんくわい》の震災《しんさい》の爲《た》め、御墓石《おんぼせき》顚倒《てんたう》したれば、世間《せけん》へ對《たい》して差《さ》し措《お》かれず、兎《と》もあれ私《わたくし》寸志《すんし》を以《もつ》て修覆《しうふく》致《いた》すべしと申《まを》し出《い》で、即日《そくじつ》セビ車《ぐるま》數組《すうくみ》を拵《こしら》へ足場《あしば》を掛《か》け七十餘基《よき》の大墓石《だいぼせき》の入《い》り交《まぜ》りて、顚倒《てんたう》せるを五日間《かかん》に夫《そ》れ〳〵元《もと》の地位《ちゐ》に復《ふく》し、石《いし》の闕《か》けたる所《ところ》は同《おな》じ色《いろ》の石《いし》を唐臼《からうす》にて、搗《つ》き碎《くだ》き、イタボ蠟《らう》にて接《つ》き、大根《だいこん》にて苔《こけ》を擦《す》り取《と》り更《さら》に紺木綿《こんもめん》にて磨《みが》き上《あ》げたるに何《いづ》れも、新石碑《しんせきひ》を立《た》て列《つら》ねたる如《ごと》くなつたので、役人《やくにん》は檢分《けんぶん》して、其美麗《そのびれい》になりしと修覆《しうふく》の速《すみや》かなるに驚《おどろ》いた。尋《つい》で又楢山佐渡氏《またならやまさどし》に面會《めんくわい》したる際《さい》、氏《し》は南部家《なんぶけ》江戸屋《えどや》敷《しき》普請《ふしん》の儀《ぎ》を余《よ》に謀《はか》らるゝやう南部家《なんぶけ》も前年震災《ぜんねんしんさい》にて鍋島家《なべしまけ》と同樣《どうやう》江戸屋敷《えどやしき》は塵灰《ぢんかい》に破滅《はめつ》したれども、南部家《なんぶけ》は元來經濟不如意《ぐわんらいけいざいふによい》なるを以《もつ》て其普請《そのふしん》に着手《ちやくしゆ》するを得《え》ないと云《い》ふので余《よ》は之《これ》を聞《き》きて氣《き》の毒《どく》に思《おも》ひ、殊《こと》に前年大儲《ぜんねんおほもうけ》けせし揚句《あげく》なれば大《おほ》きく之《これ》を引受《ひきう》ける事《こと》に決心《けつしん》し、先《ま》づ盛岡領内《もりをかりやうない》の藩材《はんざい》を伐木《ばつぼく》して、送《おく》らるゝならば其代金《そのだいきん》に依《よ》つて江《え》戸《ど》屋敷《やしき》の普請《ふしん》を請負《うけお》ふ可《べ》しと申出《まをしい》でゝ金《きん》五萬《まん》五千兩《りやう》の約束《やくそく》で、其年《そのとし》の三月《ぐわつ》より工事《こうじ》に着《ちやく》手《しゆ》して日《ひ》を逐《おは》て工事《こうじ》も進行《しんかう》し約束《やくそく》の材木《ざいもく》も北上川《きたかみがは》の筏《いかだ》流と石巻《いしのまき》の廻船《くわいせん》とに遽《よ》つて漸次《ぜんじ》深川《ふかがは》の木場《きば》に着《ちやく》するに際《さい》し、八月《ぐわつ》二十五日《にち》江《え》戸《ど》市《し》中非常《ちうひじやう》の大嵐《おほあらし》ありて潰家《つぶれや》多《おほ》く、中就《なかんづく》深川《ふかがは》は海嘯《つなみ》起《おこ》つて大慘狀《だいさんじやう》を極《きは》めた。永代橋《えいたいはし》は墜落《つゐらく》し、三十三間堂《けんだう》の屋根《やね》は飛《と》んで、五丁程隔《ちやうほどへだ》つたる閻魔堂《えんまだう》に落《お》ちたる有樣《ありさま》である。余《よ》の所有《しよいう》せし數十《すう》坪《つぼ》の建築用材幷《けんちくようざいならび》に南部《なんぶ》家《け》より廻送《くわいそう》し來《きた》れる材木《ざいもく》の大部分《だいぶぶん》は流失《りうしつ》し、又木場《またきば》全部《ぜんぶ》の材木《ざいもく》と混亂《こんらん》して莫大《ばくだい》の荷嵩《にかさ》み、之《これ》を擇《え》り分《わ》け出《いだ》さんとするに手廻《てまは》らずして紛失《ふんしつ》せしものが多《おほ》かつた。然《しか》るに一方《ぱう》受負普請《うけおひふしん》に、約束日限《やくそくにちげん》あつて、猶豫《いうよ》する事《こと》が出來《でき》ない折柄《おりがら》、江戸《えど》一般暴風雨《はんぼうふうう》の後材木《のちざいもく》相場《さうば》職工手間《しよくこうてま》賃共《ちんとも》に非常《ひじやう》の直上《ねあ》げとなつて、余《よ》の損失額《そんしつがく》は數萬兩《すうまんりやう》となつた。又南部家《またなんぶけ》普請代金《ふしんだいきん》の内《うら》二萬《まん》五千兩貸殘《りやうかしのこ》りとなれるも、同屋敷《どうやしき》家計《かけい》不如意《ふによい》なりとて、拂渡《はらひわた》さず、旁々余《かたぐよ》の損失額《そんしつがく》は前年《ぜんねん》の利益《りえき》よりも大《だい》にして、結局《けつきよく》二萬餘圓《まんよゑん》の負債《ふさい》を生《しやう》じたのであるが、損益《そんえき》は商家《しやうか》の常《つね》なれば、專念恢復《せんねんかいふく》を圖《はか》つたのである。

◎横濱開店の苦心

鍋島家《なべしまけ》當時《たうじ》の人材《じんさい》田中善右衛門《たなかぜんうゑもん》と云《い》へる人《ひと》があつた。もと通常《つうじやう》の藩士《はんし》であつたが、拔群《ばつぐん》の功《こう》を奏《そう》し、閑叟公《かんさうこう》の信認《しんにん》を得《え》て、家老《かろう》の加判列《かはんれつ》と爲《な》り、諸家藩主《しよけはんしゆ》の間《あいだ》に於《おい》ても、其《その》名聲《めいせい》隱《かく》れなき偉《ゐ》人《じん》であつた。余《よ》は普請《ふしん》の事《こと》よりして、此人《このひと》と親《した》しく交際《かうさい》して居《ゐ》た。田中氏《たなかし》一日《あるひ》余《よ》を訪《たつ》ねたる際《さい》、余《よ》は暴風雨《ほうふうう》海嘯《つなみ》の結果《けつくわ》借財《しやくざい》に苦《くる》しむ旨《むね》を告《つ》げ、之《これ》に處《しよ》するの途如何《みちいかん》を問《と》ふた處《ところ》が、田中氏《たなかし》は無造作《むざうさ》に答《こた》へて、商業《しやうげふ》を勉勵《べんれい》し、利益《りえき》を得《え》て、借財《しやくざい》を返濟《へんさい》するばかりであると云《い》ふ。余《よ》は更《さら》に其之《そのこれ》を爲《な》すの途如何《みちいかん》と問《と》ふた處《ところ》が、田中氏《たなかし》は今《いま》や横濱《よこはま》は開港場《かいこうじやう》と爲《な》りて、外國貿易《ぐわいこくぼうえき》を開始《かいし》されんとして居《ゐ》る、彼地《かのち》へ出店《しゆつてん》した方《はう》がよい。然《しか》る時《とき》は我藩《わがはん》の物產《ぶつさん》たる陶器《こうき》白蠟《はくらう》を一手《て》に賣《う》り捌《さば》かしむべきことを取計《とりはか》ふべしと云《い》ひ、且《か》つ其手續《そのてつゞ》きとして屋敷《やしき》へ願書《ぐわんしよ》を差出《さしだ》されよ、其趣意《そのしゆい》は今般横濱開港《こんはんよこはまかいこう》に就《つい》ては彼地《かのち》に於《おい》て肥前《ひぜん》の物產《ぶつさん》たる陶器類《こうきるゐ》の賣捌《うりさば》き擔任者《たんにんしや》なきに於《おい》ては、美濃尾張《みのをはり》の製《せい》品《ひん》のみ賣《う》り捌《さば》けて、肥前産《ひぜんさん》は爲《た》めに其販路《そのはんろ》を縮《しゆく》し、製造人《せいざうにん》は産《さん》を失《うした》ふて至《いた》る。斯《か》くては當時《たうじ》勸業《くわんげふ》の御旨趣《ごしゆ》に背戻《はいれい》すべきを以《もつ》て、拙者《せつしや》奮《ふるつ》て、此際彼地《このさいかのち》へ出店《しゆつてん》し、一割《わり》の利益《りえき》を得《え》て之《これ》を賣捌《うりさば》かんとの希望《きばう》に有之《これあり》、此儀御聽屆相成《このぎおきゝとゞけあひな》るに於《おい》ては　身元金《みもときん》として差向《さしむき》三千兩上納可致云々《りやうじやうなふいたしべくうん〳〵》と認《したゝ》めよとの事《こと》である。其處《そこ》で余《よ》は其《その》三千兩《りやう》の所有《しよいう》は無《な》いのであると云《い》ふと、田中氏《たなかし》笑《わら》つて、金《かね》なき時《とき》は人皆其貧家《ひとみなそのひんか》なるを知《し》るが故《ゆゑ》に、三千兩《りやう》を出《だ》すと云《い》ふのであると、乃《そこ》で其指示《そのさしじ》の儘《まゝ》に願書《ぐわんしよ》を差出《さしだ》したれば、日《ひ》ならず許可《きよか》されたのである。依《よ》つて再《ふた》び田中氏《たなかし》に其意見《そのいけん》を聞《き》くと、氏《し》は立派《りつぱ》なる土藏數棟《どざうすうむね》の繪圖面《ゑづめん》を引《ひ》き此《こ》の普請金《ふしんきん》七千兩《りやう》として、横濱同店《よこはまどうてん》の身元金《みもときん》三千兩差引《りやうさしひ》き、四千兩御渡《りやうおわた》しなるべき様《やう》に願《ねが》ひ出《い》づべしと、果《はた》して田中氏《たなかし》の寸法通《すんぽふどう》り余《よ》の願《ねがひ》を容《い》れられて、四千兩《りやう》の下渡《さげわたし》あり、其金《そのかね》を以《もつ》て横濱本町《よこはまほんちやう》四丁目《ちやうめ》の角《かど》へ間口《まぐち》十五間奥行《けんおくゆき》二十間《けん》の店家《みせや》を作《つく》る計畫《けいくわく》を立《た》てた。時《とき》に余《よ》は二十八歳《さい》であつた。安政《あんせい》六年《ねん》四月普請《ぐわつふしん》に取《と》り掛《かゝ》り、同《どう》六月《ぐわつ》二日《か》の開港當日《かいこうたうじつ》に開店《かいてん》し、家號《やがう》を肥前屋《ひぜんや》と稱《しやう》し、深川《ふかゞは》の商人丸山《しやうにんまるやま》七右衛門《ゑもん》と組合《くみあ》ひ商業《しやうげふ》に着手《ちやくしゆ》した。然《しか》ゑに其家屋《そのかをく》は廣大《かうだい》にして商品《しようひん》は鍋島《なべしま》より送《おく》られるが故《ゆゑ》に、其數《そのすう》も多《おほ》く、見世附《みせつ》きの如《い》何《か》にも立派《りつぱ》なるが爲《た》めに舊債主《きうさいしゆ》の狙《ねら》ふ所《ところ》となり、余《よ》は屢々負債《しばしばふさい》の督促《とくそく》に遇《あ》ひ、心《こころ》を痛《いた》むる事實《じじつ》に非常《ひじやう》であつた。如何《いか》にせんかと思慮《しりよ》を旋《めぐ》らし、不圖思《ふとおも》ひ付《つ》きたるは、其頃《そのころ》の通用貨幣《つうようくわへい》たる金銀貨《きんぎんくわ》の差違《さい》あることである。初《はじ》め丸屋《まるや》七右衛門《ゑもん》は有名《いうめい》の油穀物問屋《あぶらこくもつどんや》であつて、余《よ》は彼《か》れと面識《めんしき》がなかつたが、余《よ》の金錢融通先《きんせんゆうつうさき》より七右衛門《ゑもん》も時々金《ときどきかね》の借《か》り入《い》れを爲《な》すとがあつたので、彼《か》れの大膽《だいたん》なるとを噂《うはさ》に聞《き》いて居《ゐ》た。一日《あるひ》七右衛門《ゑもん》突《とつ》然余《ぜんよ》の宅《たく》に訪《たづ》ねて來《き》て、兄弟《けいてい》の約《やく》を結《むす》ばうと云《い》ふので余《よ》は之《これ》に答《こた》へて、貴下《きか》は有名《いうめい》の人物《じんぶつ》であつて、良友《りやういう》にも乏《とぼ》しくはない。然《しか》るに一面識《めんしき》の余《よ》に對《たい》して出《だ》し拔《ぬ》けに兄弟分《けいていぶん》たらんと望《のぞ》まるは、之《こ》れは必《かなら》ず仔細《しさい》のある事《こと》であらう。先《ま》づ其詳細《そのせうさい》を語《かた》られよと云《い》ふと、彼《か》れが云《い》ふには、實《じつ》は自分油《じぶんあぶら》、穀物《こくもつ》、肥料《ひれう》、干鰯《ほしいはし》を取扱《とりあつか》ひ、大取引《おほとりひき》は爲《な》し居《を》るも、近頃油《ちかごろあぶら》の相場《さうば》に失敗《しつぱい》して、借財嵩《しやくざいかさ》み、今如何《いまいかん》ともする事《こと》が出來《でき》ない。依《よ》つて鍋島家《なべしまけ》の物産《ぶつさん》を引《ひ》き受《う》け横濱《よこはま》へ出店《しゆつてん》せんと企《くはだ》てしも、其事既《そのことすで》に貴下《きか》の手中《しゆちう》に落《お》ち望《のぞ》みを達《たつ》するが出來《でき》ない。願《ねがは》くは貴下自分《きふじぶん》の悲境《ひきやう》を哀《あはれ》み兄弟分《けうだいぶん》と爲《な》りて右《みぎ》の商賣《しやうばい》を組業《くみげふ》たらしめずやと云《い》ふのである。余《よ》は深《ふか》く其情《そのじやう》を察《さつ》し即時《そくじ》に承諾《しやうだく》した。又爰《またこゝ》に神明前《しんめいまへ》なる瀨戶物商《せとものしやう》花菱屋《はなびしや》太《た》一郎《らう》と云《い》へる者《もの》がある。其娘《そのむすめ》は彼《か》の田中氏《たなかし》の愛妾《あいせう》たる故《ゆゑ》を以《もつ》て、橫濱《よこはま》の店《みせ》の支配人《しはいにん》と爲《な》した。其當時《そのたうじ》は株式《かぶしき》とか、合資《がうし》とか、云《い》ふことがないから、其組合《そのくみあひ》に付《ふ》する適當《てきたう》の名稱《めいしよう》がなかつた爲《た》め、肥前屋《ひぜんや》の名前人《なまへにん》を定《さだ》めんとするに當《あた》り、各々希望《おのおのきばう》あつて定《さだ》め難《がた》いので、竟《つひ》に三人《にん》の名前《なまへ》の一字《じ》づゝを取《と》り嘉太七《かた》と名《なづ》けたるに、七右衛門《ゑもん》は己《おの》れの名《な》が末尾《まつび》にあるを以《もつ》て不快《ふくわい》に感《かん》じ苦情《くじやう》を云《い》ふ折柄《おりから》鍋島家《なべしまけ》の物産役人《ぶつさんやくにん》山口小助《やまぐちこすけ》と云《い》ふ者居合《ものおりあは》せて、仲裁《ちうさい》したので、之《これ》に一任《にん》して其仲裁者《そのちうさいしや》の名前《なまへ》を其儘用《そのまゝもち》ひて、肥前屋《ひぜんや》小助《こすけ》と改《あらた》めた。

◎判金密賣發覺

丸屋《まるや》七右衛門《うゑもん》は稼業柄《かげふがら》の交際《かうさい》も廣《ひろ》く諸商人多《しよしやうにんおほ》く訪《たづ》ね來《き》て、商賣繁昌《しやうばいはんぜう》するも、余《よ》は材木商《もくしやう》の事《こと》であるから、彼《か》れ同樣《さうやう》の商利《しやうり》を得《う》ることが出來《でき》ない。主《しゆ》として外國人《ぐわいこくじん》と賣買《ばいばい》と爲《な》し居《な》る中《うち》、彼《か》れ外人等《ぐわいじんら》は金貨《きんくわ》を仕拂《しはら》ふ事《こと》なくして、常《つね》に銀貨《ぎんくわ》のみを支拂《しはら》ひ、己《おの》れ仕拂《しはらひ》を受《う》けんとする時《とき》は金貨《きんくわ》を請求《せいきふ》するのである。此《こ》の時《とき》、余《よ》熟《つらつ》ら思《おも》ふに、古來《こらい》我國《わがくに》外國貿易《ぐわいこくぼうえき》の盛《さか》んなりしは、天文年中《てんもんねんちう》に始《はじ》め弘治《こうぢ》、永祿《えろく》、元龜《げんき》、天正《げんしやう》、元祿《げんろく》、慶長《けいちやう》の間《あいだ》凡《おま》そ六十年間《ねんかん》、支那《しな》、蘭牙《ホルトガル》、西斑牙《スペーン》、其他《そのた》各國《かくこく》と泉州堺《せんしゆうさかえ》又《また》は筑前博多《ちくぜんはかた》に於《おい》て交通貿《かうつうぼう》易《えき》したる際《さい》には、金銀《きんぎん》の位《くらゐ》を定《さだ》め、金《きん》一匁《もんめ》に對《たい》する銀《ぎん》十五匁《もんめ》の割合《わりあひ》を以《もつ》て定位《ていゐ》とし、貨幣《くわへい》を鑄造《ちゆうざう》し、而《しか》して當時《たうじ》支那《しな》に於《おい》て、一兩《りやう》と云《い》ふは、四匁《もんめ》なるが故《ゆゑ》に、其《その》四匁《もんめ》を以《もつ》て小判金《こはんきん》を製《せい》し、一兩《りやう》と唱《とな》へた。此金判《このきんばん》一兩《りやう》に銀《ぎん》六十匁《もんめ》を交換《かうかん》する定《さだ》めであつた。其《その》後徳川《ごとくがは》三代將軍《だいしやうぐん》の世《よ》に切支丹宗門《きりしたんしうもん》を忌《い》みて、外國《ぐわいこく》との交通《かうつう》を閉鎖《へいさ》し、唯々《たゞ〳〵》幸《さいはひ》に船《ふね》二艘《さう》と和蘭船《オランダせん》一艘《さう》を限《かぎ》りて、交通《かうつう》を許《ゆる》したけれども、夫《それ》れも單《たん》に物品《ぶつぴん》の交換《かうかん》のみで、貨幣《くわへい》の受渡《うけわたし》を許《ゆる》さなかつた。斯《か》く交易《かうえき》を謝絶《しやぜつ》するも、英《えい》、佛《ぶつ》、西《す》、蘭諸國《らんしよこく》も、我國《わがくに》の小國《せうこく》なると遠距離《ゑんきより》なるとを以《もつ》て貿易《ぼうえき》の利《り》を認《みと》めなかつたが故《ゆゑ》に、強《しひ》て貿易《ぼうえき》を求《もと》めず、我國《わがくに》は、支《し》、蘭《らん》二國《こく》とは貿易《ぼうえき》を爲《な》すも、物品貿易《ぶつぴんぼうえき》にして、金銀《きんぎん》の媒介《ばいかい》を要《えう》しなかつた爲《た》め、金銀位《きんぎんゐ》の變動《へんどう》には毫《がう》も心《こゝろ》を措《な》かなかつた。爾來《じらい》二百餘《よ》年我國《ねんわがくに》は天下泰平《てんかたいへい》にして、上下奢侈《じやうげしやし》に流《なが》れ、宴安《えんあん》に長《ちやう》し、徳川政府《とくがはせいふ》財政《ざいせい》に窮《きふ》したる結果寛文年間《けつくわくわんぶんねんかん》に四匁《もんめ》の眞字小《しんじこ》判《はん》を三匁五分《もんめふん》に吹《ふ》き替《か》へ、之《これ》に一兩《りやう》の刻印《こくいん》を施《ほどこ》した。之《これ》を文治小判《ぶんじこばん》と呼《よ》んだ。文化年《ぶんくわねん》中《ちう》に更《さら》に三匁《もんめ》に、天保年中《てんほねんちう》に二匁五分《もんめふん》に、弘化年中《こうくわねんちう》に二匁《もんめ》に吹《ふ》き替《か》へ、是《こ》れを慶長小《けいちやうこ》判《はん》に比《ひ》すれば、僅《わづか》に半分《はんぶん》の量目《りやうめ》である。然《しか》れども其《その》一兩《りやう》の價値《かちよく》に相異《さうゐ》する所《ところ》は無《な》い。又《また》一方《はう》を顧《かへりみ》れば銀價《ぎんか》の量目重《りやうめおも》きに過《す》ぎて、其取扱《そのとりあつかひ》の不便《ふべん》なるの故《ゆゑ》を以《もつ》ての事《こと》であらう。又《また》二匁七分《もんめふん》の一歩《ぶ》銀《ぎん》を鑄造《ちうざう》し、其《その》四個《こ》を以《もつ》て一兩《りやう》に通用《つうよう》せしめた。故《ゆゑ》に金《きん》はもと四匁《もんめ》のもの變《へん》して二匁《もんめ》となり、銀《ぎん》は金《きん》二匁《もんめ》に對《たい》して、三十匁《もんめ》であつたものが、二匁七《もんめ》分《ふん》の四倍即《ばいすなは》ち十匁《もめ》八分《ふん》となり、恰《あだか》も三と一との差違《さゐ》を生《しやう》ずる事分明《ことぶんめい》である。余《よ》は幕府《ばくふ》が此點《このてん》に心付《こゝろづ》かざるに切齒《せつし》し居《を》りしが、安政《あんせい》六年《ねん》九月《ぐわつ》に至《いた》り萎靡《ゐび》振《ふる》はざる幕府《ばくふ》も稍々《やゝ》此《こ》の理《り》を覺《さと》りしと見《み》へて、以來外國人《いらいぐわいこくじん》も交易《かうえき》するに成《な》るべく金貨《きんくわ》を渡《わた》さぬやう心掛《こゝろが》くべき旨《むね》、漠然《ばくせん》たる布令《ふれい》があつた。而《しか》して外國《ぐわいこく》との約條書《やくでうがき》には、金銀《きんぎん》は貨幣《くわへい》なるも貨幣《くわへい》ならざるも、同位同量《どうゐどうりやう》を以《もつ》て通用《つうよう》せしむべしとあり、但《たゞ》し金銀《きんぎん》取《と》り交《ま》ぜ仕拂《しはら》ひは苦《くる》しからずとの事《こと》であつたが、其年《そのとし》十一月《ぐわつ》に至《いた》り斷然《だんぜん》外國《ぐわいこく》に金《きん》を渡《わた》すことを禁《きん》した。時《とき》に我身《わがみ》を顧《かへりみ》れば諸侯《しよこう》へ用立《ようた》てたる金圓《きんゑん》は返濟《へんさい》を得《え》ず他《た》借《しやく》は嵩《かさ》みて朋友《ほういう》に信義《しんぎ》を欠《か》き居《ゐ》る事《こと》の心苦《こゝろくる》しさ此際《このさい》外國人《ぐわいこくじん》に金《きん》を渡《わた》し相當《さうたう》の相場《さうば》に銀《ぎん》を受取《うけと》りて、其間《そのあいだ》に生《しやう》ずる利益《りえき》を得《え》て、借財《しやくざい》を返濟《へんさい》しようと決心《けつしん》し、蘭人《らんじん》キネフラ、米人《べいじん》デーセンと約束《やくそく》を結《むす》び、其《その》取《と》り組《く》みの結果《けつくわ》借財《しやくざい》を返濟《へんさい》するに至《いた》つた。右《みぎ》のキネフラ商館《しようくわん》に出入《しゆつにう》して同《おな》じく判金《はんきん》の密賣《みつばい》を營《いとな》みつゝありし、麴町《こうじまち》兩替商《りやうがへしよう》玉井《たまゐ》幸太郎《かうたらう》同所《どうしよ》塗物商《ぬりものしよう》山口屋《やまぐちや》藤兵衛《とうべゑ》とは同館《どうくわん》にて知己《ちき》と爲《な》り、之《これ》を分業《ぶんげふ》として、玉井《たまゐ》は江戸《えど》にて判金《はんきん》を集《あつ》むることを專《もつぱ》らとして余《よ》はキネフラに賣《う》り渡《わた》すの任《にん》に當《あた》つた。然《しか》るに或日《あるひ》夕刻《ゆうこく》藤兵衛《とうべゑ》の手代《てだい》青山幸助《あをやまかうすけ》と云《い》ふ者《もの》、只《たゞ》ならぬ顏色《かほいろ》して余《よ》の宅《たく》に馳《か》け來《きた》り今朝《こんてう》玉井《たまゐ》幸太郎《かうたらう》父子《ふし》幷《ならび》に手代《てだい》三人《にん》小判《こばん》密賣《みつばい》の件《けん》に依《よ》り召《め》し捕《と》りに相成《あひな》り、拷問せられたり、然《しか》れども、未《いま》だ貴下《きか》の身上《しんじやう》に就《つい》ては何等《なんら》の白狀《はくじやう》する所無《ところな》く、私《わたくし》主人《しゆじん》（山口屋《やまぐちや》）に賣《う》り渡《わた》したる旨《むね》答辯《とうべん》せるに依《よ》り、捕手《とりて》は主人召《め》し捕《と》りの爲《た》め横濱《よこはま》の肥前屋《ひぜんや》に到《いた》りしとの事《こと》であれば、貴下《きか》も甚《はなは》だ危險《きけん》であると告《つ》げたのである。是《こゝ》に於《おい》て余《よ》は直《たゞ》ちに仕度《したく》して、江戸《えど》を發《はつ》し夜《よ》の明《あ》くる頃《ころ》小田原《おだはら》に着《ちやく》し、箱根《はこね》湯元《ゆもと》の福住《ふくずみ》九藏《ざう》方《かた》に投《とう》じた。元來《ぐわんらい》余《よ》は健脚《けんきやく》にして、一夜《や》に二十里《り》を歩行《ほこう》するも、疲勞《ひらう》を覺《おぼ》へざる程《ほど》である。爾後《じご》福住《ふくずみ》の奧座敷《おくざしき》に逗留《とうりう》して、一切《さい》九藏《ざう》へは打《う》ち明《あ》けず、商業上《しやうげふじやう》待《ま》ち合《あは》すべき次第《しだい》ありて暫《しばら》く滯留《たいりう》すと述《の》べたるのみである。すると或夜《あるよ》夢《ゆめ》に余《よ》が宅《たく》にて書見《しよけん》し居《な》りし母《はゝ》と妻《つま》とは、其側《そのそば》に在《あつ》て裁縫《さいはふ》を爲《な》し居《を》る所《ところ》に襖《ふすま》を明《あ》けて入《い》り來《きた》りしは姉婿《あねむこ》亡《ばう》嘉《か》三郎《らう》（利兵衛《りへゑ》の一名《めい》）にして彼《か》れは去《さ》る八日《か》に虎列剌病《これらびやう》にて歿《はつ》し、其際《そのさい》余《よ》と弟《おとうと》德右《とくう》衛門《ゑもん》は湯灌《ゆくわん》葬儀《さうぎ》一切《さい》の世話《せわ》を爲《な》したるものである。突然《とつぜん》彼《か》れの迷《まよ》ひ來《きた》れるは氣《き》の毒《どく》の至《いた》りと思《おも》ひ余《よ》は彼《か》れに風諫《ふうかん》して、余等《よら》と雖《いへど》も、今《いま》にも冥土《めいど》の使《つかひ》來《きた》れば世事《せし》は一切《さい》見切《みき》りを付《つ》け冥土《めいど》に出立《しゆつたつ》する覺悟《かくご》なり。古歌《こか》にも『今《いま》までは生《い》くべき時《とき》で生《い》きたれど死《し》ぬべき時《とき》は死《しん》で行《ゆ》くなり』とある。余等《よら》の覺悟《かくご》の存《ぞん》する所《ところ》實《じつ》に此處《こゝ》にありと、諄々《じゆん〴〵》其迷《そのまよ》ひに彷徨《さまよ》ふの非《ひ》なるを示《しめ》したるも、彼《か》れ何等《なんら》の答《こた》ふる所《ところ》なく母《はゝ》に對《たい》して、通常《つうじやう》の談話《だんわ》をして居《ゐ》る。夢《ゆめ》は忽《たちま》ちにして覺《さ》めたるが顧《かへり》みて我身《わがみ》を思《おも》へば、斯《か》かる一大事《だいじ》ある時《とき》に當《あた》り、新佛《しんほとけ》の夢《ゆめ》に感《かん》じたるを彼是思《かれこれおも》ひ合《あは》すれば、益々《ます／＼》心配《しんぱい》の念高《ねんたか》まりそれより深更《しんこう》に起《おも》き入浴《にうよく》すると、九藏《ざう》の妻《つま》も乳兒《ちのみご》を抱《だ》いて入浴《にうよく》して居《ゐ》る。それより時間《じかん》を問《と》ふと午前《ごぜん》二時《じ》なりと云《い》ふ。余《よ》は急《きふ》に思《おも》ひ付《つ》きたる用向《ようむ》きあれば、直《たゞ》ちに出發《しゆつぱつ》せんとする旨《むね》を告《つ》げ駕籠《かご》の仕度《したく》を命《めい》じ、朝飯《あさはん》を喫《きつ》する中《うち》、意外《いぐわい》にも時刻移《じこくうつ》りて夜明《よあ》け方《がた》と爲《な》り、將《まさ》に出立《しゆつたつ》せんとするに際《さい》し、近所俄《きんじよにわ》かに物騒《ものさわ》がしく火事《くわじ》よ／＼と、呼《よ》ぶ聲《こゑ》するに、余《よ》は此《こ》の際《きい》是《こ》れを見棄《みす》てゝ去《さ》るに忍《しの》びないので、駕籠屋《かごや》を指揮《しき》して手近《てぢ》かの道具《だうぐ》を運《はこ》ばせなどして、爲《た》めに出發《しゆつぱつ》は延引《えんいん》して晝時《ひるどき》と爲《な》り、其夜《そのよ》は大磯《おほいそ》に止宿《ししゆく》し、其《その》翌朝大磯《よくてうおほいそ》を未明《みめい》に出發《しゆつぱつ》し藤澤《ふぢさは》の宿《やど》に入《い》らんとすると、藤澤出立《ふぢさはしゆつたつ》の駕籠《かご》二挺《ちやう》に會《あ》つた。(是《こ》れは町奉行同心《まちぶぎやうどうしん》にて、余《よ》を捕《とら》へんが爲《た》めに江戸《えど》より來《きた》る者《もの》と後《あと》に聞《き》いた。)其時駕《そのときか》籠《ご》の兩側《りやうがは》に兩人《りやうにん》の岡《おか》つ引《ぴ》き付《つ》き隨《したが》ひて、余《よ》の駕籠《かご》と摺《す》り違《ちが》ひたる時《とき》、其中《そのうち》の一人《にん》、駈《か》け戻《もど》り、貴下《きか》は本郷《ほんごう》の何某《なにがし》ではないかと尋《たづ》ねた。余《よ》は深川《ふかがは》の某《ぼう》なりと答《こた》へた。其《そ》の間《あいだ》二挺《ちやう》の駕籠《かご》は立《た》ち止《と》つて待《ま》つて居《ゐ》たから、余《よ》は駕籠《かご》の中《なか》から聲《こゑ》を掛《か》けドテラを着《ちやく》して平然《へいぜん》として進《すゝ》んだので、彼等《かれら》も其擧動《そのきよどう》を見《み》て敢《あえ》て怪《あや》しまず、無事《ぶじ》に此《こ》の場《ば》は遁《のが》れたが、横濱方面《よこはまはうめん》へ近《ちか》づくに從《したが》ひ・駕籠屋《かごや》其他《そのた》に面識《めんしき》あれば、危險《きけん》なるを以《もつ》て、駕籠《かご》に桐油《とうゆう》を下《さ》げて、横濱《よこはま》へさと急《いそ》がせた。是《こ》れは眞實横濱《しんじつよこはま》に行《ゆ》く心《こゝろ》はないが、我身《わがみ》横濱《よこはま》に事《こゝ》あるものであるから、殊更《こと さら》に横濱《よこはま》に行《ゆ》くと吹聽《ふいちやう》したのである。然《しか》れども目的地《もくてきち》は江戸《えど》なるを以《もつ》て程《ほど》ヶ谷《や》より横濱《よこはま》へ入《い》らんとする時《とき》、余《よ》は神奈川《かながは》に所用《しよよう》あると云《い》つて、同地《どうち》に進《すゝ》ませ、神奈川台《かながはだい》の茶屋《ちやゝ》にて晝食《ちうしよく》を喫《きつ》し、是《こ》れで前《ぜん》の駕籠屋《かごや》を返《かへ》して、乘換《のりか》へ途中《とちう》余《よ》を識《し》る者多《ものおほ》きを以《もつ》て、桐油《とうゆう》を下《お》ろさして南品川《みなみしながは》村田屋《むらたや》傳右衛門《でんうゑもん》の宅《たく》に入《はい》つた、村田屋《むらたや》は當《たう》時《じ》の余《よ》の妻《つま》の實家《じつか》にして傳右衛門《でんうゑもん》は余《よ》が年來使用《ねんらいしよう》したる者《もの》で至《いた》つて利發《りはつ》の男《おとこ》である。余《よ》が其宅《そのたく》へ入《はい》るや彼《か》れは、貴下《きか》の判金密賣《はんきんみつばい》一件近來世《けんきんらいせ》評甚《へうはなは》だ高《たか》い。爲《た》めに貴下《きか》の探索《たんさく》頗《すこぶ》る嚴重《げんぢう》で片時《かたとき》も油斷《ゆだん》はならないと、頻《しき》りに心配《しんぱい》の體《てい》である。余《よ》はさらぬ體《てい》にて其儀《そのぎ》なれば余《よ》の申立《まをしたて》に依《よ》り事濟《ことずみ》となりたり、早《はや》く酒肴《しゆかう》を調進《てうしん》して、おやま、おてつ(藝者《けいしや》)

を呼《よ》べと命《めい》じて、其間目《そのあいだめ》で事《こと》を通《つう》じた。女中《ぢよちう》は急《いそ》ぎ兩人《りやうにん》に口《くち》を掛《か》けんとて出《で》て行《ゆ》く際《さい》岡《をか》つ引來《ぴききた》り、其樣《そのさま》を見《み》て安心《あんしん》して歸《かへ》つて行《い》つたのである。兎角《とかく》すると酒肴《しゆかう》も出《い》でたが、傳右衛門《でんうゑもん》は余《よ》の耳《みゝ》に口《くち》を當《あ》て、船《ふね》は裏《うら》に廻《まは》りある由《よし》を告《つ》ぐ、折柄點燈刻《をりからてんとうこく》となり、女中《ぢよちう》等《ら》の店頭《てんとう》にてさゝやく間《ま》に薄暗《うすやみ》に乘《じやう》じて、竊《ひそ》かに裏口《うらぐち》より拔《ぬ》け出《い》で、船《ふね》に乘《の》りて、沖《おき》に出《い》で、築地門跡《つきぢもんぜき》の裏門《うらもん》に上陸《じやうりく》し、同地《どうち》なる旗本稻葉《はたもといなば》金之亟《きんのじよう》の用人川越三太夫《ようにんかはごえさんだいう》を窓下《そうか》より訪《たづ》ねて、彼《か》れの大小袴羽織《だいせうこかまはおり》と、宗《そう》十郎頭《らうづ》巾《きん》を借《か》り受《う》け、士姿《さむらひすがた》に假裝《かそう》した。其頃《そのころ》江戸市中《えどしちう》には一町毎《ちやうごと》に木戸《きど》と唱《とな》ふるものがあつて、夜十時《よるじ》を過《す》ぐると是《こ》れを締《し》め切《き》り、潛《くゞ》り門《もん》より通行《つうかう》する事《こと》と定《さだ》め、潛《くゞ》りの側《そば》に自身番《じしんばん》と稱《しよう》するものを置《お》き、家主町代詰《いへぬしちやうだいつ》め切《き》つて見張《みは》りをして居《ゐ》る。此時余《このときよ》が住居《じうきよ》は三十間堀《けんほり》六丁目《ちやうめ》にあつたが、自身番《じしんばん》に見張《みはり》人《にん》は居《を》れども、名《な》のみで、殊《こと》に士姿《さむらひすがた》の者《もの》に對《たい》しては誰何《すゐか》する樣《やう》の事《こと》は無《な》い。然《しか》れども余《よ》は其萬一《そのまん》を慮《おもんばか》りて、我家《わがや》の前《まへ》に至《いた》りても表口《おもてぐち》より入《はい》らず竊《ひそ》かに路次《ろじ》の鍵《かぎ》を外《はづ》し、樣子《やうす》を窺《うかゞ》つたが、燈火輝《とうくわかゞや》いて未《いま》だ眠《ねむり》に就《つ》いて居《ゐ》ない樣子《やうす》である。其處《そこ》で内《うち》に入《はい》れば、親類《しんるゐ》寄《よ》り合《あ》つて、余《よ》の身《み》の上《うへ》に付《つ》いて評議中《へうぎちう》であつたが、其突然歸《そのとつぜんかへ》つて來《き》たのに驚《おどろ》いたのであつた。それから直《す》ぐに鍋島家《なべしまけ》留守居《るすゐ》志波左傳太氏《しはさでんだし》より危難《きなん》を避《さ》けん爲《た》め、一時余《じよ》の宅《たく》に潜《ひそ》むべしとの傳言《でんげん》あつたとの事《こと》なので、直《たゞち》にそれより志波氏宅《しはしたく》に赴《おもむ》いて、之《これ》に投《ごう》じたのである。其後數日間《そのごすうじつかん》世間《せけん》は絶《た》へて此事《このこと》を知《し》らなかつたが、妻《つま》より衣類等《いるゐとう》度々《たび〳〵》送《おく》つて來《く》るので、其筋《そのすぢ》の知《し》る處《ところ》となり、同邸《どうてい》の門前《もんぜん》には、朝《あさ》より夕《ゆう》に至《いた》るまで、頭《あたま》に手拭《てぬぐひ》を冠《かぶ》つた岡《をか》つ引《ぴき》が排迴《はいくわい》して居《お》るのである。是《こ》れは余《よ》の門外《もんぐわい》に出《い》づるを待《ま》つて捕《とら》へやうとするのである。余《よ》は南部家《なんぶけ》に多分《たぶん》の貸金《かしきん》あれば其相談《そのさうだん》の爲《た》め、同邸《どうてい》に行《ゆ》かんとするも、外出《ぐわいしゆつ》する事《こと》が出來《でき》ない、是《こ》れには殆《ほと》んど困難《こんなん》した。玆《こゝ》に鍋島家《なべしまけ》に善明《ぜんみやう》堂《ごう》と唱《とな》ふる武者修行《むしやしうぎやう》の集會所《しふくわいじよ》がある。此所《こゝ》に居《お》る修行者《しうぎやうしや》立川《たちかは》千兵衛《べゑ》と云《い》ふ者《もの》に、其由《そのよし》を云《い》つて、余《よ》の外出《ぐわいしゆつ》に際《さい》し、護衛《ごゑい》せんことを申込《まうしこ》むと、彼《かれ》は我《わ》れ一人《にん》にて幾人《いくにん》の敵《てき》をも引受《ひきう》くべければ、多人數《たにんずう》はいらぬと云《い》つて、爾後《じご》時々《とき〳〵》此人《このひと》の同伴《どうはん》を得《え》て夜中《やちう》南部《なんぶ》家《け》に出入《でいり》したが、岡《なか》つ引《ぴき》は之《これ》を知《し》つたが、斯《かゝ》る強《がう》の者《もの》を相手《あひて》に闘《たゝか》ふを避《さ》けて敢《あへ》て、一指も余《よ》に觸《ふ》れなかつた。

◎町奉行へ自訴す

余《よ》が鍋島邸内《なべしまていない》に潜伏《せんぷく》すること明《あきら》かに其筋《そのすぢ》へ知《し》れ遂《つひ》に志波氏《しはし》は七日《か》間《かん》の謹愼《きんしん》を申付《まをしつ》けられた。乃《そこ》て斯《か》くなる上《うへ》は、余《よ》も亦安然《またあんぜん》として其恩人《そのおんじん》に迷惑《めいわく》を掛《か》けるに忍《しの》びないから竟《つひ》に覺悟《かくご》を定《さだ》めて町奉行《まちぶぎやう》へ自訴《じそ》することに決《けつ》し、邸内《ていない》にて世話《せわ》に爲《な》れる人々《ひとびと》を呼《よ》び集《あつ》めて、別盃《べつはい》を催《もよ》ふした。斯《か》くて一旦宅《たんたく》に戻《もど》り、それより呉服橋内北奉行所《ごふくばしうちきたぶぎやうじよ》に至《いた》つて自《じ》訴《そ》し、判金密賣事件《はんきんみつばいじけん》吟味《ぎんみ》與力《よりき》高橋吉《たかはしきち》右《ゑ》衛門《もん》、秋山藤藏《あきやまとうざう》二人《にん》の掛《かゝり》にて、自訴神妙《じそしんめう》の旨申《むねまをし》聞《き》かせられ、其儘假牢《そのまゝかりろう》に留《と》め置《お》きとなつた。暫《しばら》くして同《どう》一事件《じけん》に座《ざ》して既《すで》に入牢《にうろう》の身《み》と爲《な》れる者《もの》五人《にん》を余《よ》の面前《めんぜん》に呼出《よびだ》され、彼等《かれら》の口書《くちがき》を讀《よ》み聞《き》かせられたが、何《いづ》れも事《じ》實《じつ》を白状《はくじやう》して居《ゐ》る。其時彼等《そのときかれら》の容貌《えうばう》を見《み》るに、顔色憔悴痛《がんしよくせうすゐいた》く疲《つか》れ果《は》てたる樣子《やうす》を見《み》て、氣《き》の毒《どく》に思《おも》つたから、寧《むし》ろ余《よ》一人《にん》にて此《こ》の罪《つみ》を引受《ひきう》くに如《し》かずと覺悟《かくご》して、右《みぎ》の口書《くちがき》を聞《き》き終《をは》り、吟味與力《ぎんみよりき》に向《むか》つて、口書中《くちがきちう》の事《こと》は全《まつた》く事實《じじつ》に相違《さうゐ》して居《ゐ》る。畢竟彼等《ひつけうかれら》は御上《おかみ》の御威光《ごゐくわう》に畏《おそ》れ、取《と》り止《ど》めもなき事《こと》を申立《まをした》てたるに過《す》ぎない、判金密賣《はんきんみつばい》の事《こと》は拙《せつ》者《しや》一人《にん》之《これ》を爲《な》したるものにして、彼等《かれら》は拙者《せつしや》の手《て》まで、其判金《そのはんきん》を持《も》ち來《きた》りたるのみである。當時《たうじ》彼等《かれら》は拙者《せつしや》が此《こ》の判金《はんきん》を買《か》ひて、外人《ぐわいじん》に轉賣《てんばい》する心《こゝろ》ありしを知《し》つた者《もの》ではない。何《いづ》れにもせよ、彼等《かれら》は罪《つみ》なき者故《ものゆゑ》出牢《しゆつろう》を許《ゆる》され、御吟味中《ごぎんみちう》宿預《やどあづ》け相成《あひな》り度《た》しと申立《まをした》てたるに、此儀《このぎ》採納《さいなふ》せられ、彼等《かれら》は即日出牢《そくじつしゆつろう》するを得《え》て宿預《やどあづ》けになつた。余《よ》は其《その》夕方《ゆうがた》奉行《ぶぎやう》石谷因幡守《いしたにいなばのかみ》より吟味《ぎんみ》入牢《にうろう》申付《まをしつ》けられて、傳馬町牢内揚《てんまちやうろうないあが》り屋《や》に入《はい》つた。其吟味《そのぎんみ》に對《たい》して、余《よ》は判《はん》金《きん》を江戸《えど》にて買入《かひい》れたるは豫《かね》て、某大名《そのだいみやう》より判金《はんきん》の預《あづか》りあるを以《もつ》て、今小判《いまこばん》の相場《さうば》上騰《じやうごう》するに際《さい》し、右《みぎ》の預《あつか》り金《きん》を返濟《へんさい》するの手當《てあて》を爲《な》すが爲《た》めに外《ほか》ならなかつたのである。然《しか》る處《ところ》曩日《さきのひ》横濱《よこはま》に於《おい》て突然《とつぜん》外國商人《ぐわいこくしようにん》我《わ》が店《みせ》に入《い》り來《きた》り、其《そ》の判金《はんきん》を見《み》て、頻《しき》りに買《か》はんことを求《もと》めたるも、之《これ》に應《おう》せず、且《か》つ言語《げんご》も通《つう》せず、手眞《てま》似《ね》半分《はんぶん》にて押《お》し問答《もんどう》する中《うち》彼等《かれら》は大勢《おほぜい》にて、袋《ふくろ》の儘《まゝ》持《も》ち去《き》つたから、據所《よんどころ》なく自分《じぶん》は彼等《かれら》に追從《つひしやう》して、居留地《きよりうち》に行《ゆ》くと、此者共《このものども》は米人《べいじん》デーセン、蘭人《らんじん》キネフラと云《い》へる者《もの》で、判金《はんきん》の代《かは》りとして麻袋《あさぶくろ》に入《はい》りたる洋銀《やうぎん》を自分《じぶん》に推《お》し付《つ》けたる故《ゆゑ》、已《や》むを得《え》ず其儘《そのまゝ》持ち歸《かへ》つて、勘定《かんじやう》すれば、小判《こばん》一枚《まい》に洋銀《やうぎん》三枚《まい》の割合《わりあひ》である。依《よつ》て此《こ》の事《こと》を御訴《おうつた》へ申《まをし》すべく考《かんが》へて居《ゐ》たが、斯《か》くすれば或《あるひ》は不淨《ふじやう》の金《きん》として、沒收《ぼつしう》せらるゝを氣遣《きづか》ひて、躊《ちう》躇《ちよ》し居《ゐ》る際《さい》、圖《はか》らずも五人《にん》の者《もの》が、御召捕《おめしと》りになつたのに驚《おどろ》き、一時《じ》は遠出《こうで》を爲《な》して考《かんが》へたるに、此《こ》れは自訴《じそ》するに如《し》かずと決心《けつしん》して、自《みづか》ら罪《つみ》に服《ふく》したる次第《しだい》である。此《この》儀《ぎ》キネフラ、デーセンの兩人《りやうにん》御呼出《およびだ》しの上吟味《うへぎんみ》あり度《た》しと申立《まをした》てた。然《しか》るに吟味役人《ぎんみやくにん》は余《よ》が外國人呼出《ぐわいこくじんよびだ》し難《かた》き事《こと》、殊《こと》に貨幣《くわへい》の受渡《うけわた》しを爲《な》したりとて、外人《ぐわいじん》を咎《とが》むるの途《みち》なきを見拔《みぬ》きて、斯《か》く言《い》ひ出《い》でし者《もの》と認定《にんてい》し、其方《そのはう》なればこそ斯《か》くも巧《たく》みに申出《まをしい》づるなれ、其《そ》の心底《しんてい》は吟味役《ぎんみやく》に於《おい》て判明《はんめい》した。證據《しやうこ》のある可《べ》きものを匿《かく》さんと欲《ほつ》するに於《おい》ては、見込《みこ》みを以《もつ》て處分《しよぶん》を爲《な》すべしと、言渡《いひわた》しあつたが、結局《けつきよく》外人《ぐわいじん》キネフラは印度《いんど》に赴《おもむ》き、デーセンは本國《ほんごく》に歸《かへ》つたとの事《こと》で、彼等《かれら》の再《ふたゝ》び渡來《とらい》するまで入牢申付《にうらうまうしつ》くるとの嚴命《げんめい》あつた儘《まゝ》遂《つひ》に七年間《ねんかん》の長《なが》きに及《およ》んだ。尤《もつと》も余《よ》の姉《あね》は長《なが》く戸田采女正《とだうねめのしやう》殿《どの》へ奉公《ほうこう》して居《ゐ》たから、戸田家《こだい》では余《よ》の身《み》の上《うへ》を心配《しんぱい》して、前記《ぜんき》吟味役《ぎんみやく》與力《よりき》高橋吉右衛門《たかはしきちゑもん》、秋山藤藏《あきやまとうざう》兩名《りやうめい》へは特《とく》に出入扶持《でいりぶち》を給《きふ》し置《お》かれたさうであつた。

◎牢內の慘狀

余《よ》は牢內《ろうない》を想像《さうざう》して、何《いづ》れ人間《にんげん》の行《ゆ》く可《べ》き塲所《ばしよ》なれば、今其所《いまそのところ》に赴《おもむ》くに何《なに》かあらんとの意氣込《いきごみ》を以《もつ》て、入牢《にうらう》せしに、思《おも》ひしより不景氣《ふけいき》の塲所《ばしよ》にて、隨分困難《ずゐぶんこんなん》を極《きは》めた。固《もと》より大惡人等《だいあくにんら》の寄合塲所《よりあひばしよ》であるから、人氣《にんき》の惡《わる》い事《こと》は云《い》ふ迄《まで》もない。此塲《このば》に於《おい》て謙遜《けんそん》すれば壓《あつ》せられて一命《めい》が保《たも》たない。衆《おほく》の惡人《あくにん》より氣力腕力《きりよくわんりよく》強《つよ》ければ、上位《じやうゐ》を占《し》むるを得《う》べきが故《ゆゑ》に、余《よ》のそれと見定《みさだ》め、衆《しゆう》を壓《あつ》して上位《じやうゐ》たることを求《もと》め、強《きやう》を以《もつ》て弱《じやく》を恤《たすく》るの策《さく》を取《と》り、三ヶ月許《げつばか》りを經《へ》て、漸《やうや》く其《そ》の目的《もくてき》を達《たつ》し、衆《しゆう》の頭《かしら》となつて、先《ま》づ我身《わがみ》を保《たも》つを得《え》たのである。而《しか》して豫《かね》て聞《き》く所《ところ》に依《よ》れば、傳馬町牢內《でんまちやうろうない》は獄則嚴酷《ごくそくげんこく》にして、如何《いか》に強健《きやうけん》なる惡徒等《あくとら》と雖《いへど》も、入牢後《にうらうご》一二ヶ月中《げつちう》に大半《たいはん》死亡《しばう》し、然《しか》らざるも、疾《しつ》患《かん》に罹《かゝ》りて健全《けんぜん》にして、出牢《しゆつろう》するもの極《きは》めて尠《すく》ない。故《ゆゑ》に毒殺《どくさつ》するであらうと云《い》ふ噂《うはさ》さへあつた程《ほど》である。然《しか》るに余《よ》は其《そ》の狀《じやう》を定見《ていけん》して、其《そ》の毒殺《どくさつ》にあらざるを知《し》つた。毒殺《どくさつ》せずとも、別《べつ》に彼等《かれら》の生命《せいめい》は喪失《さうしつ》せざるを得《え》ないのである。抑々《そも〳〵》牢内《らうない》は固《もと》より惡《あく》逆無道《ぎやくむだう》の罪人等《ざいにんら》が集合《しふがふ》する所《ところ》である。之《これ》に加《くは》ふるに當時時勢《たうじじせい》を憤慨《ふんがい》して刑《けい》に觸《ふ》れ、此《この》所《ところ》に投入《とうにふ》せられたる慷慨悲歌《かうがいひか》の論者《ろんがく》も亦少《またすくな》からざるが故《ゆゑ》に、牢内《らうない》は殺氣滿々《さつきまん〳〵》たる人種《じんしゆ》を以《もつ》て充《み》たさるゝも、一度此《たびこ》の牢中《らうちう》に入《い》れば、嚴酷《げんこく》なる規則《きそく》を以《もつ》て責《せ》め付《つ》けられ、牢《らう》内《ない》は十二人《にん》の取締《とりしまり》あつて、如何《いか》なる惡徒《あくと》と雖《いへど》も之《これ》に抗《かう》するを得《え》ない。此《こ》の間《あひだ》に於《お》けるも尚寛厚《なほくわんこう》の扱《あつか》ひを受《う》け、身《み》の自由《じいう》を得《う》るも、所謂地獄《いはゆるぢごく》の沙汰《さた》も金次第《かねしだい》で、娑婆《しやば》より金《かね》の仕送《しきく》りを受《う》け、巧《たく》みに之《これ》を行使《かうし》すれば、多少其《たせうそ》の苦《く》を免《まぬが》るゝを得《え》た。之《これ》に反《はん》して金《かね》なき輩《はい》は虐待酷遇至《ぎやくたいこくぐういた》らざるなく、一枚《まい》の蓆《むしろ》に八人《にん》を坐《ざ》せしむること、恰《わだか》も酢司《すし》の如《ごと》く、衣服《いふく》は仕送《しおく》り無《な》き者《もの》は、寒中單物《かんちうひとへもの》一枚《まい》の外給《ほかきふ》する事《こと》なく、殊《こと》に其《そ》の食物《しよくもつ》に至《いた》りては、粗惡《そあく》なるは云《い》ふ迄《まで》もなく、分量《ぶんりやう》に於《おい》て、例之百人《たとへば》の囚徒《しうと》ある場合《ばあい》に、其《そ》の人數《にんずう》に應《おう》じ、モッソウ計《ばか》りで、牢番之《ろうばんこれ》を持《も》ち來《く》るも、各年《かくろう》の仕來《しきた》りで、其中《そのうち》三十人前《にんまへ》は病人《びやうにん》ありと云《い》つて持《も》ち去《さ》るは、囚人座食《しうじんざしよく》の害《がい》を防《ふせ》ぐの一端《たん》であるけれども、其《そ》の實《じつ》は獄卒等《ごくそつら》の役《やく》德《とく》となすの弊《へい》である。殘《のこ》る七十人前《にんまへ》の內《うち》三十人前丈《にんまへだけ》は十二人《にん》の取締役《とりしまりやく》の名《な》の知《し》れたる惡徒《あくと》、又《また》は博徒頭等《ばくとがしらこう》凡《およ》そ三十人《にん》にて、一人前宛食《にんまへづゝしよく》し僅《わづ》かに殘《のこ》れる四十人前《にまへ》を七十人《にん》に分給《ぶんきふ》するのである。平常《へいぜい》二三人前《にんまへ》も平《たへ》らぐる大食《たいしよく》の惡黨等《あくたうら》が斯《か》ゝる少量《せうりやう》の食《しよく》を爲《な》し、山《さん》野《や》を跋渉《はんせふ》し大道《だいだう》を濶步《くわつぽ》したる習慣《しふくわん》忽《たちま》ち變《へん》じて蓆《むしろ》一枚《まい》に八人《にん》の究屈《きふくつ》を忍《しの》ばねばならぬ狀態《じやうたい》に陷《おちい》つては、爭《いか》でか健康《けんかう》を保《たも》つを得《う》べき、殊《こと》に牢內《ろうない》に牢死病《ろうしびやう》と稱《しよう》する一種《しゆ》の熱病《ねつびやう》があつて、如何《いか》に强健《きやうけん》の者《もの》と雖《いへど》も漸《やうや》く食物《しよくもつ》の不足《ふそく》なる爲《た》め、一度此病《たびこのやまひ》に罹《かゝ》れば、顏色《がんしよく》茶色《ちやいろ》と變《へん》じ、唇《くちびる》は黑色《こくしよく》と化《くわ》し、頰落《ほゝお》ち精力《せいりよく》盡《つ》きて臥《ふ》せんとすれば、一枚敷《まへしき》に八人《にん》なれば、橫臥《わうぐわ》するの餘地《よち》もなく、病毒《びやうどく》は縱橫無盡《じゆうわうむじん》に飛散《ひさん》して傳播自在《でんぱじざい》である。殊《こと》に減食《げんしよく》の結果《けつくわ》病者《びやうしや》ならざるも、身體《しんたい》の疲勞《ひろう》は病者《びやうしや》に異《こと》ならない。一人病者《にんびやうしや》を生《しやう》ずれば八人皆《にんみ》病人《びやうにん》たらざるを得《え》ない。中《なか》に苦悶《くもん》に堪《た》へずして覺《おぼ》へず悲鳴《ひめい》を發《はつ》する者《もの》あれば、牢番《ろうばん》は忽《たちま》ち『靜《しづ》かにしろ』と叱《しつ》し、牢内《らうない》の取締《とりしまり》が乃《すなは》ち病者《びやうしや》の面部《めんぶ》に濡《ぬ》れ雜巾《ざふきん》を蒙《かぶ》ぶせて、水《みづ》落《おち》を踏《ふ》むのである。是《こ》れ即《すなは》ち息《いき》の根《ね》を絶《た》ちて靜《しづ》かにせしむるのである。醫者《いしや》は日々《にち〳〵》見《み》廻《まは》るけれども、掟《おきて》の上《うへ》の形式《けいしき》のみで、眞實病者《しんじつびやうしや》の爲《た》めに病《やまひ》を療《りやう》するのではない。而《しか》して死骸《しがい》は四人《しうにん》の雜居《ざつきよ》する傍《かたは》らに積《つ》み置《お》き、時《とき》としては數日間《すうじつかん》を經《ふ》るも其儘《そのまゝ》に爲《な》しある事《こと》あるは、百人《にん》の牢中《らうちう》より一日《にち》四人以上《にんいじやう》の死骸《しがい》を持《も》ち出《だ》すを許《ゆる》さない掟《おきて》があるからである。又此《またこ》の種《しゆ》の熱病《ねつびやう》は十二日《にち》を經《へ》て死《し》に至《いた》らざる時《とき》は、總身《そうしん》に疥癬《かいせん》を發《はつ》するものにして、四人《しうにん》は一同之《ごうこれ》に傳染《でんせん》し、其《そ》の勢《いきほひ》猖獗《せうけつ》を極《きは》む。其《そ》の惡性《あくせい》なる頑固《ぐわんこ》なる疥癬《かいせん》は、全身《ぜんしん》の血肉《けつにく》を化膿《くわのう》せしめざれば止《や》まざるが如《ごと》くに彌滿《びまん》し、飽《あ》くまで身體《しんたい》を惱殺《のうさつ》する。牢内《らうない》を見渡《みわた》せば、全四《ぜんしう》恰《あだか》も蛤蟆《がま》群の如《ごと》くである。斯《かゝ》る有様《ありさま》であるから岩疊《がんじやう》なる惡徒《あくと》と雖《いへど》も入牢後《にうらうご》一ヶ月《けつ》滿《み》たずして、死《し》する者《もの》概《おほむ》ね半數《はんすう》である。故《ゆゑ》に世間《せけん》に毒殺《どくさつ》と見做《みな》すも無理《むり》ならぬ事《こと》である。余《よ》は幸《さいはひ》に彼等《かれら》の上《うへ》に立《たち》て其《そ》の世話役《せわや》きとなつた爲《た》めに、自《みづか》ら死《し》を免《まぬが》るゝのみならず、死者《ししや》の何《なん》百人《にん》を減《げん》したるやも測《はか》られない。余《よ》竊《ひそ》かに想《おも》ふに當《たう》路者《なしや》が、世《よ》の不善人《よぜんにん》を多《おに》く斬首《ざんしゆ》する時《とき》は政治《せいぢ》の行《ゆ》き屆《とゞ》かざるよしして、不善人《ふぜんにん》多《おほ》しとの誹謗《ひほう》を受《う》くるを慮《おもんはか》り、一種《しゆ》の手段《しゆだん》を用《もち》ゐて、囚人《しうじん》を病死《びやうし》せしめたるにはあらざるか。

◎破獄の首謀者たらん事を請はる

斯《か》くする程《ほど》に余《よ》は一日牢内《にちろうない》の角《すみ》の隱居疊《ゐんきよだゝみ》を掃除《さうぢ》するに當《あた》つて、易《えき》の坤本《こんぽん》一冊《さつ》を得《え》て、生死《しやうし》を占《うらな》つた事《こと》は、別項《べつこう》に述《の》べた通りであるから、此處《こゝ》には略《りやく》す事とするが、余《よ》は入《にう》牢後《ろうご》遂《つひ》に牢熱《ろうねつ》に罹《かゝ》つて、三ケ月目《げつめ》に淺草溜《あさくさだまり》に移《うつ》り、二番牢《ばんろう》の名主《なぬし》となつた。或時囚人《あるときしうじん》の都合《つがふ》に依《よ》りて、一番牢《ばんろう》に同居《どうきよ》して、名主《なぬし》の副役《ふくやく》になつたが、文久《ぶんきう》二年戌《ねんいぬ》八月《ぐわつ》の、或《ある》夜《よ》牢内《ろうない》百二十四《しう》の中《うち》、重罪者《ぢゆうざいしや》七十人《にん》ありて、此者共《このものども》に對《たい》しては殊《こと》に嚴密《げんみつ》の取締《とりしまり》を加《くは》へ居《を》る折柄《をりがら》、其重立《そのおもだ》ちたる惡徒《あくと》四人《にん》密《ひそ》かに余《よ》の居所《きよしよ》に來《き》て、改《あらたま》りたる口調《くてう》を以《もつ》て述《の》べる樣《やう》、我々《われ〳〵》四人《にん》は頭《かしら》を御見掛《おみか》け申《まを》して御願《おねが》ひの筋《すぢ》を御聞《おき》き置《お》き下《くだ》さるに於《おい》ては、無上《むじやう》の幸《さいは》ひであると云《い》ふ。余《よ》は之《これ》に答《こた》へてお互《たが》ひに親族故舊《しんぞくこきう》に離《はな》れて牢内《ろうない》に同棲《どうせい》し、死水《しにみづ》の取《と》り遣《や》りをもすべき間柄《あひだがら》なる以上《じやう》は、身《み》に叶《かな》つたことなれば、何條拒《なんでうこば》まうと云《い》つた處《ところ》が、彼等《かれら》は異口同音《いくどうおん》に御聞屆《おきゝとゞ》け下《くだ》さるとは誠《まこと》に以《もつ》て辱《かたじけ》ない。實《じつ》は今《いま》一度娑婆《たびしやば》に出《で》て見度《みた》き一同《どう》の心願《しんぐわん》なるも、頭《かしら》も同様望《どうやうのぞ》みは絶《た》へ果《は》てたる身《み》にて、破牢《はろう》の外他《ほかた》に手段《しゆだん》はないが、願《ねが》はくは頭《かしら》に於《おい》て、此《こ》の件《けん》の首謀《しゆぼう》になり、我々《われ〳〵》を指揮《しき》して實行《じつかう》あらんことを望《のぞ》むと云《い》ふのである。余《よ》若《も》し之《これ》を承諾《しようだく》せんには斬首《ざんしゆ》の刑《けい》を免《まぬが》るゝ事《こと》が出來《でき》ない。之《これ》を拒絶《きよぜつ》すれば、彼等《かれら》のために生命《せいめい》を奪《うば》はるゝは必然《ひつぜん》である。進退谷《しんたいきは》まるの究境《きうきやう》に遭遇《そうぐう》したるも、余《よ》は何氣《なにげ》なき體《てい》にて、其事《そのこと》なら嘗《かつ》て種々《いろ〳〵》工夫《くふう》したる事《こと》もあれども手段盡《しゆだんつ》きて今《いま》は全《まつた》く思《おも》ひ止《とゞま》つた。貴下等今事《きからいまこと》を企《くはだ》てんとするに當《あた》り、一度心碎《たびこゝろくだ》けて所思《しよし》を果《はた》さざりし者《もの》と與《くみ》にせらるゝは延喜《えんぎ》ではない。寧《むし》ろ余《よ》を棄《す》て、新《あらた》に事《こと》を起《おこ》された方《はう》がよい。余《よ》は此際見《このさいみ》ざる聞《き》かざる言《い》はざるの地位《ちゐ》に立《た》つべしと答《こた》へたるに四人《にん》は大事《だいじ》を誤《あやま》つたと思《おも》つたであらう。一同《どう》の視線《しせん》、余《よ》の額上《がくじやう》に集中《しふちう》し、余《よ》も亦彼等《またかれら》一同《どう》を白眼《にら》み詰《つ》めて、息《いき》する事《こと》がなかつた。すること數分時間《すうふんじかん》にして、四人《にん》の中《うち》一人《にん》呼吸《こきふ》する者《もの》あり、爲《た》めに氣碎《きくだ》けて一人袖《にんそで》を引《ひ》く、是《こ》れ根氣劣《こんきおと》りて、決戰《けつせん》の利《り》なきを知《し》りたるに依《よ》るものである。四人《にん》は氣拔《きぬ》けしたる體《てい》に引《ひ》き退《の》いた。爾來余《じらいよ》は晝夜身《ちうやみ》を警戒《けいかい》して怠《おこた》らなかつた。又彼等《またかれら》の擧動《きよどう》に就《つい》ても、絶《た》えず目《め》を留《と》めて居《ゐ》た。

◎破獄の陰謀

すると或時彼等《あるときかれら》は酒好《さけず》きの牢番《らうばん》を利用《りよう》して、其《そ》の居處《ゐどころ》に來《きた》るに際《さい》し、彼等《かれら》は自分《じぶん》の誕生日《たんじやうび》なるを名《な》として、其《そ》の祝《いは》ひとして金《きん》二十兩《りやう》を竊《ひそ》かに差出《さしだ》し、之《これ》にて鰻《うなぎ》の蒲燒《かばやき》とタンポ（牢内《らうない》に於《おい》て酒《さけ》の異名《いめい》をタンポと云《い》ふ。蓋《けだ》しタンポは暖《あたた》むるの意《い》）を買《か》ひ來《く》ることを請《こ》ふた。彼《か》れは大分奢《だいぶおご》りますねえと云《い》ひつゝ出《で》て行《い》つたが、軈《やが》て注文《ちうもん》の品《しな》を持《も》ち來《く》るを見《み》れば、酒《さけ》は行水《ぎやうずゐ》の湯《ゆ》を入《い》れる擔《にな》ひ桶《おけ》に、湯《ゆ》を入《い》れて、其中《そのなか》に確《しか》と口《くち》をしたる德利《とくり》を置《お》きて燗《かん》の出來《でき》る趣向《しゆかう》にて、流石《さすが》は好酒家《かうしゆか》の注意至《ちういいた》れり盡《つく》せりである。鰻《うなぎ》は竹《たけ》の皮《かは》に包《つゝ》んで、是《こ》れ亦外見《またぐわいけん》を防《ふせ》ぐに意《い》を用《もち》ゐたものである。彼等《かれら》は其《その》一部分《ぶぶん》を彼《か》れに與《あた》へれば、彼《か》れは喜色《きしよく》大《おほい》に面《かほ》に見《あら》はれた。全《まつた》く其筈《そのはづ》である。四人《しうじん》が牢番《ろうばん》に買物《かひもの》を注文《ちうもん》すれば、其金《そのかね》の四分《ぶん》の三を彼《か》れの懐《ふところ》に収《をさ》め、殘《のこ》る四分《ぶん》の一を買物《かひもの》に充《み》つるの習慣《しうくわん》であるから、彼《か》れは十五兩《りやう》を得《え》た上《うへ》に大好物《だいかうぶつ》の酒《さけ》を貰《もら》つたのであるから、喜《よろこ》んだのは道理《だうり》である。此《こ》の有樣《ありさま》を見《み》た彼等《かれら》は此《こ》の牢番《ろうばん》の上機嫌《じやうきげん》なるに付《つ》け込《こ》んで、其袖《そのそで》を引《ひ》き、牢内《ろうない》の或《あ》る顔役某《かほやくぼう》は此頃眼病《このごろがんびやう》に罹《かゝ》り苦悶《くもん》して居《を》らるゝ畢竟逆上《ひつきやうぎやくじやう》の爲《た》めなれば、月代《さかやき》を摘《つま》み與《あた》へなば、多少《たせう》の輕快《けいくわい》を得《う》べきに依《よ》り、夫《そ》れに使用《しよう》すべき鋏《はさみ》を買《か》ひ入《い》れんことを依頼《いらい》した。尤《もつと》も牢内《ろうない》は刄物《はもの》一切嚴禁《さいげんきん》して、此類《このるゐ》を差入《さしい》るゝ者《もの》は死刑《しけい》に處《しよ》せらるべきを以《もつ》て、斯《かゝ》る、物《もの》には一々異名《ゐめい》があつて、鋏《はさみ》は之《これ》を蟹《かに》と呼《よ》び、其代金《そのだいきん》として牢番《ろうばん》は竊《ひそ》かに三十兩《りやう》を受取《うけと》つた。三日目《かめ》に牢番《ろうばん》は三寸許《すんばか》りの品《しな》を持《も》ち來《き》て與《あた》へ、使用濟《しようずみ》の後《のち》は必《かなら》ず返却《へんきやく》すべき約《やく》を爲《な》した。然《しか》れども固《もと》より深《ふか》き企《くはだ》てありての事《こと》であるから、這般《こんはん》の品《しな》は小《ちい》さきに過《す》ぎて用《よう》を爲《な》さずとて、更《さら》に窃《ひそ》かに五十兩《りやう》を差出《さしだ》し、尚《な》ほ之《こ》れより大《だい》なるものを求《もと》めた、依《よ》つて次《つぎ》に六寸許《すんばかり》の品《しな》を持《も》つて來《き》た時曩《ときさき》の少《ちい》さきものを返《かへ》し、今度《こんど》は百兩《りやう》を出《だ》して尙《な》ほ大《だい》なるものを求《もと》めたる時《ごき》は、牢番當惑《らうはんたうわく》の體《てい》であつたが、止《や》むなく其《そ》の望《のぞ》みに任《まか》せて、床場《とこば》にて髷《まげ》の毛先《けさき》を切《き》るに用《もち》ふるものを買《か》ひ求《もと》めて來《き》て與《あた》へた。之《これ》を見《み》て他《た》の一人亦《にんまた》百兩《りやう》を牢番《らうはん》の袖《まで》の下《した》に差《さ》し入《い》れて同樣《どうやう》の依賴《いらい》を爲《な》したので、愈々《いよいよ》牢番《らうはん》は當惑《たうわく》の體《てい》で、忽《たちま》ち顏《がん》色變《よくへん》じ、只管之《ひたすらこれ》を謝絶《しやぜつ》して逃《に》げやうとすると、我《わ》れ旣《すで》に法度品《はつごひん》を差入《さしい》れたる弱味《よはみ》あるを以《もつ》て逡巡《しゆんじゆん》し居《ゐ》るを件《くだん》の一人《にん》に見込《みこ》まれ、屹度白眼《きつとにら》み付《つ》け、何《なん》の理由《りゆう》あつて、同囚《どうしう》の言《げん》を容《い》れながら自分《じぶん》の言《げん》を肯《がへ》んぜざるやと、牢番益《らうはんます》々究狀《ますきふぢやう》に陷《おちい》り、戰慄《せんりつ》しながら今更如何《いまさらいかん》とも爲《な》し能《あた》はず、又々同樣《またくどうやう》の品《しな》を買《か》つて來《き》て與《あた》へた。鬼《おに》に棒《ぼう》とは此《こ》の事《こと》であらう。彼等《かれら》は屈强《くつきやう》の武器《ぶき》を得《え》て、之《これ》を利用《りよう》せんが爲《た》めに二個《こ》とも曲《まが》り目《め》の所《ところ》より引《ひ》き割《わり》、瓦《かはら》の欠《かけ》にて一生懸命《しやうけんめい》に研《と》ぎ立《た》て、之《これ》に湯樽《ゆだる》を壞《こ》はして長《なが》く削《けづ》り、之《これ》を以《もつ》て柄《ゑ》を作《つく》り、其上《そのうへ》に餅糊《もちのり》を麻《あさ》に塗《ぬ》つて之《これ》を卷《ま》き、手槍《てやり》と爲《な》し、別《べつ》に匕首《あひくち》三本《ぼん》を造《つく》り、此《こ》の外樽《ほかたる》の竹篦《たけたが》を水《みづ》に漬《つ》けて延《の》ばし、其《そ》の身《み》と身《み》とを腹合《はらあは》せにして、竿《さを》と爲《な》し、其《そ》の端《はし》に玻璃鏡《はりかゞみ》を括《くゝ》り付《つ》け、一種《しゆ》奇妙《きめう》な品物《しなもの》を調製《てうせい》した。如何《いか》なる目《もく》的《てき》にて之《これ》を使用《しよう》せしかと云《い》ふに、牢獄《ろうごく》には内鞘外鞘《うちさやそとさや》の二門《もん》あり、其外鞘《そのそとさや》の番人某當番《ばんにんはうたうばん》の時《とき》には、常《つね》に錠《じやう》を半《なか》ば卸《おろ》し置《お》くを見知《みし》れるものから、其《そ》の當番《たうばん》たる時《とき》こそ事《こと》を擧《あ》ぐるに屈強《くつきやう》の時機《じき》なれと思量《しりやう》し、其《そ》の樣子《やうす》を合《あは》せ鏡《かゞみ》にて見取《みご》らんとせしものである。其《そ》の惡智《あくら》に長《た》けたること實《じつ》に驚《おごろ》くべしである。

◎破獄者の爲めに負傷す

時《こき》に文久《ぶんきう》二年《ねん》戌《いぬ》八月《ぐわつ》十八日夜《にちよ》四ッ時新囚《こきしんしう》を入牢《にうろう》せしめんとて内鞘《うちさや》の前口《まへくち》を開《ひら》きたる途端《とたん》に、豫《かね》て待《ま》ち構《かま》へたる囚人突《しうじんつ》き出《い》で先《さ》きの匕首《あいくち》と、手鎗《てやり》とを以《もつ》て、役人《やくにん》三名《めい》を突《つ》き殺《ころ》した。此際役人《このさいやくにん》の一人《にん》は防火《ばつくわ》の心得《こゝろえ》あつたと見《み》えて、提灯《てうちん》を踏《ふ》み消《け》して斃《たな》れた。夫《そ》れと同時《ごうじ》に、一人《にん》は外鞘《そとさや》に立《た》つて錠《じやう》を保護《ほご》し居《ゐ》る番人《ばんにん》を格子《かうし》の間《あひだ》より細引《ほそび》きを出《だ》して縊《くび》り殺《ころ》したる其《そ》の手際《でぎわ》の巧妙《こうめう》なること、恰《あだか》も手品師《てじなし》の如《ごと》く、其《そ》の斃《たな》れしや半《なか》ば卸《おろ》せる錠《じやう》を取り外《は》づし、明《あ》けんとするも能《あた》はず、金剛力《こんがうりき》を出《だ》すも尚《な》ほ開《あ》かない。是《こ》れは目《め》の上《うへ》一段高《だんたか》い所《ところ》に、丸環《まるわ》の懸金《かけがね》が掛《かゝ》つて居《ゐ》ることに氣付《きづ》かざるが爲《た》めである。其内《そのうち》に他《た》の番人《ばんにん》が此《こ》の騒動《さうどう》を見《み》て、直《たゞ》ちに早鐘《はやかね》を衝《つ》き始《はじめ》た。其頃《そのころ》は各所《かくしよ》に攘夷家《ぢやういか》浪人者《らうにんもの》の入《にう》牢者多《らうしやおほ》かつた時《とき》であるから、警護《けいご》の役《やく》を勤《つと》めらるゝ六郷《がう》加《が》藤《ごう》の兩藩《りやうはん》非常《ひじやう》の響《ひゞき》に應《おう》じ、鎗先《やりさき》を幷《なら》べて透間《すきま》も無《な》く牢獄《らうごく》を取《こ》り卷《ま》いた。内《うち》には破牢《はらう》を企《くはだ》てた惡黨共《あくたうども》は、今《いま》や一大《だい》事《じ》全《まつた》く破《やぶ》れたることを知《し》り、一同捨身《すてみ》になつて、暴虐《ばうぎやく》を逞《たくまし》うしたるが故《ゆゑ》に、其《そ》の騒《さう》動《どう》は言語《げんご》に盡《つく》し難《がた》く、首謀者共《しゆぼうしやども》先《ま》づ自殺《じさつ》せんとするに方《あた》り、平素《へいそ》名主《なぬし》の壓制《あつせい》を受《う》けたる恨《うら》み、先《ま》づ之《これ》を突《つ》き殺《ころ》し、次《つぎ》に余《よ》が彼等《かれら》の一味《み》に加《くは》はらざりしを怒《いか》り、余《よ》を目懸《めが》けて突《つ》き掛《か》つた。余《よ》は豫《あらかじ》め用意《ようい》し置《お》きたる得物《えもの》を以《もつ》て、之《これ》と打《う》ち合《あ》ひ必死《ひつし》となつて防《ばう》戰《せん》に勉《つと》めたけれども、彼《か》れは多勢《たぜい》にて、我《わ》れは刄物《はもの》なきを以《もつ》て、恰《あだか》も狼群中《らうぐんちう》の羊《ひつじ》に異《こと》ならない。遂《つひ》に右《みぎ》の二の腕《うで》を切《き》り込《こ》まれ、又鼻《またはな》を衝《つ》かれた。牢内《らうない》は固《もと》より暗黑《あんこく》であつて、唯外鞘《たゞそとざや》の外《ほか》三間程《げんほど》を隔《へだ》てたる所《ところ》に綱行燈《つなあんどう》の光《ひか》るあるのみ、余《よ》は幸《さいはひ》にして暗夜《あんや》に紛《まぎ》れ十五六疊《でう》積《つ》み重《かさ》ねたる各主疊《なぬしだゝみ》と云《い》へるに飛乗《とびの》り、更《さら》に打揚天井《うちあげてんじやう》に手《て》を掛《か》けて道成《だうじやう》寺《じ》と稱《しよう》する笊《ざる》の中《なか》に飛《と》び入《い》り、中《なか》に在《あ》りたる衣類《いるゐ》を外《そと》に投《な》げ出《だ》して、辛《から》くも其所《そこ》に身《み》を匿《か》くすを得《え》た。抑々《そもそも》道成寺《だうじやうじ》と云《い》ふのは、衣類《いるゐ》を入《い》る可《べ》き竹籠《たけかご》であつて、之《これ》を細引《ほそびき》にて釣《つ》り繩緒《なはを》の紕《ほつ》れたる所《ところ》を餅糊《もちのり》にて天井板《てんじやういた》に糊《の》り付《つ》けにしたものである。悪徒等《あくとら》余《よ》の生死《しやうし》の如何《いかゞ》を判斷《はんたん》せしか、間《ま》もなく余《よ》の潜《ひそ》める笊《ざる》の下《した》にて六人首謀者《にんしゆぼうしや》代《かは》る〳〵手製《てせい》の匕首《あひくち》を用《もち》ひて自殺《じさつ》を遂《と》げた。余《よ》は其時《そのとき》頻《しき》りに渇《かつ》を覺《おぼ》へて、堪《た》へ難《がた》く、遂《つひ》に我《わ》が鼻《はな》の傷《きず》口《ぐち》より垂《た》るゝ血《ち》を啜《すゝ》りて喉《のど》を潤《うる》はしつゝ自《みづか》ら以爲《おもひ》らく、余《よ》の一身《しん》は今《いま》や正《まさ》しく此《こ》の世《よ》の地獄《ぢごく》の底《そこ》まで深《ふか》く陷《おちい》り、生《いき》るか死《し》するか孰《いづ》れに歸《き》するかの境《さかへ》にて、人間《にんげん》一生《しやう》の中《うち》斯《か》くの如《ごと》きの災難《さいなん》は容易《ようい》にあるべき者《もの》ではない。此期《このき》に及《およ》び豫《かね》て嗜《たしな》みし、易《えき》を世《よ》の暇乞《いとまごひ》として心《こゝろ》を落付《おちつ》けて、繫辭傳《けいじでん》の上下《じやうげ》とも、全部《ぜんぶ》血《ち》を吸《す》ひながら暗讀《あんどく》を爲《な》したのである。而《しか》して牢内首謀者《ろうないしゆぼうしや》の内《うち》六人《にん》は既《すで》に自殺《じさつ》したけれども、生殘《いきのこ》る者《もの》の騷動《さうだう》は何時《いつ》止《や》むとも測《はか》られない。是《こゝ》に於《おい》て平《か》役人等《やくにんら》は彼等《かれら》を鎭《しづ》めんが爲《た》めに、上《かみ》より御慈悲《ごじひ》の御沙《ごさ》汰《た》あり、一同《ごう》神妙《しんめう》に靜《しづ》まるべしと叫《さけ》びて、頻《しき》りに彼等《かれら》を宥《なだ》めた。斯《か》くして外《そと》より名主《なぬし》を呼《よ》びたるに、内《うち》より名主《なぬし》の死骸《しがい》ありと答《こた》ふ。次《つぎ》に余《よ》を問《と》ひたるに中《うち》に在《あ》らずと答《こた》へたる者《もの》あり。さすれば余《よ》一人《にん》何《いづ》れよりか拔《ぬ》け出《い》でたるものと推定《すゐてい》して、名所《かくしよ》を搜索《さうさく》した。余《よ》は此時窂《このときざね》の中《なか》にて、此《こ》の問答《もんどふ》を聞取《きゝと》りたれども、牢内《ろうない》には尙《な》ほ首謀者《しゆぼうしや》の生殘《いきのこ》れる者《もの》あるが故《ゆゑ》に、迂闊《うくわつ》に應答《おうとう》を爲《な》す能《あた》はず、止《や》むを得《え》ず其儘《そのまゝ》窂《ざろ》の中《なか》で、一刻《こく》千秋《しう》の思《おも》ひをして黎明《れいめい》を待《ま》ち、漸《やうや》く東天《とうてん》の白《しら》む頃《ころ》兩町奉行《りやうまちぶぎやう》出張《ゆつちやう》の沙汰《さた》ありて、外《そと》の警護《けいご》も嚴《げん》重《ぢゆう》なると共《とも》に、内《うち》も稍《やゝ》靜《しづ》まつた。此時外《このときそこ》より余《よ》の名《な》を呼《よ》ばる者《もの》がある。余《よ》は之《これ》を待《ま》ちに待《ま》ち焦《こが》れて、籠《かご》より飛《と》び下《お》りたるに、其姿《そのすがた》は白地《しろぢ》の寢衣《ねまき》に、唐紅《からくれない》を浸《ひた》せる樣《さま》、恰《あだか》も芝居《しばゐ》の妖怪《えうくわい》に異《こと》ならない。一同大《ごうおほい》に驚《おどろ》き且《か》つ疑《うたが》ひの筋《すぢ》ありとて、余《よ》一人《にん》を別牢《べつろう》に導《みちび》いた。余《よ》は別牢《べつろう》に在《あ》つて、腕《かひな》の傷《きず》を縫《ぬ》はんことを請《こ》ふたが許《ゆる》されない。然《しか》らば針《はり》と糸《いと》とを借《か》り受《う》けて自《みづか》ら縫《ぬ》はんと云《い》ひ出《い》でたが、是亦許《これまたゆる》されない。其日《そのひ》の夕刻《ゆうこく》に至《いた》り醫師《いし》來《きた》りて、之《これ》を縫《ぬ》つたが、重傷《ぢゆうしよう》の事《こと》とて、創痕《やりきず》遂《つひ》に癒《い》えず、一生涯《しやうがい》右腕《みぎうで》の力《ちから》を減《げん》ずるに至《いた》つた。翌日《よくじつ》石谷因幡守《いしたにゐなばのかみ》の吟味《ぎんみ》ありとて、余《よ》を首謀者《じゆぼうしや》と見做《みな》し、汝《なんぢ》は今回《こんくわい》死《し》に後《おく》れたるものならんと難問《なんもん》した。余《よ》答《こた》へて曰《いは》く、凡《およ》そ人《ひと》自殺《じさつ》を企《くはだ》つるに方《あた》り、利器《りき》あらば、或《あるひ》は誤《あやま》つて、左腕《さわん》に傷《きずつ》く事《こと》もあらんも、我《わ》れ今假《いまかり》に狂《きやう》せりとするも、何《なに》を苦《くる》しんで自《みづか》ら利腕《きゝうで》を破《やぶ》らんや、固《もと》より首謀者《しゆぼうしや》にもあらざれば、自殺《じさつ》を企《くはだ》つる必要《ひつえう》もない。全《まつた》く悪《あく》徒《と》に傷《きずつ》けられたるの證據《しようこ》斯《か》く歴然《れきぜん》として居《ゐ》るではないかと云《い》ふと、其申譯《そのまをしわけ》立《た》ち嫌疑《けんぎ》晴《は》れて、更《さら》に名主《なぬし》を命《めい》ぜられた。

◎同囚と吟味役の身の上を占ふ

余《よ》は破牢者連累《はろうしやれんるゐ》の嫌疑《けんぎ》も晴《は》れ、牢中病囚《らうちうびやうしう》の手當《てあて》行《ゆ》き届きたる旨《むね》を以《もつ》て、寛典《くわんてん》に處《しよ》せられ江戸《えど》拂《ばら》ひの上《うへ》佃島懲役《つくだじまちやうえき》申《まを》し付《つ》けられた。余《よ》は佃島《つくだじま》に遣《や》られるに就《つい》て、一段《だん》の安《あん》堵《ど》を得《え》、同所《どうしよ》に至《いた》るに破牢事件《はろうじけん》の時《とき》右腕《うわん》の筋《すぢ》を絶《た》たれたるを以《もつ》て、力役《りきえき》に服《ふく》することが出來《でき》ず、棕梠繩《しろなは》を作《つく》るの職《しよく》を授《さづ》けられたが、其時《そのとき》品格卑《ひんかくいや》しからざる一人物《じんぶつ》來《き》て、余《よ》に面會《めんくわい》を求《もと》めた。仔細《しさい》に其《そ》の相貌《さうぼう》を觀《み》れば、額秀《ひたへひい》でゝ上相《じやうさう》なるが上《うへ》に、辯舌輕快《べんぜつけいくわい》一見《けん》凡庸《ぼんよう》の徒《と》でない事《こと》を知《し》つた。其身分《そのみぶん》はと問《と》へば、横濱無宿《よこはまむしゆく》の勝郎《かつろう》と答《こた》へ、其出生《そのしゆつしやう》はと問《と》へば、佐倉藩物頭西村《さくらはんものがしらにしむら》の次男《じなん》と答《こた》へた。斯《か》ゝる身分《みぶん》あり、然《しか》も才氣滿々《さいきまん〳〵》たる面貌《めんばう》を備《そな》へたる彼《か》れが、如何《いか》にして罪《つみ》を犯《おか》し、此《こ》の不淨《ふじやう》の場所《ばしよ》に來《きた》りしやを怪《あや》み、具《つぶ》さに彼《か》れの云《い》ふ所《ところ》を聞《き》けば、其《そ》の父《ちゝ》は漢洋《かんよう》の學《がく》に通《つう》じ、爲《た》めに同藩士《どうはんし》と相容《あひい》れず、依《よつ》て一萬《まん》石《ごく》なる野州足利《やしうあしかゞ》を領《りやう》する堀田家《ほつたけ》の家老《かろう》に轉《てん》ぜられ、勝郎《かつろう》は才學共《さいがくとも》に優《すぐ》れたる故《ゆゑ》を以《もつ》て主公《しゆこう》より別《べつ》に一家《け》を與《あた》へらるゝ身分《みぶん》となつたが、世《よ》の變遷《へんせん》に注目《ちうもく》して、竊《ひそ》かに思《おも》ふ所《ところ》あり、強《しひ》て暇《いとま》を乞《こ》ひて、當時江戸横濱《たうじえどよこはま》の間《あひだ》に有名《いうめい》なる商人岡田平藏《しやうにんをかだへいざう》の元《もと》に身《み》を投《とう》じ、平藏《へいざう》も亦彼《またか》れを信《しん》じて、横濱支店《よこはましてん》を管理《くわんり》せしめしが、豫《かね》て商機《しやうき》に敏《びん》なる彼《か》れは、支那《しな》人《じん》と朱《しゆ》の取引《とりひき》を爲《な》し、巨利《きより》を博《はく》した。當時朱《たうじしゆ》は朱座《しゆざ》と唱《とな》へるものありて、日本《にほん》一手《て》販賣《はんばい》であつたから、朱座《しゆざ》より其密賣《そのみつばい》を訴《うつた》へられ、長《なが》き間入牢《あいだにうろう》の上佃島《うへつくだしま》へ徒刑《とけい》に處《しよ》せられたのである。余《よ》は千人《にん》の囚徒中《しうとちう》一人《にん》の知已《ちき》を得《え》て、其《そ》の快云《くわいい》ふべからず、覺《おぼ》えず談《だん》話に時《とき》を移《うつ》したが、他《た》に倶《とも》に語《かた》る者《もの》があるかと尋《たづ》ねると、勝郎《かつろう》は、有《あ》ります、それは伊豫國大州藩《いよのくにおほしゆうはん》の醫師《いし》の悴《せがれ》で、和漢《わかん》の學《がく》に深《ふか》く、英蘭《えいらん》の語《ご》に熟達《ぢゆくたつ》せるのみか、醫術武術《いじゆつぶじゆつ》も亦其《またそ》の蘊奥《うんおう》に達《たつ》し、世《よ》に得易《えやす》からざる人物《じんぶつ》であると云《い》ふ。余《よ》は之《これ》を聞《き》き景慕《けいぼ》の念《ねん》止《や》み難《がた》く、即時《そくじ》勝郎《かつろう》を介《かい》して面會《めんくわい》したるは、三瀬周三《みせしうぞう》と唱《とな》ふる可憐好箇《かれんかうこ》の少壯者《せうさうしや》である。彼《か》れは油《あぶら》の地殼《ぢがら》を舂《つ》くの職《しよく》に當《あ》てられ、寸時《すんじ》の暇《いとま》を得《え》ないので、モッソウ飯《めし》を掌中《しやうちう》に受《う》けて、喫《きつ》し乍《なが》ら就役《しゆうえき》して居《ゐ》た。余《よ》は是《こ》れまで牢中《らうちう》に在《あ》つて、今《いま》は惡人仲間《あくにんなかま》の顔役《かほやく》となつて居《ゐ》たから、萬事《ばんじ》につけて多少《たせう》の便利《べんり》を得《う》る地位《ちゐ》に在《あ》つた。其時《そのとき》彼《か》れと共《とも》に油《あぶら》職《しよく》に從《したが》つて居《ゐ》る同囚《どうしう》に向《むか》ひ、暫時《ざんじ》周三《しうぞう》を余《よ》に貸《か》し呉《く》れと云《い》つた處《ところ》が、同囚《どうしう》の囚徒《しうと》何《いづ》れも快諾《くわいだく》し、其《そ》の頭取《とうどり》は周三《しうぞう》に代《かは》つて地殼《ぢがら》を舂《つ》き、周三《しうぞう》は余《よ》に面談《めんだん》するを得《え》たのである。貴下《きか》は如何《いか》なる罪《つみ》に依《よ》つて斯《か》る身《み》の上《うへ》となつたかとの余《よ》の問《と》ひに答《こた》へて、彼《か》れの語《かた》る所《ところ》に依《よ》ると彼《か》れの妻《つま》は古《ふる》く日本《にほん》の國狀《こくじやう》を海外諸國《かいぐわいしよこく》に紹介《せうかい》したる、彼《か》の大學者《だいがくしや》なる蘭人《らんじん》シーボルトと其妾《そのめかけ》との間《あいだ》に設《まう》けたるものであつて、シーボルト歸國《きこく》の後《のち》、母《はゝ》は伊《い》豫《よ》宇《う》和島《わしま》に來《きた》つて寓《ぐう》したる時《とき》、其《そ》の娘《むすめ》を娶《めと》りたる所《ところ》のものである。當時《たうじ》英國公使館《えいこくこうしくわん》に書記《しよき》であつたアレキサンドルは右《みぎ》の故《ゆへ》を以《もつ》て周三《しうざう》の妻《つま》には腹違《はらちが》ひの兄弟《けうだい》である。周三《しうざう》は國《くに》を出《い》でゝ後赤羽橋《のちあかばねばし》なる同人宅《どうにんたく》に尋《たづ》ね來《きた》り、是《こゝ》に逗留《とうりう》して、日本語《にほんご》と英語《えいご》との交換教授《かうくわんけうじゆ》を爲《な》し居《ゐ》たる中《うち》、偶々幕府外人《たまたまばくふぐわいじん》と引合《ひきあ》ひの件起《けんおこ》り、幕府《ばくふ》は通詞《つうし》福地《ふくち》源《げん》一郎《ろう》、福澤諭吉《ふくざわゆきち》兩人《りやうにん》を出《いだ》したるも、其意通《そのいつう》せざるより、アレキサンドルは、周三《しうざう》を以《もつ》て彼《か》れ兩人《りやうにん》に替《か》へ、應對《おうたい》せしめたるに、遺憾《ゐくわん》なく兩者《りやうしや》の間《あひだ》に其意義《そのいぎ》通《つう》じたれども、其頃幕府《そのころばくふ》は外國《ぐわいこく》引《ひ》き合《あ》ひの事《こと》は、諸藩《しよはん》に漏《も》るゝを忌《い》み、國際《こくさい》の事《こと》に關《くわん》しては定《さだ》めたる通詞《つうし》を置《お》けるに、何者《なにもの》とも知《し》れざる通詞《つうし》の出《い》でたるは、必定某大名《ひつぢやうぼうだいみやう》等《ら》の廻《まは》し者《もの》たらんとて密探《みつたん》せる結果《けつくわ》伊豫《いよ》の宇和島《うわしま》、加藤《かとう》兩藩《りやうはん》の中《うち》ならんと見當付《けんたうつ》き、周三《しうざう》の大小《だいせう》を積《はさ》んで外出《ぐわいしゆつ》せんとする所《ところ》を捕縛《ほばく》し、然《しか》る後右兩藩《のちみぎりやうはん》の留守居《るすゐ》を呼《よ》び出《いだ》し、訊問《じんもん》したるに、兩藩《りやうはん》とも幕府《ばくふ》の嫌疑《けんぎ》を蒙《こうむ》らんことを慮《おもんばか》り、我藩士《わがはんし》にあらずと答《こた》へたれば、幕府《ばくふ》は是《こゝ》に於《おい》て浪人《ろうにん》の身《み》を以《もつ》て外國公使館《ぐわいこくこうしくわん》に立《た》ち入《い》る段《だん》不屆《ふとゞき》に付《つ》き、暫《しばら》く入牢《にうろう》の上《うへ》懲役《ちやうえき》に付《ふ》すべしと申渡《まをしわた》した儘《まゝ》既《すて》に五ヶ年《ねん》に及《おま》ぶも尚《な》ほ未《いま》だ免《ゆ》るされずと、其間困難《あいだこんなん》の狀《じやう》を述《の》べ、傍《かたはら》の黒塀《くろべい》を指《さ》し示《しめ》せば、茶椀《ちやわん》の缺《か》けにて、『夢《ゆめ》にだに斯《か》くと知《し》りせば去年《こぞ》の冬《ふゆ》、刄《やいば》の露《しる》と消《き》ふべかしを』と彫《ほ》り付《つ》けてある。是《こ》れより以後《いご》西洋《せいよう》の事情《じじやう》を語《かた》るは周三《しうざう》、漢語《かんご》交《まじ》りの快語《くわいご》は勝郎《かつろう》、未來《みらい》を語《かた》るは余《よ》、此《こ》の三人《にん》相合《あいがつ》すれば大言壯語《たいげんそうご》、其《そ》の身《み》牢中《ろうちう》に在《あ》るを忘《わす》れ其苦《そのく》を覺《おぼ》へざる程《ほど》であつた。抑々《そも〳〵》余《よ》が佃島《つくだしま》に移《うつ》されたる後數日《のちすうじつ》にして懲役場《ちやうえきば》七部屋《べや》の世話役相談《せわやくさうだん》の上《うへ》、申立《まをした》つるには、此度新《このたびあらた》に移《うつ》されたる高島《たかしま》と云《い》へる者《もの》は牢内《ろうない》に在《あ》つては我々仲間《われ〳〵なかま》の顏役《かほやく》たりしものにて、同囚《どうしう》の歸服《きふく》淺《あさ》からず、彼《か》れも亦親切《またしんせつ》に我々《われ〳〵》を世話《せわ》し呉《く》れたる者《もの》なれば、此際我々辭職《このさいわれ〳〵じしよく》して、彼《か》れを以《もつ》て世話役《せわやく》と爲《な》し度《た》き希望《きばう》なりと申《まを》す出《いで》たので役人之《やくにんこれ》を採用《さいよう》して、余《よ》は直《た》ちに二番部屋《ばんべや》の世話役《せわやく》となつた。是《こゝ》に於《おい》て余《よ》は勝郎《かつろう》を役所《やくしよ》の小使《こづかい》に、周三《しうざう》を油方《あぶらかた》の飯焚《めした》きに用《もち》ゆることを周施《しうせん》した。免囚《めんしう》の後《のち》に至《いた》り周三《しうざう》笑《わら》つて話《はな》した事《こと》がある。彼《か》の時飯焚《ときめしたき》と爲《な》りたるは今日《こんにち》の勅任官《ちよくにんくわん》と爲《な》つたよりも勝《まさ》つて居《ゐ》ると、當時苦役《たうじくえき》の如何《いか》に困難《こんなん》なりしかを想《おも》ふに足《た》るであらう。然《しか》るに一日《あるひ》囚徒《しうご》余《よ》に急《きふ》を報《ほう》じて曰《いは》く、足下《そつか》の取《と》り立《た》てを受《う》けて飯焚《めしたき》と爲《な》りたる周三無調法《しうざうぶてうはふ》あり今《いま》百本打《ほんう》ちの處《しよ》分《ぶん》を加《くは》へられんとする所《ところ》なりと云《い》ふ。因《よつ》て余《よ》は取敢《とりあ》へず駈《か》け付《つ》けたるに周三《しうざう》は役人《やくにん》の飯《めし》を焚《た》かんとして三升《じやう》ほど黒炭《くろすみ》の如《ごと》くに焦《こ》がしたるを役人《やくにん》は怒《いか》りて、百本打《ほんう》ちの處分《しよぶん》を加《くは》へんとする處《ところ》であつたから、余《よ》は之《これ》を宥《なだ》め、役人《やくにん》に代《かは》つて自《みづか》ら三十打《う》ち之《これ》にて處《しよ》分《ぶん》を濟《す》ませたのである。斯《かゝ》る時《とき》に際《さい》しても、胸中閑日月《きやうちうかんじつげつ》ある彼《か》れは、土間《どま》に放棄《はうき》しありたる衣服《いふく》の砂塵《さぢん》を拂《はら》ひ乍《なが》ら、高島君《たかしまくん》一句出來《くでき》たと云《い》つて、『慣《な》れぬさて立《た》ちまふ爰《ここ》のもどかしき我《わ》れ賤《しづ》の女《め》におとりける哉《かな》』と口《くち》すさんだ。飯《め》し焚《たき》は愈々《いよ〳〵》以《もつ》て彼《か》れの技《ぎ》でないと認定《にんてい》し、囚徒《しうと》の藥煎《くすりせん》じの役《やく》に振《ふ》り換《か》へたれば、此時《このとき》に於《おい》てこそ藪醫《やぶい》の調合《てうがう》せる草根木皮《さうこんもくひ》を煎《せん》じ、囚徒《しうと》に配賦《はいふ》した。免役《めんえき》の後《のち》彼《か》れは大阪《おほさか》に獨力《どくりよく》で一大醫學校《だいいがくかう》を設《まう》け獨逸人《いつじん》を聘《へい》して敎頭《きやうとう》とし、自《みづか》ら副敎頭《ふくきやうとう》となつて、生徒《せいと》を養成《やうせい》した。

明治《めいぢ》の初年洋法《しよねんやうはふ》の醫術《いじゆつ》を西國《さいこく》三十三ヶ國《こく》に廣《ひろ》め、醫學《いがく》の統領《とうりやう》と仰《あほ》がるゝ身《み》となつた。或日《あるひ》早朝勝郎《さうてうかつらう》、周三《しうざう》の二人大事件《にんだいじけん》起《おこ》つたと云《い》つて余《よ》の所《ところ》に駈《か》け付《つ》け來《き》たる其樣子《そのやうす》如何《いか》にも容易《ようい》ならぬので、余《よ》ら平凡《へいぼん》の者《もの》の云《い》ふ事《こと》なれば夫《そ》れ程《ほど》にも思《おも》はないが、平日《へいじつ》大膽《だいたん》なる彼等《かれら》二人《にん》の言葉《ことば》、殊《こと》に其顔貌《そのがんばう》さへ悄然《せうぜん》として平時《へいじ》の元氣《げんき》に似《に》ない。余《よ》も急《いそ》いて、其故《そのゆゑ》を問《と》ふと、兩人《りやうにん》が云《い》ふには、昨夜《さくや》役所評定《やくしよへうてい》ありて、當時《たうじ》菜種《なたね》、呉麻《ごま》等《とう》の諸原《しよげん》料騰貴《れうとうき》せる折柄《をりから》油製造《あぶらせいざう》は引《ひ》き合《あ》はず、其處《そこ》で此際《このさい》横須賀《よこすか》に船渠《どつく》を築造《ちくざう》し、現時《げんじ》油製造《あぶらせいざう》に使役《しえき》し居《ゐ》る囚人《しうじん》を彼《か》の地《ち》に廻《まは》し、其擔當人《そのたんたうにん》を高島《たかしま》に、世話燒取締《せわやきとりしまり》を勝郎《かうろう》に、醫師《いし》を周三《しうざう》に任《にん》ずることゝせん、元來《ぐわんらい》彼等《かれら》三人《にん》は一旦免囚《たんめんしう》の身《み》と爲《な》らば、忽《たちま》ち大罪《だいざい》を犯《をか》し、再《ふた》び官《くわん》の手數《てすう》を煩《わづら》はすべき徒《と》なれば、首尾《しゆび》よく此等《これら》を成功《せいこう》せしむる時《とき》に於《おい》ては、生涯《しやうがい》懲役場《ちやうえきば》に勤《つと》めしむべし、是《こ》れぞ彼等《かれら》に對《たい》する慈悲《じひ》の沙汰《さた》であると、此《こ》の議一決《けつ》せりと云《い》ふ。因《よつ》て余《よ》は二人《にん》の請《こ》ひに據《よ》り、先《ま》づ周三《しうざう》の身《み》より之《これ》を占《うらな》つた。先《ま》づ周三《しうざう》の未來《みらい》を占《うらな》ふに、

火風鼎《くわふうてい》の二爻《かう》を得《え》た ䷱「鼎《に》有《り》レ實我仇有レ疾。不レ能《は》ニ我《に》即一吉《くこご》」斷《だん》に曰《いは》く、鼎《かなへ》は大器《たいき》にして動《うご》かすべからず、況《いは》んや今其《いまそ》の鼎《かなへ》に實《み》あるに至《いた》つては、更《さら》に重《おも》くして動《うご》かす

べからず、而《しか》して今《いま》我《われ》れを動《うご》かさんとするものは我《わ》が仇《あだ》なり、其仇《そのあだ》なる者《もの》にして疾《やまひ》あれば、其力減耗《そのちからげんもう》して、我《わ》れを動《うご》かすこと能《あた》はず、故《ゆゑ》に我《わ》れは其災《そのさい》を受《う》けざるなり、周《しう》三《ざう》の横須賀行《よこすかゆき》は斷《だん》じて此事《このこと》はない。次《つぎ》に勝郎《かつろう》の未來《みらい》を占《うらな》ふに、水天需《すゐてんじゆ》の三爻《かう》を得《え》た。其象《そのせう》の辭《ことば》に曰《いは》く『需《ふ》ニ于泥《に》一。災在《る》レ外《に》也。自《り》レ我《れ》。致《す》レ寇《て》敬愼不《すれば》レ敗也』と、斷《だん》に曰《いは》く泥《どろ》に需《ま》つとは、土工《どこう》の業《げふ》に縁《ゑん》あるが如《ごと》しと雖《いへど》も、今《いま》は然《しか》らずして、以前《いぜん》の災害外《さいぐわいほか》にありて其身《そのみ》を惱《なや》ますと云《い》ふ。然《しか》れども敬愼《けいしん》すれば、夫《そ》れが爲《た》めに敗《はい》を取《と》らざる也《なり》。我《われ》より寇《あだ》を致《いた》すとは、自《みづか》ら養生《やうせう》を怠《おこた》るが爲《た》め、疾《やまひ》を起《おこ》すあらんも、細心《さいしん》加養《かやう》すれば、爲《た》めに身體《しんたい》を損《そこな》ふに至《いた》らず、勝郎《かつろう》も亦横須賀行《またよこすかゆき》の人《ひと》ではないと、果《はた》せる哉彼《かなかれ》程《ほど》なく脚氣《かつけ》に罹《かゝ》つて昇進《しようしん》したが、周三《しうざう》の治療《ぢりやう》を受《う》けて平癒《へいゆ》し、續《つゞい》て赦免《しやめん》の身《み》となつた。次《つぎ》に余《よ》の未來《みらい》を占《うらな》ふに、

艮爲山《ごんゐざん》の五爻《かう》を得《え》た ䷳ 艮《ごん》の卦《くわ》たるや、兩山相對《りやうざんあひたい》し、互《たがい》に見《み》るを得《う》ると雖《いへど》も、近《ちか》づくことなし。而《しか》して下卦《しもくわ》の山《やま》は最《もつと》も低《ひく》くして其頂上《そのちやうじやう》は上卦《かみくわ》の山麓《さんろく》にあり。是《こ》れ

を人《ひと》の見識《けんしき》に高下《かうげ》あるの衆《そう》である。惟《おも》ふに今我《いまわれ》五爻《かう》を得《う》れば、吾《わ》が見識高《けんしきたか》くして、我《わ》れに對《たい》するもの、見識低《けんしきひく》きなり、故《ゆゑ》に事《こと》ある時《とき》は、自己《じこ》の高《たか》き見識《けんしき》を以《もつ》て卑《いやし》き對手《あいて》を說破《せつぱ》し、之《こ》れを服《ふく》せしむるを得《う》べき占《せん》である。而《しか》して役人等《やくにんら》横須賀《よこすか》一任《にん》の協議《けうぎ》は其《そ》の模樣《もやう》一變《ぺん》して、遂《つひ》に何等《なんら》の音沙汰《おささた》なしと爲《な》ると。旣《すで》にして周三《しうざう》は愈々《いよ〳〵》赦免《しやめん》の身《み》となつたが、入牢以來《にうろういらい》星霜《せいそう》を經《へ》ること五歳《さい》其間《そのあいだ》幕府衰頽《ばくふすゐたい》して大名《だいみやう》の勢力加《せいりよくくは》はり、彼《か》れの入牢《にうろう》以前《いぜん》には、宇和島藩《うわしまはん》が、我《われ》の藩士《はんし》にあらずとして顧《かへりみ》る所《ところ》なかつたが、今《いま》は則《すなは》ち宇和《うわ》島藩主《しまはんしゆ》之れに國士《こくし》の禮《れい》を與《あた》へ、懲役場《ちやうえきぢやう》に迎《むか》へしめたるは、藩《はん》の物頭某《ものがしらぼう》、紋服《もんぷく》、袴《はかま》、羽織《はおり》、大小等《だいせうとう》取揃《とりそろ》へ慥《たし》かに大藩《たいはん》の重役《ぢゆうやく》を遇《ぐう》するよりも厚《あつ》く、之《これ》に駿馬《しゆんめ》一頭曳《とうひ》きて、周《しう》三《ざう》を迎《むか》へ、迎《むか》へられたる周三《しうざう》は獄服《ごくい》を脫《かつ》して、錦繡綾羅《きんしうりやうら》、肥大《ひだい》の逸物《いちもつ》に跨《また》り、意氣揚《いきやう》〳〵として、出獄《しゆつごく》したるが、爾後《じご》彼《か》れが有《あ》らん限《かぎ》りの大手腕《だいしゆわん》を振《ふ》り廻《ま》はして、藩主《はんしゆ》を助《たす》けたる一斑《はん》を述《の》べんに、赦免後《しやめんご》彼《か》れは彼《か》のアレキサンドルと謀《はか》り、豫《かね》て土州《どしう》が加《くは》へんとする迫害《はくがい》に報《むく》ひん爲《た》め、英公使《えいこうし》パークスを軍艦《ぐんかん》に坐乘《ざじよう》せしめ、黑煙天《こくえんてん》を覆《お》はんとする勢《いきほひ》を以《もつ》て堂々《だう/\》として宇和島《うわしま》に乗《の》り込《こ》んだ。尋《つい》で英船《えいせん》は高知《かうち》の海《うみ》を測量《そくりやう》して、三日《か》間逗留《かんこうりう》して空砲《くうはう》を發《はつ》した。此《こ》の雄圖《いうと》に土州人《としゆうじん》が膽《きも》を潰《つぶ》したるこそ道理《だうり》、横着者《わうちやくもの》を以《もつ》て知《し》られたる後藤象次郎《ごとうせうぢろう》の如《ごと》きも、狼狽爲《らうはいな》す所《ところ》を知《し》らず、兩藩《りやうはん》の勢力《せいりやく》は是《こゝ》に一變《ぺん》して強弱《きやうじやく》は忽《たちま》ち其所《そのところ》を異《こと》にし、藩公《はんこう》は大納言《だいなごん》に昇進《しやうしん》するの端緒《たんちよ》を啓《ひら》いた。爾後《じご》別格《べつかく》を以《もつ》て侯爵《こうしやく》に叙《じよ》せられたるは固《もと》より宗城侯《むねしろこう》の徳《とく》に由《よ》ると雖《いへど》も三瀬《せ》周三《しうぞう》の怪腕《くわいわん》と、其忠節《そのちうせつ》は與《あづか》つて力《ちから》ありと云《い》はねばならぬ。續《つゞい》て勝郎《かつろう》も赦免《しやめん》せられたが、獨《ひと》り余《よ》は尚《な》ほ懲役場《ちやうえきば》に呻吟《しんぎん》して居《ゐ》た。或時吟味《あるときぎんみ》役《やく》和田《わだ》十一郎《ろう》と云《い》ふ者夜《ものや》中役人《ちうやくにん》を以《もつ》て錠《ぢやう》を開《ひら》かせ、余《よ》を招《まね》いた。彼《か》れは元戸《もとこ》田《だ》采女正殿《うねめのしやうごの》より余《よ》の爲《た》めに、出入扶持《でいりぶち》を受《う》け居《ゐ》ることは前述《ぜんじゆつ》の如《ごと》くであるが、彼《か》れが云《い》ふに、汝《なんぢ》は易《えき》を好《この》む由《よし》を聞《き》いた。就《つい》ては問《と》はうと思《おも》ふ所《ところ》がある。易《えき》と云《い》ふものは、果《はた》して中《あた》るもいか、時《とき》に或《あるひ》は中《あだ》らないこともあるかと云《い》ふ。余《よ》之《これ》に答《こた》へて曰《いは》く、下手《へた》の占易《せんえき》は中《あた》ちざることとあるも、上手《じやうづ》のものは百占《せん》百中中《ちうあた》らずと云《い》ふこそはないと云《い》つた。彼《か》れは不審《ふしん》な顔《かほ》をして居《ゐ》たが、我《わ》れ一つの望《のぞ》みあり、此《こ》の事成《ことな》るや否《いな》や如何《いかゞ》と、余《よ》は是《これ》に於《おい》て筮《ぜい》を揲《てふ》して、風山漸《ふうざんぜん》の三爻《かう》を得《え》た。

䷴ 漸《ぜん》の卦《くわ》たる山上《さんじやう》に木《き》を生《しやう》ずるなり、山上《さんじやう》の木《き》は常《つね》に風《かぜ》を受《う》けて急《きふ》に成長《せいちやう》せず、漸《ぜん》を以《もつ》て成長《せいちやう》するも、其成長《そのせいちやう》したる後《のち》は大木《たいぼく》を瞰下《かんか》す。即《すなは》ち人此《ひとこ》の卦《くわ》を得《う》る時《とき》は、漸次出世《ぜんじしゆつせ》するの氣運《きうん》に遭遇《さうぐう》したるものである。今其《いまそ》の三爻《かう》を得《う》るに於《おい》ては拔群《ばつぐん》の出世《しゆつせ》を爲《な》すべきもの、其辭《そのことは》に『鴻漸二于陸《に》一。夫征《て》不レ復離《る》二群醜《に》一也。』と即《すなは》ち和田氏目見《わだしめみ》へ以上《いじやう》と爲《な》るべし、『婦孕《て》不レ育《は》。失《ふ》二其道《を》一』とは、同役所《どうやくしよ》に在《あ》つて、吟味役長官《ぎんみやくちやうくわん》と爲《な》るに及《およ》んで、其之《それこ》れ迄長官《までちやうくわん》たりし者《もの》地位《ちゐ》を離《はな》るゝと云《い》ふことである。然《しか》れども余《よ》は和田氏《わだし》傲倨《がうきよ》なる性質《せいしつ》を知《し》るから、解釋《かいしやく》を與《あた》へずして、余《よ》は五經《ごきやう》の易《えき》を以《もつ》て説《と》くものなれば、御身其望《おんみそののぞ》まるゝ所《ところ》と、漸《ぜん》の卦《くわ》の三爻《かう》の辭《ことば》を照《てら》し會《あ》はして研究《けんきふ》あるべしと述《の》べ、同氏《どうし》も然《しか》らば歸宅《きたく》の上《うへ》にせんと、其儘別《そのまゝわか》れた。其後三日《そのごか》を經《へ》て和田氏宿直《わだししゆくちよく》と爲《な》り、余《よ》を招《まね》きて云《い》ふには、先夜《せんや》の占易《せんえき》に就《つい》ては、歸宅後種々《きたくごいろ〳〵》考《かんが》ふるも分《わか》る樣《やう》にもあり、分《わか》らぬ樣《やう》にもあり、即《すなは》ち先《ま》づ其方《そのはう》の見込《みこ》みを聞《き》かうと云《い》はれたから、余《よ》は此時人拂《このときひとばら》ひを請《こ》ひて云《い》つた。此易《このえき》は奉行退身《ぶぎやうたいしん》して、貴下之《きかこ》れに代《かは》るの卦《くわ》であると云《い》ふと、彼《か》れは大《おほい》に喜《よろこ》んで、此《こ》の易中《えきあた》るあらば、其方《れのはう》を赦免《しやめん》すべしと云《い》つた。余又曰《よまたいは》く然《しか》れども順《じゆん》にして相保《あいたも》つの辭《ことは》あるを見《み》れば、貴下奉行《きかぶぎやう》に昇進《しようしん》さるゝと雖《いへど》も、其上《そのうへ》に更《さら》に大《だい》なる權力《けんりよく》あるもの顯《あらは》るゝありて、貴下《きか》の自由《じいう》にて成《な》り難《がた》し、と云《い》つた。然《しか》れども彼《かれ》は喜《よろこ》びの餘《あま》り此事《このこと》は意《い》に介《かい》せなかつたやうである。果《はた》せる哉《かな》日《ひ》ならずして、奉行退役《ぶぎやうたいやく》し和田氏《わだし》奉行《ぶぎやう》幷《なみ》と爲《な》り、奉行本役《ぶぎやうほんやく》は清水喜太郎《しみづきたろう》目付役《めつけやく》より轉任《てんにん》した。此《こ》の清水氏《しみづし》と云ふは元《もと》は日本《にほん》橋《はし》の或《あ》る魚屋《さかなや》の息子《むすこ》であつたが幼年《えうねん》より文學《ぶんがく》を好《この》み、長《ちやう》ずるに及《およ》んで、某醫家《ほういか》に人引《ひとひき》を入《い》れ、某旗本《ぼうはたもと》の養子《やうし》となつた人《ひと》であるから、其《そ》の目付役《めつけやく》に採用《さいよう》せられたる後同役中《のちこうやくちう》に異彩《いさい》を放《はな》ちた人《ひと》である。其《そ》の人奉行《ひとぶぎやう》となるや余《よ》の部屋《へや》を改《あらた》むる際余《さいよ》の易斷《えきだん》を見《み》て、汝《なんぢ》は世《よ》に在《あ》る時《とき》より易《えき》を嗜《たしな》みしやとの問《とひ》に對《たい》し、余《よ》は全《まつた》く室中《しつちう》の得物《えもの》なりと答《こた》ふ。氏《し》大《おほい》に嘆賞《たんしやう》して、即日余《そくじつよ》を赦免《しやめん》した。是《こ》れ實《じつ》に慶應元年丑《けいおうぐわんねんうし》十月《ぐわつ》であつた。

◎赦免となり横濱に向ふ

赦免《しやめん》となつて、八丁堀《ちやうぼり》高島《たかしま》平兵衛《へいべゑ》方《かた》に引《ひ》き取《と》られたが、同人《こうこん》は始《はじ》め余《よ》の手代《てだい》であつて、商業《しやうげふ》に捩目《ぬけめ》なく、殊《こと》に信用《しんよう》を重《おも》んずる人物《じんぶつ》であつたから、余《よ》の姉《あね》を娶《めあ》はし、材木《ざいもく》問屋《といや》を開《ひら》かしめたるを以《もつ》て、同人《どうにん》は其《そ》の恩義《おんぎ》を忘《わす》れず、余《よ》の在牢中《ざいろうちう》余《よ》の母《はゝ》と、妻《つま》とを引《ひ》き取《と》り世話《せわ》せしのみならず、絶《た》へず牢内《ろうない》に仕送《しおく》りを爲《な》し、又余《またよ》の妻《つま》は在牢中病死《ざいろうちうびやうし》したので、同人《どうにん》は住宅《ぢうたく》を築《きづ》いて、余《よ》の出牢《しゆつろう》を待《ま》つて居《ゐ》たが、余《よ》は出牢後《しゆつろうご》江戸《えど》拂《ばら》ひの身《み》であつて、同人《どうにん》の好意《かうい》を受《う》けることが出來《でき》ない。依《よ》つて直《たゞ》ちに横濱《よこはま》を目指《めざ》して出發《しゆつぱつ》した。尋《つい》で夫《そ》れより以後《いご》余《よ》は名《な》を嘉右衛門《かゑもん》と改《あらた》めた。途中《とちう》品川《しながは》、川崎《かはさき》、神奈川《かながは》等《とう》にて、以前《いぜん》の定宿《ぢやうやど》とせし處《ところ》があるから、諸所《しよしよ》へ立《た》ち寄《よ》りたるに到《いた》る處《ところ》余《よ》は既《すで》に死《し》したと聞《き》き居《ゐ》たる由《よし》にて、何《いづ》れも余《よ》を見《み》て驚《おどろ》き且《か》つ喜《よろこ》びつゝ其無事《そのぶじ》を祝《いは》ひ、又舊時《またきうじ》の誼《よしみ》を忘《わす》れずして、彼等《かれら》は余《よ》を旦那《だんな》と呼《よ》んで叮嚀《ていねい》に挨拶《あいさつ》するのであつた。余《よ》は彼等《かれら》に向《むか》つて、我《われ》は今僅《いまわづか》に命《いのち》のみを拾《ひろ》ひて世《よ》に出《い》でたる者《もの》であるから、旦那《だんな》と尊稱《そんしやう》せらるゝに於《お》ては、差《さ》し當《あた》り其旦那料《そのだんなれう》を支拂《しはら》ふの工夫《くふう》に窮《きう》す。依《よつ》て諸氏《しよし》今尚《いまな》は昔日《せきじつ》の誼《ぎ》を忘《わす》れず、交際《かうさい》せんとならば、先《ま》づ余《よ》を高島又《たかしままた》は嘉右衛門《かゑもん》と呼《よ》び、且《か》つ客扱《きやくあつか》ひを廢《はい》して朋輩《ほうはい》たるの待遇《たいぐう》を希望《きばう》する。殊《こと》に今《いま》は身《み》に貯《たくは》へのない境涯《きやうがい》であるから、此後概《このごおほむ》ね三年間《ねんかん》は晝食寢泊《ちうしよくねどま》りを爲《な》すに際《さい》して、幸《さいはひ》に持《も》ち合《あは》せあらば、其代《そのだい》を拂《はら》ひ、左《さ》なくば後迄《のちまで》借《か》り置《お》く事《こと》となさん。併《しか》し強《しひ》て以前《いぜん》の身柄故《みからゆゑ》に夫《そ》れも叶《かな》はずとあらば、三年《ねん》の後旦那《のちだんな》となつて來《く》るまでは、當分顔《たうぶんかほ》を背《そむ》けて此道《このみち》を往來《わうらい》するの外《ほか》はないと云《い》つた處《ところ》が、何《いづ》れも其意《そのい》を領《りやう》して、三年《ねん》間無錢宿泊《かんむせんしゆくはく》の約《やく》を結《むす》んだ。神奈川《かながは》より陸路横濱《りくろよこはま》に赴《おもむ》かんとするに戸部坂《とべざか》を逾《こ》へなければならない。余《よ》が戸部坂《とべざか》を過《す》ぐる時眼下《ときがんか》に横濱《よこはま》を一瞥《べつ》するに、余《よ》の留守中《るすちう》七ヶ年間《ねんかん》に、昔《むかし》の姿《すがた》は全《まつた》く一變《ぺん》して、見渡《みわた》す限《かぎ》り内外國人《ないぐわいこくじん》の住居櫛比《ぢうきよしつぴ》し、煙火盛《えんくわさか》んなる其《そ》の模樣《もやう》は殆《ほと》んど豫想《よさう》の外《ほか》である。余《よ》は斯《か》く迄世《までよ》の進《すゝ》みたるを知《し》らずして空《むな》しく獄裡《ごくり》に五年《ねん》、懲《ちやう》役《えき》に二年《ねん》、通計《つうけい》七ヶ年《ねん》の星霜《せいさう》を經過《けいくわ》したが、其間《そのあひだ》身《み》に困難《こんなん》を重《かさ》ぬるの極《きよく》萬死《ばんし》に一生《しやう》を得《え》たるは我《われ》ながら、幸運兒《かううんじ》である。殊《こと》に骨《ほね》を晒《さら》し心《こゝろ》を洗《あら》ひ、人間《にんげん》の一生涯《しやうがい》として他《た》には殆《ほと》んど類例《るいれい》なき不思議《ふしぎ》の再生《さいせい》に遭遇《そうぐう》して、再《ふた》び此世《このよ》に現《あらは》れたる我眼中《わがゞんちう》には、世上普《せじやうふ》通《つう》の人間界《にんげんかい》に於《おい》て困苦《こんく》と云《い》へるもの果《はた》して何《いづ》れの邊《へん》にあるかを怪《あやし》みし程《ほど》である。余《よ》の一生涯中如何程《しやうがいちういかほど》の困難《こんなん》に遇《あ》ふとも、牢中懲役《らうちうちやうえき》の苦《くる》しみに比《ひ》す可《べ》きものは又《また》とある可《べ》きものでないと思《おも》へば、世《よ》は實《じつ》に極樂淨土《ごくらくじやうど》である。此《こ》の場《ば》に臨《のぞ》んで飽《あ》くまで奮勵《ふんれい》して身《み》を立《た》つるの道《みち》は、唯々克己《たゞくこつき》以《もつ》て善《ぜん》を爲《な》すに勇《いう》なるべきのみ、此心《このこゝろ》を體《たい》して此《こ》の身《み》を一躍《やく》せしめたるの曉《あかつき》には、累年《るゐねん》の耻辱《ちじよく》を雪《そゝ》ぐも亦容易《またようい》であると、思《おも》はず兩肌《りやうはだ》を脫《ぬ》ぎ、腕《うで》を叩《たゝ》いて、飛《と》ぶが如《ごと》くに横濱《よこはま》に入《い》り込《こ》み、先《ま》づ本町《ほんちやう》四丁目《ちやうめ》なる肥前屋《ひぜんや》を訪《と》ふた。其《その》時同店《ときどうてん》は先《さき》に余《よ》と組合《くみあい》にて出店《しゆつてん》したる西村《にしむら》七右衞《ゑ》門之《もんこ》れを管理《くわんり》して居《ゐ》たが、余《よ》の不在《ふざい》中同人《ちうごうにん》の名《な》にて納稅《なふぜい》し、地所拜借名義《ちしよはいしやくめいぎ》も己《おのれ》が名《な》に書《か》き替《か》へたる廉《かど》を以《もつ》て、甚《いた》く余《よ》に咎《とが》めらるゝを恐《おそ》れたるものゝ如《ごと》く、余《よ》の壯年時代《さうねんじだい》には多《た》少氣骨《せうきこつ》ありし上《うへ》に七ヶ年間不淨《ねんかんふじやう》の飯米《はんまい》を口《くら》にせし結果餘程《けつくわよほど》の惡徒《あくと》に化《くわ》したらうと推定《すゐてい》し、頻《しき》りに余《よ》を敬《けい》して遠《とほ》ざけんとするのである。余《よ》は固《もと》より斯《かゝ》る瑣末《さまつ》の事《こと》に頓着《とんちやく》せなかつたが、唯《たゞ》彼れに於《おい》て大《おほい》に心《こゝろ》を惱《なや》ましたやうであつた。其《そ》の翌日《よくじつ》神奈川《かながは》の伊勢屋《いせや》の主人《しゆじん》藤助《とうすけ》が來《き》て云《い》ふには、嘗《かつ》て貴《き》下《か》の世話《せわ》にて身受《みう》けされたる遊女《いうぢよ》はるは其後《そのご》夫《おつと》を迎《むか》へて、商業《しやうげふ》を營《いとな》み、橘屋《たちばなや》と稱《しやう》し居《ゐ》るが今日《こんにち》其《その》橘屋《たちはなや》へ赴《おもむ》き貴下《きか》の尙《な》ほ此世《このよ》に存在《ぞんざい》せる旨《むね》を語《かた》つた處《ところ》が、夫婦《ふうふ》とも大《おほい》に喜《よろこ》び、夫《おつと》磯兵衛《いそべゑ》は早速《さつそく》御《お》迎《むか》ひに罷出《まかりい》づべき處《ところ》であるが、未《いま》だ面會《めんくわい》した事《こと》がないからと云《い》つて、此《こ》の藤助《とうすけ》に是非《ぜひ》御《お》連《つ》れ出《まを》す樣《やう》依頼《いらい》があつたから、只今《たゞいま》御《お》迎《むか》ひに參《まい》つた。貴下《きか》は今更《いまさら》さる者《もの》に用事《ようじ》はないであらうが、此《こ》の狹《せま》き橫濱《よこはま》にて朝夕《てうせき》顏《かほ》を合《あは》せ乍《なが》ら、互《たがひ》に知《し》らざる者《もの》として、過《す》ごし得《う》べきものでないから、枉《ま》げて御《ご》出駕《しゆつか》を願《ねが》ふと、藤助《とうすけ》の切《せつ》に勸《すゝ》むるに任《まか》せて、直《たゞ》ちに同人《どうにん》の案內《あんない》で橘屋《たちばなや》に赴《おもむ》いた。はるは余《よ》を見《み》て大《おほい》に喜《よろこ》び、手《て》を取《と》りて佛壇《ぶつだん》に誘《さそ》はれたが、圖《はか》らず同家《どうけ》の佛壇《ぶつだん》に俗名《ぞくみやう》にて記《しる》せる余《よ》の位牌《ゐはい》があつた。舊恩《きうおん》を忘《わす》れない誠實《せいじつ》が溢《あふ》れて居《ゐ》る。時《とき》に磯兵衛《いそべゑ》が云《い》ふには、橫濱《よこはま》は人々《ひと〲》皆《みな》出稼《でかせ》ぎに來《く》る所《ところ》であつて此《こ》の地《ち》に在《あ》る者《もの》は互《たがひ》に親戚緣者《しんせきえんじや》に遠《とほ》ざかれる事《こと》であれば、以後《いご》は兄弟分《きやうだいぶん》として交際《かうさい》を願《ねが》ひ度《た》く、幸《さいはひ》に今日《こんにち》は惠比講《ゑびすかう》にて、知人朋友大勢《ちじんほういうたいぜい》の集會《しうくわい》を爲《な》す日《ひ》であるから、其《その》席《せき》にて披露《ひろう》の盃《さかづき》を爲《な》す事《こと》に願《ねが》ひ度《た》いと云《い》ふのである。余《よ》は磯兵衛《いそべゑ》の紹介《せうかい》で横濱《よこはま》に居《ゐ》る多《おほ》くの商人《しやうにん》と知《し》り合《あ》ひになるを得《え》た。初《はじ》め余《よ》は此《こ》の婦人《ふじん》に再會《さいくわい》するとは思《おも》つて居《ゐ》なかつた。况《いは》んや其家《そのいへ》の世話《せわ》になるとは夢想《むさう》せざる所《ところ》である。爲《た》めに後日《ごじつ》の便利《べんり》を得《え》たことは非常《ひじやう》なものであつた。

◎千兩の通辯を雇ふ

去《さ》る程《ほど》に七年前《ねんぜん》に余《よ》の手代《てだい》として居《ゐ》た者《もの》三名《めい》横濱《よこはま》に在《あ》り、此地《このち》に於《おい》て材木店《ざいもくてん》を開《ひら》かんことを余《よ》に謀《はか》るに際《さい》し、太田《おほた》町《まち》の材木商《ざいもくしやう》大坂屋吉藏《おほさかやきちざう》と云《い》へる者《もの》が、外國人《ぐわいこくじん》の普請《ふしん》を受《う》け負《お》ひたるに見込違《みこみちが》ひの爲《た》め損失《そんしつ》を蒙《かうむ》つて大《おほい》に惱《なや》み、普請《ふしん》は中途《ちうと》にして、挫折《ざせつ》せんとする場合《ばあい》で、余《よ》の横濱《よこはま》に來《きた》るを聞《き》きて、之《これ》を余《よ》に謀《はか》つた。且《か》つ同人《どうにん》の店《みせ》を家賃無料《やちんむれう》にて、余《よ》に貸與《たいよ》し、傍《かたは》ら其惱《そのなや》みたる受負普請《うけおひふしん》に就《つい》て、余《よ》の助力《じよりよく》を求《もと》めた。双方《さうはう》共《とも》に好《かう》都合《つがふ》の相談《さうだん》があるから、余《よ》は直《たゞ》ちに承諾《しようだく》して同所《どうしよ》に引《ひ》き移《うつ》り、江戸《えど》八丁堀高島平兵衛《ちやうぼりたかしまへいべゑ》にも其旨《そのむね》を傳《つた》へ、江戸《えど》より材木《ざいもく》を取寄《とりよ》せて、其所《そこ》に開店《かいてん》したるは、江戸《えど》より徒手《としゆ》にて來《きた》りたる五日目《かめ》である。固《もと》より新店《しんみせ》の事《こと》であるから、毫《がう》も利益《りえき》を眼中《がんちう》に置《お》かず、唯熟《たゞじゆく》練《れん》せる商業《しやうげふ》の手《て》を働《はたら》かして、世《よ》の便利《べんり》を圖《はか》り信用《しんよう》を博《はく》せんとするの趣旨《しゆい》であつたから、賣先買先共《うりさきかひさきども》に便利《べんり》を感《かん》じ、江戸《えど》の平兵衛《へいべゑ》方《かた》でも、資本《しほん》少《すく》なくして、商品《しやうひん》は重《おも》に信《しん》用借《ようかり》を爲《な》せる次第《しだい》であるから、横濱《よこはま》の店《みせ》は元直段《もとねだん》で、些少《させう》の損失《そんしつ》をも厭《いと》はず、唯々勉《たゞ〳〵つと》めて迅速《じんそく》に賣捌《うりさば》くを以《もつ》て主眼《しゆがん》とせしが故《ゆゑ》に、忽《たちま》ち甚《はなは》だ繁昌《はんじやう》した。時《とき》に余《よ》以爲《おもひ》らく、今《いま》内外人《ないぐわいじん》の横濱《よこはま》に群集《ぐんしふ》せる者其目的《ものそのもくてき》とする所《ところ》は彼我《ひが》互《たがひ》に金《かね》を儲《まう》けんとするに外《ほか》ならない。さすれば、彼我《ひか》幷《ならび》に意思《いし》を通《つう》じ目的《もくてき》を達《たつ》せんとするの途《みち》は先《ま》づ互《たがひ》に言語《げんご》の相通《あひつう》ずるに在《あ》る。然《しか》るに余《よ》は此《こ》の地《ち》に業《げふ》を營《いとな》むも自《みづか》ら語《ことば》を以《もつ》て外人《ぐわいじん》に接《せつ》する事《こと》は出來《でき》ない。必《かなら》ず通辯《つうべん》を雇《やと》はねばならないと思《おも》つて、折柄横濱南仲通《をりがらよこはまみなみなかどほ》りの角《かど》に瓢簞床《へうたんどこ》と云《い》ふ髮結所《かみゆいじよ》に行《い》つた時《とき》に、其《そ》の髮結《かみゆひ》に、横濱《よこはま》で有名《いうめい》な通辯《つうべん》は誰《たれ》かと問《と》ふと、此《こ》の先《さき》の荒物屋《あらものや》の息《むす》子《こ》横山孫《よこやままご》一郎《ろう》と云《い》ふ者《もの》である。未《いま》だ若年《じやくねん》であるが、通辯《つうべん》は巧《たく》みなので、外國人等《ぐわいこくじんら》も賞《しよう》讃《さん》して居《ゐ》ると云《い》ふのである。余《よ》は直《たゞ》ちに其《そ》の足《あし》で荒物屋《あらものや》に赴《おもむ》き横山《よこやま》氏に面會《めんくわい》した。氏《し》は小男《こをとこ》で色黑《いろくろ》く、風采《ふうさい》が揚《あが》らない。一見《けん》して通辯《つうべん》の先生《せんせい》とは受取《うけと》り難《かた》い一少年《せうねん》である。併《しか》し余《よ》は其人《そのひと》の著《いちじる》しく耳《みゝ》に光澤《くわうたく》あるを認《みと》め、察《さつ》する所此《ところこ》の人物《じんぶつ》は耳《みゝ》に天才《てんさい》を具《そな》へ、聞《き》く能《のう》ある者《もの》で、爲《な》めに通辯《つうべん》の技《ぎ》に長《ちやう》ずる所以《ゆゑん》であらうと思《おも》つて、余《よ》は此頃江戸《このごろえど》より來《き》た者《もの》で、材木店《ざいもくてん》を開《ひら》き傍《かたは》ら外國人《ぐわいこくじん》の家《か》屋建築受負業《をくけんちくうけおひげふ》を營《いとな》まうと思《おも》ふ。夫《そ》れに就《つい》て、通《つう》辯《べん》の必要《ひつえう》を感《かん》じたるに付《つ》き、先生《せんせい》を招聘《せうへい》いたし度《た》い。失禮《しつれい》乍《なが》ら俸給《ほうきふ》一ヶ年何程《ねんなにほど》にて御《ご》相談調《さうだんとゝの》ひますかと云《い》ふと、横山《よこやま》氏は給料《きふれう》一ヶ年《ねん》千兩《りやう》にして、且《か》つ余《よ》は遊《あそ》び好《す》きであるから、此儀《このぎ》御含《おふく》みの上《うへ》ならば、其需《そのもと》めに應《おう》ずると云《い》ふ。其頃《そのころ》の千兩《りやう》は少《すく》ない金《かね》ではないから、高過《たかす》ぎる樣《やう》に思《おも》つた。併《しか》し余《よ》は未《いま》だ世間《せけん》には顔《かほ》が賣《う》れないから、高給《かうきふ》とは云《い》へ通辯《つうべん》の達者《たつしや》なる者《もの》を擇《えら》ぶに非《あら》ざれば、世《よ》の信用《しんよう》を得《う》る事《こと》が出來《でき》ない。而《しか》して彼《か》れ僅《わづ》かに**十七歳《さい》の若冠《じやく・わん》にして、年長《ねんちやう》の余《よ》に向《むか》つて、遊《あそ》び好《す》きなりとの一言《ごん》は、其《そ》の豪膽《がうたん》**

を表《あら》はすもので、此《こ》の少年《せうねん》恐《おそ》らくは外國人《ぐわいこくじん》の威勢《ゐせい》に屈《くつ》する事《こと》はあるまい。此《こ》の點《てん》に於《おい》ては大《おほい》に長所《ちやうしよ》ある人物《じんぶつ》であると信《しん》じ、扨《さ》て千兩《りやう》の年俸《ねんはう》は望《のぞ》みの如《ごと》く支給《しきよ》す可《べ》し、其《そ》の遊《あそ》び好《す》きの如《ごと》きは、平日用向《へいじつようむ》きの時《とき》を缺《か》かざるに於《おい》ては余《よ》の敢《あへ》て關《くわん》する所《ところ》ではないと茲《こゝ》に約束《やくそく》一決《けつ》して同氏《どうし》を雇《やと》ひ入《い》れる事《こと》とした。

◎英國公使館の建築を請負ひ大に儲く

其翌日《そのよくじつ》より横山氏《よこやまし》の紹介《せうかい》で、同氏《どうし》の知己《ちき》の一外人《ぐわいじん》を訪問《はうもん》し、數日間《すうじつかん》にして數《すう》十名《めい》の外人《ぐわいじん》に接《せつ》し、相語《あひかた》ると雖《いへど》も共《とも》に事《こと》を謀《はか》らんとする者甚《ものはなは》だ稀《まれ》である。然《しか》るに或日《あるひ》米國人《べいこくじん》建築師《けんちくし》ビジレ氏《し》に會《くわい》し、互《たが》ひに世事《せじ》を談《だん》じたるに頗《すこぶ》る超風卓見《てうふうたくけん》の人《ひと》たるを看破《くわんぱ》し、愈《いよ》々談《だん》ずるに愈々此《いよいよこ》の人《ひと》と事《こと》を共《とも》にすべき人《ひと》なりと信《しん》じた。ビジン氏《し》曰《いは》く余《よ》は資本《しほん》はない貴下《きか》は如何《いかゞ》と、余答《よこた》へて曰《いは》く余《よ》も亦資本無《きよしほんな》し、併《しか》し乍《なが》ら金《かね》は信用《しんよう》ある人《ひと》の手《て》に吸收《きふしう》せらるゝものである。故《ゆゑ》に今《いま》より貴下《きか》は余《よ》を賞讃《しようさん》し、余《よ》は又貴下《またきか》を賞讃《しようさん》し、互《たがひ》に社會《しやくわい》の信用《しんよう》を得《え》たる以上《いじやう》は金《かね》を雇《やと》ひ入《い》るゝことは、車《くるま》を雇《やと》ふよりも易《やす》いと云《い》つて、共《とも》に手《て》を打《う》つて大笑《たいせふ》し、是《こ》れより屢々《しよく〱》ビジン氏《し》と會《くわい》し、共《とも》に胸襟《きやうきん》を開《ひら》いて相語《あひかた》る。横山氏《よこやまし》は其間《そのあいだ》に談話《だんわ》を取次《とりつ》きつゝ大《おほい》に感心《かんしん》し、共《とも》に智識《ちしき》を研《みが》かんと企《くはだ》てた。余《よ》一日《にち》ビジン氏《し》に語《かた》つて、貴下《きか》と共《とも》に一事業《じげふ》を爲《な》すに就《つい》て、英國公使《えいこくこうし》パークス氏《し》に面會《めんくわい》したき事《こと》がある、面會《めんくわい》することが出來《でき》やうかと云《い》ふと、ビジン氏《し》は、幸《さいはひ》に余《よ》の妻《つま》の姉《あね》は米國公使《べいこくこうし》の妻《つま》であるから、米公使《べいこうし》の添書《こんしよ》を得《え》て、英公使《えいこうし》に會見《くわいけん》することは難事《なんじ》でないと、夫《そ》れより直《たゞ》ちにビジン氏《し》と同伴《どうはん》で先《ま》づ米國公使《べいこくこうし》に面會《めんくわん》し、ビジン氏《し》頻《しき》りに讃辭《さんじ》を用《もち》ひて余《よ》を紹《せう》介《かい》し、之《これ》に由《よ》りて、米公使《べいこうし》より英公使《えいこうし》に充《あ》てたる添書《てんしよ》を得《え》、横山氏《よこやまし》同道《どうだう》で英國公使《えいこくこうし》パーク氏《し》を横濱《よこはま》二十番《ばん》ホテルに訪問《はうもん》した。氏《し》は當時《たうじ》外交官《ぐわいかうくわん》としての利《き》け者《もの》であつて我《わ》が幕府《ばくふ》の國老《こくらう》幷《ならび》に外國奉行《ぐわいこくぶぎやう》を視《み》ること恰《あたか》も小兒《せうに》の如《ごと》く、其威嚴赫々《そのゐげんかく〱》實《じつ》に當《あた》るべからざる勢《いきほひ》である。其《そ》の官吏《くわんり》に接《せつ》するすらさう云《い》ふ風《ふう》であつたから、一商人《しやうにん》たる余《よ》に對《むか》つては頗《すこぶ》る驕傲《きやうがう》なる態度《たいど》を搆《かま》へて、來意《らいい》を問《と》ふた。余《よ》曰《いは》く貴公使館《きこうしくわん》我國《わがくに》に渡來《とらい》せらる、尊意《そんい》の切實《せつじつ》なる事《こと》我々《われ〱》の夙《つと》に聞《き》き及《およ》ぶ所《ところ》である。然《しか》るに貴國《きこく》と弊國《へいこく》とは、大《たい》に國柄《くにがら》を異《こと》にして、貴國《きこく》幷《ならび》に歐米諸國《おうべいしよこく》は、國人皆天爵人才《こくじんみなてんしやくじんさい》を以《もつ》て其位置《そのゐち》に在《あ》るを常《つね》とせられたれども、之《これ》に反《はん》し我國《わがくに》は人皆《ひとみ》な人爵《じんしやく》を尊重《そんちやう》するが爲《た》めに國老《こくろう》は國老《こくろう》の家《いへ》より出《で》て、奉《ぶ》行《ぎやう》の如《ごと》き、多少《たせう》人才《じんさい》其位置《そのゐち》を得《う》ることあるも、概《おほむ》ね門閥《もんばつ》の人《ひと》を用《もち》ふるの慣《なら》ひである。加之《しかのみならず》歐米諸國《おうべいしよこく》は各國《かくこく》互《たがひ》に交通頻繁《かうつうひんぱん》にして、貿易《ぼうえき》を營《いとな》み、智識《ちしき》を交換《かうかん》し、相幷《あひなら》んで文《ぶん》明《めい》の域《えき》に進《すゝ》む事既《ことすで》に數《すう》百年《れん》の久《ひさ》しきに渉《わた》りて、今日《こんにち》の盛況《せいきやう》を呈《てい》するに至《いた》つた。然《しか》るに我國《わがくに》は僅《わづか》に隣國支那《りんこくしな》と交通《かうつう》を爲《な》すも常《つね》に制限嚴《せいげんきび》しくして、商業《しやうげふ》の行動《かうどう》、意《い》の如《ごと》くでない。二百五十餘《よ》年間歐米各國《ねんかんおうべいかくこく》とは、和蘭支那《おらんだしな》を除《のぞ》くの外《ほか》は全《まつた》く交通《かうつう》を絶《た》ちて、唯國內《たゞこくない》の舊規《きうき》を守《まも》るのみである。今《いま》や國內民意《こくないみんい》の向《むか》ふ所《ところ》千差《さ》萬別《べつ》一樣《やう》ならず、海外諸般《かいぐわいしよはん》の事《じ》物《ぶつ》を見聞《けんぶん》するに當《あた》り、或《あるひ》は驚《おどろ》き、或《あるひ》は感《かん》じ、或《あるひ》は疑《うたが》ひ且《か》つ惑《まど》ふ者《もの》あつて、國內《こゝない》の人心《じんしん》常《つね》に穩《おだやか》でない。唯其間《たゞそのあいだ》に處《しよ》して往々《わう〱》文明《ぶんめい》の理《り》を解《かい》し竊《ひそ》かに其利益《そのりえき》を說《こ》く者《もの》が無《な》いではないが、其數《そのすう》が甚《はなは》だ僅少《きんぜう》である。彼等《かれら》此人《このひと》を名《な》つけて君子《くんし》と云《い》ふ。幸《さいはひ》に余《よ》の知友《ちいう》にも若干《じやくかん》の君子《くんし》あつて、常《つね》に貴《き》公使《こうし》の我國《わがくに》を誘導《いうだう》せらるゝの切《せつ》なるを聞《き》きて、固《もと》より之《これ》を喜《よろこ》ぶと雖《いへど》も共《とも》に又竊《またひそ》かに憂慮《いうりよ》措く能《あた》はざる者《もの》もある。現今我國人未《げんこんわがこくじんいま》だ文明《ぶんめい》の理《り》を解《かい》せずして、寧《むし》ろ之《これ》を疑《うたが》ふ者頗《ものすこぶ》る多《おほ》い。爲《た》めに外國人《ぐわいこくじん》の多數《たすう》は往々善惡《わう〱ぜんあく》を轉倒《てんだう》するものがないではないが、萬《まん》一にも我國《わがくに》を誘導《いうだう》せんとする貴《き》公使《こうし》の身《み》に危禍《きくわ》を加《くは》ふる者《もの》なきを保《ほ》せず、果《はた》して然《しか》る時《とき》は、兩國忽《りやうこくたちま》ち干戈《かんか》を交《まじ》ふるの不幸《ふかう》となり、無辜《むこ》の民《たみ》を傷《きず》つくるの損害《そんがい》は兩國共《りやうこくとも》に、之《これ》を免《まぬが》るゝ事《こと》が出來《でき》ない。現《げん》に此程品川御殿山《このほどしながはごてんやま》に於《おい》て貴國《きこく》公使館新築《こうしくわんしんちく》せられ將《まさ》に其落成《そのらくせい》を告《つ》げんとするに際《さい》し、貴《き》公使《こうし》には在來《ざいらい》の住宅《じうたく》を賣却《ばいきやく》せられたる後圖《のちはか》らずも、公使館《こうしくわん》は燒失《せうしつ》して爲《た》めに今此《いまこ》のホテルに僑居《きやうきよ》せらるゝが如《ごと》きは我幕府《わがばくふ》に於《おい》ても、彼人等《かのひとら》皆貴《みなき》公使《こうし》が不滿《ふまん》の意《い》を推察《すゐさつ》して、氣《き》の毒《どく》に感《かん》ずる所《ところ》である。而《しか》して不祥《ふしやう》の前表《ぜんぺう》なりと云《い》つた。是《こゝ》に於《おい》て貴《き》公使《こうし》先《ま》づ我國人《わがこくじん》の智識未《ちしきいま》だ文明諸國《ぶんめいしよこく》に及《およ》ばざるの點《てん》を寛恕《くわんじよ》し、漸《ぜん》を逐《お》ふて、徐《おもむろ》に開化《くわいくわ》を促《なが》すの方針《はうしん》を採《と》らるゝに於《おい》ては、恐《おそ》らくは向後《かうご》、禍《わざはひ》を免《まぬが》るゝを得《う》べく、因《よつ》て貴國《きこく》公使館《こうしくわん》の如《ごと》きも強《し》ひて江戸附近《えどふきん》の如《ごと》き不穏《ふおん》の地《ち》に新築《しんちく》せらるゝ危險《きけん》を避《さ》けて、暫《しばら》く此《こ》の横濱山《よこはまやま》の手《て》に設置《せつち》せらるゝに如《し》かず。此《こ》の地《ち》は高燥《かうさう》にして衛生《ゑいせい》に適《かな》ひ、且《か》つ眺望《ちやうばう》頗《すこぶ》る佳《か》である。元來日本《ぐわんらいにほん》の人情《にんじやう》として朋友間《ほういうかん》の過失《くわしつ》ある時《とき》は長《なが》く氣《き》の毒《どく》なる地《ち》に置《お》かしめず、自《みづか》ら之《これ》を慰《ゐ》する方《はう》を取るを怜悧《れいり》有爲《いうゐ》の人《ひと》と認《みと》めて居《ゐ》る去《さ》れば貴公使《きこうし》の朋友《ほういう》たるべき日本幕府《にほんばくふ》の役人《やくにん》をして、長《なが》く貴公使《きこうし》の不滿《ふまん》を憂《うれ》へしむるは、國際《こくさい》の道《みち》ではない。貴下《きか》若《も》し彼等《かれら》の憂《うれ》ひを除《のぞ》くに迅速《じんそく》なる手段《しゆだん》を採られば、我國《わがくに》にては之《これ》を怜悧活潑《れいりくわつぱつ》の處置《しよち》なりとして、賞讃《しやうさん》するに至《いた》るであらう、固《もと》より貴國《きこく》は富裕《ふいう》の國柄《くにがら》で、建築《けんちく》に要《えう》する費用《ひよう》の如《ごと》きは、意《い》に介《かい》せざるの有樣《ありさま》であるが事《こと》の迅速《じんそく》圖《はか》るが爲《ため》めに一時《じ》日本《につぽん》の幕府《ばくふ》より無利息《むりそく》にて、其普請代金《そのふしんだいきん》を立《た》て替《か》へしむることゝ爲《な》さば、幕府《ばくふ》に於《おい》ても聊《いさゝ》か貴下《きか》の不滿《ふまん》を憂《うれ》ふるの情《じやう》を癒《ゆ》し併《あは》せて貴公使將來《きこうししやうらい》の禍《わざはひ》を豫防《よばう》するの道《みち》に適《かな》ふであらう、貴意《きい》は如何《いかん》と述《の》べると、公使《こうし》は一考《いつかう》すべしと、其後《そのご》ビジン氏《し》は勉《つと》めて便利《べんり》なる計畫《けいくわく》を立《た》て美麗《びれい》なる圖面《づめん》を調製《ちようせい》して、其建築《このけんちく》を勸《すゝ》めたから、日本《につぽん》の幕府《ばくふ》は、立《たち》ところに普請代金《ふしんだいきん》の立替《たてかへ》を甘諾《かんだく》し一萬七千弗《どる》の豫算《よさん》で余《よ》之《これ》を受負《うけおひ》つたが其後《そのご》模《も》樣替《やうが》へとなりて、一層《そう》其計畫《そのけいくわく》を大《だい》にして、附屬書記《ふぞくしよ》官《くわん》の家屋《かおく》を合《あは》せて建築費《けんちくひ》七萬五千弗《ごる》に增加《ぞうか》し、之《これ》に依《よ》つて橫濱山《よこはまやま》の手《て》に建築《けんちく》した。時に慶應《けいおう》二年《ねん》である。ビジン氏《し》其建築《そのけんちく》の指圖《さしず》役《やく》となつて一萬弗《ごる》を得《え》、余《よ》も亦若干《またじやつかん》の利益《りえき》を得《え》た。幕府《ばくふ》の役人《やくにん》が云《い》ふには、高島《たかしま》七年間入牢苦役《ねんかんにうろうくえき》に對《たい》する酬《むく》ひとしてパークス氏《し》より數《すう》萬金《きん》を獲得《かくとく》したりと。英國公使《えいこくこうし》の普請《ふしん》立派《りつは》に出來《でき》たるを以《もつ》て、公使《こうし》大《おほ》に余《よ》を賞《しよう》讃《さん》し日本《にほん》一の大工《だいく》であると吹聽《ふいちよう》した、夫《そ》れより英國人《えいこくじん》を始《はじ》め其他外人《そのたぐわいじん》に至《いた》る迄普請《までふしん》を爲《な》さんとする者《もの》ある時《とき》は英公使《えいこうし》の紹介《しようかい》を請《こ》ふて、其受負《そのうけおい》ひを申込《もうしこ》むと、何《いづ》れも信用《しんよう》して、余《よ》に一任《にん》することゝなつた。家業《かぎやう》は日《ひ》に增《ま》し繁昌《はんじやう》し、同時《どうじ》に職工《しよつこう》も熟練《じゆくれん》を積《つ》み、工事《こうじ》常《つね》に意《い》の如《ごと》く運《はこ》びて日限《にちげん》を誤《あやま》らず資金《しきん》も頗《すこぶ》る潤澤《じゆんたく》となり、家運《かうん》は益々隆《ます〳〵りう》盛《せい》に、順《じゆん》を遂《お》ふて今日《こんにち》に至《いた》つたのであるが、此《こ》の以後《いご》の事《こと》は暫《しばら》く略《りやく》すことゝする。

作法詳解　**周易占筮法秘傳**　終

大正二年三月十二日印刷
大正二年三月十五日發行

（周易占筮法秘傳）
定價金七拾錢

述者　高島嘉右衛門
編者　菊池曉汀
發行者　岩崎鐵次郎
東京市神田區鍋町廿一番地
印刷者　木村榮吉
東京市京橋區釆女町十番地
印刷所　文英社
東京市京橋區釆女町九番地

發兌元
東京市神田區鍋町廿一番地
電話本局三〇六七番
振替貯金口座東京五一一七
大學館

占断自在 高島周易講釈

付録 周易占筮法秘伝

大正 三 年六月十三日 初 版 初刷発行
平成二十一年五月二十日 復刻版 初刷発行
令和 五 年十月十八日 復刻版 第三刷発行

著 者 高島嘉右衛門

発行所 八幡書店
東京都品川区平塚二―一―十六
KKビル五階
電話 〇三（三七八五）〇八八一
振替 〇〇一八〇―一―四七二七六三

ISBN978-4-89350-671-9 C0014 ¥4800E